U0909056

云南大学“人口转变与云南人口发展”创新团队建设成果

云南大学中西部高校提升综合实力工程“创新团队建设项目（社科）”资助

MULTIDIMENSIONAL PERSPECTIVE
OF CROSS BORDER MARRIAGE:
AN ANALYSIS BASED ON THE CASES OF YUNNAN

跨境婚姻的多维透视：基于云南案例的解析

CROSS BORDER MARRIAGE

戴　波◎著

中国社会科学出版社

图书在版编目(CIP)数据

跨境婚姻的多维透视：基于云南案例的解析／戴波著.—北京：中国社会科学出版社，2016.6

ISBN 978-7-5161-8172-0

Ⅰ.①跨… Ⅱ.①戴… Ⅲ.①涉外婚姻-研究-云南省 Ⅳ.①D669.1

中国版本图书馆CIP数据核字(2016)第102061号

出版人 赵剑英
责任编辑 任 明
特约编辑 乔继堂
责任校对 闫 萃
责任印制 何 艳

出 版 中国社会科学出版社
社 址 北京鼓楼西大街甲158号
邮 编 100720
网 址 http://www.csspw.cn
发行部 010-84083685
门市部 010-84029450
经 销 新华书店及其他书店

印刷装订 北京市兴怀印刷厂
版 次 2016年6月第1版
印 次 2016年6月第1次印刷

开 本 710×1000 1/16
印 张 19.25
插 页 2
字 数 308千字
定 价 68.00元

凡购买中国社会科学出版社图书，如有质量问题请与本社营销中心联系调换
电话：010-84083683

婚姻伦理与家国天下“命运共同体”

《跨境婚姻的多维透视：基于云南案例的解析》是戴波博士依托云南大学创新机制自拟课题，考察边民跨境通婚状况，反映当事人对于国家政策“供给侧”创新的需求，为中国政学两界认知社会底边即农村农民边疆民族实况，思考观念更新制度创新提供了前沿素材和鲜活案例，因而可喜可贺。

《跨境婚姻的多维透视：基于云南案例的解析》采用自下而上视角，体现人文关怀，呈现边民需求的研究成果，心里着实感奋。但我对西南边民情况所知毕竟有限，耳顺之年也不便妄议新人成果深浅，因而就从常识常理角度，围绕本书的问题意识，就婚姻原理与中国现实需求讲几点感悟，为读者理解新著意义添加几束背景侧光。

一　婚姻家庭与“人类命运共同体”

婚姻家庭是人生基本支柱和人类社会基本结构。它关乎人的生老病死尊严福祉及世道人心家国声望。民族学人类学因而把它列为核心命题。婚姻的直接目标是建立家庭延续子嗣、扩大亲属网络确保可持续发展。但其潜在功能也不容小觑：包括培植人心人性，养育公德意识，化解矛盾纠纷，维持社会平衡。在中国人最重视的孝亲养老临终关怀领域，儿媳女婿与亲生儿女共同构成最坚实可靠的保障体系。老年夫妻相濡以沫更胜血亲兄妹。古代中国且多用“公主和亲”构建天下体系和平秩序。《礼记．中庸》因而讲“君子之道造端乎夫妇，及其至也察乎天地”。

史前人类有很多制度创建，其中的“外婚制”最有深谋远虑。它基于两性差别规定乱伦禁忌，驱使不同血亲群体开亲，把基于姻亲的夫妻、舅甥关系叠加在血亲父子兄妹之上作为普同人性普世价值。世间动物都有血亲认同直觉。但姻亲认同就是人类专利。血亲群体要跟“他者”通婚。这样养育的子女才能得到社会认可，成为进入婚姻场的子女。新生子嗣又把更多“他者”纳入亲属网络。人人休戚与共的“命运共同体”公德秩序因而形成。它使每个人都有双亲家族关照。已婚夫妇更有岳家婆家保护。血亲群体自身安全得到保障，但也甭想把冲突对方赶尽杀绝斩草除根。平等尊重包容互惠成为普同人性。

这种安排虽然有违弗洛伊德揭示的天性“情结”，且造成了婆媳关系的老大难问题。但“和实生物同则不继”，不如此就不能构成人类共同体“纵向继嗣”与“横向结盟”关系。《礼记．昏义》恒言“昏礼者，将合二姓之好。上以事宗庙而下以继后世也，故君子重之”。北京天安门两侧的“左祖右社”，体现的就是中国人“家国天下”理念模型。它昭示远古村社构建的人文秩序先于国家强权。亲属网络先于政治秩序，亲族领地和贸易关系更是先于国家边界。现代国家的内政外交也是远古家族婚姻伦理的延伸：国家意识源于宗族宗祠宗法，国际意识源于村社祭坛及乡规民约。现代国家要在地球村里安身立命延续香火，还是要尊重乡规民约讲信修睦克己复礼。地球村里的家族势力再大，也得跟邻里异姓家族友好交往通婚开亲。好家风正能量因而是推己及人将心比心，老吾老以及人之老，幼吾幼以及人之幼。中庸哲学讲“致中和天地位焉万物育焉”，万物并育而不相害。这是家国天下持盈保泰可大可久的不二法门。地球村各家要讲自主尊严自强不息又要讲厚德载物，而不能只问输赢不问善恶，只讲利益不讲是非。物有本末事有终始，知所先后则近道矣。

二 外婚制与“互嵌式发展”

外婚制规则推动人类互嵌式发展的机制是“下筑底线上不封顶”。其底线是严禁至近血亲，务求当事人到他者群体去找“健康般配能生育”的配偶，此外就没有硬性限制。貌似不可跨越的群体鸿沟诸如地域、语言、宗教、国籍等群体鸿沟，个人都能在自愿基础上用相貌、年龄、名望、学识、钱财、权势和权宜折衷找齐。但婚姻妥协一旦达成，当事人及双方家族就须平等相待，不能再分高低贵贱。现代国人动辄说旧社会轻贱妇女时往往不假思索。其实细想古今人类都把“娘亲舅大”视为天理，就知道男尊女卑也是现代教育的一面之辞。

协商折衷的婚姻结果跟当事者追求的“高富帅”、“白富美”标准相比或许不尽人意。但它毕竟能在主观上也能体现优势互补的理性，客观上矫正各种“发展不平衡”，因而是趋近公平的社会再分配机制：富贵人家看重财产及地位传承偏爱男孩，因而能容纳婚姻低就；贫弱人家看重改变现状向上流动偏爱女孩，因而务求婚姻高攀。婚姻双方通过各种交流交换达成的“互嵌式发展”目标，毕竟有利于保持自然生态及人文社会平衡。

但物之不齐物之情也。人类个体群体都想争强好胜出人头地，因而会不断打破平衡：古代中国因而就有春秋战国秦统一。当今世界因而就有现代世界体系。中国过去20年（1992-2012）跻身现代世界体系并开始体验其后果：发达国家和国内的中心城市及富裕地区奋力投资开发欠发达国家的贫困农村及边疆边区，并且从“目标社区”猛烈抽取包括青年男女精英在内的各种资源，因而形成本书描述的如下动态：优秀青年女性不断从欠发达国家流向发达国家，从乡村流向城镇，从边疆流向内地，造成底边社区空心凋敝，男青年生活无趣结婚难。幸而近年中国经济崛起，内地农村男性还能娶到边疆女性。边疆农村男性又能娶到境外女性。

事实证明，婚姻虽然是个体及家庭对抗“发展不平衡”的机制，却不能抵制全球权力宏观结构失衡。这种宏观失衡只能靠全球范围人类观念更新、制度创新和后现代转型来矫正。中国在这个过程中使命重大。但就边民跨境通婚家庭的需求而言，政府从户籍登记的政策“供给侧”入手，帮助他们及其子女安居乐业更是国家当务之急。

三　边疆民族领域的创新潜力

边民跨境通婚涉及国家边疆安全、民族语言宗教事务、双边国家体制和乃至国际秩序，因而是新常态中国观念更新制度创新，推动一带一路沿线各国民族“互嵌式发展”的推手。说来兹事体大。当今政学两界试图用复杂理论破解复杂难题，结果也是以有涯随无涯，殆矣。

其实“万物之始大道至简”。婚姻家族亲属原理作为复杂难题的解决模板最为明快简易：无非是顺应三类主体需求，完善三层制度求取平衡：一是纵向继嗣群体自主自治 autonomy；二是横向联盟群体互主共治 dyarchy；三是人类命运共同体维护全球秩序 synarchy。

民族国家 nation-state 仍是当今世界行动主体。联合国 UN 就是 Union of Nations 缩写。社会主义古巴没有联合国安理会“五常委地位，也能在美国卧榻之旁稳定数十年，说明当今世界远非丛林社会，国际法秩序并非虚设且值得中国参与维护。现代世界体系里的国家政体概有三类：“君主立宪”、“复合联邦”与“单一共和民国”。

君主立宪国以英国为典型，多半由古代王国帝国转世生成。中国近处就有日本、泰国、柬埔寨、沙特、布丹，远处且有西班牙、荷兰及北欧诸国。事实证明，这种体制对于民族文化差异包容性较强。

联邦制国家多受英国“因俗而治”的保守政治理念影响。中央政府依照宪法负责国防、外交及人权法治底线维护。地方事务由次级政权自主自治，从而能在尊重差异包容多样的基础上发挥地方民族潜力，且维护国家安全稳定。当今世界大国如俄罗斯、加拿大，美国、澳大利亚、德国、巴西及中国周边的印度、印尼、缅甸、马来西亚、甚至尼泊尔王室横祸后断送君主立宪后也采用这种政体。

单一制民国多受法国激进政治理念影响，强调中央集权统管资源权力追求强国富民。这类民国生成方式有三：一是激进革命催生的法国、土耳其及拉美多国；二是两次世界大战从欧亚帝国及其殖民地独立出来的中东欧及亚非诸国，包括中国周边的朝韩、越南和外蒙古；三是冷战后从苏联、南斯拉夫分离出来的乌克兰、白俄罗斯、波罗地海三国、高加索三国，中亚五国及巴尔干诸国。近年仍有亚非及大洋洲边缘国家分离的东帝汶等小国。这类民国多以新加坡城邦国家公民社会为理想类型（ideal type），对区域民族文化多样性兼容性较低。近年法国和比利时的移民暴力事件多于君宪及联邦国家就是例证

无论采用哪套标准，中国都跟汉字一样独特一帜。新中国建国《共同纲领》和国家《宪法》定义它是单一制的社会主义共和国，又是多民族统一国家且实行民族区域自制制度，改革开放后更有港澳台“一国两制”，因而兼有前述三种政体的优长和创新能力活力和潜力。事实表明，包括港澳台和蒙新藏在内的中国陆海边疆从来是中国政治经济和社会制度创新的重要发动机。本书呈现的云南边民跨境通婚状况和需求，再次配合一带一路互嵌式发展构想，呼唤国民观念更新和国家制度创新。中华民族正处在和平崛起继往开来的重要关头，亟应培元固本强身，共同致力于人类命运共同体的规则秩序建设。“时来天地皆同力，运去英雄不自由。”天下何思何虑？天下一致百虑殊途同归。大道之行天下为公。《宴子春秋》恒言“星之昭昭不如月之翳翳。小道之行不如大道之废。君子之过贤于小人之是”。

中央民族大学原校长陈理

2016年4月30日于北京

云南保山边疆民族地区跨境婚姻研究
代　序

跨境婚姻已成为边疆民族地区普遍存在的社会现象，并在人口学特征、地域特征、社会结构特征等方面呈现出新态势。边疆民族地区的发展差异、性别比失衡、传统小社会三大社会现实问题是推动跨境婚姻形成的主要动力机制。跨境婚姻的大量存在，给边疆民族地区带来一系列显性或隐性的社会问题，成为影响国家安全与社会稳定的重要变量。

我国的陆路边境线长 2 万多公里，生活在边境线一带的人口大部分是少数民族，其中跨境民族 35 个。云南省边境线长 4061 公里，有 16 个少数民族跨境而居。保山市边境线长 167. 78 公里，有傣族、傈僳族、景颇族 3 个民族跨境而居。

随着云南省沿边地区全面开放，边境地区的民族跨境流动更加频繁，除传统的走亲访友、节日互动外，到境外务工、贸易或从事经营开发人员的数量、规模日渐扩大。与此相伴，边境地区早已存在的跨境婚姻数量自 20 世纪 90 年代以来急剧上升，且呈现出一边倒的态势（缅甸、老挝、越南女性嫁到中国境内）。而这些跨境婚姻绝大多数是没有合法履行我国跨国婚姻手续的事实婚姻。从当前已掌握的情况分析，边境一线跨境婚姻迅速上涨的势头，还将持续相当长的时期，并呈现出向云南省和国家内地渗透的趋势。相关研究表明，这种一边倒的跨境婚姻全国普遍存在，只是程度和形式存在差异。

云南省边境地区跨境婚姻是改革开放以来，国际与国内、周边与内地诸多因素交互作用而产生的一种社会现象，有其合理的因素和正向的作用。但不可否认，大量事实婚姻的存在与持续增长也给边疆民族地区带来了一系列显性和隐性的社会问题，不仅极大地增加边境社会基层政府管理难度和管理成本，而且给边疆民族社会安全环境带来诸多潜在风险和不稳定因素，这是一个有必要在国家安全视野中，从理论与实践相结合的高度认真研究的社会问题。

一 保山市跨境婚姻的现状与特征

云南边境地区少数民族之间的跨境婚姻的存在是一个历史事实。据调查，在保山腾冲一些边境村寨，血缘关系若上推三代人，几乎90%以上的家庭都有跨境婚姻。娶缅甸媳妇、嫁去缅甸、到中国上门、去缅甸上门的情况都普遍存在，有的家庭甚至出现父子两代或者兄弟几人都娶缅甸媳妇的情况。总的来看，20世纪80年代前跨境婚姻虽然在边境地区普遍存在，但只是边境地区少数民族互动交往的正常现象，基本处于动态平衡之中。20世纪90年代以后，这种动态平衡发生了明显的变化，境外女性嫁入中国急剧增加，势头有增无减。

当前的跨境婚姻现象已呈现出一些与传统跨境婚姻不同的特征：一是入境女性人口占绝大多数；嫁入我（中国）方妇女的年龄普遍偏小；三是入嫁我方的外籍女性，文化素质普遍偏低。而从婚姻的登记手续来看，边境一带跨境婚姻两低现象十分突出：一是婚姻登记率低，二是孩子落户率低。

从跨境婚姻的地域特征来看，其一，跨境婚姻主要婚姻圈以边境沿线与邻国接壤的村寨为主，已覆盖保山所有的边境乡镇和绝大部分的村寨。其二，婚姻圈的外延扩大，正向非边境的县区迅速扩散，并同时向省内和内陆腹地延伸。

据调查，在云南保山边境的村寨中有相当数量的村寨跨境婚姻家庭在村寨中所占的比例一般都达到20%左右，有的村寨高达50%左右。例如，保山腾冲市荷花镇有89户人家，其中30户为跨境婚姻家庭，占该村寨总户数的33.7%；固东镇共有120户人家，跨境婚姻家庭55户，占全村总户数的45.8%；猴桥镇永兴村，全村有944户人家，以傈僳族为主，跨境婚姻家庭9户，占全村总户数的20.5%。这些村寨中家庭结构比的变化，可能带来的影响不可忽视。

二 边疆云南跨境民族地区跨境婚姻形成的动力机制

近20年来，云南边疆民族地区跨境婚姻呈现“一边倒”态势，是多种社会因素动态交融形成的一种特殊的人口移动动态机制作用的结果。目前，关于人口迁移的动力机制理论的研究已经相对成熟，归纳起来有四种动力机制和三种后续的迁移观点。而对这种动力机制最具解释力的理论当首推赫伯尔在乔治·莱文斯坦研究的基础上提出的“推—拉理论”。推拉理论的核心观点是，大规模看似无序的人口流动，并非完全无序，而是遵循一定的规律，亦即迁出地的种种因素形成的“推力”以及迁入地种种积极因素形成的“拉力”，其中利益驱使则是主要的动因。而亚力山德罗·波特斯和罗伯特·巴赫的“三重市场需求理论”中提出“族群聚集区”观点。利奇在其社会人类学方法论中，强调对传统小型社会研究的必要，曾指出这往往是揭开某一地区一些特殊社会历史现象产生的动力机制。二者的理论和观点为我们更深层次探讨边疆民族地区的跨境婚姻的利益因素之外的“文化传统”提供了启示，在边境民族地区的跨境婚姻研究中，需要特别考查大环境与小传统的交互作用。

以上述理论为视角考查边境地区的跨境婚姻，发现下列三个层面的因素交互作用是近年跨境婚姻形成的主要动力机制。

一是发展差距。改革开放 30 年，我们国家已发生翻天覆地的变化，人民生活富裕程度极大提高，正在向全面小康迈进。到 2015 年底，保山市城乡常住居民人均可支配收入分别为 26000 元和 8540 元。人民生活水平大幅提升，和谐稳定局面全面巩固。

而与云南省保山市接壤边境地区情况虽各有不同，但从总体上看，与我国发展差距是明显的。云南周边三国中缅甸与云南省接壤最多，也是女性嫁入云南保山边境地区人数最多的国家，而缅甸直到现在都被联合国列为最不发达的国家之一，虽然缅甸从 2010 年开始了民主化的进程，诞生了第一个民选政府，并相继实施了一系列改革措施，但其发展仍举步维艰，贫困的改变不可能一蹴而就。加之缅甸长期存在着中央政府与周边地区少数民族武装对峙的局面，这一局面并没有因新政权的诞生而消失，局部地区局势还出现恶化导致 发生武装冲突，这一问题的解决仍将是一个长期的历史过程。因此，贫困和沿边地区控制与反控制的斗争将在相当长的历史时期内制约缅甸的发展。稳定而美好的生活成为缅甸边境地区广大妇女追求和向往的目标，缅甸的妇女甚至把能嫁到中国看成是一种“福气”，通过婚姻迁移改变现状就成为他们必然的理性选择。保山市与缅甸克钦邦等果敢、佤邦和滚弄地区相邻，上述地区是缅甸民地武装控制的区域。2009 年，民地武装与缅甸中央政府和平进程谈判失败，引起武装冲突，导致果敢事件的发生。果敢事件之后缅甸嫁入中国的新娘数量迅速增加，仅以办理结婚登记的人员来看，2009 年底前全市共办理边民婚姻 1605 对，而2010 年1—6 月前来办理跨境婚姻登记达到286 对，就是最明显的例子。

与保山市接壤的缅甸沿边地区，少数民族贫困是不争的事实。缅甸开始“革新开放”进程，并于2001 年确定建立“社会主义定向的市场经济体制”。25 年来，缅甸的经济总体上保持平均7% 以上的增长率，经济总量不断扩大，2010 年国内生产总值（GDP）达到1035 亿美元，人均 GDP 接近1200 美元，但缅甸经济发展不平衡十分突出，南北发展差异较大，加之历史因素的作用，缅甸北部仍存在对苗族?? 的歧视政策，温饱问题仍是生存的主要问题。相关调查显示，在这些地区，民众的粮食产量，仅能满足7—8 个月的需求，基本生活保障十分薄弱。对于这些地区的缅甸妇女来说，外嫁中国成为改变命运的重要选择。有关部门调查310 名嫁到中国的缅甸妇女，她们无一例外地说：“中国社会稳定，经济条件好，妇女地位高。”

发展的差异，形成巨大的差异动力机制，促使云南边境地区境外人口向中国一侧的流动总趋势。然而针对构成这种人口流动趋势中的以女性为主、以婚迁为主的态势，必须进一步探查边疆民族社会较深层次的人口学因素。边疆跨境民族地区跨境婚姻中的人口学因素主要表现在男女青年性别比例失调以及“婚姻挤压”。

造成云南保山边疆民族地区性别比失调的另一重大因素，是我国国内人口性别比例失调引发的“婚姻挤压”向边疆贫困地区传递的结果。在一些内陆人口大省发展相对滞后的贫困地区适婚青年未能在当地寻求到合适伴侣的农村未婚男子，越来越多通过直接或者间接的方式从边境地区寻找对象。这种婚姻迁移是构成边境地区妇女外流的另一主要原因。

另一重要的动力机制是在这些边境地区形成的社会、文化、历史传统。保山市有傣族、傈僳族和景颇族个跨境而居的少数民族，有的主体在国内，有的主体在国外，彼此之间都存在着较高的历史记忆和族群认同，客观上形成了一个跨越国家疆界的传统小社会。民族文化的认同是这一传统小社会存在的基础，共同的地域、族群语言、经济生活、心理态势、民族活动，尤其是宗教文化生活，使生活在边界两侧的群族，形成了彼此联结较强的团结感，而这种“团结感”促成了跨境民族之间连绵的、持续不断的姻嫁关系纽带。

虽然随着中缅两国国家界线的清晰化，两国又分别进行了民族识别，跨境而居的民族拥有了各自所在国的公民身份，同时也丧失了不受土地约束而自由迁徙的机会，但这并没有从根本上弱化其固有的族群意识，特别是中缅国家关系修复以来，边境地区跨境民族经济、文化交往又开始呈现繁荣的态势，双方边民积极参与政府或者民间组织的各种活动。进而使边民在模糊的国家边界意识中维系着共同体的生活，也深深地为跨境婚姻提供了广阔的平台。

三　跨境婚姻与边境地区的社会稳定

自从近代民族国家形成以来，跨境婚姻的存在就成为一种社会常态，但目前云南边境地区的跨境婚姻的态势与发展趋势，是这种常态下的一种特殊形态。它既是改革开放以来，广大边疆地区和平、安定、睦邻友好社会环境的反映，是党和政府惠农、惠边政策以及“兴边富民”、“新农村建设”实施给边疆地区带来巨大发展变化的积极反映，同时也是人口流动以及性别比例失调造成“婚姻挤压”的一种社会调适，其带来的显性和潜在社会风险不容忽视，必须上升到国家安全的角度来审视跨境婚姻产生的社会影响。

首先从国家人口安全角度来看，边疆地区的“跨境婚姻”急剧上升，是对国家人口安全的一个警示。我国出生性别比的严重失衡造成大量单身男性的出现，必然引发两个后果，一是适婚男性的婚姻选择在婚姻迁移推拉力作用下，出现向贫困和发展相对滞后地区集中的趋势，造成贫困地区男性适婚人群成为择偶中“弱势群体”。目前边疆地区大规模相对集中的“跨境婚姻”的出现正是男性适婚人群“弱势群体”的一种无奈选择。然而由于跨境婚姻中绝大多数是“事实婚姻”，虽然在一定程度上缓解了“婚姻挤压”的态势，但这种不合法的婚姻家庭面临的家庭生活质量的改善、子女教育、劳动就业、社会保障等一系列的现实问题，将会给这些地区的社会安全与发展带来更大的隐患。二是这种集中成片的“大龄剩男”群体的存在，易引发犯罪，如性犯罪、拐卖妇女等，危害社会稳定和增加社会治理成本。相关研究的数据比较发现，人口性别比严重失衡的地区，是“跨境新娘”和拐卖妇女的重灾区。相关数据显示，2009 年缅甸女性被拐卖到中国的人数是 2008 年的 4 倍。

其次，从微观边疆民族社会稳定和发展的角度来看，一是跨境婚姻的存在加深了边疆地区业已存在的社会问题的治理难度和治理成本。由于“跨境婚姻”中“两低”（即婚姻登记率低、婚姻登记合格率低）现象严重，缺乏婚前检测，而缅甸又是亚洲艾滋病的高发地区，增加了境外艾滋病传入的危险。近年来，云南省经性渠道传播艾滋病已上升为主要渠道，而经性渠道传播的家庭内感染并没有引起高度重视。由于跨境婚姻大多是事实婚姻，因此其艾滋病传播的隐蔽性和严重性，大大加深了控制的难度和治理成本。

二是随着跨境婚姻的急剧增加，因跨境婚姻涉及的人口也不断增加，这将带来一系列隐性的社会问题，深刻制约着边疆民族社会的发展与社会稳定。大量存在的事实婚姻，造成入境新娘没有户口，没有结婚证，逐渐成为乡村的“隐形人”、“黑人”、“黑户”，不仅她们的权益得不到保障，国家对边疆少数民族的种种惠农政策也无法享有，这样的家庭给边疆民族地区社会稳定与发展带来了诸多不确定风险，主要表现在两个方面：其一，有可能形成新的庞大的社会贫困群体，增加了国家反贫困和促进边疆社会发展的难度；其二，跨境婚姻引发的种种问题影响到这些群体的下一代，在入学、就业等方面形成新的社会问题。

三是深化了边境地区国家安全的潜在风险。边疆地区特别是跨境民族地区是国家安全的前沿阵地，是反渗透、反西化、反和平演变的重点战略地区。近年来国外敌对势力对我边疆地区的渗透和西化，突出表现为宗教渗透，其特点：一是利用民族语言，通过网站、论坛、个人 QQ 空间、博客发表文章、邀请赴境外参加祷告等方式，把录制的布道活动光碟或录像非法带入境内，开展以和平演变为目的的宣教活动。二是在境内以跨境民族为平台，以强调民族认同感为手段，以资助贫困学生上学、投资建校、发展优秀民间习俗为名进行民族分裂活动。加之目前跨境婚姻中绝大多数是“事实婚姻”，跨境婚姻中的另一半无法取得“中国国籍”，因此也没法享受到合法的公民待遇，特别是国家在“富民兴边”战略中提供的种种优惠政策，这从一个侧面又强化了他们的族群认同，相应地弱化了国家认同。研究发现，当社会成员有充分的社会机会参与并享有国家设计的一系列边疆地区的社会保障制度时，边境民族对其主权归属的民族国家认同意识会增强并持续性巩固。然而，如果边境居民在近乎同质性的生活地域出现利益分配机会不均等现象时，则会较大程度地弱化其民族国家认同意识，甚至有可能培植其“逆反”的主权国家归属感。由于跨境民族地区不存在语言和宗教信仰的障碍，跨境民族相对弱化的国家认同，客观上为境外敌对势力进行“宗教渗透”、破坏民族团结，提供了一个较为“宽松”的社会环境，尤其是那些跨境婚姻比例较高的村寨，其隐性的危险更大，若处理不当，必将影响边疆的社会稳定和国家安全。同时我们也不能排除国外势力直接以跨境婚姻为手段以达到其政治目的的可能。

云南边疆跨境地区的“跨境婚姻”社会事实，是我国人口性别比例失调引发的社会问题，必须上升到国家人口安全的高度加以解决。对于“跨境婚姻”带来的显性或可能引发的潜在社会风险，应从相关的法制健全、社会保障、社会服务等层面进行综合治理，防患于未然，以维护边境地区的长治久安与社会和谐。

保山市市委书记　赵德光

2016 年 5 月 5 日于保山市隆阳区

目　录

照片目录

第一章

研 究 背 景

云南省位于中国西南边陲，在中国的对外格局中，有着得天独厚的区位优势。它连接三亚（东亚、东南亚、南亚），沟通两洋（太平洋、印度洋），并且直接与越南、老挝、缅甸3个国家接壤，是中国毗邻其他国家最多的省区之一。云南还是中国大陆上唯一能够与东南亚、南亚直接相通的省份（见图1－1）。

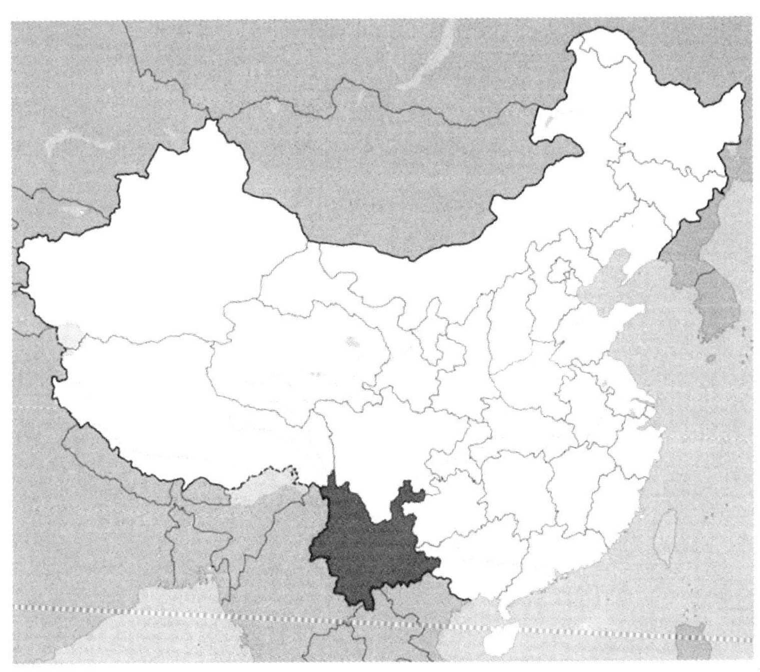

图1－1　云南省在中国的地理位置

云南省简称云或滇，省会昆明。总面积约39万平方千米，占全国面积的4.11%。与云南省相邻的省区有四川、贵州、广西、西藏。北回归线从省内南部横穿而过。

第一节　云南省的跨境婚姻问题

云南与东南亚国家接壤的边境线全长4060千米，其中中缅边界1997千米，中老边界710千米，中越边界1353千米。全省有8个边境州市，共25个边境县市，与3个邻国的7个省（邦）32个县（市、镇）接壤，其中11个县（市）与邻国城镇隔江（界）相望。（见图1－2）

云南省在中华民族的大家庭中，是个多民族聚居的边疆省，少数民族人口约占全省总人口的1/3，其中人口在5000人以上的民族有26个，除汉族外，少数民族有25个，各民族分布呈大杂居、小聚居的特点。云南省特有少数民族有15个。省内的25个少数民族中，有16个民族与周边国家的境外居民同属于一个民族。其中傣族、景颇族、布朗族、阿昌族、怒族、独龙族、傈僳族、哈尼族等少数民族跨境而居，边疆的少数民族约占边疆总人口的2/3。

国家边界两边的这些跨境民族，语言相通，宗教、文化、习俗相同。长期以来，边界少数民族由于居住方式和生产生存方式的共通，语言交流无障碍，加上便利的地理环境和内陆通道，跨境移居国外，好跨境嫁入中国，繁衍生息，历史悠久，几乎可追溯到公元前时期。

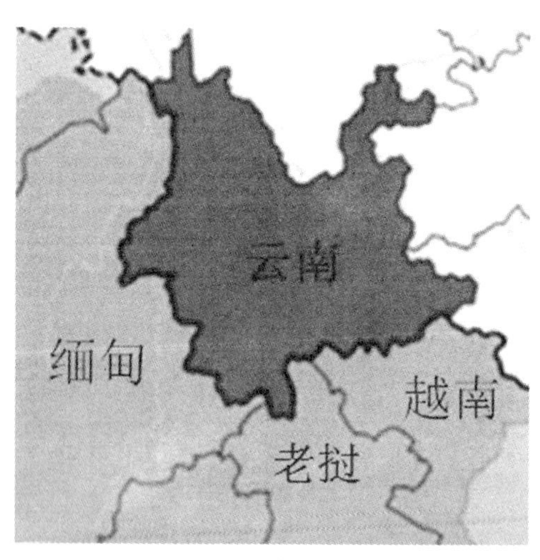

图1－2　云南省与东南亚接壤国的简略图

这种地缘和民族文化上的亲缘关系，很难用国籍来彻底划分，同时也无法用国家法律制度来杜绝长期以来通婚互市的习俗。加上现在中国对外开放的积极政策，以及全球化的经济发展大趋势和世界大同、全人类互助共荣的理想理念，封闭是不可能的，也是不可行的。

地理、语言、习俗的相通相容，使不同国籍边境人民之间很容易沟通往来，甚至密不可分，从古到今一直存在着边境居民的跨境婚姻现象。由于历史延承下来的习俗，边境少数民族的婚姻大都是事实婚姻，只在村寨里举办相关仪式，村寨头人（村长）、村民认可就行。在村寨里，村民们习惯遵守的是乡规民约，而对国家法律却不甚熟知。近几十年，才逐渐习惯结婚登记。

据有关研究：云南与东南亚接壤国的交流与关系源远流长。古代，中国境内有三条通往国外的道路：一条是南方丝绸之路，公元前4世纪便已开通。这条古道在汉代时称为“蜀身毒道”，是指从四川出发，经云南、缅甸直至印度的商路。一条是北方丝绸之路，公元前2世纪形成，7世纪以后达到繁盛时期，从长安（今西安）出发经河西走廊，通过新疆到达乌兹别克斯坦、伊朗、伊拉克等国。一条是南方的海路，公元前1世纪形成，14世纪以后成为中西交通的主要路线。两千多年来，南方丝绸之路对促进我国与东南亚、南亚国家的友好合作和经济文化交流，沟通中西关系，起到了积极的作用。云南少数民族先民沿着这条古道“走夷方”，或进行经贸活动，或定居异国他乡，有的成为当地的华侨华人。傣族主要侨居印度、缅甸、泰国、老挝和日本等国家。在湄公河老挝一侧，有许多傣族村民是从西双版纳的景洪、勐腊和普洱等地迁移过去的。在印度阿萨姆邦的恼柳村、比拉村、耿打波村和加克里村，也有滇西傣族人定居，在缅甸，傣族华侨华人更多，其中有些是当年土司的后代。[①]

可见，国与国之间人口流动与文化、经贸交流是从古到今都存在的事实。随着我国改革开放政策的实施和深入，近二十多年来，云南边境一线城镇与接壤国家的经济贸易活动和人口流动性都快速增加。从云南省的进出口总值的增长（见表1－1）明显可见，近十年云南省与周边接壤国的贸易活动的频繁程度与活跃程度。同时，也必然伴随着双边国家人员进出

① 何良泽：《关于云南少数民族华侨华人问题的研究》（http：//www. ynzg. org/details. php? id =1235）。

边境频次的迅速增加。

表 1－1　　云南省对外进口、出口值　　单位：万美元

年份	缅甸		老挝		越南	
	出口	进口	出口	进口	出口	进口
1989		34				
1995		8441				822
2000	29301	6993	1336	590	9264	766
2005	41047	22102	2887	1339	26404	5470
2010	111043	64921	10289	10090	78875	16065
2012	152900	74300	15200	19500	82900	21700
2013	41.7 亿		10.5 亿		13.3 亿	

资料来源：1990 年、1996 年、2001 年、2006 年、2011 年、2013 年《云南统计年鉴》。

由于国家开放政策的引导和推进，云南省与周边国家的经济贸易、文化交流等活动呈现繁荣趋势，加上边境边民的历史传承等诸多因素，近年来，云南省边境少数民族的跨境婚姻的增长趋势明显，以保山市的部分乡镇跨境婚姻人口增加情况为例：丙麻乡 2000 年仅 1 户，增加到 2013 年的 49 户，年均增长率 34.9%；瓦房彝乡 2000 年仅 6 户，增加到 2013 年的 71 户，年均增长率 20.9%；蒲缥镇 2000 年仅 19 户，增加到 2013 年的 91 户，年均增长率 12.8%；太平镇 2000 年仅 17 户，增加到 2013 年的 92 户，年均增长率 13.8%；老麦乡 2000 年仅 12 户，增加到 2013 年的 83 户，年均增长率 16.1%；仁和镇 2000 年仅 29 户，增加到 2013 年的 121 户，年均增长率 11.6%；水长乡 2000 年仅 8 户，增加到 2013 年的 40 户，年均增长率 13.2%；龙新乡 2000 年仅 95 户，增加到 2013 年的 508 户，年均增长率 13.8%；碧寨乡 2000 年仅 171 户，增加到 2013 年的 433 户，年均增长率 7.4%；镇安镇 2000 年仅 56 户，增加到 2013 年的 594 户，年均增长率 19.9%；平达乡 2000 年仅 21 户，增加到 2013 年的 334 户，年均增长率 23.7%；清水乡 2000 年仅 6 户，增加到 2013 年的 58 户，年均增长率 19.1%；浦川乡 2000 年仅 18 户，增加到 2013 年的 164 户，年均增长率 18.5%；中和镇 2000 年仅 37 户，增加到 2013 年的 151 户，年均增长率 13.2%；马站乡 2000 年仅 4 户，增加到 2013 年的 67 户，年均增长率 24.2%；水寨乡 2000 年仅 4 户，增加到 2013 年的 73 户，年均增长率 25%；瓦渡乡 2000 年仅 2 户，增加到 2013 年的 65 户，年均增长率

30.7%。面对这样迅速的增长，国家层面应该引起高度重视。

云南边境地区跨境婚姻人群的增长，伴随着许多令人担忧的问题，如跨境人员的非法入境问题；跨境婚姻的非法问题，以及由此所引发的非婚子女、计划生育问题等；还附带诸多其他问题，如艾滋病、传染病防控问题，吸毒、贩毒等。这些都成为近年边境地区的管理新问题，给边境地区的社会稳定与和谐发展带来隐患。因此，跨境婚姻问题的方方面面成为亟待研究和提出解决对策的最大现实问题。

对于跨境民族问题，中共中央和云南省委、省政府及有关方面一直以来都高度重视，给予了多方面的政策支持，并且采取了有效可行的措施，保证了云南边疆的稳定和繁荣，保证了跨境民族问题的健康有序发展。

但是，云南省边境地区的跨境婚姻总体情况究竟是怎样的？跨境婚姻人群的增加幅度是多少？各地的跨境婚姻有什么差异和共同点？跨境婚姻人群的生活现状是怎样的？对于跨境婚姻人群，在管理中存在什么问题？该如何应对这些问题？针对这些近年来边境地区的管理新问题，有必要进行深入调查，摸清现状，才有可能提出对策。

由此，我们进行了专项研究，目的是深入到各边境县的村寨进行入户调研，与相关管理人员和部门进行座谈，摸清当前云南省跨境婚姻的情况及不同区域的不同特点，分析和探讨跨境婚姻人群增长的原因和管理的困境，梳理目前云南各地方的管理经验和建议，借鉴国外和省外对跨境婚姻的管理政策和方式，提出适合云南省情的跨境婚姻管理对策，为政府相关部门进一步加强边境地区跨境婚姻的管理工作提供咨询，为促进国家层面相关跨境婚姻的法律法规的完善以及省区层面出台相关条例做些铺垫工作。

第二节　研究思路

一　研究思路

长期以来，边境问题和跨境民族问题一直是政府关注的重要问题，其中边境地区的人口、婚姻、治安等问题是重点。研究思路是：以云南省边境地区跨境婚姻人口的现实社会问题为研究目标，对目前云南省边境各县跨境婚姻现状、跨境婚姻人口的增长态势、跨境婚姻家庭结构和生活特点、跨境婚姻的形成因素和跨境婚姻的现实困境等进行实地调研与实证分析；以此为基础，分析和研究跨境婚姻问题与管理和政策的互动关联，应用人口学、社会学、经济学、管理学等理论进行分析，以揭示云南省跨境婚姻人数增长的内在因素与外部关联性，为政府相关部门提供实证依据和政策建议。

作为专项研究，分析建立在实证观测与现实阐释的基础上，即通过充分的实证调研、一定数量的个案解读和分析，在具体掌握所选择的村寨实际跨境婚姻变动及相关实际问题的原因的基础上进行分析研究。研究路径将依沿所选择的边境村寨的跨境婚姻行为的内在因素、外部因素和对跨境婚姻管理存在的问题及困境两方面展开。关注云南省跨境婚姻数量较多的边境村寨，调研其数量规模以及对当地的管理工作带来的问题进行分析；重点调研具代表性的跨境婚姻个案，用典型个案以点带面剖析跨境婚姻问题，通过具体个案分析相关政策多种因素之间的互动机制、因果联系和协调路径，并提出对策建议。

二 研究方法

本研究涉及社会学、法学、经济学、人口学、管理学等多门学科的基础理论。为了真实地反映云南省跨境婚姻的现状，研究主要大量采用案例研究的方法进行；采用社会学实地的调研手段；借鉴相关已发表研究理论和成果，重点采用以社会学方法为主，人口学、经济学相结合的研究方法进行。

调研的形式主要有三种。一是深入到边境跨境婚姻家庭，入户进行访谈和问卷调查。为了保证材料的真实性和数据的可用性，我们采用了一户一户分别采访和提问的形式，不使用发放问卷并回收的方式，以避免出现偏差和遗漏个体实情。不求数量，而保证质量。同时，最大限度地记录每户的生活和想法的详细情况，附有大量个案报告。二是访谈。对村寨负责人、乡镇负责人进行访谈，了解面上的情况，以及管理的情况和整体感受，从另外的角度去关注跨境婚姻人群。三是召开座谈会。在乡镇、县、市等召开专题座谈会，参与人员有各级行政领导，以及公安、民政、计生、教育、卫生、社保、司法等相关部门负责人，就跨境婚姻的管理和问题进行研讨，听取各政府职能部门的管理经验、建议和意见。

第三节　概念界定及研究综述

一　跨国婚姻与跨境婚姻

跨国婚姻（international marriage or transnational marriage）的定义较为宽泛，从法学角度定义为："一国公民和另一国公民（包括无国籍人、双重国籍人）之间的婚姻。"① 有时也称为涉外婚姻。两个不同国籍的人所缔结的婚姻，与同国籍的普通婚姻相比，首先面临的是法律问题。各国婚姻法不尽相同，结婚双方须面对不同的法律问题。

跨境婚姻（cross-border marriage）是一个更窄的概念，在同样适用于上面的定义下，还强调跨过边境的通婚状况，所指的群体大多是生活在国家边境地区（云南、广西、新疆、西藏、内蒙古、吉林等）的边民与毗邻国公民通婚现象。在此范围的特定研究对象中，云南省内的大多数是少数民族边民（居住在边境 30 千米范围内），也有部分内地的居民（辖区不与另一国接壤，但是隶属于边境州或市）。

这两个概念在云南省边境现实的背景下存在很大差异。跨国婚姻的双方可能来自于不同国家的不同民族，不仅双方没有共同的血缘纽带关系，而且双方的文化背景和地理环境可能也有着很大差异，甚至会产生文化冲突与排斥。而跨境婚姻的双方大多同宗同族，彼此之间存在着相同的语言和生活习惯，双方的文化背景是相似的，也有着超国界的文化认同，只是由于政治与历史等多重原因而分居在不同的国家。

二　研究综述

随着全球化的进程，全世界许多国家的跨国婚姻人数都在增加。因此学界关注跨国婚姻的研究也逐渐增多。国外大多数研究涉及跨国婚姻，但也有少部分跨境婚姻的研究。以下为相关研究的观点。

观点 1：跨国婚姻使一部分东道国的居民感到困扰，因为一般意义

---

① 邹瑜、顾明主编：《法学大辞典》，中国政法大学出版社 1991 年版，第 321 页。

上，人们不愿意被同化，而同国籍的人结婚，不会改变本土文化。[①] 因此，对于跨国婚姻人群，人们有排斥倾向，甚至有歧视倾向。

观点 2：对跨国婚姻持怀疑态度，因为他们认为非本土配偶之所以与东道国人士通婚，其目的是想通过婚姻获得东道国的合法身份。[②] 这样的观点与观点 1 一脉相承，因此跨国婚姻遭到诟病，也是被排斥和歧视的原因之一。

观点 3：通婚移民并不是单方面的需求。L. A. Simons（2001）的研究[③]指出，从总量来说，相比于国内常住居民，移民是很少的，而通婚移民则是少之又少。在这其中，最穷苦的人和最穷苦国家的人是非常不可能进行通婚移民的，而通常意义上的通婚移民大多是中等发展程度国家的人，当然，他们也不是其国家中最差的人。因而，政府（美国政府）关于移民带来的问题的想象往往是夸大了移民，包括通婚移民带来的影响。也不能把这种行为简单地归结于贫困国家的人想要改变生活的手段，事实上，是美国丈夫们存在这种需求，才产生这种涉外婚姻，而外籍新娘们只不过是在满足了他们美国丈夫的需求的同时改善了她们的生活而已。

观点 4：无论是“输出”国还是“接纳”国都会因政策更多地影响到女性的婚姻移民者。J. E. Yutani（2007）[④] 以种族、阶层、性别和其他社会结构中的地位等多种视角切入，描述现实中那些因不同文化背景和不同社会性别所呈现出的多样的跨国婚姻组合，并研究在现实中这些因素是如何与移民政策一起影响了跨国婚姻及其移民的生活，进而对整个社会产生影响。因此，国家政策的制定不应该局限于合法与否的法制界定上，而是要更多地参考跨国婚姻参与者的境况和需求，不仅需要女性参与其中并明确其权利，相关政策还要明确针对不同性别的适用内容。而这一切都有助于新的社会架构的建立与发展。

---

① *Transnational Marriage and The Formation of Ghettoes*. Migration Watch UK. 2005 - 09 - 22（http：//www. migrationwatchuk. org/briefing - paper/10. 12）.

② Link Fall. *Ex - US Immigration Employee*, *Sister Admits Fake Marriages Scheme Immigration*, *Law Offices of Spar & Bernstein*, Vol. 3 No. 3, 2007.

③ Lisa Anne Simons, *Marriage*, *Migration*, *and Markets*: *International Matchmaking and International Feminism*, Denver: University of Denver, 2001, p153.

④ Jeanine Emiko Yutani, *International Brides*, *Cross - Border Marriage Migration in China and Japan Through a Feminist Lens*, Los Angles: University of Southern California, 2007.

从政策导向方面，N. Piper（2004）① 着重讨论了现存的移民法规如何影响技能缺乏的移民个体，尤其是女性。并试图建立一种国际标准的权益体系来保护这些最有可能受到伤害的人群。通过国家法制体系的诸如《劳动法》、《反歧视法》和《平等机会法》等来保护这些技能缺乏的移民和通婚移民群体。作者指出，单独地为移民或者通婚移民的女性制定法规的作用并不明显，而是要把这些法律和规定与他们个体与社会发展的需要结合起来，赋予他们更多的权利与能力去参与社会的发展与活动就是更好地保护他们。因而需要社会，特别是精英群体对这些弱势人群进行关注，消除政府和相关机构因漠然而形成的“沉默的墙”。

观点5：跨国婚姻已被异化为一种利润导向的市场化机构的载体。在研究了台湾的跨国婚姻市场的规模后，Hong-zen wang 和 Shu-ming chang（2002）② 发现，这些婚姻中介机构变相地提高了市场的需求，即如果没有这些国际婚介机构，这种不同族群间跨国婚姻的规模不会这么大，甚至在同族群间（台湾与大陆和印度尼西亚的华人通婚）通婚的规模也会小很多。

观点6：跨国婚姻问题常常会面临诸多法律障碍和困难③。例如，由于法律原因，如果配偶被拘留或被驱逐出境，家庭就会破裂。这样的家庭是有很大风险的。

基于我国的现实，国内学者对于跨国婚姻的研究相较国外较少，而跨境婚姻的研究较多。根据上面的定义，跨境婚姻是包含在跨国婚姻范畴内的，因此，对应跨国婚姻的研究观点，同样也能解释跨境婚姻的情况。近年来国内学者对跨境婚姻的研究，以中越边境等与东南亚国家接壤的多民族群居区域为最，其他地区如中朝边境和西北跨境民族的研究也有涉及。研究方向多为民族学、社会学、法学等视角。

从民族学角度，周建新（2002）④ 研究了中越、中老边境地区的跨境

① Nicola Piper, *Gender and Migration Policies in Southeast and East Asia: Legal Protection and Sociocultural Empowerment of Unskilled Migrant Women*, Canberra: The Australian National University, 2004, pp. 218 – 228.

② Hong-zen wang, Shu – ming chang, *The Commodification of International Marriages: Cross – border Marriage Business in Taiwan and Viet Nam*, *International Migration*, Vol. 40, No. 6, December 2002, pp. 93 – 116.

③ *Police Officer, Wife Live In Fear, Uncertainty About Deportation Immigration*, (http://www.reviewjournal.com/news/police-officer--wife-live-fear-uncertainty-about-deportation).

④ 周建新：《中越、中老跨国民族及其族群关系研究》，民族出版社 2002 年版。

婚姻现象。他分析了中越、中老边境地区跨境婚姻的历史由来和现实特征及其产生的相关原因，还阐述了部分跨境婚姻法律与政策方面的相关问题。他从族群与民族的概念入手，指出跨境婚姻实质上是跨境民族的婚姻，并以此为基础论述了这种婚姻形式所带来的一系列负面影响及相关问题的解决建议。范宏贵（1996）① 也以民族划分和区域民族历史发展的方法来厘清中越边境居民的民族成分，他认为中越跨境民族有 4 类：一是从中国迁入云南的民族；二是居住原地的土著民族；三是从中国迁到越南的民族；四是从中国转老挝进入越南的民族。总之，他认为这 4 类民族是与中国有渊源的，并有较详尽的数据支持。

从社会学角度，李孟（2009）② 由个案分析了朝鲜女性嫁入中国的社会融入情况。一方面，由于中朝经济发展的不平等，加速了朝鲜女性非法进入中国的频率，也增加了中国男子非法结婚的数量。另一方面，由于中国农村社会男女比例失调，许多男子通过非法途径购买朝鲜新娘的需求不断增长。在讨论了在教育水平较低的农村社区对朝鲜女子的歧视与排斥现象后，作者期待一种合法手段的介入来避免产生不良的社会影响。罗柳宁（2010）③ 把中越的边境婚姻描述为，受到现代国家关系制约的跨国婚姻，这种婚姻，很难归结为是纯经济因素导向的，而更多是由于相互的认同和社会关系的耦合而自然形成的。他指出，跨国婚姻首先缺乏法律上的保障，其次缺乏社会安全的保障，并在对后代的教育上有其缺陷。

从社会卫生的角度，李洲林、彭昆靖等（2009）④ 和谭思（2009）⑤ 从跨境婚姻人群的艾滋病感染与控制入手，分析跨境人群艾滋病感染的社会特征，评估其规模与受影响程度，并根据其高风险、人群脆弱性和社会保障较为落后等方面的因素，提出增强人群防治意识，普及健康教育，增加社会保障介入等政策建议。

---

① 范宏贵：《中越两国的跨境民族概述》，《民族研究》1996 年第 6 期。

② 李孟：《渴望生存——外来“朝鲜新娘”社会适应性研究》，《法制与社会》2009 年第 2 期。

③ 罗柳宁：《论中越边境跨国婚姻建立的基础——兼论“无国籍女人”的身份》，《广西民族研究》2010 年第 1 期。

④ 李洲林、彭昆靖、杨忠桔等：《瑞丽市跨境婚姻人群生存状况及艾滋病患病率调查》，《卫生软科学》2009 年第 8 期。

⑤ 谭思：《腾冲县跨境婚姻人群艾滋病脆弱性研究》，硕士学位论文，昆明医学院，2010 年，第 5 页。

从行政管理角度出发，杨晓兰（2011）① 明确了在中缅边民跨境婚姻中的许多不合法规和不利于社会发展的情况，提出既要加强基层管理的措施，又要深化与缅甸政府方面的外部合作，加大开放与改革力度，做好跨境婚姻的社会保障工作等。

国内涉及跨国婚姻的研究，主要以婚姻市场为视角，更关注人口的迁徙方面的变化。丁金宏（2004）② 比较论述了上海市“外嫁型”与“外娶型”两种跨国婚姻模式的状况，说明了经济开放程度与跨国婚姻数量呈正比例增长。姜海顺（1999）③ 统计描述了延边朝鲜族自治州 1900—1997 年来跨国婚姻的数量成倍增长变化，指出“中女韩男”的外嫁婚占了该州跨国婚姻总数的 90% 以上。指出经济发达是大部分跨国通婚女子选择外嫁韩国的首选因素，同时也指出 1997 年韩国金融危机导致了该年跨国婚姻数量急剧减少。

国内的跨境婚姻研究，通常都是以某村寨的少数案例为基础的分析，关注点大多数比较单一。对于全省多个州市、多个县区、多个村寨的大量调查和研究尚属罕见。我们的调研相对更广泛且更深入，研究视角更全面，分析更多维。

---

① 杨晓兰：《桥头堡建设战略下中缅边民跨境婚姻管理创新探索》，《云南财经大学学报》2011 年第 4 期。

② 丁金宏：《论新时期中国涉外婚姻的特征与走向》，《中国人口科学》2004 年第 4 期。

③ 姜海顺：《对中韩涉外婚姻若干问题的探讨》，《延边大学学报》1999 年第 8 期。

第二章

云南省保山市跨境婚姻问题调查

保山市古称永昌，位于云南省西南部，市府所在地距省会昆明 486 千米。面积 19637 平方千米。辖隆阳区、腾冲县、施甸县、龙陵县、昌宁县一区四县的 72 个乡镇、街道办事处。其中，腾冲和龙陵为两个边境县，分别与缅甸克钦邦第一特区、禅邦第一特区接壤。与缅甸山水相连，国境线长 167.78 千米。有国家一类口岸 1 个（猴桥口岸），省政府批准指定边境通道 4 条，边民互市通道 13 条。由于自然地理因素带来的出入境便利条件，还有边境一线少数民族跨境而居，生活习俗相同，语言相通，以及复杂的历史因素，保山一直有跨境婚姻的现象存在，边民跨境通婚现象更是从未间断。

2010 年末，保山市总人口 250 万人，其中农业户籍人口占总人口的 90%。总人口性别比 105.24。2012 年末，保山市总人口 254 万人，其中农业户籍人口占总人口的 90%。总人口性别比 105.33。

据保山市有关部门统计，截至 2012 年末，保山市已有跨境婚姻 7483 对，涉及全市五县区 72 个乡镇，分布面之广和发展速度之快，引起保山市政法委的高度关注。本研究的调研工作由此开展。

第一节　腾冲县跨境婚姻调查

一　腾冲县概况

腾冲县位于云南省保山市西南部，西、北部与缅甸毗邻，其中有 3 个乡镇与缅甸克钦邦山水相依，全县面积 5845 平方千米，国境线长 148.075 千米，边境一线出入境无天然屏障相隔，有车辆通道 16 条，步行通道无数，两国边民历史上就有经商、互市、通婚的习俗。腾冲县辖11个镇、7个乡：腾越镇、芒棒镇、和顺镇、固东镇、滇滩镇、猴桥镇、界头镇、曲石镇、明光镇、中和镇、荷花镇、马站乡、北海乡、清水乡、五合乡、新华乡、蒲川乡、团田乡。2011年末总人口658207人，其中少数民族51324人。

截至2012年12月31日，统计的全县涉外婚姻人员有1784人，其中缅甸籍1781人。生育子女1745人，已落户1567人，未落户178人。腾冲县的18个乡镇均有跨境婚姻人群。据相关部门统计，腾冲县2000年登记的跨境婚姻人员有229人，按照此数据，到2010年，年均增长率为18.66%。到我们调研时，以上数据已经发生变化，为1861人，增长迅速。

涉外婚姻家庭子女的落户情况如下。

（一）两类人员无法落户

一类为在境外出生带回中国的子女；一类为1997年以前在中国出生的子女，由于没有政策，无法落户。

（二）1997—2009年出生的

按照国务院国发〔1997〕20号《关于新生婴儿可以随父或随母登记常住户口的规定》，在此期间给746人落户。

（三）2009年8月后出生的

按照保山市公安局的通知，对提交国内出生医学证明、父（或母）的居民身份证、户口簿、父（或母）的《境外边民临时居住证》、缅甸马帮丁，经村委会、乡镇、派出所、治安大队签署意见后，上报保山市公安局审批落户，至2012年底落户675人。

入境到腾冲县的“三非”人员，绝大多数是德宏州境外南坎、木姐、八莫、勐古、贵慨等山区人员；一部分是腾冲县境外克钦邦辖区的密支那、板瓦、大田坝、昔董等山区人员；还有少数缅甸内地城市仰光、曼德勒等城市人员。他们主要通过德宏州潞西的芒海、瑞丽的姐告，弄岛、盈江的那邦、章凤的拉介以及腾冲县辖区的猴桥、滇滩、自治、胆扎等口岸（通道）两翼的便道入境。

我们的调研选点集中在滇滩镇、明光镇和猴桥镇3个边境镇。

二　滇滩镇

滇滩镇位于腾冲县北部边陲，东邻明光镇，南邻固东镇，西邻猴桥镇，北与缅甸克钦邦板瓦毗邻，国境线长 24.7 千米，是腾冲县对外开放的前沿，地理坐标为北纬 24°15′25″，东经 98°45′30″，平均海拔 1710 米，年平均气温 14.3℃，镇政府滇滩镇距离县城 60 千米，腾板二级柏油路纵贯全境，交通方便，辖云峰、山寨、胜利、腊幸、左所、河西、旱坡、西营、联族共 9 个村委会，115 个村民小组，农户 6152 户。其中农业人口 26953 人。全镇农民以农业收入为主，2012 年农村经济总收入 20905.01 万元，农民人均纯收入 6319.5 元。粮食总产量 1840.54 万千克，人均有粮 681.9 千克。

滇滩镇有三条出入境通道通往缅甸，镇政府驻地距缅甸第一经济特区板瓦 12 千米，距缅北密支那 176 千米。全镇国土面积 393 平方千米。2012 年末总人口 28484 人，其中少数民族人口 3947 人，占全镇人口的 14%。全镇干群关系融洽，社会治安稳定，人民安居乐业。

到 2013 年初，全镇共有涉外婚姻人员 76 对，其中与缅甸相连的联族村最多，有 44 对。76 对中仅有 3 对已经领了结婚证。这些家庭共生育子女 86 人，其中 75 人已经落户。

照片 1 滇滩镇座谈会

（一）滇滩镇跨境婚姻的特点

滇滩镇跨境婚姻分布广，在全镇9个村中有8个村都有。其中与缅甸相连的联族村最多（44对），主要集中在棋盘石、烧灰坝等村寨。从国籍来看，男方为中国国籍、女方为缅甸国籍的有55对，占比98.2%；从是否登记结婚来看，只有3对办理了结婚登记，占比4%，事实婚姻居多；从婚姻是否稳定来看，大多家庭和睦相处，只有2对“离婚”；从文化层次来看，夫妻双方文化水平偏低；从生育子女落户情况来看，86人中有75人在派出所落户；从生育是否合法来看，符合计划生育相关法律的有26人，占比30.23%。

（二）滇滩镇跨境婚姻的形成原因

跨境婚姻的形成，主要包括父母包办型、介绍相亲型、自由恋爱型、拐卖诱骗型，其中拐卖诱骗型占少数，造成跨境婚姻的原因有多种，主要包括以下几个方面。

1. 男女比例失调

边境地区女子大多外出打工，女孩多嫁到经济发达地区，本地男性找媳妇变成了难题。

2. 经济条件差

边境少数民族乡镇天然生存环境差，经济发展较为落后，那些家中贫穷的男子由于找本地媳妇的成本高（一般6万—7万元），便选择结婚成本稍低的缅籍媳妇（只要1万—2万元）。

3. 习俗相同

滇滩与缅甸山水相连，边境居民生活习俗与宗教信仰大致相同，由于法律意识淡薄，他们认为同民族结婚也是合情合理的事情。

4. 民生差异

2009年缅甸果敢八八事件后，缅方局势不稳定，相比之下，我国国内社会安定、经济条件好、社会福利高、基础设施完善，因此吸引了大量缅籍女子嫁入。

5. 此外，部分在当地名声不好、原配去世不太好找媳妇的男子，跨境出去找媳妇便成了可行的方法

（三）滇滩镇跨境婚姻面临的突出问题

1. 非法婚姻多，法律意识淡薄，结婚手续麻烦

一方面，基于民族习俗相同，以及缅籍华裔的背景，许多跨境婚姻的

夫妻双方并不明白跨境婚姻背后的深层含义，他们法律观念淡薄，文化水平较低，习惯运用祖祖辈辈留传下来的传统结婚模式，不注重现代婚姻的法律效力。另一方面，提到办理结婚登记，大多数夫妻表示想要登记，但更多的是不知道如何办理，又或是不知道为什么不能合法登记。由于中缅双方对待边民跨境婚姻的相关政策不一致，需缅甸方出具婚姻状况、生育证明等材料时，程序烦琐，而且来回成本较高。76 对跨境婚姻家庭 ，仅 3 对领到结婚证，占比仅为 3. 9% 。

2. 合法生育子女占比小，各村子女落户政策不统一

据了解，跨境婚姻夫妇拥有准生证的占少数，并且部分孩子也没有出生证，虽然大多数（87. 2%）均已落户，但是各个村跨境婚姻所生子女的落户政策并不一致，没有具体的明文规定，所以跨境婚姻所生子女究竟能否落户，村里也不能确定。

3. 非法跨境婚姻户籍管理难，跨境婚姻中的外籍人员生计难

一方面，由于外籍人员在我国大多没有落户，因此使政府的社会管理难度加大，给社会治安带来一定的隐患；另一方面，没有户口也使得他们外出谋生存在着很大的困难，家庭经济条件很难改善。

4. 非法跨境婚姻的防艾工作难

采访中的非法跨境婚姻夫妻都没有婚前体检的意识，婚前体检是办理结婚登记的重要环节，目前婚姻登记较少的现状不利于艾滋病的控制，给防艾工作带来较大的挑战。

（四）建议

鉴于婚姻登记难以及许多事实婚姻的存在，为了便于政府部门的社会治安管理，可以采取备案管理的模式，凡是跨境婚姻的夫妇，不管合法与否，均要到民政局登记备案，并为他们颁发跨境婚姻夫妻备案证，备案证中要登记夫妻双方以及子女的基本信息（类似于户口本）。另外，民政局要注重后续管理，如出现“离异”情况，也要登记在案。

在办理婚姻登记、户籍登记以及村中宣传栏等处张贴办理结婚登记以及子女落户的流程与手续，并在每村设置相关人员，从基层了解跨境婚姻存在的问题，层层向上反映，相关政府机构及时更新与出台有效的政策，同时再将这些政策层层传递和宣传下去，使得跨境婚姻的管理与问题的解决同步进行。

考虑到边境地区边民重结婚仪式轻婚姻登记的传统，而事实婚姻还受

当地群众认可的现实，以及跨境事实婚姻家庭已生育子女，形成了对后代的抚养、对老人的赡养等家庭义务，已经具有婚姻的实质内容。相关机构可以有条件地给予特殊政策倾斜与照顾，比如提供事实婚姻的补办登记程序和手续，并根据通婚家庭的具体情况，给予政策指导和帮助。

注重边境地区的法制宣传教育，强化边民的“国界”“国家”意识，从小孩抓起，以达到维持社会和谐稳定的目的。在宣传内容上，要加大对中缅边境地区跨境婚姻所涉及的法律法规的宣传、贯彻和落实力度，使边民树立办理《结婚证》和《生育证》的意识，认知积极办证的必要性，以及利国、利家、利子女的好处，还要宣传国家婚姻政策、边民优惠政策、防艾知识、违法后果等内容，让他们真正了解非法婚姻带来的弊端，自觉维护合法婚姻。

（五）联族村跨境婚姻情况

联族村与缅甸接壤，国境线长 24 千米。有火炭洞、板瓦、姊妹山垭口三条通道通往缅甸。全村面积 80.79 平方千米，平均海拔 1752 米。到 2012 年底，全村 995 户，总人口 4532 人，其中傈僳族有 6 个自然村 13 个村民小组，共 494 户 2333 人，占总人口的 51.5%。2012 年，全村人均占有粮食 710 千克，人均纯收入 5260 元，其中，傈僳族人均占有粮食 420 千克，人均纯收入 1850 元，属于极度贫困人群。

截至 2012 年底，联族村共有涉外婚姻 44 对，女方为缅籍的有 40 对，男方为缅籍的有 1 对，女方无国籍的有 2 对，男方无国籍的有 1 对，皆属于缅甸边境居民。其中，43 对为傈僳族，1 对为汉族。由于家庭生活困难，文化素质很低，根本没有能力办理相关资料、证明来进一步履行合法登记结婚手续。因此，44 对全部为事实婚姻。

在联族村入户调查了 9 户跨境婚姻家庭，均为少数民族跨境婚姻，其中夫妻双方均为傈僳族的有 8 户，其余 1 户中方为傈僳族，缅甸方为景颇族。从国籍归属来看，9 户都是男方为中籍，女方为缅甸籍。文化程度普遍较低，中方 9 人中 5 人为小学文化，4 人为初中文化，女方 9 人中 2 人未上过学，3 人为小学文化，3 人为初中文化，1 人为高中文化。这 9 户均为事实婚姻，未有一户合法取得结婚证。9 名缅籍妻子中仅有 1 人未有合法入境证件，但 9 人都未取得居住证，属于法律上的非法居住。

联族村的较为特殊的情况使傈僳族贫困人群选择了跨境婚姻。村里的干部认为，这样的跨境婚姻是有隐患的：一是人口健康安全问题。由于是

照片2　联族村的耕地对面就是缅甸：距离缅甸比村委会还近

照片3　联族村的村民生活方式简单落后：烧火塘

非法入境（小路来往）没有经过任何健康检查，存在健康安全风险。二是家庭不稳定。存在语言沟通、年龄、性格、生活习惯的差异，有2对发生女方出走情况（“离婚”）；还有的由于配偶死亡，女方回缅甸，遗留孤儿由于无户籍无法办理孤儿证，生活无保障。三是计划生育难开展。由于跨境婚姻要么是非婚、要么是早婚，所生育子女都属于违法生育，按规定，都要进行处罚。但是这些跨境婚姻家庭大多数是贫困家庭，罚款征收十分困难，给村里的计生工作带来很大压力。四是维稳工作有隐患。跨境缅甸居民往来大多数是走小路，为非正式入境，边境派出所并没有登记和记录，存在隐患。五是贫困加重。由于跨境婚姻中国一方大多数是贫困人群，跨境婚姻外籍人员无合法身份，不能享受任何国家的惠农政策和低保、社保、医保、养老等政策。另外，由此造成的外出打工不便，使得贫困问题更加严重。

照片4　联族村的村民生活贫困：杂乱、破旧透风、透光的住所

三　明光镇

明光镇位于腾冲县北部边陲，东邻界头镇，南邻固东镇，西邻滇滩镇，北面与缅甸克钦邦第一特区接壤，是腾冲县的三个口岸镇之一。全镇国土面积为698平方千米，国境线长54.38千米，有6号、7号、8号、9号四个界碑及五条简易通道通往缅甸，从7号界碑出境30多千米即是缅北重镇板瓦，从8号界碑出境可直达省级口岸怒江州泸水县片马镇。辖自

治、麻栎、东营、沙河、松园、顺龙、中塘、东山、凤凰共2个社区、7个村民委员会、110个自然村、170个村民小组，有傈僳族、白族、阿昌族、景颇族等11个少数民族，2010年末全镇总人口39754人，其中少数民族3562人。随着双方往来的加强，缅方合法与非法入境的人员也越来越多。

镇政府所在地小辛街到县城60千米，道路为柏油路，交通方便，2010年农村经济总收入21227.6万元，农民人均纯收入4113元。全镇农民以种植业收入为主。

据镇相关部门统计，到2013年初，明光镇跨境婚姻涉及缅方居民198人，其中女性190人，男性8人。

照片5　明光镇座谈会

(一) 明光镇跨境婚姻特征

一是办理结婚证的较少。镇内198对跨境婚姻中只有65对进行了婚姻登记，注册率不到33%。2002年以前进入境内的65人已按照相关规定办理了结婚证和户籍，但仍有133人未正式登记。

二是覆盖面广，分布较分散。分布在凤凰社区12对，中塘社区9对，东山村7对，顺龙村20对，沙河村18对，松园村10对，东营村9对，麻栎村25对，自治村23对。全镇2个社区、7个村委会均有分布。

三是近十年跨境婚姻数量增长迅速。到2002年，全镇跨境婚姻数量只有65对，而2012年该数目已上升至198对。近十年以年均11.78%的速度增长。伴随着边境物资进出口和劳动力流动，中缅务工人员交往日趋频繁，预计该数目还将快速增加。

四是中缅边境的傈僳族生活环境和信仰相同，而且长期聚居在一起，分享着相同的寨规村规，因此婚姻相对稳定。而其他跨境婚姻由于缺乏法律的约束和保护，比较不稳定，这其中不乏拐卖来的缅甸妇女。

（二）跨境婚姻出现的原因

明光镇地理位置特殊，与缅甸接壤且国界线长、通道多，历史交往一直比较频繁。随着自治通道开发水平的提高以及来往务工人员不断增多，给边境居民提供了更多的交往机会。再加上目前明光镇因年轻女子大部分外出打工而造成的男女比例失调，少数困难家庭男性难以解决婚姻问题，只有缅甸边境一线比较贫困村寨的女子才愿意嫁过来。

（三）辖区跨境婚姻现行管理措施

在生活保障方面，对于贫困家庭，不论是否为跨境婚姻家庭，都一视同仁纳入农村低保范围，适时发放临时救助。在医疗方面，对于外籍配偶，只要村政府和家庭都承认其事实婚姻，即可得到医疗保障待遇。在计划生育方面，对跨境婚姻家庭定期或不定期提供免费的避孕药具，并且每年组织工作人员深入各家庭进行计划生育政策的宣传。在防止艾滋病传播方面和犯罪方面，密切跟踪跨境婚姻的吸毒贩毒、艾滋病等情况，确保边境社会和谐稳定。

（四）辖区跨境婚姻存在的问题

第一，截至2013年初，明光镇自治村仍然有75名原籍为当地傈僳族的无国籍人员。由于历史原因，祖辈在20世纪60年代“文革”时期，因国内形势的变化，迁往乡镇属于缅甸克钦邦第一特区的楚依河、长龙河一带，到20世纪80年代，我国改革开放形势大好，他们又迁回明光镇自治村大竹坝和大笼坝居住。在缅甸居住期间也未取得缅甸政府的认可和办理户籍登记。由于信息闭塞，他们一直不知自身的国籍改变了。虽然他们现居住在中国境内，保持着与中方亲属的联系，与同村人婚配，但是，从法律上来说，他们的婚姻是非法的。不仅婚姻无法得到保护，子女落户手续烦琐，而且当事人的权利和财产得不到保障。另外，从生活资料方面来说，75名无国籍人员虽居住在中国境内的村寨中，却得不到当地居民所分配的林地和田地，只能使用中方配偶的土地或租用亲戚的土地。

第二，缅甸籍女子嫁入中国家庭，不知如何办理结婚证，更不知如何落户，不能享受村民的同等待遇，例如政府对于贫困个人的最低生活保障、农村居民的养老保险、家庭创业贷款等。当地政府部门对于无国籍、外籍婚姻的注册手续了解不深入，无法解答村民的疑难问题。

（五）建议

对于已经由当地政府明确原籍为明光镇自治村的傈僳族村民的75名无国籍人员，根据《中华人民共和国国籍法》第7条规定，外国人或无国籍人，愿意遵守中国宪法和法律，并定居在中国的，可以经申请批准加入中国国籍。再根据第15条规定，受理国籍申请的机关，在国内为当地市、县公安局。因此，75名无国籍人员可以向当地县政府申请加入中国国籍。而在申请过程中唯一缺少又必须提交的永久居留证，是可以根据实际情况制定备案条例而允许发放给无国籍人员的。对于缅甸籍配偶加入中国国籍和落户当地的程序和应提交的材料可参见附录1——中国边民与毗邻国边民婚姻登记办法。

做入户调查的2个村中，顺龙村属于半山区，而丰盛坝自然村属于坝区，主要是以汉族为主，但也出现了汉族与缅方傈僳族的跨境婚姻。在明光镇共调查了7户跨境婚姻家庭，均涉及少数民族跨境婚姻。其中5户为夫妻双方均为傈僳族；1户男方为汉族，女方为傈僳族；1户男方为汉族，女方为克钦族（傈僳族其实可算作克钦族的分支）。从国籍归属来看，都是男方为中籍，女方为缅甸籍。从文化程度来看，7户家庭文化程度普遍较低，中方7人中1人为小学文化，6人为初中文化，女方7人中6人未上过学，1人为小学文化。这7户均为事实婚姻，未有一户合法取得结婚证。7名缅籍妻子中有3人未有合法入境证件，且7人都未取得居住证，属于法律上的非法居住。

四 猴桥镇

猴桥镇位于腾冲县西北边陲，东与滇滩镇、固东镇、马站乡相邻，南与中和乡连接，西与盈江县支那、盏西两乡毗邻，北与缅甸接壤，距缅甸甘拜地县31.5千米，密支那155千米，国境线长72.8千米，有国家级一类对外开放口岸——猴桥口岸，并有7条通往缅甸的边境通道。镇政府所在地距县城52千米，道路为二级柏油路，交通方便。全镇国土面积1086平方千米，辖永兴、箐口、上街、金家、东村、下街、猴桥、轮马、胆扎4个社区5个村、110个村民小组、151个自然村。居住着汉族、傈僳族、回族等民族。截至2012年底，全镇总人口28673人，其中傈僳族

照片6 跨境婚姻家庭：缅甸媳妇

1086户4910人。主要聚居在猴桥社区、胆扎社区和轮马村。2007年农村经济总收入9743万元，农民人均纯收入2097元。2010年新型农村医疗合作户参合率达100%。

目前，缅甸籍非法入境与猴桥镇居民非法通婚的人数呈上升趋势，2009年共有92人，至2012年12月通婚人数增加至154人，占全镇总人口的0.5%。据统计，全镇9个村（社区）均有缅甸跨境婚姻人员长期居住。这些人员生育子女180人，其中179人已在辖区内落户，但所有154名非法通婚人员均未办理结婚证。

（一）猴桥镇跨境婚姻情况特点

1. 覆盖面广，全部都没有办理结婚证，子女都能落户

全镇4个社区5个村均有跨境婚姻情况存在，永兴村51人（全为女性），生育子女63人，全落户；猴桥社区36人（女性32人，男性4人），生育子女68人，全落户；胆扎社区29人（全为女性），生育子女35人，全落户；轮马村10人（全为女性），生育子女63人，全落户；金家村11人（男性1人，女性10人），生育子女13人，全落户；猴桥村10人（女性8人，男性2人），生育子女9人，全落户；东村村9人（全为女性），生育子女9人，全落户；箐口社区7人（全为女性），生育子女6人，全落户；上街村4人（全为女性），生育子女6人，全落户；下街社区6人（全为女性），生育子女8人，落户7人，未落户1人。

特点为均无结婚证，多数为女性嫁入，孩子几乎都落户了，后续问题不大。

2. 通婚双方大多数为贫困农村居民

据调查，大多数跨境婚姻家庭的生活水平低于当地居民的平均生活水平。缅甸方人员，以来自密支那、甘拜地、歪莫、大扎河、路通山（音译）等地的居多，其居民生活水平普遍低于与其通婚的中国当地居民生活水平。

（二）跨境婚姻出现的原因

首先，猴桥镇与缅甸山水相连，双方边民多为同一民族，语言、生活习惯相同，自古以来就有通婚习俗。另外还有部分为历史上赴缅经商互市的华人华侨，定居缅甸又与我方边民通婚的。

其次，双边经济差异，导致缅方寻求安稳生活。中缅经济水平差异明显，再加上缅甸局势动荡，战事连连，缅方边民生存条件和生活环境艰难，主动嫁入中国境内，想寻求安稳有序的生活，尤其是儿女今后在中国有保障。

再次，男女比例失调，贫困边民娶妻难。猴桥辖区内贫困人群较多，山区生存条件差。当地女青年外出打工都不愿意回乡，都嫁往外地，寻求新的好的生活。当地男青年找对象难，加上贫困问题，找国内媳妇难。

最后，跨境婚姻费用低，解决了婚姻困难户问题。由于当地农村经济发展不平衡，特别是山区边民生产生活条件差，一些适龄男子由于家庭困难，找不到对象，年龄越拖越大，也无力按照当地习俗娶妻。娶缅甸媳妇，费用仅为娶国内媳妇的一半甚至1/10，这样就解决了婚姻问题和传宗接代问题。

（三）跨境婚姻造成的问题

1. 户籍管理难

由于猴桥镇的跨境婚姻均没有办理合法结婚登记，从法律层面看，均属于非法。没有结婚证，就根本无法获得户籍。这样的“黑户”，给户籍管理带来困扰。还有少数跨境婚姻家庭时而去缅甸居住，在缅甸生育等，造成管理有困难。

2. 清理“三非”人员难

猴桥地理境况使中缅边民出入方便，非法入境人员大多数未办理《临时居住证》。如果跨境婚姻人群也列入非法，按规定要遣送出境。但

照片7　缅甸国门之一

是，他们有固定的家庭，已经生儿育女，遣送有感情上的不忍。另外，即使遣送出境，他们很快又能方便返回。这就造成了边境边民的管理难问题。

3. 防艾工作难

跨境婚姻的缅方人员大部分来自艾滋病重灾区，婚前均未经健康检查，这些家庭既是传播性病、艾滋病等传染病的高危人群，又是卫生、计生部门的监测监控盲点。

（四）建议

1. 建立完善的涉外婚姻管理制度

猴桥为国家级开放口岸，随着经济合作的推进，镇内流动人口必然增加，外籍流动人口也会增加，涉外婚姻也有增长趋势。应该有明确的边民涉外婚姻管理制度，包括其子女的户籍登记制度、就学、医疗等方面的福利如何进行等，应适当优惠边民。做到管理无缝隙，服务全覆盖。

2. 建立方便快捷的涉外婚姻登记服务平台

我国跨国婚姻制度较严，但不够完善，建议建立方便快捷的咨询、登记、管理等服务平台，将涉外婚姻登记权限下放到县、乡一级。建立跨境

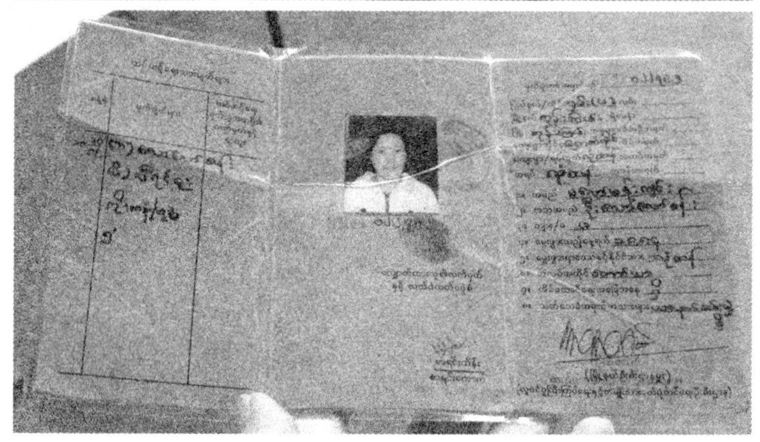

照片 8　缅甸身份证：马帮丁

婚姻登记服务平台，办理临时居留证、永久居留证、婚姻登记等。另外，法定受理机构应该安排定期下乡、流动执法。

3. 对于已经存在的“事实中国公民”，在一定条件下，允许落户

这些跨境婚姻的外籍人员，绝大多数文化水平低，往往很难提交相关的证件和证明材料。政府相关部门应该明确加入中国国籍的条件和程序，适当考虑边境地区边民跨境婚姻人群的特殊情况，给予政策倾斜，采取一些便民措施。

4. 推行涉外婚姻婚前体检制度

对涉外婚姻的人员进行婚前体检，才能有效防止传染病以及吸毒人员入境、通婚。

第二节　龙陵县跨境婚姻调查

一　龙陵县概况

龙陵县位于云南省西部边陲的龙川江和怒江之间，东南隔怒江与施甸、永德、镇康三县为邻，南与缅甸隔江相望，西与潞西市和梁河县毗邻，北与隆阳区和腾冲县相连接，国境线长 19.71 千米。国土面积 2884 平方千米，辖 3 镇 7 乡，5 个社区 116 个，其中边境村 12 个，直接接壤缅甸的村有 4 个（鱼塘垭口村、木城村、老满坡村、花椒村）。2012 年末全县总人口 289006 人。龙陵县是全国贫困县之一。

截至 2012 年 7 月底，全县共有涉缅家庭 3538 户 8625 人；其中缅甸籍的男性 57 人，办理结婚证的有 6 人；缅甸籍女性 3483 人（其中 15—19 岁的有 93 人），办理了结婚证的有 681 人。

民政局：自 1988 年 1 月 1 日至 2008 年 4 月 15 日（此后停办），全县共有跨境婚姻家庭 3800 户左右；办理结婚证的有 710 户，未办理的 3100 户左右。

县计生委：跨境婚姻家庭生育子女 5084 人，一孩 1617 人，二孩 1409 人，三孩 140 人，四孩及以上 47 人；现在孕 110 人；已落户的子女有 1916 人。随同流入子女 211 人。

县卫生局：截至 2012 年底，全县累计报告 HIV 感染者 620 例，在 2005 年至今 HIV 感染的 139 例孕产妇中，有 53 名为缅籍孕产妇（占 38.13%）。其中涉外婚姻的缅籍感染者大部分未得到规范的免费抗病毒治疗，其次检测率较低，为 73.13%。

县教育局：在读的无户籍学生 995 人，包括涉缅婚姻家庭的子女，其中，超生或身份证错误等未落户者 290 人。在校在义务教育阶段的涉缅孩子 682 人，在高中阶段有 5 人，另缅甸籍来借读的有 18 人。

出入境管理大队：截至 2011 年底，与中方通婚的缅籍人员为 3145 人，占县内境外人员总数的 96.4%。其中办理临时居留证的有 2262 人，未办理的有 883 人（2011 年 9 月因管理办法变动，不对此类人开展办证工作）。

龙陵县镇安镇，到2013年统计的跨境婚姻人数为602对，跨境婚姻家庭的子女总数为790人，其中，514人已经落户，占子女总数的65.1%。

二 木城乡

木城彝族、傈僳族乡位于龙陵县城南部怒江下游北岸，乡政府驻地距县城153千米。东与平达乡、镇康县相邻，西与芒市中山乡接壤，南与缅甸果敢县隔江相望，北与象达乡相邻。国境线长19.71千米。乡内最高海拔2721米，最低海拔（万马河口）535米（全市海拔最低处），属亚热带气候。全乡国土面积234.2平方千米，有耕地26227亩、林地17万亩，森林覆盖率64%。全乡辖5个村委会、51个村民小组，总人口9005人，2424户。其中，少数民族861户3431人，占总人口的38.2%，是全县唯一的少数民族边境乡。主要产业有粮食、烤烟、畜牧、甘蔗、核桃、咖啡、茶叶等。2012年农民人均纯收入4707元。

照片9 木城乡座谈会

木城乡历史上曾有4个边境通道，即光坡渡口、花椒渡口、等养渡口、老厂渡口（后来光坡渡口、花椒渡口停用）。1987年等养、老厂渡口被批准为省级边境通道，此后出入境人数逐年增多，2012年全年达15000人（次），有近9000吨农用物资、日用商品出境交易，边境交易额达500万元。中缅边民相互往来、相互通婚已有几百年历史，新中国成立前边民跨境迁居现象尤为突出，新中国成立后随着我国经济社会协调发展，原来出境居住的大多数居民返回境内居住，但也有部分我国国民留居缅甸境内，变成缅籍人口。由于历史原因，现在居住在缅方境内的上千人，曾是我国国籍人口，因此，缅甸一侧三个乡的近3万人，绝大多数人讲汉语、识汉字、用人民币，风俗习惯与境内群众相同，宗教信仰相同，因此，边民通婚从未间断。我国实行的改革开放政策，促使经济社会更快发展，群众生活水平逐年提高，更加吸引缅甸边境女青年入嫁我国境内。

（一）木城乡边民跨境婚姻现状

截至2012年底，木城涉缅跨境婚姻有186户，全部为女性嫁入，涉及全乡5个行政村，41个村民小组和186户259人，生育子女共170人。其中未落户的有163人，持有效证件的有115人，占总数的62%，办理合法登记的15对，占总数的8%。

1. 木城边境跨境婚姻类型

木城边境跨境婚姻可以分为父母包办型、介绍相亲型、自由恋爱型和拐卖诱骗型四种。父母包办型婚姻，指的是从媳妇的人选到婚宴的举办等都是由父母一辈人做主、安排操办完成，当事人根本没有做决定的权利。“嫁鸡随鸡、嫁狗随狗”，一切听从父母一辈的安排。这类婚姻多发生在20世纪80年代之前。介绍相亲型婚姻，指的是在媒婆的介绍认识之下，当事人双方通过相互观察和一定的时间相处，在对对方有一定了解的基础上作出决定形成的婚姻。相对于父母包办婚姻来说，介绍相亲型婚姻的当事人有了一定的自主权利。这种情况多发生在双方中存在残疾或是二婚的情况。自由恋爱型婚姻，指的是当事人双方在游玩或劳动中相互认识，经过一段时间的感情培养而形成的婚姻。这种情况是自两国关系正常化以来比较普遍的形式。拐卖诱骗型婚姻，指的是缅甸女子被人贩子拐骗到木城然后被卖给中国男子为妻。男方有知道该女子是被拐卖的，也有不知情被蒙在鼓里的。这种婚姻属于违法犯罪行为。

2. 木城边境跨境婚姻婚配条件

木城男子娶缅甸女子，以及缅甸女子嫁到木城来，大多数都是存在种种个人及家庭的原因。因此在对对方的个人和家庭条件的要求上都不是很高。

（1）个人的条件。木城男子娶缅甸女子为妻，主要有以下几种原因：一是家里太穷，娶木城女子为妻要的聘礼太高，而娶缅甸女子花的钱相对较少；二是自身残疾，在木城娶不到老婆；三是自身名声不好，懒惰或是有过不好的行为；四是原配妻子死后在木城找老婆不容易，所以要到缅甸去找。而缅甸女子愿意嫁到木城来，主要有以下几个原因：一是缅甸的经济生活水平没有木城好；二是自身残疾或是有些不好的行为名声；三是父母对其不好；四是在缅甸谈恋爱失败或是结过婚很难再嫁。由于双方都是存在一定的原因才进行跨国的婚配，所以男女双方对个人条件的要求都不是很高。健康的男方不会介意女方是不是残疾，只要是勤劳、善于做家务和干农活就行了。而缅甸女子觉得能嫁到木城来就可以了，对男方家庭的条件也没有太高的要求。

（2）家庭条件。处于边境线周围的两国边民都以农业生产为生，辅以一些其他的收入，如牧业、林业和边境贸易等。但是总体来说，木城边境的大部分村民其生活水平相对于缅甸边境的村民来说更好一些。木城经济社会发展状况、基础设施建设、文化、教育、医疗卫生、社会保障水平都比缅甸好。但部分木城男子娶缅甸女子为妻也是因为家里太穷的缘故。

3. 木城边境跨境婚姻特点

（1）发展速度快。自20世纪80年代初期以来，中国跨境婚姻的登记数逐年上升。1982年，木城跨境婚姻登记数为20对，2012年已达186对。年平均增长率为11.8%。

（2）地域分布广。木城的跨境婚姻涉及5个村、41个村民小组。

（3）华侨多。在跨境婚姻中，华侨、外籍华人一直占很大比重，通常有70%之多。

（4）文化层次低。总体上，木城登记的跨境婚姻，双方文化程度均偏低。

（5）“事实婚姻”，非婚生育，“黑人黑户”。按照我国的法律相关规定，缅甸媳妇没有木城户口，没有结婚证，其所生子女也属违法生育。

（二）木城跨境婚姻中存在的问题和原因

木城乡跨境婚姻日益增多，问题也纷纷浮出水面。中缅文化的差异、生活习惯的不同、语言的不通，使得中缅跨境婚姻危机不断，离婚、家庭暴力甚至是犯罪现象时有发生。

1. 跨境婚姻存在的主要问题

由于缅甸政治、外事、法律体制不健全，经济、文化、卫生等基础薄弱，导致人口综合素质偏低，因婚姻关系进入境内的缅甸人口，给所在乡

照片 10 村里傈僳族的生活方式简单、落后，生活贫困

教育、禁毒、防艾、防火工作增加了较大的压力。目前，嫁入木城乡境内的缅方女青年 98% 为文盲，这些人法律意识、科技意识、禁毒防艾、防火意识较差，导致跨境婚姻家庭学科技、用科技、推广科教难。由于相关法律、政策不配套，有的跨境婚姻家庭子女无户籍，给人口与计划生育及公共安全户口管理带来困难，安全隐患较大。

由于对跨境婚姻缺乏有效管理，中缅边境跨境婚姻也存在很多问题。目前，中缅边民之间跨境婚姻存在的主要问题是：没有履行法律规定的婚姻登记手续；嫁入中国边境的缅甸妇女没有中国国籍，也没有中国当地户籍。由于这两个问题的存在，也带来了一系列的其他问题，具体如下。

（1）不利于嫁入木城的缅甸妇女的生产生活和权益保障，她们及其家庭和孩子容易受到歧视。由于中国农村主要是农民集体所有制经济，而缅甸妇女没有中国国籍和木城户籍，所以无权分田地，同时，无法享受新型农村合作医疗保险、农村养老保险、沿边居民生活补助等政策，不少缅甸妇女有了孩子后，见家庭生活不如意，一走了之，给孩子的成长蒙上阴影。

（2）不利于木城家庭的稳定和生产生活。作为木城家庭的妻子和母亲，这些缅甸妇女没有中国国籍和木城户籍，生产生活限制很多，这直接影响到家庭的稳定，也影响家庭中的丈夫和孩子。她们在国民身份认同方面出现危机，导致婚姻关系不稳定，家庭功能无法正常发挥，对跨境婚生子女的成长不利，容易造成孩子的心理负担，不利于子女教育，导致跨境婚姻家庭经济功能衰弱，从而给社会带来一系列潜在的危害。

（3）不利于边境社会管理。由于嫁入木城的缅甸妇女没有中国国籍和木城户籍，流动性很大，在治安管理、婚姻管理、计划生育管理等方面都有相当的难度。这些非法结婚的家庭不给发《准生证》，他们的孩子计生部门只能按照非婚生育来处理，让他们交纳社会抚养费，但很多家庭贫困，社会抚养费征缴困难。

（4）跨境婚姻诈骗时有发生。有部分缅甸女性被物质利益所迷惑，接受钱财嫁给木城男子，小住数日后便纷纷“逃婚”，外嫁别的男人。还有极少部分在中国境内从事偷窃、诈骗、人口拐卖等活动，给社会治安带来了不稳定因素。

（5）跨境婚姻的离婚率高。“大量结婚，大量离婚”是近些年木城跨境婚姻的显著特征。

（6）家庭暴力时有发生。家庭暴力是世界各国普遍存在的社会问题。由于家庭地位不平等、经济地位不平等、社会地位不平等，很容易造成家庭暴力。

（7）禁毒防艾形势严峻。由于没有专门的边防口岸检查和经过严格的婚检，缅甸籍女子是否吸毒及是否健康，无从知晓。

2. 缅甸妇女嫁入中国却不办理婚姻登记和入籍的原因

（1）长期以来的习惯使然。祖祖辈辈延续下来的这些跨境婚姻，几乎从来没有办理结婚登记和加入中国国籍的先例，这已经是长期以来的一种习惯。“摆顿酒席就是夫妻了”，这种民间形式的通婚，已经在中缅边境持续了多年，很少有办理结婚登记的夫妻。由于受语言、政策等客观条件的限制，边境地区的跨境婚姻登记工作一直难于开展。加上两国边民通婚已是当地长期存在的现象，他们依法登记结婚的意识淡薄，认为两个人结婚就是摆摆酒席、请亲朋好友吃一餐就是夫妻了。

（2）法律意识不强。由于长期生活在偏远的边境山区，很少走出来，所以这些跨境婚姻当事人并没有意识到法律手续不完善会有多大危害。他们甚至认为办不办结婚登记、加不加入中国国籍都区别不大。《中国与毗邻国边民婚姻登记管理试行办法》在边境地区无法落实。

（3）法律知识有限，不知道婚姻登记和入籍手续到底该如何办理。这些婚姻由于涉及跨境因素，手续复杂，身处偏远边境山区的边民，知识水平低下、法律意识淡薄，也是花钱“娶”缅甸女的男子的共性。

（4）经济条件有限，难以支付办理婚姻登记和入籍手续的费用。有些边民也有过办理婚姻登记手续和入籍的想法，但知道需要数目不小的费用，就纷纷退却了。

（5）两国法制不协调。在中国进行婚姻登记，中方要求缅甸妇女提供“缅甸边境县（市、区）政府机关出具的经公证机关公证的婚姻状况证明”和“同意与中国边民结婚的证明”，可是，她们都无法从缅甸政府方面得到这些证明。原因是，缅甸政府不希望大量妇女嫁到中国。

从龙陵县城到木城乡的道路有很长一段是弹石路，且从木城乡去往各个村寨的道路均为土路，交通十分不便。木城乡是典型的山区乡镇，沿怒江边的地势山多坡陡，平地十分罕见。木城乡的国境线实际上就是沿着怒江而划，曾有 4 个渡口往来中缅，但江中有许多地方水流较缓，通过小舟即可摆渡，不少边民实际上并不通过正规的渡口过境。入户调查的等散、下绿水两个自然村均距怒江不远。我们共调查了 5 户跨境婚姻家庭，其中 3 户为夫妻双方均为汉族，1 户为夫妻双方为彝族，1 户丈夫为彝族妻子为傈僳族。从国籍归属来看，均为男方为中籍，女方为缅甸籍。从文化程度来看，他们文化程度普遍较低，男方 5 人中 1 人未上过学，4 人为小学文化，女方 5 人均未上过学。这 5 户中有 3 户已经领取了结婚证，而其余两户为事实婚姻，未取得结婚证。5 名缅籍妻子中有 4 人有合法入境证件，而仅有 1 人取得居住证。

三　碧寨乡

碧寨乡位于怒江西岸，距县城 89 千米，东与施甸隔江相望，南与勐糯、平达、象达乡相连，西与乡安乡、龙新乡接壤，北与腊勐毗邻，在 286 平方千米的土地上，生活着 21259 位居民，其中农业人口占 97.4%，有傈僳族、彝族、傣族、白族、景颇族、德昂族等 8 个少数民族。全乡辖梨树坪、碧寨、滥坝寨、摆达、中寨、杨梅田、麦子坪、新林、三家村、大宁、坡头、半坡等 12 个村民委员会、163 个村民小组。人均占有耕地 1.6 亩，森林覆盖率 65.3%。人均纯收入 4570 元，人均占有粮食 457 千克。

截至 2012 年底，全乡涉缅跨境婚姻家庭共有 500 余户，办理了结婚证的仅 7 户，随流入子女 195 人。生育子女 405 人。

照片11　碧寨乡

（一）碧寨乡跨境婚姻特征与原因

1. 分布较广和婚姻登记少

碧寨全乡12个行政村均有涉外婚姻现象，但仅有36户办理了结婚证。

2. 随同流入子女多

由于各种原因，如在境外出生或在外结婚后又离婚等情况，随缅甸人员入境到中方生活的子女较多。

3. 涉缅婚姻家庭贫困

由于部分山区发展滞后，部分男青年家庭贫困，在当地娶不到媳妇，只能娶缅甸媳妇。如跨境婚姻较多的三家村，由于经济发展水平低于全乡平均水平，男青年很难找到当地媳妇。

4. 性别比失调

由于受传统生育观的长期影响，部分山区性别比偏高，适婚人员中的男性多，再加上本地女青年大量外流，外出打工大多选择外地嫁人，使男性的适龄婚配对象匮乏。另外，习俗上，女性嫁到外地，父母赞成，而男性一般要求回家娶妻养家。

5. 中缅两地发展差异较大

碧寨乡的经济、社会不断发展，居民安居乐业，国家给予农民福利待遇较多，整体生活水平逐年提高。缅甸社会不稳定，经济发展缓慢，生活较贫困。由于地理上距离很近，中方男青年和缅方女青年互相到对方所在地打工的现象很普遍，互相接触和相处的机会较多。易于发展成婚。

（二）碧寨乡跨境婚姻存在问题

1. 行政执法难

在碧寨乡，涉缅婚姻家庭绝大多数是事实婚姻，未办理结婚证，因而生育的子女也就是违法生育，这部分边民流动性大，很难进行孕前管理，也很难进行违法生育处罚，增加了执法难度。

2. 人口管理难

由于缺乏详细和准确的统计数据，因而难以进行有效管理。另外，由于跨境婚姻子女落户难，没有户籍，导致人口管理难。

3. 无法享受惠农政策

由于涉外家庭从结婚到生育都缺乏合法手续，即没有合法身份，因而不能享受任何国家惠农政策以及扶贫政策等，而这部分家庭中大多数生活困难，最需要得到救助和扶持。

4. 子女入学难，后患大

大批无户籍涉外婚姻子女，在本乡就读中小学，学籍管理难，升学更难，根本就不可能进入高中或大学。另外，涉外婚姻家庭的人口素质普遍较低，再加上经济条件差，即使子女能升学，家庭也供养不起，造成恶性循环。

5. 违法行为增多

由于中方有需求，存在拐骗、诈骗婚姻等行为。境外有专门牵线购买缅甸媳妇团伙，骗取介绍费。也有先嫁后骗钱伺机逃走的案例。

（三）建议

1. 加快经济发展，拓宽农民增收渠道

针对跨境婚姻人员大多数是贫困人群情况，应该千方百计促使群众致富，改善边民生产生活条件。

2. 加强协作，齐抓共管

各部门联动，首先普查登记，摸清情况。建立部门联席会议制度，定期召开会议，通报各自范围内的情况及问题，统一思想，制定具体管理措施，及时向上级反映情况，争取从政策上使涉外家庭子女的户口、入学等问题得到有效解决。

3. 坚持便民原则，积极管理

跨境婚姻的家庭所在地一般都较偏远，甚至不通公路，加上边民经济

困难，文化层次低，管理部门应该采取必要的便民措施，如结婚登记、临时居留申请、永久居留申请、入籍申请等的法定受理机关联合定时下乡，流动办理业务。并同时加强政策、法规宣传，进行高效、便民管理。

4. 督促办理证件，加强防艾检测

对于已经形成事实跨境婚姻的，应该督促其办理合法证件，由双方人员出具相关要求的证件、证明，可由相关部门完成收集，代为办理，以减少群众的办理费用，提高办理效率。同时，为实施婚前检测、防艾检测等相关管理程序提供方便。

四　龙山镇

龙山镇是龙陵县的政治、经济、文化中心，东接龙新乡，南邻德宏州潞西市，西与腾冲县、梁河县隔江相望，北接龙江乡。有国土面积317.54平方千米，辖18个村（社区）、234个村（居）民小组，2012年末全镇总人口16605户49612人；其中，男性25606人，女性24006人。目前全镇共有跨境婚姻家庭342户665人；其中，男性390人，女性275人。在342户跨境婚姻家庭中已办理落户手续231户424人，未办理落户手续111户261人。

（一）龙山镇跨境婚姻特征与原因

1. 特征

一是非法婚姻。结了婚的，有孩子的，都认为自己是合法的，没有去登记的意识，甚至还认为，去登记还被发现自己是外籍人，更惹麻烦。

二是部分跨境婚姻不稳定，流动性强。部分婚姻不稳定是因为家庭暴力，穷人家的女孩子想着嫁入经济条件更好的家庭，结果与其愿望相悖，就算有了孩子也离婚了，而信仰相同则比较稳定。

三是近五年跨境婚姻数量增长迅速。部分边民由于贫穷外出打工，带回了外籍配偶。

四是绝大部分跨境结婚的人们是不同国而同族，如同为傈僳族、景颇族等。

2. 原因

龙山镇地理位置特殊，为边民通婚创造了有利条件。同族人有共同语言，交流没问题；中国的就业相对好且容易一些，工资比缅甸的高；气候好，尤其是靠龙山一带，环境优美，旅游景点多，生活条件各方面都优于缅甸，所以，缅甸姑娘更愿意嫁入中国。

（二）龙山镇跨境婚姻存在问题

1. 行政执法难

在龙山镇的农村涉外婚姻家庭中，只有极少部分人办理了合法的婚姻登记手续，其余达到我国法定婚龄的皆没有合法手续。一方面，由于办理涉外婚姻登记的手续较为麻烦，外籍一方需要提供多项相关资料：一是本人护照或其他身份、国籍证件；二是我国公安机关签发的《外国人居住证》或外事部门颁发的身份证件或临时来华的入境居住证件；三是本国外交部（或外交部授权机关）婚姻状况证明。另一方面，由于来到龙山镇的外籍男女，皆属于缅甸边境居民，家庭生活困难，文化素质低，根本没有能力办理到上述相关资料，以致龙山镇涉外婚姻家庭几乎皆为事实婚姻。这些家庭从结婚到生育都属于违法，加之他们贫困的家庭状况，造成行政执法的难度增加。

2. 人口管理难

由于农村涉外婚姻家庭基本属于早婚、非婚，所生子女皆属于违法生育，根据《中华人民共和国人口与计划生育法》和《云南省人口与计划生育条例》相关规定都要进行处罚。而这些涉外婚姻家庭又多数属于贫困家庭，罚款征收十分困难，这必将会给控制人口带来很大的压力，给人口计生工作的顺利开展带来一定难度。

3. 人口安全隐患大

由于涉外婚姻家庭中的外籍男女基本上为非法入境，没有经过医疗卫生部的相关健康体检，身体健康状况令人担忧，边民通婚家庭无法进行艾滋病监测，许多边民通婚家庭都在身体感觉异常，经反复动员后才愿意进行艾滋病监测，从而增加了防艾的工作难度，同时下一代的身体健康也相应受到威胁及影响。

4. 家庭人口素质提高难

涉外通婚家庭人口素质普遍较低，婚育观念落后，缺乏科学文化知识，加之外国特别是缅甸未实行计划生育政策，其居民没有生育意识，违法生育现象相当突出。在出生人口中，性别比问题也较为突出，这是龙山镇人口性别比不合理的原因之一。同时，由于家庭困难，子女不能受到应有的教育，人口素质难以提高。

5. 就学就医难

由于大部分涉缅婚姻家庭办不起合法手续，其子女户口问题得不到解决，导致其不能享受到国家一些惠民惠农政策。一方面，由于无法参加解决因病致贫、因病返贫的新型农村合作医疗，导致许多涉外家庭看病难、看不起病；另一方面，这些涉外家庭子女无法参加高考，部分优秀的人才不能够得到培养。

6. 社会问题突出

一方面，入境通婚的外籍边民多数为非法入境，且出入皆不到派出所进行登记。目前，龙山镇派出所虽已按照外国人管理的有关规定，将大部分外籍人员纳入了境外人员进行管理，但仍存在漏管现象，这必将会给农村的维稳工作带来隐患。另一方面，由于跨境通婚涉及的农村家庭普遍法律意识不强，甚至无视法律，多数人明知与外籍人员通婚办理手续难度大，买卖婚姻是法律所禁止的，但仍然我行我素，往往是一个寨子娶进来一个，又通过她介绍来几个或者一伙，形成恶性循环。少数不法分子抓住边民的这种心理，以介绍对象为名实施各种形式的婚姻诈骗，骗取群众的钱财。

（三）建议

面对已发生的跨境婚姻和已经嫁入境内甚至已经生育子女的“事实中国公民”，应采取积极、便民的措施加强管理；而对未发生的要加大源头管控，尽量避免非法跨境婚姻的发生。

1. 加强法制宣传

使相关人员知法、懂法、守法。相关部门要加大办理跨境通婚结婚证程序的宣传，让其知晓办理程序，帮助已成“事实婚姻”的家庭办理结婚证；对违法跨境婚姻家庭要加大执法力度，减少跨境婚姻家庭的违法行为。

2. 加强部门联动，齐抓共管

统计、公安、卫生、计生、民政、外事等政府各部门对本管辖区内公民和外籍居民通婚人群、外籍人员到辖区内居住的情况进行一次摸底登记。建立部门联动的长效机制，统一思想，定期召开会议，针对实际情况，制定解决存在问题的具体措施和方法。

3. 进一步加大防艾和孕前优生健康检查力度

一是做好对毒品、艾滋病知识的宣传和培训，做好对涉外婚姻家庭成员的健康检查、艾滋病监测，严格督促跨境通婚家庭积极主动到县疾控中心进行艾滋病免费监测；二是要借助正在实施的国家免费孕前优生健康检查项目，将涉外婚姻家庭准备生育对象纳入项目人群，切实提高出生人口素质。

4. 从源头减少和杜绝非法跨境婚姻

一方面，公安部门要加大对非法入境人员的管理和遣送，重点打击非法入境人员，力争把非法入境人员堵在境外，减少非法入境人员；另一方面，要加强与缅方合作，积极开展边境会谈，及时通报有关情况，取得缅方的支持。

5. 解决现有非法涉外婚姻家庭及其子女的就医就学问题

对在龙陵县境内长期生活的跨境婚姻家庭及其子女在就医就学上给予一定政策倾斜，尽量减少看不起病、看病难、上不了学的问题。

赧场社区是龙陵县龙山镇的一个行政村，地处龙山镇东面，距龙山镇政府所在地2000米，到乡镇道路为土路，交通方便，距龙陵县城2000米。东面邻龙新乡，南面邻大坪子村委会，西邻白塔社区、乡柏河村委会，北面邻白家寨村委会。辖代家坡、田家寨、大坡脚、赧场四组、赧场五组、赧木寨、铁厂河、坪子地、蕨叶坡等9个自然村。全社区共有人口总数2472人，其中有农户462户，农业人口1979人，劳动力926人。

2009年全村经济总收入877万元，农民人均纯收入2911元。

第三节　非边境县、区跨境婚姻调查

本研究主题是跨境婚姻，调研重点是两国接壤的边境县、乡、镇、村。然而，调查中了解到，跨境婚姻已经开始朝内地辐射和蔓延，因此，我们也对保山市的非边境县、区进行了入户调研和座谈等。

一　昌宁县

（一）昌宁县简况

昌宁县地处滇西大理、临沧、保山三州市接合部，隶属保山市，东连凤庆县，西接隆阳区、施甸县，南与永德县隔河相望，北邻永平、漾濞、巍山县，县城距保山114千米。地处东经99°16′至100°12′、北纬20°14′

至25°12′之间。总面积3888平方千米，山区面积占97.05%，是一个典型的山区农业县。昌宁县辖5镇8乡（5镇为田园镇、漭水镇、柯街镇、卡斯镇、勐统镇，8乡为温泉乡、大田坝乡、鸡飞乡、翁堵乡、湾甸傣族乡、更戛乡、珠街彝族乡、耈街彝族苗族乡），另有湾甸农场、柯街华侨农场共79个村45个社区，有汉族、彝族、白族、傣族、壮族、苗族、回族等8个世居民族，总人口34.94万人，其中农业人口占83.92%，少数民族人口占11.59%。森林覆盖率为39.42%。2013年，总人口34.16万人，城镇居民人均可支配收入和农民人均纯收入分别为19559元和6383元。

截至2012年底，昌宁县涉外婚姻共有161对（其中男方为昌宁县户籍，女方分别为缅甸、越南、老挝籍的有159对，占涉外婚姻总数的98.76%；女方为昌宁县户籍，男方为缅籍的有2对，占涉外婚姻总数的1.24%），分布于全县13个县镇。从婚姻手续是否合法来看，办理了合法手续（结婚证）的有6对，仅占涉外婚姻总数的3.73%；其他的均属于事实婚姻，占涉外婚姻总数的96.27%。从年龄结构看，中方男性基本上是大龄青年，而外籍女性结婚时大多数都在15—25岁。

（二）昌宁县柯街镇

昌宁县窗口重镇柯街镇地处县西南部。国土面积215.6平方千米，辖11个村、1个社区，148个村（居）民小组，2012年末，共有人口32100人，有傣族、彝族、苗族等少数民族。交通便利，中心城镇距昌宁县城28千米，距保山市54千米；镇村公路100%弹石化。2012年农民人均纯收入6436元。

1. 立斯达村

立斯达村位于柯街镇东部，东与玉地里村相邻，南与柯街村相连，西与大田坝相望，北与田园镇接壤，共有居民599户，人口2128人，其中农户535户。2012年人均纯收入4931元。村委会下辖14个村民小组，据2012年统计，辖区内有汉族、彝族、苗族、白族等族。立斯达村地处高寒山区，土地较少，坡度较大，产业零散，交通不便，2012年修通村至张家箐弹石路。立斯达村全面实行农村新型合作医疗保险，参合率达100%。

立斯达村的原住居民是傈僳族，后来迁走了。海拔约1100—2700米，主要种植烤烟、蔬菜、核桃、油桃等经济作物，还有部分畜牧养殖，饲养羊和牛。总体属于经济条件较差的村。村里有不少大龄男青年，大多数是贫困户。

村里有 5 户跨境婚姻家庭。

2. 玉地里村

玉地里村是柯街镇的一个山区贫困村，位于柯街镇东部，东与田园镇新华村相连，南与仙岳村毗邻，西接柯街村，北与立斯达村隔河相望。村委会下辖 13 个村民小组，2012 年末，有农户 465 户，人口 1570 人，其中男 812 人、女 758 人，大多为世居汉族。

玉地里村土地面积 8 平方千米，属高寒山区，山高坡陡，水深洼长，土地砂石较多，有机质少，十分贫瘠。人均占有土地 1.4 亩，土地出产率较低。2012 年，人均产粮 601 千克，烤烟和油桃为主要产业，全村人均纯收入 4807 元，处于昌宁县最低发展层次。2013 年参加“新农合”1550 人，参合率达 99.8%。全村享受低保人数 268 人。

村里有 8 户跨境婚姻家庭。

（三）昌宁县漭水镇

漭水镇地处昌宁县城东北部，东至澜沧江与耈街接壤，南邻风庆县大寺乡，西邻田园镇，北邻大田坝乡。距昌宁县城 15 千米。

漭水是一个典型的山区农业镇，辖国土面积 311 平方千米，行政区划为 9 个村委会 205 个村民小组。2010 年末总人口 29449 人，其中农业人口 28363 人；总户数 7788 户，其中农业户 7176 户。玉米、水稻、小麦、茶叶、核桃、畜牧业是漭水镇的骨干产业。漭水离县城近，交通、通信条件好。

（四）昌宁县跨境婚姻的问题及对策

1. 跨境婚姻越来越多的原因

近年进入昌宁县的跨境婚姻人群多为缅甸籍，由于缅甸战乱、局势不稳、经济欠发达，边境一线人民生活水平整体较低，到中国务工是缅甸籍边民的首选。而其劳动力廉价和一些特殊的工艺颇受中方雇主的青睐。由于中国边境管理较严格，入境手续要在缅甸花钱办理，许多缅甸边民选择便道入境，且长期滞留，并与中方边民结婚。

另外，当地未婚女青年大量外流，大龄男青年累积，致使适婚男女性别比失调，再加上大龄男青年多数在落后的山区，生活较为贫困，本地女青年不愿意嫁在当地，外地女青年不愿意嫁进来，娶个“缅甸婆”成为这些困难青年的必然选择。随着与缅甸经济交往的增加，很多昌宁县的边境青年前往边境或境外务工，结识外籍女性并非法通婚，然后带回县内居住生活。由于这些人员法律意识淡薄，文化素质较低，携妻带儿回家也不办理任何手续，给管理带来难题。

2. 跨境婚姻带来的危害

由于绝大多数跨境婚姻都无法合法登记，均属于非法，因此当事人的一系列权益都得不到保障。如继承权问题，如果一方死亡，另一方享受不了任何合法权益。所生育的子女落户困难，无中国户籍，受教育权成问题，贫困户也很难得到低保等。由于当事人无法提供相应的证明和材料，子女落户也是大问题，下一代的教育和抚养都得不到保障。

由于是内地的跨境婚姻，存在语言和习俗的障碍以及年龄差距等，使得生活中矛盾多，容易发生争吵。再加上经济差异导致家庭地位差异，“缅甸婆”是受压一方，她们遭受不如意，容易一走了之；或受压过度，产生激烈对抗，曾有因家庭冲突“缅甸婆”打死中方公公的案例。如此种种都造成贫困家庭支离破碎、雪上加霜。

3. 跨境婚姻存在的问题

1989年以来，昌宁县内因探亲、投靠亲友、经商、结婚等原因滞留的“三非”人员（非法入境、非法居留、非法谋职）一直存在。仅靠出入境管理部门，监管难度大，必须要多个政府部门配合，才能摸排掌控。

由于“三非”人员的非法性质，卫生防疫部门无法监控到位，传染性疾病传播难控制。加上跨境婚姻双方的文化素质低，家庭贫困，对下一代的教育和培养很成问题，健康素质和文化素质都无法保障。

由于跨境婚姻多数为非法，生育子女也采取瞒、躲、逃等办法来应付监管，因此，给农村的维稳工作带来隐患。

4. 建议和对策

跨境婚姻问题的管理，需要多个部门联合起来，由丈夫牵头，公安、计生、外事、民政等部门共同联合，加强配合、协调，同时还要加强与外方相关部门的联系和沟通，共同协商，共同遏制非法婚姻现象。

从宣传教育角度，应该加强中方群众的法律法规学习和认识，如张贴宣传标语、发放宣传册、播放相关音像制品、以案说法等形式，包括组织培训班等，提高当地群众的法律意识和改变思想观念。

跨境婚姻家庭所育子女是无辜的，也是弱势的，作为管理部门，一方面应督促其父母履行职责，更多的是要通过相关机制，给予“弱势群体”

关怀。而最根本的是发展经济、提高人们的生活水平，根据贫困乡镇的实际情况，加大支持力度，落实好国家的惠民政策。只有居民生活水平提高了，才可能解决因为贫困带来的跨境婚姻问题。

二　施甸县

（一）施甸县简况

施甸县位于云南省西部边陲、保山市南部。与缅甸相距 260 千米。地处东经 98°54′至 99°21′、北纬 24°16′至 25°00′之间。县城距保山市政府 55 千米，距省会昆明 571 千米。向南 255 千米至南伞口岸出境，向西 200 千米至瑞丽口岸出境，向西北 200 千米至腾冲猴桥口岸出境，向北 160 千米经大理至昆明。全县辖 5 个镇、6 个乡、2 个民族乡，137 个村、居民委员会；全县总人口 34 万人，有 24 个少数民族，人口 2.7 万人，其中布朗族 9424 人。总面积 2009 平方千米。

施甸乃永昌古郡南通缅甸的重要驿站，著名的“永镇驿道”穿境而过，滇缅公路从北部过境 65 千米，是历史上“南方丝绸之路”的必经通道。历史上居民就形成了利用农闲季节大批出境到缅甸打工、做生意的习惯，特别是姚关镇居多。20 世纪 60 年代末期，由于政治上的原因，又有大批居民迁往边境一带定居。两国边民由于语言相通，民间通婚互市，走亲访友，交往比较频繁。

截至 2012 年底，施甸县涉及边境跨境婚姻 773 人（其中男性 2 人，女性 771 人），生育子女 754 人，子女中已落户的 698 人，未落户的 56 人。其中，依法领取结婚证的有 3 对，未领取结婚证的 770 人。分布上，13 个乡（镇）均有分布，但主要集中于甸阳、姚关、仁和、何元、太平、老麦、旧城、酒房、万兴等乡镇。

（二）施甸县甸阳镇

甸阳镇位于县境中部，施甸坝南端，是施甸政治、经济、文化和商业贸易中心，镇人民政府驻石鼓东路中段，距昆明市 654 千米，距保山市 62 千米，东与木老元布朗族彝族乡接壤，南与姚关镇相连，西与何元乡为界，北与仁和镇为邻。地跨东经 99°06′54″至 99°16′14″之间，北纬 24°36′52″至 24°45′48″之间，海拔 1470 米。总面积 132 平方千米。现辖街道、文武、沙坝脚、张家、大竹蓬、团树、乌邑、大寨、同邑、蒋家、五福、甸头、菖蒲塘、袁家 14 个村（居）委会，109 个自然村，170 个村（居）

小组，有村（居）民4万余人，农业人口占76.3%。居住有布朗族、回族、彝族、白族等少数民族。2007年人均纯收入2415元。

（三）施甸县跨境婚姻成因与特点

施甸县虽然不是边境县，但是，离缅甸边境也只有4—5小时的车程。古往今来都有人员外出到缅甸经商、务工、通婚的习惯。与缅甸籍妇女通婚，主要原因是花费小，当地娶个媳妇要花费上万元，而娶个缅甸媳妇只要几千元甚至几百元。另外，本地外出打工女青年增多，多数都留在外地结婚，造成当地男女比例失调。施甸县山区35—40岁的未婚男子较多，情况突出，且有逐年增加的趋势。

施甸县跨境婚姻中的外籍人员，均为缅甸籍，绝大多数为女性，且为非法婚姻，没有结婚证，生育子女都是非婚生，很难落户。

（四）施甸县现行的管理措施

一是登记管理。对滞留施甸县的外籍人员实行登记管理。有领导分管，有专人管理，纳入基础公安民警岗位责任制。

二是建立健全境外人员管理网络。在村、居民委员会、涉外单位、场所普遍建立户口管理员，职责明确，及时管理入境人员。

三是建立涉外登记、报告制度。台账表册齐全，记载详细，及时上报。

四是建立健全培训、宣传制度。各派出所结合自身实际，每年定期或不定期进行民警和协管员业务培训。在辖区内进行经常性法律法规宣传活动，使群众了解涉外人员管理的相关规定。

五是依据有关法律法规和现行政策，落实了大部分跨境婚姻子女的户籍问题。2009年办理132人，2010年办理167人，2011年办理180人，2012年办理275人。很大程度上解决了跨境婚姻家庭的困难。

（五）施甸县存在的问题

1. 遣返难

对于非法婚姻的人员和子女，遣返很难，一方面造成妻离子散，有心理上的不忍；另一方面，被遣送出境人员很快就会回来，执法效率很低。

2. 管理难

对于县内“三非”人员，他们都不会主动到相关部门登记，造成处理难，难免出现漏管现象，如不登记人员、不按期延续居留证等问题。

3. 优生优育难

与缅甸籍人员通婚的中国家庭多数为贫困家庭，普遍文化层次低，造成贫困程度加剧，子女素质低下，影响国民素质。再加上将来的就学难、就业难，隐患极大。

4. 控制人口难

由于跨境婚姻多属非法，造成非法生育、非法超生，长此以往，会造成缅甸籍人员在部分地区增长，形成管理控制的难点。

（六）建议和对策

1. 加大宣传力度

对辖区内居民，由公安基层派出所分片包村到户，开展出入境管理法律法规的知识宣传，提高居民的法律意识。

2. 严格出入境管理

派出所要以社区（责任区）民警为责任人，严格登记入境人员，手续齐全才能入境。确实做到“底数清，情况明”。

3. 管理到位

及时采集境外人员的信息数据，及时登录到基层出入境管理系统，保证数据准确、全面、完整。

4. 加大对“三非”人员的查处力度

对查获的“三非”人员，严格按规定予以处罚、遣送，决不手软。

三 隆阳区

（一）隆阳区跨境婚姻概况

隆阳区是保山的政治、经济、文化中心，东距省会昆明498千米，西离中缅边境279千米，是云南西部通向南亚、东南亚的重要门户。全境东西宽78千米，南北长96千米，其中山区、半山区占总面积的92.6%，全区面积5011平方千米。2012年，常住人口93.56万人，流动人口9.7万人。其中农业人口占总人口的85.83%；少数民族人口占总人口的13.46%。是云南省第四大人口县（区）。2012年，实现国内生产总值150亿元，地方财政总收入13.41亿元，农民人均纯收入6000元，城镇居民人均可支配收入18980元。

隆阳区辖6镇10乡（含4个民族乡）2个街道办事处，289个村和21个社区。永昌街道、兰城街道、板桥镇、河图镇、汉庄镇、蒲缥镇、瓦窑镇、潞江镇、金鸡乡、辛街乡、西邑乡、丙麻乡、瓦渡乡、水寨乡、瓦马彝族白族乡、瓦房彝族苗族乡、杨柳白族彝族乡、芒宽彝族傣族乡；

潞江农场、新城农场。

隆阳区全区大部分地区冬无严寒，夏无酷热，四季如春，终年常绿。森林覆盖率为38.55%。以保山坝为主的温和坝区，素有“滇西粮仓”之称。

隆阳区虽不是紧邻国界的边境县区，但据隆阳区公安局的数据显示，全区18个乡镇（街道）均存在跨境婚姻，截至2012年12月，全区有境外“三非”（非法入境、非法居留、非法务工）人员702人，涉及跨境婚姻的境外人员有307人。其中跨境婚姻生育子女492人，办理落户的有447人，占90.85%。但到民政部门办理过结婚手续的仅11对，其他均属事实婚姻。

（二）隆阳区西邑乡

西邑乡位于隆阳区东南部，地处隆阳、昌宁、施甸三县区交界，国土面积256平方千米，最高海拔2335米，最低海拔1542米，属于典型的丘陵山区，年平均气温19℃，年降水量1140毫米，森林覆盖率为38%，呈立体型气候。

全乡辖21个村民委员会、87个自然村、205个村民小组，居住着傣族、满族、彝族、白族等22个少数民族。2012年末共有人口53565人，13510户，其中农业人口占97.87%；少数民族占1.7%。2013年，农民人均纯收入7503元，人均占有粮食447千克。多年来，西邑乡农民以种植烤烟、蚕桑为主，农民收入主要依赖于传统农业，是隆阳区重要的烤烟和蚕桑产业基地，属农业大乡。常年在外打工人员有2600人左右。农民的基本生活有保证。

乌马村位于西邑乡南部，距隆阳城区37千米，距乡政府驻地3千米。全村国土面积22.2平方千米。下设3个自然村、23个村民小组，共有1134户4890人。乌马村人均耕地2亩，人均高稳产农田地面积0.25亩。2012年，全村经济总收入2435万元，人均纯收入4980元；粮食总产量2186吨，人均占有粮食447.3千克。

（三）隆阳区跨境婚姻的特点和问题

1. 大多数是“事实婚姻”

由于管理严格，隆阳区辖区内的跨境婚姻，仅3.5%进行了登记。其余均属非法。原因是缅甸政府方面缺乏规范管理，缅甸边民很难获得国籍证明和身份证明，在中国就根本无法办理合法登记结婚。

2. 跨境婚姻家庭的子女落户情况稍好

90.85%的子女都已落户。对于后续问题如子女入学受教育、子女社会保障等相对不太严重，因而不太难解决。但是无户籍子女的问题仍然是管理难题。

3. 底数难查清，管理难落实

由于大多数跨境婚姻家庭没有登记，也无法落户，公安机关、民政部门对非法入境滞留的人员和跨境婚姻人员的底数掌握不完全，情况不明，很难实施有效管理。

4. 艾滋病传染率高，防艾形势严峻

缅甸是艾滋病高发区，大部分跨境婚姻人员都未经过体检，无法进行有效监测。极少部分艾滋病携带者会把病源传染给配偶和子女，给艾滋病防治工作带来压力。2012 年，隆阳区对跨境婚姻家庭成员进行了检测，检出 1.3% 的感染率，远高于其他人群。

5. 骗婚现象突出，引发社会问题

少数外籍女子不是诚心诚意地来找对象过日子，而是以婚姻作为幌子诈骗男方钱财，甚至是有团伙共同作案。中方跨境婚姻的涉及者大多数属于家庭困难、大龄的困难户，本身生活就困难，一旦受骗，更是雪上加霜，甚至出现家破人亡的悲惨情况。

（四）管理对策和建议

1. 开展集中清理排查

建议由市公安、民政、计生等部门牵头，展开全市跨境婚姻的集中排查工作，全面掌握情况，摸清底数，健全跨境婚姻家庭信息库。

2. 加强法制宣传

在基层，尤其是山区、半山区农村，加大宣传力度，提高群众法律意识，及时掌握有苗头人员的情况，主动控制非法跨境婚姻。

3. 完善相关法律法规

造成跨境婚姻登记难、子女落户难的主要原因是跨国婚姻制度过于严格和不够完善，现行法律法规不能满足实际需求。建议尽快制定和修改相关政策和法规，使问题有具体法律法规可依。

4. 提供跨境婚姻登记服务平台

成立相关便民工作机构，创新社会管理工作方式，为跨境婚姻搭建快捷方便的咨询、登记等服务管理平台。在查清底数的基础上，督促涉及家庭尽快按照规定进行登记。争取上级部门把涉外登记权限下放到县、乡一级，强化对边远山区农村跨境婚姻的服务和管理。

5. 加强综合执法力度

建立和完善市县区协调一致、部门整体联动的综合执法工作机制。避免各自为政，相关环节脱节，形成齐抓共管局面。严格审批把关，服务和方便符合条件的，遏制和打击非法的，控制“三非”人员的蔓延。

第四节 保山市跨境婚姻情况分析

保山市，古称永昌，位于云南省西南部，市府所在地距省会昆明 486 千米，外与缅甸山水相连，国境线长 167.78 千米，国土面积 19637 平方千米。辖隆阳、施甸、腾冲、龙陵、昌宁一区四县，总人口 246.8 万人。其中腾冲、龙陵两个边境县，分别与缅甸克钦邦第一特区、禅邦第一特区接壤。有国家一类口岸 1 个（猴桥口岸），省政府批准指定边境通道 4 条，边民互市通道 13 条。

由于自然地理条件带来的出入境便利，以及边境一线上多个少数民族跨境而居，跨境同民族语言、习俗相通，从古至今，保山境内的边民跨国通婚现象从未间断。

2010 年末，保山市全市总人口 250.6 万人，居住在城镇的人口为 57.2 万人，占 22.82%；居住在乡村的人口为 193.4 万人，占 77.18%。有少数民族 36 个，其中世居少数民族 13 个，少数民族人口 24 万人，占全市总人口的 9.68%。全市 5 县区的 70 个乡镇均有少数民族分布（见表 2－1）。

表 2－1 2012 年保山市少数民族人口情况

民族	人口	占比（%）	民族	人口	占比（%）
彝族	86764	3.4	白族	47759	1.87
傣族	45981	1.8	苗族	10713	0.42
傈僳族	33986	1.33	回族	13812	0.54
景颇族	3998	0.16	布朗族	10851	0.43
德昂族	1314	0.17	满族	1844	0.07
佤族	5591	0.22	其他民族	3985	0.16

资料来源：保山市统计数据。

一　保山市跨境婚姻概况

截至2012年末，保山市已有跨境婚姻7483对，其中7344对为入境婚姻，139对为出境婚姻。除少数人为越南籍、泰国籍等国籍外，其余均为缅甸籍跨境人员。跨境婚姻涉及全市5县区72个乡镇，分布面极广，发展速度也很快。其中隆阳区794对，施甸县757对，腾冲县1783对，龙陵县3916对，昌宁县233对。跨境婚姻家庭共生育子女9249人，已办理落户5519人，未落户3730人。办理了结婚登记手续的605对，其余均为无证的“事实婚姻”（保山市政法委数据）。

从我们调研的情况看，保山市的跨境婚姻有以下几个共同点。

（一）人数增长速度快

自20世纪80年代初期以来，保山市跨境婚姻的登记数逐年上升。以腾冲县为例，跨境婚姻统计在册的人数，2008年为487人，2009年为755人，增长幅度55%；2010年为1188人，比上年增长57.3%；2011年8月为1623人，比上年增长36.6%；2012年12月为1783人，比上年增长9.85%。

许多乡镇不连续的统计数据，也表明了跨境婚姻人数的增长幅度很大。例如：木城镇，1982年跨境婚姻登记数为20对，2012年已达186对，年均增长7.72%；猴桥镇，2009年有跨境婚姻92对，2012年有154对，年均增长18.73%；清水乡1997年有跨境婚姻1对，2000年有6对，2010年有49对，2012年有58对，年均增长35.65%；明光镇，2002年有65对，2012有198对，年均增长11.78%。所有数据都表明增长明显，尤其是2008年以后，增长速度加快。

（二）地域分布广

保山市所辖的一区四县均有跨境婚姻存在，腾冲县所辖的18个乡镇均有分布，龙陵县所辖的10个乡镇均有分布，施甸县所辖的13个乡镇均有分布，昌宁县所辖的13个乡镇均有分布，隆阳区所辖的18个乡镇均有分布。所辖的72个乡镇都存在跨境婚姻情况，仅在人数上稍有差异。当然，边境县、乡、村这一情况更突出，这说明地理条件所占的因素很重要。

木城镇的跨境婚姻涉及5个村、41个村民小组。滇滩镇分布在全镇的8个村。猴桥镇4个社区5个村都有。明光镇分布在9个村。可以说是几乎涵盖各乡镇各村。因此，管理措施各级政府各地都需要。

（三）以缅甸女性为主

资料显示，保山市跨境婚姻人员 99.996% 为缅甸籍。这说明与边境接壤缅甸有绝对相关性。而其他国籍，如越南籍的昌宁县有 5 人，施甸县有 1 人；还有老挝籍、泰国籍、德国籍等国籍的。这样的个案属于正常的跨国婚姻。另外，调研结果和登记资料显示，97% 以上都是缅甸女性嫁到保山。但现在的趋势表明，缅甸男性也开始入赘，如腾冲跨境婚姻人员中已经有 55 位男性，猴桥有 6 位，明光有 8 位。这样的变化应该引起重视。

（四）配偶双方文化层次均较低

总体上，所登记的跨境婚姻，双方文化程度都偏低。所调查的受访户中，中方人员绝大多数为初中以下文化，平均受教育年限仅 5.96 年，也就是平均为小学程度（很多是上了初中，但未毕业的）。外籍人员平均受教育年限更低，为 2.90 年，其中大多数是文盲，如嫁入木城乡境内的缅方女青年 98% 为文盲。可见缅甸边境一线地区的教育状况是非常差的。受教育程度与经济收入呈正相关，这也是导致贫困的重要原因之一（见表 2－2）。

表 2－2　保山市跨境婚姻夫妻受教育程度情况

	文盲（人）	小学（人）	初中（人）	高中（人）	大专（人）	平均受教育年限（年）
受访户中方人员	8	31	28	2	1	5.96
外籍人员	38	20	10	2	0	2.90

资料来源：调研数据。

（五）中方男性多数为贫困家庭和大龄婚姻困难人员

按照国家法定婚姻年龄，男性为 24 岁，而在偏僻的农村，普遍结婚年龄低于法定年龄。保山市中方男性的平均结婚年龄为 28.6 岁，在农村是属于找对象困难户。根据我们的入户调研，跨境婚姻之中中方男性家庭都较为贫困，这是造成婚姻困难户的重要原因。所调查的跨境婚姻家庭的平均收入为 4471 元/户，而保山市涉及入户调研乡镇的农民人均纯收入为 5738.4 元/年，保山市的农民人均纯收入为 6409.8 元/年。2012 年，云南省农村居民人均纯收入为 5417 元，全国农村居民人均纯收入为 7917 元。

（六）非法跨境婚姻占比大

跨境婚姻之所以成为问题，关键就是非法。非法就会导致一系列的后续问题。保山市的统计数据显示，仅 8.08% 的跨境婚姻是登记领证的合法夫妻。各县、乡镇情况有所不同，如腾冲县明光镇198对跨境婚姻中只有65对进行了婚姻登记，登记率不到33%。滇滩镇76对，只登记了4对，登记率不到4%。我们入户调研的70户跨境婚姻家庭中，仅5户领证，占比为7.14%。

（七）少数民族与缅甸籍人通婚占比较高，且跨境同民族通婚率高

保山市跨境婚姻人群中，少数民族所占比例较高，其中傣族516人，景颇族404人，傈僳族250人，德昂族169人。占跨境婚姻人员总数的17.89%。而保山市总人口中的民族人口仅占10.1%（2000年）和10.6%（2012年，其中，傣族占总人口比例为1.8%，傈僳族占1.33%，景颇族占0.16%，德昂族占0.05%）。显然，跨境少数民族间的语言和习俗因素不可忽视，同一民族确实减少了许多跨境的中间障碍。

（八）华侨多

保山有华侨、侨眷、归侨28.9万人，是云南省主要的侨乡。在所调研的跨境婚姻案例中，华侨、外籍华人也占一定比重，尤其是侨乡华侨集中地占比较大。例如，木城乡的跨境婚姻人员中华侨有70%之多。华侨的血缘纽带关系在跨境婚姻中起到重要作用。缅甸华侨的回归也是一种趋势。

二　存在的问题和带来的影响

保山市目前各县区、各乡镇的跨境婚姻情况既有相似，也有不同。根据以上各地的详细分析，总结如下。

（一）跨境婚姻的合法问题

跨境婚姻的合法问题是最根本的问题，也是最难解决的问题。保山市的统计数据显示，合法登记的仅占8.08%。我们入户调研的70户跨境婚姻家庭中，仅5对领取了结婚证，占7.14%。原因首先是当事人双方文化层次都较低，不了解两国关于涉外婚姻的规定；其次是办理缅甸方面的所需证件有难度，其政府管理无序；再次就是办理合法手续在两国都手续烦琐且费用较高，他们无能力办理；最后就是很多人从思想上没有想要办理，因为不办理也同样可以过日子。

非法跨境婚姻，给各级管理部门带来的困扰，首先是数量的统计困难，其次是计划生育的管理困难，再次是传染性疾病（如艾滋病等）的监控检测困难，以及后续的子女落户困难和就学困难、家庭贫困的救助困

难等。

（二）无法完全解决子女的户籍问题

据保山市的统计数据显示，跨境婚姻家庭所生育子女有59.67%已落户，尚有40.33%的子女未能落户。而据调研数据分析，一孩落户率为84.13%，二孩落户率为58.06%，三孩落户率为66.67%，全部孩子落户率为75.26%。这部分没有落户的孩子的问题，比没有结婚证问题给家庭和社会带来的困扰更甚。

孩子没有户籍，首先面临的就是入学难的问题，小学阶段由于在村寨就读，村寨大多宽容，普遍问题不大。而初中则开始面临困扰，由于报名需要身份证，读高中、大学基本没有可能性，此外，后续问题更为严重，无户籍就意味着无合法身份、无国籍，因而无法受教育、无法外出打工、无能力盖房娶妻……这一人群将会成为边境管理的巨大隐患，也是边境一线人口安全的隐患。

（三）人口和计划生育管理问题

各乡镇的报表数据显示，跨境婚姻家庭的三胎子女占子女总数的2.03%，四胎子女占子女总数的0.06%。实际上，由于这些家庭流动性较大，有些是在缅甸生的，统计并不完全。据统计数据，跨境婚姻家庭初婚的占65.63%，其他复杂情况的占34.37%。这样就会产生很多状况，如中国方已经有孩子，再婚再生；缅甸方再婚，将原来的孩子带入境；双方都再婚，再生的。也就是说，情况更加复杂难管控。

从管理角度看，首先，由于非法婚姻不进行登记，孩子人数难以统计；其次，关于如何进行落户和计划生育罚款问题，是所有非法婚姻家庭的孩子都是非法，还是父母一方能证实就算合法。由此，各地管理方式千差万别。

（四）传染性疾病的监控和检测、干预问题

据报告，截至2012年12月，保山市HIV感染病例中缅甸籍人员有382例。在2009年针对跨境婚姻人群的调查和检测中，缅甸籍人员的检出率为2.38%，中国籍人员的检出率为1.28%，而全市各类人群的检出率为0.37%。2010年对未检测过的跨境婚姻人群检测中，缅甸籍人员的检出率为1.67%，中国籍人员的检出率为0.97%，而全市各类人群的检出率为0.28%。疫情有所好转，但是，还是属于中度流行区。

统计数据显示，仅有17.73%的跨境婚姻人员有过体检，极少数属婚前体检，大部分是后来有关部门进行的有针对性的体检。因为并没有对所有跨境婚姻家庭的成员进行过各种传染性疾病的检测，所以，该数据背后隐藏的事实风险更大。

缅甸是艾滋病高危区域，跨境人员多数是没有通过正常关口入境，更没有经过婚前体检，卫生防疫和防艾的检测和监控以及检测出传染性疾病后的介入干预问题，难度极大。

（五）贫困救助问题

据调研数据分析，80%以上的跨境婚姻家庭的年收入在4000元以下，充分说明这些家庭都是当地的贫困家庭。由于多方面的困难，边民受教育程度低、收入低，他们最需要得到政府的帮助和救助。但是，仅50.56%的家庭有农村新型合作医疗保险，3.52%的家庭得到低保救助，1.2%的家庭有养老保险。也就是说，绝大多数是生活没有保障的。

从管理角度看，实施救助有一定困难，首先是思想无法统一，相关政府部门没有依据进行救助。其次根据不同情况，有的地方出于人文关怀角度给予各种补助和帮助，有的地方则严格按规定执行。对于困难跨境婚姻家庭，管还是不管，亟须界定，解决。

（六）边境安全、稳定、和谐问题

由于跨境婚姻诱发的婚姻诈骗、买卖婚姻、跨国贩卖人口等多种犯罪活动增多，成为社会安全与稳定的不和谐因素，给相关政府部门增加了工作难度。据不完全统计，近年仅龙陵县就破获婚姻诈骗类案件5起、跨国拐卖儿童系列案件29起。

涉及跨境婚姻人群的潜在安全风险，还有跨境贩毒、吸毒者增多、艾滋病跨境传播等问题。另外，长期的边境安全风险还在于，这类人群如果始终身份不合法、生活不稳定、未来无希望，他们从事违法犯罪活动的可能性就会增加。将来事态严重再来梳理、控制，执法成本将大大增加。因此应该尽快引起政府重视，尽快出台政策和措施。

（七）跨境人员的网络关系互动影响

一方面，缅甸的跨境婚姻人员向其家乡的亲戚朋友和周边熟人传递的信息是正面的，如彩礼、不定期地给家人的钱财物、不时的各种帮助、介绍中国方面的打工机会、贸易机会等，会通过“亲串亲”“友联友”等方式，互相介绍入境，降低跨境婚姻障碍，从而促使跨境婚姻数量的增加。

另一方面，由于跨境婚姻人数增加是必然趋势，会给管理带来困难。

期待针对跨境婚姻问题，可操作的、具体的政策和措施尽快出台。

三　各级基层管理部门的意见和建议

以上各县、乡、镇、村的调研情况及意见建议都有叙述。在此，对保山市各管理基层部门的建议和管理对策进行综述，以期整理保山市各基层管理部门对跨境婚姻的不同建议和解读，为总体的建议提供依据，打下基础。

（一）对于各基层管理部门的建议

1. 教育局

首先，对于已经形成的事实婚姻，所生育而未落户的孩子，属于历史问题，已经到入学年龄的，给予妥善地解决，使其能与国内学生一样享有同等待遇。在九年义务教育阶段入学就读的给予正常注册，并享受义教经费和“两免一补”政策。其次，学籍管理是按照省规定执行的。对于跨境婚姻子女的学籍问题，需要省级相关部门尽快制定政策。最后，尽快解决此类学生的户籍问题，避免后续的入学、报名、考试、升学以及享受义务教育资助等一系列问题。

2. 边防支队

首先，由于缅甸的特殊社会因素，跨境婚姻的人员很难按照我国的相关规定出具护照、境外未婚证明等。结合边境涉外婚姻的实际情况，建议公安机关进行政治审查、指定医院进行体检合格后，由民政和公安部门联合进行境外人员婚姻登记，规范涉外婚姻办理手续，理顺相关法律关系。其次，严格出入境管理。海关、边防、检疫等职能部门加强工作力度，有效打击绕关避卡的非法入境人员。最后，加强相关政策和法规的宣传，使国民知法守法。

3. 卫生局

首先，跨境婚姻人群艾滋病检出率较高，潜在的危险更高，形势严峻。国家针对防治艾滋病的“四免一关怀”不包括非中国公民。对此类人群的监测检测、行为干预、治疗关怀等工作开展困难。其次，此类人群普遍文化素质低，语言不通，对于防病知识宣传往往事倍功半。最后，跨境婚姻人员被检出者，被家庭遗弃或自行流落外地，随访管理非常困难。有可能再次嫁人或从事非法性活动，传播控制非常困难。

鉴于以上情况，有如下建议：第一，从减少社会不稳定因素角度，完善跨境婚姻人群的管理办法，加强婚前检查，减少艾滋病为主的外源性传染病的输入。第二，对于非法跨境婚姻人员的艾滋病防治综合干预，应给予专项经费支持，以确保宣传教育、监测检测、行为干预、母婴阻断、抗病毒治疗等相关工作的开展。第三，将此类人群的感染者纳入救助关怀的体系，减少传播危险。第四，从以人为本和人道救助的角度出发，建议将跨境婚姻的人员纳入新型农村合作医疗、计划免疫、医疗救助的各项优惠政策范围，有效控制非法婚姻的负面效应。

4. 民政局

办理涉外婚姻登记对于缅甸籍的人员有难度，主要是边民素质很低、经济困难，要出具所在国有权机关的证明，要么不知如何做，要么无财力支撑。建议：一是给已通婚边民办理《境外边民临时居留证》，并登记造册录入“基层出入境管理信息系统”，纳入派出所实有人口管理。二是对边民婚姻采取主动服务、上门服务、跟踪服务，保证边民婚姻合法合规。三是在我国边境县设立认证边民通婚相关材料部门，确保边民提交的材料和证明等的真实性。四是通过外事协商，就双边边民通婚的一些具体问题达成共识，规范结婚办证所需证明、证件，统一出入境证件要求。

5. 公安局

一是加强涉外婚姻登记管理，补办婚姻登记手续。对于符合条件，但由于法律意识淡薄而未领取结婚证的，按照规定和程序给予补办。二是对于不具备条件，但已经连续生活满三年并已经生育子女的“事实婚姻”，由本人申请，经当地村（居）委会出具证明，乡政府签署意见，在县级人民医院体检合格后，县级民政部门给予补办结婚登记手续，核发结婚证。三是根据国家、省相关法律法规，由公安机关甄别后，根据户口管理有关规定，为跨境婚姻边民子女办理户口登记手续。四是严格国籍变更申请程序，积极提供相关服务。

（二）综合建议

1. 建立完善的涉外婚姻管理制度

随着国家开放政策的推进，国际经济合作的深入，涉外流动人口必然增加，涉外婚姻必然呈增长趋势。政府相关管理部门应该有明确的涉外婚姻管理制度，包括涉外结婚登记、其子女的户籍登记制度、就学、医疗等方面的福利如何进行等，政策应适当对边境边民倾斜。做到管理有据可依，服务有规矩可循，使跨境婚姻的管理无缝隙。

2. 建立完善的涉外婚姻登记服务平台和网络

我国跨国婚姻制度较严，也不够完善，建议建立方便快捷的跨境婚姻服务平台，办理临时居留证、永久居留证，提供咨询、登记、婚前体检等管理服务，将涉外婚姻登记权限下放到县、乡一级。尽快全面准确掌握跨境婚姻群体的数据和信息，建立网络档案，便于管理和控制。另外，法定涉外婚姻受理机构应该安排定期下乡、流动执法，便民利民，主动服务、主动管理。

3. 将备案管理与后续管理相结合

对于已经存在的“事实中国公民”，可以采取备案管理的模式，凡是跨境婚姻的夫妇，不管合法与否，均要到民政局登记备案，并为他们颁发跨境婚姻夫妻备案证，备案证中要登记夫妻双方以及子女的基本信息（类似于户口本）；在一定规定条件下，允许落户。另外，民政局要注重后续管理，如出现“离异”情况，也要登记在案。政府相关部门应该明确加入中国国籍的条件和程序，适当考虑边境地区边民跨境婚姻人群的特殊情况，给予政策倾斜，采取一些便民措施。

4. 加大宣传力度

注重边境地区的法制宣传教育，强化边民的“国界”“国家”意识，从小孩抓起，以达到维持社会和谐稳定的目的。广泛宣传相关政策，在办理婚姻登记、户籍登记以及村中宣传栏等处张贴办理结婚登记以及子女落户的流程与手续，并在每村设置相关人员，从基层了解跨境婚姻存在的问题，层层向上反映，相关政府机构及时更新与出台有效的政策，同时再将这些政策层层传递和宣传下去，使得跨境婚姻的管理与问题的解决同步进行。无论对于群众还是基层管理人员，要及时给予政策指导和帮助。

在宣传内容上，要加大对中缅边境地区跨境婚姻所涉及的法律法规的宣传、贯彻和落实力度，使边民树立办理《结婚证》和《生育证》的意识，认识到积极办证的必要性，以及利国、利家、利子女的好处，还要宣传国家婚姻政策、边民优惠政策、防艾知识、违法后果等内容，让他们真正了解非法婚姻带来的弊端，自觉维护合法婚姻。

第三章

云南省部分边境县、市跨境婚姻调查

第一节 红河哈尼族彝族自治州

红河哈尼族彝族自治州（以下简称“红河州”）在中国云南省东南部，位于东经101°47′—104°16′，北纬22°26′—24°45′之间，北连昆明，东接文山，西邻玉溪，南与越南社会主义共和国接壤，北回归线横贯东西。红河州面积3.293万平方千米，下辖4市9县，总人口456.1万人（2012年），是一个多民族聚居的边疆少数民族自治州，有10个世居民族，有少数民族人口267.39万人，占总人口的59.8%，农业人口352.87万人，占总人口的77.37%。国境线长848千米，是中国走向东盟的陆路通道和桥头堡。

2010年末，红河州总人口4500896人，其中农业户籍人口占总人口的83%。总人口性别比108.42。2011年红河州总人口中，以彝族和哈尼族为主，彝族达108.58万人，占总人口的24.48%，哈尼族达80.86万人，占总人口的18.23%。人口超过10万人的有彝族、哈尼族、苗族、傣族、壮族。2012年末，红河州总人口456.1万人，其中农业户籍人口占总人口的82.8%。总人口性别比108.46。

一　河口县河口镇

河口瑶族自治县位于红河州南部，与越南老街省老街市隔河相望，是滇越铁路、昆河公路、红河航道与越南乃至东南亚地区铁路、公路、航道连接的交通枢纽。国境线长193千米，其中，河界73千米，陆界120千米。全县面积1332平方千米，辖4乡2镇，行政区域内还有4个省属国有橡胶农场。县内居住着瑶族、苗族、壮族、傣族、彝族、布依族等24个民族，总人口为7.6万人。河口县城距昆明市469千米，距越南首都河内296千米，距出海口越南北方最大海港海防市416千米，具有进入越南及东南亚各国便捷的水陆交通优势，是我国西南进入东南亚、南太平洋的最近出海口。河口在我国与东盟建设“十加一”自由贸易区和云南省与越南建设滇越“昆—河—海”经济走廊的规划中，处于“咽喉”的重要地位，区位优势极其明显。

河口口岸为国家一类开放口岸，享受沿海开放城市的政策；国务院特区办批准河口设立4.02平方千米的边境经济合作区，享受特区优惠政策。河口边贸从零起步，经过十多年的发展，现已初具规模。

照片12　蹚过河去就是越南，小船过河只要3分钟

我们入户调研的为合群社区。合群社区地处河口县繁华地段，有3588户6166人。实有常住人口1811户4339人；实有暂住人口1159人，境外人员618人，其中男119人，女499人。辖4个居民小组，其中有12个少数民族居住，越侨19户33人。

合群社区辖区主要为县城中心区域，有商业网点2013个、旅店71家，还有许多其他类别的店面，如网吧、复印店、娱乐场所等。是集商业、金融、边境贸易为一体的中心。

从人口结构就可以看出，暂住人口很多且外籍较多。这些人大多数是做生意的。我们入户调研，有些就是在店铺里进行的。

二　河口县南溪镇

南溪镇建镇于1988年8月，是河口县最年轻的一个乡镇，城镇化水平比较高。位于河口县境东北部，西与老范寨乡毗邻，北面与马关县古林箐相交，东北与桥头乡相连，东南面与越南老街省隔河相望，距河口县城18千米，国土面积258平方千米，耕地面积8898亩，边境线全长60千米。现居民族有瑶族、苗族、汉族等。镇下辖南溪、龙堡、安家河、大南溪4个村民委员会（其中龙堡和大南溪两个村委会系边境村委会）。居住着苗族、瑶族、布依族、汉族等15个民族，是一个多民族的乡镇。我们选择大南溪村进行入户调研。

大南溪村隶属河口瑶族自治县南溪镇，地处南溪北边，距镇政府所在地22千米，到镇道路为砂石路，交通方便，距县40千米。东邻越南。辖10个自然村。全村国土面积6.3平方千米，海拔800米。该村农民收入主要以种植业为主。该村以苗族为主（是苗族、瑶族混居地），共有285户1035人。截至2012年，该行政村已实现通水、电、路、电视、电话五通，无路灯。该村农户有202户居住砖木结构住房，有27户居住砖混结构住房；有52户居住于土木结构住房，还有4户居住于其他结构的住房，经济来源除出售农产品外，主要靠外出务工收入。2012年全村经济总收入277.30万元，农民人均纯收入2306元。

据调查，大南溪村共有跨境婚姻人家28户，配偶全部是越南籍，全部为女性嫁入中国。跨境人员主要是苗族，与村民相互间交流上都使用民族语言，语言无障碍。村寨离中越边境仅1千米，村民放牛都会放到越南境内。越南方的父母家人还会不定期过来帮忙种地、干农活。

南溪镇镇中心较为繁华，但所调查的大南溪村位于边境，属于山区，从镇上到大南溪村有一段路况较差的土路，要从大南溪村委会往来镇上已是相当不便，更远的自然村落更是掩藏于大山之中。大南溪村群山环绕，大片山地被开垦为香蕉种植区域，但未被开垦的地方都植被茂盛，往越南方向望去也是一片群山，国境线难以分辨。

在南溪镇共调查了10户跨境婚姻家庭，均是少数民族跨境婚姻家庭。10户人家均为苗族的同族跨境婚姻。从国籍划分来看，10户家庭均为女方为越南籍嫁入南溪。从文化程度来看，文化程度很低，中方10人中1人未上学，7人为小学文化，2人为初中文化。而女方10人中，有7人未上过学，小学、初中、高中文化均有1人。这10户人家中，未有家庭取得结婚证。越南籍妻子中也仅有1人取得合法入境的通行证件，有合法居住证明的为0人。

第二节　文山壮族苗族自治州

2010年末，文山州总人口3517946人，其中农业户籍人口占总人口的91%。总人口性别比109.48。

文山壮族苗族自治州（以下简称“文山州”）位于西南边陲的云南省东南部，东与广西百色市接壤，南与越南社会主义共和国接界，西与红河哈尼族彝族自治州毗邻，北与曲靖市相连。地处东经103°35′—106°12′，北纬22°40′—24°48′之间。土地面积32239平方千米，山区和半山区占总土地面积的97%。

文山州辖文山市和砚山、麻栗坡、西畴、广南、马关、富宁、丘北7个县，102个乡镇（其中16个民族乡），947个村（居）委会。

2010年末总人口数为370万人，人口密度为每平方千米115人，其中，少数民族人口194.3万人，占总人口的56.6%。2013年末全州常住人口357.8万人，性别比108.87；农业人口304.6万人，占总人口的85.13%；少数民族人口206.4万人，占总人口的57.7%。居住着汉族、壮族、苗族、彝族、瑶族、回族、傣族、布依族、蒙古族、白族等20多个民族。

州内麻栗坡、马关、富宁3个县15个乡镇249个村寨及1个国营农场与越南接壤，国境线长438千米。境内有1个国家级和3个省级边境口岸，边民互市点24个。距越南河江省会河江市132千米，距越南老街省会老街市170千米，距昆明市310千米。

一　马关县都龙镇

马关县地处云南省东南部，文山州南部，介于北纬22°42′—23°15′，东经103°52′—104°39′之间。东与麻栗坡县相连，南与越南接壤。县境面积2676平方千米。县城距省会昆明442千米，距州府所在地文山72千米，距中越边境线约20千米，距麻栗坡县天保口岸130千米。国境线长

138千米，与越南的老街、河江两省的箐门、新马街、黄树皮、猛康4县接壤，已有公路与越南实现对接。

马关县下辖9个镇4个乡1个农场。是一个集边疆、民族、贫困、山区、原战区为一体的县。马关县总人口37.2万，其中贫困人口10万多人（按2300元扶贫标准统计），贫困程度深，是国家重点扶贫县。少数民族多，居住着11个民族，占总人口的49.2%。2012年，全县农民人均纯收入5300元。

到2012年底，马关县有跨境婚姻2139对，其中越南籍2133对，缅甸籍4对，老挝籍2对。办理结婚登记的仅8对，其余均为民间自发联姻以夫妻名义共同生活、生儿育女。

我们到马关县的边境镇都龙镇进行调研。

都龙镇地处马关县东南部，镇政府距马关县城21千米。国境线长58.4千米，占全县国境线的42.3%。全镇面积212平方千米，辖8个村委会151个村民小组、2个居民组。居住着汉族、壮族、彝族、苗族、傣族、瑶族等11个民族。有9127户33688人，森林覆盖率21.5%。2012年，农民人均年纯收入4940.8元，农民人均粮食占有452千克。

我们具体调研的村是都龙镇茅坪村。距镇政府所在地19千米，距县城43千米。道路为柏油路，交通方便。村东部和南部邻越南。辖10个村民小组，有农户703户2741人，全部为农业人口。农民人均年纯收入2471元。可见，该村在都龙镇属于较贫困村。

（一）都龙镇跨境婚姻情况

1. 基本情况

都龙镇共有跨境婚姻322对，配偶均来自越南。全部都没有领取结婚证，属于“事实婚姻”。大多数家庭都生育二孩。2010年以后至2012年，跨境婚姻有67对，所生育子女均取得户口。越南籍媳妇大多数无户籍。越南女性嫁入时，年龄在16—24岁之间，而中国男性结婚时在30岁左右。目前，大多数跨境婚姻家庭生活美满。

2. 跨境婚姻的原因和问题分析

性别比失调：越来越多的村民难以找到结婚对象，尤其是在国内难以成功婚配，只能通过介绍、相亲到越南方寻求配偶。这在一定程度上解决了大龄边民的婚姻问题。

经济发展、生活水平提高的吸引力：随着中国改革开放，经济发展，社会进步，人民生活水平不断提高，农村各项政策得到落实，农村生活水平明显提高。越南北部相邻中国的广大地区，经济发展滞后，部分越南籍女性向往更好的生活，为满足个人的追求，通过自由恋爱、介绍相亲等方式，嫁到中国。期望家庭生活水平提高、人生改变。

民族文化通融性，促进跨境婚姻增加：都龙镇民族人口众多，其中苗族占有一定比例。越南北部的苗族人口多，民族风情、语言相通融，彼此间一直有交流，加上近年的开放政策，口岸通商和传统民间贸易往来增加，加大了两国文化交流的深度和广度，交融的广泛必然促进跨境婚姻的形成。

法律意识缺乏：边境一线的跨境民族祖祖辈辈都有跨境婚姻的例子，从来没有办理结婚登记的习惯，几乎是没有加入中国国籍的先例。另外，这些几乎不认识几个汉字的村民，根本不知道要怎么去办理复杂的结婚登记，经济条件也不允许，再加上他们普遍认为，办不办理结婚登记，加不加入中国国籍也没有什么区别，主观上也不愿意去办理。

结婚登记和入籍手续难：有的边民也想办理结婚登记，但是经咨询所需要的有关证件和证明，就纷纷退却了。他们大多数是非法入境（走小路），还有就是文化素质低，根本不知道怎么去办理证件和证明。只能简单维持事实婚姻。

（二）都龙镇管理工作措施

跨境婚姻人数的增加，带来了许多社会问题，最为普遍的是两大难题："落户难"和"办证难"，所引发的问题一是无法保障跨境婚姻家庭的各项权益；二是影响家庭的稳定和正常的生产生活，孩子问题也难解决；三是不利于边境的社会管理，在计划生育、治安方面都有难度。针对此情况，镇政府的对策如下。

1. 加强宣传活动，进一步落实户口和结婚证办理工作

在边境一线采取多种形式的宣传和教育活动，切实增强广大群众的法制观念，使之懂得依法登记，提高婚姻登记质量和数量。进一步抓好跨境婚姻家庭子女落户问题、适龄儿童的教育问题，以及中老年夫妻的健康发展问题。对于已经生育子女又符合法定婚龄的涉外边民，严格按照有关政策，补办婚姻登记。对于"三非"人员，交由外管部门遣送回国。

2. 加大跨境婚姻管理力度

通过调查了解跨境婚姻存在的问题和面临的困难，制定合理的管理方

式。采取以家庭为单位，做好人身安全保障，民族文化学习交流；以社区和村委会为单位，做好管理和出行工作，促进外籍女性适应中国国情，使她们产生安全感和家庭责任感。

3. 转变观念，促进性别比和谐

通过加大教育力度，做好宣传工作，长期做好计划生育等方面的工作，转变思想观念，形成生男生女一样、致富靠智慧等思想，促进农村适龄青年转变思想，提升文化素质，促进性别比缩小，婚配合理。

4. 内强素质，外塑形象，争取领进来

通过不断提升素质，强化认识，促使广大农村男青年提高综合能力，塑造良好形象，通过不同的方式，实现领外地媳妇进来，从而在一定程度上减少跨境婚姻问题。

此外，相关政府部门应进一步规范边民通婚的法律法规，简化中国边民与毗邻国边民通婚的婚姻登记手续。

二　麻栗坡县天保镇

麻栗坡县位于云南省文山州东南部，地处东经104°32′—105°18′，北纬22°48′—23°33′之间。总面积2334平方千米，国境线长277千米，居住着汉族、壮族、苗族、瑶族、彝族、傣族、仡佬族、蒙古族8个主体民族。总人口27.8万人，其中少数民族人口占40.1%。东北部与富宁、广南两县相邻，北部与西畴县相接，西南部与马关县毗邻，东南部与越南社会主义共和国的同文县、安明县、官坝县、渭川县、黄树皮县和省会河江市“五县一市”接壤，国境线长277千米。县城至州府文山80千米，至省会昆明423千米，至越南河江省省会河江市64千米，至越南首都河内市380千米。县内有国家级口岸天保、1个省级口岸和杨万、八布等14个边民互市点和108条边境通道。

2012年，农民人均纯收入4770元，城镇居民家庭人均可支配收入17500元。

（一）跨国婚姻的基本状况

截至2013年底，麻栗坡县共有合法跨国婚姻3对；共有“三非”外国人1316人（越南1313人、缅甸3人），其中非法通婚1243人（1男1242女）、随母来华73人（33男40女），主要分布情况是：董干345人、杨万288人、铁厂215人、八布135人、猛洞91人、六河69人、下金厂

38人、新寨24人、天保24人、马街21人、茨竹坝19人、南温河18人、大坪15人、麻栗坡12人、船头2人、城关0人。非法通婚1243人在麻栗坡县生育子女2500余人。

（二）跨国婚姻人员落户及享受相关政策情况

通过调查落实，3对跨国合法婚姻中涉及的3个外国人和所生育的子女已经全部加入中华人民共和国国籍，并全部进行落户登记，成为麻栗坡县辖区的居民，并根据相关政策的规定享受了相关福利待遇，如医疗保险、社会养老保险等。

非法通婚1243人（1男1242女）、随母来华73人（33男40女）的"三非"外国人，由于没有合法的婚姻手续，又没有加入中华人民共和国国籍，不符合我国的户籍政策规定，不能进行落户登记，所以不能享受相关福利待遇。但均已在各派出所登记造册，且全部纳入派出所实有人口管理。

非法通婚1243人在麻栗坡生育的子女（2500余人），已经全部进行落户登记，成为麻栗坡县的实有居民，并按相关政策享受相关福利待遇。

（三）跨国通婚"三非"人员及其亲属的诉求情况

目前在华毗邻国妇女与中国公民非婚的妇女中，有一部分由于长期在中国居住，其在越南的户口已被注销，这部分妇女希望能取得在中国长期居留的权利，以方便她们外出打工赚钱来改变家庭的贫困面貌，并希望能享受中国农村人口的相关福利待遇，如医疗保险、社会养老保险等。

（四）面临的困难和问题

首先，精通少数民族语言的政法工作人员太少，精通少数民族文字的民警更少；我县与越方交界处均为少数民族聚居地区，双方边民都用少数民族语言交流，大多数边民既不会讲中国话也不会讲越南官方语言，这种情况造成我工作人员走村串户进行法律法规宣传教育时，边民不了解、不支持。

其次，双方边民法制观念淡薄，国界意识不强。近年来，随着我国各项法律法规逐步完善，各级政府采取了形式多样的宣传教育，但在边远山区由于宣传力度不够，很大部分边民对本国的法律法规观念淡薄，对国界、国家、主权的意识不强，有的甚至不懂法，许多边民按照世代的习俗习惯在边境上随意入出，没有意识到这种非法出入国境的行为已经违反国家边境管理法律法规，以致对越南边民非法入境务工的行为没有引起重视，司空见惯、习以为常。

再次，受利益驱动，导致非法务工现象的发生。中越边境越方一侧，均系少数民族聚居区和贫困山区，土地和自然资源匮乏，经济文化生活落后，当地边民无技术特长，基本上找不到务工的场所，缺乏市场竞争力。而我境内少数单位和个人利用越南边民技术含量低、劳动力密集、所付劳动报酬少的特点，就非法私自雇用越南边民非法入境进行劳务。

最后，随着经济的快速发展，各种违法犯罪活动日趋增多，双方在共同打击犯罪活动时，由于语言障碍，对人名、地名及基本案情的翻译与事实相去甚远，无法及时打击或预防犯罪，致使协助调查的一方无法查证。为更好地加强与越南警方的协作配合，应积极开展边境一线的法律法规宣传，增强边民的法律意识，才能有效维护边境地区的和谐稳定。

（五）天保镇调研

天保镇位于麻栗坡县南部，国境线长 37 千米。距县城麻栗坡 40 千米。镇内位于老山脚下的天保国家级口岸，与越南河江省的官坝县、渭川县和清水河口岸相邻。州府所在地文山至天保口岸的公路与越南二号国道相连接。是中国云南通往越南首都取道最直、里程最短的重要陆路通道之一。口岸对内距麻栗坡县城 38 千米，距州府所在地文山 120 千米。

全镇辖南温河、分水岭、城子上、小寨、八宋、天保 6 个村委会和南温河街道、船头 2 个社区，74 个自然村 106 个村民小组，有 8 个边境自然村（黄瓜录、吊竹坪、南洞、芭蕉坪、苏麻湾、马鞍山、八里河、马家湾）。居住着汉族、壮族、苗族、瑶族、彝族、傣族、蒙古族、仡佬族等 8 个民族。

2012 年末全镇总农户数 3837 户 17080 人，其中少数民族 9032 人，占总人口的 52.88%，有耕地面积 16749 亩，其中田 6231 亩，人均耕地 1 亩。2012 年，农民人均有粮 535 千克，农民人均纯收入 5452 元。

天保镇苏麻湾村，是一个全苗族村寨，有 23 户 105 人。2012 年人均收入仅 500 元左右。该村位于河谷两侧的高山的山腰之上，蜿蜒的山路坡度很大。最大的特点是：该村为对越南自卫反击战的原战区，遗留下很多地雷，村子周围都是雷区，几乎每个小路路口都有明显的“雷区禁入”警示牌，仅村寨近处可以耕种，村民原先的耕地大多数无法进行正常耕种，基本无法进行生产自给，都是靠接受国家补助而生存，国家补助 1000 元/人/年。还有不少被炸残疾的村民，完全依赖政府救助而活。该村是外交部扶贫点，加上县政府扶贫资金的配套，家家户户住房非常整齐，全新，屋内还配套了沙发、电视、神（供）桌等，水电路均通，还有村活动室，是我们所有调研点中，村民住房条件和环境条件最好的一个村庄。村里道路均为水泥路，十分整洁，全村16岁以上均参加了新型农村合作医疗和新型农村社会养老保险，60岁以上的村民还免交费用。

由于情况特殊，无法正常进行农业生产，村民常年有30人左右在外打工。一般女孩子外出打工都不会回村，基本是外嫁他乡。村里有些40—50岁的男人找不到媳妇，且基本只有老人和孩子留守。

在天保苏麻湾村共入户调查了3户跨境婚姻家庭，均是苗族，都是女方从越南嫁入。从文化程度来看，中方3人中1人为小学文化，2人为初中文化，女方3人中2人未上过学，1人是初中文化。3户人家男女双方均是初婚，且都没有取得结婚证。从相关的出入境管理方面来看，越南籍妻子中也没有一人取得出入境证件和在中国的居住证件。

三 中越边境调研的思考和建议

据调研，中越边境地区（包括马关和麻栗坡县）的情况各不相同，总结出以下几点：

（一）中越边民跨境婚姻越来越多的原因

1. 历史渊源

自古以来中越边民有通婚的传统，接壤地方的边民在长期劳动过程中互相接触、交流，语言、服饰、饮食、生活习惯等基本相同，即使有不同，也被同化了。据调研，大多属于同一个民族的中越边民的亲缘关系越来越错综复杂，这些都为边民通婚提供了非常便利的条件。

2. 越南的条件差

战后，越南经济建设与恢复缓慢，人民生活长期困难，得不到良好的改观，许多越南女子渴望摆脱困境，就想到中国谋求生路，而通婚则是再好不过的选择。据调研，越南妇女认为，中国社会稳定，经济条件好，妇女地位高等。

3. 部分中国边民是婚姻困难户

部分中方男子因为贫困，在中国娶不起媳妇或者丧偶，只能娶越南女子。据调研，越南的女子能吃苦耐劳、温柔恭顺等，也是促成跨境婚姻的因素。

4. 有改革开放做平台

大的国家政策和形势，如“中国—东盟自由贸易区”的建立等，使得两国之间的文化和贸易交往必将越来越频繁。边民间的交往更加方便，交流更多，更有利于通婚。

（二）中越边民跨境婚姻存在的主要问题

没有履行法律规定的婚姻登记手续，嫁到中国的越南女子没有中国国籍和户籍，进而导致更多的问题。

一是不利于嫁入中国的越南女子的生活和权益保障，如养老保险、医疗保险、低保、人身安全保障和劳动力流动等。

二是不利于中国家庭的稳定和生产生活，如外籍母亲影响孩子教育和成长，影响丈夫事业的发展等。

三是不利于边境社会管理，如人口增多，难以确切登记和管理、治安困难；计划生育实施困难等。

（三）不办理婚姻登记和入籍的原因

1. 习惯成自然

相关法律的建立和完善只是在近几十年内，而据调研，有的家庭祖祖辈辈都是中越通婚，从未登记过，没有户口和结婚证。

2. 法律意识太弱或根本就没有法律意识

很多边民不知道如何办理婚姻登记，加上跨境婚姻涉及手续烦琐复杂，中方管理婚姻登记的相关人员对此都不熟悉，而受教育极少的边民更是知之甚少。还有部分边民认为办不办婚姻登记都没区别。

3. 经济条件不支持

有过办理婚姻登记想法的边民一听说要很大数目的费用才能办妥，就慢慢地退却了，最终都放弃了。

4. 中国在跨境通婚上没有明确的管理制度

怎么应对跨境婚姻问题，中国的相关部门工作人员没有经过培训和学习相关知识，政府管理部门也没有广泛的宣传力度。

（四）建议

中国政府要直接坦然面对边民的这种跨境的“事实婚姻”的现实性和必然性，面对已经嫁入中国且生育孩子的“事实中国公民”，采取积极的管理措施，管理好这些家庭和边境社会。

1. 加强法制宣传

从边民不懂法律的主要原因出发，开展法制宣传活动，把他们从祖祖辈辈的传统婚姻模式中解脱出来，让他们学习法律，懂法律，遵守法律，用法律保护自己。

2. 把边民跨境婚姻条例明晰化

让每个边民知道如何办理婚姻登记，知道加入中国国籍的条件和程序，让他们会使用自己拥有的各种证件，如居留证、出境证等，并实现流动执法。

3. 因地制宜，关心到位

积极进行管理，便民为主。给贫困山区修筑公路，提供发展援助；给贫困家庭提供生活保障、适当的经济救助、适当的村民惠民医疗公平救助，关心边民的生产生活。

4. 为当地边民提供受教育平台

据调研，大部分边民不识字或只上过几年学，识字也不多。要让跨境婚姻家庭的孩子们以及想读书的边民们接受新知识，共创未来，共享和谐社会的美好，首先是提高自身素质。

5. 实行边境边民倾斜政策

让这些“事实中国公民（包括母亲和孩子）”生存权益得到保障，让他们的生老病死得到社会的帮助。这样的特殊惠民政策，有利于边民更好地生活，边境更加稳定和谐。这部分人的数量不大，且大部分为少数民族的跨境婚姻，其中有一些华侨，他们想回自己的国家，应该得到接纳。

6. 下放权力，适当允许合法化

对于跨境婚姻的特殊群体给予一定特殊的政策，管理权限下放到边境地方政府，可根据自己地方的情况作出一定的宽限政策。如给出适当的条件，达到一定年限的，遵纪守法，登记在册的，有合法入境手续、有居住证等，允许办理结婚登记。这样做也有利于边民合法入境管理。

第三节 西双版纳傣族自治州

西双版纳州位于云南省最南端。地处北纬约 21°10′、东经 99°55′—101°50′之间，属北回归线以南的热带湿润区。东南部、南部和西南部分别与老挝、缅甸山水相连，毗邻泰国和越南，全州国境线长 966.3 千米，占云南省边境线近 1/4，其中与老挝接壤国境线长 677.8 千米，占中老边境线的95.5%；有4个国家一类口岸，占云南省近1/3。西双版纳以神奇的热带雨林自然景观和少数民族风情而闻名于世。这里居住着傣族、哈尼族、拉祜族、布朗族、基诺族、瑶族等多个少数民族。

一江连六国（中、缅、老、泰、柬、越）的澜沧江·湄公河［在中国境内的水域称为澜沧江，出境后被称作湄公河（Mekong River）］。从西双版纳出境，上湄公河航道是国家5级航道，中、缅、老、泰四国可常年通航250吨的客货轮；西双版纳景洪港是中国国家一类口岸，与老、缅、泰三国商船通航，开辟了多条国际水运航道。昆（明）曼（谷）国际大通道也从西双版纳出境；西双版纳嘎洒国际机场系国家一类口岸，现已开通23条国内航线和到老挝琅勃拉邦、泰国曼谷的2条国际航线。西双版纳州与老挝的琅勃拉邦省和泰国的清莱府2个结为友好城市。

2010年末，西双版纳州总人口1133515人，其中农业户籍人口占总人口的70%。总人口性别比107.55。世居着傣、汉、哈尼、拉祜、彝、布朗、基诺、瑶等13个民族及尚未识别族群。2012年末，西双版纳州总人口114.9万人，其中农业户籍人口占总人口的69.97%。总人口性别比107.78。

我们课题调研在西双版纳州境内以与老挝接壤的勐腊县为主。

勐腊县地处云南省最南端，位于北纬21°09′—22°23′、东经101°05′—101°50′之间。全县年平均温度在21℃，年降雨量1700毫米以上，海拔高度在480—2023米之间。东部和南部与老挝接壤，被老挝半包，西边与缅甸隔江相望，西北与州首府景洪市相接，北面与普洱市江城县毗邻，总面积7056平方千米。边境线长达740.8千米（中老段677.8千米，中缅段63千米）。县城距省城昆明868千米，距州府景洪市172千米。非常特殊的边境地理情况如图3-1所示。

勐腊县是个少数民族聚居的县份之一，共有26个少数民族在这里繁衍生息，少数民族人口占全县总人口的72%。主要少数民族有傣族、哈尼族、布朗族、瑶族、彝族等。2010年全县地区生产总值38.2亿元。

勐腊县辖7个镇、3个乡（其中2个民族乡），即勐腊镇、勐捧镇、勐满镇、勐仑镇、尚勇镇、勐伴镇、关累镇、易武乡、象明彝族乡、瑶区瑶族乡；以及勐腊农场、勐棒农场、勐满农场、勐醒农场。此次我们调研的是勐满镇和勐捧镇，各涉及两个村委会，即勐满镇的曼暖远村、邦善村，勐捧的小新寨村、勐润村。

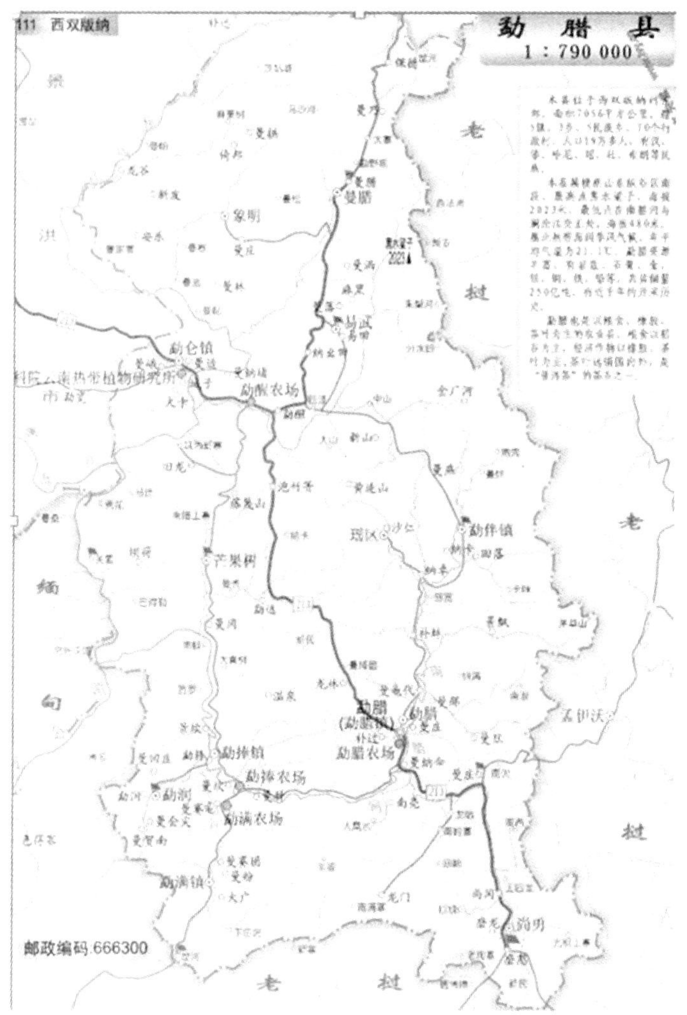

图 3－1　勐腊县的地理位置

一　勐腊县勐满镇

（一）勐满镇简况

勐满镇位于勐腊县城西南部，介于东经 101°12′—101°27′、北纬 21°10′—22°22′之间；东与尚勇镇、磨憨国家一级口岸相连，西南与老挝南塔省勐新县交界，北与勐捧镇接壤；国境线长 42 千米。镇政府驻景龙村小组（海拔 611 米），距县城 53 千米，距国境线 12 千米，距老挝勐新县城 24 千米，是我国通往老挝的重要陆路通道之一。勐满镇面积 403 平方千米，

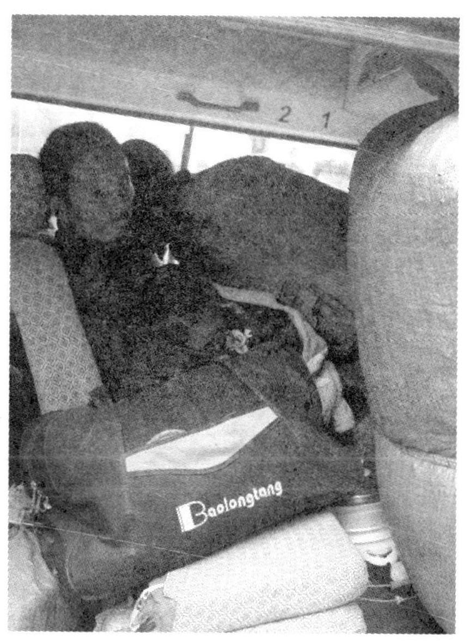

照片 13　磨憨口岸的边贸市场，老挝居民经常出入购买日用品

人口 1.4 万人；主要世居民族有傣、哈尼、瑶、汉、布朗等 13 种，傣族和哈尼族是两大主体民族，分别占地方总人口的 45% 和 35%，其他民族占 20%。人均占有耕地 1.55 亩。

镇政府驻勐满街，距县城 53 千米，距国境线 12 千米，距老挝勐新县城 24 千米，213 国道由北向南贯穿全镇，是我国通往老挝的重要陆路通道之一。镇辖曼赛囡、大广、勐满 3 个村委会 30 个村民小组、26 个自然村。辖区内有一个营级武警边防工作站，一个营级边防派出所，一个边防驻军连队，一个林场咖啡场及农垦勐满农场的一个作业区。2012 年末全镇地方总户数 2845 户，总人口 12732 人，农民人均纯收入 6403 元，城镇居民人均收入 5940 元。

据镇政府统计，截至 2012 年底，勐满镇登记的外籍跨境婚姻数为 104 户，其中，老挝籍的 100 户，缅甸籍的 4 户；其中 94.2% 为女性嫁入，男性入赘仅 6 户。其特点是：缅甸籍的跨境婚姻家庭均为男性入赘。其中，现年最大的跨境人员已经 67 岁，60 岁以上的有 4 人，都是爷爷奶奶辈的，有的孙子都十几岁了；现年最小的跨境人员 26 岁，为缅甸籍男性。

在勐腊县勐满镇，我们入户调研了 2 个村寨——曼暖远村和邦善村。

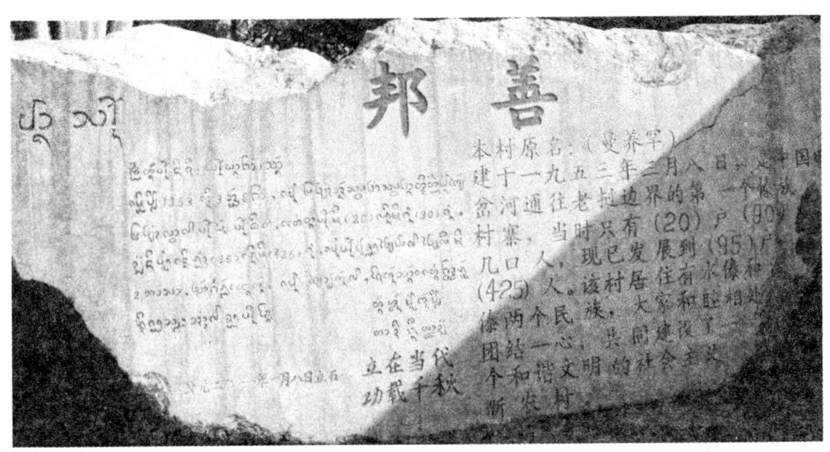

照片 14　邦善村

（二）勐满镇曼暖远村跨境婚姻调查

1. 曼暖远村基本村情

曼暖远村隶属勐满镇勐满村委会，属于坝区，村子的入口位于公路边，离村委会也不远，只有 2 千米的距离。村子的国土面积有 1.06 平方千米，有耕地 408 亩，其中人均耕地 3.09 亩。全村仅 1 个村民小组，有农户 35 户，人口 143 人，全部为农业人口。[①] 农民收入来源主要以种植业为主。目前村内规划整齐，村入口有傣式风格的大门，村内有水泥路连通各家各户，村里建筑风格和傣族传统住宅几乎一致，多为木质结构住房。

曼暖远村的主要产业为橡胶、香蕉，其产品主要销往本县内。2012 年全村经济总收入 113.9 万元，其中农产品种植业收入 27.9 万元，畜牧业 6.33 万元，而单橡胶产业全村销售总收入 56.75 万元，就占到了该村农村经济总收入的近一半。

村子为单一的民族村落，村民均为克木人，但民族识别为布朗族，所以在户籍上登记的均为布朗族。村里人自称克木人，无其他民族人口。其中男性为 75 人，占比 52%；女性为 68 人，占比 48%。按村民受教育程度划分，该村无大专以上学历的人群；中学学历的有 48 人，占比 34%；小学学历的有 92 人，占比 64%；没有受过教育的有 3 人，占比 2%。

① 云南数字乡村网，www.ynszxc.gov.cn/sl/defanlt.shtml。

照片 15　曼暖远村：政府扶贫修建的新型村寨

2. 特别的“克木人”

克木人是一个跨境而居的族群，主要分布在中国云南西南部和中南半岛北部。他们分布的区域分别属于中国、越南、老挝、缅甸、柬埔寨、泰国等国家。属蒙古人种南亚类型。使用克木语，属南亚语系孟 高棉语族。克木语与布朗语、佤语、崩龙语以及柬埔寨的高棉语关系密切，属孟 高棉语族，但克木语没有自己的文字。克木人主要从事旱地农业，过去耕作方法是刀耕火种。在中国的少量克木人，未被识别为一个民族。

在中国，克木人集中分布在景洪市、勐腊县，两县共有 18 个寨子。勐腊县有 12 个克木人寨子，即勐腊镇南亮村委会的曼岗村，勐捧镇曼种村委会的曼种、回结、回伞，勐满镇勐满村委会的曼暖远，曼赛囡村委会的曼蚌索，尚勇镇尚冈村委会的上南西、王四龙，曼庄村委会的东阳、南欠，勐伴镇会落村委会的克米寨、曼迈，总人口现仅 3000 余人。其中这些群体具体又分为“达迈老”“达迈交”“达迈勐”三支，“达迈老”迁自老挝，“达迈交”迁自越南，“达迈勐”为土著。①

多年来，克木人一直以傣族自居，取傣族名字。但无论是语言还是习俗，克木人都与傣族不同。直到 2009 年，克木人才被划归为布朗族。而

---

① 百度百科（http://baike.baidu.com/link? url = Fb6uYHyWgnUDfsMCOkdem3Z6PAWwopPtLlxWs388Uf5NXLult6WTCoOoT7qVQYxl）。

实际上，克木人和布朗族并没有多大的关系。文化之间的差异，使克木人一时无法适应布朗族的民族身份，他们仍然称自己为“克木人”，或“布朗族克木人”。由于历史原因，克木人对傣语的掌握相当熟练，以实际访问情况来看，村民几乎都会听、说傣语，有部分村民还可以读和写傣文。

克木人很早就生活在西双版纳以至老挝北部边境地区，有着悠久的历史，是西双版纳边境最早的土著居民之一。据在勐腊县的调查，该县从今尚勇的辖区到勐满一带，曾经是克木人早期的集中聚居区域，方圆近50千米，建立过100多个村寨，鼎盛时期，克木人生活富庶、安居乐业。

后来，克木人被傣族土司征服而沦落为奴隶。他们每年要定期轮流下山为傣族土司服各种劳役，一直延续到新中国成立前夕。在这漫长的受压迫、受奴役的岁月里，克木人无力抗争，纷纷背井离乡，到老挝等地寻找谋生的道路。其中有的又迁回故土，有的则长期在外定居，以致造成人口锐减。据调查，现今克木人的村寨，也并不是往日村寨的直线延续，而是历尽沧桑，在多次辗转迁徙中分分合合，在从妻居的婚姻制下，有进有出，所以每个村寨的成员的血统都具有多元性。[①] 从克木人的现状看，大多是跨境而居。另外，西双版纳的克木人与老挝、泰国境内的克姆族以及越南北部的高目族（克木、克姆、高目都是汉文翻译时的异写）在语言、体质体态、风俗习惯、宗教信仰等方面都相似。再加上中老边境的克木（或克姆）人长期在经济上互相依存、文化上互相交流，以及互相通婚、自由迁徙，多方面的历史渊源，形成了今日的跨境而居的状况。

新中国成立前，克木人大多生活在中老（挝）边境的丛林地区。20世纪70年代，云南省对多数克木人实行易地搬迁，帮助其走出山林，来到平坝。国务院各有关部委也纷纷为克木人制定了特殊的政策。国家民族事务委员会比照人口较少民族的相关政策，对克木人加大扶持力度，云南省委、省政府在中央各有关部委的基础上，增加省级财政投入等。在各级政府的特殊关照下，克木人的生活水平已经达到小康，生活上已经跟上了中国时代的发展步伐。

传统上来说克木人实行氏族外婚制，即同氏族的人不能通婚，若有违反，男女均被视为“猪狗”，要举行特殊的仪式，以示惩戒。克木人实行一夫一妻制，有从妻居的习俗。男子先要上门从妻居三四年，若妻家人手

① 李成武：《克木人》，中央民族大学出版社2006年版，第23页。

少，可终身从妻居。但实际走访涉及跨境婚姻的家庭，一般都是外籍女方嫁到中籍男方家，并未遵循传统的习俗。

（三）曼暖远村跨境婚姻调查评述

1. 现状与问题

随着社会、经济、文化方面的快速发展，克木人在今天已非过去落后贫穷的旧面貌。就曼暖远村而言，无论是村里公共设施的建设，还是个人家庭生活的状况，都已经较过去的旧形象大为改观，甚至要比其他一些村子好不少。

访问村子的时候，正值1月初，是克木人一年中最盛大的马格乐节期间，走进村子可以听见不少家庭都大声放着音乐，这是因为，村子里的许多村民家里都有了影音娱乐设施。节日期间，村民们互相走访，轮流请村里的乡亲吃饭，而饭菜的丰盛程度也令人印象深刻。在节日持续的近一个月里，许多村民都是终日在外面喝酒吃饭。曼暖远村的克木人似乎已经拥抱了物质化的大潮，而种植橡胶带来的丰厚收入也足以满足他们对舒适的物质生活的追求。

2. 婚姻方式的改变

这种明显的生活方式的改变，自然而然也反映在传统习俗的变化上，克木人自古跨境而居，跨境婚姻在克木人中一直都有着不小的比例。但走访的时候发现，在曼暖远村里的跨境婚姻家庭，几乎都是外籍女方嫁入中籍男方家庭，这与克木人从妻居的传统产生了现实的矛盾。据了解，这些来自老挝的妻子们普遍觉得在曼暖远村的生活要优于老挝，而由于近些年种植橡胶的丰厚收益，丈夫们更无从妻居的经济动力。传统的氏族的影响力已经淡化，而作为独立家庭的自主性却在不断增强，例如以家庭为单位划分的各家的橡胶地，正是这种转化的现实动力。

3. 发展与封闭

虽然曼暖远村的克木人有了现代的交通工具（家庭轿车、摩托车），现代的影音娱乐设备，但是似乎又没有真正进入发展中的现代社会。村里的克木人大多不会说汉语，受教育程度以小学学历为主，而过去的小学又多是以傣语教学，这是他们与外界交流的现实壁垒。而克木人自古的外婚制传统，使得一些在村内条件不好的村民无法在国内找到合适的伴侣，于是把择偶的目光放到了境外同根同源的克木人身上。一方面，经济条件的改善让曼暖远村村民过上了舒适的现代生活；另一方面，曼暖远村的克木

照片 16　访谈跨境婚姻家庭：老挝媳妇

照片 17　如果符合我国规定的条件，有相关证件，就可领结婚证。曼暖远村跨境婚姻夫妻绝大多数领了结婚证

人又难以在买卖之外的其他方面找到与外界交流的渠道，从而陷入相对封闭的同族圈子。换而言之，曼暖远村的克木人过的是克木人自己的“现代生活”。对于婚姻中法律意识的淡薄，再加上政府对克木人的大力资助，这使得跨境婚姻的存在与增加就更加理所应当了。

4. 对策与建议

针对曼暖远村里的跨境婚姻而言，可以从当下和未来两个方面来看待。

从当下看，最主要的是通过宣传，增强村民们的法律意识，使他们明白跨境婚姻在现行法律下的约束，明晰自身的权利和义务。对于已经存在事实婚姻的人群要加强引导，积极纳入现有法律法规的管理之下。另外，针对跨境婚姻人群尤其是村内经济条件较差的人群的现实困难和合理需求，进行一定程度上的帮扶，改善其生活条件和精神状态，实现和谐发展。

从未来看，应积极推进文化建设、精神文明建设和基础教育建设，积极倡导和引导富裕起来的克木人提高受教育层次，打破曼暖远村的克木人与外界社会间的现实隔阂。在保护其传统文化的基础上，适当以现代的生活方式和婚育观加以引导，增强其与外界社会的文化交流和教育交流，提高其文化素养和观念，把目前较为封闭的氛围转变为积极开放的姿态，不单从经济，更要从文化、社会的角度使其融入整个社会主义社会发展的进程中来。

二 勐腊县勐捧镇

勐捧镇地处勐腊县南部的中心区（镇政府距勐腊县城42千米），是中心重镇，东与勐腊镇接壤，南与勐满镇相连，西与老挝交界，北与关累镇相邻，有国界线102.6千米。辖区总面积663平方千米，居住着傣族、哈尼族、彝族、克木、汉族等民族（主体民族是傣族）。辖勐捧、景坎、温泉、曼种、勐哈等8个村委会67个村民小组，辖区有40多个机关单位、两大国营农场、一个中型糖厂以及一个外商独资企业。有两条可通车的口岸公路。勐捧镇辖区内有总人口近6万人，其中地方人口31362人。

勐捧镇辖的8个村委会中有4个（勐润、景坎、曼回庄、曼贺南）属边境村委会。边境有诸多的便民通道，交通方便。所辖的8个村委会都有跨境婚姻情况，截至2012年底，共32个村民小组205人与外籍边民通婚，其中97.6%为老挝籍，2.4%为缅甸籍。跨境婚姻家庭有36对依法办理了结婚证，占17.6%。未领取结婚证的169对，占通婚数的82.4%。

我们入户调研的是勐捧镇的小新寨村、勐润村。离边境最近的勐捧镇曼贺南村委会小新寨自然村，距边境6千米，离镇政府30千米，距离县城勐腊有61千米；勐润村小组，距离边境大约26千米，距镇政府27千米，距离县政府55千米，勐捧镇的勐润村交通状况比较差，均属土路，俗称“下雨屯水养鱼，旱天尘土飞扬”。

三 调研数据分析

此次西双版纳州勐腊县所调研的户数为39户，勐满镇曼暖远村、邦善村分别为6户、11户，勐捧镇小新寨村、勐润村分别为18户、4户。根据问卷内容，全部入户面对面进行采访访谈，全面深入地了解访谈者情况。

（一）在勐腊县所调研的跨境婚姻家庭数据分析

课题组成员对以上村寨跨境婚姻家庭进行单独入户访谈，对数据的真实性有保证，真正具有实证的意义。另外，此次西双版纳勐腊县调研的突出特点是：对所选择调研4个村寨的跨境婚姻家庭几乎每一户都走访到了，除家中无人的几户外。因此，特别进行了较为详细的数据分析。

1. 跨境婚姻家庭情况

此次调研勐腊县跨境婚姻分民族情况为：哈尼族18户，傣族14户，布朗族6户，汉族1户。

曼暖远村是布朗族的聚集地，全村有20来户100多人，均以种植、收割橡胶为生，年收入3万元左右。邦善村、勐润村是以傣族为主的村落，村里的建筑均是高大宽阔的傣家竹楼，每家家具、交通工具齐全，村子居民以割胶，做边贸为生，村里经济较为发达。

调查数量最多的集中在勐润的小新寨村，村里有1/3为跨境婚姻家庭，此村邻近中老国界，不足6千米，对跨境婚姻的调查具有典型意义，全村以哈尼族为主，由于离边境较近，当地居民对跨境婚姻这种特殊结合习以为常。

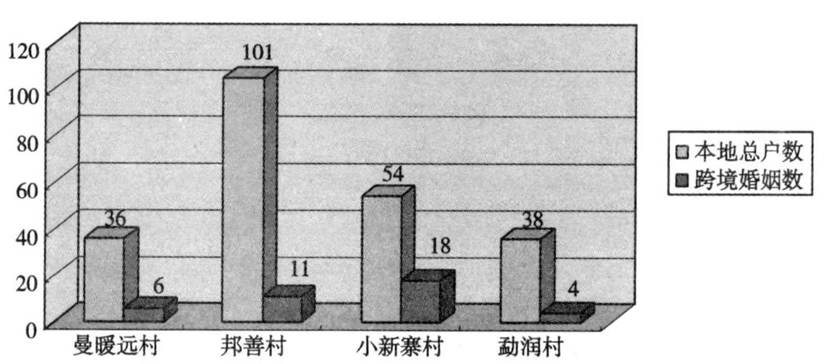

图3－2　在勐腊县调研村寨的跨境婚姻家庭与总户数对比情况（单位：户）

本次在勐腊县入户调研4个村寨的总户数和跨境婚姻家庭的户数情况如下：曼暖远村总户数36户，跨境婚姻家庭为6户，占比16.7%；邦善村总户数为101户，跨境为11户，占比10.9%；小新寨村总户数为54户，由于离边境最近，它的跨境婚姻数较多，为18户，占比高达33.3%；

勐润村较少，总户数为 38 户，跨境为 4 户，占比 13.2%（见图 3-2）。

跨境婚姻人群有如此高的占比，这说明，在勐腊边境一线地区（村寨），跨境婚姻是十分常见的情况，村民基本都能接受跨境婚姻的存在，对于跨境婚姻家庭没有任何排斥或歧视。因此，这样的无障碍环境下——语言、习俗相同，结婚生孩无问题，孩子落户能解决，村民能接受等，很大程度上促使了跨境婚姻人群的增加。

2. 跨境婚姻夫妻结婚时的年龄情况分析

此次西双版纳州勐腊县所调研的户数为 39 户，跨境婚姻男女双方年龄相差极大。男性结婚时的平均年龄是 30.6 岁，女性的平均年龄为 22.76 岁，平均相差 7.84 岁；大多数情况是男性的年龄大于女性，最大的差值是 23 岁；但也有相反的情况，即女性的年龄大于男性，最大的差值是 5 岁。

年龄最大差值来源于勐满镇邦善村的一户家庭，男方波×，傣族，女的是老挝籍，也为傣族，两人于 2008 年结婚，足足相差了 23 岁，结婚时男性已经是 51 岁了，为再婚，女性 28 岁，是初婚。这样的婚姻是年龄相隔两代的婚姻，实属典型的奇特婚姻。后面将作为典型进行详细呈现（不作分析，只作现状描述）。

再来看看勐满和勐捧两镇的数据对比，勐满镇的男性结婚时平均年龄是 31.12 岁，女性平均年龄是 21.65 岁，相差 9.47 岁；勐捧镇男性结婚时平均年龄为 29 岁，女性平均年龄为 23.86 岁，相差 5.14 岁。两镇的平均年龄差有差距，是因为个体差距很大，属于正常情况。但是，调研数据都支持如下结论，即跨境婚姻家庭中，男性的初婚年龄偏大。并且，夫妻双方的年龄差也偏大，偏离正常情况。跨境婚姻家庭中方男性的初婚年龄属于大龄，困难户。

我国法律规定，合法结婚年龄为男性 22 周岁，女性 20 周岁。一般而言，男性初婚年龄要大于女性初婚年龄。平均初婚年龄有逐渐升高的趋势，见表 3-1。

据研究，北京市 2004—2011 年近 8 年初婚男性的平均年龄为 27.74 岁，女性为 25.96 岁，夫妇的平均年龄差约 1.78 岁①。北京为我国一线特大城市，代表着最典型的情况。通常情况下，无论男性还是女性，城市比

① 高颖、张秀兰：《北京市初婚夫妇的年龄特点、变动趋势及其影响因素》，《人口与发展》2012 年第 4 期，第 84 页。

农村居民的初婚年龄要大，大城市与小城市居民之间初婚也有差距。

表 3－1 中国城市居民平均初婚年龄①

年份（年）	男性（岁）	女性（岁）	年份（年）	男性（岁）	女性（岁）
1929—1939	17.0	19.5	1970—1974	25.6	22.4
1940—1944	21.2	18.6	1975—1979	26.1	24.5
1945—1949	18.9	18.6	1980—1984	25.8	24.4
1950—1954	21.4	19.5	1985—1989	25.7	23.6
1955—1959	23.4	20.1	1990—1994	25.6	23.4
1960—1964	24.8	21.8	1995—1999	26.8	24.3
1965—1969	25.6	22.1	2000—2005	26.5	24.9
			2005	25.5	23.3

另据研究，女性 23 岁左右预期单身寿命很低，结婚概率很大；男性过了 27 岁以后，从单身到结婚的预期单身寿命显著增加，结婚将变得十分困难。②

图 3－3 中列出了此次调研的村寨情况，曼暖远村、邦善村、小新寨村、勐润村的男女平均年龄差分别为 8.38 岁、8 岁、3.67 岁、12.75 岁，曼暖远村、小新寨村年龄差距不大，均属于初婚，而最大的是属于勐润村平均在 12.75 岁，且走访村里时发现，村里大多男子处于大龄，并且，还没有结婚者也很多，家里经济情况也很不好。

小新寨村的情况在所有调研户中很特别，首先是占比非常高，村里 1/3 的家庭是跨境婚姻家庭；其次是夫妻双方的初婚年龄与一般家庭类似。

据相关的多个研究数据，我国男性与女性的初婚年龄差在 1—4 岁，各地区和各历史阶段以及城市与农村间有一定差别，但都在这个范围之内。而比照调研数据，我们所调研的跨境婚姻家庭的夫妻双方的年龄差确实是超出正常值的。从老挝方的女性初婚年龄看，与中国女性的初婚年龄无差异，差距在于来自中方男性的初婚年龄偏高。数据证实，造成跨境婚

① 刘娟、赵国昌：《城市两性初婚年龄模式分析》，《人口与发展》2009 年第 4 期，第 16 页。

② 韦艳等：《中国初婚模式变迁——基于婚姻表的分析》，《人口与经济》2013 年第 2 期，第 23—25 页。

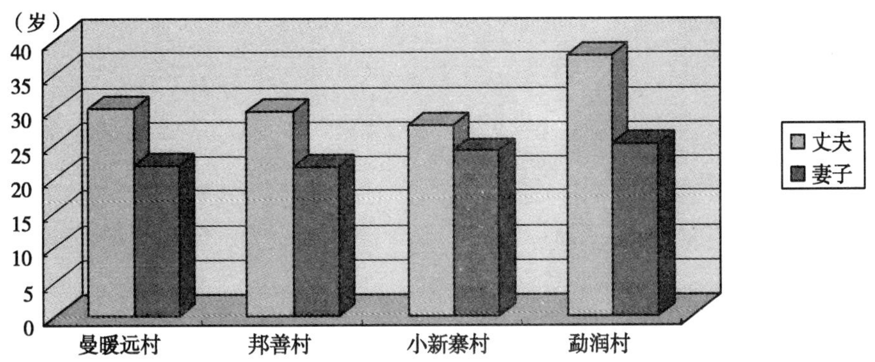

图 3－3　勐腊调研各村男女平均年龄情况

姻的原因之一是：中国边民男性找媳妇有困难，明显受到婚姻挤压影响。

分析了跨境婚姻家庭配偶间年龄的情况和差距，促使我们思考，究竟是什么原因造成了跨境婚姻人群的增加？调研数据显示，找外国媳妇的原因，50.1%的人认为在中国找媳妇有困难，20%的人认为找国内媳妇结婚花费太高，29.9%的人觉得是看上对方（结婚是相互喜欢而不是其他原因）。这都是真实的写照。

3. 跨境婚姻家庭稳定情况

虽然跨境婚姻双方的年龄差距很大，但是婚姻却很稳定，这些家庭的访谈回答如图 3－4 所示。就婚姻稳定程度而言，有 28%的人认为婚姻状况非常稳定，72%的人认为当前婚姻稳定，没有“一般”“不稳定”的情况。我们从侧面了解到，跨境婚姻家庭离婚的很少。所入户的全部调研家庭以及所调研的村寨中，仅有个别离异的，与目前我国的平均离婚水平相比，跨境婚姻这类特殊家庭，婚姻属于稳定状态。

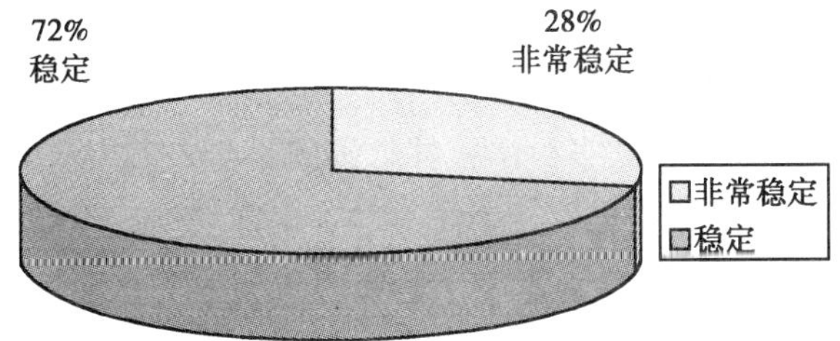

图 3－4　勐腊调研跨境婚姻家庭稳定情况（单位：%）

据了解，跨境家庭婚姻不会轻易破裂的另外一个隐性因素是经济因素，即对于老挝媳妇而言，婚姻关系是她们最主要的安全屏障，否则她们将面临生活的窘境。

据相关研究，由于夫妻年龄差距过大而容易引起婚姻矛盾的原因有以下几点：第一，从生理角度来说，夫妻年龄差距大会导致一定的不相融。第二，从观念角度而言，不同的成长时代背景、不同的阅历，会使两个人的思维和交流产生差异，易产生代沟。第三，很多案例表明，“老少配”与名利有关。第四，由于与传统的、普适的婚姻观念存在差距，易造成心理矛盾。

然而，在少数民族边境一线，情况似乎与上面所提及的普遍情况有所不同：其一，在跨境婚姻家庭中，离婚较少发生，而且与年龄的差距关系不大。其二，在边境少数民族地区，跨境婚姻就像“一根捆仙绳”一样，将两个人的命运牢牢拴住，使之息息相关，反而促进婚姻关系的牢固。其三，据问卷统计数据显示：90%的人认为中国更好，仅10%的人认为中国与外国差不多。向往美好生活的心理也会促使老挝媳妇维护稳定的婚姻生活。其四，跨境婚姻家庭的男方绝大多数是大龄困难户，找到的配偶通常都较其年轻，他们会有意识地珍惜这难得的婚姻关系。

4. 经济状况分析

勐腊县、老挝的边民家庭收入分别是4万元和1.86万元，老挝边民家庭收入远低于中国勐腊县的边境村寨家庭收入，从数据上看，都在两国贫困收入之上。

跨境婚姻家庭平均有两个孩子，家庭的支出也颇大。据图3－5和图3－6可知，87.18%的人认为2014年收入较2013年少，只有5.22%的人认为比2013年多；48.72%的人认为支出较2013年多。

勐满镇和勐润镇是以傣族和哈尼族为主体民族，瑶、汉、布朗等13种民族杂居的边境小镇。两镇居民均以种植、收割橡胶为生，2010年是胶价最好的一年，每斤白乳胶最高价可卖达45元，平均一家一天大约有1000元收入，每家平均20多亩橡胶林，家庭年收入均有5万元左右。而2013年的平均白乳胶价格在每斤20元左右。年度价格差异很大。由于当地居民的整体素质仍处于较低水平，没有产品深加工的价值提升，都是出售初级产品，因此，家庭收入随着橡胶价格波动性很大。

老挝计划投资部近期联合总理府农村发展和消除贫困指导委员会在波里坎赛省召开《第七个经济社会发展五年计划草案》和《第四个农村发展和消除贫困五年计划草案》征求意见会议。草案内容显示，

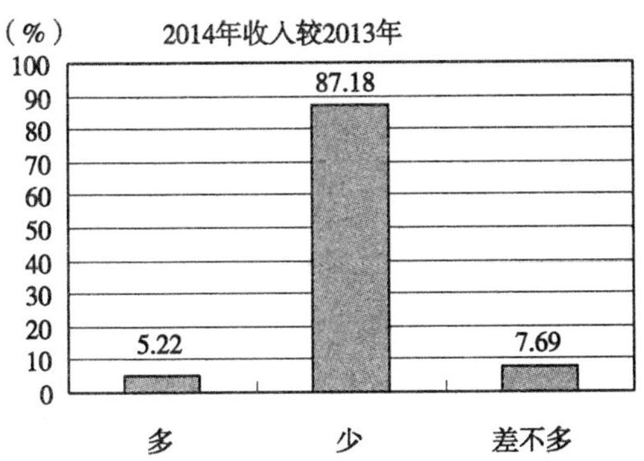

图 3－5　勐腊县跨境婚姻家庭 2 年收入情况比较

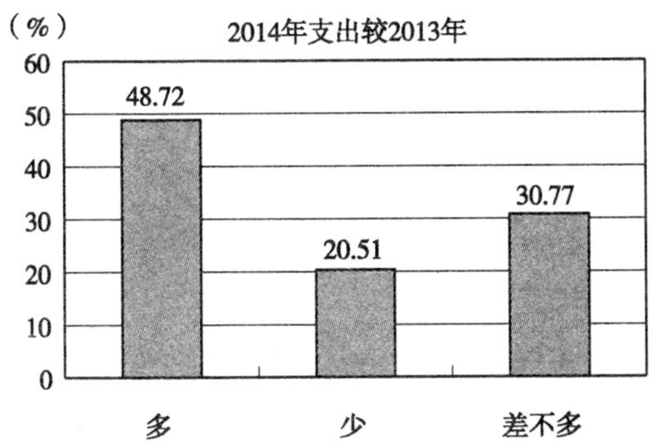

图 3－6　勐腊县跨境婚姻家庭 2 年支出情况比较

2010—2015 年的 5 年中，老挝将力争保持 8% 以上的 GDP 年增长速度，其中农业年增长不低于 3%、工业年增长不低于 15%、服务业年增长不低于 6.5%。到 2015 年，实现人均国民收入 1700 美元，约合人民币 10465 元。

西双版纳州 2012 年的人均生产总值为：景洪市 24024.176 元（约折合 4000 美元），勐海县 17711.918 元（约折合 2856 美元），勐腊县 19526.887 元（约折合 3150 美元），与老挝的经济情况对比显而易见，西双版纳州的区域经济要远好于老挝全国。所以，从经济因素看，跨境联姻还会越来越多。

由调研可知，勐腊县当地的农村居民家庭收入大部分来源于割胶（见图 3－7）。当地农业经济产业的单一性，使家庭经济情况极易受橡胶的价格影响。单一的经济收入，尤其是单一的农业收入，很难适应市场的

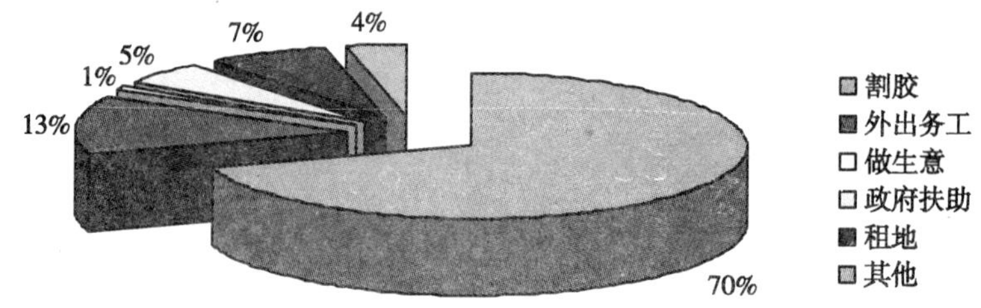

图3－7　勐腊县跨境婚姻家庭收入来源

变化，存在很大风险，十分脆弱。勐腊县域整体存在经济产业单一的潜在威胁，一旦橡胶价格“跳水”，当地经济会受到极大的冲击，居民的生活也相应会受到极大影响。

5. 跨境婚姻家庭与村民相处情况

外籍配偶在村里与村民的沟通良好，她们与村民大多语言相同，习俗习惯相近，相处无障碍，平时与村民经常来往，相处无差别。极少数因为语言、个性等因素，显得比较孤僻一些，但这部分人也能与其丈夫和睦相处（见图3－8）。

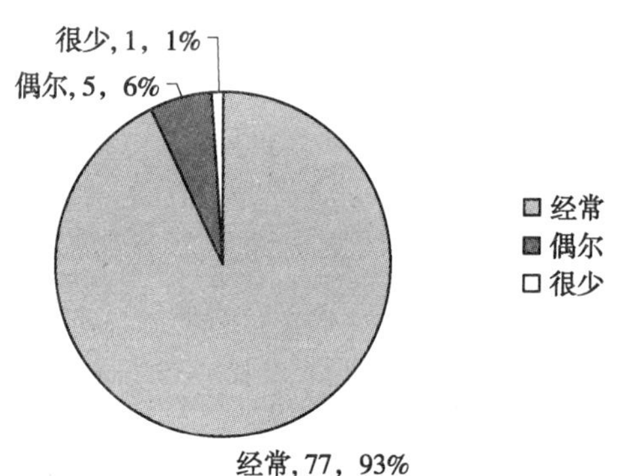

图3－8　勐腊县跨境婚姻家庭外籍配偶与村里居民的相处情况

6. 跨境婚姻外籍配偶身份合法问题和社保情况

关于外籍配偶的合法身份问题，调研户中，大多数是没有合法身份，即没有结婚证，更无法获得中国户籍。

关于外籍配偶对其身份问题的困扰情况调查项为：27.77%的人感到非常困扰，11.11%的人觉得困扰，55.56%的人回答“一般”，只有5.56%的人认为不受困扰。换言之，有94.44%的人或多或少受困于自己的外籍身份问题，可见合法身份是当前跨境婚姻人群面临的最大难题。合法身份问题能引发诸多后遗症，如外籍配偶无法享受中国的社会保障政策，绝对没有田地的划分，也不可能有任何分红；仅有10.69%能享受医保、养老、低保中的一种，而89.31%的外籍配偶无法享受任何的惠民政策。此外，他们还面临着外出打工无身份证的困扰以及孩子的落户问题等。对外籍配偶来说，他们面临着国家认同、群体认同和自我身份认同的三重危机。

7. 调查户的受教育程度分析

调查数据显示，跨境婚姻家庭人口中，最高学历为高中，比例仅为5.12%，未上学的有30.77%，上过小学的占比最高，为51.28%，学历为初中的占比12.83%（见图3－9）。虽然大部分受过一些教育，但都为初级教育，高达82%的人是小学和以下的受教育水平。在今天的中国，九年制义务教育在全国已经普及，全国整体文化学历程度都得到了大幅度的提高。而跨境婚姻的人员的教育，甚至还有1/3的人属于文盲，上高中的也寥寥无几，可见这类人群受教育水平之低，是远低于正常水平的。

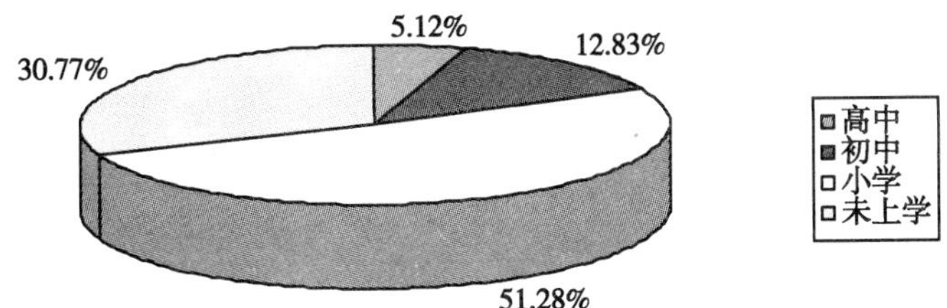

图3－9 勐腊县跨境婚姻受访者受教育程度情况

普及国民教育是重中之重，特别是在边远地区，教育问题是国之根本问题，一切经济、社会、家庭的问题，都源于教育，一旦教育文化蔚然成风，不管社会还是经济以及家庭的问题当迎刃而解。大多数跨境婚姻家庭的受教育水平都相对较低，没有好的平台，婚姻也受之影响。

（二）勐腊跨境婚姻问题的特点、建议及综述

1. 勐腊县跨境婚姻的特点

（1）当地男子初婚年龄都偏大，远大于女方。平均初婚年龄相差在7岁左右；夫妻年龄相差最大的甚至达23岁，且男性是再婚，女性为初婚。由于在当地找媳妇的成本较高，贫困家庭的男子会很难找到媳妇，单身男子的年龄一般较大，所以出境找媳妇是当地大龄男子的一种普遍的选择。

（2）少数民族占比大。毋庸置疑，西双版纳州是少数民族自治地区，

而处于边境一线的更是少数民族聚集区，其中包括傣族、哈尼族、布朗族等，而傣族在跨境婚姻当中占 81.6%。

（3）跨境“外籍新娘”的身份不合法情况严重。外籍新娘的不合法身份一直是跨境婚姻面临的主要问题，由于不能在中国正常领取结婚证和落户，没有合法身份，就意味着相应的惠民政策不能享受，如没有医疗保险等，使这样的贫困家庭生活得不到保证。

（4）跨境婚姻的分布地区集中在边境一线。据调查，西双版纳州的跨境婚姻现象主要集中在勐腊县与老挝交界地带，深入内部腹地的不多。

（5）地区的经济相对较好。由于当地的橡胶林业种植收益稳定，勐腊地区的跨境婚姻家庭收入一般都较好，相对其他州市，这些人并非贫困人群。跨境婚姻是由于内在民族文化特性悠久、由传统习俗造成。当然，相对而言，他们在村寨里确实属于收入较低人群。虽然温饱没有问题，但还有更多的需求，结婚生子是正常需要。

（6）普遍受教育年限低。由于少数民族地区的习俗惯性使然，再加上当地经济收入较好，在物质条件得到保证的前提下，他们一般都安于现状，没有更高的学习追求。他们认为，读书也找不到好工作，有工作收入还不及当农民的橡胶收入。大部分人（约 90%）都只上过小学，上过初中的寥寥无几，最高学历只有几人，且为高中。所以，跨境婚姻家庭的整体文化层次较低。

（7）经济产业单一，制约当地的全面发展。当地的经济收入主要来源于橡胶的种植，其他产业很少涉及。这样的产业模式是不适合地区的经济的长远发展的，特别是中国改革开放以来，未来的地区经济是面向全球化。所以，一旦单一产业受阻，当地经济将受到严重打击，因此，政府应该注重当地产业的多元化发展。

2. 跨境婚姻问题综述

（1）与老挝的特殊地理位置。中老边境跨境民族大多属于“直过民族”（直接从原始社会、奴隶社会过渡到社会主义的民族）。民族思想淳朴，普遍认为婚姻只要双方愿意，当地周围的村民认可，摆摆酒席就可以成为一家人，而且少数民族普遍信仰宗教，婚姻家庭较为稳固，所以，对于有没有结婚证，很多跨境边民并不太关注。边民通婚中的“无国籍化”意识普遍。经过调研发现，随着我国一系列惠民政策的出台，云南经济建设的快速发展，云南经济实力的上升，逐渐吸引了大量的老挝边民通过婚姻形式进入我国，成为跨境婚姻的主要原因之一，促使中老边民跨境通婚呈逐年上升趋势。勐腊县边境线长达740.8千米（中老段677.8千米，中缅段63千米），几乎是被老挝大半包围。特殊的地理状况也是重要因素之一。

（2）办证率低，权利得不到保障。在接受调查的勐腊县4个村寨中，跨境婚姻家庭基本都没有领结婚证，办证率低是普遍存在的现实问题，因此无法享受我国的惠民政策。近年来，我国政府对边境沿线乡镇的扶持力度不断加大，惠民政策不断出台，随着农村低保、合作医疗的进一步实施，中老边境沿线，中国一侧的老百姓生活得到极大的改善。由于没有中国国籍，无法办理当地户口，这群“无国籍女性”成为中国惠民政策无法覆盖到的人群。即使有些乡镇财政状况比较好，对这群“无国籍女性”在政策上有一定倾斜，但由于她们的身份特殊，也不能像其中国丈夫那样平等地享受各项政策保障。

（3）容易产生家庭矛盾。由上面的经济分析看，中国的家庭经济收入要远高于老挝，差距在一倍以上，因此一般男性无论是心理上还是物质上都相对处于优势地位，在家庭的日常生活中，男、女性的地位悬殊，容易滋生一些家庭暴力。加之大部分老挝女子存在身份不合法问题，心理上也处于劣势，有出现离家出走的现象。

（4）外籍配偶的活动范围受限制。由于没有合法身份，给外出带来极大不便，居住、旅游均受限制，同时，办理进出境手续也是非常繁杂。

鉴于以上问题，建议：第一，加快边境地区的经济转型，特别是勐腊县内这样一个单一经济体，加快产业链的升级，从单一种植业发展为以旅游业为主，多层次一、二、三产业的全方位经济体，减低受单一收入的价格的影响，走自己可持续发展的经济模式。第二，加强边境地区的人口教育问题，必须强制普及教育，加大普及义务教育的力度，让文化教育的力量惠及边疆民族地区。让好学之风在边远的边境民族地区也蔚然成风。第三，鉴于外籍配偶的进出不便和流动限制问题，应该加强外籍人员的户口管理和简化程序流程，关心群众，方便群众。

第四节 临沧市

临沧市境内有耿马、镇康、沧源3个边境县与缅甸掸邦果敢自治区

（县级）和掸邦第二特区政府（佤邦）接壤，国境线长290.79千米，有孟定清水河一个国家一类口岸、镇康南伞、沧源永和两个国家二类口岸、17条贸易通道、5条通缅公路及若干边民互市点，经澜沧江水路可直达泰国、老挝等东南亚国家，区位优势日益显现，是中国面向西南开放桥头堡的前沿窗口，是连接太平洋和印度洋陆上捷径的中心节点，是通往东南亚、南亚的内陆“黄金口岸”，被誉为“南方丝绸之路”“南丝茶古道”。2010年末，临沧市总人口2429497人，其中农业户籍人口占总人口的90%。总人口性别比110.38。2012年末，临沧市总人口246.3万人，其中农业户籍人口占总人口的90.1%。总人口性别比110.5。

中缅两国山水相连，唇齿相依，自古以来双方边民往来频繁，交往密切，290.79千米的中缅陆地边界上有汉族、崩龙族、傈僳族、傣族、苗族、佤族、本族等7种民族，从古至今，都进行着频繁的边民互市和民间交流。同时，缅甸掸邦果敢自治区和掸邦第二特区政府（佤邦）常住人口中90%是华人。因此，由于其特殊的地理位置和生活在边境线上的民族在共同的文化、共同的信仰、共同的民族、共同的语言、共同的生活习性和血缘的姻亲来往上的相通相融，中缅边民往来如串门、互市通婚、涉外婚姻普遍存在。目前，跨境婚姻正逐渐向我国内地蔓延，并有愈演愈烈之势。

临沧市与缅甸掸邦北部的果敢、佤邦和滚弄地区相邻，由于中缅双方边民世代跨境而居，双方边民同根同族、语言相通、生活习俗相近，双方长期互市往来，友好相处，历史上边民跨境通婚情况从未间断。随着我国改革开放的深入，中缅两国公民交往日趋频繁，通婚人数逐年增多，特别是2009年缅甸果敢“八八”事件[①]后，前来中国境内申请办理结婚登记手续的人员大幅增加。据统计，2009年年底以前，全市有边民婚姻3888对（到中国定居的数据），其中：依法办理结婚登记手续的1605对，未办理结婚登记手续的2283对。在3888对中，边三县2605对（领取结婚证900对，未领结婚证1705对），其他五县（区）1283对（领取结婚证705对，未领结婚证578对）。截至2010年7月，全市边民跨境通婚4232对，其中：依法办理结婚登记手续的1388对，未办理结婚登记手续的

① 2009年8月在缅甸果敢发生的一场战争，交战一方为缅甸民族民主同盟军，另一方为缅甸联邦政府。政府军获胜。

2844对，生育子女总数5320人，已办理落户手续的2637人，未办理落户手续的2683人。截至2011年底，全市有边民跨境婚姻4696对，其中：依法办理结婚登记手续的2005对，未办理结婚登记手续的2691对。在4696对中，边三县3316对（已领取结婚证1303对，即镇康914对、沧源210对、耿马179对；未领结婚证2013对，即镇康730对，沧源560对，耿马723对），其他五县（区）1380对（已领取结婚证702对，未领结婚证678对）。[①] 从统计数据看，2009—2011年两年时间，跨境婚姻人口的增长幅度就达20.8%，年均增长10%左右。

一 耿马县孟定镇

（一）耿马县概况

耿马傣族佤族自治县，地处临沧市西南部。跨东经98°48′—99°54′、北纬23°20′—24°02′之间。东与临沧、双江两县接壤，南与沧源县毗邻，北与镇康、永德县隔南汀河相望，西与缅甸山水相连。国境线长47.35千米。总面积3720.33平方千米，山地面积约占92.4%。辖4镇5乡，即耿马镇、勐永镇、勐撒镇、孟定镇、大兴乡、芒洪拉祜族布朗族乡、四排山乡、贺派乡、勐简乡；以及勐撒农场管委会、孟定农场管委会、华侨管理区。

全县总人口29.6万人（2010年），有汉、傣、佤、拉祜、彝、布朗、景颇、傈僳、德昂、回、白等民族，少数民族人口占总人口的51%。性别比106.07。乡村人口占67.3%，乡村人口性别比106.64。2011年城镇居民人均可支配收入14445元，农村居民人均纯收入4593元。

在耿马县，选择边境小镇孟定镇进行调研，孟定镇和缅甸山水相连，村寨交错，有边境线47.35千米，是耿马傣族佤族自治县的一个边陲重镇，是国家一级口岸，对外开放的一个窗口。孟定镇是临沧地区8个最大的坝子之一。东西长35千米，南北宽12千米，总面积420平方千米。总人口中75%是傣族，其他为佤族、景颇族、德昂族等少数民族。

（二）耿马县孟定镇跨境婚姻调查

孟定镇的清水河口岸是国家一级口岸，是中国入印度洋最近陆路，仅95千米，比瑞丽口岸近130多千米。2014年，有约44万人次进出口岸，

---

① 资料来源：临沧市综治办。

进口约有11万吨货物，以农产品为主，有芝麻、橡胶、玉米（有配额限制）等。口岸管理十分规范。孟定镇有7个村直接接壤缅甸。其中孟定镇的河外片区辖5个村委会，有4000多户1万多人。辖9个自然村13个村民小组。以下为对色树坝村进行的调研。

色树坝村位于孟定镇西边，距离孟定镇32千米，是村委会所在地。国土面积3.2平方千米，离缅甸仅约5千米，边境线长4.5千米，离缅甸最近的寨子相距仅300米，可以说是几步就跨出境。全村有9个自然村13个村民小组、533户2383人；有耕地5158亩，人均2.16亩。以汉族和彝族为主，居住在25万平方千米的土地上。2013年农民人均纯收入4812元，人均粮食243千克。

色树坝村每个自然村都有跨境婚姻家庭，每村10户左右。我们到东风组入户调研了3户跨境婚姻家庭。东风组有33户人家。

据村委会主任介绍，中国这边政策好，有很强的吸引力，如对于村民，新农村合作医疗是由政府每年帮助缴纳，边民全部免缴费享有；所有孩子享受九年义务教育政策，读书免费，早餐免费（每天有1个鸡蛋、1盒牛奶）；每户边民有1000元/年的补贴；还有养老保险、困难补助等惠民政策。

二 镇康县南伞镇

（一）镇康县概况

镇康县位于云南省西南边陲，临沧市西部，南汀河下游和怒江下游南北水之间，南接耿马县，东邻永德县，西与邻邦缅甸果敢县接壤，北与保山地区龙陵县隔江相望。全县总国土面积2544.23平方千米。国境线长96.358千米，山区占总面积的98%。县辖4乡3镇71个村委会、3个社区，居住着汉、佤、傣、彝、德昂、布朗、傈僳、拉祜等23种民族。县城南伞镇坐落在中缅边境线上，距省会昆明886千米，距缅甸北禅邦老街县仅9千米，距缅甸首都内比都750千米，形成了“界碑在县城，国门在城中，一城两国”的独特景观。县境内分布着1个国家二类开放口岸及6个边民互市点，是古“西南丝绸之路”重要通道，今为对外开放的内陆窗口，是中缅交往的重要通道和滇西南、临沧西部进入东南亚的重要口岸之一。

全县总人口17.6万（2010年）人，有汉、傣、佤、拉祜、彝、布

照片18 南伞镇：距缅甸掸邦果敢县县城9千米

朗、景颇、傈僳、德昂、回、白等民族，少数民族人口占总人口的51%。性别比116.35。乡村人口占76.7%，乡村人口性别比117.14。2011年城镇居民人均可支配收入14256元，农村居民人均纯收入3845元。

（二）镇康县南伞镇跨境婚姻情况

镇康县新县城所在地南伞镇是集边境、山地、热区于一体的少数民族聚居的边境口岸重镇，是镇康县边境三乡（镇）之一，是中国第二大德昂族的聚居地。同时也是镇康县的经济、文化中心。有国境线47.583千米，距缅甸掸邦第一特区果敢县县城9千米，距缅甸重要城市腊戍87千米，是国家二类陆路通道口岸。“南伞”的傣语意思是“送公主的地方”。界碑使小麻栗坝分属两个国家，一半是中国南伞，一半是缅甸老街。南伞镇是滇西南与东南亚接触的最前沿，是禁毒的最前沿。2013年，全县查获毒品1吨多，可见一斑。

南伞口岸有国家级边境外贸园区，里面建有坚果加工企业和鞋业等，两国互惠。两国间的经济贸易往来频繁，民间的互市也常来常往，边境一线的集贸市场上，有一半是缅甸人，农产品交易颇多。

中国云南边境小镇南伞镇有常住人口3.9万人，暂住流动人口1.2万人，有4个村委会与缅甸接壤，无任何天然屏障，边民来往频繁。2012年农民人均纯收入5330元，2013年为6300元。全镇有贫困人口2.5万之多，深度贫困人口2500人左右。到2013年底，有700多对跨境婚姻家庭，嫁入的女性占约95%以上，入赘的男性大约20人。

果敢特区内的缅甸人千万富翁、百万富翁与贫困人群同时存在，贫富差距巨大。“金三角”地区过去“黄、赌、毒”问题严重，近年来，中国帮助这一区域的替代种植项目进行得很好，用种植甘蔗、咖啡、坚果等代替罂粟种植，镇里建立了2个日产1万吨的糖厂。两地贸易交往频繁。

除了缅甸汉人，对面的缅族也是有特色的民族。他们是游牧、游耕民族。居所就是一顶帐篷，迁徙方便且随意。有的会举家拿上帐篷到中国打工。

另外，南伞镇的大龄男青年特别多，最典型的是1个自然村100多户人家中居然有60—70户人家有30岁以上的未婚男青年。其中一半情况是家里贫困。按当地的风俗，一般情况下，男子20岁左右就结婚了。由此可见，当地确实存在性别比失调和贫困问题交互作用。村里女子外出打工，多留在外地嫁人，镇上未婚男性很难找到当地媳妇。

镇康南伞镇德昂族聚居地，与缅甸德昂族在语言和文化习俗上是相通的，长期以来都有通婚习俗。

据县政法委干部介绍，所接壤的缅甸果敢特区，是缅甸靠近中国边境的三个特区之一。果敢居住着很多缅甸汉人，往前推三代也可以说就是华人。说是特区，从文化、经济、国际法等各方面来说，它确实是缅甸的一部分，虽然它历史上曾经属于中国。但是果敢这个地方，用的电话是云南的区号，当地居民使用的是人民币，当地的人说的是汉语，语言与云南的方言差不多。如果忽略国境概念，与云南的小镇没有差别。

（三）南伞镇红岩村情况

南伞镇红岩村委会的刷布场村有3个村民小组、14个村委会。有人口220户991人，跨境婚姻67对。刷布场村离缅甸仅1千米，有2个村民小组10多户跨境婚姻家庭。村里有一半傣族一半德昂族村民。据村委会干部介绍，由于村子距缅甸特别近，嫁过来的缅甸媳妇有的往前推三代也是中国人。因为缅甸的缅族是游牧民族，迁徙是常事。自2014年初开始，缅甸政府也意识到跨境婚姻是个问题，便不再出具证明。因此，近半年很多跨境婚姻家庭都无法领到结婚证，孩子也无法落户。而此前村里跨境婚姻家庭的孩子，基本都已落户。大于2岁的，做亲子鉴定后也都落户了。目前该村存在的问题有：不法分子组织骗婚，假结婚，收钱后就逃跑。

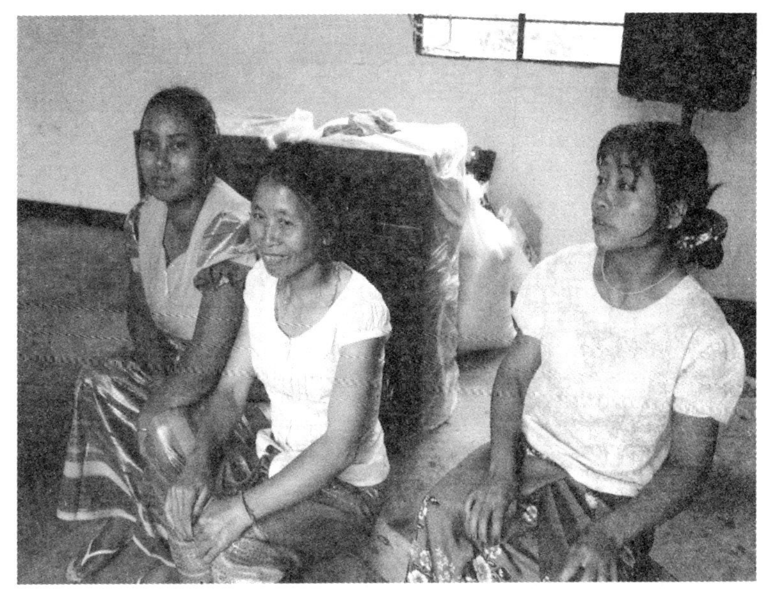

照片19　村里的缅甸媳妇们：年龄的大小说明跨境婚姻形式存在已久

（四）南伞镇大坝村民小组

南伞镇大坝村民小组，有人口42户175人，跨境婚姻4对。大坝村2010年被评为省级文明村。离缅甸仅1.5千米。村民全部为佤族，彼此间交流用佤族语，对外交流用汉语。该村为山区移民村，地少，仅有400多亩。村民除了农业种植外，有从事运输、养殖、农家乐、蔬菜等的，经济收入为当地中等水平。

据介绍，缅甸山区现在仍然还有刀耕火种的原始生产方式，每年都是开荒种山谷（子），产量低。村民住茅草屋，用水碓舂谷子成米。家里通电的农户很少。还可以一夫多妻。贫富悬殊很大，富人可以自己发电，家里就可以使用家用电器，如电视等。每家小孩都很多。

从以上情况看，缅甸女嫁到中国无论是生活水平还是社会地位、家庭地位都确实能有极大的提高，其后代的生活保障和家族的收益（礼钱）更是关键。

据介绍，南伞镇营盘村有5个自然村7个村民小组，共479户2553人，人均纯收入4500元左右。地处边远山区，生存环境恶劣，经常有滑坡灾害，政府已拨款移民了一个小组76户人家。其中有个很特别的跨境婚姻大村，叫麻栗树村民小组，其居民大半是苗族，小半为汉族，有

80%以上的家庭是跨境婚姻家庭，有的人家，一户几兄弟全部娶的是缅甸媳妇。由于时间等关系，入户调研的地点和数量有限，目前并无此类村寨的调研数据。

照片20　大坝村入户调研：娶缅甸媳妇的家庭

第五节　德宏傣族景颇族自治州

德宏傣族景颇族自治州地处祖国西南边陲，云南省西部，位于东经97°31′—98°43′、北纬23°50′—25°20′之间，是云南省8个少数民族自治州之一。东部和东北部与保山地区的龙陵、腾冲两县相邻，南部、西部和西北部与缅甸联邦接壤，国境线长达503.8千米，全州东西最大横距122千米，南北最大纵距170千米，总面积11526平方千米。德宏州首府驻芒市镇，陆路距省会昆明785千米。①

德宏州辖2市3县，即潞西市、瑞丽市、梁河县、盈江县、陇川县。辖50个乡镇，1个街道办事处。

2010年末，德宏州总人口1211440人，其中农业户籍人口占总人口

① 德宏州人民政府门户网站（http：//www.dh.gov.cn/web/index.aspx）。

的81%。总人口性别比106.51。2012年末，德宏州总人口122.9万人，其中农业户籍人口占总人口的80.6%。总人口性别比106.55。

德宏州中缅边境线长503.8千米，拥有国家级一类口岸2个（瑞丽、畹町），国家级二类口岸2个（章凤、盈江），28个渡口和64条通道，其中有9条公路直接通往缅甸。云南德宏州与缅甸山水相连、村寨相依，形成了"一个坝子，两个国家，三省（邦）交会（中国的云南省，缅甸的禅邦、克钦邦），四座城市（中国的瑞丽市和缅甸的木姐市、南坎市、九谷市）以及一寨两国"的独特自然景观。中缅边境地带地形复杂、交通闭塞、民族聚居、人员流动复杂。

截至2011年年中，德宏州有跨境婚姻13884人，其中入境通婚13422人（均为缅籍人员），出境通婚462人。入境婚姻中，少数民族占比为80.15%。22个边境乡中，跨境婚姻家庭与农业户数的最高比例为43%（芒海镇），最低的也有3.5%。跨境婚姻家庭已经占全州家庭总户数的6.18%，边境乡镇跨境家庭的平均占比已达11.5%。从德宏州民政部门婚姻登记情况看：2005年至2010年4月，全州登记涉外婚姻为2085对，而中缅边民跨境婚姻就有2038对。仅2009年，登记中缅跨境婚姻1158对，2010年1—4月，就登记了136对。[①]

我们在瑞丽市的调研为座谈会形式，邀请了民政、计生、教育等相关部门的领导进行了座谈。

一　瑞丽市

（一）瑞丽市的地理位置

瑞丽市地处云南省西部，德宏州西南部。陆路距省会昆明752千米，距州府芒市103千米，为东起上海西达瑞丽的320国道终点，是昆（明）瑞（丽）公路与中印公路（史迪威公路）的交会处。其东连潞西，北接陇川，西北、西南、东南三面与缅甸山水相连，村寨相望。在这里，中国瑞丽与缅甸木姐共同构成1坝（勐卯坝），2国（中国、缅甸），3省邦（云南省、克钦邦、掸邦）交汇，4区（瑞丽经济合作区、姐告边境贸易区、畹町经济开发区、畹町合作区），5座城市（瑞丽、畹町、木姐、南

① 杨勇、黄光海等：《中缅边境地区跨境婚姻法律调适对策》，《时代报告》（学术版）2012年第2期。

坎、九谷）的边境地理特色，以及“一桥两国、一街两国、一寨两国、一院两国、一岛两国”的特殊跨境地理景观（见图3－10）。

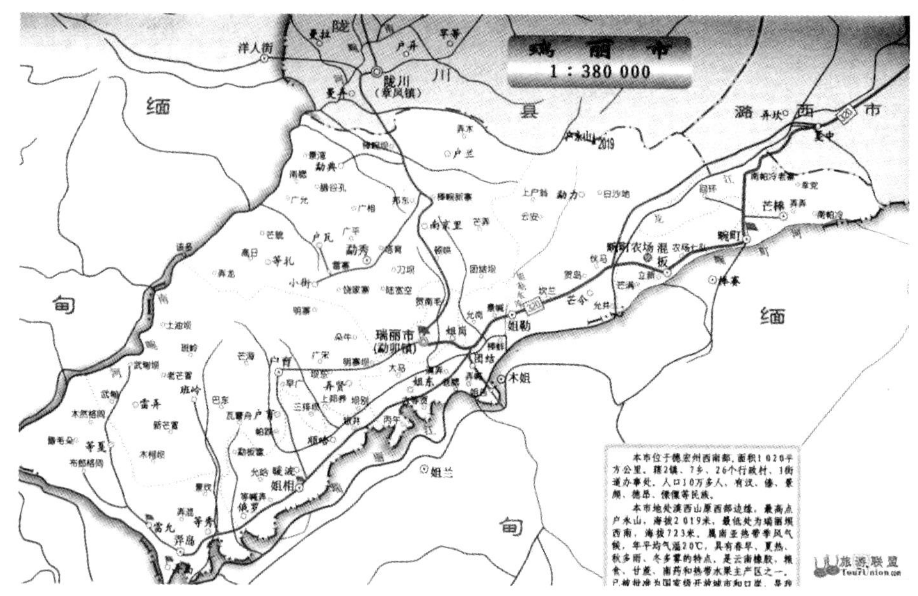

图3－10　瑞丽市地理区位

瑞丽城区距缅甸国家级口岸木姐4.5千米，距缅甸旅游城市南坎32千米，距缅甸水陆码头八莫138千米，距缅甸首都仰光981千米。其间有瑞（丽）木（姐）、瑞（丽）南（坎）、瑞（丽）八（莫）、畹（町）九（谷）4条跨境公路相通。瑞丽是中国对缅贸易的最大口岸，是通向东南亚、南亚的重要门户。瑞丽拥有2个国家级口岸、2个经国家批准的经济合作区，是西南沿边对外开放的国际商贸旅游城市。国境线长169.8千米，有界碑（附碑）65座、大小渡口和通道36个，是云南边境界碑最密集和渡口通道最多的地段，是开通中缅陆水联运大通道及泛亚铁路西线的内陆港。全市总面积1020平方千米。①

瑞丽的“一寨两国”名副其实。便利程度可谓“一步就跨出境”，两国的村民同饮一井水，同为傣族，日常交往繁多。孩子荡秋千，就在两国间忽悠摇晃。集市互往，种地放牛都在两国间穿行。可以说，如果没有国境的概念，村民间根本没有区别。就是一个自然村。

① 瑞丽市人民政府门户网站（http：//www.rl.gov.cn）。

照片 21　瑞丽口岸

（二）瑞丽市简况

瑞丽市下辖瑞丽市姐告边境贸易区、畹町经济开发区 2 区，有 3 镇 3 乡 11 个社区居民委员会，29 个村委会 229 个村民小组 283 个自然村。有国营瑞丽农场实业总公司和国营畹町农场。[①]

据 2010 年瑞丽市第六次全国人口普查主要数据公报，全市总人口 18 万人，其中傣、景颇、德昂等少数民族人口占 58%，农业人口占 48.17%，城镇人口占 51.83%。总人口性别比 107.06。

作为国家级口岸，瑞丽市的流动人口量较大，2012 年流动人口约 6 万多人，相当于其总人口的 1/3，而流动人口中，大部分为缅甸籍人员，往来于两国间。

傣族为瑞丽主要的世居民族，多数为土著，占全市总人口的 30.45%，占全市少数民族人口的 72.1%。瑞丽傣族大体上分傣勒、傣卯和傣德三个语支。傣勒意为上方之傣，即从北部或东部迁入的傣族。生活习俗及住房与潞西等地的汉族相近，也称为汉傣，主要聚居地在勐卯镇。

① 德宏州史志办公室：《德宏年鉴（2010）》，德宏民族出版社 2010 年版。

傣卯，即世居本地的后裔，仍保存着傣族的古朴习俗，喜居干栏式带晒台的竹楼。傣德，意为下方的傣族，即从缅境内迁入瑞丽的傣族，也称“水傣”，习俗与傣卯接近。

景颇族是瑞丽的主体民族之一。约占全市总人口数的7.4%。傈僳族居住在瑞丽山区和半山区，占全市总人口的0.46%。德昂族和阿昌族是瑞丽的土著民族，分别占全市总人口的0.99%和0.24%。

与以上所有的方式有所不同，在瑞丽市的调研形式为召开座谈会，请瑞丽市政法委、市民政局、市卫生局、市妇联等多个政府相关部门领导座谈和交流关于跨境婚姻管理的经验及存在的问题。目的是从各政府相关部门角度来了解跨境婚姻的问题及其管理方式。

照片22　保山市与瑞丽市跨境婚姻工作交流座谈会

二　瑞丽跨境婚姻情况及管理经验

（一）基本情况[①]

根据瑞丽市民政局掌握的情况，截至2012年6月20日，瑞丽市涉外婚姻有4205户，其中外籍男性728人，女性3477人；居住农村的有4057人，居住城区的有93人；来自缅甸的有4189人，无国籍的有16人。以民族划分来看，主要是存在于傣族和景颇族中，这两族与缅方的同族是同宗同源，来往紧密和频繁。

由于区位及国家级口岸的特殊性，2012年，瑞丽的外籍流动人口就有3.4万多人，其中大约5000人属于“三非”人员。政府相关部门的困

---

① 瑞丽市民政局提供的数据。

扰问题，主要集中在跨境婚姻登记、边境治安管理和疾病防控方面。

由于立法滞后、缺乏有针对性的管理规定等原因，考虑到“和谐边境”建设，2010年9月，德宏州公安局和民政局联合发布《德宏州边民入境通婚备案登记证管理规定（试行）》。按照管理规定，公安、民政部门将对德宏傣族景颇族自治州境内居住的缅籍入境通婚边民进行彻底的清查登记，并督促办理《边民入境通婚备案登记证》，与此同时，有关方面将进一步强化措施，积极引导涉外通婚人员办理结婚登记，改变目前德宏州跨境通婚边民婚姻登记率低的现状。据了解，对入境通婚边民的权益、登记管理办法等作出系统规定的，目前全国尚无先例，德宏属首创。关于跨境人员的婚姻登记数据，近年进行正常登记的为：2009年418对，2010年330对，2011年362对。

瑞丽江中国岸边就有15个缅甸籍的寨子，地理位置上并没有跨江，中缅边民交往非常方便。

（二）跨境婚姻形成原因

瑞丽市跨境婚姻的形成原因主要有以下几个。

一是当地适龄婚配性别比失调，男多女少。一方面是政府加大了劳务输出的力度，农村女子外出务工人数大量增加，她们大多数选择在外寻求发展，不愿意回家择偶。另一方面则和出生性别比相关。瑞丽市总人口性别比大幅上升：2000年第五次人口普查时为103.78，到2010年第六次人口普查时为107.06。

二是跨境婚姻的中方边民经济条件较差，在当地无法正常结婚，选择缅方作为婚配对象，结婚花费相对较低。缅甸籍男性入赘，则是因为中方女性家庭缺乏男性劳动力。

三是由于缅甸经济发展缓慢，社会不稳定，出身于困难家庭的缅甸男女青年渴望摆脱困境，而最佳途径就是通过择偶，以婚嫁的方式居住在中国境内。后代也就自然是中国公民。

四是中缅双方世代来往，以及经济发展后的相关经济活动和社会活动，自然而然伴随着婚嫁。同族通婚，没有语言和习俗障碍。

（三）主要问题（政府角度）

1. 事实婚姻占比大，合法登记的婚姻比重较低

一方面是边民的法律意识较为淡薄，缺乏合法婚姻的观念，仅注重风俗仪式。另一方面是毗邻国相关手续程序烦琐，对于边民来说难以办理，

如“未婚证明”和“同意与中国边民结婚的证明”办理最为复杂，婚姻当事人往往在两国之间往返多次也未必能够办成。没有必要材料，在中国无法领取合法结婚证。

2. 人口管理难度大

相关政策难以执行，如计划生育政策。另外，人口素质难以提高。

3. 传染性疾病防控难度大

例如，艾滋病的监测和预防难，造成艾滋病输入性增长。有研究表明，跨境婚姻人群的感染率为4.26%，其中女性为3.46%，缅甸籍的占3.8%，夫妻双方均为阳性的占全部感染者的45.22%，傣族占82.17%[①]。

4. 相关的违法犯罪事件的增加

跨境通婚诱发的婚姻诈骗、买卖婚姻等各种违法犯罪，以及由于非合法婚姻所引起的民间纠纷逐渐增多，难以处理。据有关部门反馈，每年都会有2—3起拐卖缅甸籍妇女到内地（如山东、河南等地）的情况，即便缅甸籍妇女知道是买卖性质的，她们也愿意。她们有嫁到中国的强烈动机。

（四）瑞丽市跨境婚姻管理的创新和突破[②]

长期以来，由于瑞丽市国境线长，边境两侧的边民跨境而居，文化相通、习俗相近，跨境通婚历史久远。跨境婚姻对于边民是一件很普通的事情。但是，按照我国的法律法规，大部分跨境婚姻无法合法登记，造成大量事实婚姻，当事人的权益得不到保障，造成一系列问题。2011年，省委政法委将瑞丽市作为全省社会管理综合试点市。在遵守国家婚姻登记管理条例的前提下，瑞丽市进行了以下创新尝试。

1. 先纳入，后管理；先管理，后规范

（1）明确边民身份（配偶一方居住地在边境60千米以内）。（2）出示当事人身份的缅方身份证件，递交缅方县（市）、区政府或者法院开具的未婚证明、出示边民出入境证、到卫生部门做婚前HIV检测、递交当事人双方的合影照、出示中方当事人本人的户口本和身份证，便可进行登记。（3）若不符合“边民”身份的，告知当事人携带中国驻缅大使馆开

① 李州林等：《瑞丽市跨境婚姻人群生存状况及艾滋病患病率调查》，《卫生软科学》2009年第4期。

② 参考2013年1月5日座谈会，“瑞丽市加强跨国婚姻服务管理”交流材料。

具的认证书和相关证件，到德宏州人民政府所在地办理。

只要符合条件的，证件齐全，均可到瑞丽市民政局办理结婚登记手续，实行境外边民登记报备制。

2. 办理《边民入境通婚备案登记证》

依照《德宏州边民入境通婚备案登记证管理规定（试行）》①，与德宏州常住人口按照中国法律办理了结婚登记，或者以夫妻名义同居生活，并居住在德宏州内的缅籍边民，应当办理《边民入境通婚备案登记证》。办理该证需夫妻双方共同提出申请，并提交相关证明。受理机关是中国籍申办人常住户口所在地的公安派出所（办理该证免费）。持该证可以在德宏州行政区域内居住、经商、务工、通行，并享有中国法律法规以及德宏州地方政府给予境外边民的各项权益。

办理该证，需由夫妻双方共同提出申请，提交相关证明。受理机关是中国籍申报人常住户口所在地的公安派出所。办理该证不收取费用。

3. 一视同仁，提供社会救助

根据全市各乡镇大多数涉及跨境婚姻的家庭生活都比较困难的现状，市民政局要求各乡镇关注这些家庭的生活状况，对那些暂时没有合法结婚登记的困难家庭，只要村寨认可实施救助，且能提供需救助的证明的，凡符合民政社会救助标准的，均给予相关救助，如新老五保供养、孤儿生活补助、助交新农合参合基金、困难家庭的二次医疗救助、困难家庭的困难临时救助等。

除了救助信息平台有硬性要求的（如有硬性要求，须持有中华人民共和国身份证明），市民政局均按有关政策，一视同仁，均给予各种社会救助。

4. 进一步的工作措施

（1）让婚姻登记、临时居留申请、永久居留申请和入籍申请的法定受理机关，联合安排定时下乡，流动执法。帮助群众解决存在的困难和问题。探索高效、便民的管理措施。（2）通过外交途径，与缅甸等毗邻国协商，明确双方职责。积极为通婚边民办理相关法律手续。（3）对已形成“事实婚姻”的跨境婚姻家庭，建议州级外事部门，尽快制定相关补救办法和措施，使这部分人员能够解决身份问题，以及补办结婚登记问题。

① 参考2013年1月5日座谈会，“瑞丽市加强跨国婚姻服务管理”交流材料。

全面推行外籍流动人员“家庭旅馆管理模式”，规范外籍流动人员临时居留管理。全面推行“外籍流动人员管理服务站”和“外籍‘三非’人员管理中转站”两站建设，强化服务和管理职能。建设“跨境婚姻登记备案管理中心”“涉外矛盾纠纷调处中心”“外籍流动人员劳动就业服务中心”三个中心，保障外籍流动人员合法权益。

按照“分类、分层、分对象”和“以服务为主，管理为辅、变堵为疏，寓管理于服务”的原则，进行“项目化管理，精细化运作”，大力推行“一馆二站三中心”建设，搭建外籍流动人员“梯次式”社会管理创新平台。

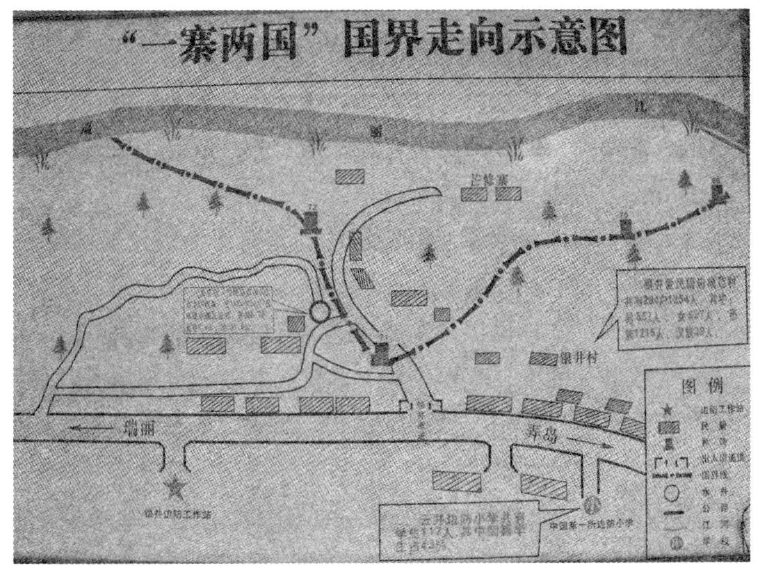

照片 23　独特的国境情况：中缅边民同喝一口井水、上一所小学

（中国的边防小学有 43%的缅籍学生）

三　芒市中山乡

（一）基本情况①

中山乡位于芒市东南部、东与龙陵县木城乡、北与风平镇、西与勐戛镇相邻，南与缅甸毗邻，国土总面积 278 平方千米，最高海拔 2836 米，最低海拔 528 米，海拔高差 2308 米，乡政府驻地小街距离芒市 71 千米，

① 中山乡提供的资料。

照片 24　仅一步跨过去就是缅甸，缅甸政府办事处近在咫尺，办理证件容易

是个典型的边境民族山区贫困乡。全乡辖 5 个村委会 60 个村民小组，共 2834 户 12734 人，居住着汉、景颇、傈僳、德昂、满 5 个主体民族。国境线长 32.8 千米，占芒市国境线 68.23 千米的近一半，是芒市 4 个边境乡镇中边境线最长的一个，与缅甸隔江（怒江）、隔河（芒杏河）相望，共有尖山渡、青树渡、黄家寨渡和 105 渡 4 处民间渡口和麻勐坡西南侧通道、崇岗孔河口通道、芒杏澡塘通道和鹿阴堂通道 4 条民间通道，涉边村民委员会共有小水井、芒丙和木城坡 3 个村民委员会 33 个村民小组 5340 人。辖区驻有边防二连、边防派出所 2 支队伍。2014 年末全乡实现农村经济总收入 1.78 亿元，农民人均纯收入 5864 元，全乡呈现出经济发展、民族团结、政治安定、边防巩固、社会和谐的良好局面。2010 年被州委、州政府授予“无毒乡”称号，2012 年、2013 年连续两年被州委、州政府评为“禁毒防艾人民战争先进乡镇”，2013 年被省委政法委命名为“爱民固边模范乡镇”。

（二）中山乡跨境婚姻情况

近年来，由于中山乡独特的地理位置和企业的进驻、产业的发展，乡里年轻人不断出去打工，开始出现用工荒问题，致使外籍人员不断增多；乡里男女比例失调，跨境婚姻的情况日趋凸显，据调查，全乡共有外籍人员 806 人（均为缅籍），其中：务工 184 人，求学 95 人，涉外跨境婚姻 527 人（女方外籍为 514 人，男方外籍为 13 人），累计因婚姻带入外籍子女为5人。在527人的跨境婚姻中，持有结婚证的为115人，占总人数的21.8%；在缅籍通婚人员中，参加新农合的人数为527人，享受计划生育政策独生子女补助15户，低保政策287户，享受边民补助296户。截至2014年底，跨境婚姻总出生人数为721人，男孩400人，女孩321人，符合政策内生育626人，占总出生人数的86.8%。其中，0周岁以下14人，6周岁以下285人，6周岁以上422人。

（三）中山乡对跨境婚姻管理建议

由于全乡涉外婚姻情况较多，而这部分人无法落户，严格意义上讲属于“三非”人员范围，但已经形成了事实婚姻。在政策上无法与村民一样享受同等待遇，甚至受到歧视，这部分人群心理是失衡的。在管理中带来很多困难：如办理结婚证存在手续较多，办证复杂等，致使大部分通婚家庭无法办理相关的齐全手续，以致无法办理结婚证；由于人口生育证在办理上需要结婚证，子女落户手续中需要生育证，部分通婚人员子女无法办理落户，据统计，全乡跨境婚姻家庭子女未落户人数为49人。

通婚无证家庭无法享受我国《婚姻法》的保护，夫妻双方的合法权益都无法得到有效的保障。例如，有的家庭娶缅籍妇女后，女方由于嫌弃男方家庭贫困，生育子女后便跑回缅甸；也偶有骗婚骗彩礼的现象。

由于中山乡地处高寒山区，部分群众的生产生活水平较低，大部分通婚人员由于家庭及个人原因，只能到境外讨娶媳妇，男女年龄差距均在10岁以上。大龄男性很多，使部分通婚家庭生育子女的愿望较为迫切，因此违法怀孕、违法生育现象不断出现，这样就给子女落户带来困难。

在跨境婚姻家庭中，一部分家庭信仰基督教，但由于国外的传教方式及传教内容均有别于我国的传教方式和内容，这极易造成外来宗教对我国本地宗教的渗透，给乡里在宗教管理上带来一定的困难。

鉴于以上管理现实问题，提出以下管理建议。

（1）应加强对外籍人员日常管理工作，由于外籍人员较多，建议政府应设立一个对外籍人员管理的办公室，进一步加强对外籍人员的管理和服务。

（2）大部分外籍人员不知晓我国的法律法规，管理人员在工作上相当被动，因此加大宣传是管理的重要措施。应利用赶集日、节庆日上门宣传相关法律法规。

（3）由于缅甸局势动荡的原因，大部分跨境婚姻人员无法办理相关证件，无法领结婚证，给乡里其他工作带来一定的困难，建议简化办证手续，针对跨境婚姻特殊情况给予设立绿色通道，以帮助更好地保护我国公民基本权益。

（4）由于部分外籍人员与中国边民语言不通，造成我国的法律法规无法对其进行宣传，同时也无法及时了解他们的思想动向，边境乡镇应特别招考、配备通晓一定缅文、缅语或其他民族语言的专业人才，有助于开展各项相关工作。

（5）加强对外籍通婚家庭的关心扶持，由于通婚家庭大部分属于贫困家庭，生产生活水平、接受新鲜事物的水平仍有待提高，建议民政部门应针对这部分家庭在政策上给予特别的照顾。为避免由此而加速跨境婚姻的出现，建议照顾政策只针对证件齐全的通婚家庭，这也是有效促进通婚家庭更积极地办理齐全各类相关手续的方法。而且便于后续管理。

（6）由于跨境通婚家庭中有信教家庭，民宗协管员、教会管理人员应从积极向上的方面引导好该部分人群。

（7）由于跨境通婚家庭夫妻在受教育水平上就低，只能依靠学校教育子女，因此教育部门应对跨境通婚家庭子女给予倾斜照顾。在教育上更多的关心和帮助有助于提高跨境婚姻家庭子女的生活信心，不让他们觉得自己受到歧视。更重要的是加强其将来自身生活的能力。

（四）中山乡小街村、赛岗村调查

小街村是中缅边陲的一个山区小村落，面积 7.73 平方千米，常用耕地面积 418 亩，其中水田面积 120 亩，旱地面积 298 亩，人均耕地面积 1.93 亩。林地面积 8000 亩，荒地面积 1183 亩。平均海拔在 1200 米以上，最高海拔可达 1800 米。2013 年乡村总人数 217 人，其中农业人口 206 人，主要为德昂族，仅有 3 户汉族家庭。2013 年全村经济总收入 155.83 万元，其中种植业收入 83 万元，畜牧业收入 44.15 万元，林业收入 4.55 万元，农民人均纯收入为 2836 元。

全村有 56 户人家，其中跨境婚姻达到 35 户，是一个典型的跨境婚姻村寨。村民主要经济来源为种烤烟、甘蔗、山林、农耕，男性基本上没有外出务工人员，家庭年均收入 8000 元左右，生活状态较为贫困。

赛岗村全村有 200 多户人家，其中跨境婚姻达到 190 多户。全村以汉族为主，总人口约 4000 人，一共有 12 个村民小组，也是一个典型的跨境婚姻村，村民主要经济来源为种甘蔗、山林、农耕，男性基本上没有外出务工人员，家庭年均收入 10000 元左右，生活状态较为贫困。

通过对中山乡小街村和赛岗村的实地调研，总结其跨境婚姻家庭的特点是：人数多，占比大，家庭和睦，与乡邻关系融洽。另外一个突出特点是：村里有一家三代都是跨境婚姻的，有姐妹一起嫁到中国的。实为跨境婚姻典型村寨。

第四章

典型案例

第一节　少数民族篇

在云南与东南亚国家的跨境少数民族中，傣、哈尼、拉祜、苗、瑶、布朗等民族在中、缅、泰、越、老五国皆有分布。还有一些跨三国而居的民族，其中壮、彝等民族为中、越、老跨境民族，佤、傈僳、景颇、德昂等民族为中、缅、泰跨境民族。阿昌、怒族、独龙等民族居住于中缅边境地区，布依族居住于中越边境地区，属于跨两国而居的民族。云南省共有16个少数民族跨境而居。

表4－1　　云南省跨境少数民族2010年人口数量　　单位：人

州市	县	苗族	彝族	壮族	布依族	瑶族	哈尼族	傣族	傈僳族
保山	腾冲	239	1024	113	112	21	93	13434	14911
	龙陵	63	5069	42	17	15	26	2339	6025
普洱	江城	2952	14910	103	45	5048	57473	7596	32
	澜沧	149	31215	358	80	64	49715	18757	21
	西盟	42	1133	70	14	19	974	2997	20
	孟连	120	4623	95	54	14	9585	25555	300
临沧	沧源	76	2187	106	40	8	40	7857	55
	耿马	364	9273	369	88	47	84	56919	2876
	镇康	1702	20771	151	9	19	39	3623	2951
红河	金平	89007	40825	7564	39	45922	92735	19620	4
	绿春	312	9884	65	8	9257	192309	1795	4
	河口	16282	5062	11967	3218	24013	1575	2315	21

续表

州市	县	苗族	彝族	壮族	布依族	瑶族	哈尼族	傣族	傈僳族
文山	麻栗坡	49463	6441	34739	51	19938	74	2985	38
	马关	80950	30970	56305	6509	2038	244	6812	17
	富宁	30594	12320	220882	39	42047	62	33	7
西双版纳	景洪	5999	30840	1301	310	3364	83074	138195	238
	勐海	674	8092	465	67	156	63357	119723	59
	勐腊	12382	28032	1223	532	18746	68373	58233	64
德宏	瑞丽	255	1036	284	216	49	96	55007	837
	陇川	65	523	68	34	5	36	30556	5324
	盈江	163	567	118	184	25	39	99972	20182
怒江	泸水	152	3456	141	44	13	52	413	102439
	福贡	21	86	20	2	4	7	21	71363
	贡山	26	145	27	5	5	13	26	18353
总计		292052	268484	336576	11717	170837	620075	674783	246141

州市	县	佤族	拉祜族	景颇族	布朗族	阿昌族	怒族	德昂族	独龙族
保山	腾冲	2670	57	2726	39	2737	77	81	5
	龙陵	54	7	603	25	953	3	203	1
普洱	江城	105	1829	2	193	0	3	0	0
	澜沧	55672	206283	73	7346	0	1	4	0
	西盟	62898	15394	4	16	1	0	0	0
	孟连	27525	38132	141	108	0	0	0	0
临沧	沧源	14282	3775	11	93	0	4	1158	0
	耿马	45782	23057	847	4588	0	15	0	1
	镇康	9212	1071	11	1382	1	1	2374	1
红河	金平	11	7980	3	697	1	0	0	0
	绿春	1	2983	0	5	0	0	0	0
	河口	9	14	2	4	0	3	0	0
文山	麻栗坡	7	1	2	2	0	1	0	0
	马关	16	27	2	9	1	0	0	0
	富宁	3	8	0	3	1	2	0	0

续表

州市	县	佤族	拉祜族	景颇族	布朗族	阿昌族	怒族	德昂族	独龙族
西双版纳	景洪	1668	16043	69	8950	12	4	10	0
	勐海	1748	42751	103	35708	0	1	1	3
	勐腊	1115	2710	15	2871	7	1	2	4
德宏	瑞丽	92	49	13361	45	222	7	1783	5
	陇川	56	21	44844	14	6879	1	1454	1
	盈江	94	7	44733	28	659	5	426	0
怒江	泸水	19	20	261	5	310	1300	4	120
	福贡	5	1	12	0	39	19581	0	206
	贡山	8	6	6	0	59	6956	0	5425
总计		223052	362586	107831	62131	11882	27966	7500	5772

资料来源：云南省第六次人口普查资料，中国统计出版社 2012 年版。

从表 4－1 可以看到跨境少数民族的分布情况。除了几个少、小、独有民族聚居很集中，大部分呈大分散、小聚居的分布特点。

一　傣族

傣族是一个跨境人口最多的民族，主要分布在中国西南部、印度东北部、越南西北部、柬埔寨西北部、缅甸中北部、老挝、泰国等多个地区和国家。在泰国、柬埔寨、越南等国被称为“泰族”（Thai），在老挝被称为“佬族”（Lao），在缅甸被称为“掸族”（Shan），在中国被称为“傣族”（Dai），但均自称“Thai”或“Dai”。

傣族是泰国现在的主体民族和统治民族。据 2011 年 4 月 9 日泰国《世界日报》报道，泰国总人口为 6540 万。学术界一般认为泰国泰族约占泰国总人口的 75%，据此推算，则泰国泰族的人口约 4905 万。

作为老挝现在的主体民族和统治民族，佬族在老挝全国 18 个省市均有分布，他们主要居住在老挝相对发达的万象平原、沙湾吉拿平原、巴色平原和琅勃拉邦河谷等地区，约占这些地区总人口的 80%。老挝佬族人口为 250 万，约占老挝总人口的 50.3%。老挝泰语民族支系繁多，许多支系在当地被视为单一民族。其中，泐人主要居住在老挝北部的琅南塔、乌都姆塞、丰沙里、乔波、琅勃拉邦、塞雅波里等省，与中国西双版纳的傣族较为近似。

越南泰族主要居住在山罗、义安、清化、莱州、老街、安沛、和平等省，林同、多乐等省也有少量分布。越南泰族大致可以分为白泰、黑泰、红泰三大支系，目前有130多万人。

掸族是缅甸人口最多的少数民族，又被称为“泰奄”（Tai Jai）或“大泰人”（Greater Tai）。现今的缅甸掸族一半以上居住在掸邦，其余的主要分布在克伦、克耶、孟等邦和实皆、勃固、曼德勒等省，综合国内外相关资料估算，其人口当在500万左右。

中国境内有傣族人口1261311人，总人口性别比为98.3（2010年）。云南省有傣族1222836人，总傣族人口性别比为99.2（2010年）。傣族是中国跨境人口最多的民族，分布也最广，沿国境线北起腾冲向南，再向东至麻栗坡，22个县市都有千人以上的聚居地。主要分布在伊洛瓦底江上游的支流域、怒江流域、澜沧江流域、红河流域、金沙江流域，包括傣弄（德宏、保山、临沧、普洱）、傣泐（西双版纳、普洱）、傣阮（西双版纳）、傣痕（普洱）、傣雅（玉溪）、傣丹（红河、文山）、傣皓（红河、文山）、傣良（红河、文山）等。2010年第六次全国人口普查云南省边境傣族人口①为674783人。

我们的跨境婚姻课题调研中，入户调研到的傣族家庭主要在西双版纳州的勐腊县。勐腊县有傣族58233人，总傣族人口性别比为98.8（2010年）。另外据座谈会形式了解到的傣族跨境婚姻家庭，主要还分布在德宏州境内。

案例1：

地点：勐腊县勐满镇勐满村帮善自然村

时间：2014年1月5日　13：40

邦善自然村，属于坝区。距离村委会5.10千米，距离镇5.30千米，国土面积3.15平方千米，海拔860米，年平均气温21.30℃。全村仅1个村民小组，有农户100户，有人口442人。农民收入主要以种植业为主。②村子里主要是傣族村民，但按当地习惯，其实是汉傣与水傣混居的村子。

---

① 边境民族人口：2010年全国第六次人口普查，以边境县为单位的民族人口总和，比如边境傣族人口是所有边境县傣族人口总和。下面均同。

② 云南数字乡村网（http：//ynszxc. gov. cn/sl/default. shtml）。

和许多勐腊的傣族村子一样，这个村子里面房屋也较为整齐，村入口有傣式风格的大门，且有水泥路贯穿全村。在村子的中间各有一个汉傣神龛和水傣神龛，据称村民们有事或者要出远门都要去神龛祭拜。村子里的建筑几乎都是传统的傣家竹楼式样，但是现在的许多房屋没有再采用过去的木质房顶而是用铁质棚顶，这样比建木质房顶的房子能省不少钱。

受访户和弟弟家同住一栋房子，从整体看，他家的房屋较之其他家的房屋处于中游水平，是一栋老房子，但今年都有修整过。经济是相互独立的，但是吃饭都是一起的。他家没养猪，但是他弟弟在楼下养了一头猪给家里吃，家里还有四分地的鱼塘是自己和弟弟家一起养的。他家里面电器较齐全，有电视机、电饭锅、电冰箱，以及做饭用的液化灶。交通工具就是自己和弟弟家一家一辆的摩托车，这在村里是比较普遍的情况。

家庭结构

家庭构成和户籍情况：他家目前住着9口人，分别是丈夫和妻子以及他的两个女儿，他的弟弟、弟媳还有弟弟家的一儿一女，此外就是受访户的父亲，此前受访户和前妻的大女儿现在和前妻住在一起。家里目前他的妻子没落户，他的小女儿因为才出生不久，也没去落户。

计划生育和生育意愿：目前他有三个女儿，其中两个是和前妻生的，最小的女儿是和现在老挝籍的妻子生的。受访户表示自己的情况应该是符合当地的政策的，所以不用交生育上的罚款。

生育意愿：受访户表示其实自己只想要一个孩子，之所以现在有三个孩子，其实是妻子的愿望，目前家里住着两个女儿对自己来说早就足够了。自己对于生男生女并没有特别的想法，村子里人对这个也不太敏感，之前没离婚的时候也就有两个孩子了，现在最小的孩子是妻子要生的。不想要孩子的原因主要是考虑到自身的精力和经济问题（每人分的田地少）。

健康和卫生：受访户表示村子里每年都有一两次的体检，是免费做的，不用出村子，也不看证件，所以自己和妻子等家人都一直参加，目前，自己家里的人健康状况都较为良好。

婚检：在结婚之前，没有做过身体上的检查，但是在现在的妻子生小孩之前特别去做过身体上的检查。

表 4-2 家庭情况登记

家庭成员	夫	妻	子女 1	子女 2	子女 3
姓名	岩×	彼××	依××	依××	依××
性别	男	女	女	女	女
出生日期	1980.10	1991.3	1998.2	2003.7	2013.10
民族	傣	傣	傣	傣	傣
国籍	中	老	中	中	还未落户
母语	傣语	傣语、老挝语	傣语	傣语	傣语
汉语掌握情况	傣语听说，汉语听说读写	老挝语听说读写，傣语听说，不会汉语	傣语听说，汉语听说读写	傣语听说，汉语听说读写	
受教育年限	5 年（小学）	11 年（高中）	初中在读	小学在读	
主要职业	种植橡胶树，自己家一楼经营小卖部	种植橡胶树，自己家一楼经营小卖部			

家庭经济状况

受访户目前收入主要是来源于家里种植的橡胶树，还有就是出租自己家的水田让别人种香蕉，此外在自己家楼下经营一个小卖部，因而没有出去打过工。

收入： 今年家里收入大概 3 万元，比去年少一些是因为今年胶价跌了些。目前自己和弟弟都是各自挣各自的钱。老父亲生病半身不遂，无法劳动。

自己家的胶林地有 20 亩左右，还有 3.3 亩的水田租给别人种香蕉。

支出： 他家今年的支出在 2 万元左右，要比去年多，主要是生小孩去医院生的花了 2000 多元，后来在村子里办满月酒又花了 3000 多元。

受访户觉得自己家的情况没有别家好是因为自己家田较少，而且父亲生病也不能活动，自己和弟弟还要随时照顾父亲。

家庭生活现状

婚姻情况： 受访户和现在的妻子是二婚，在 2012 年 12 月结的婚。

之前和前妻是在 1998 年结的婚，在 2010 年离了婚，主要是受访户和前妻相处不好，她喜欢去赌博，为了这个经常争吵，后来就离了婚。

受访户和目前的妻子是在老挝认识的，受访户去老挝不是为了再找人结婚，而是去走亲戚的时候认识的，相处融洽后来就结婚了。

目前已经办理了结婚证，受访户为了办证特别去老挝开了相关证明（距离居住地20千米），花了500块钱，然后再回国内办理的结婚证，办理结婚证主要是为了孩子能够顺利落户。

受访户觉得受访户结婚看重的是：要有个人陪伴，自己离了婚也还年轻，所以才找到了现在的妻子。

目前夫妻之间感情很好，都是傣族，生活习惯上没有差别。

婚配：年轻时候受访户和前妻是同村一起长大的，当时同龄的男女比例差不多，所以也不觉得找本地妻子困难。

而现在找的老挝妻子主要是因为她人好，自己喜欢，还有部分原因是自己家经济条件不算好，又是二婚，目前对本地的女子来说也没有特别的吸引力。当然从花费上来讲是要比在本地找便宜些，这次结婚一共花了2万元左右，如果找本地的估计就得4万到5万元。

孩子问题：因为和老挝的妻子也领了结婚证，所以觉得自己的孩子会和别家的孩子一样，入学就医都不存在什么问题。

就以后而言，妻子是老挝人也不会觉得自己的孩子就会因此受影响，自己甚至没有考虑过这个问题，自己觉得这种情况很正常。

生活圈和境外来往：丈夫自己去过思茅，景洪和勐腊经常会去，也和妻子一起骑车去老挝玩过，最远的地方大概1个多小时的路程。

妻子也和自己一起经常去景洪和勐腊，但是独自一人没有出去过。

出入境：自己和妻子都有边境通行证，所以出去老挝和回来都是通过了正常手续的。

妻子和自己不认识之前也经常到中国来走亲戚。现在自己和妻子几乎每隔两三个月就会去趟娘家，骑车过去大概要40分钟的时间，一次停留两天左右。

国籍相关：自己结婚的时候没有考虑过结婚证的问题，后来办理结婚证是为了小孩子能顺利落户。

在工作方面，不知道不是中国人有什么影响，妻子独自没有出过门，以后也不想出去打工。

在生活方面，妻子的习惯和文化和这边都是一样的，但是自己有听过村里的人说过闲话，不是很常见，主要是议论这样的妻子会突然跑掉。自己从来不会这样觉得，也不在乎别人的议论。

家庭存在问题

生活方面：妻子觉得在这边的人要比在老挝的人好，感觉在中国要比在老挝交的税少，种田的补贴也多。

但就自身生活而言，觉得自己在老挝的家和嫁过来这边也差不多，自己在那边认识的女伴里面也没有特别想嫁到中国的想法。

其他方面：自己对政府对管理跨境婚姻也没有什么想法，目前自己在这个问题上也没有遇到什么困难。唯一的希望就是妻子也能像国内的人一样办理各种手续，虽然没考虑让妻子加入中国籍的问题，但是和自己结了婚的话也应该算是村里的人才是。

评述和建议

评述：此户人家的男主人较为年轻，从外表上看也较有朝气，他的妻子和他一起接受访问时候也有说有笑，显得十分亲密。他家目前来说并没有什么紧迫的问题需要解决，而他自己也办理了结婚证。村里些许的议论在男主人看来也微不足道，并不影响他的生活。

建议：从农村离异的年轻男子难以找到本地媳妇的现实来看，受访户的选择从他现实的角度来讲是无可厚非的。但是尽管他事后补办了结婚手续，他结婚前是没有考虑过正常的合法手续的，因而很可能造成事实婚姻后也不能及时补办相关手续，进而给以后正常生活造成一系列的隐患。因而十分有必要在事前就对迎娶外籍新娘的相关手续和情况做主动考虑。

给管理部门的建议：其实大多数跨境婚姻的家庭是有意愿也有需要进行相关手续的办理的。像这样离老挝政府机构地址较近的人群，也有能力去办理结婚证等相关手续。因而关键是在于在其他地理位置较为偏远的地区适当地提供办理相关登记手续的便利，以便能够有效管理和服务这部分人群。

案例2：

地点：镇康县南伞镇户育村委会下户育自然村

时间：2014年5月11日　19：00

下户育自然村，属于半山区，附属于户育村委会。距离村委会4.60千米，国土面积7.89平方千米，海拔1248米，年平均气温17.90℃，适宜种植水稻、玉米等农作物。有耕地3514亩，其中人均耕地4.5亩；有林地2737亩。全村辖3个村民小组，有乡村人口847人，其中农业人口847人，劳动力504人，2013年全村经济总收入833.22万元，农民人均纯收入6930元。农民收入主要以甘蔗为主。同时还种植一些农副产品。

此村是一个当地的傣族村寨，全村几乎为傣族人家，所以户口都是傣族户口。

村里的房屋家族，多为平房，主要是砖混结构，这与典型的傣族建筑是不同的，像西双版纳州的傣族，房子多为傣家竹楼，现在是砖混结构的楼房，从外观看来是比较富丽堂皇，而这里却是另一番风景。据我们推测，虽然同是一种民族，但支系不同，应该是旱傣，与依水生活的"水傣"的风俗是不一样的。

这次调研真可谓是"趣事特别多"，我们赶到时，正值傣族几年一次的升佛典礼，也就是年轻和尚升为村里的"佛爷"的典礼，其名称叫作"做贡"。只见到大大小小、老老少少齐聚于佛堂周围，载歌载舞，欢聚一堂。大家都在为来年的一切祈福，希望来年家人平安，吉祥发财。在这样的氛围当中，我们受到了当地人的热情款待。我们在这样的节日中，对村里的几家人做了访谈。村里的人家的家具比较齐全，有电视机、电饭煲等，还有两辆摩托车作为家里的交通工具。家里的饮水是从井里打水喝，条件比较艰难。而家里有着单独的厕所，且封闭、卫生。

家庭结构

家庭构成和户籍情况：他家一共住着两口人，是一对夫妻。丈夫是中国公民，而妻子依然是缅甸的户口。结婚三年，两人还没有孩子，有做过相关的检查，但是没有什么结果，所以具体原因还不为人所知。

计划生育和户籍情况：结婚三年多，没有孩子，对于两人都是一件沮丧的事，访谈期间，流露出沮丧的情绪。两人正逢年轻，应该是传宗接代的好时期。

然而这样的状况下，是谁也不愿意看到的结果。但是两人还年轻，路还很长，不想轻易地说放弃。

所以，两人还是在为生孩子而努力，希望能够早日得子。

健康和卫生：村里每年都有一系列相关的身体检查，据了解，他们也有接受过相关的检查，据估计男方患有身体疾病（不育症）。

婚检：估计在婚前是没有做过相关的身体检查，从而导致后来一系列的问题，虽然婚后做过几次检查，但具体原因不详，也没有进行深究。

表 4－3 家庭情况登记

家庭成员	夫	妻	子女
姓名	余××	金××	
性别	男	女	
出生日期	1993 年	1991 年	
民族	傣族	傣族	
国籍	中国	缅甸	
母语	傣语	傣语	
汉语掌握情况	一般	不会	
受教育年限	未读书	未读书	
主要职业	种植玉米、稻子、咖啡	做家务	

家庭经济状况

他家今年的收入有 10000 元，工作和产业结构无明显变化，与去年相比差不多。他家今年的总支出为 10000 元，每年的收入无结余。家里的收入主要来源于种植甘蔗、稻子、咖啡等农产品。现在家里有 2 亩水田、5 亩山林等，同时还饲养了 5 头猪和一些鸡鸭，也能给家里带来一笔收入。生活上，希望政府能给予政策支持，从根本上脱贫，同时两人也希望早日生孩子，过着村里其他家里一样平凡而幸福的生活。

家庭生活现状

婚姻状况：男主人是初婚，由于亲戚的介绍到缅甸与女方相识，加上双方彼此欣赏，进而走入了婚姻。

女主人是初婚，在缅甸的家里是六姊妹，全是哥哥，她是最小的小妹，家里的经济还算不错，能够维持家人的生计。

两人结婚 3 年多了，记得当初结婚时，男方给了她家几千元的彩礼，也得到家人的最好的祝福。现在两人在积极准备生育小孩，希望生育孩子，早日给家里带来欢乐。

男女双方都才 20 岁左右，是典型的“90 后”。两人由于孩子的问题，使家庭的氛围增添一丝沉重。但是两人都还彼此爱着对方，注重着彼此的好。由于男方没有达到法定的婚姻年龄，所以还没有领取结婚证，不属于合法的婚姻，不过家庭还是比较稳定的。

子女状况：由于男方的身体有疾，可能患有不育症，所以两人至今没有小孩，这其实也是家里比较敏感的话题。

他们没有领取结婚证，所以至于以后孩子的户口能不能在中国落户，也是一大难题，妻子很不理解中国的政策，在缅甸没有相应的婚姻年龄的限制，所以在缅方的年龄的管理比较混乱。

境内外往来：丈夫最远到过广东省，主要是劳务输出，为公司工作，看来也是有过一定的阅历和见识。

妻子最远到过南伞口岸，主要是外出游玩：逛街和购物。

出入境方面，由于所在的村落十分靠近南伞口岸，所以一般出入境比较便利，只需出示相关证件就可以出境，他们说经常回去缅甸的家里，每年大概过去 1 次，主要是去探亲、过节和照顾老人等。

国籍的相关问题：男女双方平时都用傣语交流，女方更是不会听说汉语，在日常的交流上都存在问题，而且男方又是受到个人的教育水平限制，不善于表达，在访谈期间，女方不会相应的交流，都是村里的人做的翻译，才使得我们能了解其中的情况。

两人虽然国籍不同，一个是中国，一个是缅甸，但是其实对于他们来说就是当地的人，在习俗、语言上并无较大差异，因为祖祖辈辈都是在这里生活，所以没有更大的障碍。

妻子在村里经常走动，与村邻们都相处融洽，彼此关系良好，并没有受到外籍身份的影响。

家庭存在的问题

生活方面：生活上，女方说中国的一切都要好于缅甸。缅甸方面的政局不稳定，管理相当混乱，电力、水利以及教育制度都不及中国的好，所以在中国生活是一件非常幸福的事。同时两人的感情特别的好，就差一个孩子，希望迟来的幸福会更加的甜蜜。女方说，她已经适应中国的生活方式，接下来就是希望自己能够学习更多中国的事务，争取学会讲中国话，在思想上有较大的提高。

其他方面：主要还是在于妻子的户口问题，没有户口就不能得到相应的政策照顾，主要是在经济、医疗和养老上，得不到保障。她说，自己上学较少，希望能得到政府的职业培训支持，以更好地就业和工作。还有就是家里的经济产业较为单一，希望给予一些补贴，减少家里的生活负担。

评述与建议

评述：此户人家是我们此次调研的最后一站，比起前面的家庭经济情况要好很多：首先，村里的交通发达便利，所谓要想富先修路，所以村里的经济是相对发达的。其次，山里的产业相对单一，且收入较低，生产效率时常没有保障。最后，没有相对良好的医疗卫生状况，后代的教育的质量问题，是不能得到很好的提升，由于山区较为偏远，也不能吸引大多教学水平高的老师前往。

给管理部门的建议：在跨境婚姻上，没有具体政策建议。在笔者看来，“要想富裕口袋，必须先问脑袋”，诚然，政府的帮助是一项重要的因素，但是并不能从根本上解决问题，根本上的方法是，当事人能够有足够的技能生存。中国的改革开放，其中最重要的一项是解放思想，而跨境婚姻人员也必须明白其中的含义。所以，政府亟须解决的问题是加大外籍人员的职业培训和思想教育。这样不仅整合了社会闲散的资源，也能有利于当地的经济发展，让问题不再笼罩在跨境家庭人的心里。

二 苗族

苗族是一个发源于中国的国际性的民族，约有八成的苗族人口分布于中国西南与中南省份，而在东南亚的越南、泰国、老挝、缅甸也有相当规模的苗族。中国苗族世居地分布于湘鄂黔渝交界的武陵山区及其毗邻的黔东南的苗岭，月亮山，黔南的大、小麻山，广西的大苗山，滇黔川渝的乌蒙山等。省份分布包括贵州、湖南、云南、重庆、广西、湖北、四川以及海南和陕西。

中国境内有苗族人口 9426007 人，总人口性别比为 106.9（2010 年）。云南省为苗族人口第三大省份，云南苗族占苗族人口的 11.67%，有 1202705 人，总苗族人口性别比为 107.0（2010 年）。云南苗族主要分布在红河、文山两州各沿边县和勐腊、镇康等县。第六次全国人口普查云南省边境苗族人口为 292052 人。

苗族原居于中国中部，经过数次向南方、西方的大迁徙，20 世纪最远抵达法国、美国。作为一个国际性民族群体，苗瑶语民族在中南半岛北部地区广为分布。

越南是苗族人口最多的东南亚国家。越南苗人主要分布于河江、莱州、山罗、安沛、高平、义安、宣光、清化等省，约有 56 万人。河江、莱州两省的苗人最为集中，均在 10 万人以上，山罗省的苗人也有 8 万多人。

老挝苗人主要分布于丰沙里、华潘、琅南塔、波乔、琅勃拉邦、川圹、沙耶武里、万象、波里坎赛等省，约有 32 万人。

缅甸苗人主要分布在果敢、东枝、景栋、八莫等地。据贺圣达等的研究，缅甸苗人和瑶人是该国汉藏语系民族中最晚进入缅甸、人口最少的民族，一般估计缅甸苗人数量在 1 万人以上。

我们的跨境婚姻课题调研中，入户调研到的苗族家庭主要分布在文山壮族苗族自治州的麻栗坡县、红河州的河口瑶族自治县。麻栗坡县有苗族 49463 人，总苗族人口性别比为 105.78（2010 年）。

案例 1：

地点：文山州麻栗坡县天保镇苏麻湾村

时间：2013 年 4 月 19 日　11：00

受访家庭的基本信息

表 4－4　　家庭情况登记

家庭成员	夫	妻	子女
姓名	陶××	罗××	陶××
性别	男	女	男（有出生证）
出生年份	1965 年	1963 年	2012 年
民族	苗族	苗族	苗族
国籍	中国	越南（身份证）	中国
母语	汉语、苗语	越语、苗语	—
汉语掌握情况	听说读写	简单的听	—
受教育年限	7 年（初一）	0	—
主要职业	种田，打工	家务	—
慢性疾病	无	无	无
残疾	无	无	无
艾滋病	无	无	无

注：男方父亲患有四级残疾；在村委会交 2000 元，修改了多次申请书才办成孩子的落户，男方认为公安局办理此事的态度极为不好。

受访家庭的经济状况

硬件设施（据受访者口述）：该户的房屋属于砖混结构，衣着一般，无破烂。家庭内家用电器只有电视机，男方个人有手机一部，属于较少的情况。

生产资源：农田（亩数不清楚）、3 头猪。

家庭收支：

收入：年收入 3000—4000 元，男方偶尔在河道上打零工，每天 80—

90 元工资，粮食可以自给自足。

支出：主要是生活支出，去年男方奶奶生病花去较多钱，年末几乎收支平衡，无存款。

受访家庭的婚姻生活状况

婚姻背景：男女双方均为初婚，女方来男方家中帮忙收庄稼时认识，二人于 2011 年结婚，由于不能合法登记，双方没有领结婚证。男方认为本地媳妇不好找，主要因为本地女孩多嫌弃家中有残疾的父亲，最终因为爱情才选择了越南媳妇。

婚姻生活状况：在婚姻生活方面，男方表示最为看重妻子人好，认为现在两人的婚姻稳定，但内心里还是会担心女方离开自己。

生育意愿：男女平等，都行。

跨境婚姻的影响及带来的问题（生活质量、户口、生计、日常交往等方面）

对男方的影响：男方认为，跨境婚姻与别家（双方均为中国人）差不多，并无不同。除了结婚初期自己的朋友多询问自己找越南媳妇的原因外，村里人也没有其他议论。

对女方的影响：女方认为现在的家庭生活与国外情况差不多；男方并不担心女方的国籍问题，且认为女方外出找活生计比较容易，多为帮助收庄稼之类的活计；日常交往方面，女方几乎不与村里其他人来往。

对子女的影响：孩子已经落户，因此能够正常上学；男方认为，妻子不是中国人对孩子的将来并无影响。

其他

健康卫生状况：传统封闭式蹲坑厕所，人畜分开，饮水为自来水。

社会保障状况：全家（包括越籍女方）均享受新农合医疗保险和低保，另外还享受边民补助 1000 元/年，男方奶奶享有养老保险。

出入境方式以及与外界沟通状况：女方从山上小道进入中国，因为口岸太远。

男方最远去过省外江苏打工，女方最远去过麻栗坡县城，女方每 2—3 个月回越南探亲访友。

评述和建议

评述：此家庭经济条件比较贫困，家中共 6 口人，只有男方一人为劳动力，除自家粮食能自给自足外，偶尔打零工贴补家用。男方具有一定的文化知识水平，对于跨境婚姻具有一定的了解，但不全面，他表示给儿子写落户申请时，夫妻状况不能写结婚而要写同居十分不能理解，由此可见村民对跨境婚姻的法律意识有待提高。

越南女方享受新农合医疗保险，一方面减轻了该家庭的负担，在保障其获得基本卫生服务、缓解因病致贫和因病返贫方面发挥了重要的作用：另一方面，此举间接地促进了非法跨境婚姻的发生，容易给同村其他未婚男子和外来越籍女性以动力。

建议：一方面，要着实解决既成跨境事实婚姻给这些家庭带来的困难和问题。该户男方父亲四级残疾，则应提供特殊补助以维持其家庭的基本生产生活；村委会、派出所等应设置负责跨境婚姻子女落户的专门机构和人员，熟悉和正确理解相关政策，把握政策尺度，提供给他们高效率、高质量的服务；继续做好给已有跨境事实婚姻的越籍女方以部分国家公民应享有的政策待遇，以维持当地社会稳定。另一方面，加强边境线管理，阻断越籍居民非法入境的渠道，对于已经非法入境但未结婚生子、并且没有犯罪记录的，或担保，或登记扣留，或遣返回越南，从根源上减少跨境婚姻的发生。

案例 2

地点：河口瑶族自治县南溪镇大南溪村委会 时间：2013 年 4 月 16 日

南溪镇建镇于 1988 年 8 月，是河口县最年轻的一个乡镇，城镇化水平比较高。位于河口县境东北部，西与老范寨乡毗邻，北面与马关县古林箐相交，东北与桥头乡相连，东南面与越南老街省隔河相望，距河口县城 18 千米，国土面积 258 平方千米，耕地面积 8898 亩，边境线全长 60 千米。现居民族有瑶、苗、汉等。本次问卷调查以户为单位，以河口瑶族自治县南溪镇涉外婚姻的夫妻双方为受访对象。问卷分别从受访家庭的基本信息、经济状况、婚姻生活状况、跨境婚姻的影响及问题、其他以及评述和建议六个方面展开，具体内容如下。

受访家庭的基本信息

表 4－5　家庭情况登记

家庭成员	夫	妻	子女 1	子女 2
姓名	韩××	刘××	韩××	韩××
性别	男	女	男（有出生证）	男（有出生证）

续表

家庭成员	夫	妻	子女 1	子女 2
出生年份	1962 年	1965 年	1989 年	1994 年
民族	苗族	苗族	苗族	苗族
国籍	中	越南 （越南身份证）	中	中
母语	汉语、苗语	越语、苗语	汉语、苗语	汉语、苗语
汉语掌握情况	听说能力	会讲一点汉语	听说读写	听说读写
受教育年限	2 年（小学）	不清楚	7 年（初一）	5 年（小学）
主要职业	种田	种玉米、稻谷	种田	种田
慢性疾病	气管炎	无	无	无
残疾	无	无	无	无
艾滋病	无	无	无	无
生育意愿	不再要			

注：受访家庭共 4 口人，夫妻二人与两个男孩，两个男孩是前妻所生。

受访家庭的经济状况

硬件设施（据受访者口述）：该户的房屋属于石墙结构，面积较小，衣着一般，没有破烂。家庭内家电包括电视机、冰箱、电饭锅、电磁炉、洗衣机以及 4 部手机，另有一辆摩托车做交通工具，属一般情况。

生产资源：农田 8 亩；猪 2 头；林子种有 300 棵杉树。

家庭收支：

收入：家中收入主要来自农业收入，年均约 2 万元，非农收入主要是养猪收入，年约 1 万元，一年下来能存 1.3 万元，由于玉米价格上涨，较之去年收入有所增加。

支出：家庭总支出主要花费在农业方面，包括农药购买、粮食运输、化肥购买等，有 5000—6000 元，日常生活开销 500—600 元/月。

受访家庭的婚姻生活状况

婚姻背景：男女双方均为第二次婚姻。男方前妻已去世，留下两个男孩。女方来男方家中帮忙种田开工时认识，于 2010 年结婚，由于没有户口证明，不能合法登记婚姻并领证。男方认为找本地媳妇并无困难，自己选择涉外婚姻主要是因为爱情。

婚姻生活状况：在婚姻生活方面，男方表示最为看重夫妻和谐，认为现在两人的婚姻稳定。

跨境婚姻的影响及带来的问题（生活质量、户口、生计、日常交往等方面）

对男方的影响：男方认为，跨境婚姻与别家（双方均为中国人）差不多，并无不同。村里人也没有其他议论。

对女方的影响：女方认为现在的家庭生活较之原家乡情况较好，主要体现在经济条件方面，在中国挣钱更容易，吃喝也比较好；男方并不担心女方的国籍问题，男方不同意女方外出找活生计；日常交往方面，女方几乎不与村里其他人来往。

对子女的影响：两个孩子是前妻（中国籍）所生，所以上学和户口都没有问题，男方还认为，现任妻子不是中国人对孩子的将来并无影响。儿子与邻里的孩子关系友好。

其他

健康卫生状况：人畜分开，传统封闭蹲坑式厕所，饮水为自来水。

社会保障状况：全家除越籍女方外均享受新农合医疗保险，男方享受养老保险和低保（50元/月）。

出入境方式以及与外界沟通状况：男方不清楚女方通过何种方式进入中国。

男方最远去过蒙自州府，女方最远去过河口县城，两人几乎不回越南探亲，主要原因是路途遥远，路费太贵。

评述和建议

评述：男方小学二年级学历，女方根本没有上过学，两个孩子也分别是初一和小学五年级学历，受教育水平较低，都在家务农种地，目前由于家中劳动力较多，收入较好，但到两个孩子娶妻生子分家之后，则难免走上贫穷之路；男方前妻去世，身边留下两个男孩，再婚者实存在着一定的困难，女方也是离异背景，由于越籍女人普遍勤劳肯吃苦，对男方孩子很好，而且其向往中国较好的经济条件以及较高的妇女地位，那么两人走到一起便产生了可能性。虽说两人已经“结婚”，但男方对女方的许多事情都不甚了解，这就为跨境婚姻诈骗案的发生埋下了隐患。越籍女方由于没有中国国籍，无法办到当地户口，无法享受中国的惠民政策，而且她与外界沟通较少，也不回越南探亲，可见女方精神生活与感情生活较单一。

建议：越靠近山区边境，嫁娶的越南边民文化素质越低，家庭生产生活状况越差。因边境一线农村多数跨境婚姻当事人文化程度低，加之中方边境农村教育资源的缺乏与落后等原因，使其子女教育面临诸多问题，极大地影响边境农村后续发展。因此，要关注中越边境跨境婚姻家庭子女教育，制定和实施必要的“优先扶持”政策，推进边境跨境婚姻家庭“扶贫助学”工程，提高其义务教育的入学率与巩固率；加强边境一线农村“双语”教育，改善边境农村“双语”教学设施条件，为更多跨境婚姻贫困家庭的孩子接受高层次的教育创造良好条件。

另外，要尽快建设涉外婚姻人群信息库，以掌握涉外婚姻人群分布情况、生产生活状况、家庭财产情况，尤其要加强对婚姻状况的跟踪，摸清底数，掌握情况，保证涉外婚姻当事人员登记到位，为实现中越边境涉外婚姻群体的动态管控打牢基础，也能减少跨境婚姻诈骗案的发生。

三　傈僳族

傈僳族的主体在中国，缅甸、泰国也有一定数量的傈僳族人。中国的傈僳族主要分布在耿马以北沿边 10 县市，而以泸水、福贡、贡山、盈江 4 县最为集中。2012 年第六次人口普查边境傈僳族人口为 674783 人。

缅甸的傈僳人主要分布在中缅边境的掸邦、克钦邦东部山区以及泰缅边境的掸邦东南部地区，据贺圣达先生等估计，缅甸的傈僳人约有 15 万。

不管是居住在中国或外国的傈僳族，在民族上都称作“傈僳”，这是显著的特征。据研究，傈僳族形成是长期民族分化和融合的过程，历史上有五次大迁徙。第五次是 19 世纪末的局部迁徙，原居住在丽江、大理西部的傈僳族散居到永昌（今保山）、腾越（今腾冲县）一带。清道光七年（1827 年），清政府从永昌、腾越等地招募了一批傈僳族人“屯防守卡”，使傈僳族更向西进入“百夷”土司地区。一部分向南进入顺宁府（今临沧地区凤庆县）和云州（今临沧地区云县），有的继续南迁到达老挝、泰国境内。清代晚期，还有成批的傈僳族人越过高黎贡山，进入缅甸的八莫、葡萄、景栋等广大地域，并在那里定居。甚至到新中国成立后，1958 年至 1960 年间，也还有人继续迁居缅甸。[①]

傈僳族总人口已经发展到 100 多万人，其中，居住在中国境内的有 702839 人，总人口性别比为 102.3（2010 年）。云南省有傈僳族 668336

① 吴金福、李先绪、木春荣：《怒江中游的傈僳族》，戴波译，云南民族出版社 2001 年版，第 5—11 页。

人，总人口性别比为104.0（2010年）。居住国外的（主要在缅甸和泰国）有40多万人。居住在缅甸的人数最多，约有35万人，主要分布在缅北高原的克钦邦境内恩梅开江（独龙江下游段）东岸的高黎贡山山区和伊洛瓦底江流域的葡萄至八莫一带，在萨尔温江（怒江下游段）流域的掸邦高原，也有一部分傈僳族人散居。他们大多是从怒江中游地区迁去的，与怒江中游的傈僳族同宗同源。

根据研究，可见中国的傈僳族与老挝、缅甸的傈僳族是有渊源的。我们的跨境婚姻课题调研中，入户调研到的傈僳族家庭主要分布在保山市的腾冲县。

案例1：

地点：腾冲县滇滩镇联族村烧灰坝　时间：2012年12月30日　下午

表4-6　家庭情况登记

家庭成员	夫	妻	子女1	子女2	子女3
姓名	余××	乔××	余××	余××	余××
性别	男	女	女	女	男
出生日期	1975年	1982年	2002年	2003年	2005年
民族	傈僳族	傈僳族	傈僳族	傈僳族	傈僳族
国籍	中国	缅甸	中国	中国	中国
母语	傈僳语	缅甸语	汉语	汉语	汉语
汉语掌握情况	只能听说，不识字	可以听，表达能力差			
受教育年限	三年级	未读书	四年级	二年级	幼儿园
主要职业	务农 去矿上打工	务农			

家居状况简介：余××家房子外面用篱笆围起，院内为木质结构。从外观看很是破旧，院内共有六间房屋，三间供存放物品，三间供人居住，居住空间狭小。室内物品杂乱陈旧，家里有一台电视机，一台洗衣机，一辆摩托车。饮水是自来水。

家庭结构与户籍情况：余××家有五口人，他与妻子和三个孩子住在一起。妻子没有户口，三个孩子均已落户。余父母早丧，有四个兄妹，已分家。妻有9个兄弟姐妹，她是老大，也只有她来了中国。

生育意愿：他们已有一男两女，不会再要孩子，认为多生孩子会加重家庭经济负担，不愿意再生。

家庭健康状况：他们未做婚前检查，没有这种意识。镇上的卫生院每年一次组织他们进行免费健康体检，家庭成员没有慢性疾病和身体残疾，健康状况良好。

家庭经济状况：他家今年收入2000—3000元，比去年收入少了一些。去年去缅甸打工收入多，今年缅甸国内战乱，没有去。这些收入来源于务农所得和去矿山打工。家里有2亩水田，10亩山地，用于种核桃，有4头猪，80—90亩林子，林子是新种的，没有收入。今年的支出3000元。比去年多，今年家里没有什么存款。余对现在的家庭经济状况不满意，觉得经济上很困难，希望孩子大了他能和妻子外出打工增加收入。

结合途径、婚姻现状、子女状况：他们由亲戚介绍结婚，两人均属初婚，对于余××来说本地女孩不好找，适龄女青年大多外出务工，造成男多女少的局面。结婚花费也要比娶缅甸媳妇花得多。

他们没有领取结婚证，主要原因是缺少必需的证件，不能合法登记。而且余不知道办理结婚登记的程序。但是如果能够办理，他也非常愿意去办，不在乎所花费的费用。

他们觉得婚姻非常稳定，不担心没有结婚证的婚姻会存在风险。他们注重夫妻间关系的和谐。妻子和村里人来往频繁，关系融洽，觉得自己家和别的都是中国人的家庭没有什么不同。村寨的人对这样跨国婚姻的家庭没有议论和看法，认为很平常。

三个孩子都有中国户口，能正常上学，子女与邻里孩子没有差别，关系也很好。他希望孩子能多读书，有机会去外面工作。

境内外来往：余××夫妻在中国最远都只到过县城腾冲，两人一年去两次缅甸，去探亲，缅甸那边的亲人也会过来中国。

配偶入境方式：有出入境证，通过正常的入境手续进入中国。

同缅甸生活状况对比：经济状况差不多，中国社会稳定，社会保障制度完善。

配偶享有的社会保障项目：只享有医疗保险。

现存的问题及政府对跨国婚姻管理的期待：

余××对妻子的国籍问题非常困扰，因为没有身份证，无法带妻子外出打工，没有额外的经济收入，家庭的经济状况无法改善。另外自己学历不高，妻子不懂中文，不能辅导孩子的学业。

在对政府跨国婚姻政策上，期待政府能给予他们平等的对待，能让妻子落户，享受与其他中国妇女同样的福利，也方便外出打工。

案例2：

地点：腾冲县猴桥镇镇政府　　　　时间：2013年1月1日　11：00

受访户家庭是位于猴桥镇猴桥村灯草坝自然村，属于山区。距离村委会15千米，距离镇27千米。由于条件所限，未能直接入户访问，而是直接对受访户男户主进行直接访问。

据受访户自己介绍，他家的房屋大小比村里其他人家的要小，房屋和院落结构上是腾冲县傈僳族村寨较为常见的土木结构房子。主要是自己家收入不如别人，还有就是两个哥哥都分家出去了。所以房子也不如别人家的。

房屋内设施都还是有，如厕所和牲口棚，村里面也通了自来水。

根据询问，他家数得上的电器就只有电视机，其他的电器均没有，家里的交通工具是买别人的一辆二手摩托车。

家庭结构

家庭构成和户籍情况：他家目前住着6口人，分别是受访者和妻子，他的父母亲，还有他的大儿子和二女儿。他家原来有两个哥哥，都分家出去了，但是他们的媳妇也都是找的缅甸的。

其中，他的妻子还没落户，其他家人包括两个孩子都已经落了户。

他妻子还没有缅甸那边的“马帮丁”（为缅甸一些地区的居民身份证），主要是妻子年龄还不到23岁，所以那边还没发，但是缅甸那边的资料是有的。

计划生育和生育意愿：他表示自己的两个孩子都落了户，其中为了二女儿交了生育间隔不够的罚款。但他自己生二女儿之前就知道生育间隔不够是要罚款的，但是他更希望根据自己的习惯来。

生育意愿：他表示，自己目前一男一女很满足，不想要更多的孩子了，但是他知道他们傈僳族政策上是可以生3个孩子的。

据他介绍，他们寨子里面生3个的家庭也很少，一般也就没太注重男孩还是女孩，据他了解他们寨子里面也没有说生下来女孩子然后丢弃或者送人的情况。

健康和卫生：访户表示自己和家人都曾参加过村里每年组织的免费体检，没查出身体有什么疾病。但是自己的二女儿在体检时被告知有营养不良的情况。自己夫妻二人和儿女二人也未有其他身体的残疾和缺陷。

婚检：结婚前双方都没做过身体上的检查。

家庭经济状况

受访户目前收入主要是来源于自己夫妇两人种的2亩水田和80亩山地，山地上主要是种核桃和草果等经济作物。父母亲身体都不大好，就都没有做重活了。

收入：他家今年收入大概有11000元，比去年要多一点，因为今年的收成不错。

支出：他家今年的支出在28000元左右，比去年要多，主要是给父母看病就花了18000元左右。

他觉得自己家还可以，但是由于今年父母亲看病的花费，所以要差一点。但总的来说在村里面算得上是普通的人家。

表4－7　　家庭情况登记

家庭成员	夫	妻	子女1	子女2
姓名	窦××	欧××	窦××	窦××
性别	男	女	男	女
出生日期	1984.10	1991.11	2008.11	2010.3
民族	傈僳	傈僳	傈僳	傈僳
国籍	中	缅	中国	中国
母语	傈僳	傈僳	傈僳	傈僳
汉语掌握情况	听说读写	能讲一点汉话，平时都说傈僳话		
受教育年限	小学，6年	未上过学		
主要职业	务农	务农		

家庭生活现状

婚姻情况：他和现在的妻子是初婚，是在2006年前后认识的。当时是傈僳族的赶街天，那种时候男男女女都很多，也是在那个时候认识了自己的妻子。而后自己就经常去缅甸找她，两个人相处了1年后结的婚。结婚时间是2007年的12月份。但没有结婚证，自己之前就知道这样不能领证，因为寨子里其他人也是这样的。和妻子结婚有考虑过花费较低的问题，自己结婚花了 18000 元左右，彩礼有 8000 元，一共花了 26000 元左右。但如果找本地的媳妇，可能就要花 4 万—5 万元钱。但是他也提到，如果要找本地媳妇还是难找，因为自己从小时候寨子里女孩就不多，有时候就是愿意花钱也找不到。

他表示，婚姻对自己来说重要的是有自己的孩子，但是有个人来陪伴自己也很重要。现在他找的妻子就是因为他很喜欢她，才最终决定和她结婚的。

现在他们俩生活上非常稳定，感情上也好，基本很少吵架。

孩子问题：他自己觉得妻子本身对孩子没有什么不好的影响，妻子和自己一样都是傈僳族，本来汉语水平都不高，也没读过几年书，这样的情况和别家的情况也差不多，不觉得有什么不同或者不好的地方。现在孩子都落了户，将来也就能正常上学等，所以自己对这个还是不怎么担心的。

生活圈和境外来往：自己最远就去过腾冲县城。妻子也是最远就去过腾冲县城。妻子原来没有边民通行证，但是从边检过来的，当时缅甸那边有检查站，知道她的情况所以会放行，而中国这边走的那条路没有检查站。

自己家经常去缅甸那边，基本是全家一起去，一年要去十多次，最多能待十多天。缅甸那边来这边也是一样，一年也能来十多次，一次最长也待过十多天。

国籍相关：自己知道不能和妻子办结婚证，因为寨子里的人这种情况的都没有证，所以自己也就没有办，而且结婚前就知道了不能领证，所以现在也感觉无所谓。但是还是想让妻子在这边落户，为这个事情自己去缅甸开了妻子的身份证明，然后又去了镇派出所办，但是都说不能给办下来，但材料已经上交了。

但在生活方面觉得不同国籍没什么不一样的，妻子和自己都是傈僳族，村子里也是傈僳族，习惯习俗上都一样，也没人把她当外人看。

家庭存在问题

生活方面：妻子觉得在这边过的和她缅甸的家里差不多。主要的不同在于，在缅甸那边经济条件要更好，但是当地基础设施差，市场也不繁荣，能买的东西不多。而在中国这边丈夫家虽然经济条件不如她家，但是市场繁荣，交通等设施也较为方便。

其他方面：妻子落不了户，感觉心里没着落。关于这个问题，觉得政府没有让自己知道到底应该怎么去办这个事，虽然有人来了解过情况，但是都没告诉自己到底要怎么去办相关手续。

只要有相关政策可以办理相关手续，自己是不会嫌麻烦的，也会主动配合相关部门的工作，只是目前都不知道到底要怎么去办这个手续。

评述和建议

评述：这是一家傈僳族人家，从他家的情况中可以看出许多具有民族特色的地方。比如他和妻子认识是在赶街的时候认识的。他家和缅甸的亲家来往频繁，一年要互相往来二十多次。

另外笔者还了解到，他本人对缅甸那边的情况和女方家的情况都较为了解。他称缅甸那边的年轻人中，女性要比男性多，而且那边人生孩子很多，基本一家人都有 7 到 8 个孩子。其他的风俗则是和国内的傈僳族完全一样。所以也有国内这边的傈僳族通过婚娶到缅甸生活的情况。根据他自己的说法，目前缅甸那边的战争还未对他们有特别的影响，他家缅甸那边的亲戚也没有为了躲避战乱而过来这边过。

建议：目前他家的情况较稳定，虽然今年由于父母生病而花了许多钱，但是他本人对此并未表现得特别焦虑。而且所幸的是，她的妻子虽然没有户口，但是依然享受了新农合的医疗保障，可在镇乡一级以下享受相关的福利。

虽然他渴望给妻子一个户口，但是自己并未深入去了解相关的手续和条件，一方面是由于他自身条件所限，另一方面也由于相关的程序不够公开。所以一直处在一个悬而未决的状态。

给管理部门的建议：相关职能部门和实际跨境婚姻的人群间没有直接的对接，导致政策自上而下不够明确和规范，村民的办理自下而上也不够具体，没有方向。可能需要利用现有的资源（比如村里的计生委员）来进一步对这些人群进行登记和规范，并给予一定的指引和帮助。

四　彝族

彝族主要居住于中国西南地区，分布上呈现“大分散、小聚居”的特点，主要聚居区包括四川凉山彝族自治州，云南楚雄彝族自治州、红河哈尼族彝族自治州，贵州毕节和六盘水地区。海外彝族大约有百万人口，主要分布在缅甸、泰国、老挝、越南，部分居住地还留存有少许指路经和古彝文。

中国的彝族在越南和老挝被称为“倮倮族”。越南的倮倮族为官方承认的56个民族之一，主要分布在河江省的同文县和苗旺县、高平的保乐县、莱州省的封土县和老街、宣光等省。老挝的倮倮人主要居住在丰沙里省的中老边境地区，琅南塔省的勐醒县、乌都姆塞省的北部也有少量分布。

中国境内有彝族人口8714393人，总人口性别比为104.7（2010年）。云南省有彝族5041210人，总彝族人口性别比为104.5（2010年）。云南的彝族沿边境地带自福贡向南再向东大多数县市都有分布。第六次全国人口普查边境彝族人口为268484人。

我们的跨境婚姻课题调研中，入户调研到的彝族家庭主要分布在保山市的龙陵县。

案例1：

地点：龙陵县木城乡木城村下水塘小组

时间：2013年1月3日 16：20

本次调查并没有入户，经过询问受访者可知，受访户的房屋大小与寨子里其他家庭相差不大，同是土木结构；家庭拥有的家电包括电视机、电饭锅、摩托车，相对之前的受访户较少。

家庭结构

家庭构成和户籍情况：受访人与父亲、妻子和二女5口人同住。受访人共有1个姐姐、2个弟弟和3个妹妹都已经各自成家并分家。夫妻二人在谈恋爱4个月后于1997年9月结婚，就去登记结婚，在结婚前已去相关部门了解过涉外婚姻的登记手续，但是当时没钱而且对具体手续不了解，到了1998年才领到结婚证，但是领到结婚证时第一个孩子已经出生，罚了1500元非婚生子钱（一开始去办理时，在任的主任说不用罚款，但是换任后，新主任又说要罚钱）。1998年妻子已经落户，但是后来又说不准落户了，被销户了。现在家里两个女儿已经落户，只有妻子未能落户。

计划生育和生育意愿：受访户已生育两个女孩，想要一个男孩，继续生要罚款，但仍想再生，如果没有生育限制，最多也只要3个，养育孩子花费太高了，经济负担不起。

健康和卫生：家里成员都参加了村里的免费身体检查，都挺健康，并未发现患有什么疾病。虽然受访人在结婚前并没有做过婚前检查，但是在办理结婚证的时候去做了体检。

表4－8　　家庭情况登记

家庭成员	夫	妻	子女1	子女2
姓名	郭××	李××	郭××	郭××
性别	男	女	女	女
出生年份	1964	1973	1998	2003
民族	彝族	彝族	彝族	彝族
国籍	中国	缅（无国籍）	中国	中国
母语	汉语	汉语	汉语	汉语
汉语掌握情况	听说读写	只会听说不会读写		
受教育年限	小学，5年	未曾读书	初二	小学三年级
主要职业	在家务农	在家务农		

家庭经济状况

受访人家庭生活的主要来源是务农，主要是烤烟，今年的收支基本平衡，没有盈余，收入约为14000元，支出与收入差不多。

家里共有2.5亩农田，10亩林子主要是用来种苞谷和烟草。

受访人及其妻子在结婚后都没有外出工作。

家庭生活现状

婚姻家庭情况：受访人和妻子都是初婚，是妻子从缅甸过来木城务工，而碰巧自己家的农活需要零工便找到她来做，两人从认识到结婚共相处了5个月左右。受访人觉得在本地不难找媳妇，因为当时他还年轻还不想分家，所以没有找，而后来想要找的时候已经找不到合适的了，便去缅甸找。找缅甸媳妇主要是自己年纪稍大了想找个人来陪伴，没有考虑过娶外籍妻子的花费问题，自己娶媳妇花了1000多元，而找本地的也最多2000多元，相差不远。而现在跟媳妇相处较稳定，很少吵架，更加没有打过架。

孩子问题：受访人表示现在孩子还小，妻子不是中国人对她们影响还不是很大，但是就怕长大以后她们要考大学等需要父母双方的身份证、户口本等会有较大的影响。

生活圈和境外来往：受访人表示自己和孩子都经常与寨子里的其他人交往且相处较融洽。1年回去过探亲2次，每一次都逗留2—3天；而娘家的亲戚一年来1次，每次逗留3—5天。回国多是通过渡口，出入境证明有时候办有时候不办，影响也不大。在中国，受访人去过芒市和保山，也曾去过楚雄的监狱接人。其妻也去过保山和芒市。

国籍相关：受访人对配偶的国籍比较担忧，但是不担心会被遣返。1998 年的时候也落过户，但后来政策不允许又被注销了。如果能再次办理落户的话，不管手续多么繁杂还是愿意把妻子的户口落实好。如果实在是不能落实，也希望能够享受医疗、养老等相关的社会福利。自己和孩子的各种社会保障项目都能享受，而且低保也刚办下来，但是妻子虽有居住证和结婚证，但是无社会保障，连去乡镇一级卫生所看病也不能享受新农合。

家庭存在问题

根据与受访人的交谈，调查者认为此家庭生活还是比较拮据的。他们对于妻子的户口问题是较为困扰的，而与户口相关的各种社会保障、社会福利是他们最为关心的，也是亟须解决的问题。究其源头，我国的各种社会保障都与户籍紧密相连，这使得与本国通婚的外国人的社会服务的享受更加提高了门槛。

评述和建议

此户家庭为实实在在的小农家庭，家里成员不曾外出打工，就在耕种自己的 2 亩 3 分地。于他们，并不认为生活十分困难，但是比较担心没有户籍所导致的各种社会福利的缺失。但是在解决这些非户籍人员的社会保障问题的时候，需要考虑各个地方的财政问题。就腾冲县而言，由于经济较为发达，能够从财政中划出一部分作为非户籍人员的乡镇一级的新农合补贴。所以，各个地区在探讨如何管理涉外婚姻家庭的同时，需要吸取其他管理较好的地区的经验，同时也要大力发展经济，为保障此类家庭提供经济基础。

案例 2：

地点：龙陵县木城乡木城村等散小组

时间：2013 年 1 月 3 日　14：30

木城乡位于龙陵县县城南部怒江下游北岸，距县城 153 千米，南面与缅甸果敢县隔江相望，有国境线 19.71 千米，100% 属于山区，是全县唯一的少数民族边境乡。由于本次调查未入户，所以无法看到受访者家庭陈设。经询问得知，该受访家庭房屋是木制的 2 层小楼，宅基地面积 200 多平方米，全村通自来水，厕所简陋无顶，人畜未分开，家里电器只有一台电视机和电饭煲。此次调查对象是缅甸籍女子。

家庭结构

家庭构成和户籍情况：受访者家中目前住着5口人，分别是自己、丈夫、一儿一女和丈夫的母亲（80多岁）。家中除了自己以外都有中国户口。

计划生育和生育意愿：受访者已经生育一儿一女，并不打算再生育。

健康和卫生：结婚时未做过婚前体检，婚后也没有定期体检，但目前家人健康状况良好，只有丈夫经常下肢麻木。

表4－9 家庭情况登记

家庭成员	夫	妻	子女1	子女2
姓名	李××	赵××	李×	李×
性别	男	女	女	男
出生日期	1964	1974	1996.2	2000.8
民族	彝族	汉	彝族	彝族
国籍	中	缅	中	中
母语	汉	汉	汉	汉
汉语掌握情况	听说	听说	听说读写	听说读写
受教育年限	2	0	12	6
主要职业	打工、农活	做农活	学生	学生
社会保障情况	医保	无	医保	医保

家庭经济状况

家里拥有两亩农田、林子和15亩山地，都是1982年分下来的，农田用于种粮食，自己吃；林子无人打理；山地用于种玉米作为家畜的饲料；牲畜包括4头猪、6只鸡和1头牛，猪和鸡都是自己吃，牛用于耕地。

收入：家庭收入来源于丈夫打工，基本每年1万—1.5万元，变化不大。

支出：受访者家庭每年开支差不多，分为三部分：人情费3000—4000元/年，儿女读书费用16000元（女儿15000元，儿子1000元），生活费不定。家里无存款，贷款8000元，借款4000元。

家庭生活现状

婚姻情况：夫妻双方都是初婚，1995年丈夫在缅甸打工时认识的，两个月后结婚。结婚后在现居住地办理的结婚证。结婚时给彩礼2000元，因为没钱所以没办酒席。现在夫妻生活上稳定，从未吵架，家里基本是丈夫说了算。

孩子问题：受访人的女儿现在在龙陵县县城读职业中学，儿子在当地读小学。受访者认为自己的国籍对孩子没有任何影响。

生活圈和境外来往：丈夫曾去过北京打工。

妻子结婚前未到过中国，过境是通过渡口，不需要通行证。婚后一直居住在龙陵，曾去过保山市。由于没办理当地的暂住证，很难离开龙陵县。

婚后夫妻每年去1—2次缅甸，女方家属每年都来访一次，时间约10—30天。女方家里7个兄弟姐妹，生活条件与自己差不多，所以女方每年回家给父母200—300元即可，无其他金钱来往。

家庭存在问题

目前比较担心的问题：一是缅甸籍妻子无法落户，无法享受当地村民同等待遇；二是没有身份证，找工作难，走出龙陵县很困难。

评述和建议

评述：该家庭基本生活和村里其他中国家庭并没什么不同。由于结婚时间比较早，注册结婚和孩子落户手续都是在县政府办理，与其他村民差不多，手续办起来也很顺利。但是由于不知如何办理落户手续，因此到目前为止缅甸妻子仍没办理落户。夫妻双方希望早日出台相关政策让妻子落户本村，享受与其他村民同等的待遇。

建议：笔者建议该家庭重新为缅甸妻子办理通行证，使缅甸妻子的过境变为合法入境。然后根据附件1毗邻国边民落户程序中的第二、三点程序操作完成落户手续及办理中国身份证。

五 哈尼族

哈尼族是中国的一个古老的民族，哈尼族主要分布在滇南地区，包括红河哈尼族彝族自治州、西双版纳傣族自治州、普洱市和玉溪市。为云南省特有民族。

中国境内有哈尼族人口1660932人，总人口性别比为108.3（2010年）。云南省有哈尼族1629508人，总人口性别比为109.3（2010年）。作为世居地，云南有哈尼族人口的98.1%，主要分布于云南西南部礼社江下游红河西侧哀牢山区新平、镇源、墨江、元江、红河、元阳、绿春、金平、江城等县。山东、江苏、湖南、四川和广东五省均有哈尼族分布。第六次全国人口普查边境哈尼族人口为620075人。

哈尼族（缅甸语 Ng'ò'i Hà Nhì）也是越南54个民族之一，人口17535（1999年普查）。哈尼人的一支阿卡人（自称为雅尼人），在缅甸、老挝、泰国都有分布，缅甸、老挝称其为高（佧）族（缅甸语：*kau*），有“山上的民族”之意。

云南的哈尼族聚集地如下：

自治州：红河哈尼族彝族自治州（云南省）。

自治县：元江哈尼族彝族傣族自治县（云南省玉溪市）；普洱哈尼族彝族自治县（云南省普洱市）；镇沅彝族哈尼族拉祜族自治县（云南省普洱市）；墨江哈尼族自治县（云南省普洱市）；江城哈尼族彝族自治县（云南省普洱市）。

民族乡：巴达布朗族哈尼族乡（云南省西双版纳州勐海县）；勐满拉祜族哈尼族布朗族乡（云南省西双版纳州勐海县）；发展河哈尼族乡（云南省普洱市澜沧拉祜族自治县）；酒井哈尼族乡（云南省普洱市澜沧拉祜族自治县）；惠民哈尼族乡（云南省普洱市澜沧拉祜族自治县）。

我们的跨境婚姻课题调研中，入户调研到的哈尼族家庭主要分布在西双版纳州的勐腊县。勐腊县的哈尼族有68373人，总哈尼族人口性别比为103.3（2010年）。虽然调研地不是哈尼族乡，但是是典型的哈尼族村寨。

案例1：

地点：勐腊县勐捧镇曼贺南村小新寨自然村

时间：2014年1月6日　10：20

小新寨自然村，属于曼贺南村，地处坝区。距离村委会2千米，距离镇30千米，国土面积1.35平方千米，海拔1080米，年平均气温21.20℃。有农户51户，有乡村人口217人。农民收入主要以林业为主，也就是在勐腊地区普遍种植的胶林。村子里面的人几乎都是爱尼人，由于民族划分时候归为哈尼族，所以身份证上也写的是哈尼族。

寨子里的房屋样式和别的村子里傣族式样的房屋很相似，但寨子里用砖砌的房子比例要比傣族寨子里的高一些，还有许多家都盖了平顶的砖房。村里面是通水泥路的，连接了几乎每户人家。

由于寨子很大，在小新寨的访问没有入户进行。通过询问，受访户告诉笔者他家的房子和其他家的差不多，也是土木结构的房子，家用电器包括电视机、冰箱、电饭锅、饮水机都有，但是和之前在其他傣族村寨里见到的每家都有的干净厕所相比，这个村子里的人家里几乎都没有自己家的厕所，而是在村头村尾各有一个厕所。这些厕所也是前两年村里组织建的，而在那之前，他们几乎不会使用厕所。这也许是和爱尼人本身的文化习惯相关。

家庭结构

家庭构成和户籍情况：他家目前住着 5 口人，分别是丈夫和妻子以及三个女儿。由于政策允许生三个，目前三个女儿都是正常落户，妻子则保持老挝的国籍。

计划生育和生育意愿：自己的三个女儿都是符合政策的，所以和计划生育没有抵触。

生育意愿：受访户表示准许自己生育三个孩子，自己就要了三个孩子，目前来说一切都好，也不会去再违反政策多生小孩。

自己对于自己的三个女儿，当然其中有个儿子更好，但是自己也不会太去在意这件事情，更没想过因为要生儿子而违反相关政策，因为这既要交罚款，而且对自己来说孩子太多也照顾不过来。

健康和卫生：受访户表示村子里每年都有一次体检，是镇上卫生所来到村子里面做，不用花钱，而且不会对自己老挝的妻子区别对待。目前家庭健康状况良好。

婚检：在结婚之前，没有做过身体上的检查，生孩子时候也没有做过身体上的检查。

表 4－10　　家庭情况登记

家庭成员	夫	妻	子女 1	子女 2	子女 3
姓名	美×	车×	车×	车×	车×
性别	男	女	女	女	女
出生日期	1974. 4	1976. 3	1997. 1	1999. 5	2001. 7
民族	哈尼族（爱尼人）	哈尼族（爱尼人）	哈尼族（爱尼人）	哈尼族（爱尼人）	哈尼族（爱尼人）
国籍	中	老	中	中	中
母语	爱尼话	爱尼话	爱尼话	爱尼话	爱尼话
汉语掌握情况	听说读写	能听，不能读写	听说读写	听说读写	听说读写
受教育年限	小学，4 年	未受教育	高一在读	初二在读	小六在读
主要职业	种植橡胶	种植橡胶			

家庭经济状况

受访户目前收入主要是来源于家里种植的橡胶树，还有就是出租自己家的水田让别人种香蕉。

收入：今年家里收入大概 2 万元，比去年少一些是因为今年胶价跌了些。自己家的胶林地有 20 亩左右，还有 10 亩的水田租给别人种香蕉，一年的租金有 1 万元左右。

支出：他家今年的支出在 2 万元左右，要比去年多，自己三个孩子都大了，上学的费用也越来越多。

家庭生活现状

婚姻情况：自己和现在的妻子是初婚，在 1993 年结的婚。自己和妻子是在中国认识的，自己去帮人做工，而妻子当时也在那边帮人做工，妻子没和自己结婚前就经常来中国，主要是来打些零工，还有就是从老挝带竹笋过来卖。

目前没有结婚证，自己对办证的事情不清楚，别人也都没办，自己也就没办。

受访户觉得自己结婚的重心是在于家里有人可以帮得上忙，这样家里的日子就好过些。

目前夫妻之间还算稳定，没有发生过很大的矛盾。

婚配：年轻时候本地的媳妇就不好找，因为男的多女的少，自己也就没有在本地找到。

而现在找的老挝妻子主要是因为她人好，自己喜欢，其实自己本来不想找老挝的媳妇，但是本地的实在找不到了。找老挝的媳妇花费会少，这自己也知道，但自己找媳妇的时候并没有考虑花费的问题。

孩子问题：自己的三个孩子都已经落了户，所以自己觉得孩子这方面不会有什么问题了，上学这些都和其他的孩子一样。而且自己在和妻子结婚之前，自己就打听过了，知道生孩子可以和其他家一样正常办理准生、落户等问题，所以对于这个自己一直都不担心。

生活圈和境外来往：丈夫自己没出过远门，最远的就是去景洪玩了次，妻子在过“三八”节的时候曾参加过村里组织的旅游，但是也不会出州外。

现在家里在老挝那边已经没有亲戚了，所以现在都不过去了，以前妻子父母还在的时候倒是经常出去拜访。

出入境：自己和妻子在这边都没有正规的通行证件，这边离老挝很近，一般人也不会去绕远路去走关口，都是走小路就直接进出了。

国籍相关：自己结婚的时候没有考虑过结婚证的问题，后来孩子落了户也就不想再去办理。在工作方面，妻子和中国这边的人都一样，因为做活也不需要会说汉语，这边有本村的也不会汉语，反正大家一起出去做活只要有一个人懂汉语就行。在生活方面，妻子的习惯和文化和这边都是一样的，自己也从没听过别人说过不好的话。

家庭存在问题

生活方面：妻子觉得在这边的人要比在老挝的人好，主要是这边方便生活，水、电、道路情况都比老挝要好。此外，在老挝一般能买到的东西没有在中国这边丰富。

妻子觉得在中国这边挣钱也比在老挝容易，因而在这边生活得要更好一些。

其他方面：自己对政府对管理跨境婚姻也没有什么想法，目前自己在这个问题上也没有遇到什么困难。但是自己想让妻子能和自己一样落户成本村的村民。自己知道以前很早的时候有的家像自己一样情况的是能落户的，自己妻子在 1995 年的时候也和本村的其他老挝女子一样统一落了户，可是后来 1996 年的时候又不让落，把户口本收了回去把妻子的名字销了。主要是落了户能有医保，而且出门玩有身份证要放心得多。

评述和建议

评述：此户人家中的老挝妻子已经在中国生活多年，对于本村的人和事已经是十分熟悉，与村民们相处已经是十分融洽。但户主本意是不想找老挝媳妇的，这可能是户主考虑到各种意外的情况，但是本地适龄女子的缺乏又让户主不得不去找了老挝的妻子，这不能不说对于他们的婚姻来说是一种先天的隐患。而且户主十分有意愿让妻子成为中国籍，因为他知道这其中蕴含的现实利益，但是户主自身又对办理结婚登记漠不关心，这是他没有在其中看到好处，更没有考虑到如果确实这样做的法律保障，以后可能面临的难处。这也是较普遍的情况，跨境婚姻家庭容易看重现实的好处，而忽视隐含的权利和义务。

给管理部门的建议：相关政策上的宣传和讲解更加的广泛和深入是为这些家庭解决隐患和矛盾的捷径。在访谈中发现受访户对相关政策了解几乎为零，自己也不知道要办什么手续，一会听人说能办，一会又听人说不能办，但又没有一个权威的人能确切解释这些情况。这样反复不仅未能走入正规的程序，反而对政府的态度产生怀疑，十分不利于当地的和谐发展。

案例 2：

地点：勐腊县勐捧镇曼贺南村小新寨自然村

时间：2014 年 1 月 6 日 11：30

表 4－11 家庭情况登记

家庭成员	夫	妻	子女 1	子女 2	子女 3
姓名	周×	央×	柯×	柯×	柯×
性别	男	女	女	女	女
出生日期	1975	1975	2004	2006	2009
民族	哈尼族	哈尼族	哈尼族	哈尼族	哈尼族
国籍	中	老挝	中	中	中
母语	哈尼语	哈尼语	哈尼语	哈尼语	哈尼语
汉语掌握情况	良好	一般	良好	良好	良好
受教育年限	初中，9 年	0	小学	小学	幼儿园
主要职业	务农	务农			

家居状况简介：周×家房子是土木结构，房间比较简陋。家里没有什么家具，家用电器有电视、电饭锅、电磁炉、洗衣机，家电较为齐全，还有一辆摩托车。饮水是自来水。

家庭结构与户籍情况：周×家有 5 口人，他与妻子和 3 个孩子住在一起。妻子没有户口，孩子已经落户。

生育意愿：他们现在有 3 个孩子感觉自己的压力也很大，虽然说自己生了三个女儿，他也表示自己也是特别希望能有个儿子，自己家已经超生了，所以不能再生了。虽然自己很希望能有个儿子，但是也应该遵守计划生育政策，自己也非常喜欢自己的三个女孩，她们很懂事，也很听话。

家庭健康状况：他们未做婚前检查，没有这种意识。夫妻两人身体状况良好，没有任何慢性疾病。

家庭经济状况：他家今年收入 4 万元，比去年收入少了一些。这些收入来源于务农所得，主要原因是今年的胶价不太好，家里有 6 亩水田。今年的支出 3 万元比去年多，略有结余。家里的主要支出是 3 个孩子上学的相关费用。

结合途径、婚姻现状、子女状况：周×和妻子都是第一次结婚，他们是在居住地认识的并于2004年结婚。对于周×来说本地女孩不难找，主要原因是自己和老婆在村子里就认识了，后来试着相处感觉对方人很好就结婚了，自己不存在结婚困难这种情况。认为自己和妻子的结合就是缘分到了，不是说自己条件较差才找了个老挝的媳妇。

他们没有领取结婚证，主要原因是缺乏相关的材料不能合法登记。他们注重夫妻间关系的和谐。妻子和村里人来往频繁，关系融洽，他们不觉得自己家和别的都是中国人的家庭有什么差别。村寨的人对这样跨国婚姻的家庭没有议论和看法，认为很平常。

自己的三个女儿都已经正常上学，孩子们在镇中心小学上学，离家有七八千米，每周回家一次，孩子们的住宿费是每学年600元，每个孩子的生活费是每月500元，学费不用交，是免费的。三个孩子每年的上学费用是家里支出的较大部分，自己感觉压力很大。

境内外来往：周×最远到过景洪，他爱人在中国最远也只到过景洪。村子里每年都会组织妇女在“三八”妇女节这一天外出旅游，村里负责出大部分费用自己只需要出100—200元。央×的父母已经不在了，所以她也很少回家，家里还有一个弟弟今年30多岁已经结婚生子，那边的生活相对来说比这边差一点。自己经常在经济上接济弟弟，经常会给他们送一些食品和衣物。在询问她弟弟一家的收入时，她表示是自己家收入的三分之一左右。由此可见，老挝的经济状况同中国相比还有较大的差距。

配偶入境方式：有出入境证，通过合法方式往来中国边界。

同老挝生活状况对比：中国经济状况好，社会稳定，社会保障制度完善。他爱人感觉自己在中国的生活水平要比自己在老挝好很多，希望自己一直在中国生活，夫妻关系较稳定。

配偶享有的社会保障项目：未享有任何社保项目。

现存的问题及政府对跨国婚姻管理的期待：央×对自己的国籍问题非常困扰。在对政府跨国婚姻政策上，期待政府能给予他们平等的对待，能让自己落户，享受与其他中国妇女同样的福利。如果自己有了中国户口，就能享受到社会保障了，这样自己生病时就不用特别担心了。她感觉自己没有户口没有身份证非常不方便，自己想着外出旅游，因为没有身份证不能外出也不能住酒店感觉很不方便。

现存的问题：在采访中我们得知，妻子对于自己的身份认同还是非常悲观的。原因是自己经常会听到一些邻居对于自己的议论，说自己是老挝人，那里很穷，他们说自己千方百计来到中国就是为了过上好生活。在他人的口中，妻子感觉自己是别有用心利用了自己的丈夫。加上自己接连生了 3 个女儿，也有人笑话她生不出儿子。妻子表示自己对此非常生气，但也没有跟村里人翻过脸，毕竟日子还很长，大家没必要搞得很紧张。

评述与建议：在一般的认识中，我们得知在少数民族的生育文化中没有特别强烈的男性偏好。但是这次的调研使笔者改变了之前的这种认识，受访的女主人表示自己经常会听到大家议论自己生了三个女儿。由此可知，封建文化的生育思想依然在边疆的农村地区盛行。因而，在边疆地区尤其是偏僻的农村地区大力推行“女孩关爱”计划是十分有必要的。其次女主人表示自己平时和村里的妇女们交流不多，总是感觉他们对自己有歧视的感觉。对此笔者建议当地的社区应该适当地组织开展集体活动，拉近外籍人员同本地居民的心理距离，使他们不再隔膜、不再陌生，同时这对于建设和谐、稳定的农村社会也具有重要影响。

六 德昂族

作为山地少数民族，德昂族主要居住在中国与缅甸交界地区，中国一侧在云南德宏、保山、临沧等地，缅甸一侧在掸邦、克钦邦等地，与傣族、景颇族、佤族等民族杂错而居。为云南省特有的最古老的民族之一。

中国境内有德昂族人口 20556 人，总人口性别比为 95.45（2010 年）。云南省有德昂族 20186 人，总人口性别比为 96.04（2010 年）。作为世居地，云南有德昂族人口的 98.2%，主要分布于云南西南部。

德昂族有自己的语言和文字。文字流传不广，主要用于记载本民族的历史、道德、法规和书写佛经等。德昂族绝大多数与景颇、汉、傈僳、傣等民族交错分寨杂居，大部分德昂族人通晓傣语、汉语或景颇语。缅甸境内有 30 万左右的德昂族。

案例 1：

地点：芒市中山乡小街村 时间：2015 年 4 月 25 日 10：20

何 × × 家的房屋结构属于砖混二层结构，主体建筑有两栋和一个新建的小仓库，有大门和院落，整体面积大概三百平方米。目前户主没有与父母一起居住，家里只有妻子、女儿、儿子以及孙子。家里有电视机、洗衣机、摩托三轮车、单独的厨房和客厅、卧室。

家庭构成和户籍情况：何××有两个姐姐，都已结婚。他排行家里最小，父母健在。赵××有4个兄弟姐妹，其中一个姐姐，她排行最小。他们目前养育一儿一女。赵××的姐姐是嫁到隔壁邻村，平时与姐姐没有什么电话联系。

子女状况：何××的长女何玉航目前已经结婚，生育一名男孩，她的丈夫在瑞丽打工，每个月都往家里给她和孩子寄生活费。何××的儿子目前正在上小学四年级，还没有办理户口。何说她在上初一的时候班上有52个人，其中跨境婚姻的子女有两三家，上到初三班上已经没有人继续在上学了。只能外出打工，她与现在的丈夫就是在芒市打工的时候认识的，自从生完孩子后就去瑞丽打工了。

健康和卫生：何××、赵××夫妇、孩子及孙子都很健康，目前无医疗花费支出。家里物品摆放整齐，屋内屋外打扫还算干净。家里布局简单、整洁。

表4－12　家庭情况登记

家庭成员	夫	妻	子女1	子女2
姓名	何××	赵××	何××	何××
性别	男	女	女	男
出生日期	1974	1980	1998	2007
民族	德昂族	德昂族	德昂族	德昂族
国籍	中	缅甸	中	中
母语	汉语	汉语、缅语	汉语	汉语
汉语掌握情况	听说	听说	听说写	听说写
受教育年限	小学毕业	无	初中毕业	小学四年级
主要职业	务农	务农	待业	学生

家庭经济状况：家中有农田四亩，山林一亩，主要种植甘蔗、玉米，另外还租了六七亩地种植烤烟。去年收入大概7000—8000元，每年收入都差不多；去年消费5000—6000元，都是花在日常家庭生活开支。目前孩子还小，花费还不是很多，但是担心孩子长大后的教育问题和老人生病

的医疗费用问题。何××平时还在村里打些小零工，帮助其他村民收甘蔗，每亩能有100元的收入。

婚姻情况：赵××和丈夫都是第一次结婚。婚姻生活十多年，婚后的生活很幸福。何××是自己去缅甸找的老婆，属于自由恋爱，双方的父母也是很满意。当时何××给了赵××家人700元的彩礼，结婚请客花费了大概3000元，不过何××还是感觉可以承受，比起娶中国媳妇还是便宜了很多。

生活圈和境外来往：何××和赵××最远去过芒市，与村里边人相处都很融洽，赵××春节和泼水节不回去和亲人团聚，基本上与缅方亲属断了联系。赵××平时会时不时去邻居家帮忙，村民也都很照顾她，与村民没有任何矛盾。

享有的社会保障项目：何××和孩子都有社保、医保和低保。

家庭存在问题：家里边现在最大的困难还是经济来源太少，每年的收入只能解决一些温饱问题，自己和丈夫每年的经济来源有限，还要养育中方老人、子女教育问题，其次就是她自己的落户问题，她也迫切希望自己能有个合法的身份，为自己以后长远留在中国作保障。

评述：何××和妻子赵××的婚后生活还是很幸福的，他们也是村中跨境婚姻当中少有能办理结婚证的合法夫妻，何××的女儿17岁就已经当上了妈妈，也算是这个村子里结婚早的女孩，不过她的孩子也都很健康，她的丈夫每个月都定时给她和孩子汇生活费，小日子过得也很甜蜜，总的来说，跨境婚姻对于何××来说是一笔财富，他也希望自己的妻子能尽早落户，能享受到中国给她带来的最大保障。

案例2：

地点：芒市中山乡小街村　　　　时间：2015年4月28日　10：00

家庭状况：家里房屋是木板的，空间比较大，但是有点破旧，没有厕所，家庭穿着良好，拥有电视机和摩托车，使用自来水。这个家庭情况有点特殊——夫妻经过诉讼离异，丈夫外出打工不再回来，留了一套房子给杨××，没有土地，一年的收入主要依靠自己在缅甸养的16头猪，因为丈夫没有留田地给她，她就给别人打工，负责砍甘蔗之类的，她自己还在缅甸哥哥家养了16头猪。

家庭结构、户籍情况：受访人不愿意提及她的丈夫，所以对他的信息知道得很少。杨××今年50岁，有两个儿子，一个25岁，刚去广东打工，小儿子刚被劳教放出来，现在在瑞利学习手艺。两个儿子都有能力赚钱了，杨××没有上过学，大儿子上过高中，小儿子上过小学。

杨××有8个兄弟姐妹，其中有3个妹妹也嫁到了中国，在与丈夫离婚后，她去办理了中国户口，现在拥有中国身份证，这个在受访人员中是比较少见的。

生育意愿：无。

健康和卫生：家里没有厕所，杨××和两个儿子身体都很好。

婚姻情况：杨××与丈夫已经离婚22年，是经过诉讼离婚的。当时娶媳妇的彩礼是多少已经忘记了。她说缅甸那边现在娶媳妇彩礼费为1万元，嫁到中国少数民族彩礼为1万元，但是嫁给汉族彩礼就会要到4万元。

生活圈和境外来往：由于语言、习惯的相同，她在中国已经生活得很好，汉语也讲得很好，和邻里没有任何隔阂，因为在缅甸养了猪，每隔十多天就要回去一趟，还会去保山、瑞丽走亲戚，采访的时候缅甸妹妹家的小孩子都寄养在她家，因为缅甸那边之前在打仗比较混乱，所以就把小孩子先送到了中国。

社会保障项目：享有低保，和医疗保险，但是没有养老保险，小孩子有。

目前的困难：家里目前的困难主要是，因为家里这边没有钱修猪圈，经常要跑到缅甸去养猪，很不方便，还有马上就要面临儿子娶媳妇，家里房子太破，没有钱修。希望儿子能娶个中国媳妇，因为证件好办一些，但是又担心彩礼太重，负担不起。娶个缅甸媳妇虽然“便宜”，但是不好拿结婚证，没有保障，但是最近几年缅甸彩礼也涨价了，缅甸人会看着人来要彩礼，少数民族2万元，汉族4万元，所以很担心儿子娶媳妇的问题。

评述：其实就杨××这种嫁到中国，然后丈夫跟她离婚的案例倒不多，一般情况是缅甸女孩嫁过来，然后过几年之后就跑了，没有结婚证，中国男性的合法权利受不到国家的保护，这个倒是挺特殊的，好在杨××还比较聪明，知道去办理中国身份证，其实站在缅甸女性的角度，她们也是很没有安全感的，几乎不受中国政府的保护，如果从整个世界来看，人民是不分国界的，每个人都应该享有平等的权利。

表 4－13 家庭情况登记

家庭成员	夫	妻	子女 1	子女 2
姓名	李××	杨××	李××	李××
性别	男	女	男	男
出生日期	/	1965	1989	1991
民族	/	德昂族	德昂族	德昂族
国籍	/	中	中	中
母语	/	汉语	汉语	汉语
汉语掌握情况	/	能熟练地听说	听说读写	听说读写
受教育年限	/	未受教育	中学	小学
主要职业	/	打工		

第二节　边境篇

云南与东南亚国家接壤的边境线全长 4060 千米，边境一线居住着许多跨境民族。边境篇意在实例描述中越、中老、中缅跨境婚姻家庭的不同情况。

表 4－14 云南省各州市与缅甸、老挝和越南接壤的对应地理简况①

<table>
<tr><td rowspan="3">怒江州</td><td>贡山县</td><td>独龙江乡、茨开镇、普拉底乡</td><td rowspan="9">缅甸</td><td rowspan="9">克钦邦</td><td>耶南镇、森奈镇、恰苏丹镇</td></tr>
<tr><td>福贡县</td><td>马吉乡、石月亮乡、鹿马登乡、上帕镇、架科底乡、匹河怒族乡</td><td>辛格拉镇、帕拉镇、冈贡镇</td></tr>
<tr><td>泸水县</td><td>吉登乡、称杆乡、片马镇、鲁掌镇</td><td>额瓦帕加镇</td></tr>
<tr><td rowspan="2">保山市</td><td>腾冲县</td><td>明光镇、滇滩镇、猴桥镇</td><td>拖角镇、辛孔镇、甘拜</td></tr>
<tr><td>龙陵县</td><td>木城乡、龙山镇、碧寨乡</td><td>果敢县、散崩、腊勐</td></tr>
<tr><td rowspan="4">德宏州</td><td>芒市</td><td>中山乡</td><td>萨尔温江</td></tr>
<tr><td>盈江县</td><td>支那乡、苏典乡、长场镇、昔马镇、铜壁关镇</td><td>莫代、南赛、谬迪</td></tr>
<tr><td>陇川县</td><td>陇把镇</td><td>森隆格巴、垒杰</td></tr>
<tr><td>瑞丽市</td><td>勐秀乡、户育乡、弄岛镇、畹町镇、芒海镇</td><td>甘拜、格祖镇、敦布谷镇、南赛、道彭杨镇、姐告</td></tr>
</table>

① 资料来自云南省地图（资料不全）。

续表

临沧市	镇康县	勐堆乡、南伞镇、军弄乡、凤尾镇	缅甸	掸邦	劳蒙
	耿马县	孟定镇			曼比、曼敦
	沧源县	芒卡镇、班洪乡、勐角乡、勐董镇、单甲乡、南腊乡			霍班、邦隆、冈蒙、班旺
普洱市	西盟县	新厂乡、勐卡乡、岳宋乡、力所乡、翁嘎科乡、莫窝乡			扬戈镇、温温镇、莱伦、松隆、当阳
	孟连县	傅岁乡、公信乡、勐马镇、芒信镇			莱伦镇、曼毛镇、万隆镇、万蒙赛万栋、万蒙内
	澜沧县	糯富乡、上允镇、木戛乡			万温根内
	江城县	整董镇、勐烈镇、曲水乡	老挝	丰沙里省	兰兑镇、班沙拉乡、（越南莱州省）阿巴寨乡
西双版纳州	景洪市	勐龙镇、景讷乡、勐罕镇、景哈哈尼族乡	缅甸	掸邦	打洛、孟拉、孟温、孟坎
	勐海县	西定乡、打洛镇、布朗山乡、勐龙镇			孟洋镇、万杜本哈镇、孟瓦镇
	勐腊县	关累镇、勐捧镇、勐满镇、磨憨镇、勐腊镇、勐伴镇、易武乡	老挝	琅南塔省、丰沙里省	南马镇、芒新镇、南马镇、孟约镇、香道镇、孟乌代镇班赛、磨丁、曼宽
红河州	绿春县	半坡乡、骑马坝乡	越南	莱州省	班乌当镇
	金平县	普米乡、金水河镇、金河镇、马鞍底乡、瑶山乡、老范寨乡、南溪镇			班多百镇、封土乡
				老街省	巴刹乡、孟得
	河口县	河口镇、南溪镇			相塘镇、孟康镇、朱缸荷
文山州	马关县	小坝子镇、金厂镇、都龙镇			安明镇
	麻栗坡县	猛硐乡、天保镇、麻栗镇、下金厂乡、八布乡、杨万乡、董干镇		河江省	果耶镇、清水镇、安明镇、隆华镇
	富宁县	田蓬镇、木央乡			隆波镇、儒桂河

注：缅甸、老挝的行政级别的划分为：邦、省一级，市，乡镇；越南的行政级别划分为：省、镇（郡），由于国土面积的影响，越、老、缅的省、邦相当于中国的州、县等。

一　中越边境

云南省的中越边境线长1353千米，两国边境区划的对应情况见表4－2。

案例1：

地点：文山州马关县都龙镇茅坪村　时间：2013年4月18日　9：50

马关县都龙镇地处云南马关县东南部，东邻麻栗坡县猛硐乡，西面、北面分别与金厂、夹寒箐、马白、南捞等镇交界，南与越南河江省箐门、黄树皮两县接壤，国境线 58.4 千米，目前 5 号界、7 号界已与越南实现公路对接。

全镇总面积 211.89 平方千米，有 6659 户家庭户，总人口 30836 人，其中苗、壮、彝、瑶、傣等 10 种少数民族人口占 67.3%。

茅坪村就是和越南边境相接的一个边境村，这里有许多越南归侨。这些归侨自己或父辈因各种原因到了越南后，曾因越南的归化政策而被承认及落户，还分到了田地，甚至群居还形成了自然的村落。但受 20 世纪 70 年代末政治环境的影响，又被越南方驱逐回到了中国境内，并在国内安家，近些年，这些归侨大部分都因国家的政策而在中国落了户，拿到了中国的国籍和身份。

笔者访问的这户家庭，就位于茅坪村的南端，家住一栋两层的砖房，据受访户表示，这栋房子一共花了 6 万元来建。他的哥哥家和他家其实是一栋房子，但是已经分了家，走不同的门。

他家的房屋内部空间较大，进门的堂屋里供着祖先的牌位，这在茅坪村是相当常见的，而且样式基本一样。

他家通了自来水，是村里弄的。日常电器有电视机、电饭锅、洗衣机，交通工具是一辆摩托，其实家内陈设也还算齐备。牲口棚在砖房的侧门，没有专门的厕所，就一个蹲坑落在粪池的旁边，卫生条件较差。

家庭结构

家庭构成和户籍情况：他家实际上并没有娶越南妻子，只是他的妻子家是越南的归侨，是归侨的第二代，基本已经和村里其他村民没有什么分别。他的二哥娶了越南媳妇，但笔者进行访问时他的二哥不在家，所以两家的情况在这里一并呈现。

他家目前有 5 口人，分别是他和妻子、他的父亲以及他的两个子女。这 5 人都具有中国户口和国籍。但他二哥家 4 口人，只有他二哥有户口，两个子女没落户是因为没交非婚生育的罚款。

计划生育和生育意愿：受访户表示自己目前一男一女正好，政策允许也是两胎，因而不会再生育小孩了。他二哥也已经生了两个小孩，但不知道是否还要。

健康和卫生：受访户表示村里有组织每年的体检，自己和妻子以及孩子都很好。但他二哥早年就查出患有癫痫，身体情况一直都不稳定。

婚检：在结婚之前，自己和妻子都进行了婚检。

表 4-15 家庭情况登记

家庭成员	夫	妻	子女 1	子女 2
姓名	王××	曹××	陈××	陈××
性别	男	女	女	男
出生日期	1981.3	1981.11	2001.11	2007.8
民族	汉	汉	汉	汉
国籍	中	中	中	中
母语	汉	汉	汉	汉
汉语掌握情况	听说，不会读写	听说，会一点读写		
受教育年限	小学，3 年	小学，6 年	小学五年级	还未上学
主要职业	务农	务农		

注：孩子姓陈是因为爷爷上门时改姓，孙子改回。

家庭经济状况

受访户目前收入来源主要是自己在家务农，家里有 4 头牛和 3 头猪。他二哥有时还出去做点小生意。

收入：他家全家的收入一年有 7000—8000 元，和去年差不多。

支出：他家今年支出了 1 万多元，比去年要多。主要是生活上 7000 多元，子女上学一共花了 1000 元，再有 2000 元左右的医疗支出。因为钱不够用，还向亲戚借了 3000 多元。

家庭生活现状

婚姻情况：他和妻子是在妻子来他家帮工的时候结识的。而他二哥是去越南做生意的时候认识的他二嫂。他结婚是在 2000 年，但他二哥的他已经不记得了。受访户表示自己在本地找媳妇没有什么困难，也没想过要去越南找。但是他二哥因为身上有病（癫痫），在这边基本找不到媳妇，所以就自己在外面找了越南媳妇。

在本地结婚，一般要花 2 万—3 万元钱，但是去越南找就不用，他二哥当时结婚就花了 3600 元钱。

结婚证：自己正常结婚，所以都正常办的。但是他二哥没有结婚证，这在他找越南媳妇之前就知道了，所以也不觉得意外。

婚配：在这边男女都差不多一样多，找不到媳妇的大多是身体有病或者家里太穷的。

孩子问题：目前他自己子女都很好，他二哥的子女一个7岁、一个3岁，还没上学。他不知道他二哥的孩子上学是否有问题，因为没交上罚款的缘故，他的两个孩子还没有户口。

生活圈和境外来往：受访户自己家基本就在马关内，都是种田，没有出去打过工。妻子父母是归侨，但是在越南已经没有亲戚了，所以也就没有去过越南。唯一和越南打交道的就是去离村不远的越南边贸区去逛逛。

受访户表示自己二哥有时候会去越南那边做生意，但平时都是种田，他找的妻子当时是从小路走过来的，并没有边境的通行证。

国籍相关：自己和妻子都是正常的。他二哥的妻子有在越南的户口，还没被注销，但在这边不但妻子落不上户，孩子也因为交不上罚款没落户。他二哥之前为妻子落户的问题特别出去问过人，但后来得知困难太大也就放弃了。

家庭存在问题

生活方面：自己家这边倒是一切都好。他二哥家生活上过得不太好，主要是他身体有病不能干太多活，他妻子倒是觉得在这边过得和越南差不多。目前他妻子在村里和别人交流不多，但生活上倒是和别人也没什么不同。

其他方面：他家的医疗保险和养老保险都有，家里老人也领着低保，大概2000元/年。他二哥也有这些，但是妻子没有。不过他二哥之前也没考虑过这些，因为当时他二哥找越南媳妇的时候，村里的医疗保险和养老保险都还没有开始实施。后来他有了这些，但他妻子的就一直不能办。

评述和建议

评述：此户人家为边远地区村民，生活较为质朴，但也较满足。比较遗憾未能见到他娶了越南媳妇的二哥，只能通过他进行描述而对他二哥的情况有个基本的了解。目前他家没有特别的问题，但他二哥家由于找的越南媳妇，没有结婚证，因而每个孩子都要上交不少的非婚生育的罚款才能落上户。由于孩子马上面临上学，他二哥又由于身体不好而造成家里收入较低交不上罚款，造成了恶性循环。

给管理部门的建议：由于边境边民地理上大多离发达地区较远，社会生活上较为封闭，对于生活上的变故承受力较差。如受访户二哥这样的，由于患病，在本地无法找到妻子，只能寻求外籍女子。而外籍妻子身份在法律上的不确定性，往往又使得其家庭无法得到国家有关政策的帮助和扶持，使得家庭情况进一步恶化。因此需要相关管理部门在结合实际的情况下，适当对一部分困难家庭给予一定的帮助和照顾，免征或少征相关部分罚款，使其家庭尽快回到正常的轨道上来。

案例 2：

地点：河口县河口镇合群社区　　时间：2013 年 4 月 17 日　10：10

河口镇是河口瑶族自治县的政治中心、经济中心和文化中心，是国家一类沿边开放口岸——河口口岸所在地，东西两面，南溪河、红河环绕，与越南的老街省省会老街市隔河相望。而合群社区位于河口镇南端，是最靠近河口口岸的社区。社区内辖区有许多中越贸易往来的商铺和机构，属于河口镇的中心区域。

笔者访问的第一户家庭，位于社区北面沿山而上的一片居民住宅里。他家住在一排平房中的一套里，经询问，这套房子是他家租来住的，大小有 57 平方米。家里的陈设很多，家用电器也较为齐备。除了没有电冰箱，其余的如电视机、电脑、饮水机、洗衣机等都已经有了。他家的交通工具是一辆摩托车，目前是户主帮人拉货拉人以此谋生的工具。

受访户的衣着较为得体，精神也较好，他家的条件在所在地区算是中等水平。

访问开始的时候是女户主在家接受了访问，后来男户主回家了，也一起接受了访问。

家庭结构

家庭构成和户籍情况：他家目前常住人口有 4 人，分别是丈夫和妻子，两个小孩，他家的大女儿已经出嫁了，但还是经常会回到家里面。

目前除了妻子，其余三人都在一个户口本上有户籍记录。

他妻子目前持有越南护照，但是她在越南的户籍已经被销掉了。

计划生育和生育意愿：当时男方户口在河南，只准生一个，但是由于想要男孩，就一共生了 3 个孩子。当时第一个孩子是办了准生证的，后来的孩子为了落户，交了许多罚款才办了户口。如果当时第一胎生的是男孩的话，也就只想要两个孩子了。

健康和卫生：受访户表示社区没有组织过自己家体检，好像社区目前的体检都只是针对老年人。但自己家人都自己去体检过，特别是妻子因为之前办各种手续的缘故，检查了许多次。目前就是妻子的腰椎和颈椎有问题，其他家庭成员都很健康。

婚检： 在结婚之前，自己和妻子没有进行婚检，后来为了办结婚证，两人都又去检过。

表 4-16　家庭情况登记

家庭成员	夫	妻	子女 1	子女 2	子女 3
姓名	郭××	高××	郭××	郭××	郭××
性别	男	女	女	女	男
出生日期	1965.7	1968.8	1992.6	2000.6	2003.2
民族	汉	汉	汉	汉	汉
国籍	中	越	中	中	中
母语	汉	越	汉	汉	汉
汉语掌握情况	听说读写	听说，能读写一点汉字	听说读写	听说读写	听说读写
受教育年限	初中，9 年	高中，12 年	高二，在读	小六，在读	小四，在读
主要职业	骑摩托车帮人拉货	现无业			

家庭经济状况

受访户目前收入来源主要是户主在河口骑摩托车帮人拉货。过去妻子租别人的摊位做生意，能挣一些钱。后来妻子因身体不适，到目前都没有再做生意了。

收入： 全家的收入一年有 15000—16000 元，基本都是靠户主骑摩托车拉货挣的，比以前做生意时要挣得少。

支出： 他家今年的支出在 7000 元左右，主要是生活上的 5000 多元，还有一年 1200 元的孩子学费。但医疗上花销起伏比较大，之前有一次户主骑摩托车出事故，一次医疗费就花了 1 万多元，妻子治病也花了不少钱。

家庭生活现状

婚姻情况： 自己和妻子是 1991 年结的婚，但在 2006 年才办下来结婚证。当时男方跟着家人在河口跑车拉货，妻子也从越南过来河口做生意，因此相识。

婚后随男方回到河南新乡市平原新区农村里，到 1999 年的时候才又回到河口来做生意。

两人夫妻这么多年，吃了很多苦，过到现在在生活上觉得还算满意，两人的关系也一直很好。

当时结婚考虑了娶越南妻子花费少的问题，自己家没钱，妻子也不嫌弃。而且结婚时自己没给礼钱，反而是妻子带了400元的礼钱过来。

结婚证：自己和妻子是1991年3月结婚，此后就回了河南家里。当时结了婚在当地县上办了一个结婚证，但是后来说这个证没有法律效力，因此后面就一直跑新结婚证的事情，最后办下来是在2006年8月。其间为了办理登记需要各种手续文件，妻子回了几次越南，后面还去了一次北京的越南驻中国大使馆才办下来的，办下来以后大孩子已经14岁了。

婚配：自己没有想过这个问题，但是妻子说在越南那边婚龄女子要多于男子许多。

孩子问题：目前3个孩子都落了户，上学看病等都基本不存在问题。但是由于受访户的户口在河南，孩子在河口上学要交借读费，负担也不小。受访户表示对孩子将来的影响还没有具体想过，但是妻子表示自己非常担心因为自己不是中国籍可能造成自己的孩子以后在升学和找工作上有麻烦。

孩子目前在学校虽然是借读，但是从小学就一直在河口上，所以没有什么和别的孩子不同的情况。

生活圈和境外来往：目前受访户表示由于目前住在河口，一年中要去越南十多次，一次3—4天，主要是探访亲戚。妻子以前来中国打工是办了通行证过来的，而且现在自己也一直到期就去办理相关通行证件。

受访户和妻子基本去过的地方都一样，除了目前在河口生活，之前回河南的时候生活在平原新区以外，自己和妻子还去过昆明，之前因为办手续的事还去过一次北京。

国籍相关：目前妻子的相关证件有很多，有过境证、结婚证、临时居住证（现在每3个月去办一次，一次交15元）、越南身份证以及护照。

在工作方面，原来妻子做生意的时候，有没有这些证件影响不大，因而在这方面自己不是中国籍也没什么不同的地方，不觉得有影响。

在生活方面觉得不同国籍没什么不一样的，在河口好多都是越南人，当时在河南的时候并没有觉得村里的人排斥妻子，反而因为妻子勤快能干而受到村民的尊敬。

妻子目前很想加入中国籍，因为自己和丈夫在中国生活了这么多年，这些年来相关手续能办的都办了，但是就是不能加入中国籍。考虑到自己以后老了，没有相关的医疗等保障很担心。

家庭存在问题

生活方面：妻子觉得嫁来中国后没有在越南生活得好，因为丈夫家很穷，没什么钱。而自己家在越南还算过得不错的，之前有家里亲友劝自己不要在这边过了回去越南，但是自己一直坚持留下来。

受访户也表示自己的妻子很能干，在生活方面算得上是个很好的妻子，也能吃苦，以前做生意的时候妻子也做得不错。

其他方面：自己当时娶妻子的时候没有考虑后面办证这些麻烦事，当时自己年龄也不小了，还没什么钱，所以自己找媳妇相对还是困难的。那时妻子不嫌自己穷嫁过来，自己比较满意。但是后面为了办相关的结婚后续和孩子落户的问题，跑了许多地方，觉得相当麻烦也花了不少钱。

评述和建议

评述：此户人家为城镇跨境婚姻人群，由于之前做生意的缘故，生活质量在住户周围算是中等以上的水平。此户人家，最大的特点是对于相关法律和政策规定的积极性很强，特别是妻子，为了办结婚证跑了好多年，甚至还去了北京。而且对于自己的临时居住证，也是按规定定期去办理，虽然麻烦，但是一直坚持依法依规办理相关手续。

但是目前最大的问题在于，妻子想加入中国籍而按照国家目前相关规定来看，这几乎是不可能的事情，而自己落不了户，就还要一直定期去办理烦琐的居住证手续等。

给管理部门的建议：有这样的积极响应国家政策和规定的跨境婚姻家庭，对于家庭自身和政府管理来说都是一件好事。但鉴于受访户目前遇到的种种问题和麻烦，作为管理部门应该探讨一种结合实际情况的管理规定和办法。对于这样的没有中国国籍但事实上携子女长期居住于我国的居民，应给予一定政策上的方便。比如对于其的临时居住证等的办理期限等给予一定程度的放宽，同时把这些人群积极纳入相关部门日常的管理中来。

二　中缅边境

云南省中缅边境线长1997千米，两国边境区划的对应情况见表4－2。

案例 1：

地点：临沧市耿马县孟定镇色树坝村东风小组

时间：2014 年 5 月 9 日

表 4－17　家庭情况登记

家庭成员	夫	妻	子女 1	子女 2
姓名	何××	鲁××	何××	何××
性别	男	女	女	女
出生日期	1972	1979	2007	2009
有无出/准生证			有	有
民族	汉族	汉族	汉族	汉族
国籍	中国	缅甸	中国	中国
母语	汉语	汉语	汉语	汉语
汉语掌握情况	良好	良好	良好	良好
受教育年限	0	0	待上学	
主要职业	务农	务农		

家居状况简介：何××家房子是土木结构。房屋较为破旧，居住空间狭小。家里有一台电视机、电饭锅、电磁炉和一辆摩托车。饮水不方便，这里气候较为干燥，饮水困难，国家有相应的扶贫项目帮助每家每户修建了一座水窖，在这里修建一座水窖的成本为 7000—8000 元人民币，国家补助 2000 元人民币。

家庭结构与户籍情况：何××家有 4 口人，他与妻子和孩子住在一起。妻子没有户口，孩子已落户。对孩子能否上学他没有任何担心，两个孩子都符合国家落户的政策均已落户，大女儿今年上一年级，国家会有好多补贴，最近这里也推行开了免费早餐计划，每个孩子都能得到牛奶和鸡蛋。

家庭健康状况：他们未做过婚前检查。何××说自己家庭成员没有慢性疾病和身体残疾，健康状况良好。去年大女儿得了阑尾炎一共住了两回院，前前后后一共花费 500 元，因为孩子有医保，医保报销了 90% 左右，节省了不少钱。他感觉医保确实是个好东西，可惜自己的老婆没有医保，他表示希望妻子能够落户，也加入医保，这样家里就更有保障了。何××说自己的父亲是得胃癌去世的，去世时年仅 50 多岁，当时家里人没有医疗保健的卫生常识，父亲在查出病因后 20 多天就去世了，他对父亲的去世一直很难过，说如果每年都去检查一下身体的话，父亲的病就会发现得早一些，就能够及时得到治疗，不至于查出病因后20多天就去世了。当询问何××是否愿意自己出钱接受体检时，他说自己愿意花钱每年做一次身体检查，但是他不知道去哪里才能做体检。他说如果村里组织村民一起去体检就更好了，还说自己不是想占村里的便宜，而是实在不知道哪家医院能够做检查，自己从未离开过自己所在的县城，最远就是到过县城，但是也不知道医院在什么位置。

家庭经济状况：他家今年收入1万元，和去年差不多。年支出大约有0.8万元，每年结余很少。主要收入途径是务农和自己在村子里打零工，每年的1月份到4月份是农闲时节，他就在村里的水泥厂打工，每天工资90元，他说自己家里的经济状况在村子里是中等水平。自己没什么技术，只能做力气活，这里的建筑工有技术的师傅每天能挣200元左右。家里的主要农作物是玉米和核桃。家里有6亩水田，2亩林子。自己的老婆在镇上的一家餐馆打工，每月收入1000元左右，他说自己的妻子没有中国国籍也没有身份证只能在镇子附近打工，不能走得太远。今年自己打算建一座150平方米左右的新房子，大概需要18万元，自己现在家里有存款7万元，国家会补助8万元左右（其中侨联补助6万元，地震局会补助2万元左右），这里是边境村庄，国家打算在这个村民小组建造20套新民居，改善边境农村面貌，因此会有如此大力度的资金扶持。至于剩下的几万元钱，他打算向亲戚朋友们借一点，他说问题应该不大。

结合途径、婚姻现状、子女状况：这是他的第一次婚姻，由于自己家里的经济状况较差，在本地不好找媳妇，时间一长也就耽误了，等到自己32岁了娶亲就更加困难了，周边像自己一样家庭条件较差的男性都去缅甸找了老婆回来，自己也去了趟缅甸找媳妇，自己的老婆比自己小7岁，也是第一次结婚。

夫妻两个现在关系很好，对自己的婚姻现状很满意。何××的弟弟今年27岁了，由于家里经济条件较差至今也未说成对象，他说自己作为大哥对此也是很着急，他说实在不行就让弟弟也去缅甸找一个老婆。

境内外来往：何××和妻子最远就到过耿马县城，没有去过临沧市。自己和妻子每年回缅甸探亲两次，他们有边民证，每次回缅甸都是走官道，妻子家一共四姐妹还有两个兄弟。妻子说自己的四个姐妹全部都嫁到了中国，自己和二姐联系得多一点，二姐的婆家距离自己三四千米。妻子的母亲今年61岁，父亲多年前生病死了，母亲现在和自己的弟弟一起生活，弟弟家生活同自己相比相差就太远了，那边生活水平很差，收入很低，自己每次回家都会给家人带去一些生活用品。

配偶入境方式：有出入境证，属于合法入境。

配偶享有的社会保障项目：妻子未享受任何社会保障项目，丈夫和两个孩子都有低保，自己家享有的是第四级低保，每人每月能得到108元的保障费，除了享有低保之外，家里还有边境线补助每年1000元。

现存的问题：就目前掌握的家庭资料来看，这户家庭不存在贫困问题。家庭经济状况在村子里属于中等水平，一家人最关心的问题就是妻子的落户问题，因为落户后可以办到身份证，妻子的社保问题就能够得到解决，此外妻子也就能够到县城去打工了，这样可以增加家庭的收入。

评述：通过这次的走访调研我们从村干部口中得知，国家对于边民的生活扶助力度不断加大，仅就除了最低生活保障外，这个村的村民还享有边民补助、农粮补助、退耕还林补助、自然灾害补助、大病救助等，就笔者所知，国家对于边民的扶助要远远高于对内陆地区农民的补助，据民政局的干部介绍，这里边民的低保覆盖率为40%左右。例如，孟定镇的7个边境村共有人口1.7万，其中最低生活保障的覆盖人口为0.7万，低保人口的覆盖率为41%还要多。

建议：对于这户家庭而言，目前最为重要的是建新房，自己已经准备好了一部分存款，他希望自己能够顺利申请到国家提供的建房补助，至于剩下的几万元缺口，何××表示最好能够得到国家提供的无息贷款。

案例2：

地点：腾冲县明光镇徐家寨2社

时间：2012年12月31日　下午14：30

家庭结构：丈夫、妻子、一儿一女、丈夫的母亲。

表4－18　家庭情况登记

家庭成员	夫	妻	子女	子女
姓名	徐××	早××	徐××	徐××
性别	男	女	女	男
出生日期	1979	1982	2009	2011

续表

家庭成员	夫	妻	子女	子女
民族	汉	景颇	汉	景颇
国籍	中国	缅甸	中国	中国
母语	汉语	茶山话①	汉语	
汉语掌握情况	会写	会听会说		
受教育年限	7	不详		
主要职业	矿场打工	无		
健康状况	有胃病	有胃病	良好	良好
社会保障状况	养老保险、医疗保险、低保	医疗保险	医疗保险、低保	医疗保险、低保

妻子原住在离关口50—60千米的缅甸地区，父母都在世，是家里7个兄弟姐妹中的老大。有缅甸户口，结婚之前没有来过中国。来到中国结婚，正常办理通行证过境，婚后为了照顾孩子和老人，没有出去打工。但如果需要打工的话，不难找到工作。日常生活中与家庭以外的人员用汉语交流。

丈夫的母亲有四个儿女，现患有肾结石、胆结石，医疗费用大部分由医保支付，未产生太大的经济压力。

家庭经济状况：总体来说，该受访者的家庭经济状况在明光乡属于中下水平。从住房方面看，家庭宅基地170平方米，为祖屋，房屋为土木结构，房屋有厕所，牲畜与人分开，全村通自来水。家电有电视机、电饭煲、摩托车。从衣着来看，受访者衣着一般，据说夫妻双方每年都会购置3套衣裤左右。从目前的财务状况来看，家庭负债几千元。

表4－19　　家庭目前财产状况

		农田10亩	牲畜	山地10亩
用途	自用	水稻和蔬菜自用，麦子喂猪	一头牛	一部分玉米喂猪
	卖出		几头猪	玉米200—300元

① 景颇族，中国云南世居民族之一，由唐代“寻传”部落的一部分发展而来。近代文献多称为“山头”，又分别称为“大山”“小山”“茶山”“浪速”，自称“景颇”“载瓦”“喇期”“浪峨”，主要聚居在云南省德宏傣族景颇族自治州各县的山区，少数居住在怒江傈僳族自治州的芒马、古浪、岗房以及耿马、澜沧等县。

表 4－20　家庭打工收入与支出

	收入	支出
项目	丈夫打工 6000—7000 元	人情费 1000—2000 元，包括每年给女方父母 400—500 元
	低保 500 元	生活费 6000 元

婚姻状况：2003 年，男子在缅甸打工时认识妻子，一年后结婚，夫妻双方用汉语交流。双方都为初婚，2008 年生育一子（一岁时因病去世），同年生育一女（现 3 岁），而后在 32 岁时生育一子（现 1 岁半），子女随父亲加入中国籍，女儿户口上登记为汉族，儿子随母亲登记为景颇族（为了以后高考加分）。目前婚姻比较稳定。在婚姻关系维护上，男方更看重夫妻和谐，思想交流。夫妻双方都希望在民政局登记结婚，但不知道如何办理。

男子与缅甸籍女子结婚的原因：家里穷没钱娶本地媳妇，找本地媳妇需要至少 20 万元，而娶缅甸媳妇彩礼费 2 万元（因无法支付，实际只付了 1 万元，欠 1 万元）。

生活圈和境外来往：妻子婚前没来过中国，结婚之后最远只到过腾冲县。丈夫最远也只去过腾冲县。夫妻双方和邻居交流没有障碍，一年到缅甸探访 2 次。

此家庭目前最担心的问题：一是家庭经济条件差，没钱盖房，只能住在祖屋里。虽然妻子证件不齐不影响在县里找工作，但是无法以家庭名义办理贷款做生意，只能靠打工维持生活。二是认为妻子是缅甸籍，会影响孩子的学习，怕孩子被别人欺负。三是妻子无中国户口，无法享受村民待遇。

评述：总体看来，这一家的经济情况在我们访谈的腾冲县所有跨境婚姻家庭中属于中等水平，但这一家的经济情况在明光镇属于中下水平，也就是说腾冲县的跨境婚姻基本上家庭经济状况较差。其次，该家庭的日常生活与村里人基本相似，沟通上没有问题，夫妻双方比较看重婚姻生活的和谐与孩子。笔者认为该家庭的问题的关键之一是缅甸籍妻子没有当地户口，二是夫妻没有结婚证。据受访者说，自己和妻子办理结婚证和帮妻子落户的意愿非常强烈，但是不知道怎么办理。该家庭对于结婚证的态度是：只要能办，一定要办理结婚证。受访者也曾为此特地到县政府相关部门询问，但是工作人员也不清楚如何办理。

建议：经笔者查找相关法律法规确定，根据我国相关的法律法规，通过正常途径入境的毗邻国边民是可以通过正常程序（参见附录 1 毗邻国边民落户程序）获得合法身份并落户的，但手续相当烦琐。如果让跨境婚姻当事人自己去办理的话，无论从经济上还是操作上都面临着巨大的挑战。因此，笔者建议，政府部门设置跨境婚姻办理结婚证和毗邻国边民落户的专项通道，由政府部门的专人负责。这样不仅能够提高边民注册结婚的效率，降低边民非法事实婚姻的概率，而且能够培训专门人员了解和宣传跨境婚姻的相关信息，为边民提供咨询服务，而不至于导致边民询问合法注册结婚途径时无人能够解答的现象。

然而，如果要设置专项通道，应该从哪一级政府开始呢？笔者认为应该是乡镇一级。一方面，乡镇一级是经济条件相对差的家庭有条件到达的，在我们的走访中发现，跨境婚姻大部分发生在经济条件相对差的家庭和村落中，因此针对专项通道的使用者来说，在乡镇一级开始设置专项通道是最好的选择；另一方面，在对跨境婚姻的知识和办证信息的宣传方面，乡镇一级是实践者和参与者，更了解跨境婚姻家庭的实际情况，因此能够使宣传更贴近实际。

另外，根据上述正常程序使毗邻国边民获得合法身份和落户的过程中，毗邻国边民都提供了婚前检查证明、身份登记和未婚证明。通过以上几项证明，对于当地政府来说，一方面能够方便政府管理当地人口，降低了打击利用跨境婚姻犯罪的难度，另一方面，有效地协助了边境地区的防“艾”工作。而对于婚姻当事人来说，通过上述合法途径让跨境婚姻得到注册，能使大部分跨境的事实婚姻合法化，提高“边民”的家庭生活幸福指数。

因此，无论是从毗邻国边民合法婚姻的可操作性还是重要性来看，在乡镇一级政府开始设置跨境婚姻办理结婚证和毗邻国边民落户的专项通道都是非常有必要的。

三　中老边境

云南省中老边境线长 710 千米，两国边境区划的对应情况见表 4－2。

案例 1：

地点：勐腊县勐满镇勐满村曼暖远自然村

时间：2014 年 1 月 5 日　22：30

家庭结构

家庭构成和户籍情况：岩×家里一共有 4 口人，分别是自己及妻子和两个儿子。自己的两个儿子都已经落户了，但是妻子的户口问题一直都没有着落。岩×是69年生人，今年40多岁，但看上去满头花白的头发像60多岁的样子，他的妻子是80年生人。这是岩×的第二次婚姻，岩×的第一个老婆嫌弃岩×年纪大了，生活贫困便带着孩子跟他离婚了。和现在的这个老婆是两人在中国打工时认识的。妻子比他小18岁，是第一次结婚，给他生育了两个儿子。

计划生育和生育意愿：他们两人表示有这两个孩子就行了，不想再生孩子了。一是现在养育孩子的成本太高了，害怕自己没有太多的能力养活这些孩子，二是再生的话就会违反计划生育政策会被罚款，自己感觉没有这个必要，更何况是两个男孩，他们感觉自己的压力很大。

健康和卫生：受访户表示自己和家人都未曾参加过社区每年组织的免费体检，没有听说过这回事。夫妻二人表示自己的身体很健康没有什么慢性疾病，自己的两个孩子也很健康。

表4-21 家庭情况登记

家庭成员	夫	妻	子女1	子女2
姓名	岩×	依×	岩×	岩×
性别	男	女	男	男
出生日期	1969	1980	2005	2007
民族	布朗族	布朗族	布朗族	布朗族
国籍	中	老挝	中	中
母语	布朗语	布朗语	布朗语	布朗语
汉语掌握情况	良好	一般	良好	良好
受教育年限	2	3		
主要职业	务农	务农		

家庭经济状况

岩×家里的主要收入来源是割胶。今年一共收入大约3万元，跟往年相比收入差不多。今年一年的支出大约有3万元，每年收支相抵，家里也没有什么存款。家里有6亩农田，10亩胶地，10头猪。

家庭生活现状

婚姻情况：这是岩×的第二次婚姻，自己的第一个老婆嫌弃家里穷就跟他离婚了。自己的初婚是在1993年，前妻跟自己生了2个孩子，离婚时孩子都跟着母亲走了。自己的第二次婚姻是在 2004 年办的。他们两个是打工时认识的，虽然丈夫比自己大 18 岁，依 × 感觉也没什么关系，毕竟在这里生活要比在老挝强多了。

孩子问题：自己的两个儿子已经全部落户，所以不担心孩子上学的事情。他认为自己的老婆不是中国人对自己的孩子影响不是很大。孩子和周围的孩子玩得也很融洽没什么特别的地方。

生活圈和境外来往：自己去过景洪。妻子去过勐腊。妻子原来有通行证，是正常方式进入中国的。

家庭存在的问题

岩 × 所在的曼暖村是一个典型的克木人村寨，因为我们国家在民族识别的过程中将克木人识别为布朗族，所以岩 × 一家人的户口本上均显示他们是布朗族。因为岩 × 一家人均不懂汉语，仅仅能听懂简单的汉语，所以我们找了当地村委会的工作人员做翻译，据这位村委会的工作人员介绍，其实克木人跟布朗族之间在文化习性等方面还是存在较大差距的。他们自己不太认同政府将他们归为布朗族的分支。在交谈中我们得知岩 × 家的收入水平在村里只能是算中等偏下的水平，究其原因是家里的胶地太少了。自己的两个儿子由于出生得太晚没能分到田地。岩 × 现在最担心的就是自己的孩子太小，自己由于是二婚，生育这两个孩子的时候年纪已经很大了。现在妻子还没有落户，害怕自己上了年纪没人能够抚养自己的两个儿子。所以他希望政府考虑他的难处，尽快给自己的妻子解决户口问题。

评述与建议

评述：这是一户典型的老夫少妻型家庭，岩说自己之所以会找一个老挝的媳妇，是因为自己离过婚、年纪也大了，在本地找的话没太合适的人选，加上自己家里的经济状况又属于中等偏下水平，在当地就更难找到合适的老婆了。在采访的过程中我们大致观察了一下岩 × 家的卫生状况，总的来说不容乐观。岩家住的是典型的木楼，院子里散养着家禽，家禽的粪便随处可见。屋后就是猪圈，距离人生活的范围太近，而且岩家没有厕所。

建议：首先，从语言方面来讲，岩家一家人平时交流时使用的是当地的土话，克木语。他们很少讲汉语，仅仅能听懂简单的汉语，用汉语同人交流时困难非常大，这一点笔者有很深的感触。岩 × 两个孩子也仅仅是在学校说汉语，平时在家里也是说克木语。这对于他们同外界的交流非常不利。岩 × 也向我们讲述了他去外地打工的经历，因为不懂汉语，他感觉自己在找工作的过程中非常被动。其次，应该大力向村民宣传介绍健康的生活方式和日常生活保健的常识，提高村民的卫生保健意识。具体来说，应该帮助没有能力修建或改建厕所的家庭修建厕所，以保证他们健康地生活，减少疾病或传染病的传播。

案例2：

地点：勐腊县勐捧镇曼贺南村小新寨自然村

时间：2014年1月6日　11：30

表4-22　家庭情况登记

家庭成员	夫	妻	子女1	子女2
姓名	门×	科×	欧×	欧×
性别	男	女	男	女
出生日期	1984.1.1	1986.2	2010.2.7	2012.12
民族	哈尼族	哈尼族	哈尼族	哈尼族
国籍	中国	老挝	中国	无
母语	汉语	哈尼语	哈尼语	哈尼语
汉语掌握情况	良好	较差	一般	
受教育年限	9	4	学龄前儿童	
主要职业	割胶、收租	割胶		

家居状况简介：门家房子是土木结构。房屋较新，居住空间较大。家具样式一般，有电视机、冰箱、电饭锅和两辆摩托车等。饮水是自来水。

家庭结构与户籍情况：门家有4口人，他与妻子和两个孩子住在一起。妻子没有户口，大孩子已落户，二孩还未落户（需隔4年）。

家庭健康状况：他们未做过婚前检查。家庭成员均没有慢性疾病和身体残疾，健康状况良好。

家庭经济状况：他家今年收入4万—5万元，由于今年胶价大幅下跌，较去年少了许多。年支出有5万元，每年无结余。主要收入途径是割胶，主要经济作物是橡胶和香蕉。家里有10亩水田、20亩林子，饲养了6头猪。生活上，他们很满意，希望儿子能够健康成长，好好上学，将来能够帮助家里管理胶树，更有出息。

结合途径、婚姻现状、子女状况：男主人是初婚，由于当地离国界很近，进出距离短，他就在本地与女方认识，于2009年结婚。女主人也是初婚，在老挝的家里有一个姐姐、一个哥哥和一个妹妹，家庭经济一般。由于当地手续麻烦和花费较高，他们没有领取结婚证，属于不合法登记。

男女双方是青年夫妻，感情很好，女方上过初中，学历相对较高，有一定的文化知识和涵养，两人彼此深爱对方，丈夫感觉妻子贤惠、勤劳、能干，婚姻非常稳定。他们注重夫妻间和睦。妻子常与村里人往来，关系较好，但由于妻子没有户口，不能享受相关的土地经济政策。村寨的人对这样跨国婚姻的家庭没有议论和看法，认为很平常，十分尊重。

孩子已有中国户口，能正常上学，子女与邻里孩子没有差别，关系也很好。他希望孩子能多读书，听大人的话。

境内外来往：门×最远到过省城昆明，次数较少，西双版纳州府景洪、县城勐腊也经常出入，妻子由于没有户口和临时居留证外出不便，到过景洪和县城，次数较少，均由丈夫带领。两人结婚以来，由于距离较近，经常回女方老挝的家。

配偶入境方式：有出入境证，属于合法入境。

同老挝生活状况对比：现在生活状况比老挝更好，中国的经济条件良好，基础设施齐全，社会稳定，社会保障制度健全。

配偶享有的社会保障项目：未享受任何社会保障项目。

现存的问题及政府对跨国婚姻管理的期待：

门×对妻子的户口和临时居留证有较大困扰，同时困扰于没有其土地的分配和二孩的户口问题，手续的繁杂、花费大，没有身份证，外出不便，妻子也无法享受中国的社保项目。在对政府跨国婚姻政策上，希望能让妻子落户，并尽快简化结婚登记证的手续，在政策上给予放宽条件，在二孩的户口问题上能尽快办理落户。

第三节 内地篇和城镇篇

本研究重点是边境一线的区域，但在调研过程中发现，跨境婚姻已经蔓延到内地纵深区域。有的已经到山东和河南等人口大省，这类人群也期待有机会进一步调研。在调研计划范围内，我们选择了非边境县、区入户一些跨境婚姻家庭做访谈。另外，所调研的大多数是边境一线的村寨，贫困户居多，特别列出了城镇篇，以期观察城镇中心与边远农村跨境婚姻家庭的不同。

一　保山市隆阳区

保山市隆阳区是保山市府所在地，辖区不在边境一线，我们入户调研的地点选在农村，因为城镇和市区案例较少。

案例1：

地点：保山市隆阳区西邑乡　　时间：2012年12月22日　11：00

表4－23　　家庭情况登记

家庭成员	夫	妻	子女1
姓名	陈××	盆××	陈××
性别	男	女	女
有无出/准生证			有出生证，无准生证
出生日期	1972	1988	2012
民族	汉族	景颇族	汉族
国籍	中国	无国籍	中国
母语	汉语	缅甸语	
汉语掌握情况	听说读写	会说，不会听写	
受教育年限	未读书	八年级	
主要职业	务农、打工	务农	

家居状况简介：陈××家房子不大，材质是砖混结构。房屋比较新。家里有电视机、电饭锅、电磁炉、摩托车、洗衣机。饮水是自来水。

家庭结构与户籍情况：陈××家有5口人，他与妻子、孩子、父母住在一起。妻子没有户口，孩子已落户。男方有一个兄弟在外面打工。

生育意愿：他们现在只有一个孩子，还会考虑再生一个。

家庭健康状况：陈××和家人身体都健康。

家庭经济状况：他家今年收入1.5万元，主要来自务农，主要种玉米、大米、土瓜、姜等。今年种了在外面打工的哥哥的地，收入比去年多一些。今年的支出有五六千元，主要用在买肥料上。家里有2亩田，3头牛，10头猪，20亩林子。

结合途径、婚姻现状、子女状况：两人在盈江打工认识，2012年结婚，均属初婚，对于陈××来说本地女孩不好找，主要是自己家庭条件不好，年龄大，找本地女孩结婚花费也要比娶缅甸媳妇花的要多，娶缅甸媳妇彩礼花了一万多。

他们结婚有去登记过，但是没有领取结婚证，主要原因是缺少必需的证件，不能合法登记。

他觉得妻子人很好，两人都注重家庭和谐，有一个孩子，夫妻关系非常稳定。妻子和村里的人经常来往。村里的人对这样跨国婚姻的家庭没有议论和看法，认为很平常。

妻子没有户口让他觉得非常困扰，给生活带来很多不便。孩子有户口，完全可以正常上学。

他觉得妻子不是中国人对孩子的将来并没有什么影响，他们这种跨国婚姻家庭和其他家庭也没有什么差别。

境内外来往：陈××和妻子到过盈江。妻子一年去一次缅甸，去探亲。

配偶入境方式：没有出入境证，偷渡过来中国。

同缅甸生活状况对比：生活状况比缅甸更好，社会稳定，社会保障制度健全。

配偶享有的社会保障项目：妻子享受医疗保险，去报过，可以报。

现存的问题及政府对跨国婚姻管理的期待：陈××对妻子的国籍问题非常困扰，没有户口就享受不到更多的社会福利，没有身份证也给生活带来很多不便。在对政府跨国婚姻政策上，希望能让妻子落户或者办个暂住证，可以去外面打工。

采访人对家庭的印象：陈××家的情况和其他跨境婚姻家庭情况差不多，由于自己年龄大，家庭贫困，当地适龄女性少，娶中国媳妇花费高的原因，他选择娶缅甸媳妇。婚后生活和谐稳定，妻子享有医保，孩子有户口，对他们来说，除了妻子没有中国户口，不能参与其他社保项目以外，其他方面和别的家庭没有区别。

评述：对陈××来说本地女孩不好找，主要是自己家庭条件不好，年龄大，找本地女孩结婚花费也比娶缅甸媳妇要多，娶缅甸媳妇彩礼花了一万多。对于他最不方便的当属妻子没有必要的证件，外出打工不方便，只能他一个人外出。在对政府跨国婚姻政策上，希望能让妻子落户或者办个暂住证，可以去外面打工。

采访对象的孩子均已落户，他们也可正常入学，这方面他们是没有担忧的。

建议：鉴于受访户所提出的问题，对于外籍人员无法外出的情况，政府可以采取一些灵活措施，采用外出办理相关通行证、按期进行登记的方式，让外籍人员能在地区小范围正常出入，可方便她们外出打工，提高生活水平。

案例2：

地点：保山市隆阳区西邑乡乌马村

时间：2013年11月22日　11：00

家庭结构

家庭简介：此家庭有中等大小的土木结构住房，家人衣着较新。家电有电视机、电饭锅和摩托车。家人饮用自来水。

该家庭有5口人，分别为父母亲、妻子、自己和孩子。家人都身体健康。

家庭卫生与健康：家中没有厕所，人畜没有分开。家庭卫生一般，其整体印象处于中下水平。夫妻双方结婚前均体检，孩子出生后也都体检，无任何疾病。

表4-24　家庭情况登记

家庭成员	夫	妻	子女1
姓名	段××	段××	段××
性别	男	女	女
出生日期	1976.5	1979.8	2011.6
有无出/准生证	无	无	有/无
民族	汉族	汉族	汉族
国籍	中国	缅甸	中国
母语	汉语	缅甸语	汉语
汉语掌握情况	中下	中等	良好
受教育年限	小学四年级		
主要职业	务民	务民	

家庭经济状况

该家庭的经济状况一般，无外债。家里有1亩田、8亩地，有1头牛和2头猪，2亩林子，鱼塘等，其他生产资源均无。

收入：年收入1万元左右，与往年挣钱差不多，这些均属于农业纯收入，无非农收入。

支出：柴米油盐酱醋等家庭生活总支出每年5到6千元。

家庭生活现状

婚姻情况：该夫妇是2009年结婚的，两人都是初婚。他们办婚是在自己家里，请亲戚和邻居吃了顿饭。没有给女方彩礼钱。当时是当地的男多女少，男的家庭经济困难，在本地不好找对象，两个人是在缅甸与云南交界处打工认识，相处很好就结婚了。他们没有结婚证，是因为不能合法登记，妻方均无户口本。

丈夫觉得娶外籍妻子比本地好找而且花费便宜。妻子最看重婚姻的方面：夫妻和谐，家庭和睦，当然经济条件好了更好。现在，他们的婚姻很稳定。

现状：家庭的生活可以维持。有一定收入，支出不太多，因为孩子小，家人都健康。孩子已落户，妻子没落户，母亲有养老保险和医疗保险，丈夫和孩子有医疗保险，妻子暂无任何社会保障项目。丈夫不担心自己妻子是外籍人。他认为妻子是外籍人对孩子的教育和成长没有影响。他们家和别的家庭没什么区别，村寨里的人都很友好，对自己家没有偏见。

孩子完全可以上学。妻子觉得自己现在的生活比在缅甸的状况更好一些。

生活圈和境外来往：家庭生活一般，金钱上的人情来往很少，大都是互相聊天，帮助干农活等。

丈夫去过缅甸、南京（打工）、昆明、保山等地方，妻子去过保山及附近的乡镇。他们出入境是通过姐告口岸。孩子与邻居家孩子关系很好，自结婚以来，他们去过两次缅甸。妻子感觉在这里找活打工不困难。

家庭存在的问题

目前孩子小，生活压力不是很大，基本维持生活，但随着孩子慢慢长大，老人逐渐变老，靠夫妻两个干农活挣钱很困难。他们一是希望政府给妻子落户，二是能有经济上的救助，以使生活更好一点。

家庭总评

在访谈的过程中，段××夫妇表现很诚实，所讲情况属实。据访问，他们对政府的相关政策了解程度不高，政府宣传很少，也不强求他们落户，他们不是很担心户口的问题。主要是想让妻子落户，进而享受到我国的社会保障项目。

二　红河州河口县河口镇

河口镇是河口县的县城区，是典型的边境口岸，跨过一座大桥就是越南，我们选择最繁华的县城社区进行入户调研。

案例 1：

地点：河口县河口镇合群社区　　时间：2013 年 4 月 17 日　11：20

这户家庭住在更靠近中心城区的区域。在一栋楼房的一楼租了一间铺面做服装生意，目前受访户自己就住在铺子里面。访问的时候只有他一个人在家，他的妻子则在越南那边从事服装生意。

这间铺面大概有 20 平方米，后部被隔成了两层，下面是卫生间、厨房和铺面的一部分，上面是户主居住的卧室，是一般住铺面的生意人常用的样式。

他的房间不大，但是生活器具较为齐备。有冰箱、电饭锅、饮水机、液化灶、洗衣机和电脑，但是和我们访问过的大部分受访户不同，他家没有电视机。

家庭结构

家庭构成和户籍情况：他家目前在河口这边就受访户自己一个人，自己的妻子、孩子和岳母三人住在老街（河口对面的越南城市）。

目前他的孩子落了户，但是妻子没有落户。

他妻子目前持有越南护照，同时也有越南的身份证和户籍。

计划生育和生育意愿：受访户表示自己已经有一个小孩，目前暂时还不想再要，但可能以后会再要一个小孩。但问及根据其情况，相关计生政策允许的孩子数时，受访户表示：不知道他的情况可以生几个孩子。

表 4－25　家庭情况登记

家庭成员	夫	妻	子女
姓名	李××	汉×××	李××
性别	男	女	男
出生日期	1980.4	1987	2010.10
民族	汉	越南族	汉
国籍	中	越	中
母语	汉	越	汉
汉语掌握情况	听说读写	听说读写	
受教育年限	初中，9 年	高中，12 年	
主要职业	开服装店	开服装店	

健康和卫生：受访户表示社区没有组织过自己家体检。自己也没有去体检过，自己的身体不错，也不需要去体检。妻子和孩子目前身体情况也很好，没有慢性疾病等。

婚检：在结婚之前，自己和妻子都进行了婚检。

家庭经济状况

受访户目前收入主要是来源于自己在河口开服装店，而妻子也在老街开了两个铺面的服装店。

收入：全家的收入一年有4万—5万元，基本都是靠服装店的收入，这个数目要比去年少一些。

支出：他家今年的支出在2万—3万元，主要是生活上支出2万—3万元，目前自己和家人都没什么病，一年的医药费零碎也就几百块钱，整体情况和去年差不多。

家庭生活现状

婚姻情况：受访户自己离过两次婚，之前的两次婚姻都是自己在部队当兵时候结的，都是因为自己当兵回家时间比较少，因而和妻子离婚，两次婚姻都持续了一年不到，都没有孩子。

自己和现在的妻子是第三次婚姻，是在2009年11月结的婚。当时妻子来自己在河口开的店里打工，因此认识。因为自己有过两次不成功的婚姻，因而自己比较看重一个能稳定和自己生活的人。后来遇到妻子觉得她人好，两个人就结了婚。目前和妻子过得不错，两个人关系很好，也各自忙生意，当时结婚没有考虑娶越南妻子花费少的问题，就是因为觉得妻子和自己能稳定地生活，所以就和她结了婚，这是自己最看重的，其他都觉得可以以后解决。

结婚证：自己办结婚证的时候没有特别麻烦，主要是自己去民政局问过，只要妻子的户籍和证件在越南老街办了，拿到河口这边，河口的民政局就可以按那边的结婚证来办理中国的结婚证。这样的好处就在于可以不用按中国的规定要到蒙自（红河州府）去办理婚姻登记手续。

婚配：自己没注意这个问题，后来就出去当兵了好多年，所以没什么了解，目前的妻子也并不是在越南找不到人嫁才过来这边的。

孩子问题：目前孩子也落了户口，据受访户称也没遇到太大的困难。只要按父亲这方来办就行了，自己的孩子基本出生不久就落了户。但现在孩子主要是随母亲住在老街一边，由外婆照顾，以后上学可能全家人都主要住在河口这边，让孩子在中国上学。

生活圈和境外来往：受访户自己老家在河南，当兵是在新疆，后来到了河口做生意。除了这 3 个地方长期待过外，自己旅游去过的地方也很多，有七八个国内旅游地。

而妻子除了越南外，去过自己河南的老家，是用的护照进来的。

目前在河口，妻子虽然住在老街，但是基本每天都会过来，自己一个月也要过去老街十几次，但一般不在那边过夜，因为过夜要办别的手续，嫌麻烦。

平时过境都是用的边境通行证，互相往来不花钱。

国籍相关：妻子目前在越南具有越南的合法身份，有身份证也有护照，享受越南的医疗保险等。

在工作方面，由于自己和妻子都是自己做生意，所以国籍不同对于目前的生意来说没有什么影响。但是据受访户表示，不做生意，从越南过来河口找工作也不难，只要有边境通行证就可以。但是不能在河口过夜，妻子原来过来打工的时候都是白天过来晚上回去的。

在生活方面觉得现在和其他家过的也差不多，由于生意的缘故需要两头跑。

因为妻子的汉语水平很好，自己不担心以后孩子的语言和教育问题，觉得妻子是越南籍对孩子今后也不存在什么不好的影响。

家庭存在问题

生活方面：妻子觉得嫁来中国后和在那边过的差不多。自己河南的家里面也没反对这门婚事。目前生活上唯一的问题就是，妻子和孩子住在老街那边，自己在河口住，每天都要来回跑，但是这是由于自己和妻子做生意造成的，和妻子的国籍没有什么关系。

其他方面：因为现在要经常两边跑，每次过去越南要过夜的话就要办签证，太麻烦。而且办了签证只能用一天，期限太短，对于目前家里的情况来说，很不方便。如果妻子过来这边住的话，也要去派出所办暂住证，而且要跑许多次，目前最大的不方便就是在越南和国内的居住证件问题。

评述和建议

评述：此户人家为城镇跨境婚姻人群，由于在河口和老街开了 3 个铺面，生活水平在当地算中上水平。此户人家最大的特点是目前受访户和妻子虽然结婚产子，但是实际处于两地分居状态，其日常跨境出国的次数和频率都相当高。自己和妻子几乎每天都要“出国”。

目前该受访户对生活较为满意，但由于自己去越南的签证问题和妻子到中国的暂住证问题，两人的分居情况一直持续。

给管理部门的建议：河口处于越南老街省省会老街市对岸，双边经贸往来十分频繁，也催生了许多诸如这户家庭这样的特殊家庭，一家人分居两国，每天频繁地穿越国境线来往。

但目前缺乏一个对于这样的已婚人群合法婚姻的长效型居住证。按照目前的规定，需要频繁地办理暂时性的居住的相关证件，可能造成相关人员嫌麻烦不办理相关证件而偷偷留宿，这反而不利于对于这些特殊人群的监控和管理，给日常的管理和工作带来社会安全的隐患。

案例2：

地点：河口县河口镇槟榔社区　　时间：2013年4月17日　11：00

河口镇是河口瑶族自治县的政治中心、经济中心和文化中心，是国家一类沿边开放口岸——河口口岸所在地，位于云南省东南端。东西两面南溪河、红河环绕，与越南的老街省省会老街市隔河相望，国境线长56千米，是我国“南方丝绸之路”的第二条通路。总人口27228人，居住着汉、壮、瑶、苗等22个民族。本次问卷调查以户为单位，以河口瑶族自治县河口镇涉外婚姻的夫妻双方为受访对象。问卷分别从受访家庭的基本信息、经济状况、婚姻生活状况、跨境婚姻的影响及问题、其他以及评述和建议六个方面展开，以下将详细报告其具体内容。

受访家庭的基本信息

表4－26　　家庭情况登记

家庭成员	夫	妻	子女1
姓名	邓××	阮××	邓××
性别	男	女	女（有出生证）
出生日期	1965	1963	1999
民族	汉族	越南金族	汉族
国籍	中	越南（有越南身份证）	中
母语	汉语	越语	汉语
汉语掌握情况	听说读写	听讲	听说读写
受教育年限	初三，8年	高中	初三，正读

续表

家庭成员	夫	妻	子女 1
主要职业	打散工	打散工	—
慢性疾病	关节痛	无	无
残疾	无	无	无
艾滋病	无	无	无

注：男方父亲出生在越南，母亲是越南人，1950 年父母回国；女儿于小学四年级方才落户。

受访家庭的经济状况

硬件设施（据受访者口述和调查者观察）：该户的房屋属于砖混结构，面积较小，受访户衣着一般，无破烂。家庭内家电包括电视机、冰箱、电饭锅、饮水机、洗衣机，属于一般情况。

生产资源：家中没有农田、牲畜、树林、鱼塘等。

收入：此受访户是城镇户口，收入主要来自于日常散工所得，月收入在 2000 元左右。

支出：主要在生活支出、女儿教育支出以及男方的医疗支出方面，其中，教育支出 400—500 元/月，医疗支出约 100 元/月，年末几乎收支平衡，无存款。

受访家庭的婚姻生活状况

婚姻背景：男女双方均为初婚，早期在河口做生意时认识，二人于 1999 年结婚，由于登记手续麻烦，双方选择不领结婚证。男方认为找本地媳妇没困难，因为爱情才选择了跨境婚姻。

婚姻生活状况：在婚姻生活方面，男方表示最为看重妻子贤惠，能吃苦，认为现在两人的婚姻稳定。

生育意愿：因受经济条件限制，只想要 1 个孩子。

跨境婚姻的影响及带来的问题（生活质量、户口、生计、日常交往等方面）

对男方的影响：男方认为，跨境婚姻与别家（双方均为中国人）差不多，并无不同。村里人也没有其他议论。

对女方的影响：女方认为现在的家庭生活较之国外情况较好；男方并不担心女方的国籍问题，且认为女方外出找活生计比较容易；日常交往方面，女方经常与村里其他人来往。

对子女的影响：孩子在四年级才落户，在此之前上学都要交纳借读费；与邻里孩子关系友好；男方认为，妻子不是中国人对孩子的将来并无影响。

其他

健康卫生状况：传统封闭式蹲坑厕所，饮水为自来水。

社会保障状况：全家除越籍女方外均享受新农合医疗保险，没有养老保险和低保。

出入境方式以及与外界沟通状况：女方持过境证从口岸进入中国。

男方最远去过红河州府，女方最远去过河口县城，女方定期回越南探亲访友，男方不定期回越南探亲。

评述和建议

评述：我们去该户采访之时，只有男方在家，越籍女方则外出打散工。访问中了解到，越籍女方的受教育水平（15 年）较高（众所周知，越南历来被称作“诗歌的越南”，国内对义务教育十分重视），正是由于所受教育程度高的原因，在融入当地的过程中，其语言接受能力较强，因此，受教育的水平将直接影响到女性观念的变化及对新事物接受程度等，从而也会影响到家庭生活的质量。

但是另一方面，虽然男方是中国公民，而且文化水平较高，对于法律法规和边境历史发展也十分了解，但由于祖辈有越南籍的原因，他身上带有明显的越南男性的特点，比如不愿意吃苦，平时只偶尔给一些不懂越语的生意人做翻译挣个百把块，他还多次表示不考虑将来的生活如何，只要现在不缺吃喝便足矣。在问到是否担心妻子离家出走时，他表示不担心，但如果走了也无所谓，关于落户方面，他认为只要孩子能落户，他就满意了。

建议：跨国婚姻家庭对子女的教育功能突出，子女的初级社会化基本是在家庭中完成的，由于该户家庭情况比较特殊，那么在此家庭背景下，孩子在学校所接受的中国文化将与家庭中的越南文化冲突，母亲家庭社会地位较低以及孩子母亲社会身份不明确的现实，多少会在孩子心目中留下阴影。这种冲突给子女教育带来的后果是，孩子们普遍对非法与合法的概念模糊，面对非法入境、非婚生子等行为，出现思想和行为上的混乱。因此，确立跨国婚姻的价值规范，要从娃娃抓起，使孩子们知道婚姻是一种合法基础上的自愿结合，婚姻中爱情的因素应被着重强调，提高家庭生活质量要靠青年树立正确的爱情观、婚育观，只有这样才能真正把握自己的命运。

三　保山市龙陵县龙山镇

龙陵县不靠边境，我们所选择的入户调研在镇上的社区进行。

案例1：

地点：龙陵县龙山镇龙山社区　　　　时间：2013年1月2日　17：05

龙山镇是龙陵县县城所在地，龙山社区是其所辖的一个行政村，距龙山镇政府仅有0.3千米，基本位于县城之内。而笔者采访的这户人家就居住在其中临街的一栋砖混结构的小楼房里。

他表示自己为十多年前的水库移民，搬迁后户口就已落在了龙山社区，但目前仍然租住在一栋3层高的小房子内，他家一共在一层和二层租用了4个房间，大约80平方米，其中临街的一间用作自己经营的洗衣店的门面，经询问总的月租金在2000元左右。门面进去是厨房兼杂物间，东西码放得很凌乱，更显得房间的狭小。顺着楼梯而上是两个卧室，其中较大一间兼客厅，我们的访问就是在这间进行的。

他家里的生活陈设算普通，笔者访问的这间卧室有电视机、饮水机和DVD机，卧室中间摆了个小茶几和几个小凳子，旁边是两张床。房间的墙上贴了许多加拿大童星贾斯汀·比伯的写真画，可能是因为他的儿子和他们夫妻住一间卧室的缘故。他家的另一个小卧室笔者没进去，好像是他大女儿的房间。他家的厨房里堆放的纸箱很多，有许多看不出用途的杂物，电器只有电饭锅和电磁炉，当然水电都是配套的。

再有就是位于3楼的卫生间，是这一小栋房子的住户公用的。

家庭结构

家庭构成和户籍情况：他家目前住着5口人，分别是自己和妻子以及大女儿和两个儿子。他的父母每年大概会来他这里待上1—2个月，但平时都在另一处分了山地的乡下农作。

其中，他自己和两个儿子已经落了户，但她女儿的户口还在办手续，他介绍说应该能办下来。他大女儿不能顺利落户是因出生日期与申请落户时间间隔较长所以要多走程序，到目前还少民警调查问卷这个步骤。

但是他的妻子一直不能落户，之前去缅甸开了许多证明材料，但后来上交给相关部门后就一直没有了消息。

计划生育和生育意愿：他家生孩子的时候不知道能生几个孩子，因为结婚证在生孩子的时候还没办下来，因而也就没有准生证。他因未领证生育和二孩生育间隔不够四年以及超生，都被予以相应的处罚，他也交清了相关的罚款，对此他并未有较多怨言，也未对罚款数额进行评论。

生育意愿：他表示自己就只想要两个孩子，而且一女一男已经是十分理想的情况。不想多生是因为觉得经济负担重，但三儿子是意外怀上的，当时发现的时候月份已经较大，医生不建议引产所以生了下来。

健康和卫生：受访户表示自己和家人都未曾参加过社区每年组织的免费体检，有听说过这回事，但不知为何都错过了。但他们都有自费去医院做过身体检查，没查出身体有什么问题。自己夫妻二人和儿女三人也未有身体的残疾和缺陷。

婚检：当时结婚时并未做过特定的婚检，但妻子办入境手续时做过身体检查，后来为了登记结婚证，也做了身体检查。

表 4－27　家庭情况登记

家庭成员	夫	妻	子女 1	子女 2	子女 3
姓名	范××	钱××	范××	范××	范××
性别	男	女	女	男	男
出生日期	1977. 9. 23	1972. 2. 2	2002. 2. 28	2005. 2	2008. 5
民族	汉	汉	汉	汉	汉
国籍	中	缅（缅华侨）	未落户	中	中
母语	汉	汉	汉	汉	汉
汉语掌握情况	听说读写	会听说，读写稍弱			
受教育年限	初中，9 年	小学，5 年 教学用中文	四年级在读	三年级在读	上幼儿园
主要职业	经营洗衣店	经营洗衣店			

家庭经济状况

受访户目前收入主要来源于自己经营的洗衣店。店的大小在 10 多平方米左右，没有外请帮工，只有夫妻二人经营。

收入：他家今年收入大概有 44000 元，相比去年来说较少，他自己也不清楚生意不好做的原因。

支出：他家今年的支出在 40000 元左右，估计比去年要多，有一多半是花在房租上（2000/月，全年 24000 元）。其余的就是日常开销等，今年就只攒了 3000 元左右。

他觉得自己肯定比别人要挣得少，因为自己的租房负担太重了，虽然户口已经在社区里，但没有自己的房子（原因受访户没有说明）。

家庭生活现状

婚姻情况：他和现在的妻子是初婚，是在2000年前后认识的。当时他帮人跑车拉甘蔗，妻子当时在那边帮人收割甘蔗，因而结识。因为妻子也是汉人，只是父辈的时候从中国过去缅甸的，因而相处起来也没什么隔阂。而后经历了7到8个月的恋爱后带回家结的婚。结婚时间是2001年的3月份。但2007年才领到证，期间为了办证特地去缅甸开具相关的证明，最后到龙山的镇上办理的结婚证。

和妻子结婚并未考虑过花费较低或其他方面的问题，在一起是因为觉得她人很好，又勤劳，觉得两个人在一起能做点生意。又因为自己年纪大了，也需要找个人陪伴。现在他们俩生活上也很稳定，很少吵架，更没有打过架。

孩子问题：他自己觉得妻子本身对孩子没有什么不好的影响，因为妻子本身是汉人，说汉话，只是文化程度低点，但也不觉得有什么影响。孩子只要落了户，就都和别的孩子一样，不存在家庭教育方面的问题。只是大女儿的户口还没落下来，她说过在学校因为这个对她有议论，也经常问自己有关户口的问题。

生活圈和境外来往：自己去过广西、昆明、保山等地方。妻子除了现在居住的龙陵，还到过芒市、瑞丽和保山。妻子原来有通行证，是正常方式进入中国的。

过去基本全家都一年去缅甸一两次的，一次一般去4—5天。但现在生意有点忙走不开，近两年都没去了。缅甸那边的亲戚一年也会来一两次，一般都过来最多10来天就走。

国籍相关：虽然受访户办理了结婚登记，但在问及办证的难度的时候表示，如果当时自己知道找外籍媳妇办证难又不能落户，就不会和外籍媳妇结婚。

但现在为落户去镇上找过许多次，都答复说没有政策办不了，很是困扰。

妻子方面一直跟自己做生意，没出去找过活做，因而不知道她会不会比同样条件的中国籍女性更容易找到活做。

但在生活方面觉得不同国籍没什么不一样的，只是觉得别家都有医保，自己妻子没有医疗保障觉得有些担心这个。

家庭存在问题

生活方面：妻子觉得在这边过的和她缅甸的家里差不多，嫁过来后的经济情况也和缅甸的家里差不多。故而没有什么不适应的地方，生活也还算过得去。但无法参与社区里的事务，觉得没着落。

其他方面：他自己觉得妻子的落户手续太多了，他自己跑去问镇里的机构，这些机构对有些程序也不了解，没有明确的答复。

他目前最希望帮妻子落上户口，也想申请到廉租房，毕竟自己都租了10多年的房子了。其他都觉得应该靠自己解决，不想麻烦政府。就他自己而言，他很愿意配合政府的规定，如果可以落户，自己愿意到保山甚至昆明去办理。只要知道具体怎么办，是不会嫌麻烦的。

目前自己符合政策的都享受到了，养老保险、合作医疗都有，拿着700块一年的低保。妻子则什么福利都没有，但自己都一直去按时登记居留证。

评述和建议

评述：此户人家为入户调查的小城镇居民。可能由于之前跑车和现在做生意的缘故，谈吐较为敏捷和清晰。在访谈的过程中对问题的理解程度较高，故结果准确性也较强。

较之农村居民，他对政府的相关政策的了解程度也较高，由于居住在龙陵县城内，也较容易到相关部门办理妻儿落户的手续。但他还是未能如愿以偿，他表示说，不光他不能完全明白相关的步骤，就是他去办理落户的相关部门工作人员也不完全清楚整个流程，而且也不能确定到底能不能给他妻子办理落户手续。

此外，他还表现出对政府相关政策很大的配合倾向。此前他为了办理和他妻子的结婚证，就跑了缅甸好几次，终于办下来。但户口还是要难上许多。

最后，他对户口问题虽然重视，但也觉得其实对他生活影响不大，尽管担心妻子今后的医疗问题，但生活其他方面都没什么变化，所以他只能选择等待。

建议：据观察和了解，他对政府相关管理的配合程度和落户意愿是相当高的。相对于农村人家，他对妻子合法身份的渴望也要高得多。但他无果而终的原因，不是他自己不去办理或者是他不能理解这些手续，而是政府设在办理外籍入户中的这个门槛过高，手续也过于复杂，有些地方也没有明确的规定或范例。以至于当地政府基层工作人员也不明就里，不能给予相关答复，就算给予相关答复也只是限于特定部门，而不能让一个申请人了解各方面的过程而不用四处求问。

从生活方面，受访户通过自身的奋斗从跟人跑车到拥有自己的一个小洗衣店，历经艰辛，令人敬佩。虽然受访户自身仍想依靠自己去改善自己的生活，但有两个主要问题：一是妻子的医疗保障始终是一个不能忽视的隐患，虽然目前来看他家的生活很稳定，但很可能一场疾病就能摧毁这个家多年来建立的平静；二是受访户的租房负担很重，由于没有自己安家的房屋，一家五口居住在拥挤的小楼里，每个月房租负担高达 2000 元，受访户多次提到想要申请政府的廉租房，希望政府给予相关帮助。因而政府对居民的基本保障，是对这个家庭来说最好的帮助。

给管理部门的建议：在办理婚姻和户籍登记的管理部门，应该张贴明确的涉外婚姻办理程序。既方便群众，又减少解释时间。管理单位应该有明确的负责涉外婚姻的固定人员，要进行相关政策培训，熟悉和正确理解相关政策，把握政策尺度，有能力处理和应对特殊的个案。

案例 2：

地点：龙陵县龙山镇白塔社区　　时间：2013 年 1 月 2 日　14：30

受访家庭的基本信息

表 4－28　　家庭情况登记

家庭成员	夫	妻	子女 1	子女 2[①]	生育意愿
姓名	尹××	开××	尹××	尹××	不打算再生
性别	男	女	男	女	
出生日期	1967.01.19	1979	2003	2006	
民族	汉族	*族[②]	汉族	汉族	
国籍	中国	缅甸	中（两个孩子都是刚落户）[③]		
母语	汉语（会部分缅语）	缅语（未落户）	汉语为主，兼学缅语		

① 本来不打算要第二胎，因生第二胎罚款 5000 元。

② 由傣族发展而来，男方也不知具体是什么民族。

③ 两个孩子都是在瑞丽出生，无出生证，后出具亲子鉴定证明以及男女身份证，才得以办理孩子的落户。

续表

家庭成员	夫	妻	子女1	子女2①	生育意愿
汉语掌握情况	听说读写能力	听说能力、简单读写能力	听说能力、简单读写能力	听说能力、简单读写能力	不打算再生
受教育年限	高中+财校，5+2+2+1年	高中，10年	小学，4年	小学，1年	
主要职业（兼职）	做生意（印度飞饼+冷饮）	做生意（印度飞饼+冷饮）	—	—	
慢性疾病	无	无	无	无	
残疾	无	无	无	无	

注：受访男方是城市户口，衣着一般，无破烂，现在夫妻二人与男方母亲同住，父亲已去世。女方目前有中方居住证，在缅兄妹4人，3女1男，排行老大。全家信仰佛教。

受访家庭的经济状况

硬件设施（据受访者口述和笔者观察）：房屋是在县城租住的，两层砖混结构小楼，家用电器较齐全，有液晶电视机、冰箱、电饭锅、饮水机、电磁炉、摩托车、洗衣机、微波炉，另有手机2部。

生产资源：老家有农田，现已经不种；林子5.28亩（种杉木，每年须交护林园费130元左右）。

收入：家庭收入主要是夫妻双方的飞饼生意，年收入在2.5万—3万元，因为今年增加了冷饮生意，收入较之去年增加了。

支出：家庭花费主要在日常开销、婚丧份子钱等，每年能存5000—6000元。

受访家庭的婚姻生活状况

婚姻背景：男方初婚在1993年，因性格不合离婚，曾有一个孩子，现跟着前妻生活。男方现在的婚姻是二婚，2002年结婚，在本地做生意时与现任妻子结识，结婚起初没有领结婚证的意识，现在想领，但是并不了解能否办理结婚证。另外，男方认为娶本地媳妇也没什么困难，只不过是缘分问题。

婚姻生活状况：在婚姻生活方面，男方表示比较看重夫妻和睦、膝下有子女以及妻子孝敬父母，现在两人的婚姻稳定。

跨境婚姻的影响及带来的问题（生活质量、户口、生计、日常交往等方面）

对男方的影响：男方认为，跨境婚姻与别家（双方均中国人）差不多，并无不同。村里人对他们的婚姻也没有什么议论和看法，并且认为这个外籍媳妇很能干。

对女方的影响： 女方认为生活质量较之以前变得更好，比如基础设施、医疗卫生、气候、人文环境还有社会保障等；男方觉得女方的国籍没有带来什么困扰，女方也没有因户口问题觉得找活生计难（曾在餐馆打工）；女方经常与村里人来往，交流无困难。

对子女的影响： 现在两个孩子都已经落户，与别家（双方都是中国人）孩子都一样，不过回忆起没有落户之前，孩子在学校享受不了营养餐，孩子回家哭着说学校不给吃饭，男方还是很为激动；虽然别家的孩子也会偶尔给他们的孩子起外号，叫他们小老缅，但总体上子女与邻里的孩子交往并无大的障碍；关于妻子不是中国人对孩子的将来的影响方面，男方认为影响不大。

其他

健康卫生状况： 双方无婚前体检，怀孕时女方也曾体检，现在全家每年都会体检（自己付费），除母亲有支气管炎，其他人均身体健康，无残疾。

家中卫生整体良好，传统封闭式蹲坑厕所，有自来水供应。

社会保障状况： 男、女双方均享受新农合医疗保险，母亲有养老保险（父亲生前是教师）以及高龄补贴，低保 120 元/月。

出入境方式以及与外界沟通状况： 结婚前，女方从口岸合法进入中国。

男方曾去过厦门、北京、昆明、保山，女方去过昆明、保山、大理，省外由于暂住证的限制去不了；现在与缅甸亲人多电话来往，不经常回去探亲，女方兄弟姐妹偶尔来这边投靠。

评述和建议

评述： 此户人家为入户调查的城镇居民，经济条件总体良好。由于受教育程度较高以及常年做生意（男方曾做财务与珠宝生意、印度飞饼）的缘故，谈吐较为敏捷和清晰，具有一定的法律意识。女方拥有暂住证，男方为了解决孩子的户籍问题，经常到政府了解相关流程及手续。起初由于孩子没有落户，不能享受营养餐等义务教育阶段的各种福利，孩子没有出生证，全家通过提供亲子鉴定证明、男女方身份证，最终于 2012 年 11 月 23 日给两个孩子落了户。对于结婚证、女方的户口以及女方拥有户口后可以享受的各种国民待遇，男方认为影响不是很大，只是由于暂住证对流动范围的限制，使得女方不能去省外旅游，较为苦恼。

对于政府在跨境婚姻方面的管理，男方认为管理稍微滞后，但是对于这一点他也表示极大的理解，他说凡事总是先有问题后才能解决问题。

建议：相关政府机构要及时了解跨境婚姻的现状以及潜在的问题，可以在村、镇（乡）、县及县级以上设置相关人员，从基层了解跨境婚姻存在的问题，层层向上反映，相关政府机构及时更新与出台有效的政策，同时再将这些政策层层传递和宣传下去，使得跨境婚姻的管理与问题的解决同步进行。

第四节　特殊篇

一　男性入赘

从全世界的跨国婚姻看，大多数都是女性跨国嫁入他国。但是，随着全球化的进程，男性跨国娶属地国女性的也越来越多，但相对女性要少得多。我们入户调研的跨境婚姻家庭，绝大多数是女性嫁入中国。但是也有男性入赘的情况。

案例1：

地点：临沧市镇康县南伞镇红岩村大坝组　时间：2014年5月10日

红岩村属于山区。距离镇11千米，国土面积9.81平方千米，海拔1550米，年平均气温15.90℃，年降水量1800毫米，适宜种植水稻、玉米等农作物。有耕地4154亩，其中人均耕地1.25亩。有林地6000亩。全村辖12个村民小组，有农户857户，有乡村人口4087人，其中农业人口4087人，劳动力1815人，其中从事第一产业人数1577人。2012年全村经济总收入2461.71万元，农民人均纯收入4901元。农民收入主要以甘蔗种植为主。

赵××是缅甸人，和中国妻子结婚，来到中国生活，家里的房子是妻子父母留下的砖房，有5间，房子很新很大，有电视机、冰箱、洗衣机、电饭锅和摩托这几件家用电器，家里干净、整洁、明亮。饮用水是自来水。厕所是自家盖的独立式的。

家庭结构

家庭构成和户籍情况：赵××家里人口有妻子熊××和一个男孩。

熊××家有父母、两个妹妹。一个妹妹在镇上读初中，另一个妹妹在上卫校。

赵××家有父母、四个哥哥、一个弟弟、两个姐姐。都在缅甸，他们在那边种玉米、甘蔗拉来中国卖，家庭经济条件不如他在中国这边好。

赵××没有户口，孩子有户口。

子女状况：有一个男孩，孩子有准生证和出生证，有户口，能正常上学。

生育意愿：计划生育可以让他生两个孩子，但他现在暂时不想生第二胎，想多挣些钱等家里经济条件更好的时候再要第二个。

健康和卫生：家人身体都健康，他和妻子在结婚前做过体检。

表4－29　家庭情况登记

家庭成员	夫	妻	子女1
姓名	赵××	熊××	熊××
性别	男	女	男
出生日期	1988	1990	2012
民族	汉族	佤族	佤族
国籍	缅	中	中
母语	汉语	汉语	汉语
汉语掌握情况	听说	能听说	
受教育年限	六年级	五年级	
主要职业	打工	打工	

家庭经济状况

赵××家中有农田5—6亩，都种甘蔗，3只猪。地都是妻子的父母在种，他和妻子出去打工，他去给别人家盖房，每天挣100元，但这种活不是每天都有，只要能找到活干他就去。妻子给饭店洗碗，每天能挣80元。去年收入1万多元，每年收入都差不多；去年消费也是1万元，主要花费在小孩的吃穿上。家里的基本生活开支都是妻子父母出，他们夫妻俩自己挣钱自己花。

家庭生活现状

婚姻情况：赵××和妻子都是第一次结婚。妻子去缅甸老街打工，和他相识，谈了两三年恋爱，2010年结婚。因为妻子父母没有儿子，就让他们过来中国一起生活。中国这边社会稳定，没有战乱，比缅甸经济和交通好很多，他很乐意来中国。赵××家里条件不好，结婚没有彩礼钱，妻子这边也没要，妻子只看重和他的感情，不图钱。

他们去民政局登记领了结婚证。登记手续要到中国和缅甸办理。一是去缅甸办手续，分三步：首先到村里开证明，然后到乡里开证明，再到县里开证明，总共跑了两三趟，花了1000多元。二是在中国的村上开证明，再到南伞开证明，最后去镇康县里免费化验体检，最后去政务大厅办理结婚证明，花了十几元。

他觉得婚姻稳定，和妻子感情很好，中国条件比缅甸好，他能来中国生活觉得很幸运。他和邻里往来频繁，觉得自己家和别的都是中国人的家庭没有不同，自己就是中国人。邻里对这样跨国婚姻的家庭没有议论和看法。

生活圈和境外来往：赵××最远去过昆明，15岁的时候去打工，在路上打隧道，但是工资低，又没有中国的身份证，干什么都不方便，就回缅甸去了。最近是在办结婚证的时候去了镇康县城。

熊××最远去过镇康，办结婚证和送妹妹上学的时候去的。

赵××有出入境证，每年和妻子带着孩子回两次缅甸看父母，每次都从口岸走。

享有的社会保障项目：妻子和孩子都享有养老和医疗保险，赵××每年交60元就可享受医疗保险，生病可以报90%的医药费。没有享受低保。

国籍相关：赵××有缅甸国籍，没有中国户口，孩子可以落户。他觉得没有国籍对他生活最大的影响是不能外出打工挣钱，家里地少，岳父母种就够了，他在当地只能间断性地找活干，没有持续固定的收入来源，如果能外出打工，可以学到技术，就能有份稳定的收入。享受和中国人一样的社会福利也是他期望的。

赵××在缅甸村里都讲中国话，学校是教中文，也教过缅文，因为从小说汉话，他不爱学，他觉得自己就是中国人。

家庭存在问题

赵××和熊××都没有稳定收入，地少只能父母种，他们打工有时找不到活干就没有收入，他想让家人过上更好的生活却没有途径。他认为自己来到中国生活就不会再回去了，就已经是中国人了，希望能有中国户口，或者能有个能外出的通行证也行。

评述和建议

评述：赵××能来中国生活他很乐意，在缅甸的生活习惯和文化和中国都一样，和村里的人很融洽，他觉得自己和中国人没什么不同。能到中国生活可以改变自己和孩子的命运，他想通过自己的努力让家人的生活过得更好，可自己没文化没积蓄不敢做生意，没身份证又不能外出打工学技术挣钱，想挣钱却没有途径让他很苦恼。和缅甸妇女嫁入中国不同，男人是一个家里的经济支柱，他没有地种，不能外出打工，没有很好的收入整个家里的经济状况就不好。

给管理部门的建议：对于缅甸男人来中国，家里没有足够的地维持整个家庭的经济，外出打工是必需的选择，他们没有身份证就只能局限在村子里，这种情况下，应该给这些缅籍人员更多地关注，在有结婚证且结婚三年有子女的条件下，给他们办理相关的县或市辖区内通行证，能让他们外出打工学技术，以提高家里的经济条件。

案例2：

地点：龙陵县龙山镇赧场社区　　　　时间：2013年1月2日　14：21

家庭结构

家庭简介：所调查的这个家庭有200平方米的土木结构住房，四室一厅，家人衣着比较新。家电较齐全，有电视机、电饭锅、饮水机、电磁炉、摩托车、自行车和洗衣机等。家人饮用自来水。

该家庭的段××从小到结婚至现在一直是住在娘家的，家里总共有9口人，分别是段××的曾祖母、爷爷、奶奶、爸爸、妈妈、弟弟、丈夫（貌××）、自己和女儿。曾祖母今年100岁，家中老人的身体很健康，弟弟在做临时工，丈夫是修理工，段××是做保险的，女儿刚上幼儿园。

家庭卫生与健康：人畜同住在一个小院子里，院子外面有传统蹲坑式的封闭厕所。从外观上观察，该家庭的整体状况和卫生情况处一般水平。

夫妻双方结婚前后均体检，女儿出生也做过检查，都无任何疾病，但丈夫是自费体检，以后生活中并无定期的体检。

夫妻介绍：貌××（丈夫），缅甸掸族人，1981年2月3日出生于缅甸，只上到三年级。他会讲汉语、缅甸语和泰语，家里有6口人，姊妹4个，自己是老三，两个姐姐在泰国，生活都好。他是一名修理工，1997年从缅甸到中国云南省保山市龙山镇来当修理工至今，属于给别人打工，自己没有修理厂。他来中国是因为这里的工资高，而且他希望有机会就留在中国。他现在仍然没有落下中国的户口，但是他有缅甸的相关身份证件。他使用的是临时居留证，一年换一次，换一次的费用是10元。他出入边境（瑞丽姐告口岸）使用的边民通行证，一般有效期是7天。

段××（妻子），中国汉族人，1984年11月23日出生于龙山镇，高中毕业。2008年开始做保险事业。

表4－30　家庭情况登记

家庭成员	夫	妻	子女1
姓名	貌××	段××	段×
性别	男	女	女
出生日期	1981.2.3	1984.11.23	2009.6.27
民族	掸族	汉	汉
国籍	缅甸	中国	中国
母语	缅甸语	汉	汉
汉语掌握情况	中等	良好	
受教育年限	三年级读完	高中毕业	
主要职业	修理工	农民，做保险事业	小学生（上幼儿园）

家庭经济状况

该家庭的经济状况良好，无任何外债。家里有1.2亩水田，鱼是养在水田里的，有一头牛，从1982年分得的林子有60多亩。

收入：自己做保险和丈夫的工资，丈夫工资是2000多元/月，老人还可以种田，弟弟做临时工每年可挣得10000元，一年基本收入大于等于50000元。

支出：每年的人情来往3000元左右。丈夫交的罚款（无驾照）和医疗费用等。供小孩上学每学期3000元，给小孩子交的保险费，每年7000元，因为交够10年便可保终身。买肉类等食物花费2000元一年。总的支出为20000元多一些。

该家庭在村子里的名声好，他们经常与村子里的人来往，且乐于助人，人际关系好，在村民和邻居心里位置高，自家生活得很开心。

家庭生活现状

婚姻情况：该夫妇是2003年认识，2008年结婚的，两人都是初婚。他们办婚宴是在妻子家里进行的，总的花费10000多元，由男女双方均摊，女方没有向男方要彩礼。家庭和睦，夫妻关系友好和谐，结婚至今没有发生过冲突，遇到事情总是两个人商讨解决。当时是男多女少，妻子也没找过汉族的对象，遇到了貌××以后，相处得很好，两个人就成家了。

妻子最看重婚姻的方面：要有孩子，夫妻和谐，家庭和睦，当然经济条件好了更好。现在，他们的婚姻很稳定。

现状：家庭的生活水平还可以，经常有买水果、肉类等食物。蔬菜类的是自己家种的，几乎不用去买。妻子每天都很忙，她家里老人要照顾，要做家务、带孩子，还要出去做保险事业。丈夫一直忙于修理工作。

孩子问题：女儿还小，2012年孩子的户口已随母亲落户中国，现在孩子的问题都已解决，刚读幼儿园，段××希望孩子以后可以多多学习，害怕丈夫的外籍身份会影响孩子以后的发展。

生活圈和境外来往：与邻居相处很好，每年都有人情来往，很频繁。家庭生活与其他家庭差不多，收入方面稍微差一些。

丈夫的家人几乎不来自己家里，他们夫妇两个每年回婆家一次，给爸爸妈妈5000元的生活养老费用。自己去过迪庆，丈夫最远去过保山市。

家庭存在的问题

房屋需求：想要建设新的住房，老房子留给弟弟，弟弟的年龄也到了娶妻成家的时候，但是建房子的时候，自己的积蓄不够，希望政府能够补贴一些。

户口问题：没有想过再要个孩子，但有两个孩子是最好的，丈夫落户口太难，手续烦琐，孩子的户口也不好落了。因为不能落户，丈夫没有驾照，经常交罚款，急切需要把丈夫的户口落下来。丈夫可以提供缅甸的相关身份证件，但政府仍然无法解决户口问题。他们没有结婚证，去民政局登记时，办公人员说停办了，他们就再也没去办理，估计现在开始办了，但是他们的还是办不妥，法律不允许，证件不齐，手续太麻烦了。

其他问题：之前想过让孩子去缅甸读书，多学习一些知识，可是条件不允许，只能边走边看，以后再考虑了。

妻子觉得丈夫是缅甸人，对孩子影响不大，但是在生活当中已存在了一些问题，比如，丈夫无法教育孩子学习，丈夫会说汉语但不会写不会教，对孩子的成长还是有一定的影响的。

家庭总评

此户人家为入户调查的小城镇居民。在访谈的过程中对问题的理解程度较高，思维敏捷，所以调查结果的准确性应较强。他们的生活能力很强，家境较富裕，不欠债，且每年存款2万元以上。家中人多，在村子里声誉好。

据访问，段××对政府的相关政策的了解程度也较高，不只是她不能完全明白相关的步骤，就是她去办理落户的相关部门工作人员也不完全清楚整个流程，而且也不能确定到底能不能给她丈夫办理落户手续。

丈夫表现出对政府相关政策很大的配合倾向。为了落户口多次到缅甸去办理好了相关证件，但是政府还是不能给出最后的解决方案，最重要的原因是法律条例上没有相关规定，不允许他国公民到本国落户。他国人在中国落户，给中国的人口带来很大压力，在管理方面更是难上加难。

妻子表示，丈夫对户口问题的重视程度很高，但偶尔也觉得其实对他们的生活影响不大。尽管现在对孩子成长不利和丈夫的医保、出行方面都有影响，但生活的其他方面都很好，所以他们希望并等待着机会。

个人建议

据观察和了解，丈夫和妻子对政府相关管理的配合程度和落户意愿是相当高的。相对于农村人家，她对丈夫合法身份的渴望也要高得多。但无果而终的原因，不是她自己不去办理或者是她不能理解这些手续。而是政府设在办理外籍入户中的这个门槛过高，手续也过于复杂，有些地方也没有明确的规定或范例，以至于当地政府基层工作人员也不明就里，不能给予相关答复，就算给予相关答复也只是拘泥于特定部门，而不能让一个申请人了解各方面的过程而不用四处求问。

从生活方面，她和丈夫历经艰辛，维持9口之家的生计，令人敬佩。他们依靠自己的努力奋斗去改善自家的生活，但有两个主要问题：一是丈夫既不是户主，又得不到生活中的各种保障，虽然目前来看她家的生活很稳定，但很可能一个老人的一场疾病就能摧毁这个家庭几年来所建立的平静；二是他们的住房问题，也可以说现在自己还没有住的地方，自己很想建房子，希望政府给予相关帮助。

二　华侨

在边境一线有一定数量的华侨，都是有历史渊源的。华侨的回归有其特殊的家族因素、情感历程、血缘纽带关系。在跨境婚姻人群中，也是较为特殊的一类。

案例 1：

地点：临沧州耿马县孟定镇色树坝村村民委员会

时间：2014 年 5 月 9 日

家庭状况简介：色树坝村委会，属于山区，海拔 1500 米，年平均气温 18℃，适宜种植粮食、甘蔗等农作物。全村辖 13 个村民小组，有乡村人口 2383 人，2013 年全村经济总收入 1975 万元，农民人均纯收入 4813 元。农民收入主要以种植业为主。也就是种植橡胶和香蕉等。村里大多是汉族，有部分傣族和外来人口，而跨境婚姻对象大多是华侨。

村里的地势比较平坦，房屋的占地面积一般较宽，多为砖混结构。由于色树坝村的位置处在县的公路附近，而村里面的道路全是水泥路，所以交通十分便利，方便村民的生活和运输。

由于村的规模较大，村委会下设的小组较多，我们访问实行了就地取材的想法，找了几家比较典型的进行了解。走进村民的家里，正值组织修新房，大伙都在忙得热火朝天，不亦乐乎，看到我们的到来，村民们纷纷放下了手中的活计，对我们的到来热忱欢迎，积极的配合。访问的村民家里，居住环境还是不错，在县级公路旁边，居住空间相对宽敞，而家用电器则较少，只有一台电视机和一个电饭煲，无机动交通工具，仅有一张自行车。家里饮水主要是来自井水。在卫生方面，家里有单独的厕所，较为封闭卫生。

家庭结构

家庭构成和户籍情况：他家目前住着 4 口人，分别是丈夫、妻子（外籍）和两个孩子（一男一女）。大的是男孩，小的是女孩。丈夫与两个孩子均有中国户口，且孩子们都能正常上学，妻子则保持缅甸户口，据女方介绍她是中国华侨，是祖辈们迁移的结果。

计划生育和生育意愿：据了解，当地的生育政策严厉，超生的罚款较重，且家里的经济负担重，经济效益不好，两个孩子是他们最好的选择，同时由于两人的年龄较大，他们已经没有再生育孩子的想法。

现在家里的主要想法，就是今年有个好的收成，更好地维持家里的经济和更好地抚养孩子们上学，将来有好的出息。

健康和卫生：访户表示村子里每年例行有一次体检，但是自己和家人从来都没有享受过这样的福利，虽然没有相关的医疗辅助，但家人都还算较健康。

婚检：由于婚姻比较特殊，两人是在一起5年后才领的结婚证，所以就无相关的婚前检查，但是，生育小孩时，有不定期的身体检查。

表4－31　家庭情况登记

家庭成员	夫	妻	子女1	子女2	子女3
姓名	杨××	赵××	杨××	杨××	
性别	男	女	男	女	
出生日期	1970.3	1970	2006.1	2007.5	
民族	汉族	汉族（华侨）	汉族	汉族	
国籍	中国	缅甸	中国	中国	
母语	汉语	汉语	汉语	汉语	
汉语掌握情况	一般	一般	一般	一般	
受教育年限	3年	未读书	二年级在读	一年级在读	
主要职业	种植玉米 临时帮工	做家务、 照顾小孩			

家庭经济状况

他家今年年收入1万元，由于自己和家人工作的不稳定，典型的靠天吃饭的经济产业，所以较去年收入差不多，而今年的支出是1万多，较去年也差不多。由此可见，较收入来说，是入不敷出的状况，更别说存款。家里的主要的收入来源是种植玉米和临时的帮工。家里有4亩山林，大约有200棵树，家里无农田，有2头猪和一些鸡鸭。关于生活，他们希望政府给予更多的扶持，子女能好好上学，将来能更好地帮助家里。

家庭生活现状

婚姻情况：男主人是初婚，他是经朋友介绍外出（缅甸清水河区）与女方认识。男主人在此之前，有过两个对象，可能由于家里的经济条件不好，所以，两个都是没在几天就离开了。

女主人也是初婚，在缅甸的家里有 8 姊妹，她在家里是老二，有四男四女，家里的经济情况只能维持基本的生活，较为一般。他们已于 2010 年领取结婚证，属于合法登记。

男女双方主要是从事种植业，在农闲时，他们会出去做一段临时帮工，以维持生活。

男女双方均是 1970 年出生，已属中年夫妇，两人的感情非常好，丈夫感觉妻子贤惠、勤劳，操持家务，虽然家里的经济不好，但彼此深爱对方，婚姻非常稳定。他们注重彼此的好。

妻子经常与村里人往来，关系良好，她认为无异于普通中国的家庭。村寨的人对这样跨国婚姻的家庭没有议论和看法，认为很平常。

子女状况：孩子已经有中国户口，能正常上学，大儿子上小学二年级，小女儿上一年级，两人的学习成绩较好。子女与村里的孩子没有明显区别。

他们希望子女能好好学习，将来有大出息，光宗耀祖。

孩子们都是在医院生产，均有准生证，良好的医疗条件。而户口问题也易于解决，关键在于结婚证，只要携带结婚证，孩子落户较为简单，没有复杂的程序。所以，对孩子们的户口没有较大的担忧。

境内外来往：丈夫最远去过一次临沧州州府，县城耿马和孟定镇倒是经常去。外出主要是游玩或者是看病。

妻子在中国最远也只到过临沧州府，而外国则去过泰国曼谷，主要是在结婚之前，去打工，据介绍，她十年里往返过 17—18 次。

由于村子离清水河口岸较近，且出入境方便，两人经常从清水河口岸去缅甸家里，一年大概有 3—4 次，主要是过节探亲等。

大多数都是合法入境。

国籍的相关问题：色树坝村的地理位置是离边境较近，只有 300 米左右。所以两人在生活习惯，地区风俗上都比较相似，两人的语言也没有障碍，交流方便。

虽然妻子的户口还是没有得到解决，但两人感情却与日俱增，汉语上只能进行简单的交谈，还需要更好地学习。

妻子在村里经常走动，与村邻们都相处融洽，彼此关系良好，并没有受到身份的影响。

家庭存在的问题

生活方面：丈夫在当地生活较久，对当地的变化深有感触，短短十几年里，由于中国的政策良好，当地人的生活得到了稳步提高。相比于缅甸，中国的交通、经济状况、教育制度以及政府的管理都相对较好。他清晰记得，2009 年和 2011 年缅甸的地方就发生了大面积的战争，大部分的难民都来到了中国定居。因此，现在的家庭生活远好于缅甸的生活。

妻子也觉得中国的各方面都好于缅甸。

其他方面：自己觉得在跨境婚姻上的问题，除了政策上加以优惠，主要还是在于妻子的户口问题，妻子没有户口，可以说是“寸步难行”，外出十分不便，安全问题也是一种潜在的忧患。同时，丈夫还说到自家的土地的使用权问题，订立的是 30 年的合同，然而现在村又起纠纷，使自己心里十分的困扰。最后，他说，希望政府对家里的经济产业给予扶持，在外出打工中给予更好的条件。

评述与建议

评述：此户人家是我访谈的此次调研的第一户人家，家里的情况较当地村户是比较典型的，在当地具有较强的代表性。这样的跨境婚姻之所以长期存在，是由于：一是男子年龄较大，家里的经济又不好，正如前面他说的前两个对象，来了没几天都纷纷离开，唯一的解释，就是人家并不想在这样的条件下生活。二是由于当地找媳妇的成本较大，好的条件的男的才有可能找到，至于贫困的家庭也只能听天由命，不过，还好在地处边境，可以越界寻找，所以跨境婚姻这种形式是当地普遍解决婚姻问题的主要形式，同时也更好地解决了当地的大龄男子的婚姻。

给管理部门的建议：加强当地的跨境婚姻的管理，特别是外籍新娘的户口问题，政府在短时间内解决不了户口问题，可以形成一种短效机制，从而证明她们的合法证明，这样对跨境婚姻的家庭形成良好的发展。同时加大跨境婚姻的政策宣传，让政策深入家家户户的心里，做到政策上，百姓无盲点，这样不仅利于老百姓家庭，而且也利于政府部门的工作执行。定期对外籍人员进行思想教育，使其明白中国的国情，加大对他们的职业培训，这样有助于当地的政府的发展。

案例 2：

地点：龙陵县龙山镇白塔社区　　　时间：2013 年 1 月 2 日　14：50

受访家庭的基本信息

表 4-32　　　　家庭情况登记

家庭成员	夫	妻	子女 1	子女 2	生育意愿
姓名	冯××	杨××	冯×	冯×	不打算再生
性别	男	女	女	男	
出生日期	1960	1970	1996	1998	
民族	汉族	汉族	汉族	汉族	
国籍	中国	缅籍华侨（未落户）	中国①	中国	
母语	汉语	汉语	汉语	汉语	
汉语掌握情况	听说读写能力	听说能力、简单读写能力	听说读写能力	听说读写能力	
受教育年限	高中，5+2+2 年	小学，3 年	在读高二	在读高一	
主要职业（兼职）	打工，买山烧炭	操持家务、偶尔打零工	—	—	
慢性疾病	高血压	无	无	无	
残疾	无	无	无	无	

注：受访男方是城市户口，衣着一般，无破烂，男方父母已去世，兄弟姐妹 5 人。女方在缅兄妹 6 人，女孩居多。两人在缅甸结婚，后来考虑国内社会环境好和孩子的教育而回国。

受访家庭的经济状况

硬件设施（据受访者口述和笔者观察）：房屋大小适中，桩木结构，家用电器有电视机、冰箱、电饭锅、电磁炉，另有手机 3 部。

生产资源：家中没有农田、大型牲畜以及林子。

收入：年收入在 1 万—2 万元，月均收入 2000 元，较之去年收入有所增加。

支出：家庭花费主要在日常开销上（孩子因学习成绩好，免学费），每年只能存一点钱。

受访家庭的婚姻生活状况

婚姻背景：男女双方都是初婚。男方当时在缅甸教书，其妻子是他的

① 小学二年级左右才落户，通过组、社区、派出所层层申请。

学生，日久生情，二人于1994年结婚。结婚时没有办理结婚证，在缅甸那边这是习俗，很常见。当初“文革”，跑到缅甸生活，因此也没有办法找中国媳妇，而且男方认为缅籍华侨和中国人并没什么区别。

婚姻生活状况：在婚姻生活方面，男方表示比较看重膝下有子女，现在两人的婚姻稳定。

跨境婚姻的影响及带来的问题（生活质量、户口、生计、日常交往等方面）

对男方的影响：男方认为，跨境婚姻与别家（双方均中国人）差不多，并无不同。村里人对他们的婚姻也没有什么议论和看法。

对女方的影响：女方认为生活质量较之以前变得更好，比如社会稳定；男方觉得女方的国籍问题比较困扰自己，不能享受医保等国家政策；在找活生计方面，女方不存在什么困难；女方经常与村里人来往，交流无困难。

对子女的影响：现在两个孩子都已经落户，与别家（双方都是中国人）孩子都一样；关于妻子不是中国人对孩子的将来的影响方面，男方认为没有影响；子女与邻里的孩子关系相处很好。

其他

健康卫生状况：全家每年都在村里免费体检；家中卫生整体良好，传统封闭式蹲坑厕所，有自来水供应。

社会保障状况：男方与孩子均享受新农合医疗保险，男方也有养老保险100元/年，低保87元/月。

出入境方式以及与外界沟通状况：结婚前，女方从口岸合法进入中国，11年前有居住证，之后就不再需要了。

男方曾去过保山，女方也去过保山；现在也不经常回缅甸探亲。

评述和建议

评述：此户人家为入户调查的城镇居民。由于社会大背景的变化，男方先是去缅甸教书，后携缅籍华裔妻子及儿女回国。由于全家都是中国人，因此在国内生活并没有什么不适应，现在两个儿女在读高中，学习成绩优异。平时家中多靠男方打工为生，夫妻二人对孩子的教育很是重视，希望孩子能够读大学，摆脱贫穷。

男方及其孩子均享受了国家规定的各种社会保障，他最渴望政府解决的是妻子的户口问题，以便其养老、生病无忧。

但是他们并没有积极地向政府了解和申请相关的户籍以及结婚登记。

关于子女将来的婚姻问题，两人均希望能够是中中结合的家庭模式，不希望孩子再遇到他们这种跨境婚姻所面临的难题。

建议：一方面，要在边境地区加强法制宣传教育，提高边民对现代婚姻的法律效力的重视，加深对跨境婚姻的了解，让他们真正了解非法婚姻带来的弊端，自觉维护合法婚姻。

另一方面，要针对边境地区的跨境事实婚姻给予特殊政策倾斜与照顾，有条件地承认事实非法婚姻的效力。若一律承认其效力，法律（尤其是婚姻法）的严肃性得不到维护；若一律否认其效力，有时又会损害跨境事实婚姻家庭（特别是缅甸妇女和子女）的利益。对于符合婚姻实质要件的事实婚姻，可以采取重事实、轻形式的灵活政策，有条件地承认男女双方的夫妻关系。

三　有残疾者

按照常理，跨国娶一个有残疾的媳妇是可能性较小事件。在我们入户的所有跨境婚姻家庭中，仅一户的老挝媳妇是聋哑人。我们特意关注了这户人家，入户访问时其母亲在家，看上去是较为能干的妇女，但是不知道何故，他家有三个儿子，仅这个小儿子结了婚。另外的两个大的儿子还未婚。他母亲说是家里穷，讨不起媳妇。

案例：

地点：勐腊县勐满镇勐满村曼暖远自然村

时间：2014年1月5日　22：35

表4-33　家庭情况登记

家庭成员	夫	妻	子女1	子女2
姓名	岩×	依××	岩××	尚无
性别	男	女	男	
出生日期	1985	1989	2011.5	
民族	布朗族	布朗族	布朗族	
国籍	中国	老挝	中国	
母语	汉语	汉语	汉语	
汉语掌握情况	一般	无	无	
受教育年限	6年	未读书	无	
主要职业	割胶、种香蕉	割胶		

家居状况简介：岩×家房子是土木结构的傣家小楼。房屋一般，居住空间较大。家具样式齐全，有一台电视机、电饭锅、电磁炉和一辆拖拉机、两辆摩托车、自行车等。饮水是自来水。

家庭结构与户籍情况：岩×家有7口人，他与父母、妻子和孩子住在一起，两个哥哥外出打工。妻子没有户口，孩子未落户（在多番的奔跑努力下至今还未落户）。

家庭健康状况：他们未做过婚前检查。父母、孩子及他本人均没有慢性疾病和身体残疾，健康状况良好，但妻子患有先天性聋哑症，只能打手势，读唇语与人交流。

家庭经济状况：他家今年收入3万元左右，今年胶林的增加和租地的增收，使收入较去年有提高。年支出大约也有3万元，所以收支相对持平，没有更多结余。主要收入途径是割胶和收地租，家里的主要经济作物是橡胶和香蕉。家里有13亩水田、20亩林子，未饲养牲畜，同时女方不易找工作。生活上，他们相对满意，希望家人平安健康。

结合途径、婚姻现状、子女状况：男主人是初婚，在他看来本地找媳妇比较困难，他是外出工作与女方认识，于2008年结婚。女主人也是初婚，在老挝的家里，家庭经济相对贫困。由于本地的办理程序复杂且花费高，他们未领取结婚证，属于不合法登记。

男女双方虽是青年夫妻，平常也有小打小闹，但彼此爱着对方，两人感情很好，婚姻相对稳定。他们注重彼此的好。妻子偶尔与村里人往来，与亲戚朋友关系良好，他们认为跟普通中国家庭没多大区别。村寨的人对这样跨国婚姻的家庭有一些议论和看法，不太看好这种特殊结合。

孩子还未办理户口，子女与邻里孩子没有差别。他希望孩子能多读书，听大人的话。

境内外来往：岩×最远到过思茅，次数较少，西双版纳州府景洪、县城勐腊经常出入，妻子只去过县城勐腊。两人结婚以来，由于逢年过节，看望老人等因素，每年去老挝3—4次。

配偶入境方式：有出入境证，属于合法入境。

同老挝生活状况对比：现在生活状况比老挝更好，社会稳定，经济较发达，社会保障制度健全。

配偶享有的社会保障项目：未享受任何社会保障项目。

现存的问题及政府对跨国婚姻管理的期待：由于当地的落户程序繁

杂，花费较高，岩×的孩子至今还未落户，所以在孩子落户问题上十分困难，同时妻子的国籍问题也比较困难，无身份证，外出不便，妻子也无法享受中国的社保项目。在对政府跨国婚姻政策上，希望能让妻子落户，进出境便利。

四 吸毒者

在跨境婚姻家庭中，有一类很特殊的人群是吸毒者和艾滋病患者。他们一般情况都是二者兼有。由于大部分跨境婚姻婚前都未经过婚检等卫生检测，这样的家庭就会导致夫妻传染、母婴传染。通常，这样的人都是家庭极度贫困，问题非常严重。我们调研中有一例这样的家庭。

案例：

地点：腾冲县滇滩镇联族村烧灰坝

时间：2012 年 12 月 30 日 12：30

受访家庭的基本信息

表 4－34 家庭情况登记

<table>
<tr><td>家庭成员</td><td>夫</td><td>妻</td><td>子女 1</td><td>子女 2</td><td>生育意愿</td></tr>
<tr><td>姓名</td><td>余××</td><td>杨××</td><td colspan="2" rowspan="11">目前尚无子女</td><td rowspan="11">夫妻双方均有生育意愿，但因男方患艾滋被迫拖延；如若生孩子男方打算要两个，两个孩子好做个伴，女方只愿要一个孩子</td></tr>
<tr><td>性别</td><td>男</td><td>女</td></tr>
<tr><td>出生日期</td><td>1970</td><td>1982</td></tr>
<tr><td>民族</td><td>傈僳族</td><td>景颇族</td></tr>
<tr><td>国籍</td><td>中</td><td>缅（未落户）</td></tr>
<tr><td>母语</td><td>汉</td><td>缅</td></tr>
<tr><td>汉语掌握情况</td><td>听说能力以及简单读写能力</td><td>听说能力（通过电视学习）</td></tr>
<tr><td>受教育年限</td><td>小学，3 年</td><td>初中，7 年</td></tr>
<tr><td>主要职业（兼职）</td><td>打工、做农活</td><td>矿山车间打工</td></tr>
<tr><td>慢性疾病</td><td>肺病、艾滋病</td><td>可能患有艾滋病</td></tr>
<tr><td>残疾</td><td>无</td><td>无</td></tr>
</table>

注：受访男方衣着有破烂，女方穿着鲜艳，有打扮，不和父母同住。

受访家庭的经济状况

硬件设施（据受访者口述和笔者观察）：该户家庭居住条件较为简

陋，整体印象较差，房屋是单层桩木结构（没有自留地），总面积大概20平左右，共2个房间——厨房和卧室，室内较为杂乱，只有电饭锅和电视机两件家用电器，另有一辆摩托车做交通工具。

生产资源：农田1亩；猪5头，鸡3只；山地40亩（去年刚种上杉木）。

收入：家中收入较为稳定，男方月均700—800元，较之去年运输木材时的1000元/月有所减少，女方月均1300—1400元。

支出：家庭总支出较之去年增多，主要花费在日常开销以及看病吃药；女方收入主要花费在买衣服以及化妆品上，另每月寄回娘家100—200元；男方收入主要用来供给家用以及个人吸烟（大概150元/月）；由于7年前看病借款4000元，到目前为止共欠债5000—6000元。

受访家庭的婚姻生活状况

婚姻背景：男女双方之前均各有一次婚姻。女方初婚与缅籍男子结婚，无结婚证，因女方对缅籍男子性格不满，三四年后离婚；男方初婚在1995年，与表嫂（表哥去世）组合家庭，无结婚证，因表嫂孩子对其不好而离婚。男方在缅甸打工时经人介绍认识现任妻子，女方看重男方的老实可靠，两人于2008年结婚，由于女方没有户口证明，没有登记婚姻并领证。男方认为自己选择涉外婚姻的原因，主要是自家经济状况不好，娶本地媳妇的花费太高。

婚姻生活状况：在婚姻生活方面，男方表示比较看重经济条件、妻子好、有孩子以及夫妻和谐的综合情况，认为现在两人的婚姻稳定，有时吵架，吵架的原因一般是女方抱怨男方收入太低。女方脾气比较暴躁，一旦吵架双方就不说话，但女方说没有考虑回缅甸。

跨境婚姻的影响及带来的问题（生活质量、户口、生计、日常交往等方面）

对男方的影响：男方认为，跨境婚姻与别家（双方均中国人）差不多，并无不同。村里人除认为男方年纪比女方大很多之外，并无其他议论。

对女方的影响：女方认为生活质量较之以前变得更好；男方因为女方的国籍非常困扰，女方因无户口找活生计比较难；日常交往方面，女方与村里其他人交往较少，多与来本地打工的缅籍朋友来往。

对子女的影响：现无子女，男方提到将来若有了孩子，认为应该可以办理户口，但是不确定，因此还是比较担心孩子的户口问题，他还认为女方不是中国人对孩子的将来并无影响。

其他

健康卫生状况：无婚前体检；2009 年双方在县人民医院免费体检，检查出男方患有艾滋病，经吃药治疗现没有什么明显病状，当时检查女方健康无病，现在男方担心女方也被传染了艾滋病，但没有去体检验证；由于患艾滋病两人不打算要孩子，但并没有采取避孕措施。

整体卫生条件较差，人畜分开，无厕所，饮水为井水。

社会保障状况：男、女双方均享受新农合医疗保险，另外男方享受养老保险，家里还接受过临时救助 1000 元，无低保。

出入境方式以及与外界沟通状况：结婚前，女方通过办出境证从口岸进入中国。

男方曾去过腾冲县城以及板瓦，女方曾去过保山市、腾冲县城以及密支那，两人每年回缅探亲四五次。

评述和建议

评述：此家庭经济条件比较贫困，无自留地，家中女方说了算，女方比男方的受教育水平要高，男方对家中以及妻子的各种情况不甚了解，平时只知道埋头苦干，女方收入要高于男方，而且多消费在自己身上，抱怨男方挣钱较少。

男方患有艾滋病，经吃药治疗已无明显病状，因为此病两人并不打算要孩子，但没有采取避孕措施。

关于如何办理结婚证，两人并不知道需要什么手续，也没有向相关机构了解；对于自己这种特殊婚姻，他们最希望政府能够解决户口问题，这样就可以领结婚证并享受国家的各项政策了。

建议：在生活方面，受访对象情况比较特殊，政府应给予更多特殊关照，比如低保补助、艾滋治疗费用的适当减免等，以确保其最基本的生活保障。

在宣传教育方面：第一，要宣传到户，培养群众办理结婚登记的意识；第二，可在办理婚姻登记、户籍登记处以及村中宣传栏等处张贴办理结婚登记的流程与手续，这样既方便群众又提高管理效率；最后，相关管理单位应设置负责跨境婚姻的专门机构和人员，熟悉和正确理解相关政策，把握政策尺度，有能力处理和应对特殊的个案。

关于艾滋病的防治方面，首先，检验检疫机构应当在出入境口岸加强艾滋病防治的宣传教育工作，对出入境人员有针对性地提供艾滋病防治的咨询和指导，并设立咨询电话，向社会公布；其次，申请来华居留的境外人员，应当到检验检疫机构进行健康体检，凭检验检疫机构出具的含艾滋病检测结果的有效健康检查证明到公安机关办理居留手续；最后，对境内的艾滋病病毒感染者和艾滋病病人进行流行病学调查，提供艾滋病防治咨询服务及相应的医学指导。

五　再婚

跨境婚姻中有不小比例的再婚家庭，多数是中方人员是再婚。但也有外籍人员再婚，带着孩子嫁入中国的。

案例1：

地点：龙陵县龙山镇云山社区　　　时间：2013年1月2日　15：30

云山社区是龙陵县龙山镇的一个行政村，地处龙山镇西南面，距龙山镇政府所在地1.5千米。虽然已经改叫社区，但是内部构造和普通的村子还是很相似，只是路面已经完全是水泥路，而房屋的建设也要好上许多。他家的房子和其他居民的房屋看起来差不多，是个典型的小院子，堂屋是水泥打的地基，上层是木结构的屋子，里面摆着供奉的祖先，堂屋里的两侧是两间卧室。堂屋的右侧是厨房，左侧是杂物房，院子外面是牲口棚和厕所，是保山地区较为常见的房屋布局。

整体来说，他家的房屋较大，除了房子是传统结构，围墙、牲口棚等均为砖墙所砌。他家内部电视机、电饭锅、饮水机、电磁炉、洗衣机和太阳能热水器都有，丈夫自己还有笔记本电脑，生活设施较为齐全。女主人的衣着也很新，由于笔者访问时男主人并不在家，所以主要的访问对象是他的妻子，她目前的交通工具为摩托车。在龙山社区，每家的自来水也是很久以前就通了的。

家庭结构

家庭构成和户籍情况：他家目前住着5口人，分别是丈夫和妻子，他的父亲，以及丈夫与前妻的一个女儿，和目前刚出生不久的小儿子。

其中，妻子和刚生的小儿子还未落户，其他的均有当地户口。

计划生育和生育意愿：他家目前由于是再婚生子，所以办理落户手续时候要多一些步骤，但是她自己了解的情况来看应该快办下来小孩的落户了。

生育意愿：以目前来看，家里两个孩子应该是足够了，哪怕是政策还允许生育，自己也不会再要小孩了，这主要是出于经济和自己精力的关系。

健康和卫生：受访户表示除了丈夫当驾驶员跑车在外时间上冲突，自己和家人都参加过社区每年组织的免费体检，均未查出身体有什么问题。自己家里的 5 口人健康状况都较为良好。

婚检：在结婚之前，没有做过身体上的检查。

表 4－35　　家庭情况登记

家庭成员	夫	妻	子女 1	子女 2
姓名	吴××	赵××	吴××	吴××
性别	男	女	女	男
出生日期	1974. 5	1988. 9	2002. 7	2010. 4
民族	汉	汉（缅华）	汉	汉
国籍	中	缅	中	正在办理
母语	汉	汉	汉	汉
汉语掌握情况	听说读写	听说读，不会写	听说读写	
受教育年限	小学，5 年	小学，3 年	小学 5 年级	
主要职业	帮人开小车	酒店清洁工		

家庭经济状况

受访户目前收入主要是来源于丈夫在外帮人开小车，自己去酒店当清洁工每个月 1000 多块钱，父母种的 1 亩水田和 1 亩山地三部分，家里没有大型牲畜。

收入：由于父母的收入自己并不管，所以只清楚自己夫妻二人的收入大概是 48000 元，比去年要多。

支出：他家今年的支出在 18000 元左右，估计比去年要多，主要就是日常开销。

自己觉得自己家的情况和别家差不多，过得还算可以，也没有特别不满足的地方。

家庭生活现状

婚姻情况：丈夫和现在的妻子是二婚，由于访问时丈夫不在场，所以妻子并不十分了解前妻的情况，只知道他们是2000年前后结的婚，不知道什么时候离的。

妻子自2004年就来中国打工，与丈夫是在2008年前后认识，期间谈了一年的恋爱。结婚时间是2009年的5月份。至今还没有结婚证。但妻子说自己和丈夫结婚前就知道，他们不能领到结婚证。

他们觉得自己结婚的重心还是在于孩子，有个孩子对于他们的婚姻来说是最重要的。目前他俩生活得很好，没有什么矛盾的地方，只是丈夫在外地帮人开车，回来家里的时间不是特别多。

婚配：自己不知道中国这边找本地媳妇难不难找，但自己在中国的时候蛮受欢迎，有过几个中国的追随者，期间谈过两次恋爱，最后才遇到现在的丈夫并与之结婚。

孩子问题：妻子认为自己对孩子的影响就在于自己文化程度较低，在缅甸的时候受教育太少，自己文化程度低，其他方面没有什么影响。

大女儿是和前妻生的，但现在相处都很好，没有什么不一样的地方。而小儿子还小，也还是经常抱着去别人家串门，感觉也会和别家的孩子一样，没有什么特别的不同的地方。

生活圈和境外来往：丈夫因为帮人开小车，去过很多地方。但妻子自己就去过芒市和龙陵，如果要去别的地方也不知道自己要办什么手续。

当时妻子自己来中国的时候还非常小，边境的管理也不像现在这么严，所以自己当时是跟人从小路走过来的。

自己基本每年都会回缅甸一次，一次回去4—5天。老公跟自己回去过2次，孩子还没有带回缅甸过。目前缅甸那边一年也会来2—3次，一次也是待4—5天就走。

国籍相关：自己结婚前就知道不能领到结婚证，所以现在也不觉得有什么不好的。关于办理结婚证，自己去村里打听过，说是不好办，自己也就没有过多去关注这个事情。

在工作方面，妻子自己觉得自己不会因为国籍的不同而难以找到工作，工作不好的原因是因为自己文化程度太低，而不是国籍因素。

在生活方面觉得不同国籍没什么不一样的（当时去访问时候她正在别家帮别人办喜事），别人没有把自己当作外人看待。自己本身也是汉人，只是爷爷辈的人从怒江出去缅甸，父辈在缅甸生活，而自己又回到了中国而已。自己在缅甸生活都没有学过缅语。

家庭存在问题

生活方面：妻子觉得在这边过得和她缅甸的家里差不多，嫁过来后的经济情况也和缅甸的家里差不多。没结婚之前也只是过年的时候才回去缅甸家里。故而没有什么不适应的地方，生活也还算过得去。

其他方面：妻子自己对于政府如何管理持一种无所谓的态度，觉得自己和村里人相处很好，其他的也就不用管了。如果政府要给予帮助，那最好是医疗方面的，其他方面的对于自己来说不是很在乎。但如果自己知道相关的规定和政策，自己也是愿意服从管理的，不会有什么抵触情绪。

自己目前对于小儿子的户口也不很担心，因为自己知道就快办下来了。而自己的户口则是没抱过希望，所以也无所谓困扰。

目前丈夫符合政策的都享受到了，养老保险、合作医疗都有。妻子自己则没有一个中国这边的证件，看病这些都是自己全部支付。

评述和建议

评述：此户人家为入户调查的小城镇居民。他们的社区离县城也很近，整个社区内的建设较好，生活水平也相应较高。

笔者前去这位受访户家拜访的时候，她丈夫在外开车，她自己在帮人办喜事，所以我们等了一段时间，其间了解到他家和其他家的关系都很好，对于她自己一个外籍人来说，也完全没有感受到和村民间的隔阂。她作为汉人，对这边的礼数等也是熟悉和了解的，语言更不存在问题。

但也许是文化水平的关系，她对国家政府的管理和登记政策，表现得较为无所谓，也不看重其背后的权利和义务。对政策积极的了解和响应程度不高。

可能由于较为年轻，没有遇到较大的疾病或其他情况，导致相关政策对其也没有实际的吸引力。这也可能是导致其不重视相关手续的办理和登记的原因。

建议：她家由于自身生活条件较好，所以就更加忽视了相关的基本保障带来的利益，进而也就无从谈到对拥有相关权利而对应的应尽责任。表现为对婚姻登记，自己入户办理的漠视和漠然。虽然之前打听过办理的步骤和难度，但也没有更进一步地去了解和办理，虽然对政策没有抵触，但也无响应。今后可能发生的变故对家庭造成的影响，也是她未曾想过的。因而加强对相关的政策认识和对家庭未来的发展意识，是他家需要做的。

给管理部门的建议：在办理婚姻和户籍登记的管理部门，应该适当宣传相关登记和管理的意义所在，让未纳入管理的人群明确意识到相关的责任和义务。

在村办事处这一级，更应联系实际管理的基层，这一层次的解释和宣传，才是有效而直接的，所以做好这一层次的政策宣传和实施工作，是提高涉外群体对自身权益的保护，维护国家稳定和治理的关键。

案例 2：

地点：勐腊县勐捧镇勐润村委会勐润村民小组

时间：2014 年 1 月 6 日　13：30

表 4－36　家庭情况登记

家庭成员	夫	妻	子女 1	子女 2	子女 3
姓名	岩××	依×	依××	岩××	岩××
性别	男	女	女	男	女
出生日期	1962	1977	1986	1989	2000
民族	傣族	傣族	傣族	傣语	傣语
国籍	中国	老挝	中国	中国	中国
母语	傣语	傣语	傣语	傣语	傣语
汉语掌握情况	一般	无	一般	良好	良好
受教育年限	4 年	6 年	9 年	9 年	9 年
主要职业	割胶 租地	割胶 做小生意	割胶	外出工作	读书

家居状况简介：岩××家房子是土木结构的傣家小楼。房屋较新，居住空间较大。家具样式齐全，有一台电视机、冰箱、电饭锅、电磁炉和两辆摩托车、自行车等。饮水是自来水。

家庭结构与户籍情况：岩××家是个重组家庭，有 4 口人，他现在与妻子和孩子住在一起，大女儿已出嫁，有个完整的家庭，二儿子外出打工，小女儿还在读书。妻子没有户口，孩子均已落户。

家庭健康状况：他们未做过婚前检查。家庭成员均没有慢性疾病和身体残疾，健康状况良好。

家庭经济状况：他家今年收入 10 万元，由于今年胶价大幅下跌，较去年少了许多。年支出大约有 6 万元，每年结余有 4 万元。家里有 5 万元存款。主要收入途径是割胶和收租、走边贸，家里的主要经济作物是橡胶和香蕉。家里有25亩水田，35亩林子，未饲养大型牲畜。关于生活，他们很满意，希望家人健康、子女生活幸福，小女儿好好上学，将来能够更有出息，光耀门楣。

结合途径、婚姻现状、子女状况：男女主人均属再婚，两人以前的伴侣均已去世，男方是外出工作场所与女方认识，于2011年结婚。男主人初婚在1984年，与前任妻子育有两个孩子，与现任妻子育有一个小女儿，已经落户。女主人在老挝的家里还有两个小孩，均无中国户口，在老挝的家里，有十个姊妹，七个姐姐，两个哥哥，家庭经济相对富裕。由于两人均是再婚，认为领证没有必要以及手续麻烦、花费高，加之两人年龄较大，未领取结婚证，属于不合法登记。

男女双方是重组家庭，家庭子女较多，两人感情很好，丈夫感觉妻子贤惠、勤劳，婚姻非常稳定。他们注重孩子。妻子经常与村里人往来，关系良好，她认为无异于普通中国的家庭。村寨的人对这样跨国婚姻的家庭没有议论和看法，认为很平常。

孩子已有中国户口，能正常上学，子女与邻里孩子没有差别，关系也很好。他希望成家的孩子家庭幸福，身体健康，小女儿能多读书，听大人的话，也希望身在老挝的两个孩子能够迁移过来，在中国落户。

境内外来往：岩××最远到东部沿海地区，早年去过的，其中包括天津、上海、杭州、无锡等城市，西双版纳州府景洪，县城勐腊经常出入，妻子由于亲戚做客，到过德宏，景洪和县城也经常往来。两人结婚以来经常回去老挝探亲访友。

配偶入境方式：有出入境证，属于合法入境。

同老挝生活状况对比：现在生活状况比老挝更好，社会稳定，经济较发达，社会保障制度健全。

配偶享有的社会保障项目：未享受任何社会保障项目。

现存的问题及政府对跨国婚姻管理的期待：岩××长期困扰于妻子和子女的户口问题，没有户口出入不便，妻子也无法享受中国的社保项目，孩子长期得不到悉心照顾。在对政府跨国婚姻政策上，希望能让妻子和那边的孩子落户，进出境便利，孩子方便照顾和上学。

第五章

跨境婚姻行为的多维透视

第一节　人口学分析

人类的婚姻问题，主要是人口学的结构性研究范畴，还与社会经济、个人因素、文化和习俗、价值观等非结构性因素密切相关。

从人口学的角度出发，婚姻问题通常是从出生性别比、总人口性别比、适龄人群性别比、两性间的死亡率差异、夫妻年龄差异、年龄结构以及人口迁移等人口学结构性因素来考量和分析研究。本研究从数据的可获得性和课题研究目标出发，选择下面的几点进行分析。

一　总人口性别比

出生人口性别比是指每出生 100 名女婴所对应的男婴数。在人口统计学上，国际社会公认一般正常范围在 102—107 之间。高于或低于这个数字，背后则可能隐藏了环境、社会、医疗等因素。

从 20 世纪 80 年代开始，我国出生人口性别比开始高出正常值范围并持续攀升，在 2008 年甚至达到 120.56 的最高值。因此，我国出生人口性别比一直严重失衡。根据国家普查数据，中国第三次、第四次、第五次和第六次人口普查的出生性别比分别是：1982 年 108.47，1990 年 111.27，2000 年 119.92，2010 年 118.08。出生人口性别比失衡，必然导致总人口性别比失衡。

2000 年第五次人口普查，中国总人口性别比为 106.74，云南省总人口性别比为 110.06，保山市总人口性别比为 106.24。到 2010 年第六次人口普查，中国人口性别比为 105.2，云南省人口性别比为 107.90，保山市人口性别比为105.24。从全国、云南省和保山市的整体情况看，近十几年，总人口性别比呈下降趋势，这说明，近几十年来，国家从法律保障、政策调整、传统观念、督察指导等方面进行大力调控成果显著，确实使我国人口性别比逐渐趋于合理化。（见表5－1）

表5－1　　2010年云南边境州、县人口分性别结构情况

地区	性别比	地区	性别比
保山市	105.24	文山州	109.48
腾冲县	108.98	马关县	109.85
龙陵县	112.03	麻栗坡县	109.93
红河州	108.42	富宁县	105.61
河口县※	112.74	西双版纳州	107.55
金平县	111.92	勐腊县	108.98
绿春县	110.48	景洪市	107.31
德宏州	106.50	勐海县	106.73
瑞丽市	107.06	临沧市	110.38
潞西市	105.42	耿马县※	106.07
盈江县	108.76	镇康县	116.35
陇川县	103.34	沧源县※	109.04
怒江州	112.51	普洱市	111.31
泸水县	115.00	孟连县※	105.87
福贡县	105.13	澜沧县※	111.64
贡山县※	112.89	西盟县※	107.99
		江城县	110.60
云南省	107.90	中国	105.20

数据来源：云南省2010年人口普查资料。①

从表5－1中数据可以看出，整体上，各边境县总人口性别比偏高，民族自治县（标有※）偏高居多。总体上，总人口性别比较高的县区，跨境婚姻人口数量较多，如龙陵县、镇康县。从人口学角度看，男性比例

① 云南省统计局：《云南省2010年人口普查资料》，中国统计出版社2012年版，第3—6页。

偏高，造成男性娶妻难问题突出，就会产生“婚姻挤压”① 现象。婚姻挤压最终将压力叠加到最底层的边疆最贫困的未婚男性，必然会引发一系列的社会问题，目前凸显的问题就是跨境婚姻现象的陡增。

保山市的调研是本研究的重点，因此，其辖区内所有的县都选择了入户调研点，边境乡镇也几乎都选择了调研点。因为课题组获得的资料相对较齐全，对保山市的人口数据分析也稍详细，见表5－1—表5－4。

表5－2　　2000年保山市人口分性别结构情况　　单位：人

地区	人口数	男性	女性	2000年性别比
保山市	2348315	1209674	1138641	106.24
龙陵县	260097	137445	122652	112.06
腾冲县	593925	309411	284514	108.75
施甸县	314187	159840	154347	103.56
昌宁县	333241	172902	160339	107.84
隆阳区	846865	430076	416789	103.19
云南省	42360089	22194343	20165746	110.06
中国	1242612226	640275969	602336257	106.74

资料来源：《云南省2000年人口普查资料》，云南科技出版社2002年版。

表5－3　　2010年保山市人口分性别结构情况　　单位：人

地区	人口数	男性	女性	2010年性别比
保山市	2506491	1285247	1221244	105.24
龙陵县	277319	146526	130793	112.03
腾冲县	644765	336234	308531	108.98
施甸县	305223	154971	150252	103.14
昌宁县	343566	176633	166933	105.81
隆阳区	935618	470883	464735	101.32
云南省	45966766	23856696	22110070	107.90
中国	1332810869	682329104	650481765	104.09

资料来源：《云南省2010年人口普查资料》，中国统计出版社2012年版。

① 指在适婚年龄的男女两性同期群中出现的数量不平衡现象。由于婚龄男女人数相差较大、比例失调，导致一部分男性或女性择偶发生困难的一系列现象。

表 5-4　　2012 年保山市人口结构及跨境人口情况

地区	人口数	男性	女性	性别比	跨境婚姻人数	跨境婚姻人数占总人口比例
保山市	2494250	1270744	1184152	107.3	8083	0.32%
龙陵县	290788	153588	137200	111.9	3958	1.36%
腾冲县	593102	306167	286935	106.7	1859	0.31%
施甸县	348214	174120	168094	103.6	833	0.24%
昌宁县	348812	178221	170591	104.5	253	0.07%
隆阳区	913334	458648	421332	108.9	1180	0.13%

资料来源：调研统计数据。

从表 5-4 调研数据（各县上报）可以看出，整体上，保山市总人口性别比较 2010 年呈上升趋势，各县情况有升有降。总体上，总人口性别比较高的县区，跨境婚姻人口数量较多，龙陵县尤其突出。从人口学角度看，确实是男性比例偏高，造成男性娶妻难问题突出，就会产生"婚姻挤压"① 现象。婚姻挤压最终将压力给了最底层的边疆最贫困的未婚男性，必然会引发一系列的社会问题。我们所研究的跨境婚姻人数的上升问题，从人口学和社会学角度分析，原因之一就是婚姻挤压所造成的社会问题。

二　农村户籍人口性别比

根据 2000 年云南省第五次人口普查数据，云南省城市人口性别比为 104.77，城镇人口性别比为 107.53，农村人口性别比为 111.58。根据 2010 年云南省第六次人口普查数据，云南省城市人口性别比为 103.78，城镇人口性别比为 103.78，农村人口性别比为 108.79。从普查数据看，云南省农村人口的性别比明显高于城市和城镇，原因主要是农耕文化影响，传统生育观念偏好男孩，再加上农村确实需要劳动力进行农业生产，短时期要在广大农村从思想上改变传统的生育男性偏好，是很困难的。

云南是个农业大省，这所指的是农业人口占总人口的比例很大，并不是农业发达或者耕地多。2010 年，按户籍分，云南省的农业人口占总人口的 83.4%；按居住地分，农业人口占总人口的 63.2%；2012 年，按户籍分，

① 即适龄男青年找不到同一组适龄女青年，就去找下一个年龄组，一年一年往下压，五年以后同一个年龄组的女性都被上一个年龄组娶走了，城市里面的人开始到农村去寻找配偶，农村男青年又过剩，其又开始到山区找，山区的男青年再到更远的贫困山区找。（翟振武：中国人民大学）

云南省的农业人口占总人口的83.4%；按居住地分，农业人口占总人口的60.1%；居住在城镇的人口有所增加。但是，农业人口无论按什么原则分都是占大多数。在各边疆州、市，农业人口占比更大，见表5－5。

表5－5　云南省边境州、市农业户口人口结构情况

地区	2010年			2012年		
	总人口性别比	农业人口占总人口比例（%）		总人口性别比	农业人口占总人口比例（%）	
		按居住地分	按户籍分		按居住地分	按户籍分
保山市	105.24	77.72	90.04	105.34	72.17	90.04
德宏州	106.47	66.36	80.96	106.55	62.49	80.88
西双版纳州	107.55	64.23	69.96	107.78	60.75	69.97
文山州	109.48	72.59	91.45	109.47	66.95	91.43
临沧市	110.38	70.97	90.09	110.51	67.28	90.09
红河州	108.42	64.74	82.73	108.46	61.24	82.79
怒江州	112.51	78.51	85.56	112.64	75.84	86.06
普洱市	111.31	69.76	86.88	111.23	65.28	86.87
云南省	107.9	63.19	83.41	107.86	60.69	83.40
中国	104.09	49.73	70.86	105.13	47.43	

资料来源：《云南统计年鉴》（2011、2013），中国统计出版社。

保山市虽然总人口性别比不高，但是农业人口占比却很大，超过90%，另外，农村户籍的人口性别比也较总人口性别比高。见表5－6。

表5－6　保山市农业户口人口结构情况　单位：人

地区	2013年跨境婚姻人数	2000年农业户口总数性别比	2000年农业户口（县）性别比	2010年农业户口总数性别比	2010年农业户口（乡村）性别比
保山市	8083	104.14	104.21	104.45	106.49
龙陵县	3958	109.30	109.91	112.72	112.87
腾冲县	1859	106.95	107.01	108.14	109.84
施甸县	833	101.17	101.41	101.61	104.51
昌宁县	253	103.66	104.14	103.79	107.27
隆阳区	1180	101.88	101.49	100.65	102.39
云南省		107.07	107.26	107.09	109.65

资料来源：云南省第五次、第六次人口普查资料，计算而得。

根据表5-6，云南省第五次和第六次人口普查的数据显示，很显然云南省和保山市在农村的农业户籍人口性别比高于总农业户籍人口性别比，也高于在城镇的农业户籍人口性别比。保山各县区的数据反映出的情况表明，在农村的男性人口均大于女性人口，生活在农村的男性婚姻压力较生活在城镇的男性更大。

根据“婚姻挤压”的理论，男女性别比差距较大的一代人进入婚嫁期，同一年龄组的男女中将有一部分男青年找不到对象，于是这部分男青年就可能到下一年龄组的女青年中找对象，城市里面的人开始到农村去寻找配偶，农村男青年又过剩，他们又开始到山区找，山区的男青年再到更远的贫困山区找（翟振武），如此循环下去，将形成男性初婚年龄推迟、女性初婚年龄提前、夫妻年龄差异扩大等社会问题。在农村的贫困人群是处于最底层的弱势群体。发达地区的“困难男性”可以选择欠发达地区适合的女性，欠发达地区的城市“困难男性”可以选择农村适合的女性，欠发达地区的农村“困难男性”只能寻求外籍的适合的女性了。从婚姻挤压理论推断，保山近十年来跨境婚姻人口增加的主要原因之一就是婚姻挤压的后果。

从调研数据看，很明显，性别比高的县，跨境婚姻人数多，现实与理论相符，如龙陵县和腾冲县。因此，跨境婚姻问题从宏观上分析，是个社会问题，不仅仅是个体因素，或者是个别案例。应该认真当作新时期一个社会现象来看待和分析。政府相关部门应该及早重视和解决跨境婚姻问题，无论是政策层面和管理层面都不应忽视。

三　性别比失衡的影响

据推算，按照如今的婴幼儿性别比例，到2020年，中国处于婚龄的男性人数将比女性多出3000万—4000万，这意味着平均5个男性中将有一个找不到配偶。也有研究表明，到2015年，我国过剩男性人口将超过2000万①。这些预测都表明，中国近年有数千万男子面临“光棍儿”困局。近30年来，云南省的总人口性别比一直呈现上升趋势，已高于全国的平均水平。云南适婚男性，或者确切地说是云南农村贫困适婚男性困境最深。

在性别失衡的婚姻市场、女性占优势的城乡婚姻迁移和“男高女低”的择偶梯度的合力挤压之下，在交通闭塞和经济落后的农村贫困地区，个

① 陈友华：《中国和欧盟婚姻市场透视》，南京大学出版社2004年版，第90—103页。

体与家庭收入、个体能力和社会网络资源都处于劣势的男性很难在理想的初婚年龄实现婚配，他们面临的大龄未婚、晚婚和终身不婚的风险将不可避免地增大。男性人口多于女性人口，直接影响就是婚姻问题，男性娶妻困难，造成婚姻挤压。“婚姻挤压”（Marriage squeeze），是指在适婚年龄的男女两性同期群中出现的数量不平衡现象。即在一夫一妻制社会中，由于婚龄男女人数相差较大、比例失调，由此导致一部分男性或女性择偶发生困难的一系列现象。目前的情况是：拥有金钱、技能和受教育等优势的男子可以结婚；而没有这些优势的男子结婚难或结不了婚，他们在社会经济的最底层。婚姻剩余男性沉积在低收入的贫困阶层，城乡均如此，乡村情况更糟，边境贫困山区最严重。

云南经济落后，又是边疆省份，贫困人口数量较多，再加上农村人口性别比高于城市，全国范围内的性别比失衡还直接冲击云南，使云南农村人口中的光棍儿——“剩男”大量产生，非法的买卖婚姻、拐卖妇女、跨境事实婚姻的现象呈上升趋势。当然，未来中国可能会逐渐消弭人口过剩及人口性别比问题，但是，这是一个相当漫长的过程。目前所面临的男女比例失调的问题迫在眉睫。

再从婚姻适龄人口数据看，云南省的性别比远远高于全国（见表5－7、表5－8）。云南省的大龄男性远多于适龄女性。再加上婚姻挤压各因素：年龄挤压、地区挤压、城乡挤压、经济水平挤压、个人素质挤压等，云南边境一线的少数民族完全处于最底层的弱势方。

表5－7　　2010年婚姻适龄人口性别比（含已婚人口）

年龄段	20—24岁	25—29岁	30—34岁	35—39岁	40—44岁	45—49岁
全国	100.95	101.32	104	104.78	104.03	103.78
云南省	105.27	109.96	111.66	113.46	111.28	108.38

资料来源：全国第六次人口普查数据。

表5－8　　2012年15岁及以上未婚人口性别比

地区	未婚人口	男性	女性	性别比
全国	191753	11298	80455	140.43
云南省	6472	3868	2604	148.54

资料来源：《中国统计年鉴》，中国统计出版社2013年版（本数据为1‰抽样数据）。

从全国1‰抽样数据看，从2005年到2012年，15岁及以上未婚人口的性别比很高，都在135—140之间波动，总体是上升趋势。这说明：未婚男性面临的择偶形势相当严峻。条件差的未婚男性更是困难，云南省边境一线的情况更是难上加难。在所调研的村寨中，临沧市南伞镇的大龄男青年特别多，最典型的是1个自然村100多户人家，居然有70多户人家有30岁以上的未婚男青年。其中一半情况是家里贫困。按当地的风俗，一般情况下，20岁左右就结婚了。可见确实存在性别比失调和贫困问题交互作用。村里女子外出打工，就在外地嫁人，镇上未婚男性很难找到当地媳妇。临沧市有个很特别的跨境婚姻大村，叫麻栗树村民小组，其居民大半是苗族，小半为汉族，有80%以上的家庭是跨境婚姻家庭，有的人家，一户几兄弟全部都是娶的缅甸媳妇。

造成男性比女性多的原因，一般而言有三种因素：第一，受农耕文化的影响。中国是一个农业大国，农业人口占比较高，以耕作为主的农业生产方式需要更多的劳动力。在长期选择和实践中，男性的劳动力优势突出，更符合农业经济发展的要求。第二，中国大众的婚育观念和性别偏好，对男女在性别上存在偏见，重男轻女。归根结底还是经济滞后的一种表现。第三，生育选择的可能性。计划生育的实施①和科学的进一步发展使人们利用科技手段在生育的选择上有了人为的干预。这就进一步加剧中国近几十年性别比例高的状况。尤其是经济落后地区，像云南省这样的西部边疆少数民族地区，性别比更高。除改变人们传统的观念外，解决性别比的根本措施，就是加快经济的稳健发展。就保山跨境婚姻人数增加的案例分析，同样，使贫困人群尽快富裕起来也是解决之道。否则，任其发展，就会成为人口安全隐患。

在分析婚姻挤压问题时，使用人口数据时将已婚人口剔除，更有助于观察婚姻市场上的供需突出矛盾。云南省未婚人口性别比的情况更令人堪忧，见表5－9。

表5－9　云南省2010年未婚人口性别比

年龄（岁）	未婚男性（人）	未婚女性（人）	性别比
22	27975	17287	161.8

① 中国婴儿出生性别比在20世纪80年代以前为105左右，从严格执行计划生育政策后，出生人口性别比迅速攀升，第三、四、五次人口普查结果是，1982年为108.47，1990年为111.27，2000年为119.92。

续表

年龄（岁）	未婚男性（人）	未婚女性（人）	性别比
23	26962	14987	179.9
24	22371	11629	192.4
25	17674	8026	220.2
26	15486	6224	248.8
27	12522	4473	279.9
28	11928	3904	305.5
29	9077	2590	350.5
30	7397	2054	360.1
31	6992	1821	383.9
32	6613	1661	398.1
33	5692	1197	475.5
34	5388	1082	497.9

资料来源：云南省2010年人口普查资料。①

从以上数据看，云南省未婚大龄男性所承受的压力非常明显，特别是年龄为30岁以上的，在理想婚龄差条件下几乎每4个未婚男性才有一个理想婚龄差内的未婚女性与之对应。再加上地域偏僻、经济收入低，受教育程度低等因素，以及外地人口的挤压，婚姻挤压更甚。

婚姻挤压还会引起“异质性”婚姻增多（如夫妻年龄差大等），直接影响婚姻的质量和稳定性。跨境婚姻，也可以看作“异质性”婚姻的一种形态，由于很多跨境婚姻是不合法的，因而存在风险性。婚姻挤压的结果由社会最下层的弱势群体来承受，会加重社会不公平，有可能会激发社会底层的不满，激化社会矛盾，对于和谐社会的建设不利。

性别比失衡，还会带来男性劳动力过剩、就业性别挤压加大的问题。与其他发达省份相比，云南省人口综合素质偏低，尤其是文化层次偏低，在就业市场属于竞争弱势群体，这些农村贫困人口会变得更加贫困，给社会带来不和谐的影响。从长远来看，人口性别比长期偏高，势必造成一系列的社会问题，对社会生活产生极大的负面效应，从而挑战着我们社会的和谐，严重影响社会主义和谐社会的构建。提高人口文化素质，尤其是边

① 云南省统计局：《云南省2010年人口普查资料》，中国统计出版社2012年版，第1768页。

疆少数民族的教育水平，也是一个严峻的问题。

四　人口流动

人口流动是指离开户籍所在地，以工作、生活为目的而居住在异地的情况。流动与迁移是两种相似的现象，流动人口与迁移人口都进行空间的位移，区别在于流动者户籍没有迁出，但迁移者是户籍迁出，并永久变更居住地。

流动人口可以分为流入人口和流出人口，流入人口是指来到该地区的非户籍人口，流出人口是指离开该地区到其他地方生活和居住的户籍人口。

人口流动的因素主要是生存需要、战争因素和政策因素。在人类社会早期阶段的传统社会中，世界各民族都是选择水草丰润，沿河岸生息以利于生存，流动人口数量很小，只限于社会交往、采集食物、宗教活动等有限的几种类型。进入人类发展中阶段后，随着经济活动和城市化的发展，流动人口迅速增长，流动类型大大丰富，流动人口结构开始出现分化。到了发达阶段后，由于交通条件的完善，流动将取代迁移的一部分功能，使流动人口规模进一步扩大，人口流动的成因将偏重于经济和娱乐成分。现代人迁徙同样选择环境好、经济状况好于原住地的地方去发展。人口流动的方向，通常主要是由农村流向城市，由经济欠发达地区流向经济发达地区。发展生存需要是当代中国人口流动的最主要因素和直接动因。

近十年来，随着中国改革开放的进程以及城市化、现代化程度的提高，流动人口的规模在不断上升。据国家人口普查统计，中国流动人口2000年为1.017亿，占总人口的8.19%；2009年达到2.11亿，平均年龄约为27.3岁；到2010年，中国流动人口已达到2.61亿（人户分离人口减去市内人户分离人口为2.21亿），占总人口的16.53%，与2000年第五次人口普查相比增加了1.19亿，增幅达到81.03%。流动人口占总人口的比例上升了8.34个百分点。流动人口中78.7%为农业户口，以青壮年为主，主要在制造、批发零售和社会服务业领域就业，多集中在低薪或高危行业。到2013年末，全国流动人口的总量为2.45亿，超过总人口的六分之一。流动人口婚育年龄推迟。①

云南省在我国是欠发达边疆省，外出打工的人员较多，据国家人口普查统计，云南省流动人口2000年为116.4万，占总人口的10.47%；到2010年，达到117.1万，占总人口的13.17%。十多年一直保持较高的人口流动量。

2000年，按照迁徙原因分类的云南省流出人口中，因为婚姻嫁娶流出的女性为41849人，男性为8621人，也就是嫁出的云南适龄女性占婚姻嫁娶流出人口的82.91%。2010年，因为婚姻嫁娶流出的女性为287669人，男性为105017人，也就是嫁出的云南适龄女性占婚姻嫁娶流出人口的73.26%。十年来，嫁出适龄女性在数量上的增加更是明显，增长了近7倍。这项数据也从某种程度上证实了，云南本乡本土的男性，尤其是落后地区的男性，找媳妇难。云南本省性别比就高于全国水平，男性多于女性，再加上外嫁女性逐年增加，婚姻挤压的人口学因素更加显现。

当今经济全球化的浪潮，推动着国际间的人口流动加速，2014年上半年，我国出入境人数保持高速增长，其中，入境外国人人数1255.09万人次，同比增长22.97%；中国公民出境总人数2685.88万人次，同比增长19.11%②。这就带动了跨国职业的发展，在异国工作的人员有很大机会结识驻地国的异性，有很大概率经过一定时间一定程度的交往进而发展为跨国婚姻。

在云南省的边境一线，跨境流动人口也明显增加。例如，作为国家级口岸，瑞丽市2012年的流动人口6万多人，相当于其总人口的1/3，而流动人口中，大部分为缅甸籍人员，往来于两国间。2013年底，云南天保口岸验放出入境旅客首次突破60万人次，磨憨口岸首次突破70万人次③。2014年上半年，磨憨口岸出入境旅客突破45万人次，出入

① 中华人民共和国国家卫生与计划生育委：《中国流动人口发展报告2014》（内容概要）（http://www.nhfpc.gov.cn/xcs/s3574/201411/dc3ba043cbf74e2d8fe68000d4651505.shtml）。

② 中华人民共和国国家旅游局：《金华旅游》（http://www.jhtour.gov.cn/gov/News1586.html）。

③ 人民网（http://bf.people.com.cn/n/2013/1213/c223397-23834891.html）。

境人数同期比增长20%[①]。诸多数据都表明了云南跨境流动人口的增加。云南省与毗邻国边民之间交流频繁，尤其近年在跨境打工这方面，互动较多，双边边民都会跨境到对方砍甘蔗、割胶、种植、搞建筑、做生意或在服务行业工作等。调研案例中的很多跨境婚姻夫妻双方都是因为打工认识的，到双边国家的情况都有，甚至有的中国男青年到缅甸、老挝、越南去打工，目的就是找媳妇。这也显示随着时代的进步，边疆青年择偶观的变化和思想观念的开放。云南边境一线的贫困、大龄村民到缅甸、老挝或者越南去找媳妇，跨境婚姻人数的上升，是受世界一体化因素的影响，在国家迈向现代化的过程中，边疆青年婚姻观念从保守、封闭逐渐走向开放，从传统向现代转变，从一元向多元的转变的一种直接体现。

第二节 社会学解读

从社会的主流观念看，家庭是社会的最基本单元，婚姻是人生必要的、重要的一环。总体而言，大多数研究认为：单身男女的形成大多数是“无奈和被迫性”的，光棍是婚姻市场竞争中的失败者，是典型的弱势群体。当然，单身生活模式也是部分人的自主选择。那么，在当今中国的社会转型期，在社会多元化、文化多元化、价值观多元化的环境下，以及社会的地方性差异的现实情况下，跨境婚姻人数逐渐增加的原因又是什么呢?

一 婚姻文化和习俗

婚姻作为人类繁衍生息的必需过程，每个国家和民族都有其特定的文化和习俗，也有相通相容的通识观念。婚姻的前提是先寻找到配偶，既然是寻找，就产生了一定的择偶标准。任何国家和民族，择偶条件无外乎考虑两个取向：一为社会取向，即经济条件、家庭背景、职业等；二为个人取向，即对方的外形（容貌、身材、肤色）、素质（受教育程度、兴趣、

---

① 陈川：《磨憨口岸出入境旅客突破45万人次》，云南网（http：//xsbn. yunnan. cn/html/2014－07/04/content_ 3272512. htm）。

修养)、品行（道德品质、为人处世），性情（性格、脾气等）。社会取向是一个易变的因素，随着社会的进程而变迁，比如“文革”时期人们择偶的社会取向与今天的社会取向就大相径庭。如今是社会主义市场经济时代，受经济条件制约更甚，经济条件优厚的，就能占优势地位。个人取向则相对较为稳定，人们都有基本的共同点，有相同的愿望和标准，找对象看容貌这一点古今中外概莫能外。有较好的外貌、温文尔雅的品性、有学识、高学历等，在择偶中就会占优势。

择偶标准就是男女之间进行恋爱与组成家庭时相互选择的主观评价标准，它是人们对于男女之间价值关系的客观价值标准的主观反映。择偶标准在具体到每一个人时也会受到各自所处环境和所具有的文化教养的影响。从大的方面来说，体力劳动者跟脑力劳动者就各自具有与自身相适应的择偶价值取向。从个体差异看，大学教授的择偶条件与普通工人的择偶条件是有差异的。在我国二元经济体制环境下，城市人群和农村人群的择偶条件也相差巨大。就农村而言，家庭背景好、经济条件好的，择偶没有问题，而家庭困难，经济拮据的，结婚难是普遍现象。边境地区、少数民族地区也同样有时代的背景，也同样受社会经济的影响。边境少数民族无论从经济状况还是个人素质来看都处于社会最底层，处于择偶劣势。

这种有时代特征的择偶标准就是当代中国的婚姻文化的重要部分，普遍的择偶偏好共识情况是：配偶双方，男性的各方面条件要高于女性。例如，学历高的男性娶学历相同或学历稍低的女性，男性年龄稍微大于女性配偶，男性收入要稍高于女性等，由此，必然造成需求外溢，即城市人群娶农村媳妇，发达地区男性娶落后地区女性，边疆落后地区男性，延伸到娶外国的女性。现代开放社会，各个国家均有如此类似情况。跨境婚姻中，女性嫁到较自己国家经济更发达国家的比例明显占优。这是一个世界性的现象，也可称其为一个当代婚姻文化现象。从经济学的交易学角度看，解释为：按照条件高低，男女都分为A、B、C、D四类优秀程度，A类男想要找B类女，B类男要找C类女，依此类推；而A、B、C、D四类女都想找A类男，最后的结果就是剩下A女和D男。剩下的A女问题不大，只要肯降低择偶标准就行，可D男却成为“困难户”。

另外一个重要当代传统家庭生育习俗，就是重男轻女。性别偏好在世界上许多国家都存在，亚洲国家比较严重，如日本、韩国、朝鲜、印度、孟加拉国、巴基斯坦等，中国是个重男轻女问题长期存在的国家。在中国广大的农村，养儿防老的传统生育文化的影响较深较久，这是性别比一直偏高的主要原因，也与中国父系继承和女性外嫁的隐性制度不无关系。在城市人群中，“重男”现在有新的内涵，因为女孩子长大后在求职、升职方面会受到不公正的待遇。

在我国有 17 个省，农村采用的计划生育政策是 1.5 孩政策，即如果第一胎是女孩的家庭，可以生第二胎。这从某种程度上看，也是国家层面对重男轻女习俗的认可。这必然导致人口性别比的上升。文化习俗导致的性别比失衡问题，使找媳妇难、打光棍不单单在农村是个揪心的话题，在城市也不乏其例，所以“男高女低”是女方市场资源短缺的表现。这就使得农村女性有可能通过婚姻追求到更高质量的生活。给社会带来的积极影响是农村年轻女性有社会角色的上升通道，而负面影响是，农村男性青年择偶难，边远农村贫困、大龄男择偶更难。

择偶观并非主观意识的产物，而是人所处社会环境与主观愿望相互融合的产物。[①] 互动理论认为个人的行为常常受参照群体的影响。个体将其参照群体的价值和规范作为评价自身和他人的基准，作为自己的社会观和价值观的依据。从社区文化规范看，婚姻流动也总是和婚姻的现实评价紧密结合。村民总是在别人的贬褒中筑成自己的理想。山区的姑娘嫁到城区被认为是合理的或符合逻辑的。反之，则会带来极大的非议。婚姻流动的“趋向性”不仅仅是村民的一种心态，更是一种经验。

结婚仪式是社会文化的重要内容之一，它确认了婚姻对家族、种族或社会延续的重要性，在不同社会里结婚仪式的各部分大不相同，婚礼有一定的传统习惯规定。在当代社会里，无论城市还是农村，现在趋向于个性化、多元化，但总体上的共性是花费越来越高，普遍重视酒席。农村的婚礼模式相对较单一，男方家庭给女方家庭的嫁妆或彩礼是必需的，最重要的是设宴“待客”，宣告家庭成立，并同时让新的家庭在村寨里得到认可。根据各家经济状况的不同而在质量和数量上有差异。这样的习俗，使得婚礼在特定时间段有地域性的价格，因此，贫困家庭要举办当地标准的婚礼有困难，以致无法找到配偶，结不起婚。

以上种种婚姻文化和习俗都使得边疆贫困山区的青年成为婚姻的困难

① 梁青岭：《现代婚姻社会学》，社会科学文献出版社 2009 年版，第 101 页。

户，寻找外籍媳妇，降低娶妻成本，结得起婚，成为“合理选择”。实地调研情况显示，娶当地姑娘的花费是娶外籍媳妇的2—10倍不等。结婚成本是选择外籍媳妇的重要因素之一。

二 思想观念的改变

选择配偶是社会成员根据一定的社会文化背景与个人条件选择异性生活伴侣的过程。但这一过程存在是否“门当户对”、是否情投意合之类的诸多问题，社会的变迁影响着人们的择偶观念。

在传统的中国文化中，传统婚姻观是“父母之命，媒妁之言”，或是包办婚姻。传统婚姻也有其合理性，其选择是老一辈一生的经验，对新人确实有一定的帮助，老辈人注重物质保障，对物质元素的依赖性强，婚姻是现实的，体现的是家庭本位甚至家族本位的择偶观，目的主要是传宗接代。婚姻也体现时代性，如到新中国成立初期，找个解放军是最让人羡慕的；20世纪70年代前，找对象注重的是“家庭出身”“根红苗正”，体现的是“政治本位”的择偶观；到20世纪八九十年代我国改革开放以后，择偶观念是强调经济条件和社会地位相当，结婚要“三转一响四十八条腿”等，这是择偶观念物质化、硬件化的社会映射；进入21世纪，“自主”择偶观念成为时尚，城乡青年在择偶时都更多倾向于考虑的是“自己喜欢”，充分体现了人性的解放与个性的张扬。

近代青年的择偶观念是有一定规律的，随着经济发展，社会流动性的增强，青年交流范围的扩大，人们择偶的自主意识明显增强，看重经济地位的重要性逐渐上升，在考虑经济因素同时逐步转向重视个人内在素质条件，即看重诸如学历、能力、家庭背景等，这是从直接的“经济本位”转向潜在的“社会资本”，体现了“眼光”的变迁，人们对婚姻的期望值升高了，提升到物质财富、人力资本、情感的综合考量。

随着社会进步，文明进深，现代人结婚主要是源于自由恋爱，更注重的是双方的感情。但是在我国二元经济背景下，城市与农村的择偶观存在差异。由于人口增长、土地有限，农村青年大多以在外打工为主流，挣钱与寻求发展空间成为第一要务，择偶避不开这一首要主题。由于生存压力，他们不得不在择偶过程中考虑能否脱贫和改变生存环境，以至改变命运。因此，“打工妹”进城使她们有机会濡染了城市居民的各种生活，在某种程度上为她们的婚姻提供了一种范式或目标，这种心理暗示或导向作用是非常奏效的，因此她们多数离开家乡，嫁到他乡。贫困山区的姑娘改变现状和追求更好生活的愿望更是强烈。然而，由于社会制度、个人素质、就业难、风俗习惯等因素，农村男青年要留在城市很难，他们大多数最终还是要回到家乡娶妻生子。

从婚姻观念角度看跨境婚姻，一方面，是全球一体化背景下，人们的价值观、世界观发生了转变，世界各国由于经济、文化的交融，趋于融合，大多数人不再介意配偶的语言、肤色、习俗等，由此人生观、婚姻观也随着变化，在城市里与外国人结婚成为常见之事，即使是在偏僻边远的山区村民，娶外籍媳妇也不会让邻居觉得奇怪。另一方面，边境一线的贫困、大龄村民到缅甸、老挝或者越南去找媳妇，也是思想观念开放的一种直接体现，即受世界一体化因素的影响，在国家迈向现代化的过程中，婚姻观念从保守、封闭逐渐走向开放，从传统向现代、从一元向多元转变。

三　婚姻挤压因素

婚姻挤压是指适婚年龄男女两性同期群中的数量失衡情况，本质上，是一个人口年龄结构不平衡的问题。事实上，人口年龄结构在不断变化，因此，社会里适婚年龄两性的均衡是短暂的、相对的，而失衡却是长期的、绝对的。也就是说婚姻挤压是长期存在的，是绝对存在的。

导致婚姻挤压出现的原因很多，首先是人口学因素，生育率的降低会伴随出生性别比的升高，同龄适婚女青年短缺，男性就会向低龄女青年择偶，挤压到一定程度，从地区上而言，就要向别的地区发展，“城里哥”找“乡下妹”，富裕地区的男性找欠发达地区的女青年，最后导致婚姻剩余男性——“剩男”沉积在低收入的贫困阶层。某些汉族农村出生性别比升高后，逐渐突出的婚姻挤压问题将引发少数民族妇女的婚姻迁徙，并从而使得部分小规模的少数民族社会面临更大的婚姻挤压和其他社会问题。人口迁移和流动也会导致婚姻挤压现象集中在少数落后偏僻地区。男性人口过剩会给国内和国际社会造成安全隐患。

造成婚姻挤压的另外一个是文化因素“择偶梯度”。女性往往更多地要求配偶的受教育程度、职业阶层和薪金收入与自己相当或高于自己，也就是婚姻配对中的“男高女低”模式。在现实中，有利的地理位置和经济发达程度二者高度重叠，所以女性婚姻流动的方向总是：城市、城镇或者农村经济发展好于自己出生的村寨。在这一逻辑中，落后山区的贫困、大龄男青年处于绝对弱势，地域资本化倾向在婚姻中突出显现。特别需要指出的是，边境少数民族除了在区位和经济水平上较其他地区处于弱势，其民族本身因为语言、习俗等和其他地区与民族还存在一定程度上的文化隔阂，也就是说这些未婚男性能选择合适的求偶对象更加稀缺，可以说是处于婚姻挤压的最末端。只能寻求“外溢”可能性，选择“外籍媳妇”。

从农民人均纯收入数据看，云南省的边境县、市都低于云南省平均水平，更远低于全国平均水平。2010 年最低的边境县福贡县，竟然才达到云南省平均水平的 36.94%，全国平均水平的 24.67%。2012 年最低的边境县贡山县，也才达到云南省平均水平的 40.78%，全国平均水平的 27.9%（见表 5－10）。可见，云南省的边境一线地区经济水平和生活水平确实处在全国的最底层，也毫无疑问处于婚姻挤压的最底层。

表 5－10　　云南省近年边境县农民人均纯收入情况

边境县	农民人均纯收入（元）		边境县	农民人均纯收入（元）	
	2010	2012		2010	2012
腾冲县	4048	6122	马关县	3005	4716
龙陵县	3376	4741	富宁县	2739	4644
江城县	2624	4014	景洪市	5036	7574
孟连县	2675	3955	勐海县	3848	5546
澜沧县	2102	3089	勐腊县	3663	5064
西盟县	1949	3148	瑞丽市	4218	5586
镇康县	2782	4637	芒　市	3603	4877
耿马县	3559	5474	盈江县	3716	5641
金平县	2768	3112	陇川县	2740	4186
沧源县	2128	4636	泸水县	2714	3095
绿春县	2119	3035	福贡县	1460	2229
河口县	3436	4758	贡山县	1502	2209
麻栗坡县	2630	4471	合计平均	3198	4422
云南省	3952	5417	全　国	5919	7917

资料来源：2011 年、2013 年《云南统计年鉴》。

（一）婚姻挤压测度研究

婚配性别比方法说明：“婚配性别比是指婚姻市场中人们按照理想的

夫妇年龄差模式择偶，可供选择的男性人口和女性人口之比，而年龄别婚配性别比则是指不同年龄的男性或女性与可选择的异性人口之比。”① 根据郭志刚等的研究，表明我国理想夫妇年龄差范围为 -1—4 岁，且测算了在理想夫妇年龄差下不同年龄差的所占比重。详见表 5-11。

表 5-11　理想夫妇年龄差模式表②

丈夫年龄减去妻子年龄（岁）	4	3	2	1	0	-1	合计
比重（%）	13.98	19.21	19.48	16.86	18.61	11.86	100

经测算，发现计算后的婚姻挤压程度对表内各年龄差的比重数字并不敏感，即稍微改变该假设分布对计算结果的影响不大，因而适用性较为广泛，故采用该年龄模式表。

婚配性别比方法可表示为：对于 x 岁男性而言，其婚配性别比为 x 岁男性人口与可供 x 岁男性选择的理想婚龄差的女性人口之比（以女性为 100），即：

$$MR_x^m = \frac{P_x^m}{\sum_{x-y=-1}^{4} P_y^f \times I_{x-y}} \times 100 \qquad (1)$$

其中：MR_x^m 为 x 岁男性婚配性别比；P_x^m 为 x 岁男性人口数；P_y^f 为与 x 岁男性匹配的婚礼差为 $x-y$ 岁的 y 岁女性人口数；I_{x-y} 为婚龄差为 $x-y$ 岁的夫妇比例。

同样，y 岁女性婚配性别比为可供 y 岁女性选择的理想婚龄差的男性人口与 y 岁女性人口之比（以女性为 100），即：

$$MR_y^f = \frac{\sum_{x-y=-1}^{4} P_x^m \times I_{x-y}}{P_y^f} \times 100 \qquad (2)$$

其中：MR_y^f 为 y 岁女性婚配性别比；P_y^f 为 y 岁女性人口数；P_x^m 为与 y 岁女性婚姻匹配的婚龄差为 $x-y$ 的 x 岁男性人口数；I_{x-y} 为婚龄差为 $x-y$ 岁的夫妇比例。

上述两式是针对特定年龄的男、女性婚配性别比的计算。利用它们可

① 郭志刚、邓国胜：《中国婚姻拥挤研究》，《市场与人口分析》2000 年第 3 期。

② 同上。

以计算不同年龄的男、女性所面对的婚姻挤压的程度。同样的道理，如果我们把婚姻中，初婚的年龄范围作以下定义：男性的初婚年龄范围为22—36岁，女性的初婚年龄范围为20—34岁。那么对于整个初婚市场来说，其婚配性别比就为20—34岁的女性可供选择的所有男性人口与22—36岁男性可供选择的所有女性人口之比，即：

$$MR = \frac{\sum_{y=20}^{34} \sum_{x-y=-1}^{4} P_x^m \times I_{x-y}}{\sum_{x=22}^{36} \sum_{x-y=-1}^{4} P_y^f \times I_{x-y}} \times 100 \qquad (3)$$

其中：MR 为初婚市场的婚配性别比；$\sum_{x-y=-1}^{4} P_x^m \times I_{x-y}$ 为可供 y 岁女性选择的男性人口；$\sum_{x-y=-1}^{4} P_y^f \times I_{x-y}$ 为可供 x 岁女性选择的女性人口。

有了上述的说明，我们即可根据相应的人口数据来测算各年龄和整个初婚市场的婚姻挤压程度。

（二）对云南省人口婚姻挤压的测度

选取云南省2010年人口普查的数据来作为边境少数民族跨境婚姻的人口结构背景。并采用上文的方法（3）对云南省分性别及年龄的人口进行了婚配性别比的测算：

$$MR = \frac{\sum_{y=20}^{34} \sum_{x-y=-1}^{4} P_x^m \times I_{x-y}}{\sum_{x=22}^{36} \sum_{x-y=-1}^{4} P_y^f \times I_{x-y}} \times 100 = \frac{572936.9}{458178.7} \times 100 = 125.05$$

说明：在整个云南省2010年的初婚配比中，为男性婚姻挤压，其中婚配性别比为125.05。

在王卓的研究[①]中，使用未婚人口数据来研究分年龄段的婚姻挤压程度，得到的数据要比使用整体人口的数据更能体现婚姻挤压程度随年龄增长的变化，为了突出年龄别间不同的婚姻挤压程度，也使用未婚人口数作了分性别年龄的婚姻挤压测度［式（1）、式（2）］。结果见表5－12。

① 王卓：《中国婚姻挤压定量研究》，硕士学位论文，吉林大学，2007年，第15页。

表 5-12　云南省未婚人口婚配性别比（测度）

年龄（岁）	未婚男性（人）	未婚女性（人）	未婚婚配性别比（%）	
			男	女
20		26500		192.64
21		22002		131.46
22	27975	17287	201.75	87.89
23	26962	14987	163.81	73.92
24	22371	11629	132.05	66.72
25	17674	8026	130.83	55.15
26	15486	6224	146.05	51.06
27	12522	4473	152.01	43.24
28	11928	3904	193.39	43.65
29	9077	2590	198.50	33.29
30	7397	2054	209.86	30.35
31	6992	1821	253.15	29.99
32	6613	1661	300.38	29.88
33	5692	1197	326.65	23.84
34	5388	1082	366.75	24.08
35	4534		362.88	
36	4431		422.28	

资料来源：云南省 2010 年人口普查资料，为全省分年龄、性别、受教育程度、婚姻状况的人口调查数据。

可以看到，整个男性未婚人口始终处于婚姻挤压状态，并且随着年龄的增长，挤压的程度不断加强（初进入婚姻年龄段的婚姻挤压程度高是因为初婚市场的定义而把男性 22 岁以下、女性 20 岁以下的未婚人群排除在外）。特别是在年龄别为 36 岁时，在理想婚龄差条件下几乎每 4 个未婚男性才有一个理想婚龄差内的未婚女性与之对应。

（三）分民族的婚姻挤压测度

为了分析婚姻挤压对研究对象的作用程度，对所涉及的主要少数民族傈僳族、苗族、哈尼族、傣族，也采用了云南省 2010 年人口普查的数据，利用上文的方法［式（3）］对云南省分民族、性别、年龄的人口进行了婚配性别比的测算，同样把男性年龄定义为 22—36 岁、女性年龄为 20—34 岁，结果见表 5-13。

表 5－13 云南省部分少数民族婚配性别比

民族	婚龄总人口	男性（人）	女性（人）	性别比（%）	婚配性别比（%）
傈僳族	668336	340729	327607	104.01	119.14
苗族	1202705	621721	580984	107.01	113.53
哈尼族	1629508	851064	778444	109.33	121.75
傣族	1222836	609021	613815	99.22	107.68

资料来源：云南省 2010 年人口普查资料，表中为全省各民族分年龄、性别的人口调查数据。

可见，在调查中涉及的少数民族在全省范围内都面临着男性婚姻挤压的情况，程度有所相同，但即便是整体人口性别比女性高于男性的傣族，从其婚配性别比来看，傣族的整个初婚群体也处在男性婚姻挤压的状态之中。

为了更直观地反映各民族婚姻配比情况，对各民族婚姻状况进行了整理，结果见表 5－14。

表 5－14 云南省部分少数民族未婚人口性别比

民族	15 岁及以上人口（人）			未婚人口（人）			
	合计	男	女	小计	男	女	性别比（%）
傈僳族	51501	26138	25363	11947	7758	4189	185.20
苗族	86444	44067	42377	17685	11381	6304	180.54
哈尼族	122812	62849	59963	28584	18967	9617	197.22
傣族	96663	47806	48857	19026	11618	7408	156.83

资料来源：云南省 2010 年人口普查资料，表中为全省各民族分性别、婚姻状况的 15 岁及以上人口调查数据。

由表 5－14 可以直观地看到，四个少数民族里 15 岁以上未婚人口中男性人口的数量和比例都要超过女性，数据也反映了上文测定的四个民族面对的婚姻挤压情况。

（四）人口结构背景下婚姻挤压测度结果的分析

婚姻挤压现象在云南省全省的人口结构背景下不仅是客观存在的，而且从进入婚姻年龄后，随着年龄的不断增长可以看到男性婚姻挤压的程度在不断攀升。根据学界的研究一般认为，当婚配性别比在 101—110 时，属于低度的婚姻挤压。这种程度的婚姻挤压对人群中终身不婚的比例几乎没有影响，只是对夫妇的年龄差和男、女的初婚年龄有一定影响；当婚配性别比在 110—120 时，属于中度婚姻挤压。此时婚姻挤压对夫妇年龄差和男、女初婚年龄的影响较为明显，而且会导致少数处于挤压状态的人口终身不婚，但是其比例较小；当婚配性别比在120—130时，则属于高度的婚姻挤压。在这种挤压状态下，男、女初婚年龄和夫妇间的年龄差都会有着显著的变化，而且有相当部分的人口终身不婚；当婚配性别比在130以上时，就是严重的婚姻挤压。这时男、女初婚年龄和夫妇间的年龄差都会严重偏离正常的水平，而且会有大量的人口终身不婚。①

按照上述的定义，从测度结果中可以看到，云南省的婚配性别比已经属于高度婚姻挤压的状态，而四个少数民族的婚姻挤压状态则横跨低、中、高三种类别之间。但实际上，单独省内某个民族的婚配性别比是建立在这个民族完全是族内通婚这个假设下的，因而将其列出也只是作为人口结构的考察切入点来考察婚姻挤压现象对少数民族的影响情况。那么，又能否简单地从人口结构中得出的婚配性别比的数据来断定，这四个少数民族面临的婚姻挤压程度要低于全省的平均水平呢？答案也是否定的，因为婚姻挤压的作用并不是平均作用于每个处于婚姻年龄的人身上的。婚姻挤压的现实影响，更多的是对在不同年龄、不同地区、不同经济情况、不同文化层次等条件下的婚姻人群产生程度不一的挤压影响。

第三节　经济学解析

经济因素是人口流动和迁移主要的、经常起作用的因素。经济越发展，人口在地区之间的迁移就越受经济条件的制约和影响。跨境婚姻从个体的微观角度看，就是个人由迁出地到迁入地的永久性或长期性的改变。无论是在世界上哪个国家，大多数情况下，人口迁移是为了追求更好的经济收入，从而能有更好的生活水平。

一　经济发展差距的邻国比较

国家和地区之间经济社会发展的不平衡促使人口不断地从经济落后国

---

① 邓国胜：《低生育水平与出生性别比偏高的后果》，《清华大学学报》2000年第4期，第56页。

家和地区向经济发达的国家和地区迁移。分析云南跨境婚姻人数增加迅速的原因，先从各国 GDP 来看，国与国之间经济差距因素造成的边境民族地区跨国婚姻的数量增长上也体现得较为明显。

缅甸被联合国确定为世界上经济最不发达的国家之一。缅甸国土面积 67.6 万平方千米，2010 年人口数量约 6028 万，是一个以农业为主的国家，从事农业的人口超过 60%。

老挝国土面积约 23.68 万平方千米，2013 年人口有 667.6 万，是一个以农业为主的国家。

越南国土面积约 33.12 万平方千米，2013 年总人口约为 8970 万，男性占 50.2%，女性占 49.8%。城市人口占 33%，农村人口占 67%。

根据《缅甸星光报》2012 年 3 月 20 日公布的官方数据，缅甸 2011—2012 财年 GDP 总量为 42.9 万亿缅币，按缅甸央行 4 月公布的浮动汇率（1 美元约等于 810 缅币）及缅甸人口（6038 万）计算，人均 GDP 为 877 美元。另据缅甸估计 2012—2013 财年 GDP 总量为 45.7 亿缅币，按当前官方浮动汇率计算，缅甸 2012—2013 财年人均 GDP 有望达到 934 美元。①

根据国际货币基金组织公布的数据，2012 年中国的人均 GDP 达 6076 美元。根据《中国统计年鉴》，中国 2012 年的人均 GDP 达 38420 元，按当年年底美元汇率折算，约人均 6140 美元，是缅甸人均 GDP 的近 7 倍。调研时，有缅甸华人形容，现在缅甸的经济状况相当于 30 多年前的中国。

2012 年，中国城镇居民可支配收入为 24564.7 元，城镇居民家庭的恩格尔系数为 36.2%；农村居民纯收入为 7916.6 元，农村家庭的恩格尔系数为 39.3%。云南省城镇居民可支配收入为 21074.5 元；农村居民纯收入为 5416.5 元。

据报道，2012 年财年上半年，老挝人均 GDP 达 1355 美元。②

从表 5－15 至表 5－16 的排名，可以清楚地了解云南省周边的毗邻国的经济状况。虽然低于全国平均水平，云南省 2012 年的人均 GDP 为

① 《缅甸人均 GDP 达 800 美元》，2012 年 4 月，中华人民共和国商务部网站（http：www.mofcom.gov.cn/article/i/jyjl/201204/20120408075785.html）。

② 《2012 财年上半年老挝经济发展简况》，2012 年 12 月，中华人民共和国商务部网（http：//www.mofcom.gov.cn/article/：/dxfw/cj/201303/20130300056245.shtml）。

10309.5 元，约合 1660 美元；2013 年人均 GDP 为 25157.57 元，约合 4108.7 美元；2014 年人均 GDP 为 27368.97 元，约合 4310.1 美元；仍然远高于毗邻国的平均水平。

表 5－15　　云南跨境婚姻相关毗邻国人均 GDP 情况比较①

国家	2012 年人均 GDP②		2013 年人均 GDP③		2014 年人均 GDP④	
	世界排名	美元	世界排名	美元	世界排名	美元
缅甸	159	849	157	1113	155	1221
老挝	142	1454	143	1594	142	1693
越南	139	1523	135	1902	135	2053
中国	84	6094	85	6959	80	7589

资料来源：世界货币基金组织 2013、2014、2015 年发布。

表 5－16　　云南跨境婚姻相关毗邻国人类发展指数情况比较

国家	人类发展指数					
	2012 年⑤		2013 年⑥		2014 年⑦	
	世界排名	HDI	世界排名	HDI	世界排名	HDI
缅甸	149	0.498	149	0.483	150	0.524
老挝	138	0.543	138	0.524	139	0.569
越南	127	0.617	128	0.592	121	0.638
中国	101	0.699	101	0.687	91	0.719

资料来源：联合国开发计划署（UNDP）2013、2014、2015 年发布。

---

① 2012、2013、2014 年世界人均 GDP 排名（http：// wenku. baidu. com/link？url＝1Q9ItI）。

② 2012 年世界各国人均 GDP 排名（http：//blog. sina. com. cn/s/blog_9c1cbc1c0101164h. html）。

③ IMF 新鲜出炉的 2014 年各国（地区）人均 GDP 排名（http：//bbs. tianya. cn/post－333－652842－1. shtml）。

④ IMF 新鲜出炉的 2014 年各国（地区）人均 GDP 排名（http：//bbs. tianya. cn/post－333－652842－1. shtml）。

⑤ 2012 年世界各国 HDI 人类发展指数排名，百度网（http：//tieba. baidu. com/p/3035204627）。

⑥ 2013 年人类发展指数，百度网（http：//tieba. baidu. com/p/2817820345）。

⑦《2014 年人类发展指数（HDI）各国排名》，世界人口网（http：//www. renkou. org. cn/policy/2014/618. html）。

这些是不同统计机构的公布数据，虽然有细微差别，但基本代表国家真实的经济状况和实力。由于跨国家，具体的毗邻国边境区域经济情况难以由本课题完成，就宏观层面分析，仍然可以代表国与国之间的经济差距，以及国家国民之间的生活差距。中国与东南亚周边接壤三国的人均 GDP 相差很大，为 4.5—7 倍。保山市 2013 年人均 GDP 为 17704.72 元，约合 2858.74 美元；西双版纳州 2013 年人均 GDP 为 24012.35 元，约合 3877.21 美元；红河州 2013 年人均 GDP 为 22516.99 元，约合 3635.76 美元；德宏州 2013 年人均 GDP 为 18781.52 元，约合 3032.6 美元；临沧市 2013 年人均 GDP 为 16894.03 元，约合 2727.84 美元；文山州 2013 年人均 GDP 为 15539.46 元，约合 2509.12 美元。边境州市的经济发展情况也优于周边邻国。家庭收入情况虽然个体差异较大，但可以推论，中国农村家庭收入也会明显高于周边接壤国的农村边境地区。

从经济收入角度解释，也就不难理解缅甸、老挝、越南新娘纷纷嫁入中国的原因了。她们的动机是想通过婚姻来实现生活的改善、人生的转折甚至是社会阶层的垂直向上流动，以便获得更多的物质经济利益和相对更舒适稳定的生活，更重要的是她们为了后代能有更好的生活，能享受更完善的社会保障体系，即使有风险，也愿意冒险。很多研究已经表明，人们的择偶动机，经济目的居前，生育目的次之，爱情和异性间的相互需要再次之。①

经济学的新古典主义学派理论在分析国际人口迁移行为的动因时，重点是从供需关系来论述。该理论认为国际间的人口迁移是由全球劳动力供需分布的不平衡所导致的劳动力调整过程。经济增长快且缺乏劳动力的国家比经济发展缓慢且劳动力充裕的国家可得到更高的工资收入。工资水平的地区差异导致人们从后一类国家流向前一类国家，这一过程一直持续到工资水平的差异与迁移费用达到平衡才终止。② 就这一理论而言，具体到我们所调研的云南跨境婚姻问题，原因确实是劳动收益的差距造成的边境边民的劳动力流动。我们所访谈到的跨境婚姻与对方认识的地点，很大部分是到对方国家打工相识。如很多女孩跨境到中国边境一线城镇打工，做餐饮的较多。中方男子是跨境割胶、砍甘蔗等，然后直接收购卖给中方橡

① 梁青岭：《现代婚姻社会学》，社会科学文献出版社 2009 年版，第 96 页。

② 张晓青：《国际人口迁移理论述评》，《人口学刊》2001 年第 3 期，第 43 页。

胶厂和糖厂（一方面挣工钱，另一方面挣差价，还有更重要的目的是去寻找外籍对象）。

二　供需关系分析

新古典主义的供需关系模型解释国际间人口迁移行为，认为：特定生产要素的流动决定市场的供求关系，即需求的量取决于市场上用于购买的货币量，而这个货币量最终是由一定的分配关系决定的，且一定的分配关系又取决于一定的社会性质和消费者的社会地位。这里引用供求理论分析方式，假设跨境婚姻的供给方为“外籍媳妇”和需求方为“中方边境男子”两者之间形成互动关系，试图揭示跨境婚姻的实质问题。

把“外籍媳妇”假设为经济学意义上的供给方，评价供给方质量属性的指标有：相貌、健康状况、年龄、文化水平等。那么，相貌标致的要优于丑陋的、健康的优于不健康的程度、年龄小的优于年龄大的、文化程度高的优于文化程度低的。把中方男子看作对这种供给的需求者，除特殊原因外，供给与需求一般由“跨境婚姻”中涉及的价格与数量决定。在跨境婚姻市场中，中方需求量取决于中方边境男青年的收入，由于他们的生存地域是边疆落后地区，处于相对贫困状态，其消费婚姻市场本土供给能力必然处于劣势（娶不到本地媳妇，难娶到外籍媳妇，拖延至大龄未娶），但是对边境周边的外籍男性来说具有很强的比较竞争优势，随着近年经济发展和收入增加，这种比较优势更为明显，娶“外籍媳妇”人群增加（娶外籍媳妇的价格低于娶中国媳妇的）。

供给方面：由于缅甸、老挝和越南总体的经济发展比中国及云南低得多，造成供给曲线向右移动，供给量增加（外籍女期望更好的生活）。随着中国的经济社会持续健康发展，政局稳定，边境和谐，民族团结，生活水平持续快速提高，对“外籍媳妇”的吸引力增强，造成其供给曲线向右移动，供给增加（见图5－1）。以上推拉两个因素都促使“外籍媳妇”供给量增加。

需求方面：中方边境男子择偶时可选择中国或外籍媳妇，两者存在替代关系，互为互补。由于中国本地姑娘大部分外出打工且嫁到外地，再加上中方边境男子相对于内地属贫困、大龄，处于婚姻市场底层，甚至连“便宜”的“外籍媳妇”也无法娶，本调研的村寨中仍有数量颇多的大龄男子。随着国家经济发展和边疆的繁荣，人民生活水平的普遍提高，以及

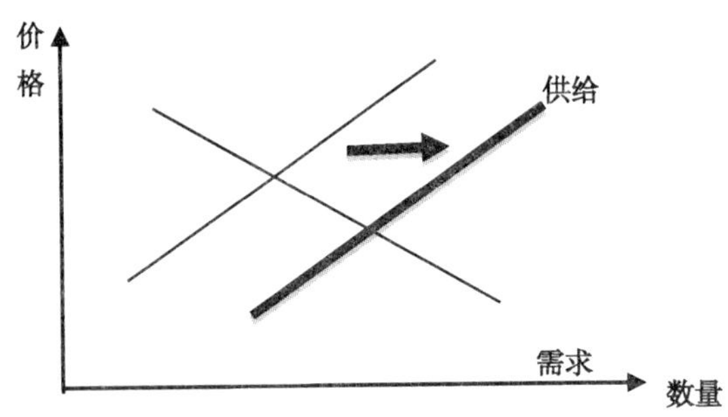

图5－1　供给关系变化示意图——供给增加（外籍媳妇供给量增加）

国家惠民政策的不断推出，内在需求和外部竞争优势合力推动下，边境男青年对“外籍媳妇”的需求增加（见图5－2）。

由于“外籍媳妇”在生活安排和社区环境融合、规避管理风险等方面存在着隐性成本，所以在选择“外籍媳妇”时需要一个溢价补偿，这个补偿就是娶“外籍媳妇”的显性成本（聘礼金以及婚礼涉及的开支等）要比娶中国媳妇低，即娶外籍姑娘比中国姑娘花费少。从需求的收入弹性分析，把“娶妻结婚”视为一场需求方付出成本高低的选择，随着收入①的增加，高收入的男子更加看重“媳妇”的各种条件，倾向于选择各方面条件更好的、风险很低和隐患极少的中国姑娘。随着中方男子收入的持续增加，“外籍媳妇”的收入弹性较大程度低于“中国媳妇”的收入弹性，这解释了总体上娶外籍姑娘的人群的收入低于娶中国姑娘的人群的经济学意义②。低收入中方边境男子随着收入水平的增加会导致对“外籍媳妇”的需求曲线向右移动，需求增加（有能力娶外籍媳妇）。

本地婚姻适龄女性是跨境婚姻适龄女性的替代品，由于中国当地姑娘外出务工、留在外地、嫁到外地、当地男女比例失调等因素，造成“中国媳妇”的供给减少，替代效率降低，本地婚姻的供给减少也造成需求

① 收入可以用中方男子总体价值的折现值来表示，分为两个部分，第一是存量财富，包括银行存款和土地、山林、房屋等固定资产；第二是流量财富，等于收入与支出的差额，收入包括劳务性收入和国家的各项政策补贴和福利等，支出可以由对父母的赡养和对家庭已有子女的抚养支出构成。

② 调研数据显示：跨境婚姻家庭的人均收入明显低于当地平均水平，大多数属于贫困家庭。娶中国当地姑娘的成本远高于娶外籍姑娘，相差甚至是10倍的价格。收入水平低的人群，趋向于娶“便宜”的媳妇。

曲线向右移动，需求人群（大龄剩男）增加（见图5－3）。

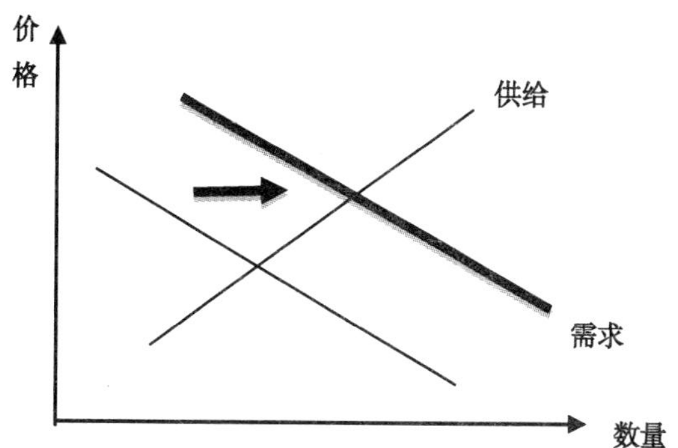

图5－2　供给关系变化示意图——需求增加（中国男子需求量增加）

按法律条文，政府对非法入境的人员是要驱逐出境，因此涉外非法婚姻对供求双方都存在风险。随着以人为本和人道主义思想在社会管理过程中的体现，当地基层管理部门在执法过程中更多的是对非法“外籍媳妇”采取比较宽容的措施，降低了供求双方的风险，使得供给和需求曲线都向右移动，供给和需求都增加。最后导致“外籍媳妇”的供给与需求都同向增长，结果是均衡数量增加（见图5－3）。

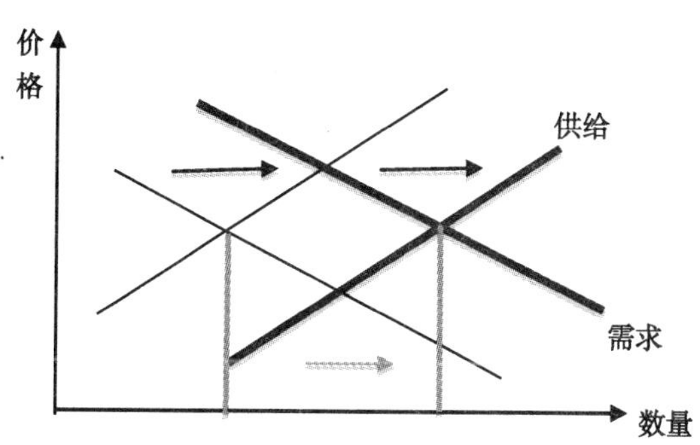

图5－3　跨境婚姻供给关系变化示意图——外籍女供给和中方男需求都增加（总量增加）

（价格的表达是：婚姻显性成本与隐性成本之下的总价格；数量为供给和需求总量）

跨境婚姻问题凸显，有社会原因，更有经济原因，简言之，供需关系成立意味着仍将持续不断进行交换，低成本更促使交易数量的增加。

上述的分析，试图从经济学的供求理论来解释为什么近年来“跨境婚姻”数量迅速增加。跨境婚姻问题凸显，有社会原因，更有经济原因，简言之，供需关系成立就能持续不断进行交换，成本适中更促使这种交易数量的增加。

针对上文分析，基于经济学的管理方式提出以下尝试性建议。

对缅甸新娘进行歧视甚至驱逐出境的管理手段，给消费（娶）“外籍新娘”的家庭造成风险，称为风险性管理手段；让跨境婚姻群体通过支付一定的价格购买合法身份的权利，进而消除风险的管理手段，称为税收性管理手段。

风险性管理手段的特点是执法效率低（跨境婚姻的外籍配偶躲避执法，或被驱逐出境后又重新返回）、执法的行政成本高（跨境婚姻群体主要居住于边远山区且分散）、执法的心理成本高（执法给执法人员和跨境婚姻家庭乃至社会带来心理上的压力和伤害）；税收性手段的特点是执法效率高（该群体的配合意愿高）、执法的行政成本低（执法需要配备的人员和资源少）、执法的心理成本低（执法人员、该群体和社会都不会产生不良的心理反应）。

这是试图解释给予“外籍新娘”一个获得正式身份渠道的合理性。把执法手段的重心由风险性转移到税收性，既可以对购买合法身份的那部分进行规范化的管理，又缩小了风险性管理手段的执法口径，只需要对不愿意购买合法身份的那一部分进行风险性手段管理，大大减轻了基层执法力量的负担，把更多的执法资源投入到其他需要的地方。与此同时，税收性手段可以起到对“外籍新娘”的经济杠杆作用，可以根据需要（在不高于因风险因素给该群体造成的成本的前提下）灵活地调整税率，使税率成为对新增“外籍新娘”的控制变量。另外，这种转移还可以起到筛选的功能，对风险不敏感而对税收敏感的人群类型属于风险偏好型，这类“外籍新娘”来到中国往往也倾向于有非合法性的动机（如骗婚），对社会的危害相对更大；相反，愿意接受税收性手段管理的属于风险回避型，她们来到中国多数出于安安稳稳过日子的目的，希望通过努力改善生活，对社会的危害小。最后，税收性管理手段还可以获得税收收入。

三　跨境迁移的相关分析

结婚总是伴随着配偶双方的任意一方要迁移到另一方定居生活，这就是人口的迁移。关于人口迁移的理论很多，在此，我们尝试将几种理论应用于跨境婚姻的原因分析，以期解释跨境婚姻近年逐渐增加的缘由。

（一）“外籍媳妇”迁移决策与收益

新古典主义经济学派的观点是把个人作为分析人口迁移机制的合适分

析单位。但是，新家庭经济迁移学派认为，个人迁移决策通常是看重整个家庭收益最大化而定。这个观点来源于人们集体行动会使预期收益最大化和风险最小化的思想[①]。因此，跨境婚姻不仅仅要使跨境嫁娶的个人利益最大化，而且是她（他）们原家庭共同收入来源多元化的重要途径，这样可以使他们的家庭在制度不完善的社会中面临风险时增加抗压能力。

此理论完全能解释云南省周边接壤国家的许多“个人”嫁入中国的理由。边境“外籍女”在本国的生活状况普遍比嫁入的中方家庭差，在调研访谈中了解到，这些跨境婚姻的“外籍女”通常姊妹较多，一般是3—10个，并且，大多数是家里的大姐或者年长者，早就承担着养家的责任。她们很多是外出（在本国或中国）打工时认识所嫁的丈夫；有些是亲戚介绍认识的，有些是家里有人已经嫁到中国（上辈或同辈，有的就是一家的姐妹），对中国边境一线的生活有基本了解，虽然跨境婚姻有一定的风险，但是可预期的收益对她们的家庭来说绝对是最大化的。首先，她们的父母会收到一笔彩礼，虽然对于中方来说是低于当地婚俗价格，但是这笔彩礼对于外方村寨来说，远远高于他们当地婚俗价格，因此，嫁女到中国，对于外籍家庭是收益最大化。其次是女孩本人，如果嫁到自己国家本地，家庭生活依然是不如中方生活，嫁入中国将来的新生活一定会更好。如果嫁到自己国家本地，她已经能预期自己的生活模式：生许多孩子，过着和父母一样的生活；最后是子女问题，她们的子女又重复父辈的生活。但是，嫁到中国，孩子理所当然就是中国人，她们后代的生活方式和生活环境从此改变。她们普遍都知道，中国近些年的惠民政策，都觉得中国人的生活有保障，生活福利待遇好。

这样看，“外籍女”嫁到中国，三代人都实惠，绝对是使“全家人收益最大化”的理性选择。

（二）“外籍女”跨境婚姻的“推拉理论”

西方古典推拉理论认为，在市场经济和人口自由流动的情况下，人口迁移和移民搬迁的原因是“大多数人希望在物质方面得到改善的欲望”[②]，解释了迁移的根本机制是人们可以通过搬迁改善生活条件。“推力”是消极因素，促使移民离开原居住地，“拉力”是积极因素，吸引怀着改善生

① 张晓青：《国际人口迁移理论述评》，《人口学刊》2001年第3期，第42页。

② E. G. 雷文斯坦：《人口迁移的规律》，《皇家统计学会杂志》1889年第43期，第286页。

活愿望的移民迁入新的居住地。人口流动和迁移就由这两方面力量前拉后推所决定。现代推拉理论认为，迁移的推拉因素除了更高的收入以外，还有更好的职业、更好的生活条件、为自己与孩子获得更好的受教育的机会以及更好的社会环境。

英国人口学家 E. G. 雷文斯坦（1966）提出“推拉理论”，并补充了一个中间障碍因素，即距离远近、物质障碍、语言文化的差异，以及移民本人对于这些因素的价值判断。人口流动是以上三个因素综合作用的结果。任何迁移行为都是几个推力和拉力共同起作用并且相互影响。如果是宏观层次的国际迁移，还要考察影响迁移的外因（政治制度、战争因素等）。

雷文斯坦在1880年所撰的《人口迁移的规律》提出了七条规律：第一，人口的迁移主要是短距离的，方向是朝工商业发达的城市；第二，流动的人口首先迁居到城镇的周围地带，然后又迁居到城镇里面；第三，各地的流动都是相似的，即农村人口向城市集中；第四，每一次大的人口迁移也带来了作为补偿的反向流动；第五，长距离的流动基本上是向大城市的流动；第六，城市居民与农村居民相比，流动率要低得多；第七，女性流动率要高于男性。[①] 现在看来，中国的当代人口流动规律也很大程度上如此。

西方古典推拉理论认为，在市场经济和人口自由流动的情况下，人口迁移和移民搬迁的动因是“大多数人希望在物质方面得到改善的欲望”，解释了迁移的根本机制是人们可以通过搬迁改善生活条件。“推力”是消极因素，促使移民离开原居住地，“拉力”是积极因素，吸引怀着改善生活愿望的移民迁入新的居住地。人口流动和迁移就由这两方面力量前拉后推所决定。现代推拉理论认为，迁移的推拉因素除了更高的收入以外，还有更多期许，如更好的职业、更好的生活条件、为自己与孩子获得更好的受教育的机会以及更好的社会环境等。

跨境婚姻的出现和增长是符合人口迁移规律的：一是短距离，朝工商业和经济更发达的地区流动；二是农村人口向城市集中，先迁居到城镇的周围地带，再迁居到大城市；三是发达地区居民与落后地区居民相比，流动率要低得多；四是女性流动率要高于男性。

---

① “推拉理论”（http：//baike. baidu. com/view/2108609. htm？ fr = aladdin）。

用“推拉理论”分析跨境婚姻人数的增加，有其客观必然性。在对跨境婚姻家庭的调查中了解到，促使中方男子娶外籍媳妇的因素有：农村太穷、自己家庭收入水平低、自己文化程度低、年龄偏大、娶不到本地媳妇、娶外籍媳妇成本低、想有个完整的家庭、传宗接代的需要、正常生理需求等。以上这些可看作推力——促使这部分男子娶外籍媳妇。云南周边国家总体经济社会发展水平远低于中国、中方男的收入水平高于外籍当地男、中方农村整体收入水平高于外方、中方惠农政策好于外方、中方社会保障优于外方等，以上这些可以看作拉力——吸引外籍女嫁到中国。促使外籍女性跨境嫁到中国的因素有：家乡生活贫困、家乡缺乏更好的发展机会、对在家乡总体的社会环境不满意、家乡封闭保守落后（如要生多个孩子等）、家乡受教育机会少（调研数据显示，跨境婚姻外籍人员的平均受教育年限仅3.27年）、向往改变自己的生存状态等，以上这些可看作推力——促使她们嫁到中国。再加上居住在中国边境一线，有语言和文化相近的条件等（中间障碍少），最重要的是有条件在婚前接触到结婚对象（绝大多数是婚前认识的），虽然是跨境结婚（有风险——婚姻很难合法登记，事实上他们对风险的意识很薄弱），她们也不觉得有何不妥。跨境婚姻的中间障碍因素主要包括国籍、身份确认、语言文化的差异等，但是大多数跨境婚姻的外方人员对于以上这些因素的价值判断是：国籍因素几乎可以忽略；只要在村寨里办了结婚仪式（请客），村寨里的村民都认可其媳妇的身份；语言上大多数是无交流障碍（属于同民族）；生活习俗相近（居住地紧邻）。

可见，推和拉的因素对跨境婚姻双方的影响是一致的，跨境婚姻就是基于上面三个因素的综合力量促成。理论上，我们要调整和消除其促成的因素，才能有效减缓跨境婚姻的增加。事实上，在短期内要通过调整推力和拉力所起的作用是非常有限的。

（三）跨境婚姻网络与效益

社会资本是“投资在社会关系中并希望在市场上得到回报的一种资源，是一种镶嵌在社会结构之中并且可以通过有目的的行动来获得或流动的资源”[①]，是实际的或潜在的资源的集合体，是有利于形成经济效益的

① Lin Nan：*Social Capital：Theory of Social Structure and Action. Cambridge*，London：Cambridge University Press，2001.

网络关系，社会资本以关系网络的形式存在。社会资本具有先在性，它存在于一定的社会结构之中，人们必须遵循其中的规则才能获得行动所需的社会资本，同时具有人的行动的能动性，人通过有目的的行动可以获得社会资本。

国际人口迁移行为除了受入境政策调整和宏观经济作用影响，还主要受社会、政治气候、迁徙机会等的影响，迁徙动机要更强烈、更复杂。当迁移者在迁入国定居，一定数量的迁移者网络可能形成。并给跨境迁移施加惯性，即促使迁移不断进行和规模更大。移民网络是一系列人际关系的组合，是一种社会资本，其纽带可以是血缘、乡缘、情缘等。这些基于亲属、友情关系所建立起来的一系列特殊联系网络形成后，移民信息可以更准确、更广泛传播，移民成本和风险可能因此而降低，预期纯收入可能会增加，从而不断推动移民潮①。随着跨境婚姻行为的不断增加，跨境婚姻人群网络建立，这将通过人际网络扩散过程而自身发展下去，除非跨境迁移发生的原始环境发生重大改变。尤其在发展中国家，随着时间推移，向特定地区定向移民可能融入某地的乡俗民风，不再与经济、政治条件直接相关。

根据社会资本理论，迁徙流一旦产生，会随着增加为人口迁徙服务的需求；会加强交通、通信、文化等的联系，以达到减轻迁移难度和降低迁移风险成本的目的；会形成迁移者社会网络。并且，根据连锁因果关系观点，每一次迁移行为会引起迁出地居民的收入变化，社会和经济状况的改变，这些最终会通过“网络”的力量日益显示出强烈的持续迁移倾向。

对外籍媳妇输出国来说，嫁出女寄回家乡的外汇收入，将增加原地居地家庭的收入，从而使那些没有嫁女出国收益的家庭增加“相对失落感”，进而激发同类人员输出。迁移者本身构成迁移文化的一部分，并可能带动其亲朋好友移民。因此，跨境婚姻行为有其自身内在的延续性。

在云南中缅、中老、中越边境一线的跨境婚姻社会网络中，确实形成了一系列的人际关系组合。首先，中方未婚大龄男子看到同样情况的熟人已经娶外籍媳妇、生子、生活不错，且花费较少，他们便主动跨境到缅甸、老挝、越南等去打工，目的性很强，就是去找媳妇。据调查，大约有一半的跨境婚姻是这样促成的。外籍适婚年龄女子，看到亲戚熟人已经嫁

① 张晓青：《国际人口迁移理论述评》，《人口学刊》2001 年第 3 期，第 43 页。

到中国，父母得到彩礼多于当地，返乡探亲访友行为频繁，她们也会主动跨境到中国边境一带打工，以期寻找对象。双方需求和供给达成一致。这样的过程还有熟人圈子介绍的，有约 1/3 的情况是由亲戚、朋友介绍认识，而后相处成婚的。中方有一家三兄弟都娶外籍媳妇的，有一家 2 代都娶外籍媳妇的，外方有二姐妹都嫁在中方附近村寨的案例，且各地都有。

连锁因果关系：由于输出国和接收国的社会经济结构，所以每一次迁移均会改变后续的迁移决策。对外籍媳妇输出国来说，嫁出女寄回家乡的外汇收入，将增加原地居地家庭的收入，从而使那些没有嫁女出国收益的家庭增加“相对失落感”，收入渠道的改变，影响了家庭在社区中相对社会地位排位的变化，进而激发同类人员输出。迁移者本身构成迁移文化的一部分，并可能带动其亲朋好友移民。因此，跨境婚姻行为有其自身内在的延续性和不断重复的趋势，示范效应很强。

国际间人口迁徙原因的复杂性决定了迁徙理论的多样性。国际间人口迁徙主要受社会、政治气候、迁徙机会等的影响，迁徙动机要更强烈、更复杂，迁移行为与国家经济政策、政治政策、社会政策等有千丝万缕的联系。

推拉理论解释了发达国家吸引国际人口迁移的原因，也就解释了边境一线的中国男子为何吸引周边国外籍女子嫁入；社会资本理论解释了迁出地和迁入地之间结构性的联系是怎样产生的，也就解释了跨境婚姻人群互相联系、互相介绍，圈子扩大迅速的原因（现在跨境婚姻已经从边境一线扩散到内地纵深，有的已嫁到了山东、河南等省）；新家庭经济迁移理论解释了人们的迁移动机，也就解释了跨境婚姻外籍人员的改变生活的渴望动机；连锁因果关系则描述了迁移行为怎样推动个人迁移动机和社会经济结构的改变，从而使迁移自我推动和发展。这些理论解释了跨境婚姻人群扩大迅速的根本原因。

经济学原理解释了跨境婚姻发生的合理性，那么，解决之道就不应该是简单的管理边民，控制外籍女嫁入，而是按照经济规律来出台政策和进一步规范管理，才会行之有效。

第六章

云南省跨境婚姻的特点分析

第一节　云南省跨境婚姻总体情况

对于云南省跨境婚姻的总体情况，云南省政府的相关部门做过许多的调研和统计，但是，由于跨境婚姻并不是政府任何部门常规的统计项目，因此，要在某时间点得到完整的数据是相当困难的。这也是本研究的现实意义所在：呼吁政府相关部门的重视，把跨境婚姻的登记制度纳入法律法规层面。

本研究入户调查的重点在保山市、西双版纳州和德宏州，一斑窥豹，保山市的情况展现了跨境婚姻问题的典型情况和云南省边境州市的普遍情况。

一　云南省跨境婚姻人群呈快速上升趋势①

全省的各边境州、市同样是跨境婚姻人数增加快速。据各州市的调查统计，德宏州：截至2011年中期，德宏州有跨境婚姻13884人，其中入境通婚13422人（均为缅籍人员），出境通婚462人。入境婚姻中，少数民族占比为80.15%。22个边境乡中，跨境婚姻家庭与农业户数的最高比例为43%（芒海镇），最低的也有3.5%。跨境婚姻家庭已经占全州家庭总户数的6.18%，边境乡镇跨境婚姻家庭的平均占比已为11.5%，最典型的芒市遮放镇邦达村已占到全村户数的90%。临沧市：2009年有跨境

① 云南省各州市县综治部门调研统计。因为跨境婚姻不是常规统计项目，无连续、完整数据。

婚姻家庭3888户，到2011年有4696户，年均增长10.4%，其中，边三县有3316户。红河州：边三县有越南籍跨境婚姻家庭1208户。西双版纳州：2012年有跨境婚姻家庭1536户。文山州：有跨境婚姻家庭3259户，入境人员为越南籍。保山市：截至2012年末，保山市已有跨境婚姻7483人，其中7344人为入境婚姻，139人为出境婚姻。跨境婚姻人员99.996%为缅甸籍。到2013年底，有入境跨境婚姻8083户，比上年增长10.06%。除了人数增长快，还有边境县、乡镇覆盖面广、逐渐向内地区域延伸的特点。

据省社管综治办的调查统计：截至2012年一季度，全省跨国婚姻总户数为27199户（其中与缅甸籍通婚的有16185户，与越南籍通婚的有9196户，与老挝籍通婚的有1483户），其中非法婚姻的有15476户，占56.9%。到2012年底已经有32066户。那么，仅一年内，云南省跨境婚姻增长率已经达18.26%。

保山市所辖的一区四县、72个乡镇全都存在跨境婚姻情况，仅是人数上有多有少。边境县、乡、村的情况明显更突出。

从表6-1可以看出，这些乡镇近13年的跨境婚姻人数增长迅速，年均增长达11.6%—34.9%。具体看，是从2008年后增长速度明显加快。从分布上看，几乎是遍及各乡镇各村。除个别情况外，保山市的跨境婚姻人员99.996%为缅甸籍。这与接壤哪国直接密切相关，如红河州涉边三县绿春县、金平县、河口县与越南籍公民通婚的几乎为100%。

表6-1　保山市乡镇跨境婚姻人数变动情况　单位：户

	龙新乡	丙麻乡	瓦房乡	蒲缥镇	镇安镇	太平镇	老麦乡	仁和镇
2000年	95	1	6	19	56	17	12	29
2013年	508	49	71	91	594	92	83	121
年均增长率	13.8%	34.9%	20.9%	12.8%	19.9%	13.8%	16.1%	11.6%
	平达乡	清水乡	浦川乡	中和镇	马站乡	水寨乡	瓦渡乡	水长乡
2000年	21	6	18	37	4	4	2	8
2013年	334	58	164	151	67	73	65	40
年均增长率	23.7%	19.1%	18.5%	13.2%	24.2%	25%	30.7%	13.2%

资料来源：调研数据。

二　云南省跨境婚姻的特点分析

（一）跨境婚姻办证率普遍都低，各地差异很大

据省社管综治办的调查统计：截至2012年一季度，全省跨境婚姻办证率为43.1%。其中，西双版纳州的跨境婚姻办证率为21.3%，临沧市为32.8%，保山市为15.2%。

本研究2013年1月至2014年5月期间调研走访了6个边境州市的10个县区18个乡镇，数据基本反映了云南省跨境婚姻的现状。

西双版纳州景洪市跨境婚姻办证率为24.43%，而勐腊县为4%。保山市总体办证率2012年底为8.24%，2013年底为8.97%；保山市龙陵县为19.4%，腾冲县为16.78%，昌宁县为3.72%，隆阳区为3.58%，施甸县为0.388%；文山州马关县2012年的办证率为0.374%，麻栗坡县为0.241%。各地的跨境"事实婚姻"现象十分突出。可见，办证率低是全省各边境地区普遍存在的问题。

但是，办证情况各地差异很大，以保山市腾冲县为例，其明光镇为32.8%（都为2002年前办理，以后一户都未办理），滇滩镇为3.95%，猴桥镇为0。总体上，保山市是严格按照相关规定办理，因此办证率较低。

大致上，全省跨境婚姻办证率在0—40%之间。德宏州相对办证率最高，据调查数据，瑞丽市的办证率为64.84%；临沧市、西双版纳州次之，保山市是中间偏低水平，办证率为8.97%，文山州最低，2个边境县麻栗坡县和马关县办证率还不到0.4%。

（二）跨境婚姻的外籍人员绝大多数为女性

保山市跨境婚姻家庭的外籍女性占95.17%，其中，保山市龙陵县为97.86%，腾冲县为96.18%，昌宁县为96.18%，隆阳区为83.73%，施甸县为96.87%。

红河州边三县绿春县、金平县、河口县的跨境婚姻家庭中，越南女性嫁入我国边境村寨的占99.7%。

德宏州的瑞丽市外籍男性入赘到中国的人数占17.31%，是所调研的边境县市中最高的。据访谈资料，有一部分是中方家庭只有女儿，需要男性入赘支撑家庭；有一部分是中方女性家庭条件好，选择了外籍男性，要求其到中国成立家庭；有一部分是外籍男性先到中国当佛爷（小乘佛教

的宗教人士），而后还俗，在当地寻妻结婚（他们实际上在中国已经生活多年）。

（三）中方男性初婚年龄普遍较大，夫妻年龄差异很大

边境地区跨境婚姻的中国男性初婚年龄普遍较大，而跨境婚姻的女性初婚年龄正常。由调研样本数据得出，跨境婚姻男性平均年龄为 27.82 岁，女性为 22.77 岁，平均年龄相差 5.06 岁。年龄差最大为 20 岁。男性在 21—25 岁时结婚的占 43.67%，说明：娶外籍媳妇是边民的一种理性选择；26 岁以上结婚的占比 54.33%，说明：大部分还是因为年龄偏大才娶外籍媳妇。比较男女年龄结构得知，男性年龄分布较为均匀，在每个年龄区间均占一定比重；而女性年龄分布更加集中在适婚年龄段。

比较普通人群情况：云南省 2010 年人口平均初婚年龄为男性 23.2 岁，女性 21.1 岁，婚龄差 2.1 岁。男性明显受教育程度的影响，受教育程度越低，初婚年龄越大。女性变化不明显。

这足以说明大龄问题是跨境婚姻行为的促成因素之一，另外夫妻年龄差较大也是跨境婚姻的特异性之一，可被认为是婚姻不平等的情况之一。

（四）跨境家庭的平均收入低，大多数属贫困家庭

从宏观层面看，中国的经济发展强于周边的毗邻国家；从微观层面看，中国经济发展较落后的边境地区的边民收入也要高于周边毗邻国的边民收入，这是造成跨境婚姻的决定性因素。当然，所调研的跨境婚姻家庭情况也各异。

由调研数据可知，跨境婚姻家庭人均年收入在 2001—4000 元的最多，占比 34.81%。人均年收入在 2000 元以下的占比 22.15%，应该是特困家庭。人均收入在 10000 元以上的很少，仅占 13.92%，都集中在西双版纳的勐腊县，这些家庭的收入主要来源是橡胶林和租地收入。据了解，这些家庭在本村寨也是低收入，这些村寨的富裕家庭可达十几万甚至几十万的年收入。

保山市的调研具有点、面和量的代表性，从数据看，涉及入户调研乡镇的农民人均纯收入为 5738.4 元/年，保山市的农民人均纯收入为 6409.8 元/年。而跨境婚姻家庭的人均纯收入为 4471 元/年，明显低于平均水平。

其他州县的情况也类似，跨境婚姻家庭绝大多数是当地贫困家庭。临沧市、怒江州、文山州的边民与外籍人员通婚的有 90% 以上属于贫困家

庭。当然，其中也有家庭条件很好的代表，说明：跨境娶妻也是自愿的理性选择。

（五）跨境婚姻家庭生育子女的落户情况，各地有差别

调研的跨境婚姻家庭所生育的孩子，户口问题也是亟待解决的问题之一。孩子没有户口，使家庭的压力巨大，除了目前存在的生活困难问题外，后续问题更严重。落户问题，各地的情况也存在差异。临沧市2011年跨境婚姻家庭落户率为50.43%，保山市2012年为59.67%。管理严格的地区，孩子落户较少，如红河州的河口县、文山州的马关县和麻栗坡县，他们所面临的困扰更甚。

从调研样本数据看，一孩落户情况平均为80.14%，二孩落户情况平均为69.23%，三孩落户情况平均为83.33%。三孩普遍是大龄的孩子，是早期就落户的，另外样本数少，也是造成比例高的因素。

孩子的户口问题，涉及合法身份带来的一切中国公民的权益保障，从受教育、各种社保（医疗、养老及低保等）到将来的生存和发展。孩子户籍带来的潜在问题最大，牵涉到土地分配、就业、社会保障等一系列人生关键问题。

（六）跨境家庭的平均受教育程度低，整体素质较差

跨境婚姻家庭夫妻双方的受教育程度都非常低。总体上，中方家庭成员受教育程度稍高，平均为5.29年，外籍成员为3.27年。外籍成员有一半是文盲，基本没有上过学。中方成员有一半以上为小学文化，有的小学也没有毕业。

跨境婚姻家庭人口素质整体偏低。无论是文化水平、综合素质还是思想意识都在当地平均水平以下，他们大多安于现状，生产技能低下，生活方式落后，还有相当一部分少数民族听不懂、不会说汉话，要翻译才能完成调研访谈。适龄儿童入学率也相对较低，巩固率不高，辍学情况也较为严重。如德宏州跨境婚姻的外籍妇女93.9%为初中以下文化水平，临沧市外籍人员58%为文盲。

（七）跨境婚姻中异质性家庭较多

在跨境婚姻家庭调查中，从年龄看，在适婚年龄结婚的占37.34%，其余的为大龄结婚，且中国男性大龄，外籍媳妇为正常结婚年龄。这是婚姻异质性的一种情况，且是情况较好的，因为男性年龄偏大并不影响婚姻的关系与家庭和谐。

另外一种情况是再婚中国男性人群较多。由于种种原因，再婚男性选择了外籍媳妇为偶，这样的人群有的家庭夫妻年龄差很大，有相差 20 多岁的，大部分年龄差都较夫妻均为初婚的年龄差大。还有的家庭是因为男性有疾病、贫困、有不良嗜好等，在当地找不到媳妇，才跨境寻妻，这些都是家庭不和谐的潜在因素。

有的家庭是同族通婚，夫妻语言和习惯相通，生活相处没有问题；但是也有不少家庭夫妻是语言不通、生活习惯不同的，甚至有些外籍媳妇连干农活和做饭都要从头学起，这样也会造成不适应与不和谐。

从调研的情况看，整体上，跨境婚姻家庭还是比较稳定的，离婚的不多，但也有适应不了“跑回家”的。如果牵涉离婚，便成为大问题，因为大部分跨境婚姻是没有领证的，要“离婚”法律法规是不适用的。

很多跨境非法婚姻家庭的婚姻关系不稳定，非婚嫁入的外籍妇女处于弱势地位，一旦出现家庭危机，很容易引发不孝敬父母、不抚养孩子等家庭矛盾。由于个人权益无保障，因而也就不重视家庭。

（八）跨境婚姻逐渐向内地延伸

据调研，跨境婚姻的情况不仅仅在边境县区，而是已经延伸到内地县区。如保山市除了边境二县外的所有县区均有跨境婚姻现象。事实上，据多项国内报道，非法跨境（国）婚姻已经在全国多省出现。如河南电视台报道的邯郸市 2014 年 11 月出现的百位“越南新娘”集体携款与中介逃跑的事件，2013 年的“越南新娘”团购事件，都证明跨境婚姻在内地的出现并非个案。另外，各种媒体报道过的福建、河南、内蒙古、河北、山东等地，都有跨境婚姻的案例。

总体上，云南省跨境婚姻的特点是：人数增长快、地域分布广、非法婚姻占比大、配偶双方文化层次低、大多数为贫困家庭、少数民族人群占比较大、逐渐向内地延伸。另外，目前跨境通婚现象已经扩散到内地州县，有的已经到内地省区。此外，还存在买卖人口、买卖婚姻、骗婚等非法犯罪情况。

第二节　云南省跨境婚姻现状比较分析

我们调研所得总的样本数为 161 个，其中保山市 70 个，西双版纳州

39个，红河州26个，临沧市18个，文山州8个。云南边境地区跨境婚姻大多数为中国男性娶外籍女性。在这次调研中，外国男性入赘到中国的共有3例（临沧市1例，保山市2例），占比1.87%，外籍女性嫁到中国的占比98.13%。

一　跨境婚姻情况的异同

（一）办证率都低，各地差异很大

调研数据显示，云南省边境地区中老、中缅、中越边民通婚办理结婚证比率普遍较低（见表6－2）。

表6－2　　调研各地跨境婚姻家庭领结婚证情况

地区	保山市	版纳州	红河州	临沧市	文山州	德宏州	加总
样本数	70	39	26	18	8	28	189
领证数	5	17	2	17	0	2	43
占比（%）	7.14	43.59	7.69	94.44	0.00	7.14	22.8
统计数据领证占比（%）	8.08			42.7			

注：统计数据获得不全，仅有两地。

另外，据一些部门统计数据显示，西双版纳州景洪市跨境婚姻办证率为24.43%；保山市龙陵县为19.4%，昌宁县为3.72%，隆阳区为3.58%，施甸县为0.388%；德宏州芒市中山乡办证率为21.8%；文山州马关县2012年的办证率为0.374%，麻栗坡县为0.241%。“事实婚姻”现象十分突出。可见，办证率低是全省各边境地区普遍存在的问题。

但是，办证情况各地差异很大，以保山市腾冲县为例，其明光镇为32.8%（都为2002年前办理，以后一户都未办理），滇滩镇为3.95%，猴桥镇为0。总体上，保山市是严格按照相关规定办，因此，办证率较低。

就全省看，临沧市、西双版纳州和德宏州相对办证率高一些，也就是20%—30%之间，保山市是中间水平，为8.08%，而文山州最低，所得到的2个边境县数据，麻栗坡县和马关县仅在0.24%—0.38%。大致上，全省跨境婚姻办证率在0—30%之间。

（二）中方男性初婚年龄普遍较大，夫妻年龄差异很大

年龄分析采用158个样本，三例入赘男性排除在外。在这158个样本中，男方又有22个是再婚或者三婚的，占比13.9%。男女方均为初婚的有134个，占比84.8%。男方再婚或者三婚的，西双版纳州有6个，临

沧市 1 个，红河州 7 个，保山市 8 个。边境地区跨境婚姻的中国男性初婚年龄普遍较大，而跨境婚姻的女性（大多数为外籍）初婚年龄正常。

由表 6－3 可以看出，云南省跨境婚姻男性平均年龄为 27.82 岁，女性为 22.77 岁，平均年龄相差 5.06 岁。男性年龄中位值为 26.5 岁，女性为 21 岁，年龄中位值相差 5.5 岁。男性年龄最大值和最小值分别为 50 岁和 15 岁；女性为 48 岁和 15 岁。

表 6－3　跨境婚姻男女结婚时年龄情况

性别	样本数	均值	中位值	最大值	最小值
男	158	27.82	26.5	50	15
女	158	22.77	21	48	15

资料来源：调研数据。

由表 6－4 可知，男性在 21—25 岁时结婚的最多，而 25 岁以上结婚的占比 56.33%。40 岁以上结婚的有 8 人，占比 5.06%，但是其中有 5 人为再婚。

表 6－4　跨境婚姻家庭中方男性初婚分年龄段情况

年龄区间	频率	占比	累计百分比
15 岁及以下	1	0.63%	0.63%
16—20 岁	19	12.03%	12.66%
21—25 岁	49	31.01%	43.67%
26—30 岁	39	24.68%	68.35%
31—35 岁	33	20.89%	89.24%
36—40 岁	9	5.70%	94.94%
40 岁以上	8	5.06%	100.00%

资料来源：调研数据。

比较男女年龄结构可以得出几点结论：第一，男性分布最多的年龄区间为 21—25 岁，而女性为 16—20 岁。第二，男性年龄分布较为均匀，在每个年龄区间均占一定比重；而女性年龄分布更加集中。第三，男性大龄情况更为严重，25 岁以上女性仅占 21.52%，男性占到 56.33%；30 岁以上女性仅占 6.96%，而男性占到 31.65%（见表 6－4 和表 6－5）。

表6-5 跨境婚姻家庭外籍女性初婚分年龄段情况

年龄区间	频率	占比	累积%
15岁及以下	3	1.9%	1.9%
16—20岁	62	39.24%	41.14%
21—25岁	59	37.34%	78.48%
26—30岁	23	14.56%	93.04%
31—35岁	2	1.26%	94.30%
36—40岁	7	4.43%	98.73%
40岁以上	2	1.27%	100%

资料来源：调研数据。

所调查的跨境婚姻人口的婚龄差要远高于全省平均的婚龄差（见表6-6），另外值得注意的是，在前面的分析中（第五章第一节），用婚配性别比来衡量婚姻挤压时，云南省的2010年人口普查数据是说明了存在婚姻挤压的，故此婚龄差其实还要高于非婚姻挤压情况下的水平。

表6-6 2010年云南省人口平均初婚年龄与婚龄差

	男性平均初婚年龄	女性平均初婚年龄	婚龄差
全省初婚人口	23.2	21.1	2.1
文化程度在初中及以下的初婚人口	23.6	20.8	2.8

资料来源：云南省2010年人口普查资料，表中为全省分性别、受教育程度、初婚年龄的人口调查数据。

由表6-7可知，跨境婚姻年龄差均值为5.06岁。另外，中位值是4岁，绝对值为4.93岁，最大值为23岁，最小值为-11岁（负值代表女性大于男性），这两个案例中男性均为再婚，女性均为初婚。比云南省全省的平均初婚年龄高4.62岁，比云南省平均夫妻年龄差多2.96岁。这足以说明大龄问题是跨境婚姻行为的促成因素之一，另外夫妻年龄差较大也是跨境婚姻的特异性之一。

由图6-1可以看出，男性年龄小于女性的占比10.76%，男女性年龄一样的占比6.33%，男性年龄大于女性年龄的占比82.91%。男性比女性大4岁及以上有86人，占比54.43%。夫妻年龄差在3岁以下，习俗上认为较为合理。夫妻年龄差大于6岁以上，习俗上视为差距较大。年龄上的差距大，可被认为是婚姻不平等的情况之一。

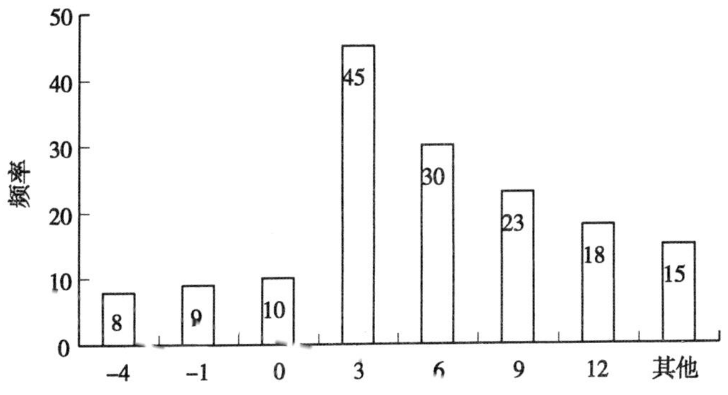

图6-1　跨境婚姻夫妻年龄差分布

（图中纵轴频率数为调研户中的夫妻人数，横轴为夫妻年龄差）

表6-7　跨境婚姻夫妻年龄差情况

年龄差均值（岁）	中位值（岁）	最大值（岁）	最小值（岁）	方差
5.06	4	23	-11	32.3

资料来源：调研数据。

保山市、西双版纳州和红河州跨境婚姻家庭男性初婚平均年龄在25—30岁之间，临沧市和文山州男性初婚平均年龄在20—25岁之间。女性初婚平均年龄，红河州在25—30岁之间，保山市、西双版纳州和临沧市在20—25岁之间，文山州在15—20岁之间。

表6-8　各地区跨境婚姻夫妻年龄情况

地区	样本数（人）	样本占比	夫妻年龄差均值（岁）	方差	性别	均值（岁）	中位值（岁）
保山市	68	43.04%	5.93	34.67	男	28.62	27.5
					女	22.69	21.5
红河州	26	16.46%	2.58	18.41	男	28.19	26.5
					女	25.62	22.5
临沧市	17	10.76%	3.12	14.61	男	24.82	24
					女	21.71	20
西双版纳州	39	24.68%	6.33	42.60	男	28.46	26
					女	22.13	21
文山州	8	5.06%	3.63	11.41	男	23.13	21
					女	19.50	19

资料来源：调研数据。

由图6－2可以看出，西双版纳州夫妻年龄差最大，其次是保山市，这两个地区的年龄差大于平均水平，红河州夫妻年龄差最低。

保山市调研点的面和量都具备，其数据代表性稍强。西双版纳州所调研的点代表性强，选点的村里几乎都入户，但面上代表性不强，仅2个镇。文山州由于入户调研量有限，数据的代表性不是很强。

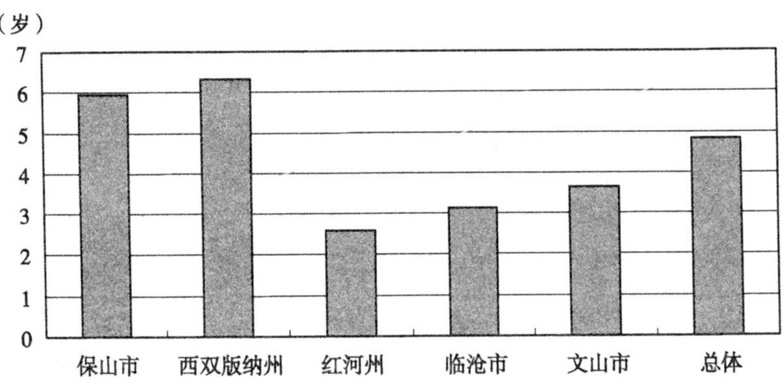

图6－2　各州市夫妻年龄差均值比较

（三）跨境家庭的平均收入低，大多数属贫困家庭

从宏观层面看，中国的经济发展强于周边的毗邻国家，从微观层面看，中国经济发展较落后的边境地区的边民收入也要高于周边毗邻国的边民收入，这是造成跨境婚姻的决定性因素。当然，所调研的跨境婚姻家庭情况也各异。

由表6－9可以看出，跨境婚姻家庭人均年收入在2001—4000元的最多，占比34.81%。人均年收入在2000元及以下的占比22.15%，应该是特困家庭。人均收入在10000元以上的很少，仅占13.92%，都集中在西双版纳的勐腊县，这些家庭的收入主要来源是橡胶林和租地收入。据了解，这些家庭在本村寨也属低收入，而富裕家庭年收入可达十几万元甚至几十万元。

表6－9　　各地区跨境婚姻家庭人均年收入分级情况

收入区间	频率	占比	累计百分比
2000元及以下	35	22.15%	22.15%
2001—4000元	55	34.81%	56.96%
4001—6000元	18	11.39%	68.35%
6001—8000元	18	11.40%	79.75%

续表

收入区间	频率	占比	累计百分比
8001—10000 元	10	6.33%	86.08%
10001—15000 元	8	5.06%	91.14%
15001—20000 元	8	5.06%	96.20%
20000 元以上	6	3.80%	100.00%

资料来源：调研数据。

保山市的调研具有点、面和量的代表性，另外数据较全面，可做进一步比较分析。从数据看，涉及入户调研乡镇的农民人均纯收入为 5738.4 元/年，保山市的农民人均纯收入为 6409.8 元/年。而跨境婚姻家庭的人均纯收入为 4471 元/年，明显低于平均水平（见表 6－10 和表 6－11）。

表 6－10　　各地区跨境婚姻家庭人均年收入与支出情况　　单位：元

地区	保山市	西双版纳州	红河州	临沧市	文山市	总体水平
人均收入	4471	10557	3891	4169	7046	5964
人均支出	5391	8885	3190	3517	6583	5744

数据来源：调研数据。

表 6－11　　2012 年保山市各乡镇农民人均收入情况

保山市	滇滩镇	猴桥镇	明光镇	木城乡	碧寨乡	漭水镇	柯街镇	西邑乡	甸阳镇	平均
农民人均纯收入（元）	7007	6047	6573	4707	5182	4803	6436	5924	4967	5738.4

资料来源：各乡镇报告数据（入户调研点乡镇）。

其他州县的情况也类似，跨境婚姻家庭绝大多数是当地贫困家庭。当然，其中也有家庭条件很好的代表，如在临沧市镇康县南伞镇大坝村，村长家的两兄弟都娶了缅甸媳妇，还雇用了缅甸女做其农家乐小工。

所调研的家庭普遍是收支平衡，保山市的平均情况是家庭支出大于收入，而且明显是贫困户（见图 6－3）。具体看，都是特殊情况造成支出大于收入，原因之一是当年盖房子，或者是当年家里有人生病。

（四）跨境婚姻家庭生育子女的落户情况，各地有差别

调研的跨境婚姻家庭所生育的孩子，户口问题也是亟待解决的问题之一。孩子没有户口，使家庭的压力巨大，除了目前存在的生活困难问题外，后续问题更严重。落户问题，各地的情况也存在差异。管理严格的地

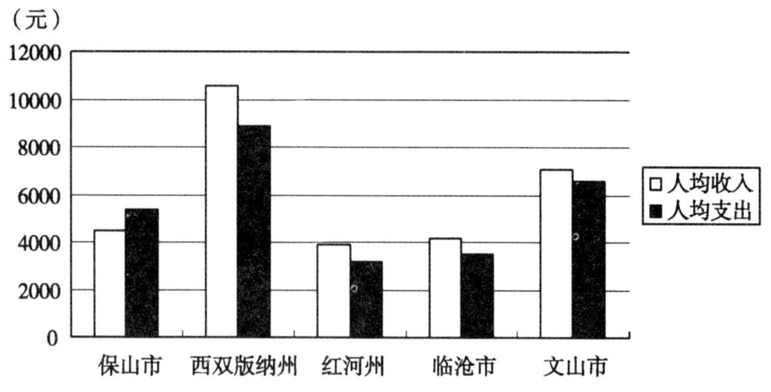

图6－3　保山市各地区人均年收入与人均年支出比较

区，孩子落户较少，如红河州的河口县、文山州的马关县和麻栗坡县，他们所面临的困扰更甚。跨境婚姻家庭子女落户情况见表6－12。

表6－12　　跨境婚姻家庭子女落户情况

	保山市	西双版纳州	红河州	临沧市	文山市	加总
一孩人数	63	37	21	17	8	146
落户人数	53	33	11	15	5	117
占比	84.13%	89.19%	52.38%	88.24%	62.50%	80.14%
二孩人数	31	22	8	13	4	78
落户人数	18	18	4	13	1	54
占比	58.06%	81.82%	50%	100%	25%	69.23%
三孩人数	3	8	3	4	0	18
落户人数	2	8	2	3	0	15
占比	66.67%	100%	66.67%	75%	0%	83.33%
孩子总数	97	67	32	34	12	242
落户人数	73	59	17	31	6	186
占比	75.26%	88.06%	53.13%	91.18%	50%	76.86%

资料来源：调研数据。

孩子的户口问题，涉及合法身份带来的一切中国公民的权益保障，从受教育、各种社保（医疗、养老及低保等）到将来的生存和发展，孩子户籍带来的潜在问题最大。

（五）跨境家庭的平均受教育程度低，整体素质较差

无论是座谈会、访谈还是入户调研结果都表明，跨境婚姻家庭夫妻双

方的受教育程度都非常低，具体见表 6-13。

表 6-13　各地区跨境婚姻家庭夫妻受教育情况

州市		文盲	小学	初中	高中	大专	平均受教育年限
保山市	中方（人）	8	31	28	2	1	5.96 年
	外籍（人）	38	20	10	2	0	2.90 年
西双版纳州	中方（人）	5	28	6	0	0	4.89 年
	外籍（人）	18	13	4	4	0	4.38 年
文山市	中方（人）	0	3	5	0	0	5.5 年
	外籍（人）	2	1	3	2	0	7.13 年
临沧市	中方（人）	6	8	4	0	0	3.56 年
	外籍（人）	13	5	0	0	0	1.17 年
红河州	中方（人）	3	15	7	1	0	5.04 年
	外籍（人）	11	5	4	6	0	4.35 年
调研总数	中方（人）	22	85	50	3	1	5.29 年
	占比（%）	13.66	52.80	31.06	1.86	0.62	
	外籍（人）	82	44	21	14	0	3.27 年
	占比（%）	50.93	27.33	13.04	8.7	0	

资料来源：调研数据。

总体上，跨境婚姻家庭的中方成员受教育程度稍高，平均为 5.29 年，外籍成员为 3.27 年。外籍成员有一半是文盲，基本没有上过学。中方成员有一半多为小学文化，有的小学也没有毕业。

跨境婚姻家庭人口素质整体偏低。无论是文化水平、综合素质还是思想意识都在当地平均水平以下，他们大多安于现状，生产技能低下，生活方式落后，还有相当一部分少数民族听不懂、不会说汉话，要翻译才能完成调研访谈。适龄儿童入学率也相对较低，巩固率不高，辍学情况也较为严重。

二　跨境婚姻问题管理的异同

国家层面针对涉外婚姻的相关法律法规适用于全国范围内的中国公民嫁娶外籍公民，也适用于全球范围的任何国家公民婚配中国公民。但是，云南省边境边民的跨境婚姻情况有别于一般意义上的“涉外婚姻”，要严格按照国家涉外婚姻相关法律法规管理，有实际困难。因此，各地均有不同的处理方式和管理方式。

（一）关于婚姻登记管理

办理跨境婚姻的结婚登记，各地差异很大，据调查统计：截至2013年底，保山市共有跨境婚姻8175对，取得结婚证的仅782对，办证率9.57%。保山市近年来管控很严，近3年内办理了涉外婚姻31对（含各国），2010年8对，2011年8对，2012年15对（其中涉缅6对）。腾冲县明光镇2002年前已存在的65对都办理了结婚登记和户籍，而此后再未办理过一户；猴桥镇154对，全部未办理结婚登记；滇滩镇76对，仅办理了3对。龙陵县有涉缅家庭3974户，办理了687户；其中，平达乡334户，办理了34户；镇安镇594户，均未办理；勐腊乡246户，办理了19户；2008年以后就停止办理了。施甸县833对，办理仅3对。昌宁县253对，办理仅6对。

据临沧市政法委统计，2009年底以前，临沧市有边民跨境婚姻3888对，其中：依法办理结婚登记手续的1605对，未办理结婚登记手续的2283对。截至2011年底，全市有跨境边民婚姻4696对，其中：依法办理结婚登记手续的2005对，未办理结婚登记手续的2691对，办证率42.7%。在4696对中，边三县3316对（已领取结婚证1303对，其中，镇康914对，沧源210对，耿马179对。未领结婚证2013对，其中，镇康730对，沧源560对，耿马723对），其他五县（区）1380对（已领取结婚证702对，未领结婚证678对）。2006年临沧市共办理本市公民与缅甸边民结婚登记手续108对；2007年126对；2008年227对；2009年278对；2010年286对；2011年980对。办证情况逐年增加。临沧市内地县（区）与缅甸边民通婚人数也日益增多：2006年办理登记21对，2007年办理63对，2008年办理123对，2009年办理160对，2010年办理152对，2011年办理103对。

文山市马关县有跨境婚姻2139对，办理结婚证仅8对，其中都龙镇322对，全部未办理。

西双版纳州总体情况稍微好些，我们调研的2地，办证率为43.59%。

截至2012年底，德宏州瑞丽市有跨境婚姻1742对，2009年办理了跨境婚姻418对，2010年330对，2011年362对，2012年380对。仅这4年已经办了1490对（无完整数据，按照这个数据办证率已经为85.5%）。

从数据看，一个18万多人口的边境市，每年办理的边民跨境婚姻结婚登记就远比其他州、市多。据了解，瑞丽的跨境婚姻大多数是傣族，只要寨子里的头人首肯并举办了婚宴，就承认其婚姻。而当地民政部门的变通办法是，村证明，再加上当地片警的调查，有合法入境手续，就可以领证。另外，瑞丽对面的缅甸地方政府似对边民办理证件较合作，容易取得中方需要的证件。

从上面获得的数据可看出，各地办理跨境婚姻结婚证的情况是有弹性的。

（二）关于跨境婚姻家庭子女落户管理

截至2012年底，保山市跨境婚姻家庭共生育子女10099人，其中已落户5519人。腾冲县跨境婚姻家庭共生育子女1933人，其中已落户1664人。有的乡镇子女落户情况较好，如猴桥镇，共有子女180人，已落户179人。有的地方子女落户情况差，如龙陵县涉缅家庭共生育子女5084人，落户1916人，其中：平达乡有子女413人，落户152人；镇安镇有子女790人，落户276人；龙江乡有子女205人，落户69人；施甸县有子女754人，落户689人；隆阳区有子女492人，落户447人；昌宁县有子女218人，落户118人。

临沧市镇康县1644对边民婚姻家庭子女中，已落户的只有34人。落户率2.07%。

西双版纳州勐腊县所调研的跨境婚姻家庭34户，共生育子女65人，已经落户的59人。

据了解，对于跨境婚姻家庭所生育子女的落户问题，各地相关管理部门处理方式也不尽相同。有的地区比较宽容，只要确认父母一方为中国籍，有医学出生证明，就能落户；有的要求有准生证，就非常难落户；有的还要求有结婚证，就更难落户（几乎不可能）。另外，有的无准生证就按计划生育政策罚款，这类家庭本身很困难，罚款难交，就一直没有落户。如果严格按照规定办理，无结婚证，子女即为非法生育，就几乎无法落户。

（三）关于“三非”人员遣送问题

作为非法入境、非法居留、非法务工的“三非”人员随时都有被遣返的危险。跨境婚姻外籍人员与中国配偶的婚姻虽然得到了当地村民的认可，但大多不进行婚姻登记，这样的婚姻是不符合我国相关法律的规定的。没有入境证明、没有结婚证、无居留许可证件，却在中国长期居住，确实属于“三非”人员范畴。根据国家规定，对这类“跨境婚姻外籍人员”，一经发现都要遣送回本国。但是，从各地相关管理部门了解到，按照这个原则，有的地方曾经严厉实施过遣返工作，却由于边境的便道无法控制，这些人员有家庭和孩子在中国，毫无例外都是一段时间后就自行悄悄返回，遣返效果很差。执法成本高，效率低，甚至可以说基本无效。再加上其他种种因素，目前，各地都很少遣返跨境婚姻家庭的人员。

另外，从管理角度而言，这也成为一种困扰，是否管，怎么管，以及如何有效管理，确实值得研究。

（四）关于“跨境婚姻人员”社会保障和救助问题

跨境婚姻家庭普遍是当地的困难家庭，其收入大都低于本村平均收入。这样的家庭通常最需要政府的关怀，虽然有些地方会为他们办理低保，允许其加入新型农村合作医疗或提供一定困难补助。但是，由于配偶一方身份不合法，当地政府很难对这些家庭进行正常救助。

据调研数据，90%以上的跨境婚姻人员无法享受任何我国的惠农政策、社会保险和困难救助。有约10%的人员，会得到某种实惠，如医疗保险或困难临时救助等。

事实上，以上的所有问题都困扰着各地基层管理部门，他们期待有明确的、可操作的具体措施来指导其进行管理和服务。

第七章

思考与建议

跨境婚姻在一定程度上有助于解决云南省边境贫困地区婚姻适龄男女比例失调、贫困家庭娶不到媳妇等社会问题，从积极方面分析，对促进边境地区民族团结和边疆和谐是发挥了正面作用，但面对跨境婚姻的快速增长趋势，也带来了不少负面影响，政府相关部门也应给予足够重视解决好相关问题，否则不仅现实问题难解决，而且还会埋下巨大的隐患，会在将来的某个时段发酵，酿成重大的社会稳定问题，影响边疆地区的民族团结和社会和谐稳定。通过课题组的调研和分析，提出以下建议，供党委、政府决策咨询和参考。

第一节　法律法规层面

"依法治国"是我国党和政府社会主义政治文明的重要内容。以法治思维和法治方式解决跨国婚姻是解决这个问题的根本出路。一切实践探索和政策探索都要往这个方向努力。依法行政、执政为民是现代法治社会对执政党和各级行政机关的基本要求，也是执政党代表最广大人民根本利益的重要体现。婚姻法治是中国政府治理社会和管理国家的一个重要方面，是贯彻党的群众路线、党关心群众生活的重要体现。同时，当代中国婚姻法治深受执政党法治观念、执政能力、领导水平的影响和制约。关心公民的婚姻家庭生活，保障公民的婚姻权利和因婚姻而产生的其他关系，是国家行使管理职能的题中应有之义。婚姻稳定和家庭幸福是社会安定、国家文明的重要内容和集中反映。

法律上，中国实行的是一夫一妻制，结婚仪式可有可无，但民事婚姻须及时登记方为有效。婚姻赋予后代合法的身份，使其享有该社团的传统所规定的各种特权，包括继承权。婚姻还建立许可后代享有的社会关系。

从古到今，从中到外，各个社会都有自己的婚姻观念，反映出地方的特殊文化标准和要求。亚洲文化和习惯法普遍视婚姻为“性交及生育合法化”的契约。婚姻纯粹是一种民事契约，条件随双方当事人的意愿而定。中国民事婚姻须及时登记方为有效，结婚仪式的形式可有可无。但是在中国很多偏僻落后地区，很长时期内结婚只需要有某种仪式（除云南省外，许多其他省份都存在类似情况），结婚登记了才合法，是近年才慢慢普及的。跨境婚姻由于存在登记障碍，边民们就顺应了旧习俗。

一 跨境婚姻相关法规和政策

国家法律是从宏观层面制定的，普适性较强。但是，对于特别的具体情况并不可能都包括在内。因此，法律之外还应有政策。政策是对法律实施的具体化，应该形成国家层面制定法律，省级层面制定条例，地州市制定实施意见或办法，县以下有更具体的办法，形成一个完整的法律法规政策体系才能破解这个难题。边民跨境通婚与普通的国内婚姻或其他形式的跨国婚姻是有区别的，从调研情况看，跨境婚姻并不是少数个案，是一个群体，因此，提出以下建议。

（一）出台特别制定的跨境婚姻管理条例

在我国的陆地边境沿线的边民人口数有一定规模，各省、自治区或多或少都存在跨境民族、跨境婚姻。现行法律法规不能满足实际需求，国家层面需要有针对性地出台边境地区跨境婚姻的管理条例。应该具可操作性，使问题有具体法律法规可依。

（二）出台和完善地方性相关法规条例细则或办法

国家跨国婚姻制度严格，不够完善，相关政策脱节、不配套，也缺乏具体细则。导致云南省边境地区跨境婚姻登记难、子女落户难等有诸多因素，政府相关部门应该有统一的管理办法，才能指导具体问题的落实和处理，以避免各地管理部门弹性操作和不公平对待情况的出现。应该出台针对跨境婚姻的地方性法规、地方性规章和民族自治地方的有关规定。

例如，对于已经形成事实的跨境婚姻，有条件地承认跨境事实非法婚姻的效力，给予妥善登记，使其逐步合法化（因为驱逐出境不现实，也无法落实）。建议婚姻关系存续 5 年以上，有固定居所，已生育子女，形成了对后代的抚养、对老人的赡养等家庭义务，已经具有婚姻的实质内容，无犯罪记录，本人愿意遵守中国法律法规，可由当事人双方提出书面申请，经当地村民委员会出具证明，乡镇人民政府签署意见，并指定一定层级的医院体检合格，由民政部门登记，予以补办“结婚证”。

（三）跨境婚姻“非婚生子女”的落户管理办法

如果没有登记，就是非法婚姻。大量事实婚姻带来的直接后果就是大量“非婚生子女”的出现。尽管1980年《婚姻法》已经规定，非婚生子女和婚生子女具有同样的法律地位。但是，在实际中，跨境婚姻家庭孩子的落户问题就是一大社会问题。

建议：逐步解决跨境婚姻所生育子女的落户问题。总的原则是：区别对待、统一管理、持续考察、有序融合。鉴于跨境婚姻家庭大多数是贫困户，符合计生政策的子女（非法婚姻就是非法子女的逻辑，应该具体问题具体分析。罚款才让落户的方式也应该改进），应该免交罚款，给予办理落户（前提是有医学出生证明，有村委会的证明：配偶有一方属于中国公民），落实应有的国民待遇。

在对待跨境婚姻后代的身份管理问题上，重点是在识别上，尤其是对已经达到一定年龄的子女的身份识别上。由于时间久远，村民不能提供相应的证明材料，使得相当一部分子女迟迟不能办理户口，随着年龄的增大，面临许多重大的社会潜在问题。所以，当地政府在符合相关法律法规的基础上，在对身份鉴定实行严格的医学证明程序的同时，可以根据实际情况，考虑其他辅助的识别手段。身份鉴定一经完成，确认中国公民身份，在办理户籍时，可以适当简化手续，降低当事人夫妇的负担。减少来自于非正式身份带来的社会不平等。

从学术观点上看，对“违法婚姻”“事实婚姻”“无效婚姻”“非法同居”等概念存在差异性解释。比如，一方面事实婚姻被认为是违法婚姻；另一方面又认为不能一律否认事实婚姻的效力，即有条件地承认其效力。而这种有条件地承认的效力显然不是非法同居的效力，而是婚姻的效力，即有的也构成婚姻，是有效婚姻。

还有观点认为，合法性不是婚姻的本质属性，婚姻是当事人合意的结果，并且以结成夫妻关系、永久共同生活为目的，婚姻关系变成了一种身份契约。至于合法性，并不影响婚姻的成立，而只是影响已经成立的婚姻的形式要件的效力。

从世界其他国家或地区的婚姻立法及司法实践来看，尽管事实婚姻欠缺结婚的形式要件，但均认为其仍然构成婚姻，只不过其名称和对事实婚所作的价值判断不尽相同。罗马法中的失效婚、寺院法中的事实婚、英美的普通法婚姻、日本的内缘婚、古巴的非正式婚、德国的同居婚等，都具有事实婚的性质。在苏联的法学著作里，未依法登记的婚姻被称为实际婚或事实婚姻。对于缺乏有效要件的事实婚姻，外国法中均以无效婚姻或可撤销婚姻对待；对于欠缺结婚形式要件的婚姻，则有各种不同的立法例。

二 边境地区边民管理细则

推进法治社会的建设，是化解社会矛盾的制度保障。建设法治社会的重要内容之一是：建立以宪法为核心、覆盖社会生活各个领域的体系化的法律制度。法治社会对于有效化解社会矛盾具有不可替代的制度保障意义。法治社会可使社会各个群体之间的良性互动有章可循，使社会成员的基本权利得到切实维护，确保社会得以安全运行。

边民跨境婚姻多选择族内通婚。云南省边民跨境通婚现象也主要集中在边境一线的少数民族聚居区，许多跨境少数民族生活在国家边境内外，他们文化相通、语言相近，只是国界线将他们分割在不同的国家，具有不同国籍。由于跨境民族在文化、地域上和家庭结构上与相邻国家的族群都有着千丝万缕的联系，凭借着这种特殊的、相对封闭的社会网络和文化纽带，跨境少数民族选择外籍同一民族结婚，从心理上认同，另外，他们对婚姻家庭有特殊的价值取向。

（一）明确边民的界定

在我国的陆地边境沿线生活的边民，国家有相应的特别照顾政策，如云南省边民每户每年有1000元生活补助。针对跨境婚姻问题，应该界定边民的含义，如什么范围内算边民，或跨境民族能否有一定倾斜政策等。统一认识，统一思想，在管理上才有规可循。

现行《中华人民共和国涉外婚姻登记管理条例》和《中国边民与毗邻国边民婚姻登记办法》（见附录1）对边境地区的跨境婚姻规定得最详细，但却没有界定边民。在实际操作的过程中，由于中缅、中越、中老双方对待边民跨境婚姻的相关政策不一致，所以在办理具体跨境婚姻手续时会出现一些问题，致使当事人无法拿到相应的证件和证明。很多时候，边民跨境结婚没有按照法律规定办理结婚登记手续并不是婚姻当事人有意规避法律，而是缺乏可操作性强的具体法律法规的引导。

具体的基层管理部门也必须有相应的执行标准，才能执政为民。目前，跨境婚姻已经辐射到内地，如果不尽快给予明确政策，管理会更难。

（二）出台专门的边民跨境婚姻法

及时更新、充实现行法律法规。就调适涉外婚姻法律而言，在时机成熟、条件具备的时候，应该考虑出台一部专门的边境地区边民跨境婚姻法或条例，规定边境地区边民在跨境婚姻中的相关权利与义务，明确跨境婚姻缔结的条件和登记程序，并使之凸显边境地区边民跨境婚姻的实际特点，具有较强的可操作性。需要结合中国与其他毗邻国边境地区的具体情况，争取在跨境婚姻问题上给予特殊政策倾斜与照顾，在具体操作中要区分对待新缔结婚姻的结婚登记程序和手续以及事实婚姻的补办登记程序和手续，并根据通婚家庭的具体情况，给予政策指导和帮助。

第二节　制度和模式层面

一　实施备案登记管理

从调研的情况看，我们所能获得的跨境婚姻人群的相关数据不全面，原因之一是课题组调研范围有限，但更主要的原因是当地相关部门的登记不全面、不准确，未能真实地、准确地、全面地反映问题，特别是存在的问题。从村、乡、镇到县、市、州，各级各管理部门登记的表格形式各异，登记项目或多或少，根本不统一，原因就在于没有统一的标准和要求。因此，我们认为，对于跨境婚姻的管理，第一步就是登记管理。相关政府部门必须首先掌握这类人群的完整、真实、准确、全面的信息，应建立备案登记制度，这个制度主要包括下列几方面的具体内容。

（一）设计统一的云南省跨境婚姻外籍人员登记表

登记表的内容应该包含入境外籍人员的全部信息，包括姓名、出生年月日、出生地、民族、家庭地址、家庭成员、是否结婚、受教育程度、入境时间、健康状况、生育情况等。中国公民有的信息，外籍入境公民也应该有登记。

（二）设计统一的云南省跨境婚姻家庭登记表

登记表的内容应该包含：丈夫、妻子、子女、父母的完整个人信息，建立家庭档案。

（三）办理《边民入境通婚备案登记证》

建议借鉴德宏州的创新做法，先登记，后管理。由于边民入境方式不一定要通过口岸，如果中国政府方面，既不给予结婚登记，也不做登记管理，放任自流，后续的管理便无从谈起。建议在给予正式合法的结婚登记前，先做备案登记。这样，才能给下一步工作提供可能性。

有了规范的登记信息，建立跨境婚姻人群的档案，才能为政府的监督管理工作和相应的政策法规的制定提供真实有效的依据。

二 建立联合管理模式

跨境婚姻问题涉及的政府部门众多，单个部门的管理是无效的，或者是低效率的，必须形成多部门联动机制，由党委政法委牵头，协调外事、公安、民政、计生、卫生、教育、民宗等部门间进行有效沟通协作，避免各自为政、唱独角戏的情况，致使环节间脱节，要形成齐抓共管的局面。

（一）建立边境县、市、区跨境婚姻管理联合管理机制

针对云南省的跨境婚姻管理，凡是边境州、市，都应该建立相应管理部门的联合机构，由涉及跨境婚姻问题的相关部门的领导负责，遇到具体问题，举行联席会议，共同协商，共同管理，共同应对。州、市下的行政单位，也相应有对口部门的联合机制。

（二）建立云南省跨境婚姻管理网络平台

互联网时代的管理，网络管理便捷、效率高、成本低。目前各级政府部门都有网络，都配备电脑，可建立开发一个跨境婚姻的专用管理平台，各联合管理部门通用，既管理方便，也让群众办事方便。并且很多部门间的证明就可以免除。

（三）加强国际间交流与合作

跨国婚姻，与双边国家的利益都息息相关。中国方面应该与毗邻国政府合作共同解决这一双边涉及的国与国公民的问题。建立健全国际间的联席机制、合作机制，主动与毗邻国进行协商或达成协议，使毗邻国政府积极配合，出具我国法律规定的有关证明材料，为我国边民结婚登记创造良好外部条件，共同努力解决云南边境边界区域的跨境婚姻问题。双方规范管理，也可以有效控制跨境婚姻的增加。

联合管理的一种形式是对边民婚姻采取主动服务、上门服务和跟踪服

务，保证边民婚姻第一步做到备案登记，第二步逐步实现合法合规。登记手续规范有序，管理措施有效到位。同时，还要制定相应措施，进行有效监管。这些工作单个部门是无法进行的，必须建立联合管理的机制体制，才能有效推进工作。

第三节　基层政府管理层面

一　管理到位

目前，云南省跨境婚姻人群及其所生育子女的数目已经十分庞大，且有不断扩大的趋势，但是，相应的具体统计数据和实际情况，基层政府相关部门却未能准确掌握，对于这些人员的监管工作难以有效开展，基层政府、特别是县乡两级政府掌握准确全面的情况尤为重要，才能为今后制定政策、进行有效管理奠定扎实的基础。

（一）在上级政府主管部门的统一部署下，建立跨境婚姻家庭数据库

基层政府的相关部门，应该深入跨境婚姻家庭，实地走访和调研，获取真实的相关信息并汇总，建立完整的档案数据，为实施备案登记制度奠定扎实的基础。

（二）加强相关法律法规宣传和贯彻、落实力度

进一步认真、有效地宣传相关法律法规，提高群众对涉外婚姻相关法律法规、国家计划生育政策、入境管理法、国籍法等的认知和理解，使其自觉遵守法律。

（三）加强服务和监管

对边民采取主动服务、上门服务和跟踪服务，保证边民婚姻合法合规，登记手续规范有序，管理措施有效到位。对前来办理的当事人实行一次性告知，推行人性化办理，提供咨询和预约办理。同时，要制定相应措施，进行有效监管，接受社会监督。严厉打击拐骗、骗婚、重婚和买卖婚姻。

（四）加强防艾工作的管控力度

为减少艾滋病的扩散途径，对跨境婚姻人群应该严格进行健康检查，控制外源性传染病的输入。应该对跨境婚姻外籍人员艾滋病防治综合干预

给予专项经费支持，以切实加强监测检测、行为干预、母婴阻断和抗病毒治疗等相关工作。另外，将跨境婚姻外籍人员艾滋病感染者/病人及家庭纳入关怀救助系统，使其享受法治艾滋病的优惠政策，有效控制和减少艾滋病传播危险。

二 关心到位

应该关心跨境婚姻外籍人员的社会融合问题、家庭生活状态和后代的身份管理问题。由于中国与毗邻国边境两边的居民在语言、习俗和生活方式上有诸多的共通性，所以社会融合问题不是主要障碍。通常村民们都很善良，基本上都接纳外籍人员进入村寨，很少有歧视现象，平时相互间交往也无异常，93%的外籍人员与村民相处很好。障碍在于外籍人员的身份问题，以及其生育子女的身份问题。基层政府应在管理的基础上，给这类人明确一个身份识别性证明，统一管理，集中帮扶，在有效地控制不稳定因素的同时，也使其在中国境内能安心生活，为中方家庭更好地做出贡献。同时也为边疆和谐稳定起到一定的作用。

（一）开展全面清查行动，进行登记，统一发放身份识别证明

首先，促使其从正常渠道入境，再就是促使其办理临时居住证等，使这样的身份识别证明有一定的社会保障，如可以得到某类别的医疗救助、贫困补助等。在登记的基础上，对其的社会行为进行记录，根据其社会表现情况给予相应的政策。包括将来有条件予以登记结婚补办，有管理秩序才能管理到位。

（二）进行身体健康检查，并记录在册

在登记的基础上，对跨境婚姻家庭成员进行身体健康检查，根据实际情况进行针对性的集中或非集中、定期或非定期检查，并记录在册。使传染性疾病在卫生防疫部门的可控范围内。按照以人为本的理念，从人道救助的角度，建议将跨境婚姻外籍人员纳入计划免疫、医疗救助的各项优惠政策范围。

（三）进行法制教育和劳动技能培训，鼓励自力更生

让贫困家庭的大龄青年首先从思想上认识到跨境婚姻要合法化，再就是了解跨境婚姻会带来的一系列困难，做好预防性宣传教育工作。扶持其发展，让他们能通过自身努力，过上小康生活。另外，对于已经形成的事实婚姻，允许其凭身份识别证明参加合法的生产活动，同时承担相应的社

会义务。

（四）掌握跨境婚姻家庭生育子女的落户详情，对于这类贫困家庭的计划生育罚款问题处理，酌情给予减免

切实帮助他们，以解决后面的长期负面社会问题。同时，密切关注这类人群的超生可能，遏制其违反计划生育政策，严格控制。另外，关注跨境婚姻家庭子女的就学情况，对于辍学、读不起书的给予帮助，对于学习优秀的也及时想办法让他们能接受更高学历教育。为避免下一代重蹈覆辙，应高度关注，这需要家庭、学校和社会给他们创造更好的社会化条件。

第四节　个人发展层面

习近平指出："我们的人民热爱生活，期盼更好的教育、更稳定的工作、更满意的收入、更可靠的社会保障、更高水平的医疗卫生服务、更舒适的居住条件、更优美的环境，期盼孩子们能成长得更好、工作得更好、生活得更好。"对于民生改善表现出一种普遍的关切甚至是渴望。

云南省跨境婚姻数量的不断上升，会带来一系列不可低估的管理问题。跨境现象主要发生在地理位置比较偏僻的边境山区一带。造成跨境婚姻最主要的原因是山区远离乡镇中心，经济发展缓慢，资源环境条件差，缺乏发展契机，再加上跨境婚姻人群普遍是村寨的低收入家庭，经济条件比较贫困，年龄普遍偏大，受教育程度低，缺乏专业技能，导致娶媳妇比较困难。所娶回的外籍女性，家庭情况更差，受教育水平更低。这样组成的家庭是当地最弱势的人群。他们缺乏谋生的必要条件和发展的手段，只能从事农业劳作，其后代同样是低学历、低素质，形成恶性循环。

一　促使观念改变，自我脱困

宏观层面，应该加快边境少数民族地区整体经济发展，缩小边疆与内地的差距，缩小城市和乡村的差距。地方政府应该加强边境落后山区的基础设施建设，提高民族地区群众抵御自然灾害的能力，切实改善人民群众的生产条件和生活环境，并努力解决特困少数民族的温饱问题。

作为大多居住在偏远山区的跨境婚姻人群，也要自己努力改变，适应

社会的发展，自己努力突破困境。

（一）观念的转变

边疆少数民族地区经济落后的重要因素之一，就是观念跟不上时代的发展。另外，少数民族地区的少数民族一般商品经济观念淡薄，思维模式单一，很难寻找或开发各种赚钱方式，大多数是满足于日出而作、日落而息的单一农耕生活。山区自然环境条件差，土地生产力较低，而且人均土地较少。仅靠耕种自家土地，只能维持基本温饱。因此，改变生活现状，首先是从思想观念开始，有理想，才会有行动，才能改变。这就需要接受教育。

（二）走出去，接受新事物，长见识

由于交通闭塞，与外界交往有障碍，我们调研的跨境婚姻人群多数最远只到过县城，有的甚至只到过乡镇。跨境婚姻家庭的外籍人员更是由于无合法身份，根本无法外出。现代中国社会，已经进入信息时代，只有信息和技术相结合才能找到致富之路。边民必须要走出山寨，了解外面的世界，才会激发改变自身的欲望，接下来才会改善自己的生活水平，跟上社会发展步伐。

（三）少生致富，提高生活质量

有一个客观的因素导致了贫困现象，就是这部分贫困人群的家庭平均人口多，劳动人口少，每一家庭需要赡养负担的人口较多，生活压力大，常常入不敷出。农村以种植为主，由于偏僻山区自然条件和农业基础设施和生产方式的制约，经济来源单一且微薄，增收难，致使家庭收入严重不足。如果这些家庭遇有灾年或大病更是雪上加霜，多年摆脱不了贫困。有的跨境婚姻家庭虽然贫困也照样超生，有三胎、四胎的。同样，这是一个观念转变的过程。

（四）掌握一门劳动技能

要提高收入，改善生活，首先是要有能力去行动。对于大多数贫困人群，主要是受教育程度低，生产技能低下，生产方式落后，科技和商品意识淡薄，安于现状。如果他们自身能有意识地去学习一门劳动技能，改善生存现状，才有可能脱贫脱困。这需要他们自身的觉醒和自己的努力。

二 促使个人整体素质提升

（一）提高教育文化水平

全国2010年第六次人口普查时，中国人平均受教育年限为8.76年，汉族为8.84年。云南省2010年人均受教育年限为7.6年，文盲率为6.03%。近30年，云南省人均受教育年限有明显提高①，由1990年的4.75年提高到2000年的6.32年，再到2010年的7.6年，这反映了云南省普及九年制义务教育、大力发展高等教育以及扫除青壮年文盲等措施取得了明显成效。但云南2010年的人均受教育年限仅与全国2000年的人均受教育年限持平，是全国教育落后的省份之一，且不平衡现象突出。

云南省16个跨境少数民族的人均受教育年限（见表7－1），比云南省的平均水平低很多，甚至低于30年前的云南省平均水平；大多数少数民族的文盲率更是远高于云南省平均水平。可见，云南省边疆少数民族的文化教育水平的提高是很艰巨的任务，也是长期的任务，任重而道远。国家层面应该有进一步的针对少数民族的教育倾斜政策。

表7－1　　　　云南省跨境少数民族2010年人口受教育情况

民族	哈尼族	拉祜族	布朗族	傈僳族	景颇族	德昂族	阿昌族	独龙族	布依族
性别比	109.33	103.93	104.8	104	95.19	96.04	102.64	93.52	102.93
人均受教育年限（年）	4.19	4.41	4.34	4.13	4.37	4.13	4.28	3.79	4.00
净文盲率（%）	16.33	17.37	16.01	20.69	10.74	22.47	9.39	17.85	15.07

民族	佤族	怒族	傣族	瑶族	彝族	壮族	苗族
性别比	101.49	104.23	98.28	109.10	105.74	105.49	106.91
人均受教育年限（年）	4.35	4.00	4.27	4.14	4.20	3.96	4.09
净文盲率（%）	15.36	16.34	12.58	7.83	17.57	5.44	15.86

资料来源：云南省第六次人口普查资料，计算而得。

如果这个现象一直延续下去，这部分人群就会形成一种恶性循环，受教育程度低，导致谋生致富能力差，生活水平低，社会参与意识薄弱，劳动力转移困难，就业率低，长期摆脱不了贫困。因此最根本的还是要增强贫困弱势群体的自身生存能力。

我国教育资源分配不公平现象严重，城镇占有资源多，农村占有资源少，应当建立适合我国国情和云南省省情的面向贫困家庭子女的教育救助

① 根据云南省全国人口普查数据，平均受教育年限：1964年为2.2年，1982年为3.6年，1990年为4.75年。

制度。首先，实现从临时性救助到制度性补偿的转变。教育是百年大计，帮助边疆贫困人群提升受教育水平，必须有长远规划，必须上升到制度层面。应制定弱势群体教育保障制度，成立专项资金，工作长抓不懈。其次，要实现从基本受教育权救助向综合救助转型。当前教育救助的主要目的是不让弱势群体子女因贫困而失学、辍学或上不起学，即保障弱势群体子女的基本受教育权。但是必须认识到，这些孩子在升学和就业等方面仍然处于劣势，应充分考虑其特殊情况，给予“份额制”对待。

另外，财政、教育、民政等相关教育救助政府部门应建立顺畅的信息沟通渠道，实现多部门的分工与协作，使经济资助、教育师资援助、心理或行为救助、教学设施援助等协调配置，使教育救助的效益达到最大化。

（二）提高个人技能水平，提升自身生活水平

对贫困人群进行科学文化教育和就业培训，提高就业和劳动能力和素质，增长创收才干，是促使其实现自养和脱贫致富的关键。社会及劳动部门要建立就业培训引导机制，有针对性地培养和提高贫困人口的专业技术和文化水平，不断提高他们的综合业务能力、竞争上岗能力和适应工作能力。特别需要建立使他们的受教育权利都能得到保障的机制体制，创造就业机会，制定各项经济政策要充分考虑扩大就业的需要，努力提高就业人员数量，提高家庭收入水平。

此外，还可以“小额贷款”等形式扶持有能力的贫困人口自主经营，并扶持一些小企业和个体户，使他们能健康地发展，增加收入，减轻社会的负担。这也是贫困家庭未来摆脱贫困的关键一环。

为了夯实和谐社会的基础，政府应该采取措施帮助贫困家庭子女提升人力资本，改变他们的命运。这是解决贫困人群的治本之策。相信在采取相应的措施后，随着人均素质的提高，因贫困而导致的跨境婚姻也会随之减少，这样既造福了人民也造福了社会，并且能够强有力地推动和谐社会的建设。

（三）强化边民国家意识、法律意识

要在边民中树立起国家意识，增强法制观念，使他们懂得自己的权利和义务，懂得与自己工作和生活有关的法律，依法办事，依法律己，自觉维护社会秩序。首先，要加大对边境地区跨境婚姻所涉及的法律法规的宣传、贯彻和落实力度。政府相关部门要加大对《中华人民共和国婚姻法》《婚姻登记条例》《中国边民与毗邻国边民婚姻登记办法》《中华人民共和

国国籍法》《中华人民共和国人口与计划生育法》等相关法律法规的宣传、贯彻和落实，使边民树立办理《结婚证》和《生育证》的意识，认知积极办证的必要性，以及利国、利家、利子女的好处，不断提高广大人民群众的法律意识和遵守法律法规的自觉性。还要宣传国家婚姻政策、边民优惠政策、防艾知识、违法后果等内容，让他们真正了解非法婚姻带来的弊端，自觉维护合法婚姻。另外，还要对边民的“国界”“国家”意识加以强化，从孩子抓起，以达到维持社会和谐稳定的目的。

在宣传方式上，要采取灵活多样、简单易懂的方法。由于云南边境地区边民的文化水平有限，法制教育宣传不能照本宣科或书面板报了事，要采取容易让当地边民接受的方式来进行。比如在跨境婚姻家庭相对集中的村寨召开会议，对全村群众进行宣传，同时针对跨境婚姻家庭进行有针对性的细致耐心的教育和法律法规解释，并同时进行现场办公等。在向当地边民宣传时，应当使用本地方言，或者当地本民族语言、当地土语，把一些法律术语转化成当地人语境下能够被理解、容易被接受的话语；宣传地点可以定在赶集日和边境互市点；也可以采取边民互相教育的方式等等。

应该更加注重对跨境婚姻群体的人文关怀，致力于推动国家层面的政策支持、法律调整和政府部门的主动介入，真正有效解决跨境婚姻问题，并通过中国与毗邻国的共同合作，达成跨境婚姻管理共识，使跨境婚姻管理真正走向有序化、规范化。

第五节　理论意义层面

云南省跨境婚姻数量的持续不断上升，以及呈现出的从边境往内地、从点到面、从少到多的趋势，会给云南的发展带来一系列潜在的不可估量的社会管理和社会稳定的难题，轻则影响一个地区的发展和稳定，重则影响国与国之间的发展和稳定。

从调查的结果来看，跨境婚姻现象主要发生在边境地区，尤其是边境地区发展落后地，即地理上比较偏僻艰苦的地区。这些地区远离城市，远离乡镇发展中心，资源环境条件一般都比较差，更缺乏发展的机遇，导致经济社会发展缓慢，人均收入普遍偏低，家庭普遍贫困。加之社会发展滞后，教育科技投入偏少，造成普遍受教育程度低，文化差和技能差的普遍现象。女孩大多是外出打工，且大都不回乡，男人因在本地找不到媳妇而到异地异国找媳妇成为一种常见的现象。

从异地异国能够让这部分人找到媳妇，有助于解决这部分人在本国本地找不到媳妇的问题，有利于解决落后地区男女比例失调问题，有利于因个人素质差和家庭条件差找不到媳妇的问题，更有利于边境贫困地区的和谐稳定和民族团结，但这只是问题的一个方面，跨境婚姻的快速增长，也潜伏着种种发展和稳定的问题，处理不当，会引发和带来种种不和谐不稳定的问题和矛盾，甚至引发和带来国与国之间、民族与民族之间的问题和矛盾，应引起政府部门的高度重视。

从理论研究角度，下列几方面的政策建议可供咨询和参考。

首先，跨境边民婚姻的形成实际上是当前婚姻市场竞争和选择的结果。从供求关系原理分析，这类婚姻交易（发生地）市场多为边境一线少数民族聚居地，都是经济发展欠发达地区，婚姻双方情况多是中方稍好，对方稍差，这就是造成中方的各种要素（资源、资本、人才等）在吸引对方流入的合理性所在。影响跨境婚姻发生概率的关键是价格因素，即中方娶妻成本低、外方嫁入收益高。政策干预就应该是从价格干预的方式入手，促使跨境婚姻供需平衡点发生转变，一方面是减少需求，另一方面是减少供应，从而有效减少跨境婚姻的发生率。这就需要认真解决婚姻双方的机会成本和价格成本问题。要中方男子不找外方女子，就要解决中方男子能在本地、本国找到媳妇的问题。政府要有效提供社会机会，使国内边境适婚青年有好的发展空间，促使他们能有更多的选择，包括职业追求、福利待遇、发展方式等，使他们有更好更多的机会去参与国内婚姻市场的竞争，能有条件就地获得幸福的家庭生活。从经济学角度解决供给的问题，则应对跨境婚姻群体的进入实行有效控制，应提高他们进入的机会成本和价格成本，即以我国法律法规的合法性要求，使其难以进入，目的是提高外籍女跨境婚姻成本，减少供应量。

其次，从社会资本原理来看，关键在于构建动态的开放型的社会网络关系。中方边境男子在所处的封闭的、民族内部的、先在的、旧有的通婚网络和社会关系内解决不了婚姻问题，而到封闭系统以外的开放社会系统他们又无条件去融入。他们融不到、融不了、融不进开放系统之中去寻找其他解决途径，而只能在类似的封闭系统之中解决。政府的职责就是加大社会资本的投入的力度和社会资本运转的速度，全面系统地解决这类男子从封闭系统到开放系统解决自身问题的能力，这就要重视若干问题：一是加强教育提升基础文化素质；二是加强培训提升技能素质；三是加强扶持提升生存能力；四是加强倾斜提升发展能力；五是加强引导提升“走出去”的能力。总之，这是一个系统工程，解决这类男子的问题，既需要政策的倾斜，更需要投资的倾斜，把封闭系统变成动态的开放系统，让他们有更多的机会。

再次，根据迁移理论分析，跨境婚姻行为的产生，就是要实现双方个人和家庭利益最大化，同时也是家庭集体利益来源多元化途径。迁移行为受国家经济政策、政治政策、社会政策等的影响很深远，从宏观考虑，政府和社会应该提供山区边民迁移的现代方向：更好的生活方式、更多样化的职业发展、更理想的家庭生活。也就是说，本国本地的婚姻成本大于外国外地的婚姻成本，才导致外国外地的配偶流入，国内不能平衡而延伸到国外找平衡。如果实现国内平衡，即外部不迁入，那么政府则应解决他们内部平衡的问题，要从国家经济、政治、社会、文化等法律政策上使外部不迁入也能解决娶妻问题，那么国家对这类地区经济上要解决其等于或优于其他地区的发展，政治上等于或优于其他地区的优越，文化上等于或优于其他地区优势，社会上等于或优于其他地区开放，才有可能有效减少跨境婚姻行为。

最后，针对跨境婚姻快速增长，且多为非法婚姻的事实，从管理经济学角度分析，应该给予外籍配偶正常渠道取得合理性的身份。

目前，对非法外籍媳妇（或丈夫）进行歧视并简单采取驱逐出境的管理手段和措施，是边境一线的跨境家庭面临的最大风险，也是政府面临的高成本、高风险之一。这种风险性管理手段，不能实际解决造成的具体问题。依法依规处理采取简单地驱赶之后，过段时日，这些人又回到原地，如此重复往返，周而复始，执法成本高，效率低。表面上处理了问题，目的想杜绝根源，但实际上各种具体问题大量存在。供求关系依然存在。如果政府能设定一定的价格条件，即迁入条件（合理的政策），其执法不仅可能成本低，风险可能也小。

外籍媳妇嫁入后最迫切的要求是身份合法，边境男子普遍的要求也是外籍媳妇的身份合法，以便有利于解决相应的就业、就学、就医、就保问题。双方的共同意愿都想通过低成本方式解决合法性的问题。应该让“低成本登记备案”成为一种常态，再逐步过渡到“低成本合法”。“低成本登记备案”是重要的一个环节，既让政府管理部门掌握了情况，也是今后规范管理的基础。“低成本登记备案”暂不涉及法律政策问题，只承认已形成的事实婚姻，让他们在一定范围内得到认可，不追究法律责任，使其能够安安稳稳生活，初步实现稳定和谐的目的。

从国家层面而言，长期驱逐不能解决问题，也不是解决问题之计，但从国家层面出法规，问题复杂，难以操作，应该允许省级政府层面出条例，州市县一级层面出政策，逐步解决这一实际存在且难以解决的问题，让基层各部门有可操作性。

附录 1

中国边民与毗邻国边民婚姻登记办法

（2012 年 8 月 8 日中华人民共和国民政部令第 45 号公布
自 2012 年 10 月 1 日起施行）

第一条 为规范边民婚姻登记工作，保护婚姻当事人的合法婚姻权益，根据《中华人民共和国婚姻法》《婚姻登记条例》，制定本办法。

第二条 本办法所称边民是指中国与毗邻国边界线两侧县级行政区域内有当地常住户口的中国公民和外国人。中国与毗邻国就双方国家边境地区和边民的范围达成有关协议的，适用协议的规定。

第三条 本办法适用于中国边民与毗邻国边民在中国边境地区办理婚姻登记。

第四条 边民办理婚姻登记的机关是边境地区县级人民政府民政部门。

边境地区婚姻登记机关应当按照便民原则在交通不便的乡（镇）巡回登记。

第五条 中国边民与毗邻国边民在中国边境地区结婚，男女双方应当共同到中国一方当事人常住户口所在地的婚姻登记机关办理结婚登记。

第六条 办理结婚登记的中国边民应当出具下列证件、证明材料：

（一）本人的居民户口簿、居民身份证；

（二）本人无配偶以及与对方当事人没有直系血亲和三代以内旁系血亲关系的签字声明。

办理结婚登记的毗邻国边民应当出具下列证明材料：

（一）能够证明本人边民身份的有效护照、国际旅行证件或者边境地区出入境通行证件；

所在国公证机构或者有权机关出具的、经中华人民共和国驻该国使（领）馆认证或者该国驻华使（领）馆认证的本人无配偶的证明，或者所在国驻华使（领）馆出具的本人无配偶的证明，或者由毗邻国边境地区与中国乡（镇）人民政府同级的政府出具的本人无配偶证明。

第七条 办理结婚登记的当事人有下列情形之一的，婚姻登记机关不予登记：

（一）未到中国法定结婚年龄的；

（二）非双方自愿的；

（三）一方或者双方已有配偶的；

（四）属于直系血亲或者三代以内旁系血亲的；

（五）患有医学上认为不应当结婚的疾病的。

第八条 婚姻登记机关应当对结婚登记当事人出具的证件、证明材料进行审查并询问相关情况，对当事人符合结婚条件的，应当当场予以登记，发给结婚证。对当事人不符合结婚条件不予登记的，应当向当事人说明理由。

第九条 男女双方补办结婚登记的，适用本办法关于结婚登记的规定。

第十条 未到婚姻登记机关办理结婚登记以夫妻名义同居生活的，不成立夫妻关系。

第十一条 因受胁迫结婚的，受胁迫的边民可以依据《中华人民共和国婚姻法》第十一条的规定向婚姻登记机关请求撤销其婚姻。受胁迫方应当出具下列证件、证明材料：

（一）本人的身份证件；

（二）结婚证；

（三）要求撤销婚姻的书面申请；

（四）公安机关出具或者人民法院作出的能够证明当事人被胁迫结婚的证明材料。

受胁迫方为毗邻国边民的，其身份证件包括能够证明边民身份的有效护照、国际旅行证件或者边境地区出入境通行证件。

婚姻登记机关经审查认为受胁迫结婚的情况属实且不涉及子女抚养、财产及债务问题的，应当撤销该婚姻，宣告结婚证作废。

第十二条 中国边民与毗邻国边民在中国边境地区自愿离婚的，应当共同到中国边民常住户口所在地的婚姻登记机关办理离婚登记。

第十三条 办理离婚登记的双方当事人应当出具下列证件、证明材料：

（一）本人的结婚证；

（二）双方当事人共同签署的离婚协议书。

除上述材料外，办理离婚登记的中国边民还需要提供本人的居民户口簿和居民身份证，毗邻国边民还需要提供能够证明边民身份的有效护照、国际旅行证件或者边境地区出入境通行证件。

离婚协议书应当载明双方当事人自愿离婚的意思表示以及对子女抚养、财产及债务处理等事项协商一致的意见。

第十四条　办理离婚登记的当事人有下列情形之一的，婚姻登记机关不予受理：

（一）未达成离婚协议的；

（二）属于无民事行为能力或者限制民事行为能力人的；

（三）其结婚登记不是在中国内地办理的。

第十五条　婚姻登记机关应当对离婚登记当事人出具的证件、证明材料进行审查并询问相关情况。对当事人确属自愿离婚，并已对子女抚养、财产、债务等问题达成一致处理意见的，应当当场予以登记，发给离婚证。

第十六条　离婚的男女双方自愿恢复夫妻关系的，应当到婚姻登记机关办理复婚登记。复婚登记适用本办法关于结婚登记的规定。

第十七条　结婚证、离婚证遗失或者损毁的，中国边民可以持居民户口簿、居民身份证，毗邻国边民可以持能够证明边民身份的有效护照、国际旅行证件或者边境地区出入境通行证向原办理婚姻登记的机关或者中国一方当事人常住户口所在地的婚姻登记机关申请补领。婚姻登记机关对当事人的婚姻登记档案进行查证，确认属实的，应当为当事人补发结婚证、离婚证。

第十八条　本办法自2012年10月1日起施行。1995年颁布的《中国与毗邻国边民婚姻登记管理试行办法》（民政部令第1号）同时废止。

附录 2

中国与毗邻国边民婚姻登记管理试行办法

（民政部令第 1 号）

颁布日期：1995－02－17　实施日期：1995－02－17　颁布单位：民政部

第一条　为加强边民婚姻登记管理，保护婚姻当事人的合法权益，依据《中华人民共和国婚姻法》《婚姻登记管理条例》，制定本办法。

第二条　本办法所称边民系指中华人民共和国与毗邻国边界线两侧县（市、区）境内有当地常住户口的中华人民共和国公民和外国人。中华人民共和国与毗邻国就双方国家边境地区和边民的范围达成有关协议的，适用协议的规定。

第三条　中国边民与毗邻国边民在中国境内申请结婚、离婚、复婚登记的，适用本办法。中国与外国当事人一方属于边民的，适用中国公民同外国人办理婚姻登记的规定。

第四条　中国边民与毗邻国边民在中国境内申请结婚、离婚、复婚登记，必须符合《中华人民共和国婚姻法》，依照中国法律办理婚姻登记。

依法履行婚姻登记的当事人的合法权益，受中国法律承认和保护。

第五条　边民的婚姻登记管理机关是中国边境县（市、区）民政部门。

第六条　边民申请结婚登记，必须持有下列证件和证明：

甲、毗邻国边民

（一）本国护照或代替护照使用的经双方通过外交途径确认的边境地区出入境证件；

（二）本国有效居民身份证件；

（三）本国边境县（市、区）政府机关出具的经公证机关公证的婚姻状况证明和同意与中国边民结婚的证明；

（四）中国边境县（市、区）指定医院出具的婚前健康检查证明。

乙、中国边民

（一）中国居民身份证和户口簿；

（二）中国边境县（市、区）乡、镇人民政府出具的婚姻状况证明；

（三）中国边境县（市、区）指定医院出具的婚前健康检查证明。

离过婚的，还应当持离婚证件。

婚姻状况证明应注明姓名、住址、出生年月、民族、婚姻状况（未婚、离婚、丧偶）等内容。

第七条 申请结婚的当事人应持本办法规定的证件和证明，双方亲自到边境县（市、区）婚姻登记管理机关提出申请，经婚姻登记管理机关审查，符合《中华人民共和国婚姻法》和本办法的，予以登记，发给结婚证。双方或一方不符合《中华人民共和国婚姻法》和本办法的，不予登记。

第八条 申请结婚的当事人，应当向婚姻登记管理机关提供本办法规定的证件和证明，不得隐瞒真实情况。

第九条 申请结婚的当事人，有下列情形之一的，不予登记：

（一）非法入境的；

（二）持无效、伪造的证件或者冒用他人证件的；

（三）未到中国法定结婚年龄的；

（四）已有配偶的；

（五）违背本人意愿的；

（六）属于直系血亲或三代以内旁系血亲的；

（七）患有法律规定禁止结婚或者暂缓结婚的疾病的；

（八）非本登记管理机关管辖的。

第十条 下列中国边民不得同外国边民结婚：

（一）现役军人、公安人员、武装警察、机要人员和其他掌握国家重要机密的人员；

（二）正在服刑的人员。

第十一条 男女双方在中国境内自愿离婚的，并对子女抚养、夫妻一方生活困难的经济帮助和财产、债务处理等达成协议的，须亲自到边境县（市、区）婚姻登记管理机关申请办理离婚登记。申请离婚时，双方当事人应持本国有效居民身份证件：中国边民持户口簿、居民身份证、离婚协议书和结婚证书。经婚姻登记管理机关审查，符合离婚条件的，准予离婚，发给离婚证，收回结婚证。

第十二条 当事人申请离婚，有下列情形之一的，婚姻登记管理机关不予受理：

（一）一方要求离婚的；

（二）一方或者双方为限制民事行为能力或者无民事行为能力的；

（三）双方要求离婚，但对子女扶养、夫妻一方生产困难的经济帮助和财产、债务处理等未达成协议的；

（四）未办理过结婚登记的；

（五）非本登记管理机关管辖的。

第十三条 离婚后，男女双方自愿恢复夫妻关系，要求在中国办理复婚登记的，须亲自到中国边民所在地婚姻登记管理机关申请复婚登记。婚姻登记管理机关按照结婚登记的程序进行审查，符合法定条件的，予以登记，发给结婚证，收回离婚证。

第十四条 未到法定结婚年龄以夫妻名义同居的，或者符合结婚条件的当事人未办理结婚登记以夫妻名义同居的，其婚姻关系无效，不受法律保护。

第十五条 有下列情形之一的，由婚姻登记管理机关撤销婚姻登记，对结婚、复婚的当事人宣布其婚姻关系无效，收回结婚证，对离婚的当事人宣布其解除婚姻关系无效，收回离婚证，并按照《婚姻登记管理条例》的规定，分别对有关人员给予罚款或行政处分：

（一）申请结婚登记的当事人向婚姻登记管理机关隐瞒真实情况或者弄虚作假、骗取婚姻登记的；

（二）申请结婚登记的当事人不符合《中华人民共和国婚姻法》规定的条件，婚姻登记管理人员违反本办法的规定予以登记的。

第十六条 当事人认为符合婚姻登记条件而婚姻登记管理机关不予登记的，或者当事人对婚姻登记管理机关的处罚不服的，可以依照《行政复议条例》的规定申请复议；对复议决定不服的，可以依照《中华人民共和国行政诉讼法》的规定提起诉讼。

第十七条 本办法实施之前以夫妻名义同居的，应按本办法的规定向婚姻登记管理机关申请结婚登记。婚姻登记管理机关对符合本办法规定的，准予登记，发给结婚证，确立夫妻关系。

附录3

中国法律相关条款

当毗邻国边民有身份证明：

根据中华人民共和国的《婚姻登记条例》第六条，办理结婚登记的当事人有下列情形之一的，婚姻登记机关不予登记：未到法定结婚年龄的；非双方自愿的；一方或者双方已有配偶的；属于直系血亲或者三代以内旁系血亲的；患有医学上认为不应当结婚的疾病的。

根据中华人民共和国的《婚姻登记条例》第七条，对当事人符合结婚条件的，应当当场予以登记，发给结婚证；对当事人不符合结婚条件不予登记的，应当向当事人说明理由。

只要毗邻国边民没出现《婚姻登记条例》第六条中提到的不予登记的情况且证件齐全，是可以取得结婚证的，但外籍配偶需要本国边境县（市、区）政府机关出具的经公证机关公证的婚姻状况证明。根据《婚姻登记条例》第五条，此证明是毗邻国边民所在国公证机构或者有权机关出具的、经中华人民共和国驻该国使（领）馆认证或者该国驻华使（领）馆认证的本人无配偶的证明，或者所在国驻华使（领）馆出具的本人无配偶的证明。

毗邻国边民在取得结婚证之后如何取得中华人民共和国国籍：

根据公安部出入境管理局发布的《申请加入中国国籍须知 》：外国人申请加入中国国籍时，必须持有以下证件和证明：

外国护照复印件；

外国人永久居留证复印件；

如父母双方或一方为中国公民所生的子女，须提供本人出生时即具有外国国籍的相关证明。

受理机关认为与申请国籍有关的其他材料。

根据《外国人在中国永久居留审批办法》第六条第五项，中国公民或者在中国获得永久居留资格的外国人的配偶，婚姻关系存续满五年、已在中国连续居留满五年、每年在中国居留不少于九个月且有稳定生活保障和住所的，即可申请中国的永久居留证明。

根据《外国人在中国永久居留审批办法》第九条规定，申请人申请时须如实填写《外国人在中国永久居留申请表》，并提交下列材料：

（一）有效的外国护照或者能够代替护照的证件；

（二）中国政府指定的卫生检疫部门出具的或者经中国驻外使、领馆认证的外国卫生医疗机构签发的健康证明书；

（三）经中国驻外使、领馆认证的国外无犯罪记录证明；

（四）四张二英寸近期正面免冠彩色照片；

（五）本办法规定的其他有关材料。

外籍配偶可以在结婚五年后申请办理中国的永久居留证明。然后根据《中华人民共和国国籍法》第十七条规定，携带永久居留证明、结婚证、本人护照在居住地市、县公安局或国外中国外交代表机关和领事机关申请加入中华人民共和国国籍。

毗邻国边民在取得了结婚证和中华人民共和国国籍之后，如何在居住地落户。

根据云南省财政厅2008年公布的《办理户口迁移程序》：外埠农业人口与本市农业人口初婚申请入农业户口应向其配偶户口的所在地派出所交验的证明材料：

（1）入户申请书；

（2）申请人、被申请人居民户口簿及居民身份证；

（3）结婚证书；

（4）申请人常住户口所在地派出所及村、乡（镇）证明；

（5）被投靠人户口所在地派出所及村乡（镇）证明。

附录 4

国际法相关条款

婚姻自由权利受到国际法和世界各国主体法律的确认。

《世界人权宣言》第 16 条称：“（一）成年男女，不受种族、国籍或宗教的任何限制，有权婚嫁或成立家庭。他们在婚姻方面，在结婚期间和在解除婚约时，应有平等的权利。（二）只有经男女双方的自由和完全的同意，才能缔婚。（三）家庭是天然和基本的社会单元，并应受社会和国家的保护。”

《公民权利和政治权利国际公约》第 23 条规定：“一、家庭是天然的和基本的社会单位，并应受到社会和国家的保护。二、已达结婚年龄的男女缔婚和成立家庭的权利应被承认。三、只有经男女双方的自由和完全的同意，才能缔婚。四、本公约缔约各国应采取适当步骤以保证缔婚双方在缔婚、结婚期间和解除婚约时的权利和责任平等。在解除婚约的情况下，应为儿童规定必要的保护办法。”

中国涉外民事关系的法律适用原则为：中国缔结或者参加的国际条约同中国的民事法律有不同规定的，适用国际条约的规定，中国声明保留的条约除外，国际条约没有规定的，可以适用国际惯例。

《中华人民共和国民法通则》第 147 条规定：“中华人民共和国公民和外国人结婚适用缔结地法律，离婚适用受理案件的法院所在地法律。”

后　记

本书是《云南省跨境婚姻研究》课题的核心成果，此专题课题研究持续了四年时间。通过对云南省边境州县的村寨入户调研和各相关管理部门的座谈，获得宝贵的第一手资料，在案例分析和资料分析研究基础上对跨境婚姻形成的原因、带来的影响进行梳理，并通过各种座谈会、专题讨论会和经验交流会全面了解了各涉及跨境婚姻管理相关职能部门的管理经验、管理差异和管理困难，进行了具有现实意义的解读和提出有实践价值的建议。研究成果已经整理发表了3篇文章，分别为刊在《云南社会科学》上的“云南省跨境婚姻实证分析及社会学思考”、在《云南民族大学学报》上的“跨境婚姻行为的人口学分析”、在《世界民族》上的“中缅中老中越少数民族跨境婚姻行为的经济学思考”。本书研究的是云南省跨境婚姻问题，但对全国乃至全球跨境婚姻问题研究均有参考借鉴价值，各地情况皆有大同小异之处。跨境婚姻问题是一个很复杂的现实问题，作者期待进一步深入的探究，更期待解决实际问题的政策和法规的出台。本书的观点和分析存在不足与疏漏，敬请关注和指正。

在此要特别感谢保山市政法委赵德光书记的大力支持和帮助，保山市政法委李永伦和李祥副书记的支持和协助调研以及陪同调研，本研究才得以顺利完成。调研得到保山市政法委、临沧市政法委、德宏州政法委、西双版纳州政法委、文山州政法委、红河州政法委以及其所属区、市、县和调研点各乡镇政府接洽部门的支持，还得到具体调研点各村寨村干部们的大力协助，对他们的支持和工作表示衷心感谢！此书是作者调研的成果，更是集体支持的结果。

本书是作者和作者所指导的研究生共同努力的成果集成，学生们参与了入户调研、座谈会等，参与了个案调查报告、数据查询、数据整理、资料收集、分析和小部分文字撰写。他们是：雁云柏安、沈君、许兵、傅宇伦、祁迎迎、姜晶晶、邹海双、王剑雄、井奕杰、廖爱娣、李阳、周艳茹、赖妙华、杜福莹、李巧。在此，对他们的工作表示感谢。

本书的出版得到云南大学中西部高校提升综合实力工程“创新团队建设项目（社科）”资助。在此一并表示感谢。

戴　波

2016年3月于云南大学科学馆

智库书系

专题研究之二

中国城市居民自治有效实现形式研究

徐　勇　主编

邓大才　等著

中国社会科学出版社

图书在版编目(CIP)数据

中国城市居民自治有效实现形式研究 / 徐勇主编；邓大才等著．
—北京：中国社会科学出版社，2015. 3
ISBN 978-7-5161-5733-6

Ⅰ. ①中… Ⅱ. ①徐…②邓… Ⅲ. ①市民—群众自治—
研究—中国 Ⅳ. ①D638

中国版本图书馆 CIP 数据核字(2015)第 053063 号

出 版 人 赵剑英
责任编辑 冯春凤
责任校对 张爱华
责任印制 张雪娇

出 版 中国社会科学出版社
社 址 北京鼓楼西大街甲 158 号
邮 编 100720
网 址 http://www.csspw.cn
发 行 部 010-84083685
门 市 部 010-84029450
经 销 新华书店及其他书店

印刷装订 北京君升印刷有限公司
版 次 2015 年 3 月第 1 版
印 次 2015 年 3 月第 1 次印刷

开 本 710×1000 1/16
印 张 23.75
插 页 2
字 数 388 千字
定 价 88.00 元

《智库丛书》编辑委员会成员

《智库书系·专题研究》

总 序

学术研究是学者的天职，但学术研究的路向却有所不同。有的着重于学术内在的自洽，而无论现实如何，属于纯学理研究；有的着重于针对现实问题提出解决思路，属于对策研究。本院的学者一开始就有自己的定位，即理论与实践的结合，以现实问题为导向，在此基础上进行学术研究。因而其成果既有很强的现实性，同时也不是简单的策论，而具有相当的学术含量，为解决问题提供学术理论支持。为此，我们华中师范大学中国农村研究院每年都要举办专门的学术研讨会，并推出相应的学术成果。

2015 年，为了进一步加强智库建设，我院成为完全独立建制机构，“顶天立地”的宗旨更加明确，团队集聚发展的思路更加强化。为此，我们对原有的研究和成果形式进行了整合，形成专门的中国农村研究“智库书系”，目的是为决策者和领导者提供参考。“专题研究”是“智库书系”中的一种，其特点是专题性强，围绕一个专题，学者从不同的角度进行深入的专门研究，以产生出集聚效应。

“智库书系”编委会

2015 年 7 月 15 日

目　录

理论研究

专家研讨

社会反响

理论研究

培育自治：对居民自治有效实现形式的探索*

徐　勇

当今中国正处于迅速变动时期，在经济社会发展充满活力的同时，对一个变动中的社会进行有效治理无疑成为重大问题。伴随大量现代工商业城市的崛起和愈来愈多的农村人口进入城市，城市治理现代化日益紧迫。城市治理是多种治理主体相互作用的结果。其中，居民自治是城市治理体系的重要构成要素。尽管作为我国居民自治载体的居民委员会已正式产生60多年，但居民自治进程与城市化及其城市治理现代化远远不相适应。近些年，在城市治理中，政府治理和社区治理居于主导地位，居民自治的发展相当有限。其中的重要原因之一是居民自治的有效实现形式还有待探索。2014年中央“一号文件”提出，探索不同情况下村民自治的有效实现形式。这一提法同样适用于居民自治，甚至对于居民自治更为紧迫。本文试图对在城市治理中培育自治及其居民自治的有效实现形式问题作一些探讨。

一　城市治理与居民自治的内在价值

城市是国家的伴生物。如果说国家是人类迈入文明的门槛，那么，城市则是人类文明的结晶。马克思曾经对现代城市与农村进行了对比，认为：“城市已经表明了人口、生产工具、资本、享乐和需求的集中这个事

* 作者：徐勇，华中师范大学人文社会科学高等研究院常务副院长、教育部“长江学者”特聘教授。

实；而在乡村则是完全相反的情况：隔绝和分散。”①

与乡村的分散性相比，城市的特性在于集中性。正因为如此，自人类的远古时期开始，城市便成为国家统治的堡垒。“随着城市的出现，必然要有行政机关、警察、赋税，等等，一句话，必然要有公共的政治机构，从而也就必然要有一般政治。”② 城市人口主要是从事政治统治及为其服务的人口。城市治理主要是政府治理，即由政府行使治理权，建构森严规范的统治秩序。一般人口的自主性很小，且基本上缺乏自我治理的空间。

相对政治性城市，古代西方产生了一些工商性城市。这些城市的人口主要是从事工商活动的市民。他们有一定自主活动的可能，并形成居民参与治理的城市治理体系，如古希腊时期的城邦制。进入中世纪以后，在封建社会的缝隙里出现了一个个工商业城市。这些工商业城市的人口主要由所谓的自由的“市民”（相对农村人口的农奴而言）组成。他们为了获得从事工商业活动的自由，以各种方式从统治者那里获得自治权，由此形成自治性城市。“自治市的自治民从一开始就表现出自治和独立。”③ 相对农村而言，“城市空气使人自由”。④ 在这些城市里，每个市民在人格上都是自由自主的，享受参与城市治理的平等权利，遵守各种自我约定的契约，以形成城市治理秩序。由此可见，居民自治是与工商业城市的崛起相关的。

与西方海洋商业文明相对，中国是一个典型的内陆农业文明国家。在漫长的历史上，农业是主要产业，城市一直是政治统治的堡垒，城市的工商业及其人口高度依附于政治统治者。黑格尔因此直接将中国城市称为“政治建筑”。⑤ 城市治理完全依赖于政府治理，居民自治的因素极少。“城市空气使人窒息。”这种格局与西方完全不同。正如韦伯所说：在古代中国，城市“主要是理性行政的产物”，“‘城市’就是官员所在的非自治地区；而‘村落’则是无官员的自治地区”。⑥

① 《马克思恩格斯选集》第1卷，人民出版社1995年第2版，第104页。

② 《马克思恩格斯选集》第1卷，人民出版社1995年第2版，第104页。

③ ［美］斯塔夫里阿诺斯：《全球通史》，上海社会科学出版社1988年版，第464页。

④ ［美］汤普逊：《中世纪经济社会史》（下），商务印书馆1963年版，第426页。

⑤ 黑格尔：《历史哲学》，三联书店1956年版，第135页。

⑥ ［德］马克斯·韦伯：《韦伯作品集》，广西师范大学出版社2004年版，第48、146页。

“现代历史是乡村城市化。”[①] “城市的发展是衡量现代化的尺度。”[②]进入20世纪以后，中国开始由农业国家向工业国家转变。特别是改革开放以来，中国的工业化、城市化加速，现代工商业城市大量崛起，城市人口急剧增长，有效的城市治理日益紧迫。长期延续的政府治理传统及为迅速应对城市治理的紧迫问题，中国的城市治理主要依靠的是政府治理，居民自治发育和发展相对落后，无法适应城市治理现代化的需要。

为什么城市治理现代化需要培育居民自治呢？这在于居民自治的内在价值。自治是指“某个人或集体管理其自身事务，并且单独对其行为和命运负责的一种状态”。[③] 自治与他治相对而言。当国家产生以后，自治便处于国家治理体系之中，反映国家治理主体之间的关系，具有相对独立性的特殊地位。从国家的特性看，国家垄断着合法的暴力，拥有大量治理资源，是国家基本秩序的制定者和守护者，作为国家组织的政府因此成为国家治理的主体。但是，国家是由多个层级的地域和全体国民构成的政治实体，地域和国民在国家治理中也扮演着重要角色。地域和国民的自我发展能力强，国家发展能力也强；地域和国民自我管理能力强，国家治理的稳定性也强。从世界历史看，地方自治体制可以在中央与民众之间起着缓冲作用，较少有民众与中央政府之间的冲突，如印度。在实行中央直接管辖的郡县体制的古代中国，由底层民众直接推翻中央政权的王朝更迭成为周期性现象。而基层社会自治则可以以社会力量补充国家治理之不足，及时修复国家治理的断裂。古代中国的根基在乡村，稳定和持续的基础在乡村自治。随着现代城市和现代国家的兴起，国家治理能力空前强大，一直渗透到地方各领域和社会生活各个方面。但与日益复杂和多样化的社会相比，国家治理能力总是有限的，政府不可能包办所有社会事务，更不可能做到令所有人满意。愈是城市社会，愈是如此。亨廷顿因此认为：“政治越是变为城市化的政治，它就越加不稳定。”[④] 在现代化进程中，城市既是活力的源泉，也是稳定的基础。在城市治理中，居民自治扮演着重要角色，有其内在的特殊价值。

① 《马克思恩格斯全集》第46卷（上），人民出版社1979年版，第480页。

② ［美］塞缪尔·P. 亨廷顿：《变化社会中的政治秩序》，三联书店1989年版，第66页。

③ 《布莱克维尔政治学百科全书》，中国政法大学出版社1992年版，第693—694页。

④ ［美］塞缪尔·P. 亨廷顿：《变化社会中的政治秩序》，三联书店1989年版，第68页。

第一，获得自主性。自主性是行为主体按自己意愿行事的动机、能力或特性，包括自由表达意志，独立做出决定，自行推进行动的进程等。自主性是人类持续发展的源泉，也是自治的前提。在国家和社会治理中，居民通过自治不断获得和建构起自主性。我国将居民自治组织定义为居民自我管理、自我服务的组织，突出“自我”，便体现了自治中的自主性价值。

第二，培育自力性。自力性是依靠自己的力量和尽自己的力量从事某一事务，体现着一种能力。这种能力与资源占有有一定关系，但并不完全取决于对外部资源的占有。在国家和社会治理中，如果每个人或者群体通过自治，尽其所能处理好与自己相关的事务，则会大大减少其外部性依赖，从而降低国家治理的成本。我国城市社区建设中提出“社区是我家，建设靠大家”的口号便体现出在自治中培育自力性的价值。

第三，培育自律性。自律是人们在自我认同的规范下对其行为的自我约束。与乡村共同体不同，城市是一个异质性的陌生人社会。人们在城市中获得自主性，并具有较强的自力性，但如果没有相应的规范和秩序，便会导致冲突。自律内在于自治中。人们在做出自己的行为时必须对其行为及其后果负责。国家治理秩序除了国家法律的外在规范以外，还需要植根于人们日常生活中的自治规则。自治规则来自居民的自我约定和认同，更具有持续性。我国居民自治组织包含居民的自我教育，就体现着居民自治的自律性。

第四，培育公共精神。公共精神是人们对与自己相关但同时关乎其他人利益的共同事务的关心。人不是孤立的存在体，个人的生活状态和命运总是与他人和社会相联系。自治无论是个体还是群体的都是在一定领域内发生，人们在共同体从事自治行为，培育公共精神，共同创造自己的幸福生活。如果说传统乡村社会自治具有地域的狭隘性，难以培育公共精神，那么现代城市居民自治在开放的地域空间内进行，特别需要也容易培育出公共精神。

第五，激发参与意识。参与是人们对与自己相关的事务及其共同性事务的参加，并达到一定目的。国家的有效治理建立在政府与民众的互动基础上。没有广大民众的参与，可能获得一时的稳定，但难以持续。古代中国一治一乱的周期律便与缺失民众的日常参与相关。国家和城市治理现代化的重要内容是民众的有序参与。通过居民自治激发参与意识，形成有序参与的行为和规则则是起点和基础。正因为如此，中共十七大报告要求将包括居民自治在内的基层民主作为社会主义民主的基础性工程重点推进。

居民自治的内在价值只是从城市治理的一般规律和政治逻辑来讲的。它的实现还必须寻求有效的形式。有效的实现形式则受制于一定的历史条件，在不同历史时期的表现有所不同。

二 我国城市居民自治实现形式的三个波段及特点

自治与其他政治现象一样是一个发生发展的过程，一波连着一波，起伏不一，并具有阶段性特点。1949 年以来，我国城市居民自治的实现形式可以概括为三个阶段，并表现出以下特点。

（一）国家组织边缘群体的吸纳性居民自治

在中国长期历史上，城市治理主要实行政府直接管理的治理方式。近代以来，随着城市工商人口的增加，城市基层社会开始建制化，如城市坊里制等。1949 年中华人民共和国成立后，城市主要人口工作和生活在企事业和行政组织单位之中，形成“单位制”社会，实行的是以“单位”为基础的治理。“国家犹如一个巨大的‘蜂巢’一样将一个个单位吸附于其中，而单位又如‘类蜂巢’将一个个社会成员吸附于其中。”① 单位不仅是城市人口的工作机构，同时也是生活场所，包揽着人们生活的一切事务。除此之外，城市还有一些非单位人员。他们没有进入正式单位工作，甚至没有正式工作。相当多数为妇女和老年人。为了将这些居住在城市却没有工作单位的人组织起来，国家设立了居民委员会。1954 年 12 月国家颁布《城市居民委员会组织条例》，将城市基层居民组织名称统一规定为居民委员会，并将其定性为“群众自治性的居民组织”。1982 年宪法第一百一十一条明确规定：“城市和农村居住地区设立的居民委员会或者村民委员会是基层群众性自治组织。”1989 年七届全国人大常委会第十一次会

① 徐勇：《论城市社区建设中的社区居民自治》，《华中师范大学学报》（社会科学版），2001 年第 3 期。

议通过了《中华人民共和国居民委员会组织法》，对居民委员会的性质和任务作了较为详细的规定。

居民委员会的设立及其对自治原则的确定，为城市居民开展自治活动提供了基本的制度基础。城市居民通过居民委员会依法办理自己的事情，满足了居民的一些内在需要，居民自治的有效实现形式得以呈现。首先是有了居民自己的组织，居民可以通过自己的组织解决一些自己的问题，培养出一定的自力性。其次是产生了一批热心公共事务和公益事业的居民精英。这对于历史上城市社会长期缺乏的公共精神是十分难得的。最后是居委会的组织形式能够适应居民开展自治活动的需要。如居民委员会的规模在100户到700户，居民委员会可以下设居民小组，在15户和40户之间。他们长期居住在一起，有紧密的邻里关系，有利于形成认同感和归属感。

从总体上看，从1950年代开始萌生的居民自治及其实现形式，是当时历史条件的产物，在程度上属于低度自治，在特性上属于国家吸纳性的居民自治。首先，与单一的农村基层体制有所不同，城市长期存在着两种治理体制，主体是单位制，居民委员会体制是补充者，两者都是自上而下的纵向组织，互相交集很少。这就意味着城市主体人口很少通过居民委员会组织开展自治活动。其次，居民委员会是国家基于对城市边缘群体的组织需要建立的，尽管制度规定为居民自治组织，但其主要工作内容是配合政府工作。《城市居民委员会组织条例》规定设立居民委员会是“为了加强城市街道居民的组织和工作”，居民委员会的重要任务，是“动员居民响应政府号召并遵守法律”，还要协助政府及其派出机构开展工作。与农村居民不同，城市居民没有共同的产权基础，自治的内容十分有限。居民自治活动主要是补充政府治理之不足，并为国家体系所吸纳，其独立性较小。

（二）国家推动社区建设中的建构性居民自治

从1980年代开始，城市发展和城市治理都面临着新的情况。首先是城市化进程大大加快，城市人口急剧增长。其次是相当数量的人口不能进入到“单位”体制之中，成为所谓的“闲散人员”。再次是原有的“单位制”开始变化，不再包办员工所有事务，生产单位与生活单位开始分离。

最后是城市人口的生活需要日益增长和多样化，政府难以迅速满足。在此背景下，地域性的居民委员会开始发挥更大作用。1990 年代初，一些城市通过居民委员会为城市居民提供社会服务。这种服务更多的是居民自我服务而非政府和"单位"服务，具有更多自治性。当然，由于居民委员会所拥有的资源十分有限，居民自我服务不能满足居民迅速增长的需要。大量的城市问题也使原有的居民委员会体制难以适应城市的需要。1990 年代后期，国家民政部开始推行城市社区建设，将城市基层组织社区化。其主要内容就是将原有的居民委员会合并，建立规模较大、人口更多的社区居民委员会。社区建设实质是国家建设社区，由政府主导建设城市居民生活共同体，具有"规划性变迁"的特点。①

社区建设为城市居民自治提供了更多资源，自治的内容和活动更为丰富。从这方面看，社区建设为居民自治的实现创造了更有利的物质基础。但是，社区体制还未能自动创设出居民自治的有效实现形式，甚至一定程度上限制了居民自治的有效实现。首先，社区建设是国家为了迅速有效解决城市治理的紧迫问题而进行的，政府是推动者，其主要依托是行政力量而非居民力量。在社区建设中，许多地方"仿照国家系统一样，也建立所谓的'四大班子'领导机构"。② 其次，正是在政府强力推动下，政府的力量渗透到居民日常生活之中，大量事务由政府办理，社区组织高度行政化。居民的自我管理、自我服务和自我教育相对萎缩，未能与政府治理同步增长。再次，社区组织的规模大大超过原有的居民委员会规模，不仅人口增多，且居住方式楼房化，人们的生活联系减少了，大量的需求依赖政府和市场供给。人们居住在社区，却缺乏对社区的认同感和归属感。居民以社区为单位开展自治活动较为困难。正因为如此，居民自治在相当程度上为社区建设、社区治理或者社区自治的话语所替代。

当然，国家推动社区建设，在制度上仍然赋予社区居民以自治权。只是这种自治权由于缺乏有效的形式而未能实现。居民自治更多的是停留在制度文本上，未能实际运转。这种居民自治可以说是建构性居民自治，即

---

① 徐勇：《论城市社区建设中的社区居民自治》，《华中师范大学学报》（社会科学版），2001 年第 3 期。

② 徐勇：《"绿色崛起"与"都市突破"——中国城市社区自治与农村村民自治比较》，《学习与探索》，2002 年第 4 期。

有制度而缺行为，制度未“落地”和“运转”。

（三）地方治理创新中催生与激活的内生型居民自治

中国的经济改革的重要后果是国家与社会的相对分离，一个相对自由自主的社会开始成长，并内生出居民自治的意愿，蕴育着居民自治的土壤。而在新的土壤上催生出居民自治的成长则伴随着地方治理的创新过程。中国的经济改革是自下而上展开的，地方在推动经济发展中扮演着重要的主动性角色。由于大量社会需要和社会矛盾具体发生于地方和基层，随着经济社会发展，地方也在不断探索治理的新途径。尽管1990年代兴起的社区建设解决了许多紧迫问题，但是，一些地方也发现社区建设仅仅依靠政府投入并由政府直接治理是远远不够的，同时也需要作为社区建设受益者的居民的积极参与，其重要途径就是运用居民自治的制度资源，通过相应的机制催生和激活居民自治。

福建省厦门市海沧区是一个由30多年前的小村镇崛起的现代城区，来自四面八方的大量居民每天居住在崭新的小区楼房里，却缺乏对生活社区的认同感和归属感，居民朝夕相处却如路人一般，公共生活和公共意识极为匮乏。这种相互陌生而冷漠的生活显然不是理想的生活状态。一些居民自发地改变这一状态，如该区的兴旺社区居民主动认养小区内的花草等。居民自发参与社区建设的行为给了社区领导以启示，就是从微小的、看得见和大家共同关心的事情着手，动员广大居民共同建设自己的家园。大量事情由居民自己来办，可以激活居民的主体意识和参与意识，培育其公共精神。该社区的做法得到区领导的支持，得到进一步推进和推广，并加以归纳为“微自治”。2013年，厦门市推进“美丽厦门·共同缔造”工作，兴旺社区的“微自治”得以深化地扩展，并逐步完备。兴旺社区因此被评为全国十大创新社区之一。

类似海沧的探索在全国也有不少。其共同的做法是：一是着眼于居民的内在需求和内在力量，居民不仅仅是政府治理的被动受益者，同时也是社会生活共同体的主动参与者。二是在社区之下的更小规模范围内建立居民理事会之类的自治组织，便于居民直接参与公共生活和社区建设。三是通过各种微观机制激活居民的内在力量，培育居民的自主参与意识，着力于让自治运转起来，让居民自治制度“落地”，并取得了良好的成效。

从我国居民自治进程的三个波段看，第一波是确立了居民自治原则并构建了基本制度；第二波是推进社区建设，将居民自治纳入到社区建设体系中；第三波是在社区之下催生和激活居民自治，让自治运转起来，寻求居民自治的有效实现形式。

三 培育多层次多样式多类型的居民自治体系

从我国居民自治发展的历程看，居民自治发展时间不长，效果还不明显，特别是与迅速变化的城市发展及城市治理的紧迫需要相比，还很不相适应。

居民自治发展不甚理想的重要原因是长期历史延续下来的政府治理居于绝对主导地位，居民自治未能得到足够的重视，城市治理缺乏牢固的基础。福建省厦门市是中国最早设立的四个特区之一，改革开放以来经济社会发展迅速，已率先进入中等收入社会，城市治理的成效显著。但是，现有的城市治理还是不能充分适应城市经济社会变动的需要，出现了不少新矛盾和新问题。特别是在 2013 年发生了“陈水总事件”，造成了严重的损失和后果。[①] 从政府来看，陈水总的物质生活得到了相应的保障，政府应尽的责任都已尽到。但是，陈水总个人的心理问题却未能得到及时化解，由此也引发其极端行为。这一事件充分暴露出政府治理的有限性。政府治理不可能完全满足居民所有的需要并包办所有的问题。没有居民自治，没有居民日常生活的密切交往和有机联系，没有居民在日常参与中获得主体意识，建立认同感和归属感，城市治理就缺乏作为主体的居民支持。“陈水总事件”之后，厦门市很快启动“美丽厦门·共同缔造”活动，核心就是“共同”，以形成政府治理与居民参与的良性互动机制，释放自治的活力。

居民自治的生命力在于其内在价值。但其内在价值能否得到体现，还需要有效的实现形式。我国建立居民自治制度已有 60 多年，之所以成效不显著，就是没有随着时代的变化，根据变化了条件寻求其有效的实现形

① 2013 年 6 月 7 日下午 6 时 22 分，发生在厦门 BRT 快 1 线途经金山站往南 500 米处的公交车起火事故。事故造成 47 人死亡、34 人受伤的严重后果。纵火者是厦门市民陈水总。

式。居民自治作为制度和行为，需要相应的条件作为支撑。首先是利益相关。利益是行为的基础和动力。城市居民虽然没有农村居民那样有生产资料所有制带来的利益，但也有其他方面的利益，如由于住房和公共生活秩序产生的利益。特别是城市居民的个人利益与公共利益交集性、重叠性强，也会产生相应的利益冲突。大量国家提供的公共产品要通过居住社区进入居民日常生活之中，直接关系居民的利益。这些利益构成居民自治的动机，需要通过居民自治才能更好地化解有可能产生的利益冲突。愈是利益关联度强的地方和领域，居民自治的行为动力愈强。其次是地域相近。自治是个人和群体的一种自我治理行为，具有直接参与性。而参与需要在一定地域空间范围内进行才有效。城市居民区主要是生活共同体。地域相近的人们在生活方面的交往和利益的联结更为紧密，更有利于培育自治，形成对共同体的认同感和归属感。1990 年代前城市居民大多居住在平房院落内，物质条件比当下较差，但自治活动更为活跃，重要原因就是居民自治单位与居住空间能够相适应。再次是文化相连。文化是共同体的精神基础，也是共同体内自治行为的基础。农村村民自治的重要来源就是有长期历史形成文化传统。城市没有农村那样的文化根基，其利益来源于多元化，更需要建构文化将陌生而又冷漠的居民联结起来。第四是规模适度。自治的直接参与性需要适度的组织规模加以体现。1990 年代以后的居民自治进行较为困难的重要原因就是社区规模较大，一般均有数千户，上万人，居民直接参与社区居委会层面的自治行为受到约束。这正是海沧“微自治”产生的重要原因。第五是便于自治。1949 年后的城市基层组织主要是以便于政府管理而设立的，考虑便于群众自治的因素较少。随着城市政府治理架构设立的基本完成，基层组织主要是强化居民间的横向联系和居民与政府之间的互动，更多要从便于居民自治的角度考虑。

从我国城市治理和居民自治看，居民自治的有效实现形式应该是一个多层次多样式多类型的体系。

所谓多层次，指居民自治的组织形式在多个层次展开。当下，城市居民自治的组织形式和活动范围主要在社区这一层面。社区的行政化和规模过大不利于居民自治的开展。为此，居民自治组织重心需要下沉到与居民利益更为直接紧密，且便于自治的社区居委会以下的层面。在这一过程中，社区这一层面的自治特性也需要保留。一是居民的许多利益与社区相关联；二是技术的发达可以克服居民直接参与的诸多困难。

所谓多样式，指居民自治的形式表现出多样性。长期以来，我国城市居民自治的组织载体主要依托于居委会。随着经济社会发展，城市居民构成多样化，生活需要也多样化，仅仅依靠单一的自治组织已无法满足居民自治的需要，因此需要培育多样化的居民自治组织形式。如传统城区的邻里自治、新型住宅区的业主自治、能够吸纳外来人口参与的开放式自治等。

所谓多类型，指居民自治的类型呈多样化。我国居民自治长期以来主要是配合政府治理展开的，这一传统仍然要保留和延续。但是，随着城市居民需求的多样化和居民自主性的增强，仅仅是配合政府治理的居民自治远远不够，根据居民内在需要而产生的自治将愈来愈多。如基于居民内在文化生活需要形成的文化活动类自治，基于居民内在的自我实现需要形成的公益活动类自治，基于居民内在美好环境需要的环境活动类自治等。

由于长期历史上形成的城市治理格局的影响，我国居民自治发展还很不充分，特别需要培育，也特别需要根据城市治理的需要，培育多层次多样式多类型的居民自治有效实现形式。在这一过程中，需要注重以下三个方面。

一是促进居民自治与政府治理的良性互动。强有力的政府治理是城市治理的主导力量，也是居民自治的重要动力。政府治理需要改变以往包揽所有事务的做法，能够交由居民自治办理的事务尽可能交由居民自治办理，积极培育各种类型的居民自治组织，并加以引导。随着多样化的自治组织的产生，特别是自治组织的自主性的增强，也要强化居民自治与政府治理的适应和衔接。为此，需要厘清城市治理主体的功能，从主体功能的角度界定不同主体的主要功能。大量政务主要应该由政府及其派出机构承担，将社区从沉重的政务中解放出来。社区的主要功能是服务，既包括政府的公共服务，也包括居民的自我服务，通过社区服务将政府治理与居民自治衔接起来，形成服务型社区。社区内的事务主要通过各种自治组织加以办理，社区以下的自治组织是完整性的、不具有行政功能的自治组织。

二是推动居民自治与法治社会的配合和衔接。法治化是我国城市治理的总体要求和趋势。多层次、多样式、多类型的居民自治有效实现形式的培育需要法治加以保障，并纳入能够体现所有人意志的法治轨道。同时，城市居民自治的重要目的是构建法治社会，将法治体现在日常生活之中。我国城市发展充满活力，但城市发展的治理需要的公共规则和公共意识却相当欠缺，公共交往中行为边界极不清晰，建设法治社会的任务相当艰巨。而居民自治在其中扮演着重要角色，特别是随着居民自主性的增强，要强化居民的自律性。居民自治中的自律要素为法治社会的建构奠定牢固的基础。

三是强化居民自治中的协商民主方式。自治意味平等的主体共同参与与自己相关的公共事务。传统居民自治是政府主导下的，更多的是基于政府治理需要，方法主要是自上而下的传达、贯彻、动员、落实，居民自治的自主性较强。要充分实现居民自治，主要依靠居民间平等的交流、沟通、讨论、妥协等协商民主方式，最后达成共同一致，共同处理自己的事务。也正是通过经常性的协商活动，使居民感受到作为主体的存在，形成公共精神。

参考文献：

1. 徐勇：《非均衡的中国政治：城市与乡村比较》，中国广播电视出版社 1992 年版。

2. 陈文：《社区业主自治研究——基层群众自治制度建设的理论分析》，中国社会出版社 2011 年版。

3. 徐勇、陈伟东：《中国城市社区自治》，武汉出版社 2002 年版。

4. 刘伟红：《社区治理——基层组织运行机制研究》，上海大学出版社 2010 年版。

5. 余冰：《街坊变迁——城市社区组织的国家性与社会性》，人民出版社 2012 年版。

6. 燕继荣：《中国的社会自治》，《中国治理评论》，中央编译出版社 2012 年版，第 79—107 页。

7. 徐勇：《论城市社区建设中的社区居民自治》，《华中师范大学学报》（社会科学版），2001 年第 3 期。

8. 徐勇：《“绿色崛起”与“都市突破”——中国城市社区自治与农村村民自治比较》，《学习与探索》，2002 年第 4 期。

9. 关信平等人：《关于社区居民自治》，《中国社会报》，2008 年 7 月 20 日。

利益相关：居民自治有效实现形式的动力基础*

邓大才

2014年中央“一号文件”提出了要“积极探索在不同条件下村民自治有效实现形式”。中央文件是对村民自治提出了探索的要求，其实更需要在城市探索居民自治有效实现形式。长期以来，城市居民自治并不尽如人意，居民参与积极性不高，自治形式化、文本化、悬浮化，难以落地，制度设计与制度实践有较大的差距。笔者认为，城市居民自治难以落地，难以实施的主要问题在于居民之间的生活没有相关利益、利益相关性不强。为此，本文将研究两个问题：一是利益相关性与居民自治有效性的关系；二是居民自治如何保障相关利益的实现。

一　利益相关是居民自治的基本动力

农村村民自治能够较好的实施，特别是在利益和资源比较丰富的地区如广东顺德、东莞等地有效实施，与同一村庄的农民共有产权、共占土地的集体所有制紧密相关。可是城市居民没有这种集体所有制，要有效推动居民自治就必须发现、激活相关利益、建构利益相关性，让利益引导居民参与，让利益引导居民自治，通过参与和自治保障居民利益的实现。

（一）相关利益和利益相关性

城市居民参与热情不高，自治不落地，与社区内部缺少相关利益，与

* 作者：邓大才，华中师范大学政治学研究院教授。

居民之间的利益没有相关性有较大的关系。因此，寻找居民之间的相关利益，建构居民之间的利益相关性是居民有效自治的关键环节。那么，居民的相关利益有哪些?①

1. 城市居民利益的类型。

从利益的类型来看，城市居民从国家、城市、城区、社区、小区内获得的利益有不同的类型，这些不同的利益构成了居民的利益体系（见表1)。

产权性利益。产权性利益是城市居民因为购买房产而获得的住房产权和附属土地产权，以及因产权而形成小区设施、服务而获得的利益。产权性利益是居民的一种核心利益，也是一种物质性利益。这种利益与农民的宅基地和集体土地类似，对于同一小区的居民来说，具有直接的关联性，属于相关利益。只不过这种产权是用来生活、居住，不能用来生产、经营，与农村产权有重大的区别。城市产权性利益如果不整体性交易、拆迁，没有重大的维修或者面临着重大损失，产权性利益将会处于一种潜伏状态，无法转换成现实的利益联结，它需要在变迁、变动、变化中被激活。

配置性利益。配置性利益是因资源配置而使居民获得的利益。② 资源配置性利益主要有三种：一是因为公民权而获得的利益，居民因为是国家公民而从政府获得的利益，如国家提供安全、秩序及制度而获得的利益；二是因为城市居民权而获得的利益，即居民居住在某一城市，而获得的社会保障、社会福利、公共服务等利益；三是因为社区居住权而获得的利益，居民落户于某个社区而享受该社区资源配置的利益。三类主体或者三类共同体的范围、规模不同，其利益也有差异。因为公民权获得的利益与全国居民具有共同性；因为城市居民权获得的利益与整个城市或者城市某个区的居民具有共同性；因为社区居住权获得的利益与整个社区居民具有共同性。三种利益均属于相关利益，但是利益相关程度不同。

① 居民都能够获得利益，如工资收入、炒股收入，这些利益在小区、社区内并没有相关性。相关利益，是指居民之间有相关性的利益，相关利益是一个数量概念；利益相关性是指某一种利益在居民之间的相关程度，这是一种程度概念。

② 这种分类法借鉴于吉登斯的配置性资源和权威性资源。吉登斯：《民族—国家与暴力》，生活·读书·新知三联书店1998年版，第14页。

奉献性利益。奉献性利益是因个人为社区、城市做义工、志愿者而获得的尊重和满足。这种利益是一种直接的荣誉性利益。因为义工、志愿者本身就是为社会、社区服务，其个人行为直接与其他居民相关联，可以说是“一投两利”、“一个硬币的两面”，即某些居民的奉献性投入获得两种利益，居民本身获得满足感这种荣誉性利益，其他居民因为自己的义工、志愿者服务而获得的利益。这种利益的相关性非常高，直接将投入者与接受服务者连接起来。投入者获得的利益和接受服务者获得的利益是等值的，相关利益等于共同利益，其利益相关性达到了百分之百。

公共性利益。如果说配置性利益是在较大范围内的资源配置而产生的利益，那么公共性利益则是同一小区内部因公共设施或者公共服务而共享的利益（见表2）。主要有如下几类：一是环保性利益，如保洁、绿化等给小区、社区居民带来的利益。二是安全性利益，如小区的保安、政府的治安给居民带来的一种生命、财产的安全性。三是管理性利益，因为小区、社区良好的管理而产生的利益，如车位管理给居民带来的方便性、秩序性、公平性。四是消失性利益，即小区或者社区内某项公共设施或者服务消失而产生的消失性利益。这种利益只有在消失时才会显现，不消失不会引起居民们的注意。五是品牌性利益，即因为优质的服务、良好的设施或者好的周边条件、环境而形成的品牌效应，这种品牌效应能够带来利益。这种利益只有在房产交易时或者租赁时或者遇到外部破坏时才能够显现。

表1　城市居民相关利益的类型和性质

	产权性利益	公共性利益	配置性利益	奉献性利益
利益性质	实物性利益	享受性利益或者获取性利益	享受或者获取性利益	荣誉性利益
利益相关程度	高	较高	较高	视情况而定
利益类型举例	房屋、小区土地	生活环境、小区品牌、安全性、方便性	国家建设或者服务建构的利益，如社工组织、社区医院等	义工、志愿者

表 2　　**城市居民公共性利益的类型和性质**

	环保性利益	安全性利益	消失性利益	品牌性利益	管理性利益
利益性质	享受性利益	享受性利益	物质性利益	享受性和实物性利益	享受性和实物性
利益相关程度	高	高	发生时很高，要分摊时显现	交易时很高，要交易时显现	高
利益类型举例	卫生、绿化	保安性利益	如小区设施被占、被损	优良小区、方便小区的增值性，交易时显现	如车位的使用、管理带来的方便性

2. 城市居民利益的层次。

施坚雅认为，传统的市场可以分为初级、中间、中心市场，不同层级的市场，其利益不同。① 其实，城市居民的利益也是有层级的，可以以居民为中心从下至上或者从内到外来对相关利益和利益相关性进行分类与排序。

城市居民利益有层级之间的差异。城市居民的利益可以分为从国家、城市、城区、社区、小区和个人奉献获得的利益，居民获得的国家、城市利益要通过社区来体现或者执行。从内向外来看，就如费孝通先生所说的"差序格局"一样，② 城市居民的利益也有"差序"之分，可以称之为"差序利益"。通过小区产权产生的核心利益；通过小区设施和服务产生的直接利益；通过社区设施、服务及其管理而获得的直接利益；通过城市居民权而获得的城市管辖利益；通过国家资源配置而产生的资源配置性利益；③ 以及通过自己的付出和奉献而获得的利益——荣誉性利益，这是对社会服务、投入的一种满足感。其利益相关程度从高到低依次为从国家、从城市和城区、从社区和从个人奉献而获取的利益（见表 3），即单元越

① 施坚雅：《中国农村的市场和社会结构》，中国社会科学出版社 1998 年版，第 7 页。

② 费孝通：《乡土中国》，上海人民出版社 2006 年版，第 20 页。

③ 居民因为拥有国家的公民权利和城市居民权利而获取的利益。

小，或者越接近利益获取主体，利益相关性越大。

城市居民利益数量的集中程度也有差异。国家配置资源或者因为公民权而获得的利益属于普惠性利益，与从其他渠道获得的利益相比较，居民从国家获取的利益比较少。城市或者区级政府配置资源或者因为城市居民权而获得的利益，主要是社会保障利益、社会福利及公共服务的便利程度、公共设施的齐备性所产生的方便性，中国城市居民的社会保障或者社会福利是由城市政府提供的，这种利益因为城市或者城市各区的财力不同而有较大差异。社区没有资源，但它是城市或区政府资源配置的承接者或者执行者，因此居民因社区的居住权而获得社区的利益，这种利益与城市或者区政府大致相同，主要是社会保障、社会福利，也有一定程度的社区设施和服务利益。在小区内，居民因为产权而获得利益，可以称之为小区公共利益，主要包括环保性、安全性、品牌性、消失性和管理性利益（见表3）。可以发现，居民获得相关利益的数量随着空间规模扩大而逐渐减少，从国家获得的相关利益最少，从小区获得的相关利益最多。

城市居民利益的重要性也有差异，居民利益的类型比较多，但并不是所有利益对居民都同等重要，不同利益的重要性不同（见表4）。一是核心利益，产权性利益是核心利益，直接关系到居民的财产性，而且与同一小区内的居民利益相关程度最高。二是重要利益，小区公共性利益是一种重要利益，能够在小区居民之间形成共同性，能够使小区居民之间产生相关性，其利益相关程度很高。三是直接利益，社区主要是执行区政府或者城市资源配置政策，再加上社区有一定的服务，这些利益均由社区内居民直接获取、共同享受，构成了直接利益，这些利益在居民之间有较高的相关性。四是管辖利益，从城市和区政府获得的社会保障、社会福利等属于管辖利益，不同的城市有不同水平的社会保障和社会福利，管辖利益是居民选择就业、工作的重要依据。全城或全区居民均可以享受管辖利益，利益相关性较为一般。五是一般利益，主要是居民因为享受公民权而获得国家配置资源或者权威而形成的利益，这种利益全国居民均享受，所以称为一般利益。从家庭、小区、社区、区政府、城市到国家，城市居民利益的重要性、相关性依次降低。

表 3 **城市居民相关利益的层次（自上而下）**

	从国家获取的利益	从城市获取的利益	从社区获取的利益	从小区获得的利益	个人奉献性利益
利益层级	宏观	中观	微观	微观	个人
对应权利	公民权	居民权	居住权	产权	投入权
与个人相关程度	较低	一般	较高	最高	高
相关利益数量	一般	较多	较多	最多	视投入情况

表 4 **城市居民相关利益的层次（自内而外）**

重要程度	核心利益	重要利益	直接利益	管辖利益	一般利益
利益层级	产权	小区资源享受的利益	社区执行政府政策而获得的利益	城市或区政府配置资源获得的利益	国家配置资源获得的利益
对应权利	产权个人所有	共有产权	居住权	居民权	公民权
与个人相关程度	最高	很高	高	较高	一般

（二）利益相关是居民自治的动力

霍尔巴赫认为，利益是人类行动的一切动力。要推动城市居民自治也离不开利益。城市居民有多样式、多层次、多类型的“差序利益”。这些利益只要适当引导，恰当激活，就能够变成居民自治的基本动力。

利益是政治产生的基础。亚里士多德在《政治学》开篇就说，“一切社会团体的建立，其目的总是为了完成某些善业”。[①] 城邦的存在是为了“优良的生活”。[②] 亚里士多德认为，国家、政治的目标就是为了城邦居民

① 亚里士多德：《政治学》，商务印书馆 1965 年版，第 3 页。

② 亚里士多德：《政治学》，商务印书馆 1965 年版，第 7 页。

的利益，为了过上好的群居生活。霍布斯也认为，人类有自私自利的本性，因此需要将一部分自然权利交给一个集体，这个集体就是国家，由这个集体来调节和保护人们的利益。[①] 卢梭也认为，“他只是为了自己的利益，才会转让自己的自由”，[②] “要寻找出一种结合的形式，使它能以全部共同的力量来卫护和保障每个结合者的人身和财富”。[③] 卢梭也认为国家、政治是为了调节和保护人们的利益而产生。洛克则更直接，“政治权力就是为了规定和保护财产而制定法律的权利……而这一切都只是为了公众福利”。马克思也认为：“人们奋斗所争取的一切，都同他们的利益有关。”[④] 可见，利益需要政治调节，需要公权利保护。利益产生政治、利益造就公权力，政治和公权力则调节和保护人们的利益。因此，城市居民、社区居民只要有利益就需要政治，有政治就需要一定的政治形式、治理形式与之相适应。

相关利益是自治的动因。利益需要政治，利益产生政治，利益造就公权力。这个公权力从大方面讲是国家；从小的方面说是利益共同体，或者自治共同体。卢梭认为：“如果说个别利益的一致才使得社会的建立成为可能，那么，就正是这些个别利益的一致才使得社会的建立成为可能……因此，治理社会就应当完全根据这种共同的利益。”[⑤] 拿破仑曾说，世界上有两根杠杆可以驱使人们行动——利益和恐惧。利益特别是共同利益、相关利益将会促使人们采取政治行动——要么将权利交给国家，要么自己管理自己。在城市社区、居民小区，在国家公权力无法或者不好施展的区域，共同利益、相关利益将会促使人们采取联合的自治行动。恩格斯在《家庭、私有制和国家的起源》中通过对易洛魁人、希腊人、罗马人、克尔特人、德意志人的历史研究，得出了一个结论：只要存在土地公有，就会存在自治。这个自治可能是家庭自治，也可能是民族自治，或者其他亲属集团自治。“家长制家庭公社乃是母权制共产制家庭和现代的孤立的家

① 霍布斯：《利维坦》，商务印书馆 1985 年版，第 131—132 页。

② 卢梭：《社会契约论》，商务印书馆 1980 年版，第 6 页。

③ 卢梭：《社会契约论》，商务印书馆 1980 年版，第 19 页。

④ 马克思：《马克思恩格斯全集》第 2 卷，人民出版社 1957 年版，第 103 页。

⑤ 卢梭：《社会契约论》，商务印书馆 1980 年版，第 31 页。

庭之间的中间阶段，它虽不是到处流行，但是流行很广。”[①] 私有制的产生导致了公社自治被“炸毁”。“当新的土地占有者彻底摆脱了氏族和部落的最高土地所有权这一桎梏的时候，他也就挣断了迄今把他同土地不可分割地连在一起的纽带”,[②]“同一氏族内部的财产差别把利益的一致变为氏族成员之间的对抗”。[③] 恩格斯的观点可以用一句话概括：公共产权产生自治，私有制炸毁了自治。对比而言，完全的私有制没有一致的利益，不易产生自治；只要有共同的利益、相关的利益才会有自治的需要，才会产生利益共同体，才会需要自治形式与之相对应。

利益相关性决定自治的有效性。自治需要相关自治，自治的有效与否则需要利益相关性。农村自治比城市有效主要在于村民之间有共同的集体产权——土地，农民之间因共有产权而有了相关利益，进而产生了利益相关性。根据研究，农民之间利益相关性程度越大，居民认同感越强，参与率就越高，自治就越有效。[④] 如中国的村庄、俄罗斯的公社、印度农村的“潘彻亚特制”、日本农村町村范围内的“自治会”、“町内会”，就因利益相关性不同导致自治有效性不同。在中国的村庄、俄罗斯的公社农民有共同的集体土地，有共同利益，因此农民之间的利益较为相关，形成较为紧密的利益共同体，村庄和公社自治程度最高。日本农村町村和印度的村庄都是私有制，没有共同的产权，在村庄内部只有共同的生活需求，因此利益相关性没有中国村庄和俄罗斯农村公社高，其自治程度也没有后者高。[⑤] 可见，自治由相关利益决定，自治有效程度由利益相关性决定。

中国城市居民具有多样化、多层次、多类型的利益，其相关性或者共同性也因方式、层次、类型的差异而不同。从利益层次来看，从国家、城市、城区、社区和小区获得的利益相关性随着管理空间和规模的缩小而增

---

① 恩格斯：《家庭、私有制和国家的起源》，载《马克思恩格斯全集》第4卷，人民出版社1974年版，第137—138页。

② 恩格斯：《家庭、私有制和国家的起源》，载《马克思恩格斯全集》第4卷，人民出版社1974年版，第163页。

③ 马克思：《摩尔根〈古代社会〉一书摘要》，人民出版社1965年版，第191页

④ 邓大才：《利益相关：村民自治有效实现形式的产权基础》，《华中师范大学学报》，2014年第4期。

⑤ 邓大才：《利益相关：村民自治有效实现形式的产权基础》，《华中师范大学学报》，2014年第4期。

强（见表3）。从利益的性质来看，不同权利而形成的利益相关性也不同，因个人产权、共有产权、居住权、居民权和公民权而形成核心利益、重要利益、直接利益、管辖利益和一般利益，其相关程度也依次降低（见表4）。从利益的类型来看，产权性利益、公共性利益、配置性利益和奉献性利益的相关性依次下降。利益相关性决定居民自治的有效性，可以肯定小区内部的产权性利益、公共性利益将会导致更有效的自治；社区内部的配置性利益或者因居民权形成的利益相关性较前两者低，其自治的有效性也会低；城市或者区政府的配置性利益的相关性又会较小区、社区低，其自治的有效性将会更低（见图1）。

（三）居民自治保障利益的实现

居民之间的相关利益和利益相关性可以产生政治、产生自治；同理，居民自治也能够产生利益、维护和保障利益，而且自治程度越高，保障程度将会越强。

居民自治可以产生利益。居民自治，特别是有效的居民自治能够产生利益，使居民之间有更多的共同性和相关利益。一是居民自治可以共同开发、管理小区、社区内资源，通过资源的开发和管理，产生秩序利益、品牌利益或者物质利益，如无物业小区通过自治管理公共空间形成车位，从而增加居民之间的共同利益、相关利益。二是居民自治可以通过义工、志愿者来创造新的利益，从而让居民或者部分居民能够享受义工、志愿者的服务。这种利益对实施者来说是精神利益；对享受者来说是物质利益。三是居民自治能够引进各地的慈善组织、社会企业，让小区、社区老人、病人、残疾人等特殊人群享受到相应的服务，获得服务利益。

居民自治可以调节利益。居民自治不仅能够产生利益，还能够调节利益。按照霍布斯和卢梭的观点，政治的目的就是调节利益。居民自治也能够调节居民之间的利益。一是居民自治可以调节居民之间的利益冲突，如调节居民之间因边界、车位、资源占用等利益纠纷或者冲突，如调节居民广场舞的场地争议及其他的纠纷。二是居民自治可以调节居民与物业之间的利益冲突，小区居民与物业经常产生冲突，居民自治组织如业主委员会可以居中调节。三是居民自治可以调节居民与周边其他主体之间的利益关系。当居民或者小区与周边的企业、社区、机关发生了利益冲突后，居民自治组织也可以作为小区代理人进行利益调节。

居民自治程度决定利益保障程度。居民自治最大功效就是保障利益、维护自治。一是保障现有利益。居民自治保障自己的房屋产权，包括房屋维修金的使用；保障小区内公共设施的合理有效使用，保障小区居民的服务利益；同时维护小区的声誉，维护小区的品牌价值。二是维护应得利益。居民自治就是一个社会组织，可以代表小区、社区居民与社区、政府进行沟通、对话，争取自己应得的利益，特别是有关城市居民应该获得的社会保障、社会福利、公共服务利益等。三是争取可得利益。居民自治可以通过组织或者制度渠道参与城市政府、社区的决策，影响政府、社区的资源配置，获取配置性利益。总之，如果居民不能自治，不能建立自治组织，将会变成“一盘散沙”,[①] 或一堆堆的“流沙”,[②] 既无法保障自己的利益，更无法争取自己的利益。

通过上述分析可以得出如下结论，城市居民的相关利益是多样化、多层次、多类型的体系，这些相关利益要求城市居民在小区、街巷、楼栋、邻里实施自治。自治实施的有效性与利益相关性程度紧密相关，利益相关性越大，自治将会越有效。另外，城市居民的自治也能够产生新的利益，还能够调节、保障居民的共同利益。城市居民现有的利益只有通过自治才能够得到保障。

二　利益相关决定居民自治的有效实现形式

相关利益决定居民自治；利益相关程度决定居民自治水平，决定居民自治有效实现形式。在寻找居民自治有效实现形式过程中，沿海一些发达的城市进行了实践探索，根据利益的层次、类型、形式确定最有效的实现形式。[③]

---

① 参见孙中山：《三民主义》。

② 徐勇教授在居民自治有效实现形式的学术讨论会上的发言。

③ 受教于徐勇教授的指导和徐勇教授的未刊稿《培育自治：对居民自治有效实现形式的探索》。

（一）多层的相关利益决定多层次的自治

城市居民的利益层次可以分为从国家、城市、城区、社区及小区获得的利益（见图1）。这些相关利益及利益相关性决定着治理方式。居民从国家获得的是一般性利益，一般性利益相关性很弱，其相关性只能构成民族国家。城市和城区政府是管辖利益，这种管辖利益主要是社会保障、社会福利和公共服务，这种利益主要是个人性享受，居民享受彼此不排斥，相关性虽强于国家，但是依然较弱，所以城市、城区只能形成自上而下的政府“他治”。但是在社区及以下各单元，相关利益越来越多，利益相关性越来越强，自治成分越来越多，形成了多层次的自治体系。

1. 以社区为单元的自治。

社区规模一般比较大，大的社区几万人，小的社区也有几千人。一个社区可能跨几条街道，几十个楼盘。相较于小区，社区居民之间相关利益或者共同利益并不多，只有一些以社区为单元的配置性资源利益：一是城市、城区政府资源配置的利益，即社区承接、执行上级政府的资源配置政策，这是一种普惠性的管辖利益，属于个人性的获取行为。二是社区本身的资源配置和建设行为导致的利益，这些建设行为或者资源配置行为直接关系居民的利益，相关性比较大，这类利益可以称为直接利益。社区的直接利益会形成居民的共同性和共同利益，因此居民之间会有自治的需求。国家也根据这种共同性、共同利益和利益相关性要求在社区实施自治。只是社区产生的直接利益因社区规模之大而被摊薄，利益相关性也随之降低，所以在实践中，社区一般是实施代表制（或代议制），居民选出代表以社区为单元进行自我管理、自我教育和自我监督（见图1、图2）。在现实中，以社区为单元的自治因为缺少直接参与的机制和渠道而表现出形式化、文本化、悬浮化的特点，悬浮于社区层面难以落地，因此需要更小单元的自治来作为基础。

2. 以小区为单元的自治。

小区是城市居民利益比较集中的地区，空间规模也比较适当，是最适合居民实施自治的单元。一些已经进入中等收入社会的城市，如厦门市、深圳市、广州市开始探索将自治下沉到小区，以小区为单元实施自治。自治需要相关利益，小区的相关利益比较多，而且利益相关程度也比较大。

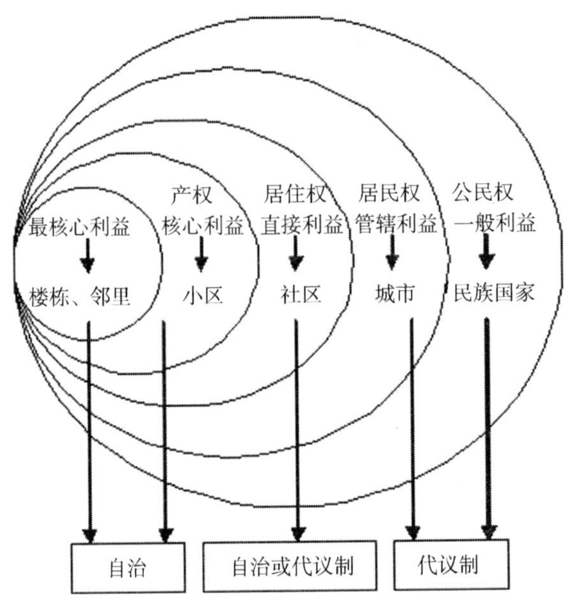

图 1　权利、利益与治理

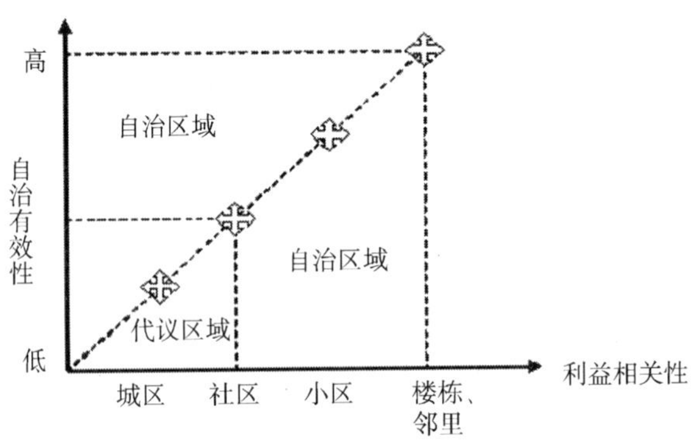

图 2　利益相关性与自治有效性（多层次）

一是共有社区产权，主要是房产权和土地产权。这些产权使小区内的居民具有了共同利益和利益相关性，它是居民的核心利益，是推动自治最重要的动因。二是社区公共设施和服务的利益，这些设施和服务是面向小区全体居民的，关系到居民生活的方便性、舒适性和生命财产的安全性，这些利益是居民的重要利益，它也促使居民主要关心和参与。如在厦门市的海沧区，在绿苑小区、文圃花园等建立小区理事会等自治组织，对共有产权、共占设施、共享服务等相关利益进行自我管理、自我监督。从实践的情况来看，小区居民的参与积极性很高，居民的认同感很高，真正实现了居民自治（见图 1、图 2）。

3. *以邻里楼栋为单位的自治。*

在一些小区特别是无物业小区，居民仍然比较多，规模比较大，而且居民之间差异性大，依然存在难参与、参与难和不愿意参与的现实。于是一些城市如厦门市海沧区将自治单元进一步缩小到街巷、楼栋、邻里，实施街巷、楼栋、邻里自治。街巷、楼栋、邻里自治也是基于相关利益和利益相关性的原则。一是从居民关心的利益组织自治，如安全门、卫生费、车位、小区巡逻等与居民利益非常相关的事情着手，引导居民实施自治。二是在自治的基础上梳理居民的共同利益，建立制度化的自治组织，如理事会、议事会、监事会，同驻理事会等处理居民的共同利益、共同关切的自治组织。三是通过物质利益的自治引导精神层面的联结和自治，如义工、社工进户，如建立趣缘性的文体协会，实现街巷、楼栋、邻里之间的全方位的自治。街巷、楼栋、邻里是最小单元的自治，但是其利益最相关，所以最容易实施自治，也是最有效的自治形式（见图 1、图 2）。

从上面的分析可以看出，城区、社区、小区、楼栋和邻里之间因为相关利益和利益相关性逐渐增加，因此自治程度越来越强，自治的形式更加有效（见图 1）。社区规模大、共同利益较少、相关性较低，因此实施直接的自治有一些难度，需要实施以代议制为主的自治；小区规模相对较小，有共同的产权，有共同的利益，居民之间的利益相关性比较强，适合采用直接参与的自治，小区是最适应的自治单元，也是最有效的自治形式；在小区内部还可以根据情况进一步缩小自治单元，以街巷、楼栋、邻里为单元实施自治，利益更加直接、更加相关，因此也是一种有效的自治形式，只不过是最小的自治单元。

（二）多样的相关利益决定多元化的自治

随着市场经济体制的进一步确立，城市居民进一步分化，经济结构和社会结构的多元化、复杂化使得居民之间的利益需求也呈现多元化。这种多元化的利益需求，单单依靠政府治理已经难以为继。因此，多元化的利益需求需要多元化自治予以满足和应对。

以项目为载体自治。厦门市海沧区发现居民如一盘散沙，难以整合，也难实施自治，决定以项目的形式切入，以项目为载体来引导、推动居民的自治。对于居民房前屋后的公共设施、公共空间，引导居民进行自我讨论、自我设计、自我筹资，然后形成一个自治方案向区里申请“以奖代补”经费。这种以居民需求为导向，以项目为载体的自治，项目本身就具有较强的利益相关性，另外有些项目还需要居民筹资，居民之间的利益相关性大，自治效果更好。因为按照项目设计要求，只有居民全程参与、自治管理和自我实施，项目才能够得到批准，经费才能到位，便民工程才能完成。海沧区将这种自治称为微自治，也称为“项目自治”，它不仅推动了居民自治，而且培养居民的参与精神、责任精神，为更大范围、更大区域的自治创造了条件、夯实了基础。

以活动为载体自治。随着居民经济收入的提高，居民的精神需求更多、更丰富，居民的社会参与需求也增多。一些较为发达的市区，如厦门市海沧区决定以活动为载体推动居民自治。一是娱乐活动，如舞蹈、龙舟、舞狮等活动；二是培训和教育活动，如健康讲座、体育沙龙等；三是志愿者活动，如环保活动、家访活动、帮扶活动等。这些活动缺少经费，缺少组织者，因此政府和社区采取“以奖代补”的方式资助活动，鼓励有公益心的人士出面组织，引导大家参与，形成“活动自治”。对于参与“活动自治”的居民有一定的精神利益，加上政府或社区的“以奖代补”政策，使参与者之间有了共同的物质利益，有了更强的利益相关性，因而有了自治的经济基础。“活动自治”是一种居民的内在需求，也是一条培育居民自治精神和公民精神的好渠道，更是一所让居民熏陶自治精神的好学校。

以平台为载体自治。社区或者小区要实施多样化的自治，需要找到居民共同的关注点，共同的利益。厦门市海沧区采取平台方式推动自治。一是小区或者社区的公共空间交给居民管理、管护，如小型广场、海沧兴旺社区的“话仙场”；二是小区或者社区的老年人大学，或者一些活动室交给居民自己组织和自我管理，如海沧区的“新厦门人综合体”；三是小区或者社区的一些绿化交给居民认领、认养、认管，有时对于一些小公共设施还采取认捐方式，海沧区兴旺社区就鼓励居民参与“共同缔造”，建设自己的家园。这些平台将一些居民联结起来，将居民与小区、社区联结起来，形成了一定的相关利益和利益相关性，形成“平台自治”。“平台自治”是小区自治的重要组成部分，它是因部分居民之间的共同利益而形成的自治，是一种较有效的自治形式。

多样化的利益需要多样化的自治形式，但是在这些自治形式之中，相关利益不同、利益相关程度也有差别（见图3）。以项目为载体的自治是一种物质利益的共享，因此利益相关程度很大。以活动、平台为载体的自治主要是一种精神的、参与性的自治，属于一种奉献性利益，在政府或社区的“以奖代补”推动下后两种自治也具有了一定的物质利益，只不过这种物质利益是为了奉献而投入的，因此主要是一种精神利益，其自治是精神利益推动下的自治。从利益相关性来看，“平台自治”的利益相关性大于“活动自治”，其自治的有效性也是前者高于后者。

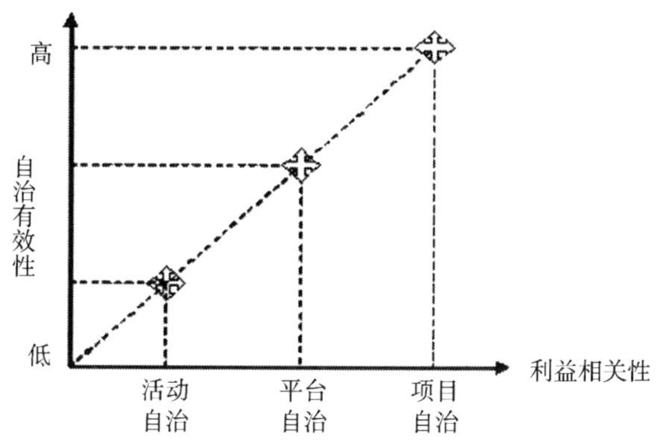

图3 利益相关性与自治有效性（多样性）

（三）多类的相关利益决定多类型的自治

城市居民的利益不仅有多层次、多样式，而且也是多类型的，不同的人群有不同的利益，不同的资源关注者有不同的利益，不同的服务者有不同的利益。因此，社区、小区或者街巷、楼栋、邻里也要根据利益的类型组织多种形式的自治。

以趣缘利益为核心引导自治。随着物质生活的逐渐满足，居民对精神、健康、娱乐的需求增多，因此，有些市区和社区根据居民的需求，组织趣缘组织，寻找趣缘利益，以趣缘组织和利益引导人们自治，如广场舞蹈协会、太极拳协会、音乐协会等。在城市小区中特别是高档小区中，市场化服务程度比较高，居民一般不愿意下楼，不愿意参与。因此，有些城市如厦门市海沧区就通过小朋友的趣缘组织引导中年人，通过老年人的趣缘利益引导年轻人，即他们总结的“以两头带中间”。小区、社区通过趣缘组织、趣缘利益以点带面、以少带多，引导群众从生活自治、社会自治走向小区、社区自治。

以业缘利益为核心引导自治。在城市某些区域或者某些社区、小区，是某种职业群体集中居住的区域，如有些是产业工人集中居住区域，有些是教师集中居住区域，有些是党政机关、企事业干部集中居住区域，还有些是商家居住区域。因此，一些城市如厦门、东莞等地就以业缘利益引导居民组织起来，建立理事会、商会、议事会等业缘组织，一是在业缘组织内部实施自治；二是通过业缘组织参与小区、社区、街巷的自治。如厦门海沧区兴旺社区就是以产业工人为主的社区，在小区内建立社企共驻理事会进行自我管理；在海沧街道的文辅花园是教师为主体的小区，就建立理事会进行自治；在绿苑小区还有三栋楼是渔民上岸而建设，在渔民中间建立了议事会进行自治。这些业缘组织有共同的职业、爱好、经历，更重要的是有更同的利益，容易实施自治。

以奉献利益为核心实施自治。随着居民物质生活的满足，特别是一些有知识、有公益心的群体，希望能够利用自己的知识、技能奉献社会、社区。一些城市就利用这种心理和需求，因势利导，建立义工组织、志愿者组织，引导人们服务社会、服务社区。一是参与者组成各种类型的义工、志愿者组织，在组织内部实施自治；二是引导这些义工、志愿者组织参与社区、小区的自治。义工、志愿者是以自己劳动、服务获得精神上的满足，因此参与者获得的是一种精神上的奉献利益。这些志同道合的人联结在一起也能够推动自治的发展，丰富自治的内容。

趣缘利益、业缘利益和奉献利益都是一种精神方面的利益，但正是这种精神需求的一致性、相关性、向心性，引导大家走在一起，共同参与、共同组织，参与自治。因此这种多类型的相关利益也是构成城市自治体系的重要组成部分。

（四）多层多样多类自治面临的新困难和新问题

毛泽东曾经说，“一切空话都是无用的，必须给人民以看得见的物质福利”。[①] 在推进、实施、组织居民自治过程中，最重要的是利益问题，特别是居民之间的相关利益。没有利益就没有治理，没有相关利益就没有自治，没有利益相关性就没有自治的有效性。目前这种相关利益及利益相关性还比较少，很多还没有被发现、被激活。从一些城市的新探索、新实践来看，城市居民之间的“利益障碍”仍是影响自治、阻碍自治的最重要因素。

利益有无的问题。利益决定自治，利益相关性决定自治的程度。唐忠新教授也持类似的观点，“利益是（居民自治的）一个基础，要推动形成共同利益”；[②] 关信平也认为“没有共同利益就没有公共事务”。[③] 正如两位教授所言，在城市社会面临一个最大的问题是缺少利益，缺少相关利益，缺少利益相关性。城市与农村不同，没有集体资源，没有集体土地，也没有社区情感，自治缺少相关利益和利益相关性。在社区内只有资源配置产生的一些公共设施和公共服务；在小区虽然有共有产权，但是这些产权并不用来经营，也不会以集体的名义交易，因此只是一种潜在的利益。因此，深化自治还需要发现利益、挖掘利益、建构新利益。

利益激活的问题。虽然城市居民的相关利益和利益相关性不多，但并非不存在，因为在社区存在资源配置性利益，在小区存在核心利益和直接利益，只是现在没有人体会到这种潜在的利益，或者将这些资源交给物业来管理，小区、社区居民的利益没有被激活。特别是政府或者学界很多人都将激活寄托在物业的身上，其实物业是一个企业性质的组织，是一个市场的组织，它无法解决、无法应对社会性的需求、公共性需求，社区、小区性的公共性、社会性需求需要自治组织来解决。也有学者、官员受居民委员会组织法的误导将自治定位于社区，因此将激活利益的任务交给社区。其实前者只一种市场性引导，后者是一种行政性引导，真正的自治需要寄希望于社区、小区居民本身，将自治定位于社区以下的单元。

利益大小的问题。城市居民之间有了相关利益，但是这些相关利益可能不足以吸引居民参与。因为相当大一部分居民的需求，要么通过单位解

① 毛泽东：《经济问题与财政问题》，《毛泽东选集》，东北书店 1948 年版，第 876 页。

② 唐忠新：《关于社区居民自治》，《中国社会报》，2003 年 4 月 9 日。

③ 关信平：《关于社区居民自治》，《中国社会报》，2003 年 4 月 9 日。

决，要么通过市场解决，社区、小区的资源供给或者服务无法吸引居民参与。有些社区、小区即使发现了相关利益，激活了公共利益，仍然不足以吸引居民参与。特别是对一些高档小区，一些高收入小区，没有特定的相关利益吸引居民下楼、吸引居民参与。这部分居民对什么利益都“无所谓”。因此，“利益大小问题”、“利益无所谓”问题也是一些城市在探索自治新方式、新形式的过程中面临的一个重大问题。

利益相关的问题。不少城市政府、社区通过资源配置为居民提供了不少服务，居民也获得了很多利益，但问题是，政府和社区提供的利益是一种纯粹的给予型利益，或者是一种借助市场或社会组织单向度的给予利益，个人能够直接获取，不需要与其他居民商量，也不需要与其他居民合作。虽然每个居民都得到了好处，但是他们无法参与，无法选择，无法合作，而且政府提供的这些服务和利益，没有在居民之间形成一种利益联结，没有在居民之间创造共同性。因此，尽管政府创造、给予了更多的利益，但没有在居民之间建立利益相关性和联结性。政府投入得再多，居民也觉得无所谓，或者更加不珍惜。

利益持久的问题。为了解决利益有无、利益激活、利益大小、利益相关和利益无所谓等问题，一些城市的政府采取“以奖代投”、“以奖代补”的方式，甚至采取直接投资的方式在社区、小区内建立公共设施，提供公共服务，并以此要求、吸引居民参与。这种外部带动型利益建构方式，形成了不同类型的自治组织，并成功激活了小区、楼栋、邻里的相关利益，形成了小区、楼栋、邻里自治。但现在面临的问题是随着项目完成且政府撤离后，居民之间持久的相关利益和利益相关的维持问题摆在了政府和社区面前。

沿海发达城市对居民自治有效实现形式的探索为城市居民自治的发展指明了方向，但是城市居民自治新探索产生的新问题，说明了还需要根据新探索进行调整，特别是需要以相关利益为核心探索有效的居民自治形式。

三 以相关利益为核心探索居民自治的有效实现形式

通过理论分析和实践观察，可以得出如下结论：利益决定治理，相关利益决定居民自治，利益相关的程度决定自治的程度。因为利益的多层次、多样性、多类型，因此需要根据利益的特点建构多层次、多元化、多类型的自治体系，根据自治性质选择适宜的自治实现形式。根据各个城市探索的中遇到的一些问题，下一阶段可以从以下四个方面探索居民自治的有效实现形式。

（一）发现相关利益

现在学界和政府官员普遍认为，城市与农村不同，没有共同利益，难以实施自治。其实，这是一种静态的观点，一种消极的观点。对于单位制下的居民而言，确实很少有相关利益，利益也很少有相关性，但是随着单位制的解体，特别市场经济体制的建立，生产与生活分开，居民的生活逐渐回归到社会——社区和小区。居民有了自己的利益，而且在同一社区、小区、楼栋还有了共同利益，居民之间的利益有了相关性。这些共同的利益，既有物质利益，也有精神利益，只是过去这些利益长期被忽视而沉睡着，需要被激活、被唤醒。

同时也要认识到，首先，利益并非是同质的，不同的行政层次或者不同的空间规模，相关利益、利益相关性是不同的，居民从国家、城市、城区、社区、小区、楼栋、邻里获得的相关利益不同，利益相关性也不同。因此，治理或者自治的形式也会不同，自治的水平或者强度也会有差异。其次，利益是多样性的，由于社会分化，居民需求不同，不同的群体、不同的时期会有不同的利益需求，要根据这些利益需求而选择相应的自治形式。最后，要根据不同类型的利益，如核心利益、重要利益、直接利益、管辖利益等选择不同的自治形式。

（二）激活相关利益

现在城市居民自治形式化，与政府、社区没有尊重自治的规律相关：利益决定治理，相关利益决定自治，利益相关性决定自治有效性。一是将利益单元固化，以社区为单元实施自治，利益相关性不强；二是将自治固化，以为自治就“三自”、“四民主”，均是根据外部想象而强加给社区的，其实，自治形式根据利益不同而会有差异，自治有效性会因利益相关性而不同。因此，要根据不同的空间、不同的规模、不同的群体、不同的需求来认识相关利益、发现相关利益，在认识、发现的基础上激活相关利益，在居民之间挖掘相关利益，建构利益相关性，为自治寻找动因。

从目前的实践来看，可以从如下几个方面激活相关利益：一是激活社区的资源配置性利益、直接性利益，进一步巩固社区的代议制自治。二是激活小区的产权性利益和共享性公共利益，大力发展以小区为单元的小区居民自治或者业主自治。三是激活社区楼栋、邻里的共占性利益，大力发展以楼栋、邻里为单元的居民微自治。激活的方式可以是政府、社区和小区外部引导，也可以是社区、小区居民的自觉行动，自治需要内部、外部力量的引导而触发形成。

（三）建构相关利益

发现利益、激活利益是针对现在已经存在的利益采取的行动，但是仅仅依靠这些行动，还是无法建立较为多层次、多元化、多类型的自治体系，也无法建立各类覆盖整个城区的自治体系。因此，还需要政府、社区适当建构相关利益来引导、组织自治。建构相关利益主要包括两个方面：一是建构利益，即在缺少利益的社区、小区、群体之间建构新的利益，如政府通过项目投资，通过组织活动，通过建立或者资助社会组织来建构新的利益，通过这些新利益来联结居民。二是建构相关性，即利益已经存在，只是散落着，或者没有发生横向联系，因此政府或者社区通过引导或者从外部投入，在各利益主体之间建立利益联结。如通过资助居民的娱乐活动、兴趣活动来建立相关性，通过“以奖代补”、“以奖代投”来建立居民之间的连接性。其实，居民之间有很多利益，只需要政府顺其而为引导就能够促成新的自治。

（四）寻找有效自治的相关利益

基层治理需要自治，当然自治也有个“度”的问题。这里有一个选择，我们是追求最高水平的自治，还是追求起码水平的自治呢？或者说，自治的有效性是一种什么样的有效性？这就对自治的有效性与相关利益、利益相关性的“度”提出要求。自治的有效性是居民能够利用自治解决问题，能够利用自治保障权益的程度。要使自治能够实现上述两个目标，要使自治有效，就要处理好“相关利益”的大小和“利益相关性”的组合问题，即“相关利益”的大小和“利益相关性”的程度决定自治的有效性，即能够解决居民的自身需求的自治程度，这个程度就是最优自治水平。从图 4 来看，相关利益曲线和利益相关性曲线的交点，即为自治最有效实现形式的位置，也就是最优自治程度。

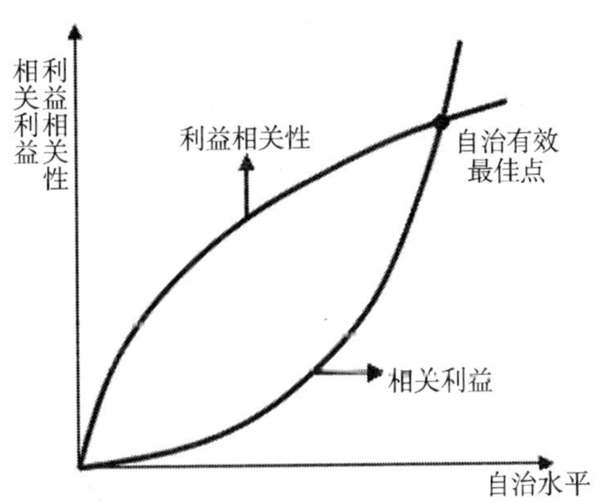

图 4　相关利益、利益相关性与自治有效性（多样性）

有效的自治不是自治水平越高越好，也不是自治水平越低越好，而是能够解决居民自治需求的自治水平。特别是因为利益的多层次性、多样性、多类型，不能僵化的、固化的看待自治的有效性，只要自治能够解决问题，能够满足居民的需求，就是有效的自治。所以，我们要寻找的是能够解决问题，满足需求的相关利益、利益相关性及其组合，建立与多层次、多样性、多类型利益体系相适应的居民自治体系。

协商民主:居民自治有效实现形式的运转机制*

任　路

一　协商民主与居民自治的有效实现

居民自治是社区居民通过居民委员会等自治组织依法处理与自己利益相关的社区公共事务和公益事业，实现社区自我管理、自我教育和自我服务的治理活动。作为基层群众直接行使民主权利的重要方式，居民自治是群众性、直接性、多元性和平等性的统一体。

一是群众性。对于居民自治而言，群众是自治的主体。早在居民自治开始之初，彭真就认为“十亿人民如何行使民主权利，当家做主？一方面是通过各级人大来行使国家权力；另一方面是在基层实行群众自治，群众自己的事情由群众自己依法去办，这是国家政治体制的一项重大改革。”① 那么，在具体的居民自治中就应该贯彻落实群众的自我管理、自我教育、自我服务和自我监督，真正让群众能够自主、自力和自律，从而扩大自治的空间。

二是直接性。相比于国家治理而言，居民自治最大的特点是直接性，由居民自己管理自己，直接行使民主权利。这是由居民自治的内在特点所决定的，居民自治与日常生活紧密相连，自治事务既源于社区生活的需要，又与居民生活息息相关，因此，在社区范围内与居民利益相关的大事小事都有可能成为居民自治的事务，也必须依靠居民的参与来解决。

---

* 作者：任路，华中师范大学中国农村研究院。

① 彭真：《彭真文选》，人民出版社 1991 年版，第 607 页。

三是多元性。与农村村民自治不同，居民自治所赖以成长的城市社会异质性大和流动性强。在利益多元化的背景下，社区存在不同的利益主体和不同层次的利益需求，除社区居民以外，在社区里还存在工厂、学校、商店、机关等单位和机构。这些单位和机构虽然与社区没有隶属关系，但与社区之间有着愈来愈密切的联系。① 此外，人口的流动所带来的外来人口也构成社区的一部分。居民自治需要尽可能地容纳社区的多元主体，整合社区自治力量。

四是平等性。在居民自治中，作为平等的个体，每一个主体自主支配自己的行为，不为外力所强制。当然，这种平等不只是法律规定下的平等身份，更应该是平等的参与，在参与上每个人都是平等的，既包括参与机会的平等，又包括参与资源的平等，进而实现广泛的参与。

不过，居民自治的群众性、直接性、多元性和平等性只是一种应然状态，事实上的居民自治与之还是有一定的差距，甚至背道而驰。比如说：作为居民自治载体的居民委员会日益行政化，变成街道的“脚”，承接过多的行政管理事务，他治代替自治。在居民自治中，部分居民对社区事务不感兴趣，导致居民参与不足，居民自治空转。归根结底，这是因为居民自治缺少有效的实现形式，居民自治内在价值不能转化为现实的行动，无法让居民自治运转起来。为了将应然的自治发展为实然的自治，必须积极探索居民自治的有效实现形式。近年来，基于协商民主理念的社区治理实践正好为我们提供了居民自治有效运转的成功案例。协商民主之所以能够推进居民自治的运转，其重要的原因来自协商民主的价值与居民自治内在要求相契合。

协商民主指的是自由平等的公民基于权利和理性，在一种有民主宪法规范的权力相互制约的政治共同体中，通过集体与个体的反思、对话、辩论等过程，形成合法决策的民主体制、治理形式。② 协商民主包括三种形式。一是政府形式的协商民主，如果用最简单的术语来表达的话，协商民主指的是为政治生活的理性讨论提供基本空间的民主政府。二是决策形式的协商民主，协商民主要求容纳每个受决策影响的公民；实现参与的实质

① 徐勇、陈伟东等：《中国城市社区自治》，武汉出版社2002年版，第4—5页。

② 陈家刚：《协商民主与当代中国政治》，中国人民大学出版社2009年版，第1页。

性政治平等及决策方法和确定议程上的平等；自由、公开的信息交流，以及赋予理解问题和其他观点的充分理由。三是治理形式的协商民主，作为民主治理方式的协商民主本质上以公共利益为取向，主张通过对话实现共识，明确责任，进而做出得到普遍认同的决策。①

对于居民自治所属的基层群众自治范畴而言，协商民主的治理意义更为突出。协商民主的治理是一种新的治理机制，政府搭建一个协商民主的平台，通过理性讨论使百姓发生思想变化，最后公民自身做出解决难题的方案。② 显然，贴近于社区生活的居民自治正是作为治理形式的协商民主的实践场域。

协商民主开辟居民自治有效实现的新路径。居民自治是一个阶段性的发展过程，不同阶段有不同的实现形式，具体来看主要有新中国成立后的吸纳型居民自治和改革开放后的规划型居民自治。③ 新中国成立后，在组织起来的理念下，居民委员会是国家管理城市社区的手段，与“单位制”一起构成依附于政府的社区管理体系。改革开放后“单位制”解体，大量的单位人向社会人转变，由此对城市管理带来新的变化，街居制得到恢复，居民委员会得以重建，并明确其基层群众自治组织的定位。但是在这一过程中，社区建设带有更多的自上而下的规划性，于是以行政化为导向的社区管理是主要的发展趋向。社区自治隐含在社区建设当中，处于萌芽状态。④ 进入21世纪以来，在城市经济社会发展和社区管理体制改革的双重影响下，居民自治的资源基础、主体基础和体制基础逐渐形成，以民主选举为导向的社区治理模式也有所发展，比如：沈阳模式和江汉模式。这些探索无疑对居民自治的发展具有先导性和开拓性的价值。可是，当时的社区自治附属于社区建设，其作用的力矩有限，主要目的是赋予居委会以合法性，并以贯彻落实街道行政工作为主要内容，他治依然占据主导地位。协商民主是对20世纪后期行政权力膨胀的有效制约，行政权力膨胀的关键是行政机构获得了制定规则和确定公共政策的权力而无须承担同等

① 陈家刚：《协商民主与当代中国政治》，中国人民大学出版社2009年版，第23—24页。

② 何包钢：《协商民主：理论、方法和实践》，中国社会科学出版社2008年版。

③ 参阅徐勇：《培育自治：对居民自治有效实现形式的探索》，“探索居民自治有效实现形式”研讨会论文。

④ 徐勇、陈伟东等：《中国城市社区自治》，武汉出版社2002年版，第23页。

民主责任的问题。制约行政权力膨胀的恰当途径是施行协商民主。只有协商模式才能建构和规范现代的公共行政。① 协商民主强调居民的广泛参与，以此来打破行政权力对于社区公共事务的垄断，赋予居民更多的知情权、表达权、决策权、监督权等，有助于居民自治从政府规划引导型向居民内生参与型转变。

协商民主丰富居民自治有效实现的新方式。居民自治源于社区生活，有着丰富多样的自治事务。居民委员会虽然是居民自治的权威性组织，但是其方式和手段有限，面对纷繁复杂的社区事务，任何单一化的治理手段都有可能失效，必须根据不同的自治事务选择灵活的方式来处理。在以往的居民自治中，选举、投票、表决、命令、说服教育等已经不适合了内生型居民自治的发展要求，也与城市社区居民的观念和态度不相适应。协商民主所提倡的平等主体间的协商涵盖更加丰富的方式和手段，比如：公开发言、平等对话、持续沟通、多方讨论等。同时协商民主关注的是相互理解基础上的妥协，形成集体的理性，而不是少数服从多数时的强制性方式。显然，在社区共同体内部，任何强制性的自治方式都可能影响居民自治的有效实现，因为每一个居民都是自治的不可或缺的主体。只有在居民共识的前提下，居民才能积极参与到自治中，居民自治才能够获得强劲的动力，真正让居民自治运转起来。另外，大到全社区，小到楼栋都有民主协商的空间，规模的缩小和层次的降低也有利于协商民主方式和手段的运用。因为共同利益越多，共同交往越频繁，共识就越容易达成，协商就越容易实现。

协商民主激发居民自治有效实现的新动力。居民自治说到底是居民的自主管理，离不开居民的参与，那么居民的参与便是自治的核心要素，也是衡量居民自治程度的重要标志。在现代社区生活中，社区居民及其组织参与社区事务和活动已变得越来越重要，它是社区组织和社区发展工作的基本原则和方法。为居民提供参与机会是社区的重要功能之一，社区参与本身又被视为一种新的价值和目的。② 当前，社区自治中居民参与乏力，

① 陈家刚：《协商民主与当代中国政治》，中国人民大学出版社 2009 年版，第 4 页。

② 王邦佐等：《居委会与社区治理：城市社区居委会组织研究》，上海人民出版社 2003 年版，第 200 页。

这既有居民参与意识和参与能力薄弱的原因，又受到参与渠道和参与机制的影响。与之相对，城市社会的发展所带来的利益调整和矛盾冲突日渐增加，意味着在将来的社区自治中存在着大量的参与需求和参与空间。不论是从现实困境还是未来发展来看，居民自治的深化有赖于居民参与的扩大。协商民主鼓励利益相关者积极参与公共事务，并将其作为协商合法性的来源，同时尊重程序，把参与纳入有序的制度化渠道，参与的过程是公开的，打破决策的“黑箱”，并且每个参与者从公共利益出发，在协商过程中努力形成最为广泛的共识与合作。同时，居民参与意识和参与能力将在协商实践中得到学习和锻炼，逐步提高居民自治水平。

二　现阶段居民自治中的协商民主元素

在我国的居民自治实践中，协商民主有着广泛的表现形式，存在着很多类似社区议事会或民主议事会的制度，如“居民议事会制度”、“社区议事会”、“党群议事会”等。虽然这些创造性实践不同于严格意义上的协商民主，但它们都体现了协商民主的某些特征。[①] 这些制度和组织多多少少带有协商民主的一些要素，又与其他形式的社区治理方式相结合，表现为一种复杂的混合体。从居民自治的发展历程来看，最为关键的是一系列诸如协调、沟通、参与和议事等带有协商民主元素的机制。

居民自治中的协调机制。协调是为了完成社区计划和实现既定目标，对各项工作及各位人员的活动进行调节，使之同步和互为依托的过程。在一定地域范围内的居民自治不可避免要与各种类型的城市主体“打交道”。于是，基于协调各类主体的组织和制度便产生于社区治理的实践中，比如：多方联席会议和社区共建理事会等。

多方联席会议。随着城市社区物业的发展，物业小区日益普遍，与居民利益息息相关的业主委员会和物业公司等成为社区自治不可忽视的主体，于是，以社区党组织、居民委员会、物业公司、业主委员会为主体的多方联席会议诞生。在东莞市东城区东泰社区中就建立了“四位一体”的联席会议，以社区服务为中心进行多方协调。居民委员会是居民自治组

① 陈家刚：《协商民主与当代中国政治》，中国人民大学出版社 2009 年版，第 6 页。

织，物业公司是为居民服务的经济组织，业主委员会是小区业主的维权组织，党组织是社区事务的领导核心，相互之间存在着众多的交集。正因为四者的密切联系，多方联席会议为彼此协调行动和谋求共识提供了必不可少的载体。

社区共建理事会。由于城市社会是多元的整体，除了个体的居民以外，还有大量的单位和组织。深圳市花果山社区为了凝聚社区建设力量，联合驻区行政机构、企事业单位和社会志愿组织等成立社区共建理事会，在居委会的协调下，讨论社区建设计划和社区发展规划，整合社区范围内各类资源，改善社区公共服务，提高社区建设水平，推进社区政治、经济和社会文化的发展。

从本质上讲，协调机制主要是为居民自治构筑外部支持系统，保障在居民自治过程中尽可能地促进社区整体的发展，让居民自治在良好的外部环境中运行，提升居民自治的质量和水平。

居民自治中的沟通机制。沟通是为了一个设定的目标，把信息、观点、思想和情感，在个人或群体间传递，并且达成共同协议的过程。居民之所以能够自治，一个重要的前提是信息的获取，只有对社区事务有足够的认知和了解才能够在理性的指引下做出正确的抉择。为此，信息的沟通对于居民自治至关重要。另外，沟通也是相互理解的基础，在频繁的沟通中居民的意见和观点来回碰撞，有助于形成共识。沟通还是一种社会交往行为，持续的沟通能够增强社区的共同体意识，激发居民自治的积极性和主动性。比较常见的沟通机制有居务公开和社区论坛等。

居务公开。在社区建设初期，居务公开是居民监督的重要手段，不过，在一定程度上，起到了沟通居民委员会与居民的作用。在武汉市江汉区的居务公开中，凡是涉及居民切身利益的社区事务必须进行定期的公开，包括政策公开、办事程序公开、财务公开、计划生育公开、流动人口管理及各项收费的收支情况公开等，并对居务公开的程序、时间、方式、管理和检查等进行了详细的制度性规定。居务公开不仅保护了居民的知情权与监督权，同时为普通居民参与社区事务、平等对话、广泛讨论和民主决策奠定坚实的基础。

社区论坛。与居务公开的单向性相比，社区论坛体现互动性，居委会借助论坛进行信息公布，居民也能够将自己的看法和意见反馈在论坛上，达到双向沟通的目的。为此，南京建邺区在全区各社区利用阅报栏、黑板报和科普画廊设立“社区论坛”专栏，开设多样化的专栏，收集社区话题，开展话题大讨论，有利于社区建设共识的形成。[①] 随着互联网的发展，社区论坛网络化，极大地拓宽了居民参与的渠道，更具开放性、灵活性、分散性和自主性，[②] 比如，深圳市的社区家园网，囊括居民生活、居务公开、意见反馈等诸多板块，并将全市各社区联系起来，形成开放的社区参与平台，议题的产生更多元，主体间对话更平等，协商沟通更方便，居民参与更积极。

居民自治中的参与机制。参与是居民在社区范围内，通过一定的组织、制度和方式参加与其利益相关的公共事务的过程。除了参与居委会选举以外，附着在具体利益之上的生活性参与比较多。诸如社区恳谈会、居民评议会和听证会等都是带有协商民主意义的参与形式。

民主恳谈会。源于当时温岭市松门镇作为农业农村现代化教育试点，通过面对面的交流，促进参与者之间的互动与沟通，逐步衍生出民主沟通会、决策听证会、决策议事会、村民议事会等多样化的协商民主实践。从最初的设想来看，主要是一种干群对话沟通的创新，后来逐渐发展成为涉及乡镇预算和重大事项等问题的讨论。有鉴于民主恳谈的先行示范，社区范围内的民主恳谈会作为一种沟通和参与的途径，逐步成为居民参与的一个综合渠道。

居民评议会。南京秦淮区开展“社区的事情居民议，社区的事情居民评”活动，在社区公示栏公示社区要做的工作，让社区居民自治评议，社区居委会登记居民意见与建议；定期召开居民评议听证会，把居民关系的问题反馈到社区；主动上门征求居民意见。[③]

“三会”制度。上海市卢湾区在社区兴办为民设施和项目前，居委会在决策涉及居民切身利益的重要事项前，召开“听证会”，听取群众的意见；对政府驻社区单位和居委会成员，召开“评议会”，听取群众对这些单位和人员的评头论足；社区一旦有矛盾，通过召开“协调会”及时沟

---

① 何晓玲：《社区建设模式与个案》，中国社会出版社 2004 年版，第 132 页。

② 魏娜：《社区管理原理与案例》，中国人民大学出版社 2013 年版，第 196 页。

③ 何晓玲：《社区建设模式与个案》，中国社会出版社 2004 年版，第 136 页。

通解决，“三会”制度是社区自我管理、自我教育、自我服务和自我监督的有效载体。①

回过头来看，在众多的参与机制中，利益的表达是主要的内容。恳谈、听证、评议等多带有收集意见的功能，议事权和决策权掌握在参与组织者手中。只有在议事决策阶段，才能真正凸显协商民主的基本特征。

居民自治中的议事机制。议事是居民围绕有关社区重大事项，以充分的讨论为基础，按照一定原则形成权威性结果的过程。议事是居民自治中贯彻协商民主理念的生动实践，是协商民主的原则和方法比较集中的体现。当前，在议事机制方面，党群理事会、社区协商议事会和社区议事园等发展迅速。

党群议事会。一般由驻区单位党组织代表、社区在职党员代表、社区离退休党员代表和社区居民代表大会中的党员代表以及社区居民积极分子等组成，并邀请居民群众参会。议事前，由党组织收集和整理居民和单位建议，征求群众意见，将确定后的会议主题提前公布；议事时，党员群众充分讨论，按照少数服从多数的原则，形成议事决议；议事后，及时公布议事结果，接受居民群众的监督。

社区协商议事委员会。在前一轮的社区建设中，沈阳、武汉、海口、青岛等地成立社区协商议事委员会作为社区主体组织之一。议事会成员一般包括社区党支部书记、居委会主任、单位代表、社区知名人士、部分居民代表等，以更加灵活的形式吸纳社区中的精英分子和代表单位，以便对社区中若干事宜做出协商甚至决策。② 沈阳市明确规定社区协商议事会就社区内的公共事务进行协商讨论，代表社区成员动员、协商各方面力量参与社区建设。③ 武汉市的社区协商议事会从功能来看，虽然承担部分议事和监督作用，但是主要还是一个社区沟通的载体，反映社区群众的意见，在某种程度上是社区居民会议或居民代表会议的有益补充。

社区议事园。经过多年的发展，社区议事园成为南京鼓楼区居民参与的常态化和制度化平台。社区议事园由议事箱、议事栏、议事厅和议事会

① 何晓玲：《社区建设模式与个案》，中国社会出版社2004年版，第118页。

② 徐勇、陈伟东等：《中国城市社区自治》，武汉出版社2002年版，第58页。

③ 李会欣、刘庆龙：《中国城市社区》，河南人民出版社2002年版，第114页。

四大基本要素构成。以议事箱收集议题与居民意见；以议事栏向群众公开议题、群众意见、专家点评和议事结果；以议事厅方便召开会议，接待群众来访；以议事会为载体，组织社区居民代表、单位代表、社区党员代表、专家等围绕议题展开讨论与协商，议定方案。此外，议事制度的创新实践还有“一心两会一站”基础上的北京西城区“民主议事制度”，依托社区网络论坛的杭州西湖区德加社区“议事协商委员会制度”以及在“一会两站”社区管理模式上运行的深圳盐田区“居委会议事机制”等。①

协商的重点在于议事与决策，直接涉及居民自治的核心环节。在社区治理结构议行分设、功能分化之后，从原来议行合一的居委会组织体系逐步向居委会、居民会议、居民代表会议和议事会等决策层与执行层分开的结构演进，社区居民有更多的机会和条件参与社区发展和社区决策，直接行使当家做主的权利，真正实现自我管理、自我教育、自我服务和自我监督。

三 在协商民主中探索居民自治有效实现形式

纵观现阶段居民自治的实践，协调、沟通、参与和议事等虽然带有协商民主的元素，但是并不是严格意义上的协商民主，存在一系列现实的问题。一是小范围协商，缺少广泛的参与；二是先决策后协商，协商的作用是“征求意见”而已；三是想协商就协商，不想协商就不协商，一切依领导主观意志而定。② 正是由于协商民主未能在实践中充分发挥作用，造成居民自治的困难。居民自治多是政府为主导的，居民是被动员的角色，缺少平等主体自觉自愿参与，也没有建立协商民主的体制机制。下一阶段的居民自治不仅要发掘和重视协商民主在居民自治中的作用，而且要在协商民主中探索居民自治的有效实现形式。

协商民主是一种新的理念，对于居民自治有着重要的意义。在居民自

① 束锦：《社会管理创新与协商民主的理论契合及实践探索——南京市鼓楼区议事机制调研》，《社会主义研究》，2011 年第 5 期，第 69—70 页。

② 李君如：《完善两种民主形式 形成中国民主理论》，《中国政协理论研究》，2013 年第 2 期，第 6 页。

治的发展过程中，带有协商民主元素的机制创新推动着社区治理从行政主导向自治主导转变。伴随着基层民主协商的累积性创新，一步一步地改善着社区治理的社会土壤，让协商民主扎根成长，让居民自治真正运转起来。不过，协商民主作为居民自治一种新的尝试，还需要相应条件的支持。

首先是相对独立的自治地域。要让协商民主成为居民自治的运转机制，必须确立社区相对独立性，使得社区居民一方面能够自主支配社区范围的自治事务；另一方面有能力处理各类公共事务。只有在这样一个自治地域内协商民主才能有效地开展起来，免受外界过多的行政干预。

其次是权力制衡的自治体系。协商民主虽然是对代议民主的超越，但是两种民主形式并不是截然对立的。协商民主需要代议民主所建立的权力相互制约的政治共同体。在居民自治中，居民会议、定期选举、居务公开、民主评议、财务监督和罢免等正在形成一个权力制约体系，保障协商民主不因任何个人的意志而改变。

再次是负责任的自治人。协商民主是持续的利益互动过程，每个居民从自己的利益出发，秉承相互理解的原则，参与到社区自治当中，寻找彼此间利益的交集，形成共同利益和集体理性。这就意味着在居民自治过程中利益相关者要积极参与，合理表达自己的利益诉求。当共识达成后要认真遵守，做负责任的参与者。

最后是完备规范的自治制度。协商民主有系统的制度设计，以保证参与的有序性和过程的公开性。在众多居民参与的情况下，如何达成一致需要制度上的精巧设计，将真正的民意过滤为自治的议题，寻求居民之间利益的最大公约数，并保障协商过程的公平、公正和公开，为协商民主创造有利的制度环境。

然而，由于以往居民自治的惯性，协商民主的支持条件尚不完善。在未来居民自治进程中，协商民主仍然有很长的一段路要走。我们应当顺势而为，立足于基层民主协商，从协商意识、协商制度和协商观念、协商方式等角度入手着力推进居民自治中协商民主的发展。

第一，提高民主协商意识，对涉及居民群众切身利益的问题积极开展民主协商。协商民主对社区居民来说仍然比较陌生，然而居民是协商的主体，必须在居民自治中，不断提高居民的民主协商意识，鼓励利益相关者参与到具体的协商过程中，努力营造民主协商、有序参与的社会氛围，借助对话、沟通来解决问题，倡导包容和理解的社区精神，兼顾各方的利益诉求，达成最广泛的社会共识。

第二，完善民主协商制度，确保社区民主协商有序进行。协商民主将程序性当作规范性的要求，在多元参与的情况下，程序性的制度规定是民主协商得以实现的重要保障。为此，必须贯彻公开性原则，对涉及群众切身利益的重大问题，及时对居民公布，规定民主协商的必经程序，严把议题设置、方案讨论和结果公开等关键环节，探索创新民主协商的方式和方法，在保障基层民主协商的实际效果的同时，方便居民群众参与。

第三，强化民主协商观念，实现基层群众平等参与民主协商。平等是协商民主的核心要件之一，它是平等主体之间通过对话与沟通的方式达成的利益均衡，使各方的利益得到相应的考虑与照顾，最终形成一种彼此接受的解决方案。这就要求街道、社区以及驻区单位、企事业等主体能够以彼此平等的身份，平等的影响力，平等的资源条件，平等的说服能力等为基础，平等地参与到民主协商当中。

第四，创新协商民主方式，拓宽居民参与自治的途径。协商民主的独特优势在于其方式的多样性，包括沟通、交流、讨论、妥协等，而每一种方式又能够衍生出更多的小办法。为此，对于居民自治这种贴近日常生活的治理活动来说，协商民主的方式方法需要更加丰富多样。因此，必须根据居民自治的需要，创设更加灵活的协商方式，既可以利用非正式的社区邻里聚会，又可以采取正式的听证会，既可以依靠原有的协商议事组织，又可以设立新的理事会等，不一而足。

事实上，从目前居民自治中协商民主实践来看，虽然起步晚，但是发展快。一方面是协商民主的内在价值与居民自治相契合；另一方面是协商民主某种程度上为居民自治的发展寻找新的突破口，促进了居民自治的有效实现，反过来对基层民主协商起到了助推的作用，形成了协商民主和居民自治的互联互动，这正是居民自治有效运转所不能缺少的内在动力机制。

利益相关:城市居民自治的动力基础*

胡亚琼

一般来说，个人的一切行为动机都是对自身利益的追求，利益是个人行为的根本动因。当前城市社会治理普遍存在居民参与不足的问题。其中，缺乏共同利益是阻碍城市居民自治的一个关键性因素。因此，研究城市居民的利益需求和利益演变能够为探索居民自治的有效实践形式提供一定的理论指导。

一　利益相关是居民自治的内生动力

（一）利益需求与居民自治

需求是利益的基础。利益是需要主体以一定的社会关系为中介，以社会实践为手段，使需要主体与需要对象之间的矛盾状态得到克服，即需要的满足。① 人们丰富多样的需求形成了人们千差万别的利益。马克思指出，“把人和社会连接起来的唯一纽带是天然必然性，是需要和私人利益”,② 个人利益是共同利益形成基础。多样化的需求如果得不到有效满足，自然会产生利益矛盾。城市的本质是人类为满足自身生存和发展的需要而创造的人工环境。③ 人的需要决定了城市的产生、形成和发展，城市的发展又创造了人的新的需要，延伸了人的需要。

社区共同利益需求是社区参与的重要方面。研究居民自治的动力基础

* 作者：胡亚琼，华中师范大学中国农村研究院。

① 王伟光、郭宝平：《社会利益论》，人民出版社1988年版，第68页。

② 马克思：《马克思恩格斯全集》（第1卷），人民出版社1956年版，第439页。

③ 纪晓岚：《论城市本质》，中国社会科学出版社2001年版，第3页。

可以从探析社区参与的动力开始。关于社区参与的动力，学者们有不同的看法。有学者认为分利能力是社区参与的动力，社区居民的参与行动取决于自身的分利能力，具有较强分利能力的居民会积极参与社区活动，具有较低分利能力的居民就不会热心参与社区活动。也有学者将居民对社区的依赖程度看作社区参与的动力所在。形象地将那些衣、食、住、行皆以社区为基础、喜欢行走穿梭于社区空间的居民称作都市社区的“密集使用者”，并认为这些人才会积极参与社区活动。还有些学者从社区认同、社区情感和社区利益关联的紧密程度等方面对居民的社区参与动机进行解释。

综上可知，从原始驱动力的角度来看，社区参与的实质是利益参与，利益关联越紧密，社区参与的动机越强烈。随着中国社会经济的迅速发展，城市居民的利益需求变得日益多元化和复杂化。人们的社会需求从单一的生存需求向休闲、娱乐、康复等综合型需求发展，由低层次向中、高层次发展，居民对于居住环境和社区服务有了更高的期待；家庭结构的“小型化及其自我服务功能的逐渐弱化，也使人们对社区的依赖增强……”① 关于人类需求的研究，最著名的当数美国心理学家马斯洛的需求层次理论，他将人类的需求分为五个层次：生理需要、安全需要、交往需要、尊重需要、自我实现的需要。前三个需要属于低级需要，可以通过外部条件得到满足；而后面两种需要是高级需要，属于精神层面。按照马斯洛的分类，结合现实情况来看，可将城市居民的需求分为生存需求、生活需求和发展需求三种类型。生存需求是居民最基本的需求，涉及“衣食”和“温饱”问题，比如基本生活保障和劳动就业等。这类需求通过居民个人能力往往无法解决，需要政府和社区提供基本公共服务来满足。生活需求建立在生存需求之上，解决除“衣食”、“温饱”以外的“住行”问题的需求，主要包括环境卫生、物业维修、基础设施等方面。这类需求虽然多数还得依靠政府和社区提供，但是在一些领域，居民个人也有能力参与共同管理，如小区环境保护、公共设施的维护等。发展需求是居民最高层次的需求，如文体活动、社会交往、子女教育、医疗保健、基层民主等，这些需求是基于提高居民生活品质、丰富精神文化生活，主要

---

① 孙立平：《从市场转型到社区转型》，《组织与体制：上海社区发展理论研讨会会议资料汇编》，2002 年 4 月，第 24 页。

由社区提供服务。当这些高层次的需求难以依靠外部力量进行满足时，居民就必须“自我管理、自我服务”，久而久之，居民自治就得以形成。可见，随着居民需求层次的提升，居民自治的能力也将不断提高。

（二）经济利益与居民自治

追求利益是人类一切社会活动的动因，经济利益是其中最为深刻的根源。生产关系以及建立在生产关系之上的全部其他社会关系既是人们为利益而活动的结果，又是制约人们利益关系的重要因素。“人们奋斗所争取的一切，都同他们的利益有关。”① 在马克思看来，人们从事物质生活活动，是为了获取物质利益；人们的社会结合是为了取得共同利益；革命也是为了利益。

利益的核心是经济利益。在中国农村社会，村庄是一个集政治、经济、文化和社会为一体的共同体，经济利益的关联度最高，主要围绕土地产权而展开。为了维护和扩大自身的经济利益，村民积极参与村庄公共事务，这是村民自治形成的重要前提。与农村不同，城市居民自治的发展是围绕城镇住房产权展开的。计划经济时代，福利分房制度保障“单位人”有房可住，单位不但提供住房，而且承担房屋的后续维修费用。“有事情找单位”是当时“单位体制”的真实写照。虽然拥有房屋的居住权，但产权并不属于居民个人。由于缺乏经济利益的牵引，居民对公共事务缺乏参与热情，居民公共意识普遍较弱。直到 1998 年国务院颁布了《关于进一步深化城镇住房制度改革加快住房建设的通知》，停止住房实物分配，开始实施住房分配货币化和市场化改革，城市居民自治才有了对象。在这之后，商品房小区如雨后春笋般产生，房产成为个人和家庭最重要的财产，居民变成业主，业主的居住空间与利益空间高度重合，为追求社区共同利益而形成的业主自治应运而生。肖林将以商品房住宅小区构成的社区称为“业主社区”，并将其定义为以住房私人产权为核心，以共有产权和公共事务为纽带发展而成的地域利益共同体与生活共同体。业主通过集体维权运动和邻里日常交往分别从“利益共同体”和“生活共同体”两个

① 马克思：《马克思恩格斯全集》（第 1 卷），人民出版社 1956 年版，第 82 页。

方面推动着小区向社区转变，进而从“自在社区”走向“自为社区”。①

基于房屋私人产权的新型产权结构是居民自治的经济基础，并从根本上改变了小区内公与私、群与己的关系，以及国家与社会在微观层面上的关系。业主对小区内建筑物所有权分为私有和共有两种类型。前者表现为个体业主对私有住房或经营性用房的所有权；后者表现为小区内所有业主或本楼栋业主的共有部分和共有设施设备等的共有权。在计划经济时代，住房实物分配制度决定了个人只有房屋的租赁和使用权，不需承担产权人的责任。与居住相关的公共事务由单位和政府全面承接。在全能政府和全责政府的庇护下，居民自治空间狭小，主要表现为居民“有参与、无自主”。住房商品化改革后，个人得以获取住房产权，从而获得了经济上的独立性。为了维护私有财产和共有财产不被侵犯，居民不得不联合起来维护共同利益。小区内基于经济利益的居民自治正是在这种情况下产生和发展的。有学者指出，住房私有化给社区治理带来根本性变化。更有学者也把原先对社区居委会的期待转移到更具草根性和自治性质的业主委员会身上，视之为“中国公民社会的先声”。② 不可否认，以经济利益为核心的业主自治是城市居民自治的重要内容，但随着城市居民利益需求日趋多元化，需求层次不断提高，对居民自治的形式也提出新的更高的要求。

（三）公共利益与居民自治

公共利益与绝大多数居民的切身利益相关。公共利益不是个人利益的简单相加，但公共利益的实现是个人利益实现的有力保证。寻找和维护公共利益是居民自治的动力所在。居民自治的对象是社区公共事务，而公共事务中蕴含着社区公共利益。倘若社区缺少公共事务，缺乏利益联结，那么居民自治就会面临“无事可管、无动力可言”的尴尬局面。因此，一定数量和类型的社区公共事务的存在是居民自治的前提条件。然而，就当前中国城市社区的实际情况来看，社区公共事务、公共议题不多，社区自治的功能多局限于满足居民日常生活需求，如环境卫生、消防安全等，属于较低层次的利益需求。实际上，社区居民的公共利益存在“显在”与

① 肖林：《业主社区的兴起及其自主治理》，《中国治理评论》，2013 年第 2 期。

② 夏建中：《中国公民社会的先声——以业主委员会为例》，《文史哲》，2003 年第 3 期。

“潜在”两种类型。显在的公共利益在每个社区的数量不多，但内容基本相同，如社区基础设施、公共场所、环境卫生等，大多属于硬件范畴。潜在的公共利益在数量上则远多于显在公共利益，且种类多样，因社区特点而异。比如社区福利、休闲娱乐、宠物管理等，多数是对于“软件”的利益需求。因此，将居民潜在的公共利益“显化”是居民自治中重要的一环。

城市居民潜在的公共利益大致有以下几种类型。一是基于社区公共空间管理的公共利益，主要体现在社区公共场地的卫生维护、社区噪声污染管理、小区养宠物的管理、小区停车问题管理等方面。这一类型的居民公共利益与居民个人利益密切相关，涉及居民日常生活的方方面面，但是仅依靠居民个人的力量无力解决，只有依靠居民自治组织发动广大居民共同参与才能解决。二是基于精神文化需求的公共利益，比如社区内各类文体小组。城市生活的变迁和居民思想观念的更新催生了居民加强体育锻炼、丰富精神生活的需求，这类公共利益虽然从个人利益出发，但是其实现却离不开居民共同管理。比如社区文艺小组的成立满足了居民的精神需求，但文艺活动场所的使用和维护、音箱音量的控制、不同文艺活动小组之间的协调等事项都需要居民共同约定。三是政府推行的民生行动中蕴含的公共利益。民生行动往往以项目建设为载体，这些项目与居民有或多或少的利益关联，如果能够将建设项目变成社区内的公共议题，并发展为群众参与的平台，那么居民自治就有了群众基础。近年来，厦门市推行的“美丽厦门·共同缔造”行动就是这一类型的典范。以社区为基础，以群众共同参与为核心，通过设立与居民利益相关的房前屋后的民生项目，引导居民“共谋、共建、共管、共评”，提升居民自治的能力，夯实城市基层民主。

二 居民自治源于利益相关的制度变迁

新中国脱胎于一个落后的、单一的农业国家，为了能在短时间内实现国家的工业化，新中国成立之初中国实行的是“重积累、轻消费、先生产、后生活”的政策。改革开放之前，人们生活水平低下，需求结构单一，以衣食住行等基本需求为主，且在单一纵向的行政体系之内就能够得到满足。那个时期居民的利益内化于单位之中，居民自治虽然觉醒但缺乏自主性。随着“单位制”的消解和住房商品化的到来，居民自治的空间有所扩大，但由于缺乏有效的渠道和制度保障，这一时期居民自治的特点表现为有自主性但尚缺乏自治性。20 世纪 90 年代后期，中国开启了有中国特色的社区建设之路，为培育居民自治提供了良好的制度保障。

（一）居民利益单位化：居民自治有自觉性但缺少自主性

新中国成立后，封建的保甲制度被废除，天津、常熟、武汉、上海等城市成立了“居民小组”、“治安保卫委员会”、“冬防队”、“居民委员会”的等居民组织，在市政府的领导下开展与居民日常生活密切相关的各项社会活动，居民组织具有很强的行政性。这一时期的居民组织被视为后来中国居民委员会的雏形。1953 年 6 月，时任北京市委书记彭真向中央建议城市应建立居民委员会，并阐明其性质和职能，指出居委会应是群众自治组织，而不是政权组织，更不是基层政权的‘腿’，不应交付很多事情给它办。随后这一建议被中央采纳，各地陆续建立起居委会。1954 年 12 月，《城市居民委员会组织条例》颁布，中国首次以法律的形式明确了居委会是群众自治性的居民组织，为居民自治的发展奠定了法律基础。由此可见，这一时期国家对居民自治有一定的自觉性，也认识到居民自治的重要性。但是，在当时的社会制度下，居民自治毫无自主性。一方面，居委会在政府的领导下开展工作，具有自治和行政双重性质，并在经济上高度依附国家；另一方面，政府无限强大，“无所不包、无所不能”，与此相对，居民个人的自主性受到极度压抑，居民自治的空间狭小。

其一，利益主体一元化大大挤压了居民自治的空间。一方面，国家大力庇护居民。新中国成立初期，为了改变旧中国“一盘散沙”的局面，国家权力一纵到底，渗透到城市社会的每一个角落，形成了以“单位制”为基础的城市社会管理体制。国家对社会的管理和控制是通过单位来实现的。单位除了要组织生产，还要对“单位人”的生活进行全面负责。国家不仅要负责宏观上的资源配置，还要通过单位向个人提供从摇篮到坟墓的社会福利体系和制度，以实现资源在微观主体间的配置。政府职能愈发膨胀，犹如一个“大保姆”。另一方面，居民高度依赖国家。计划经济时期，国家几乎垄断了所有的社会资源，个人在强大的国家面前丧失了独立存在的权利和能力，个人对国家高度依赖。国家通过对资源的有效控制实现对人的控制。国家是唯一的利益主体，个人的利益需求只有依靠国家分配才能够获得。因此，在这种“庇护——依附”关系下，国家权力得到了无限扩展，“全能政府”正以其行动诠释着“大政府、小社会”的概念，不但挤压了市场和社会独自治理的空间，而且使居民自治失去了土壤，丧失了能力。

其二，个人利益均等化大大影响了居民自治的积极性。中国自古就有“不患寡而患不均”的思想。平均主义作为中国传统思想文化的重要组成部分，潜移默化地影响着各代掌权者的治国理念。从两汉时期抑豪强、限兼并的政策，到北朝、隋唐时期的均田制，再到宋代的王安石变法，都可以寻找到平均主义的“影子”。宋明以后，封建国家在赋税制度上的规定也都牢牢遵循了平均的原则。到了近代，洪秀全制定太平天国纲领，务使天下人“有田同耕，有饭同食，有衣同穿，有钱同使，无处不均匀，无人不饱暖”。康有为所憧憬的“大同世界”也透露出平均主义的意味。孙中山更是直言不讳地称平均主义即民生主义、大同主义，亦即共产主义。可以说历史上的平均主义思想早已为新中国成立后中国计划经济体制的性质埋下了伏笔。众所周知，计划经济的最大特点就是平均主义和“大锅饭”。为了巩固新政权的群众基础，个人的经济利益和社会福利不是按需分配、按劳分配，而是实行平均分配，人与人之间没有贫富之分。显然，这种利益均等的现实情况与个人作为“经济人”的现实需求是背道而驰的。失去了“利益”这一原始驱动力，居民自治犹如“无源之水、无本之木”难以生成。

其三，个人利益国家化大大削弱了居民自治的经济基础。这里所说的个人利益主要是指个人的房屋产权。在传统单位体制下，不仅居民的房屋等不动产属于单位和国家，就连居民的人身自由和权利的行使也受到单位和国家的高度控制，比如计划生育。新中国成立以后，中国长期采取由国家计划、统包统分的福利分房模式，形成了“低工资、低租金、加补贴、实物配给制”的完全福利化的城镇住房制度，城镇住房产权公有制得以确立。一方面，国家对属于没收范围的反革命、汉奸、官僚资本家、国民党政府的财产进行接管，并开展一系列征收和征用；另一方面，国家加强对城市私有房产的社会主义改造，通过租赁的方式获得住房的使用权，通过赎买的形式将私营企业所占用的土地和房屋收归国有，第一次确定了城市土地的公有性质。很显然，这一时期土地和房屋都属于国家，公有住房的房产不属于居民个人，是纯粹的国有房产。国家不但提供住房建设资金，还承担大部分的住房维修和管理方面的开支。居民与其所居住的房屋既不产生经济上的联系，也不存在出现基于维护房产而出现的自治行为。在“政府包办”的年代，“事不关己高高挂起”成为居民们普遍的社会心理。

（二）居民利益社区化:居民有自主性但缺少自治性

改革开放之前，单位是基层社会管理的基本单元，是国家体制分支上的一个“系结”。国家通过单位管理社会，并形成了“国家——单位——个人”的基层社会管理体制。主流社会成员被称为体制内的“单位人”，当然在单位之外也存在一些体制外的“非单位人”。主要是缺乏就业能力的“社会闲杂人员”。于是，国家通过以户籍为基础的居委会将这些“非组织成员”组织起来。实际上，居委会的作用是“拾单位之遗，补单位之缺”。特别是1958年“大跃进”开始后，居委会的职能逐渐远离居民自治，日趋政治化。到了“文化大革命”期间，居委会更是成为阶级斗争的工具，居民自治被迫中断。可以说，当时的中国城市社会被结构化于国家体系之中，代表居民自治的居委会也只是一个“被边缘化”的弱势组织，自治能力极为有限。

1978年以后，国家对社会的垄断权力逐渐被打破，以市场化为导向的改革促使政企分开、政事分开、政社分开，传统的“单位制”开始消解，原先由政府和单位承担的社会功能也逐渐被剥离出来交给社会。大量的“单位人”变成“市场人”和“社会人”，城市社区有了真正的“主人”。经济改革不但改造着经济领域，还影响到社会领域。它不但为城市居民自治准备了人力资源，还提供了自治的内容。随着住房商品化程度不断提高，游离于单位之外的居民在社区内拥有了自己的物业产权，越来越多的离退休老人、失业下岗人员和外来流动人员汇聚到社区中来。这时候，国家治理的微观基础发生变化，社区代替单位，成为居民生活的主要场所，居民利益也由单位转移到社区之中。社区内的公共事务不再是与居民无关的“小事”，而是变成了关系居民切身利益的“大事”，居民与社区之间的利益关联越来越紧密，让社区居民自治成为可能。在这一阶段，经济上的自由使得居民自主性增强，但是由于居民参与缺乏良好的平台和制度保障，自治主要体现在以社区居委会为核心的“组织自治”和以少数居委会成员为核心的“干部自治”上，自治的内容也是局限于社区服务，居民个人的自治能力依然弱小。

因此，培育自治则成为城市社会管理的当务之急。徐勇教授认为，与农村“自然性”变迁不同，城市的社会变迁是一种“规划性变迁”。90年代后期，中国城市在政府的规划和推动下开始了社区建设的探索与实践。如果说“单位制”是将国家权力纵向地一直延伸到城市社会的话，那么，社区建设则是适应社会主义市场经济和现代城市治理要求，为城市社会构筑全新的制度平台，这就是社区。[①] 通过社区建设发掘社区居民共同利益，激发居民参与社区建设的热情，从而促进中国基层民主的发展。

三　域外经验与启示

（一）居民自治的域外经验

1. 台湾“社区规划师制度”——共谋社区利益。社区规划师的职业目标是在不妨碍城市整体长期利益的基础上，为社区谋求长远利益和最大利益。台湾的社区规划师制度以社区居民共同利益为出发点，丰富了社区居民共谋共建的形式。它搭建了政府与专家、居民之间有效互动互联的桥梁。20世纪中期，以美国、英国为代表的西方国家开启了公众参与城市规划与建设的社会实践，社区规划师正是在这一背景下产生并影响到其他国家和地区。1994年，台湾文化建设委员会提出“社区总体营造”计划，旨在将地方自下而上的力量组织起来，以改善社区人居环境，提升社区生活品质。1999年，台北市都市发展局引入社区规划师制度，以期为社区环境整治和空间规划提供专业咨询，形成由社区规划师带动居民参与社区营造的长效制度。之后，社区规划师制度在全台推动并发展。台湾社区规划师制度具有四个特征：一是公共性。规划社区公共空间，处理社区公共

① 徐勇：《为规划性的社会变迁导向——评〈居委会与社区治理〉》，《社会主义研究》，2003年第4期。

事务是台湾社区规划师的工作职责。社区规划师既不代表政府，也不代表居民私人利益，而是以维护社区和社会的公共利益为目标。二是服务性。台湾社区规划师采取荣誉制，即无偿为社区提供专业服务。三是多元性。台湾社区营造的起点是社区空间环境的改造，因此在早期社区规划师主要来自城市规划领域。随着社区居民需求多元化，社区规划师的专业也拓展到公共艺术、文化艺术、社区福利等更多领域。四是在地性。只有生活在当地，才更能了解其社区环境和民情民意。因此，社区规划师制度要求社区规划师在社区建立工作室，组成工作团队，就地为社区提供专业咨询服务。

2. 新加坡“志愿服务制度”——追求公共利益。新加坡的志愿服务活动广泛开展并深入人心，广大居民在志愿活动中形成了“人人为我、我为人人”的社会精神，营造了和谐友善的社会氛围，对我国基层社会治理具有借鉴意义。新加坡志愿服务主要有三个特点：一是志愿服务法制化。在新加坡，许多志愿服务机构都是法定机构，政府给志愿活动的场地和经费等方面提供大力支持，同时给雇员支付全部或部分薪资，允许其开展募捐。新加坡明文规定每年 7 月为志愿服务月，让志愿服务成为公民的习惯和自觉行动。二是志愿服务从官员做起。新加坡最大的志愿服务组织是成立于 1972 年的“人民协会青年运动”，新加坡前总理李光耀曾亲自担任人民协会主席，政府官员也分别在有关的社会团体或志愿服务组织中担任董事，对志愿服务工作进行直接指导。三是志愿服务注重激励先进。为了使志愿服务持久有效地开展下去，新加坡政府建立起一套多层次、强有效的激励机制。设立志愿服务最高奖励——社会服务奖。该奖励分为三级，根据志愿服务的时间和业绩，分别授予“公共服务奖状”、“公共服务勋章”、“公共服务星条勋章”。除了精神奖励，新加坡政府还将志愿服务与人民切身利益相结合，对志愿服务优秀者在社会服务与福利、入学就业、职位升迁等方面予以优先考虑。

3. 美国“社区听证会”——利益表达的平台。社区听证会是社区委员会应社区组织居民代表或政府职能部门的要求，在涉及社区重大利益的决策做出之前，或在社区开发项目实施之前举行的会议。“听证制度”源于司法审判，后推广到立法和行政领域。它是美国市民参与政策决策、对政府工作监督的一种最固定、最直接和最民主的方式。其目的在于使持不同意见的各方能够各抒己见，充分表明自己的立场和观点，通过交流和沟通尽量消解分歧，达成共识。社区听证会的议题包罗万象，大到社会福利政策，小到社区某个营业网点的关闭等。主要是涉及社区公共利益的、与社区居民日常生活密切相关的、居民普遍关心的热点和难点问题。与一般的社区会议不同，社区听证会像是司法审判，辩论双方的“火药味”较浓，若双方争执不下，首先由社区委员会裁决，如果裁决无果，再由专门的司法部门进行裁决。社区听证会的作用能够有效发挥还有一个重要原因，那就是社区居民的意见和建议可以反馈到市政府的立法机构。在美国，由市议员兼任社区委员会非正式成员，因此涉及社区利益的要求和居民意见都能够通过他们迅速反映到政府层面。

（二）经验启示

研究其他地区及国家的社区治理经验，结合中国居民自治的历史，可以综合得到以下启示：

1. 居民自治要求政府转变职能。随着居民自治的不断发展，社会拥有了一定的发展空间，此时的政府应当适当地从一些领域自动退出，更加注重社会公共管理，为社会健康发展营造良好环境，为最终实现社会善治创造条件。所谓“善治”，就是促使公共利益最大化的社会管理过程。正如俞可平先生所指出的，“善治的本质特征就在于它是政府与公民对公共生活的合作管理，是政治国家与公民社会的一种新颖关系”。居民自治并不意味着完全隔绝政府作用，而是要求重新定位政府角色，使其从“划桨者”变成“掌舵者”，从“独唱演员”变成“领唱演员”，努力构建“政府主导、群众主体”的社会治理新格局。

2. 居民自治要以群众需求为导向。利益需求是居民参与社区自治的重要前提。居民的利益需求多种多样、千差万别，这就要求在进行社区治理时要分类指导、因地制宜、因人而异。城市社区基本可分为新型社区、老旧社区和村改居社区三种类型。社区类型不同，居民的需求也不尽相同。如在新型社区，基础设施较为完善，居民的需求更多表现在精神方面，可通过开展文体活动等凝聚社区精神。与新型社区正好相反，老旧社区因为年代久远，基础设施往往破旧不堪，加上许多小区没有物业管理，因此，社区修复将是老旧社区居民自治的起点。再如村改居社区，改善环境、增进融合是居民的主要需求，在引导居民自治的时候要充分考虑到这两点。因此，社区建设要充分尊重群众的意愿，不能搞“一刀切”，不能搞“千区一面”，要根据不同的居民结构、地理环境、历史背景、文化特征和社区需求，进行多样化、特色化的居民自治。

3. 积极搭建居民参与和利益表达平台。社区居民积极广泛的参与和充分的利益表达，是社区发展的重要基础。不论是台湾的社区规划师制度，还是新加坡的志愿服务制度，抑或是美国的社区听证会制度，无一例外都是为居民参与社区治理创造机会、搭建平台。当前中国城市社区建设，具有典型的“政府规划”特点，社区发展主要还是依赖政府推动，社会组织和居民参与少，主要是缺乏参与和表达渠道。一方面，地方政府要积极搭建基层居民参与的平台，比如厦门的“美丽厦门·共同缔造”行动、云浮的“两代表一委员”工作室、深圳的“民意畅达工作机制”等。另一方面，社区要积极培养居民依法自治的自觉性。社区应当在积极动员居民参与的基础上，尽可能把事关社区居民切身利益的公共事务交给居民自己管理，培养他们自治的意识和习惯。

4. 大力培育社会组织。政府退一步，社会才能进一步。社会组织是政府的好帮手，对政府治理起到良好的补充作用。基层社会管理涉及的问题点多面广，光靠几个基层干部来管理是行不通的。要提升社会治理能力，必须激发群众参与基层治理的积极性。群众参与需要平台，因此，社会组织的扶持和培育显得尤为重要。基于此，政府职能也要从控制和支配社会的力量转化为服务社会的力量，通过公共政策及治理环境的完善和开拓为社会治理提供服务。在培育社会的过程中，政府与社会之间逐渐建立起一种合作关系，为完善社会治理体系打下坚实基础。

规模适度:居民自治有效实现的组织培育*

白雪娇

相比村民自治，城市居民自治萌芽更早，但是发展却不甚理想，尤其是随着城市化和现代化的推进，城市居住区规模不断扩大，这对城市居民自治运转提出了巨大的挑战。城市究竟以哪种方式实现自治，实现何种程度的自治成为了一些地方苦苦探索的目标。近些年，武汉、厦门等地为了回应居民参与的现实需求，纷纷探索院落自治、楼栋自治等多种居民自治实现形式。这种自治实现形式的探索其实是对居民自治有效实现基础的寻找，而规模适度是居民自治有效实现的客观基础和首要基础。

一 有效自治与组织规模

基层自治的主体是社会个体，其直接动力是社会个体的自主性和对相关利益的维护，其特点包括直接性、群众性。直接性指居民能够直接参与到自治中，群众性指每一个群众均来开展活动。长期以来，我国居民自治都是通过居民委员会来实现的，由于居委会组织规模过大，居民直接地自我管理、自我服务和自我教育受到了限制，因此，克服规模限制的民主选举孕育而生，并且在实践中逐步成为自治的主要内容，但是民主并完全等同于自治，若是只将自治限制在民主的范畴就缩小了自治的内涵；另外，当前随着社区结构的变化，居委会组织规模不断扩大，这就使得居民自治无法有效实现，因此要实现完全意义上的自治就需要对自治组织规模提出“适度”的要求。

---

* 作者：白雪娇，华中师范大学中国农村研究院。

早在古典政治时期，人们在构建合适的政体时，就将规模作为重要的影响因素。大多数古典时期的思想家似乎都赞同小规模整体，柏拉图虽然不赞同民主主义，但是他依然承认小规模公民团体的可取之处，他认为适当的团体规模就是能够让所有的公民都相互认识和彼此了解，他甚至还计算出理想的公民（家庭的首领）数量是5040。而他的学生亚里士多德在构建理想政体时，就将公民群众与土地（境界）作为理想城邦重要的基础。他指出城邦大小需要适中的限度。任何事物过小或者过大都将丧失天赋的能力而不克尽其功用。[①] 所以，他认为一个城邦最适当的人口限度是既足以达成自给生活所需要而又是观察所能遍及的最大数额。[②]

在近代的启蒙时期关于规模和有效治理的思想家尤以卢梭和孟德斯鸠为主。卢梭认为一个体制最良好的国家所能具有的幅员是有一个界限，为的是使它既不太大以致不能很好地加以治理，也不能太小以致不能维持自己。[③] 孟德斯鸠在《论法的精神》中，指出共和国领土应该狭小，同时更强大的共和国更缺少节制的精神。“在一个大的共和国里，因为有庞大的财富，所以就缺少了节制的精神；许多多分巨大的宝库都交由单独的个人去经营；利益私有化了；一个人开始觉得没有祖国也能够幸福、伟大和显赫……在一个大的共和国里，公共的福利就成了千万种考虑的牺牲品……在一个小的共和国里，公共的福利较为明显，较为人们所了解，和每一个公民的关系都比较密切；弊端较少，因此也较少受到庇护。”[④]

可见，柏拉图、亚里士多德、卢梭、孟德斯鸠从自治的角度出发，将政体的规模限定在小范围，但是随着城邦国家向民族国家的转变，密尔以及联邦党人用代议制阐述大国民主的可行性和有效性，代议制的产生为直接民主提供了有力的代替物，从而突破了民主和自治对规模的限制。代议制的产生是对民族国家不断扩张、规模扩大的适应，但是不能忽视的是，代议制更多强调的是民主投票、民主选举，将传统的居民自治、社区自治的内涵大大缩小了。民主是自治的基础，但不完全等同于民主，尤其是对于后现代国家而言，代议制无法成为推进基层民主和居民自治的有效实现

① 亚里士多德：《政治学》，商务印书馆1965年版，第360页。

② 亚里士多德：《政治学》，商务印书馆1965年版，第361页。

③ 卢梭：《社会契约论》，商务印书馆2003年版，第59页。

④ 孟德斯鸠：《论法的精神》，商务印书馆1961年版，第124页。

形式，那么什么才是居民自治的有效实现形式呢？我认为，居民自治的有效实现是以自治的直接性、群众性和广泛性为特点，包括自治效率、自治效能和自治效力三个维度，而这三个维度均与组织规模有重要的联系。

（一）自治效率与规模

从经济学上，效率即指以最小的成本实现最大的效益，这里的自治效率主要是低成本治理，具体从三个维度加以考虑，分别是参与成本、沟通成本和监督成本。

一般而言，组织规模较小能够降低治理成本，能够实现外部成本内部化。首先，小组织规模更便于直接参与，降低参与成本。奥尔森在《集体行动的逻辑》中讲到大集团内除非提供选择性激励或者强制性惩罚，否则集团成员达成集体行动，[①] 而这种集体行动的困境在小集团则相对较少。如果将公共参与作为一项公共物品的话，时间成本是参与成本中最重要的影响因素。居民自治要求参与的直接性和群众性，需要每一个居民有一定的时间去表达自己，这就需要对组织规模进行控制。除非能够找到同时参与的形式（比如投票），否则从参与成本而言，居民自治的有效实现需要小规模组织。

二是小规模能够降低沟通成本。群众性和广泛性是居民自治的要义，要达成集体行动就必然要求自治主体的有效沟通。而有效沟通必然是直接沟通，组织规模越小，组织成员参与机会也就越大，组织成员通过沟通达成共识的概率也就越高；另外，组织规模越小，组织成员的同质性往往越高，说服成本也就越低，沟通成本也就相对较低。达尔认为“在不同的政治体系中，如果社会经济发展水平和人均国民生产总值大致相同，任何个人或者固定规模的团体而言，公民的数量越多，试图说服其他公民的成本也就越高”。[②]

三是监督成本与规模。传统理论认为相对较小的自治单位是保证公民优良生活的重要条件，重要的原因就是较小的自治单位能够便于监督，这

① 曼瑟尔·奥尔森：《集体行动的逻辑》，格致出版社，上海三联书店，上海人民出版社1995年版，第3页。

② 罗伯特·A. 达尔：《规模与民主》，上海人民出版社2013年版，第64页。

种监督来源于组织内部，为组织成员所认同，对组织成员的约束力较高。亚里士多德就将城邦人口规模定在“观察所能及”的最大限额。奥尔森从理性人的角度出发，认为小组织更便于互相监督，能够有效地避免“搭便车”行为，当然小集团也无法完全避免少数剥削多数①的倾向，但是相比大集团，小集团成员直接面对面的机会更多，通过社会网络形成社会压力，从而避免因“一次性博弈”而产生的“搭便车”行为。

（二）自治效能与规模

自治效能主要指组织成员有意愿并且有机会参与到自治体中，并且能够从自治体中获得收益。具体而言，自治效能可从政治效能和经济效能来考察。

政治效能与规模。政治效能主要表现在政治参与的广度和深度。从自治参与机会而言，一个自治组织要想实现广泛参与就应该有限量的组织成员，以便彼此能够经常交流沟通，并且有渠道听取他人的意见以及表达自己的意见。卢梭就认为，公民有效参与决策的机会总是与政体规模成反比：公民数量越多，平均分配给公民的决策权就越少。平等、参与、对政府的有效控制、政治理性、友善和公民同质性都会随着国家人口数量和地域面积的增加而大打折扣。② 其次，组织规模越小，组织体系对成员个体的回应更及时、更有效，组织成员对自己参与结果的可见性更高，对组织体系产生的显著影响更明显。

经济效能与规模。一般而言，组织成员越多，个人所能从自治组织所获的长期净收益越小。将组织所有成员能够直接自治作为最合适的规模标准，距离标准值越远，组织的代表性越强，综合收益也就越低。对于小规模组织而言，组织所提供的公共物品收益远大于个人所承担的成本，但是这种人均收益会随着组织规模的扩大而减少。因此，要想获得公共物品的收益就必须对组织规模进行限定。

---

① 曼瑟尔·奥尔森：《集体行动的逻辑》，格致出版社，上海三联书店，上海人民出版社1995年版，第3页。

② 罗伯特·A. 达尔：《规模与民主》，上海人民出版社2013年版，第6页。

（三）自治效力与规模

自治并非意味着放任自流，相反自治更需要组织具有凝聚力和约束力，保证组织秩序。何为自治效力呢？整体而言，相比规模较大的组织，小规模组织的自愿性行为更多、对组织成员的约束力也较强，但是小规模组织因非制度化带来的不稳定又制约了自治效力。

组织规模小的自愿性更高。自治的内涵之一便是自愿性或者说自主性。在小共同体中，成员彼此之间的利益相关度更高，更易产生信任、互惠等社会资本，建立起“熟人社会”。由于互相间的信任，组织成员能够在互动中采取利他行为，最终产生互惠，一旦互惠的行动开出互利的果实，组织成员就会按照这种路径重复人际互动，从而形成自愿合作的模式或者形成稳定的自治文化。

组织规模小的约束力更强。因为组织规模小，组织的内聚力和同质性较高，更容易将个人私利上升为公共利益，而这种基于自主自愿产生的公共利益对组织成员的约束力较强。另一方面，由于组织规模较小，组织成员交流互动的频率较高，组织网络相对稳定，组织与组织成员的庇护——依赖关系更紧密，所以违反组织规范是可怕的，规避组织制裁也是困难的。一旦违反组织契约，除非离开此共同体，否则他不仅会失去组织提供的庇护，还会失去其他组织成员的援助，失去组织群体的身份认证。相比有形的物质惩罚，这种无形的组织压力对成员的约束力更大。

小规模组织的制度化相对较低。相对大规模组织，小规模组织的制度化程度较低。在大规模的组织中，组织内部集团冲突更频繁，冲突产生的成本相对较低，同时为处理冲突而产生了常规化、组织化和制度化的应急机制；而小组织为了避免付出高昂的成本，常以低成本的方式粗略地遏制冲突，结果一旦小规模组织产生冲突时，就会以爆炸式的方式呈现，并且这些冲突常常是针对某些具体问题，而不是高度制度化的。[①] 从这个角度说，由于小规模组织的制度化程度较低，自治的稳定性和持续性不足，影响了自治的效力。

---

① 罗伯特·A. 达尔：《规模与民主》，上海人民出版社 2013 年版，第 88 页。

二　不同规模的自治程度

我国居民自治是以居民委员会为核心的，随着居委会向社区居委会的转变，居委会的组织规模不断扩大，以社区居委会所辖范围的自治单元——社区也逐步扩张，一定程度上妨碍了居民自治的有效实现。因此，寻找适合的规模单元是探索居民自治有效实现的重要基础。

（一）以社区为单元的自治

1989年颁布的《居民委员会组织法》将居委会作为法定自治组织，也就将居委会所辖范围作为基本的自治单位。1990年后期，我国开始进行社区建设，社区居委会成为法定的自治组织，而社区也便成为居民自治的主要单位。以社区为自治单元一定程度上推动了居民自治的发展，但是城市社区规模的迅速扩张又限制了居民自治的有效实现。一般而言，规模包括地域范围、人口数量以及人口密度三个维度。而城市社区的独有特性不利于形成自治的规模适度。

首先，城市社区的相对开放有利于人口规模扩张。相比城市而言，农村由于具有共同的产权基础，所以农村社区具有相对封闭性和排外性，而由于缺乏共同的产权基础，城市社区具有相对开放性，这就为城市社区规模的自然扩张奠定了基础。我国在改革开放之后，尤其是单位制开始解体之后，下岗失业人员、离土又离乡的农民纷纷涌入城市社区，城市社区规模迅速扩张。在地域相对固定的前提下，人口规模的迅速扩张一定程度上阻碍了居民自治的直接性，降低了居民自治的效能感。

其次，住房结构的变化导致了人口密度的扩大。1989年颁布的《中华人民共和国城市居民委员会组织法》规定了居委会规模在100户到700户之间，这种规模的划分是以地域相近、便于自治为原则，但当时的住房结构多是平房院落、独门独户的，为了便于自治所以人口规模不能过大。但是20世纪90年代后期，随着商品房的兴起，高楼开始林立，居住空间从横向向纵向扩展，这就使得在固定的地域空间内人口密度大大增加。人口密度的扩大增加了居民自治的参与成本、沟通成本和监督成本，也就增加了居民自我管理、自我服务、自我教育的成本，降低了居民自治的效率。

最后，城市社区的行政规划性不利于自治的规模适度。相比农村社区的自然变迁性，城市社区更多体现的是一种行政规划性。行政规划必然是以行政效率为导向的，带有统一性和单向性。在实践中很多地方采用一刀切的方式，人为地将自然社区分割、合并，形成社区居委会，导致社区规模的大大扩大。这种规模扩张实际上是一种地域范围的扩大，这种地域扩大不是基于自然的融合，而是依靠一定的行政强制力。而正是在这种行政规划的过程中，行政将其触角延伸到居住社区，将法定的自治组织——居委会纳入到行政体制当中。

城市社区的相对开放性、行政规划性以及居住结构的变化导致了社区规模在地域范围、人口数量和人口密度上的不断扩大，而规模的不断扩大有不利于自治的有效实现。

首先，规模不断扩大的居委会强化了行政。城市居民自治是以居委会为组织载体的，《居民委员会组织法》虽然从性质上规定居委会是群众自治组织，但是居委会作为国家政权整合基层社会的最基层组织，诞生于行政体制的怀抱，这就使得居委会天然缺乏足够的自主性和自立性，再加上居委会的运行经费以及委员的补助均来源于街道办事处，这就导致居委会对街道的依附性较强。尤其是社区居委会出现后，自治单元的规模大大扩展，居民对公共基础设施建设和公共服务的需求就越多，社区居委会为了满足居民日益增长的需求不得不依赖于政府；另外，社区居委会作为国家政策的输入终端又无形强化了其行政性。海沧作为厦门的新城区，其海虹社区人口有近两万人，社区居委会承担的行政性服务工作就有300多项，其中文明创建、卫生评比等公共性的行政服务数不胜数。

其次，规模不断扩大的居委会弱化了自治。民主选举是自治的基础和重要内容，但是不等于自治，后来之所以自治与民主画等号主要是因为随着规模的不断扩大、代议制民主不断推进的结果。从法理而言，我国《居民委员会组织法》虽然将居民代表大会作为居民自治的主体，居委会是居民代表大会的执行机构，但是随着社区规模不断扩大，居民代表大会的地位也出现尴尬。如果是按照代表性的要求，居民代表大会随着社区规模的不断扩大随之扩充，这就会产生召集难、开会难的问题；但是如果要保证居民代表会议的常规运转就要控制一定的规模，那么就会因居民代表大会规模与社区规模不对称而产生代表性不足问题。所以现实中居委会多是“议行合一”的组织，居民代表大会一般处于虚置状态。但是居委会又具有明显的行政化倾向，这就使得居民自治缺乏适合的组织载体。可以说，因为基层组织规模的不断扩大，不仅将居民自治的内涵和外延固定在民主选举这一层面，但是同时由于组织规模不合适，基层民主选举也存在现实障碍，所以规模不断扩大一定程度上弱化了居民自治。

（二）以街巷、院落为单元的自治

当前以社区居委会为组织载体，以社区为自治单元的居民自治，由于组织规模过大，居民自治的直接性和群众性无法有效实现。这种自治的间接性和行政化不仅增加了治理成本，还不利于社会空间的培育，因此，很多地方开始将居民自治的探索着眼于适度的自治规模上，将居民自治的单位向下延伸到居住小区。

近些年随着社区居委会规模的不断扩大，以街巷、院落这种以规模较小的自然地理空间为单元的居民自治也逐渐兴起。从居委会的起源而言，新中国成立之初居委会最早起源于里弄、街坊这种自然地理空间，如上海市的普陀区就是按照自然里弄划分，成立了里弄居委会。当时的居民自治有两个特点：即直接性与群众性。首先，居委会实行直接选举。尽管当时居委会形式多样，但是居委会干部有居民直接选举产生，这种授权方式能够真正保障为居民服务，并提高了居委会治理的合法性权威。其次，居委会干部的群众性。初期的居委会干部由群众选举产生，都不拿津贴，义务劳动，任何居民只要有空闲都可以参与到居委会的工作当中。可以说，当时居委会还是具有一定自治性的。直到 20 世纪 90 年代后期，为了克服小居委会的资源匮乏，开始将小居委会合并成社区居委会。当前，社区居委会又因规模过大无法有效地实现自治，所以各地纷纷寻求另一种适度规模实现自治。

武汉作为居民自治较早的实验区，在社区建设中取得了一些成绩。随着居委会组织规模的扩大，作为先行实验的武汉又开始了以院落自治主要内容的探索。院落多为老旧居民区，一般有 40 户到 100 户左右，居民经济条件相对较差，居住区年久失修，安全隐患相对较大。事无巨细的事务以及较高的维护成本常常使得社区居委会望而却步。基于安全和卫生的需求，院落居民自筹自管，成了院落自管小组。院落自管小组其实是进一步划小自治单元，将社区这级自治单位进一步向下延伸到规模较小的居住小区。相比于规模较大的社区，院落这种小区更易形成公共利益，达成集体行动。在这种自治体中，居民能够直接参与到自治当中，能够直接实现收益的内部化。

厦门市思明区作为一个老城区，其镇海街道的九竹巷探索将街巷作为自治的实现单位。九竹巷是地处厦门鸿山半山腰上的开放式片区，由于山上有很多竹子，所以叫“九竹巷”。九竹巷也是一种自然地理空间，有13栋楼，共有174户居民，由于建成较早，年久失修，产权不清，再加上独特的地理环境，导致物业公司不愿进驻，同时业委会难以成立，积累了大量的公共卫生与公共安全等问题。为了解决这些公共问题，九竹巷成立了居民自治互助自管小组，自管小组成员共13人，由4位热心公益、时间相对空闲的居民负责日常工作，这些成员都是义务为居民服务。自管小组成立后，制定了“九竹巷居民自治公约”，开始对公共事务和公共空间进行自我治理。

相比社区居委会，这种以院落、街巷自治呈现以下几个特点。一是规模小。院落、街巷这种自治单元多是自然地理空间，以地域相近、生活相关为原则，一般在100户以内，而这种适度的规模有利于自治的有效实现。二是自治的内源性动力足。院落、街巷自治多是基于公共安全和公共卫生需求产生的，自治的源动力较足。三是成立了自主自力的组织。依托这些自治单元多成立自我管理、自我服务和自我教育的组织（自管小组），这种组织相比于居民小组更具有自发性、自主性和自治性。四是多属于事务性的自治。以院落、街巷为自治单位，依托自管小组为组织载体的居民自治由居民直接推选产生，处理的是与居民生活息息相关的事物，充实了自治的实质内容，居民的参与性更高。

（三）以商品房小区为单元的自治

小区是作为社区的细胞，是实现居民直接自治最重要的载体。当前我国以小区为单元的自治主要是以业主委员会为依托的业主自治。从本源上说，业主自治是随着我国住房商品化的过程而产生的。在单位制时期，房屋的所有权都归属于单位，居民居住区的公共事务和公共服务由单位承担，但在市场化开始之后，单位制开始解体，房屋产权出现私有化，居民变成业主，居住区的公共事务和服务也出现了市场化的趋势，从而出现了物业公司。业主委员会作为业主的执行机构，主要监督物业公司的管理和服务。在实践当中，对于一些没有物业的小区很多业主委员会还承担着自治的功能。可以说，业主自治其实是在私有产权的基础上产生的，这种自治是以利益相关为原则，因此居民的参与热情较高，并且在实践中也发挥着越来越重要的作用。从规模适度的角度而言，业主自治却是具有相对不固定性。

“业主”这一概念是以对“业”也就是对“物”的所有权为基础的，这种以私人所有权为基础的组织具有半开放性和半排外性的。一般而言，产权就具有边界，具有封闭性和排外性，所以对于流动人口多的小区就无法产生业主委员会，实现业主自治。但是相比公有产权，这种私有产权的公共关联度相对较低，任何通过市场购买能够获得这种产权的人都可以成为业主，获得组织成员资格，这就降低了组织规模的门槛。所以以业主为主要内容的小区自治的规模既无街巷、院落那种100户的适度小规模，但也不至于是社区那种动辄两万人左右的大规模。

厦门海沧区的文圃花园是海发社区的一个相对较老的小区，居民有400多户。作为一个老旧小区，规划初期基础设施不完善，并且维护成本较高，这就造成供给方——物业公司与需求方——物业的长期矛盾。为了解决公共问题，业主均意识到业主委员会的重要性。经过一波三折，文圃小区先后成立了业主代表大会以及业主委员会，依托业主委员会实现了物业自管。

业主自治是当前居民自治的一种重要形式，尤其是随着现代住房市场化步伐的加快，将发挥着重要作用。但是业主自治需要的一定的条件，首先居民必须是“业主”，同时依照《物业管理条例》，成立业主委员会对入住率以及入住时间均有一定的要求；其次是需要有热心的居民，最后要有自治的需求比，比如文圃小区之所以需要业主委员会主要是解决安全问题和停车难的问题。这种特殊的条件也就决定了业主自治并不能完全有效自治：一是业主自治是以小区为自治单元的，这种自治单元是一种现代的地域空间，组织规模相对较大；二是业主的成员身份限制了自治的广泛性，许多“租客”就无法参与到自治当中；三是业主自治主要是对于“物”的治理，而非对于“人”的服务，所以业主自治还不能完全等同于居民自治。同时，由于业主自治更多注重的是私有产权，而非公共产权，这种“私权”与“公权”的矛盾是业主自治在现实中遇到障碍的根本原因。

（四）以楼栋为单元的自治

随着社区以及小区规模的不断扩大，对于一些无法产生业主委员会的小区，居民更多的是采取楼栋自治的办法。厦门海沧区的绿苑小区，作为一个混合式小区，其居民汇集了商品房住户、拆迁移民户以及经济安置房户，共有居民900多户。因为居民入住的先后时期有差异，居民构成有差异，这三种不同的居民组成了所谓的“三个组团”，这“三个组团”分别依托紧密相连的楼栋进行自治。其中“三个组团”的居民由拆迁渔民组成。上岸后的渔民由于文化传统、生活习惯的差异，在原来渔村老人协会的基础上自发成立了东屿协调自治小组。协调小组一共有15位成员，由东屿居民共同推选产生3位楼长、12位协调员，主要负责协调与社区的关系，处理本组团的公共事务和公共活动。

相比社区、小区，楼栋的规模相对较小，一般在20户到100户之间，居民的自治性更明显。楼长主要由本楼居民直接推选产生，由于户数较少，居民之间交流互动的频率较高，更加便于自治。但是楼栋自治在实践中也存在一些问题：尽管楼栋的规模较小便于自治，但是从自治内容的广泛性而言，以楼栋为单元的自治多是一种信息传递沟通、楼栋卫生管理等内容，自治内容比较单一；其次，由于规模较小，资源有限，楼栋自治的制度化和常规化低。

社区、院落、小区以及楼栋作为自治单元都在不同的条件下，其自治程度有差异。从规模而言，社区的规模最大，小区、街巷、院落次之，楼栋最小，而不同的规模也呈现出不同的自治特点。社区作为法定的自治单位，主体地位明确，能够有效整合资源，实现“规模效益”，但是这种自治行政有余，自治不足，尤其是自治的群众性不足；以小区为单元的业主自治其规模相对于社区较小，所以自治性大大增强，但是由于自治主体的半开放性，所以就限制了自治的广泛性，可以说这种自治是一种有限制的居民自治。院落、街巷自治虽然更有利于自治的群众性、直接性和广泛性，但是这依赖于特殊的地理环境和长期的共同生活。最后，楼栋自治虽然规模小到便于自治，但是由于资源匮乏，自治的广度和深度不够，于自治内容而言，自治的广泛性不足。

表 1　不同组织规模的自治特点

	社区	街巷、院落等	小区	楼栋
组织规模	大	小	中	最小
自治的群众性	小	大	中	大
自治的直接性	小	大	中	大
自治的广泛性	大	大	小	小

不同组织规模体现出不同的自治特点，而自治的不同特点又影响着自治的有效性。对于社区而言，由于组织规模太大，自治的成本相对较高，自治的效能高也较低，但是由于社区是法定的自治单元，制度化的程度更高，对居民的外部约束较强；小区作为现实存在的自治单元，由于规模不是太大，所以相比社区自治的效率和效能相对较高，但是因为联系业主的纽带是房屋私人产权，缺少共同的文化基础，再加上小组织带来的制度化不足，所以其约束力最低；而街巷、院落作为一种自然产生的地理空间，历史悠久，组织规模又小，居民在长期的共同生活中彼此形成稳定的情感和联系，建立起一种“熟人社会”的邻里网络，因此自治的有效性在这三者中最高。而以楼栋为单元，自治的效率和效能虽然明显，但是由于缺少利益关联，自治的常规化和制度化不足，自治效力相对较低。

表 2　不同组织规模与自治有效性

	社区	街巷、院落等	小区	楼栋
自治效率	低	高	中	高
自治效能	低	高	高	高
自治效力	中	高	中	低

从以上分析，当前对不同自治单元的探索已经出现，这种探索是对社区居委会自治的一种有效补充，为我们寻找居民自治有效实现的规模基础提供了方向，并在实践中取得了明显的效果。首先，解决了大规模组织居民直接参与的难题。街巷、院落、小区、楼栋这些组织规模大小不一，形

式不同，但是其共同特点是相对于社区较“小”，这种小规模组织能够有效解决开会难、参与难的现实难题。其次，降低了治理成本。由于基层社会的千差万别，单向度的、外部性的治理往往需要耗费政府巨大的成本，并且会降低治理效率和效能，而这些小规模组织源于居民内生需求，是居民自发成立，就具有政府组织无法比拟的约束力和凝聚力，能够将成本和收益内部化，提升治理绩效。最后，培育了居民自治。长期以来，在政府与社会的互动过程中，政府的主导型极大地压制了居民自治的空间，居民不习惯也不知道怎样自治，这种小组织、微事务的自治探索就为居民自治的提供了内容和参考，居民在处理具体的事务和活动中逐步培养起自治的习惯和能力。当然“规模适度”是一个相对概念，是随着居住结构以及居民需求的不断变化而调整的，这就需要我们因地制宜、因事制宜，寻找适合自治的适度规模。

三 培育规模适度的组织体系

要寻到便于自治的组织规模首先要明确影响居民自治组织规模的因素有哪些。总体来讲，影响居民自治组织规模的因素主要包括：人口密度、人口的同质性、自治内容以及治理工具。

首先，人口密度是影响自治组织规模最直接也是最基本的因素。人口密度大，组织规模就越大，为了便于自治，可能需要进一步缩小自治单元。所以人口密度越大，自治的实然规模也就越大，直接治理的难度也就随着增加。

其次，人口的同质性和异质性。除了人口密度之外，人口的同质性也是重要影响因素，一般而言，人口的同质性越高，越利于达成集体行动，自治的效率和效力越高。而人口的同质性程度也影响着自治的规模限定。比如，从人口数量考虑，100 户左右是居民自治划分组织的标准，但是如果居民的同质性较高，人口数量这一因素的影响力就会降低，200 户也可以有效地实现自治。

再次，自治内容。不同的自治内容需要不同的组织规模。如上文所言，对于以选举来说，同时投票这种方式就可以避免因组织规模过大造成的自治效率低下和效能感不足的问题，所以在社区这种规模相对较大的单元，居民形成多表现为居民民主投票选举社区居委会主任。但是，对于自治的直接决策、执行和监督等内容，就必须需要规模相对较小，达到便于自治。所以不同的自治内容或者自治需求是自治组织规模大小的重要因素。

最后，治理工具的变化。随着治理工具的不断更新，居民自治的组织规模也在不断变化。当前数字社区的建设将网络技术引进到社区服务中，居民可以通过电脑、电视或者手机终端同时表决，社区也可以通过这些终端为居民及时提供服务，这就减少了居民自我管理、自我服务的需求。对于规模相对较大的自治单元，治理工具的改进一定程度上能够实现小组织规模的自治效率和效能。

可以说不同地区、不同文化传统、不同社会结构的规模需求是不同的，没有统一的阈值。但是如果非要找到一个合适值，从理论上讲就是行政管理与自治的均衡点。而这个理论上的理想值在实践中的体现就是构建多层次、多类型、多元主体参与的自治组织体系。

（一）构建多层级的自治组织体系

一是推进社区居委会的自治。社区居委会作为法定的群众自治组织，在实现“四个民主，三个自我”上发挥着重要作用。一方面，社区居委会作为法定自治组织，规模较大，拥有的治理资源相对丰富，可以有效地协调辖区内的企事业单位以及其他机构参与社区治理；另一方面，居委会作为政府与居民的中间组织，经历了近60年的发展历程，群众对居委会的认可度较高，对居委会形成了习惯性的依附心理。但是当前社区居委会行政化倾向严重，这就需要理顺组织关系，让社区居委会回归自治。首先，纵向理顺区、街道、社区的关系。社区居委会是在政府与社会互动的过程中产生的，是以政府主动退出为基础的，因此社区居委会回归自治首先要从区、街道的还权赋能开始，赋予社区一定的独立权、决策权和监督权。其次，横向上理顺社区组织。社区组织体系包括社区党组织、社区居委会以及社区居民会议或者代表大会等。从法理上讲，社区居民大会或者居民代表大会是社区事务的决事议事机构，但是由于组织规模较大，社区居民大会或者居民代表大会的功能被弱化，社区居委会成为“议行合一”的机构，因此，在推进社区自治的过程中应构建一套决策层、议事层和执行层三位一体的社区组织，当前很多地方产生的社区理事会或者议事会都是对社区组织体系的创新。

二是推进居民小区、楼栋的自治。以社区居委会所辖范围为自治单元显然已经无法实现有效自治，因此将自治单元下沉到居住小区、楼栋成为很多地方推进居民自治的探索，当前涌现出的院落、街巷自治、楼栋自治都是对自治单元进一步下沉的尝试。但是当前业主委员以及各种自管小组身份和地位尴尬，资源有限，自治缺乏常规化的激励和制度化的约束，带有随意性和临时性，自治的效力不足。我国居民自治在长期发展过程中受自上而下的政府推动和自下而上的社会推动同时作用，但是这种互动不是等值互补的。[①] 当前居民自治遇到一定的瓶颈很大程度上就是因为社会并没有成长到相应的程度，形成“强政府、强社会”的格局。所以在推进居民自治的过程中，需要政府的支持和引导，建立制度化的规范机制和激励机制。

三是推进社区自组织的发展。除了社区居委会、业委会等组织，各种自治小组在居民自治中发挥着越来越重要的作用，如门球队、篮球协会等趣缘组织以及爱狗、爱车管理小组等。这些组织规模较小，具有非行政化和自发性，多是建立在共同的兴趣和共同的需求之上。相比带有行政性的居民小组，这些组织更具有内生性，因此组织成员自治的内源性动力更足。同时这些共同的兴趣以及共同的治理是心理需求，根据马斯洛需求理论，心理需求属于更高层次的需求，更具有稳定性和持久性，因此在实践中应大力培育这些非行政性的社会自组织，强化这些组织的制度化建设。

（二）构建多类型的自治组织体系

一是发展多类型的自治。非行政性的社区自治组织是根据小区内不同居民的需求产生的，因此，其自治呈现多样性的特点，在各地实践中主要包括活动型自治、事务型自治和治理型自治等。活动型自治主要依托小区内自发成立的文娱小组，这些文娱小组出于居民自我需求，基于共同的兴趣爱好，由居民自发成立。事务型自治多位于无物业的老旧小区，由于社区规模偏下，公共基础设施陈旧，新兴的经济组织——物业公司不愿入

---

① 林尚立：《基层群众自治：中国民主政治建设的实践》，《政治学研究》，1999 年第 4 期。

驻，为此这些老旧小区的居民自发成立功能型小组，比如停车管理小组、环卫小组等，这些组织以具体的事务为导向，将具有共同利益的居民聚合起来，彼此遵守约定俗成的规则。治理型自治就是让每一个居民参与到自治当中，实践中多以生活中的微小事务为切入。比如厦门的海沧，从房前屋后的环境整治、绿地空间的认养认管、公共空间的共同维护等这些“微事务”着手，实现“微自治”。

二是建立多样化的参与机制。直接性是居民自治的核心内涵，每个居民能够拥有直接参与自治的机会是居民自治的基础。这些社区自组织因为组织规模较小，建立起多种参与机制，包括轮值机制、分片管理和委托管理等。不难看出，这些机制体现了参与的直接性、治理的直接性和自治的主体性。相比于外部强制性输入的制度，源于组织内部的机制更为组织成员所认可，通过这些机制提升了居民自治的能力，提升居民自治的意识。

总而言之，规模适度是居民自治得以实现的重要基础，但是不同地区、不同文化传统、不同社区结构又会消解着规模的决定性作用。所以规模适度是居民自治的必要不充分条件。就当前现实探索来讲，由于居委会的规模过大，客观上限制了居民充分自治的可行性，居民自治的直接性、群众性难以体现，所以这就需要我们探索规模适度的组织基础，在提升社区居委会自治化的同时着力培育社区或者小区内生出来的非行政性的社会自组织。

参考文献：

1. 徐勇、陈伟东：《中国城市社区自治》，武汉出版社 2002 年版。

2. 唐忠新：《中国城市社区建设概论》，天津人民出版社 2000 年出版。

3. 夏建中：《中国城市社区治理结构研究》，中国人民大学出版社 2012 年出版。

4. 徐勇：《论城市社区建设中的社区居民自治》，《华中师范大学学报》（社会科学版），2001 年第 3 期。

5. 张大维、陈伟东、孔娜娜：《中国城市社区治理单元的重构与创生——以武汉市“院落自治”和“门栋自治”为例》，《城市问题》，2006 年第 4 期。

6. 卢海燕：《业委会制度的缘起、现实困境和制度选择》，《城市问题》，2007 年第 2 期。

协商民主与国家治理*

何包钢

《中共中央关于全面深化改革若干重大问题的决定》（以下简称《决定》）为中国推进协商民主的发展提供了一个千载难逢的历史性的机会。在中国未来的十年、二十年内，协商民主也许会得到全方位、深入的发展。也许，中国梦的实现就表现在：中国协商民主会超越西方协商民主的实践，能够更好、更广泛地促进国家治理。本文旨在讨论协商民主在国家治理体系和治理能力现代化中的地位和作用，把协商民主看成是国家治理体系的一种理论、方法、途径、程序和平台。此外，《决定》提到国家治理体系和治理能力现代化、协商民主、科学决策、完善人民代表大会制度、加强对预算的审议和监督，以及权力的制约机制。本文试图描述这些制度和机制的内在关联，指出它们是一个有机联系的系统。我将从中国基层实践的改革经验角度来展开分析。目前，中国基层的改革实践正处于试点推广阶段，在全国地方政治中依然是一种特例，但是它揭示了未来中国国家治理体系和治理能力现代化的核心内容及其运转方式。对国家治理的讨论必须基于地方经验，也许地方改革还达不到我们理想中的治国版本，但是至少我们可以看到现实生活中正在发生着治理实践的变迁，这些并非我们的主观臆测。

《决定》强调国家治理体系和治理能力现代化，这承认了我们国家治理体系和治理能力还是传统的、落后的，存在着许多问题，需要现代化。其次，《决定》强调国家治理是一个体系，必须是全盘的、各个部分需要构成一个有机联系。再次，国家治理能力并非是指个人的能力，而是指国

---

* 作者：何包钢，新加坡南洋理工大学人文社会科学学院教授。

家治理体系（或制度）的能力。行政控制能力是国家治理能力的一部分，国家治理能力还要靠制度化的能力，通过完善制度来加强治理。把上述三个东西:现代化、体系化和制度化联系起来思考，就是治理体系的民主化。民主治理是一种现代化、体系化和制度化的治理。它包括各种形式的民主建设、选举制度和对话制度。本文只注重讨论协商民主如何变成一种协商治理，如何成为国家治理体系中的核心原则，以及完善国家治理能力的一种方法。只有民主的治理，才能使当代国家治理具有正当性和合法性。现代治理的特征是民主治理，仅仅完善行政控制能力的治理是不完善的，无法应对今日复杂世界的挑战。

必须先阐述协商民主的基本底线，以防止把协商民主庸俗化。党的文件充分肯定了协商民主后，这个词就会被滥用，把任何没有民主意义的“协商”，甚至把日常意义上的咨询或恩赐式的征求意见、或操纵式的“谈话”都说成是协商民主。协商民主决不能仅仅是“咨询”。协商民主是基于人民主权的理念的。政府必须听取民意，按民意办事。协商民主也是建立在自尊和他尊的基础上的一种尊严政治：每个人都享有最基本的尊严，都必须被征询其看法。协商民主的核心是赋权式的，即人们可以通过讨论直接或间接地影响决策过程。只有具有民主意义的协商，才能在国家治理中发挥实质性的作用。那种只是咨询或操纵的“谈话”和“交谈”，无助于国家治理，甚至对国家治理体系现代化过程起负面作用，因为它使公民、学者、官员都不信“协商民主”，认为“协商民主”是假民主。

本章将对“治理”与“协商治理”进行内涵与外延的概念梳理，并把它们放在中国的语境下讨论；在此基础上，系统地阐发协商治理的理论基础与实践机制；最后讨论协商民主和协商治理在国家治理体系和治理能力现代化中的地位和作用。

一　西方治理理论

治理理论兴起于20世纪90年代，它是指导公共管理实践的一种新理念。“更少的统治，更多的治理”成为一些西方国家改革与发展的口号。与“治理”（governance）这一概念相对应的是“统治”，两者的区别也构成治理理论的核心。詹姆斯·罗西瑙指出：“与统治相比，治理是一种内涵更为丰富的现象。它既包括政府机制，同时也包括非正式、非政府的机制，随着治理范围的扩大，各色人等和各类组织得以借助这些机制满足各自想需要并实现各自的愿望。”治理理论的基本特征是，要求将公共事务的管理权限和责任从传统的“政府”垄断中解放出来，因而也可以把治理实践看作是重塑政府的一种努力。

从更为宽泛的角度来理解，治理意味着一种新的政治秩序，涉及国家、市场和社会关系的重构。治理强调多权力中心以及各权力主体之间的平等关系。全球治理委员会将治理定义为“各种各样的个人、团体——公共的或个人的——处理其共同事务的总和。这是一个持续的过程，通过这一过程，各种相互冲突和不同的利益可望得到调和，并采取合作行动。这个过程包括授予公认的团体或权力机关强制执行的权力，以及达成得到人民或团体同意或者认为符合他们的利益的协议”。善治则是关于良好治理状态的描述，目标是实现公共利益的最大化。

治理理论的兴起是与市场失灵以及政府失效所导致的一系列问题相关的，它被作为一种重构国家—社会—市场关系的综合性替代性方案。我们简单梳理一下治理理论兴起的背景，以此来理解它所针对的具体问题以及对应的社会语境。“二战”之后，西方国家的经济重建以及福利国家的发展，普遍强调政府的作用。世界银行、国际货币基金组织等机构积极推动非洲、拉丁美洲以及亚洲一些落后国家的“现代化”进程，依据西方自身发展的经验，而倡导政府主导型发展战略，强调发展工业，增加政府公共支出。但是，国际机构的贷款并没能有效推动经济发展，政府公共资源配置效率低下，很多落后国家深陷债务危机。

70 年代经济危机之后，面对政府失效，新自由主义推动了一场反向运动，要求政府削减公共支出，放松对市场的管制，允许市场机制发挥作用。世界银行和国际货币基金组织也为贷款施加了新的条件，利用金融权力来推动落后国家的政府支出结构调整、加速经济自由化。但是，激进的市场化改革以及政府的退出，造成了高失业率、扩大了贫富差距，导致诸多经济社会问题。1989 年，世界银行的一份报告用“治理危机”来描述非洲国家的状况，要求非洲国家改革现有的政治管理框架和规则，建立“良好治理”的制度。因此，“治理”超越了只强调政府或者市场作用的单一性解决方案。

西方公民社会的发展是治理理论发展的又一重要背景。治理所倡导的是一种多中心、联合共治的局面。随着公民社会自组织能力的增强，国家治理模式的整体博弈格局发生了改变。现代公民社会对于善治目标的实现具有关键作用：它能够提供局部的、多样化的公共物品和服务，有助于缓解政府资源配置的低效率弊病，并防止政府权力膨胀给公民自由和权利带来的侵犯。

作为一种新的统治方式的治理，也提出了一系列新的理论问题。罗茨指出："治理理论的贡献并不在于为我们提供一个新的规范理论。其价值在于，它是一个组织框架，可以据以求得对变化中的统治过程的了解。治理理论帮助辨识出一些重大问题，对传统公共行政管理理论的假设发出挑战。"其中很关键的一点是，权威来源的问题。传统的统治依靠的是政府权威，而治理的权威则不一定来自政府。正如詹姆斯·罗西瑙所指出的，治理是一种由共同目标支持的活动，它是被多数人接受才会生效的规则体系，并不依靠国家强制力量来实现。治理的提出日渐模糊了公私部门之间及其内部的界限，潜在的问题则是，有可能导致责任的模糊。另外，治理也强调参与者最终形成自主自治的网络。上述几点都涉及政府在治理中的角色和责任问题。

詹姆斯·罗西瑙持有一种较为激进的立场，赞同无政府治理。治理的权力运作通过以下的途径：合作、协调、协商、社会网络和社区。"无政府治理"需要更多地依靠商业化和半商业化企业以及去中心化的市场。在他看来，没有政府的治理是可能的。Elinor Ostrom 也论证了自我治理机制的可能性。她认为，在促使个人支持长期有效地利用自然资源体系上，国家和市场都是不成功的。进一步地说，由个人组成的社区依赖机构。国家和市场不能长期成功管理一些资源体系。而罗茨则强调了政府的作用，讨论了自我管理网络的困难，认为还是必须引入政府来解决"对谁负责"这一问题。多数有关治理的讨论，政府始终是治理的主体之一。但是，从本质上说，西方自由主义一直对政府抱有谨慎的态度。因而治理理论中也包含着"最小政府"的意涵。

治理不仅应用于国家层面，它也被上升到全球的层次，所对应的就是"全球治理"这一概念。皮埃尔·塞纳克伦指出治理往往被用于有关国际秩序的计划项目，它反映了各国政府并不完全垄断一切合法的权力，社会上还有一些其他机构和单位负责维持秩序，参加经济和社会调解。全球治理委员会也对治理的内涵进行了扩展，“治理事务过去主要被视为处理政府之间的关系，而现在必须作出如下理解：它还涉及非政府组织、公民的迁移、跨国公司以及全球性资本市场”。

治理的一个理想目标是善治，它关注治理主体和机制的道德素质，也关注政府与NGO之间存在的合理关系。全球治理委员会强调：“广泛接受在全球社区范围内用全球市民伦理来指导行动，有胆识的领导能力在社会各个层面上与道德伦理相融合。”它声称：“没有全球伦理，在全球社区生活中的摩擦和紧张会加倍；没有领导能力，甚至经过最佳设计的机构和战略也会失败。”

二 中国的治理思想及其发展

直到1992年公布世界银行年度报告《治理和发展》时，治理的概念才在中国学术界出现。从那以后，一些中国经济学家开始研究法团治理，一些政治科学家开始采用善治概念。一些中国学者将治理和政府区别开来，前者指的是所有的公共管理活动；后者指的是中央和地方政府的活动。北京对外经济贸易大学戴长征教授认为，治理的话语有可能引发一场政治学和行政学理论范式的革命。这是因为治理概念包括以下观念：权力的多元性、多中心、回应性、公开性、透明度、正义及效率，因此有益于市民社会的构建。

俞可平把治理定义为“在一个概定的范围内运用权威维持秩序，以增加公众的利益”，认为治理是建立在市场原则、公共利益和认同之上的合作，依靠的是合作网络形成的权威。一个现代化的国家治理体系，至少要实现公共权力运行的制度化和规范化，政府治理、市场治理和社会治理有完善的制度安排和规范的公共秩序。他重视善治理论，认为国家与市民社会之间，或政府与市民之间有良性合作。善治可以确保人们有足够的权力和权利来参与政治。俞可平建议用这套评估标准来测量良好治理：合法性、透明性、责任感、法治、反馈、效率、秩序以及稳定性。

俞可平也强调在民主与治理之间的联系。善治必须是民主的。“关于善治，很重要一点是，人们有充分的权力和权利来参与选举、决策以及监督政府。很显然，只有在民主的条件下，人们才能有权力和权利。因此，善治和民主在此重叠：没有民主也就没有善治；反之亦然。在极权政体下也许有好的政府，但是决不会有好的治理，因为没有一套起作用的民主机制。”极权政体也许会实现善治，但是只是在有限的几个方面，然而民主能导致最优治理的形成。极权政体能保持从上至下的视角下连贯且一致的公共政策，但是会缺乏社会资本和民主代表以及缺乏责任感。

张慧君和景维民也是从多元主体的关系角度来理解治理的，认为国家治理模式是由政府、市场与公民社会相互耦合所形成的一种整体性的制度结构模式。他们强调了政府在治理中的作用，它作为唯一合法性强制主体，提供法律和各种博弈规则，为市场经济与公民社会的平稳有效运行创建了一个基本的制度环境。林尚立也认为，国家治理的主体是政府，有效治理国家就必须建构一套有效的政府体系。

另一些学者则主要从公民社会发展的角度来讨论治理，他们把对治理的提倡视为强化社会力量的契机。郑巧和肖文涛强调多中心治理的理念，认为协同治理的关键在于促进公民社会的不断发育，推动公民社会的自主性和多元化发展；并且，政府应向公民社会组织分权，将政府所承担的技术性、服务性、协调性工作从政府职能中分离出去。

上述有关治理的讨论，大都是沿着西方治理理论的基本线索展开的。而王浦劬则反对按照西方“治理”概念的含义来解释我国全面深化改革的目标中“国家治理”的含义。他对治理模式的定义是，在既定的历史背景下，为实现特定目标而选择的政府管理社会的权力与权利结构以及运行机制。并根据决策成本以及政治结构体系的吸纳能力，把治理模式分成两类：政府—市场模式；政府—生产者模式。前者以西方国家为代表，特点是政治本身构成了一个市场，社会力量可以自由进入，各种社会力量在其中讨价还价，其结果决定资源配置。而中国属于后一种情况，政府是一个福利的决策生产者，也是一个独立的社会福利加总者。他强调提取中国模式中具有普遍意义的因素，为其他发展中国家提供借鉴。

总的来说，中国学者已经对治理理论进行大量的阐发，涉及一些具体议题的理论争论也具有十分重要的意义，涉及国家治理的实质和发展方向。我们需要强调的是，有关国家治理的讨论必须重视中国的政治以及社会背景，同时避免对西方理论的误读。西方治理理论的发展是建立在相对完善的民主体制以及强有力的公民社会基础上的。而中国虽然在不断推动市场化转型，但是政府仍然在很大程度上垄断着公共事务，社会力量则一直相对薄弱。这也构成了中国国家治理问题的基本现实。

此外，我们需要强调，第一，重视政府在国家治理中的作用，不该片面强调“无政府治理”。“无政府治理”学说是混合了无政府主义和自由意志论，这两者对于处理地方和全球治理事务是不充分的。中国的自由主义者也总是倡导“小政府、大社会”的理念，强调对政府施加限制，或者要求最小政府。这样的目标宣称或许是带有误导性的，实现善治的关键并不在于政府的“大小”，而是“强弱”，或者说如何实现有效治理的问题。并且，中国的社会传统一直重视政府的作用，这也体现在普通民众对政府的角色期待上。郭定平主持的一项调查反映出，民众大多相信政府在治理中起着必要且核心的角色。反馈者中有89.9%的人同意或非常同意以下陈述：政府应该确保充分社会福利。80.6%的人同意或非常同意：“我们需要政府干预经济”。相比之下，只有54.5%的人同意或非常同意：当商业自由时，社会会更好。

第二，关于公民社会的发展，不应夸大或者迷信其作用。尽管治理方法在提供公共产品和服务时，欢迎民间组织的潜在或实际作用，但仅凭市民社会定义或仅凭认为市民社会有更好治理的内在潜力，就认为市民社会是“良好的”，这将会是错误的。同样，认为市民社会将一定会对民主化有积极贡献也是错误的。重要的是，治理要求政府和市民社会之间有伙伴关系，这给一些NGO活动家提供了一种结构动机，他们把政府官员当成友好的伙伴。公民社会组织需要市场给予的资金来源，又需要政府在法律和政治上的支持，脱离了经济与政治、市场与政府，公民社会只剩下一副空虚的外壳。

“地方治理和伙伴关系”也许会成为地方政府赦免其自身职责的一个借口，并让地方社团、市场以及NGO来承担责任。在澳大利亚，在社会福利服务的投放中使用社区资源和NGO日益增多，这严重挑战和削减了基本社会道德，也削弱了自治和NGO作为社会变革倡导者的能力。NGO原本资助社会福利，现已从基于服从的模式转换为基于契约的模式，NGO已经日益与作为服务提供者的国家达成了契约关系，有争议地成为“国家公仆”。

我们还可以通过一个具体案例来说明，在国家治理中，政府与公民社会应该建立伙伴关系，绕开政府的治理是难以实现的。2009 年开始，世界银行在贵州的 20 个村寨推进文化和自然遗产保护和发展项目，其核心理念是社区参与。为了发展社区自我发展能力，并避免政府项目实施的弊端，该项目绕开政府以及村委会等正式组织，单独设立了社区项目管理小组以及监督小组等组织。但是，项目开展遭遇了很大困难，出现了两类问题：一是新设立的组织与村委会等产生利益冲突，由于缺乏协调机制而导致项目停滞；二是新设立的组织人员与村委会高度重合，或者无法发挥作用，从而使项目试图引入的新机制流于形式。这也说明，要想实质上改善中国的治理实践，必须立足于基本现实。公民社会的发育，社会能力的成长是一个渐进的过程，过于强调公民社会对政府的替代也不利于公民社会本身的发展。因而，有关国家治理问题的讨论应始终把政府纳入到视野当中，探索制衡与改善治理的方式。

第三，我们要指出，现有关于治理的探讨过于宽泛，仍然停留在一般性的议题上，缺乏更为实质性的讨论。《中共中央关于全面深化改革若干重大问题的决定》（以下简称《决定》）提出推进国家治理体系和治理能力现代化这一目标。这就要求学术界对国家治理改善的问题作出更具针对性的回应。我们认为，对《决定》的解释不应过于理论化和学术化，这种状态不利于中国国家治理或者协商民主的发展。真正的问题在于治理之权的来源、运作及其制约等问题。特别是，我们要探索治乱之“理”，国家实现大治之“理”，即政策实践和经验世界带有规律性的道理，而非规范性的评价。本书正是围绕上述问题展开的，试图把协商民主作为改善国家治理的核心原则，具体论述发展协商治理的可能性及其好处。

三　现行治理方法及其局限

国家治理的核心问题是要处理国家、市场和社会这三者之间的关系。从这个意义上说，中国经济的市场化改革本身也是一场“治理革命”。经济改革的启动对社会的政治生活和治理变革产生了深刻的影响，政府从许多经济和社会领域中退出来，从“全能政府”变为“有限政府”。总体上表现为，从一元治理向多元治理转变的过程，尽管国家仍然在社会、经济运行中占据主导，但是市场机制已经成为国家治理的重要原则。

在经历了几十年的快速发展之后，中国在经济和社会等各方面面临着日益严重的问题，比如片面追求 GDP 增长而导致的资源浪费与环境污染，日益增加的群体性事件等。徐湘林指出，中国正面临一场国家治理危机，它是由于各种利益冲突和治理能力滞后所产生的危机。他强调治理危机会成为推动国家治理体制改革和转型的动力。前三十年的改革促进了经济快速增长，但是强国家的治理模式依然在体制和功能中得到延续。而后三十年，则需要实现从全能主义向民主法治的治理模式转变，以应对经济—社会转型所带来的挑战。孙立平同样论证了撬动新一轮改革的必要性和紧迫性。他指出前一阶段改革导致了权利和市场的结合，并形成了一种相对稳定的权贵体制。这种既得利益格局和既得利益集团已经成为现在中国社会面对的基本问题，也成为进一步改革的阻力。

从国家治理的角度来看，进一步的改革就是要继续推进多元治理格局的形成，引入社会力量来打破权力与市场的结盟。正如“治理”理论所强调的那样，政府并不是唯一的合法权力来源，公民社会也同样享有合法权力。俞可平指出，只有公民具有足够的政治权力参与选举、决策、管理和监督，才能促使政府并与政府一道共同形成公共权威和公共秩序。因而，民主治理是实现善治的首要条件。孙立平对改革目标的表述中也强调了民主和法治的重要性，指出：以制度化的方式实现对公权力的监督和制约，将政治社会生活纳入法治轨道，破除权贵资本主义，建立利益表达、施加压力和社会博弈的机制，促进公民意识和社会组织的发育，保护公平权利并促进公民权利平等。

如何通过治理改革来构建一种新的政治秩序，关键在于解决政治和社会层面的认可与授权的问题。中国的国家治理问题实际上涉及两个层面，从长期看，是政治民主化问题；从短期看，则需要对当前的社会矛盾与问题做出回应和解决。把协商民主作为国家治理的核心原则，有助于上述两方面目标的实现。这首先是由协商民主本身的性质决定的，它本身就是一套体系化的理论与民主原则。一旦中国的政治、社会各领域普遍贯彻了协商民主原则，这就意味着民主化目标的实现。正如亨廷顿所指出的，把民主与选举画等号是对民主内涵的狭隘理解。协商民主也是民主的重要维度，它与选举民主可以是相容与互补的。并且，协商型民主化道路可能成为推进中国民主化发展的现实选择。其次，协商民主也是一套具体的治理机制、程序和方法。协商民主原则可以直接应用在具体社会问题的解决以及更为广泛的政策制定等方面。协商民主强调公民和政府的合作关系，经由“讨论”来实现治理。

协商民主是一种简单、实用、可行的协商治理制度，并且是加强国家治理能力的有效方法。应该注重协商民主对国家治理改革的作用。特别是最近十几年，国家建立了一支庞大的维稳队伍，通过国家的威慑能力来实现政治稳定，彰显国家的阳刚之气。但是，国家还必须使用和发展阴柔之气——一种社会交往所产生的协商权力——来增强国家治理能力。国家的强制能力必须依赖于协商所产生的合法性和群众支持。协商所产生的交往权力更有助于国家运用濡化能力。

某地“出嫁女”的利益分配成为一个突出的社会问题，引起长期上访，传统的治理手段并不能有效解决问题。“出嫁女”的长期上访说明了现行的下述几种治理方法的局限：

1. 行政手段(维稳)。

X区维稳中心在2007年11月和12月两次深入基层，促成村小组开会，但调解无效。在近几年村民选举日益激烈的政治格局下，地方政府对村干部控制能力大大减弱了，不能通过罢免来迫使村干部屈服。地方政府工作人员打电话要求组织开会，村干部甚至不接电话或推说有事。村干部还拒绝召开解决“出嫁女”的会议。村民也不参加“出嫁女”的会议。

2. 法律手段。

司法裁决也难以解决这个问题。法院往往以诉讼案件属于村民自治范围为由拒绝受理，有的法院即使受理该类案件也是从其他民事法律关系着手，对解决“出嫁女”权益争议没有普遍指导意义。另外，法律未规定县级或县级以上各级人民政府对村民自治范围的事项具有强制执行的行政处理的职权。

3. 传统的协调手段。

为了有效解决“出嫁女”的权益问题，X区乡镇（街道）做了大量的协调工作并提出了许多指导意见，但问题未能从根本上得到解决。早在2007年9月，X区维稳中心就某村“出嫁女”30人反映村小组剥夺她们分配资格问题进行了调解。分别于2007年11月7日、11月23日、12月

6日成立了三个工作小组前往该村宣传有关的法律、法规，并促成村小组召开村民会议商讨“出嫁女”利益分配问题，但由于各村大多数村民群众仍不同意出嫁女参与集体经济利益分配，所以调解没有结果。部分村民对“出嫁女”利益分配问题不理解、不接受，甚至不参加会议或中途离开会场，或者由于“出嫁女”和村民都不能心平气和地进行沟通而争吵起来，最后导致会议开不下去的场面。

4. 地方民主。

即使基层政府要求给予“出嫁女”享受分配权，但是各村民小组可以以村民自治为由，通过村民会议表决，不同意给予分配。笔者查阅了村的原始档案，几乎所有村都通过正当的民主的程序否定“出嫁女”的分配权。例如，2007年12月6日，某村小组合格选民79人，反对分配的64票，同意分配11票，弃权2票。决议书还写道，“村规民约不给予‘出嫁女’分配（资格）”。

上述四种治理手段并没能有效解决“出嫁女”的上访问题。“出嫁女”的利益分配实际上属于村庄共同体内部的矛盾，但是当村庄共同体无法就解决方案达成共识时，往往求助于政府这一强制性权威。显然，在涉及社会层面的问题时，完全依靠政府主导的方式并不能实现很好的效果。单纯依靠行政手段，容易激化不同群体之间的利益矛盾，甚至把社会争端上升为政府与民众的冲突。协商民主为类似问题的解决提供了新的视角，其核心在于帮助构建了一套新的利益协调机制，倡导以科学的、程序化的方式来处理矛盾，通过理性的对话和协商来调和冲突。政府的角色也从直接的仲裁者变为协商平台的搭建者。有关这一案例的具体讨论将在后面章节展开，此处我们仅就协商民主在国家建设方面的作用强调三点：第一，协商民主为政府提供切实有用的合法性；第二，支持行政权力；第三，有利于解决现实社会问题，减少或控制社会冲突。

四 协商治理的基础和要素

协商民主的治理是一种新的治理机制，政府搭一个协商民主平台，通过理性讨论使百姓发生思想变化，最后公民自身做出解决难题的方案。协商民主的治理机制的关键在于：自由而平等的公民（及其代表）通过相互陈述理由的过程来证明决策的正当性，这些理由必须是相互之间可以理解并接受的，审议的目标是作出决策，这些决策在当前对所有公民都具有约束力，但它又是开放的，随时准备迎接未来的挑战。协商民主的核心思想是重视公民乃至整个公民社会在政策过程中的作用，促进国家和公民社会的相互依赖和良好合作。换言之，协商治理是民主治理的一种方式；它是关于公民参与启发式的讨论的能力以及机会。正如 Merwe 和 Meehan 所认为的那样，直接的协商治理应该被定义为“一个以协商为主要原则的过程，换句话来说，决策或行动是通过公共的意义交换来获得合法性的……类似于理性的讨论”。

协商治理的理念可以追溯到密尔提出的通过讨论实现治理（government by discussion）。密尔的经典著作《论自由》出版于 1859 年，在书中他讨论了权威和自由之间的关系。密尔通过“政府的暴政”（tyranny of government）和“多数人的暴政”（tyranny of the majority）的讨论，为“通过讨论实现治理”这一概念提供了哲学上的合理性。对于密尔来说，“通过政治讨论和集体的政治行动，那些在日常职业中仅仅关注于自身利益的人，逐渐对和他一样的社会公民产生感情，并且逐渐成为一个伟大共同体中具有自觉意识的成员”。

当代的政治哲学家阿伦特和哈贝马斯，继承了密尔的传统，他们强调公共领域的重要性。他们提倡为协商性公共话语和协商治理创造政治空间：按照厄尔曼（Erman）的观点，“在哈贝马斯看来，民主的合法性产生于两类实践：非正式的意见形成过程，正式的制度化协商和最终的决策程序”。

德雷泽克（Dryzek）致力于发展更为激进的协商民主理论，他考察了协商民主治理的基础。以下只是对德雷泽克理论的概括，这显然无法涵盖他深刻而复杂的理论，但是这些要点可以帮助我们理解德雷泽克理论中协商治理的核心议题。首先，在讨论协商治理之前必须解释什么是“协商”，以及如何进行协商。德雷泽克提出了协商能力的规范定义，认为该能力可以按照几个标准来评估：真实性、包容性以及是否对集体事务具有重要意义。协商能力应该包含一系列基本元素：由不同类型的沟通方式组织起来的公共空间；赋权的空间；这些空间中的传递机制；问责机制。第二，协商治理要求关注“话语代表性”（discursive representation），而不注重人数多少的问题。对协商治理来说，这一概念意味着：在提出一个实践议题之前，需要首先了解各种不同的观点，确保不同的观点得以呈现和讨论，即便是少数人使用某一特定的话语。第三，协商民主和协商治理不应该局限于自由民主国家，它在专制政体、全球政治以及网络化治理等方面都得到了有效的应用。Metze 也提出了另一个问题：协商的进程是否以及如何能够提高民主的质量。

就协商治理来说，最为关键的问题是公民的协商对决策的影响。至少存在三种形式的影响类型：公民协商的直接影响、公民和官员的共同影响、公民对政策的承认和公开支持。在巴西进行的一项公共参与研究中，Avitzer 强调了不同类型参与式方案的作用及其对公共政策的影响。他总结了巴西的三种主要参与形式。自下而上的方法是“一种开放式的参与，它通过大量的参与投入来产生政策”，它具有草根参与的特性，在决策过程中政府的参与程度较低，政府通常被限制为一种倡导性的角色。权力分享式的方法是“国家和公民社会参与的一种混合机制”，“通过公民社会的代表来产生政策”。在一个共同的决策框架内，公民社会的代表与政府共同决策。这种方案的参与程度要比自下而上的方案低，但是包含了更多的协商和谈判。确认的方法是指“公众接受或者拒绝由地方政府提出的政策”。在这种形式的协商中，参与者经常是接受或者拒绝政府的方案，但是并不就方案的具体内容展开协商。Avitzer 把协商视为一个整体，他强调为了深化民主参与，政策制定者应该根据政策实施的具体背景选择一套参与方案。

协商治理存在于不同的领域和层次，大到全球问题，小到乡村事务。比如，Paul Teague 考察了协商治理在欧盟社会政策制定中的角色。Teague 认为，在欧洲的经济公民权问题上，协商可用来协调各个国家和欧盟之间关系。在 Cohen 和 Sabel 看来，地方治理中，决策制定更需要那些利益最相关群体的直接参与。人们得到的关于某一议题的信息越多，就越有动力去解决它。确实，中国有些乡村发展了一套可操作的协商治理机制的程序，并可以据此来证明协商治理的有效性。

研究协商治理必须重视权力关系。Hendriks 考察了在政策制定的过程中，协商治理实践是如何协调和处理不同类型的权力的。她关注协商过程中不同形式权力的本质、角色及其影响，认为协商民主和权力的关系是多变和模糊的。Hendriks 把权力分为两大类——“控制权”和“合作权力”。她认为，在实践中公开的“控制权”对协商程序/论坛造成的问题不像理论家设想的那样严重。反倒是那种更为微妙的权力是普遍存在的，它来源于参与者之间的不平等。她指出协商需要权力，“对实践者来说，挑战不在于如何从微观层面的协商论坛中发展出‘控制权’，而是要鼓励从整个协商系统内部发展出更具生产性的‘合作权力’”。

五　协商民主的治理在国家治理体系和治理能力现代化中的地位和作用

协商民主是国家治理体系的核心原则，也是实现国家治理能力现代化的重要理念和方法。协商民主本身就是一个包含丰富内容的体系，涉及一整套的理论、方法和实践。从协商民主的视角来看，“统治”的方法和形式必须现代化。如何实现现代化的统治，这就涉及如何用协商民主的原则来实现以理服人的统治，以增强党的执政合法性。“治理”倒过来看就是“理治”，即以理服人的治理之道，政府的统治必须以公共理性为基础、以民心和民意为准绳。从协商民主的视角来思考治理，它包括下述内容：协商民主是一种国家治理原则、方法和程序；协商民主是一种解决社会冲突的高明政治艺术；协商民主可落实为一套科学、民主决策机制和程序；协商民主是提升国家治理能力的手段与方法。

（一）协商民主是一种国家治理原则、方法和程序

《决定》指明了中国大治的方向：推进协商民主的发展。《决定》分别表述了“国家治理体系和国家治理能力现代化”与“推进协商民主广泛多层制度化发展”。这种分述也许会引起一种误解，即两者是平行不相关的东西。其实，这二者之间有一种紧密的逻辑关系。当今治国是建立在公共理性和民意基础上的，这是现代化的题中之义。以理服人，而非以力服人。在治理各种不同的社会、经济、政治问题中，有一个“理”贯穿于不同领域的治理中，那就是协商民主的原则、精神和工作作风。非常奇怪的是，某国家级研究机构花费不少精力、时间和财力去研究城市治理，但分配到协商民主研究上的经费、人力则少得可怜。不研究协商治理，而

花费大量时间研究具体的某个问题，也许会带来许多研究经费，但无济于发现大国治理之道。具体事项治理研究有助于某个领域的小治，但不利于挖掘大治的普遍性规律。必须研究协商民主在各个领域的推广和完善，这才有利于大治。前几年中国学界对革命的讨论，反映了中国社会普遍地要求改革的愿望。当他们的愿望落空时，他们就转为支持革命。也许中国会再一次遵循几千年历史中一治一乱的历史规律。但是，能打破这种历史循环的关键在于全面地、广泛地、深度地推进协商民主。当整个中国社会诉诸公共理性来解决所有问题时，暴力革命就会退出中国的历史舞台。当代西方发达国家有效地消除了任何暴力革命的可能性，除了经济发展、福利国家之外，还建立和完善了一系列的民主治理机制和措施。单纯的维稳不是国家治理体系核心，只是其中的一个部分。当国家把主要的财力用于维稳时，这种表面上的“大治”却隐藏了大乱的可能性。清华大学的研究发现，越维稳越不稳的规律。国家的永久之安、根本的稳定在于从源头上解决社会冲突，让协商民主成为解决一切社会问题的根本原则。

协商民主本身就是一种体系化、现代化的协商治理，是一种国家治理原则、方法和程序。温岭的协商民主实践已初步显出了一个市级政府治理体系化的努力，一个制度化的治理能力的建立和完善。它体现在下述几个方面。

第一，温岭改革中试图把协商民主作为科学的、民主的、依法的决策机制和每年的工作程序。他们探索如何制订最佳的地方政策，如何用社会科学方法来收集民意，发展和完善了一些可操作的、可模仿的、常规化的具体的工作程序，造福于人民。这些程序在细节上落实了协商民主的理念。温岭等地的地方政府强调公民参与的重要性，普通公民通过各种途径和方式积极参与公共事务，以影响公共政策的制定和执行的行为。它要求公民通过自由平等理性的对话、讨论、审议等方式，以公共利益为取向，积极参与公共政策和政治生活。浙江省温岭市早在 2002 年规定乡镇必须每年举行四次以上的民主恳谈会。镇（街道）、村按照市委〔2004〕7 号文件的要求推进民主恳谈的制度化建设，使民主恳谈、民主决策、民主管理、民主监督方面取得实效。镇（街道）一年不少于四次，村（社区）不少于两次，分值为四分，由组织部和宣传部来分责落实。

第二，全国越来越多地方政府开始把协商民主作为解决社会冲突的一个平台。举例来说，老城区拆建是每个基层官员碰到的棘手问题，过去用行政手段强行拆迁，往往造成大量上访人员的反对活动。而城市规划和发展又必须进行，那么该如何办？浙江省温岭市泽国镇采纳民主恳谈的方式来解决这一问题。镇政府通过民主恳谈的形式让所有拆迁户来讨论拆迁方案，并由他们选举出一个工作委员会来做这个工作。这样拆迁问题不是政府和拆迁户之间的矛盾问题，而是拆迁户之间的矛盾，由他们去协商讨论，综合各自的利益，寻找解决问题的方法，以此来培养拆迁户的自治能力。媒体也在解决住房拆迁这些矛盾冲突尖锐的敏感问题上，发挥了对话协商的功能。2011 年 5 月 12 日，在内蒙古电视台经济频道播出的 30 分钟谈话节目中，政府和居民双方进行了直接对话，并且达成了三点共识：政府部门当场认错；居民基本认可房屋可拆，愿意牺牲部分利益；愿意共同选定一家机构重新评估补偿价格。电视新闻访谈《拆新房为哪般》为此获得第 22 届中国新闻奖一等奖作品。2011 年惠州某地通过实验来讨论协商民主能否有利于解决"出嫁女"上访问题，是否有助于建设一种协商治理制度。实验表明，一年前，大多数村民通过村民代表会议否定"出嫁女"的任何分配权利，现在大多数人已认可一次性补偿方案。协商民主确实有助于减少或解决上访问题，是一种有效的协商治理制度。公民通过社会协商和审议来对公共事务作出决策，使社会管理向民主化方向发展。

第三，民主恳谈和人大代表制度的有机结合。20 世纪 90 年代温岭市党委宣传部力促民主恳谈的发展。最近几年，民主恳谈的领导部门已由过去的宣传部转到市人大。由市级人大组织来主持和推进民主恳谈使得温岭市民主协商进入一个新的阶段。这意味着，协商民主已与国家的根本制度相对接，并且推动了人民代表制度的完善和发展。协商民主和人民代表制度的结合是追求国家治理体系的地方化探索。《决定》在加强社会主义政治制度建设方面，首先提到，"推动人民代表大会制度与时俱进"；其次提到，"推进协商民主广泛多层制度化发展"；然后提到，"发展基层民主"。在温岭市实验中，这三者有机地结合在一起。温岭市改革的突破在于把协商民主立足于和建构在人大制度中。人大制度应是发展中国协商民主的最根本的场所和渠道。那种把"协商民主"等同于"政协"职能的看法是片面的。《决定》明确地说，"拓宽国家政权机关、政协组织、党派团体、基层组织、社会组织的协商渠道”。请注意，国家政权机关包括党、政府和人大组织，排在政协组织之前。政协确实是发展协商民主的一个渠道，但政协自身不是一个政权机关，由它来组织协商，往往使协商成为咨询，由此破坏了协商民主的印象。近十几年真正具有民主意义上的协商民主都是地方政权机关组织的，这解决了协商工作自身的合法性和落实性。

（二）协商民主是一种解决社会冲突的高明政治艺术

协商民主治理方法是公开的、民主的、审议的、理性的、科学的决策过程。任何重大决策都含有两个基本要素：第一，涉及技术性的因素，需要专家来思考，并拿出解决方案；第二，重大决策必定与民生利益相联系。如果仅从专家的技术手段论证科学决策，会忽视决策中的民众利益。协商民主提供了一套反映整合民众利益需求的机制，而且是建立在现代社会科学基础上的公共政策制定方法。这不是精英控制，也不是技术控制，而是由人民进行的理性选择。当政府官员运用这套公共政策制定的程序和方法时，官员的管理能力就能明显提高。

公共政策的制定有一个特点，就是很难制订出一个大家都满意的方案。每个政策总有一些人因得利而支持，而另一些则持反对意见。政府官员制定政策所带来的是政府与不满意政策的民众之间的矛盾。万一出错，政府官员必须首先承担责任。如公共服务建设对老百姓有好处，但遇到少数拆迁户的抵制，这件事情就做不下来。

这是地方政府面临的困境。政府怎么解决这个问题呢？通过行政法律手段强行做，可以做下来，但是代价太高，有时还会遇到抵抗。用市场的手段，即通过花钱的方法说服老百姓，比如“钉子户”。但这个方法会出现另外一个问题，促使一部分“钉子户”讨价还价，形成恶性循环。甚至有些“刁民”往往抓住政府的小错误，不断上访，成了上访专业户，职业化。因为一上访，地方政府反而用金钱买平安，使其变成一种谋生的手段。

还有一种手段是集体民主压力，即让老百姓自己说服自己，自己解决问题。政府要做一件公益事情，必须是所有人签字同意。如大部分人支持，有一部分人反对，就让支持的人去说服反对的人。靠集体的民主压力和说服工作迫使某些人放弃主张，向大多数人意见靠拢。比如，某地方政府在某楼道要盖顶，有几层支持，也有几层因为对其利益不大，采取无所谓态度。地方政府让同意做的人去说服其他人，落实到每家签字，把这个事情做下来了。这就是靠协商民主解决问题，说清各种做法的理由及事情的正反面，最后由百姓权衡。不少地方政府通过老百姓的讨论和协商形成一个民意对付反对者，反对者只是个体的利益，在道理上敌不过民意。地方官员可以充分利用民意所作出的决定来构建一种公意，说服一些“钉子户”。这是协商民主能够发展一个很重要的原因。

协商民主治理是一种政治艺术。用协商民主方法来解决最棘手的问题是一个创新，也是基层官员化解社会矛盾的一种新的思路和方向。政府不再是对立的利益集团，而只是搭建协商民主的平台，扮演了中立、公正的角色。举例来说，老城区拆建是每个基层官员碰到的棘手问题，过去用行政手段强行拆迁，往往造成大量上访人员的反对活动。而城市规划和发展又必须进行，那么该如何办？泽国镇采纳民主恳谈的方式来解决这一问题。镇政府通过民主恳谈的形式让所有拆迁户来讨论拆迁方案，并由他们选举出一个工作委员会来做这个工作。这样拆迁问题不是政府和拆迁户之间的矛盾问题，而是拆迁户之间的矛盾，由他们去协商讨论，综合各自的利益，寻找解决问题的方法。以此来培养拆迁户的自治能力。让民众参与制定决策过程，由民众参与制定的公共决策比较容易贯彻实施，可改变地方干部在决策中的困境。如果决策出错，参与决策的民众也有责任，不能只怪政府。过去是“由我说了算”，由此带来了“由我负责”的压力。现在是使用协商民主方法，政策的制定是由民众参与而形成，民众也要承担其一部分责任，给官员分担了责任，减少了他们的压力。

协商民主的治理方法并不是靠上级的行政手段来解决问题，而是靠公众的理性能力来解决问题。第一，它把上访者引导到沟通的平台上去。不让上访者在街头“闹事”，而是把他们引导到沟通的平台上进行讨论，倾诉自己的苦处和利益。第二，在沟通的平台上把尖锐的干群关系引导为一种群众之间利益的调整问题。征地拆迁往往涉及官员腐败、私吞群众的补助金。但是，土地转让赔偿问题同时还涉及群众之间利益的合理分配问题。许多乡镇目前靠拍卖土地来支撑乡村财政。这种特殊的“土地财政”其实涉及公共财政、公共项目、社区服务等问题。这些问题可以转化为一种群众之间的利益调整问题，而不应简单地归结为干群关系问题。第三，在处理公共利益上，协商民主把它引导为一种量化问题，一种可以讨价还价的问题，一种可以增减的问题。各方都可以表达自己的看法，通过表述最好的理由来争取自己的利益。上访最多的地方恰恰是最腐败、最不公正的地方。正是在这种地方，通过民主协商可以减少由于征地问题所带来的上访问题。这是因为，民主协商方法自身是公正的、公开的、透明的，通过公民参与的社会自身管理的一种方法。

协商民主不仅是政府与民众之间的协商，也是民众内部不同利益群体之间的协商。第十二章中所讨论的案例展示的是村民内部不同群体之间，传统观念和现代公民社会之间，针对不同经济利益的诉求和协商。即使是在一个集权社会下，政府公共政策的制定不仅仅是管理者与被管理者之间的较量，而且是多个利益群体之间的博弈的结果。这也是协商民主能在中国发展的一个重要原因。

（三）协商民主可落实为一套科学、民主决策机制和程序

科学发展观的基本理念在中共十六届三中全会的文件中用一句话——32个字作了经典表述："坚持以人为本，树立全面、协调、可持续的发展观，促进经济社会和人的全面发展。"中共十六届三中全会的文件中用41个字陈述了实现基本理念的根本方法："统筹城乡发展、统筹区域发展、统筹经济社会发展、统筹人与自然和谐发展、统筹国内发展和对外开放。"科学发展观可细化为一套可操作的科学和民主的决策机制和程序。

科学发展观可以细化为一套可操作的科学和民主的决策机制和程序，地方政府在制定政策时能够做到这点吗？有没有成功的例子？近些年来，浙江温岭等地的地方政府探索如何制定最佳的地方政策，如何用社会科学方法来收集民意，发展和完善了一些可操作的、可模仿的、常规化的具体的工作程序，造福于人民。这些程序在细节上落实了科学发展观的理念。我试图将其实践经验提炼出来，以说明科学发展观在温岭等地的基层政府中的运用。

如何坚持以人为本？温岭等地的地方政府强调公民参与的重要性，普通公民通过各种途径和方式积极参与公共事务，以影响公共政策的制定和执行的行为。它要求公民通过自由平等理性的对话、讨论、审议等方式，以公共利益为取向，积极参与公共政策和政治生活。浙江省温岭市早在

2002年规定乡镇必须每年举行四次以上的民主恳谈会。镇（街道）、村按照市委〔2004〕7号文件的要求推进民主恳谈的制度化建设，使民主恳谈、民主决策、民主管理、民主监督方面取得实效。镇（街道）一年不少于四次，村（社区）不少于两次，分值为四分，由组织部和宣传部来分责落实。宣传部也积极推行民营企业行业工资集体协商制度。各镇（街道）至少在一个行业开展集体协商，并取得成效，其分值为三分。制定考核制度来积极推进协商民主制度，作秀的，搞虚的，如文化发展问题，就不算分。2005年太平街道没有搞恳谈会，就扣三分。相反，泽国镇2005年举行了高质量的民主协商制度，一次抵四次会议，拿到四分。

如何坚持统筹兼顾？公共政策的制定有一个特点，就是很难制定出一个大家都满意的方案。每个政策总有一些人得利而支持，而另一些则持反对意见。这里统筹兼顾是非常重要的。温岭等地的地方政府近些年形成和发展了一个复杂的混合的决策体制，在这里市场交易，政府行政命令及其自主权，社会劝说，民主协商，投票，各自发挥作用。这个混合的治理体制和决策体制毋庸置疑是一个实现统筹兼顾的一种工作方法。

有些地方领导人宁愿首先使用行政权力来解决争端，这种行政权率先的做法招致了批评和抵制，代价太高。温岭等地的地方政府近些年首选民主协商，行政权力需要协商来提供合法性。从民主视角来看，首先使用民主协商是最佳的。如果它能解决争端，那就不需要投票或者交易。如果协商不能解决问题，市场交易的引进就是必要的。如果协商和交易不能解决争端，然后利用投票方法来决定。

如何坚持全面协调可持续发展？特别是如何坚持科学的发展？这里，我们必须强调，贵在科学。科学发展观不是片面的科技观，而是追求人文社会科学和自然科学的完美结合和平衡的发展。在制定政策中，不仅自然科学家，而且越来越多的人文社会科学家应该发挥出谋划策的作用。温岭等地的地方政府近些年开始使用社会科学方法来制定政策。这里，需要强调的是随机抽样和问卷调查这两种社会科学的基本方法。

随机抽样有哪些好处？随机抽样是把统计学原理运用到社会调查中的一种科学手段。随机抽样就是从所有受决策影响的人中随机抽取，方式包括从身份证号码、电话号码以及通过编号等方式抽取。随机抽样的目的是要通过一个良好样本的选取，科学地反映所抽取的总体。从理论上讲这是比较公平的方法。随机抽样方法把表达权、审议权平均地分配到每个人，每个人都可能被抽到，这体现了协商民主的平等性。它可以克服由主办方指定所带来的操纵问题。同时，这种方式也具有较强的代表性，因为从统计意义上讲，它可代表全体受影响的人口，如文盲、妇女等一些平时很少有机会参与的弱势群体也有同样被抽到的概率，这样就扩大了参与的范围。进一步体现了协商民主的广泛参与原则。

随机抽样的好处，即有可能抽到了一些本来根本就不可能参加的人，文盲、社会边缘人物，包括不会讲话的人也被抽到。通过这些人的参加，领导和群众加强了沟通，有利于增加干群之间相互理解。原泽国镇党委书记蒋招华说："上级强调联系群众，但一直找不到好方法。以前民主恳谈的代表大部分是乡镇、村庄的精英。现在抽样，具有更广泛的民意基础和代表性。文盲、老人、妇女都被抽到了，真正联系了群众。这种方法可以处理各种问题。"

在泽国镇2005年、2006年的协商民主恳谈中都采用了抽样。北京召开出租车司机听证会，最初不采用抽样的方法，结果许多出租车司机大骂那些参加听证会的司机根本不代表他们的利益。为了解决代表性问题，北京后来也采取了随机抽样的方法。全国很多地方进行了许多民主恳谈，非常遗憾的是，他们并没有采用抽样的办法，基本上是在现有的框架下来运作的。

随机抽取的方式在协商实践中经常遇到很大阻力。其反对理由如下：一是由于它的不确定性，在协商过程中就难于控制，主办方通常不愿意采取。二是与现有体制中的法定人大代表会产生矛盾。比如，某村在2006年使用了抽样方法，2007年仍然回到以前的方法，那就是村民代表加上党员代表够构成恳谈代表。这种方法在现有的政治体制下是可以理解的，党员体现了党的领导，村民代表体现了村民自治的基本原则。由这两部分人构成民主恳谈的主要人员是道理的。但这种方法不能保证广泛的参与性、代表性和平等性。为了解决这些问题，泽国镇扁屿村把现有体制内的村民代表确定为不经抽签无条件的代表，采用混合方法。三是抽样方式把文盲也抽上来，抽到一个看不懂说明材料的人还不如现有的人大代表更好。有些领导人担心抽到的文盲不会讲话，影响恳谈的质量。上述看法强调参与者必须有一定的文化水平，能说会道，这有一定的道理。

但是反对抽样方式的理由是不充分的。第一，抽到文盲本身就体现了公正性和政治参与的广泛性。泽国镇 2005 年民主恳谈中文盲比例为 7.7%—11.2%。在以前各种座谈会中大多数文盲常常被排除在政治参与过程中外。现在他们因为抽签而被忽然选中，他们的政治价值、人格尊严得到了体现。这是多么了不起的进步！这些远离政治、微不足道的文盲参政议政本身就可以克服政治的隔绝性和封闭性。第二，即使文盲参与者不会表达意见，最终他们的意见可以通过做问卷而反映出来（当然在主持人的帮助下填表）。这种问卷可以反映全镇文盲人口的看法，而以前的大众咨询方法完全忽略了他们的意见。第三，协商民意测验方法设有主持人制度。通过主持人可以帮助鼓励他们发言。实际上，文盲并不等于不会说话。2005 年笔者亲眼看到一个 70 岁的文盲老太太在大组会议上激动地发言，批评镇政府在某些问题上未做好。此外，不断反复的政治参与可以培养和提高文盲女性的说话能力。2006 年笔者亲眼在扁屿村的前后四次民主恳谈会中看到几位文盲妇女说话能力的明显提高。在最后一次会议中，几位文盲妇女争先恐后发言。

此外，问卷填表很重要，参与者在讲话中不便说出的问题可以在所填的表中反映出更真实的想法。通过问卷的形式反映参与者的不同看法。协商民意测量方法不追求共识，只以问卷和统计的方法来反映参与者的看法。它规定在讨论前做一套问卷，在讨论后再做同样的问卷，同样的问题检测两次，通过比较，就可看出协商民主讨论所带来的结果。第二次的问卷结果可以作为决策的根据。这是一个由抽样产生的、并通过大小组会议讨论后得出的、统计意义分析出的民主的科学的根据。

有一些基层领导干部不理解两次问卷的意义，认为这是学者做学问的事情，实际工作只需做一次问卷就可以了。其实，只做一次问卷，我们不知道民众选择偏爱的变化，不可能定量地知道这些变换情况。讨论前后的变化说明，在信息公开、理性讨论的情况下，人们选择的变化。前后两次问卷的变化无非有三种情况：第一，变化显著增加，这说明事情的重要性，地方政府应做；第二，变化减少，这为地方政府不做或减少资金投入提供了科学依据；第三，没有变化，这需视事情本身而做具体的判断。

泽国镇在 2005 年、2006 年、2008 年都使用第二次问卷的结果作为政府决策的依据。例如，泽国镇的 2008 年财政预算民主恳谈会中，第一次问卷时，社会保障的平均值为8.3，但是第二次问卷的数据为8.8，其显著性为0.052。这个数据变化为泽国镇政府的科学决策提供了基础，最终结果表明，农村困难老人生活的补助从原来的2万元预算安排增加到10万元。2007年泽国在老城区改造问题上也使用两套问卷的方法，但是作了一些修正。第一次问卷是在抽样的基础上的问卷，也就是抽取了一部分人，对是否要拆迁、如何赔偿做了一个调查。第二次问卷是让所有人、拆迁所涉及每一家都来填这个表，这样就真实反映了每户对这个问题的看法。这是西方社会科学方法在中国实践过程中被修正的一种情况。

普通民意调查所收集到民众的意见是初步和粗略的，信息没有经过提炼和处理加工。相比之下，通过小组会议的讨论对信息进行加工处理，使民众的意见发生了变化，产生了高质量的、可靠的民意，这就是协商民意测验的意图所在。协商民意测验是一种基于信息对等和充分协商基础上的民意调查，旨在克服传统民意调查的诸多局限性，它可解决目前民意咨询不足的问题。

缺乏现代社会科学方法的民意调查弊病多。例如，某市组织部每年花60万元做对政府各部门进行公民评议，发放调查问卷上万份，涉及13个区县，并由组织部出面主持调查工作。这种广泛收集民意的做法非常出色，但花销巨大。问卷100%的回收率说明问卷质量有问题。下面某些社区则敷衍了事，问卷质量成问题。而且由于居民们事先没有获得该评估所指各单位的足够信息，有些单位他们甚至没有听说过，信息的不对等导致了评估效果不佳或者有失偏颇。与人民联系紧密的部门，群众可以做出评价；与人民关系较远的，如党务工作，老百姓不知道，很难评。此外，党政组织不列入审议并且由党政满意办公室来做，也影响了评议的公正性。大规模浪费金钱的万人问卷，其结果并不可靠。这种追求规模的万人问卷是基层民主改革中的一种病态行为，它既不符合真正民主的原则，也不符合社会科学民意调查的最基本的准则。如果采取协商型民意测量方法效果可能更好。第一，可以省钱，不必搞万人问卷，只需抽样几百人就可以了；第二，在会前提供公正的、中立的相关介绍材料则解决了参与者对信息了解掌握不够的问题，能够使他们尽快地进入协商状态并深入地开展协商讨以此大大提高民意调查质量；第三，随机抽样产生的几百位参与者可以在统计意义上更准确地反映某个市区的全貌，由此可以增强民意调查的科学性。

2007 年某地区大力推广民主恳谈，规定从 4 月到 12 月必须搞民主恳谈，而且每个部门的领导必须到基层去参加民主恳谈。这种大力推广民主恳谈的做法是值得提倡的。但是在提倡、推广民主恳谈时必须注意：协商民主恳谈不等于传统意义上的座谈会。现在不少协商民主恳谈还停留在过去的座谈会、征求意见会这种形式上。其实就在温岭市泽国镇 2005 年就出现了用现代社会科学的方法来操作民主恳谈的案例。但领导没有意识到这是一个用现代社会科学的方法操作的一个民主恳谈。他们还是用传统的座谈会的方式来理解泽国镇的做法，这种误解是非常可惜的，而且也不利于协商民主的科学化。如果我们把现代社会科学运作的民主恳谈和传统意义上的民主恳谈混为一谈，就把泽国镇的那些社会科学的精华及其方法抹杀了。科学发展观促使我们使协商民主恳谈科学化，利用现代社会科学的方法来制定政策。

（四）协商民主是提升国家治理能力的手段与方法

我国改革已经进入攻坚期和深水区，《决定》也提出要深化政治改革，并把“推进国家治理体系和治理能力现代化”作为改革的总目标。作为国家治理的主导力量，政府自身的改革是全面提升国家治理能力的重要维度。《决定》要求推动政府职能转变，并提出“建设法治和服务型政府”的目标。这一转变的关键在于，重新认识政府与公民的关系，从传统的“统治”向“治理”转变。也就是，建立政府与公民的合作和伙伴关系。协商民主应该成为实现这种转变的主导原则，它强调通过协商和对话来解决问题，为政府和公民关系的建立和维系引入了新的理念与机制。

协商民主的作用不仅在于帮助提升政府的治理能力，它也有助于公民理性的培育，从而增强公民的民主参与以及社会自治能力。在中国强政府与弱社会背景下，这一点显然尤为重要。因为民主并不是一个一蹴而就的过程，它也不等于简单地通过选票来行使权力，具有实质意义的民主发展需要以公民的理性能力为支撑。协商民主不仅为公民提供了决策参与的空间与机会，更重要的意义在于，使公民在参与的过程中不断学习和进步。公民自身理性和能力的提升又会促进公民社会的形成的与发展。因而，协商民主对国家治理能力的作用并不限于政府治理的改善，同时也充分重视了社会的维度。具体的讨论将分三点来进行。

第一，运用协商民主来进行治理有助于政府治理能力的提升。在目前的治理体系中，政府过于强调行政权力的使用，不断强化的“维稳”政策就是具体体现。其结果是，强制性权力的使用虽然能够在表面上压制矛盾和紧张，却无法解决问题的根源。以地方的农改居拆迁为例，近年相关的群体性事件频发，政府往往采取强制手段来解决。而引入协商民主来处理此类问题，则强调对话与协商，为官民或者不同社会群体之间的协商搭建一个制度化的平台，使得不同主体的利益能够得到充分协调。这种制度化的方式有助于强化政府的交往权力，从而减少政府对强制性的行政权力的依赖。并且，在与普通公民的对话和协商过程中，官员自身的治理能力也得到了锻炼和提高，这也有助于政府整体治理能力的提升。此外，制度化对话渠道的建设也有助于帮助政府摆脱“无限责任”的困境。政府掌握的权力和资源过大，导致的一个现实问题是，公民过于依赖政府，容易将所有的问题都归咎与政府。这就导致政府承担无限责任，也限制了政府的职能转变。协商民主强调平等与协商的原则，把公民与政府视为平等的协商主体，这有助于形成多元治理的局面。

第二，协商和对话的过程培育了公民的理性与民主参与能力。多元治理格局的形成要求公民具备基本的公共理性与民主参与的能力。因而，公民能力的提升成为国家治理改善的关键问题。协商民主的作用体现在拓宽了制度化的民主参与渠道，使得普通公民能够有更多机会了解和学习民主实践，并在参与的过程中增强自身的能力。毕竟，民主是一个学习的过程，不能以公民缺乏参与能力而否定他们的政治权利。应该看到，中国地方层面的一系列协商民主实验已经证明普通公民具备基本的协商和说理的能力，并且民主参与也使得公民能力得到提升（更为具体的讨论将在第四篇展开）。浙江泽国的参与式预算实验是在协商民主的原则指导下展开的，公共预算决策是在一系列科学、规范的程序下展开的。通过随机抽样参与到协商过程中的普通公民，能够获得关于政府预算的详细信息，增加了他们对公共事务的理解。并且，制度化的协商过程也使得公民学会了如何参与公共讨论，培养了说理的能力。公民在参与政府讨论中所学到的程序与方法，也可能被运用与自身社会事务的解决上，从而强化社会的自我治理，促进公民社会的发展。

第三，协商实践制度化的过程本身就意味着国家治理能力的全面提升。协商民主不仅是一套抽象的民主理念，它同时也是具体的、可落实的方法和程序。以协商民主为指导原则的地方政治实验，为我国国家治理的改善提供了宝贵经验。浙江泽国镇的参与式预算实验强调了平等与协商的原则，前者是通过随机抽样程序来保障；后者则是贯穿整个预算决策过程。值得注意的是，在历年的实验过程中，在坚持协商民主的原则的基础上，具体的抽样方法和协商过程进行了多次调整。总体上，这一实验体现为一个渐进的改善过程，参与者的代表性与协商的质量逐年提升。参与式预算实验的意义不仅体现在改善公共预算制定本身，更重要的是它摸索出了一套制度化的参与机制，类似的经验也将推动更深层的改革。制度化的公民参与渠道的构建，实际上是一个不断自我强化的过程，使得国家治理体系的发展进入一个良性的轨道。如前所述，协商民主在国家治理上的应用，提高了官员的治理能力以及公民的公共理性。在实践的过程中，它也在形塑公民的预期，公民的政治参与以及监督政府的意愿也将成为改善国家治理的持续动力。制度化的协商平台的搭建，有助于公民与政府建立起实质性的伙伴关系，从而消解暴力与冲突的可能性。

简言之，协商民主原则贯穿于国家治理中的各个领域及其全部过程，协商民主可以来选人、管事、管钱，完善国家治理能力。也许，中央可以把温岭设为一个地方改革的特别实验区，专门探索市级政府如何通过协商民主来达到治理体系化，治理能力的建立和完善。中国地方治理一旦充分运用协商民主来化解各种社会矛盾时，中国地方官员就可以在晚上安安心心地睡觉，他们不需要 24 小时值班，不需要周六日加班，不需要 24 小时开手机。这个时代到了，中国就达到大治了。一个国家治理体系和治理能力的现代化就实现了。

城市基层治理与居民参与的发展[①]

——海沧区“美丽厦门·共同缔造”的经验分析

夏建中

“推进国家治理体系和治理能力现代化”被党的十八届三中全会确定为我国全面深化改革的总目标。在此精神的指引下，2013 年 7 月，厦门市委、市政府提出了《美丽厦门战略规划》，海沧作为两个试点区之一，按照“核心是共同、基础在社区”的要求，坚持美丽厦门的“新城区、新社区”的试点定位，注重将对城的治理和为人的服务相结合，以美好环境为基础、以惠民利民为切入、以同驻共治为核心、以“网格化·微自治”为支撑，着力构建社会治理新体系，实现“政府引导、社会协调、群众参与”的“共同缔造、互动共治”新格局，推进海沧成为“社会共同缔造、老百姓欢迎的新型城镇化城区”。

分析海沧的经验，在我看来，至少有以下几大亮点。

一　社会各主体参与社区治理

社区治理的界定：参考各种治理的定义，我们认为，社区治理就是在接近居民生活的多层次复合的社区内，依托于政府组织、民营组织、社会组织和居民自治组织以及个人等各种网络体系，应对社区内的公共问题，共同完成和实现社区社会事务管理和公共服务的过程。

这里讲的“多层次复合”的社区，在我们国家，主要指的是居民委员会的辖区和商品房小区等多种层次复合的居民社区，而不是某种单一的

---

① 作者：夏建中，中国人民大学社会与人口学院教授。

社区，因为这些社区目前都是城市居民居住的社区。进一步细分的话，居委会辖区包括单位型的家委会社区、传统型居民社区等；而商品房小区属于新型社区，由于其有居民自治组织——业主委员会，所以与居委会管辖的社区已有所不同。

治理的主体：政府的派出机构、居民自治组织、公民社会、自愿者组织、私人机构、公司以及个人等。在国外的社区内，基本上已经没有正式的政府机构；在我们国家，社区仍然有党和政府的派出机构——党的组织和居民委员会，所以，社区治理的主体包括这些准政府组织和各种非政府组织，具体讲的话，治理主体应当包括党的组织、政府在社区的派出组织——居民委员会、居民社团或者兴趣团体组织、业主委员会、物业服务公司、自愿者组织以及居民个人等。

治理目的：为居民提供公共产品，这些公共产品包括物资的和非物资的两方面，前者指的是满足社区居民的各种服务（包括三种服务）；而后者更重要，主要是社会资本。学者萨缪尔·伯勒斯和赫尔伯特·基提斯认为，社会资本也是善治的基本组成成分，在“社会资本与社区治理”中，他们指出，社区的社会资本主要包括信任、对自己所属团体的关心，以及遵守社区规则。伯明翰大学研究地方治理的学者海伦·苏利文也指出，社区治理有三大核心主题，即“社区领导力、促进公共服务的供给与管理、培育社会资本”。青木昌彦进一步指出：社区中产生的自愿组织，最主要的意义不在于提供公共产品本身，而是社会资本。

具体到我们国家现阶段，主要就是社区就业、社区社会保障、社区救助、社区卫生和计划生育、社区文化、教育、体育、社区安全服务以及社区流动人口的管理和服务等多方面内容；以及今后应当特别加以重视的社会资本的培育。

治理的方式：合作、自治、参与，以及建立更多的横向结构居民组织。因为，普特南以及很多学者的研究都证明，社会信任源于公民参与的网络联系和互惠规范，尤其指那些由各种不同社团“水平”构成的居民结社活动。而垂直网络（vertical networks）的组织结构，因其强调下对上的职责且信息不对称，则很难产生这种信任关系。从水平网络的观点而言，居民自发建立或者社区提供社团参与渠道，不仅能够减轻政府介入公共事务的负担，而且可以培养社区自治的能力，亦为建构公民社会的基础。

二 突出微社区的组织结构

农村社区突出自然村的治理，城市社区突出小区的治理，外来人口突出居住区的治理等。他们在经验介绍中谈道：利用海沧网格化、信息化城乡全覆盖的优势，探索建立“格主”模式。即在全区 39 个社区划分 299 个城乡单元网格（城市社区 106 个网格，农村社区 193 个网格）的基础上，每一网格的社区居民自行推选该网格内的一位热心群众作为“格主”，负责收集和处理该网格居民对社区事务的诉求，并由网格员担任“格主”助理，协助“格主”开展工作。这一机制在网格内部建立起横向联系，改变了以往由居委会简单主导社区事务安排，社区居民被动接受的局面，提高了社区居民参与处理社区事务的效率。

根据社区社会学的有关研究，社区的规模越小，居民对社区认同的程度越高。S. 格林鲍姆（Greenbawm）1985 年对美国堪萨斯城的研究表明：居民知道距自己 150 英尺内的 61% 的住户，而当距离在 150—300 英尺时，则只知道 20% 的住户；如果距离更远时，知道得更少。这一研究说明，在居住与认识交往上存在着一条“距离衰减”的规律。

学者们的多次调查研究也证明：人们对小型社区的依恋要大大强于大型社区，对大型社区的依恋，往往是表明人们对该地区是良好居住地的一般性满意，而对小型社区的依恋，更多是建立在感情基础上的。

海沧进行的微社会管理，变大社区为小社区，既有利于政府了解、熟悉民情民意，为居民提供更加周到、更为合适贴心的服务，也为居民的交往、互动提供了更佳的组织环境。

三 建立各种居民参与的平台

包括治理平台、参事议事平台、互动平台等，如经验介绍中指出：“打造人性化互动平台，变‘生人社区’为‘熟人社区’。为了破解城市社区居民对门不相识的难题，让他们迈出家门、融入社区，我们通过打造社区公共交流活动空间、开展各类活动，把‘生人社区’变为‘熟人社会’。拓展公共空间。”再如“持续项目活动，变‘观望关注’为‘共同参与’。从关心群众生产生活入手，立足百姓需求的身边小事、房前屋后环境，通过广泛征求群众意见，共梳理出公共自行车系统、绿道与慢行系统等 12 大类 160 余个项目，通过待续的项目活动，不断激发群众的参与热情”，等等。

在街居制变为社区制后，我们一直认为我国城市社区仍然存在两个重要不足：一是社区社会组织缺乏。二是社区成员参与社区活动的渠道和平台不多，行使民主权利的广度和深度也远远不够，社区居民的社区意识不强，参与社区治理的热情不高。

根据社区的社会学理论，社区一般履行五大功能，即提供产品或者服务、社会参与、社会化、社会控制和社会支持的功能。其中，提供服务和社会参与是社区的根本功能。社区的社会参与又可以分为两种主要类型：正式参与和非正式参与。

2004 年，普特南在其著作《在一起会更好：重建美国的社区》中，仿造《让民主运转起来》的形式，撰写了“让社会资本运转起来”这一章。在该章中，他指出了社会资本建立的途径。

他认为，社会资本的建立取决于参与者的行动和关键性的结构要素，前者无庸赘述，后者包括：政府的公共政策、第三部门或者非营利组织、教育因素（教育程度越高的人和社区具有更多的技能和资源，更容易组织和开发社会网络）等，多数都涉及政府对公共物品的投入。他号召，要多培养“社会资本家”。

社会资本在规模小的地方或者单位（小的学校、小的社区、小镇）更容易形成，原因是更多的面对面的交往、更容易建立有效的人际关系、相互了解和熟知、更具同质性，这些远远胜过那些遥远的、非人格化的沟通。社区和社会资本的建立，应当从人们关心的地方开始。还应当多创建公共空间，提供给人们多点接触的场所和机会，以便有利于人们相识、熟悉和交往，从而形成网络关系。

海沧的所有这些平台应当是有利于居民对社区各种事物的参与，也有利于社会资本的培育与发展。

四 重视社会组织的培育

海沧区重视社会组织的培育发展，成立了社会组织孵化基地，并以机制和制度保障其持续运转。试点工作以来，培育发展了理事会组织、义工组织、志愿者组织、专业社工组织、兴趣俱乐部组织等类型的社会组织，目前有各类社会组织 205 个。

我们国家之所以需要大力加强社会组织的发展，主要原因有以下几点：

第一，政府的公共服务责任与政府财政资源之间的矛盾。使人民安居乐业、为全体人民谋福利是政府公共服务责任的基本目标，然而“有限责任”的政府对社会方方面面的事情是不可能面面俱到的，过于强大的政府不仅会造就人民“等、靠、要”的懒惰心理，更会使得政府工作庞大而艰巨，但结果往往“费力不讨好”，同时对政府的财政资源是一个异常严峻的考验，这就需要进行社会人能够自我管理、自我服务、自我教育以及自我监督的体制创新和机制创新，这也是促进和完善居民自治以及社区自治的客观要求。

第二，居民需求多元化以及增长过快与社会性服务单一化以及供给不足之间的矛盾。随着我国居民生活水平的不断提高，居民需求的多元化主要是指物质和精神各方面需求的增长。如何为人数如此庞大、需求如此多元化的社区居民提供更好的服务成为社区建设面临的重大课题。这就要求我们要加强和创新社会管理，主动适应社会主义市场经济条件下社会管理发展变化，积极推动社会管理体制机制创新，建立健全政府责任、社会协调、公众参与的社会管理格局，加强社会管理基层基础建设，加强社会组织管理和服务体系建设。

第三，社区的本质属性决定了它应当成为居民认同和归属的主要地点。但是，市场化经济改革的不断深入在为我们创造了丰富的物质条件之外，使社区本质意义上的情感归属面临严峻挑战，如何重建社区居民的情感支持、发展居民之间的互助互惠服务成为社区建设面临的迫切任务。自 10 年前开展社区建设以来，各级政府一直号召和大力倡导居民积极参与社区活动，但是，成效并不很大。这里的主要原因之一就是政府命令开展的活动较多，而居民自发组织的活动较少，因此，无法吸引社区居民积极自愿地参加。

第四，历史上我国缺少志愿者组织的传统。几千年的农业社会中，社区多存在的是宗族组织，1949 年后则是政府性质的组织和以单位为基础的组织为主，以居民自愿发起成立和运转的志愿者组织或者民间组织基本上是在改革开放后才逐步发展起来的。著名学者普特南指出，在居民自治基础上形成的社区和志愿者组织，能够产生更多的社会资本，而这些社会资本有利于社会经济繁荣和社会团结和谐。福山则进一步指出，一个社区或者社会的以信任为基础的社会资本主要来源于两种组织：家庭和社团。前者建立在亲缘基础上；后者建立在“自愿性联属”，或者用普特南的话来讲，是公民社区（civic community）意识的基础上。但是，建立在亲缘基础上的家庭或家族，一般都排斥非亲族成员，在自愿性联属方面很淡薄，通常在家庭与国家之间缺少中间层，所以，整个社会的社会资本不高。而建立在志愿者基础上的社会组织，关注社会所有成员的互助合作，热情于各种社团、社群和社区的活动，注重公民社区意识的提高，有助于促进更广泛的社会信任，提高社会的社会资本与凝聚力。

福山反复强调一个观点，即仅仅局限于家庭和亲朋之间的信任未必会给整个社会带来益处，而只有在广义信任的基础上建立的社会资本，才能造就高信任度的社会。所以，我国更应当大力发展公民社区基础上的社区社会组织。

海沧的经验也展现了社会组织在社会管理、社区服务方面的重要作用。

综上所述，通过对海沧区“美丽厦门·共同缔造”的经验分析，我们看到了厦门市委、市政府在“推进国家治理体系和治理能力现代化”工作方面的改革创新精神。

城市居民自治的实现形式：台湾经验的检视与策进*

纪俊臣

一 前言：台湾城市治理的核心价值，在落实自治本质

我国台湾自 1950 年 4 月 22 日公布《台湾省各县市实施地方自治纲要》以来，“地方自治”（local self - government）一词早已成为家喻户晓的生活语言。地方自治系台湾发展民主生活方式的最重要社会化工具；但 60 余年来，此项政治制度却是经过多少波折而得来不易的强化政治参与政治制度。大体可分为起始、转折与发展三个阶段；所称“起始”系指地方自治未法制化时期，在威权体制（authoritative regime）统治下，实施命令式的地方自治，地方自治团体的自治权（autonomous powers）深受限缩，地方立法权形同具文，但基层居民的自治生活正逐渐受到关注，甚至因有此政治社会化得以强化当今施行民主政治理念，从而奠立台湾发展民主政治的社会基础。

其次，“转折”，系指地方自治团体在由未法制化走向法制化后；即在 1994 年 7 月公布《省县自治法》与《直辖市自治法》等自治二法的法制化运作下，台湾的地方民主正迈向城市居民与农村居民皆有完整的自治权利时期；所称“政治参与”（political participation）不仅是台湾居民生活的核心价值，而且是日常生活的政治文化。在 1999 年 1 月，因应“精省”（downsizing province）政治改革，废止省自治法人，扩大县（市）自

* 作者：纪俊臣，台湾铭传大学公共事务学系教授。

治权，以制定“地方制度法”（Local Government Act）后，台湾的地方治理迈向具有“国家与地方自治团体”相对概念的法律意义新时代，“法律与自治条例”正是国家与地方自治团体法律生活分流的表征，此系城市居民自治与农村住民治理同受尊重的“发展”自治本质新世代。台湾的地方自治即系台湾实施地方治理的基本前提，亦是落实居民自治的政策工具。（纪俊臣，2011：714）

本研究探讨厦门市在海沧区推动“居民自治”的地方治理模式试点，所依循的“城市治理”（urban governance）理论依据，即系以台湾近数十年来因实施地方治理经验所建构的理论基础，为论述的准绳。

二　台湾城市自治与城市治理的理论形成与功能运作

对于身为华人小区的台湾，其城市自治或称城市居民自治系以如何落实“住民自治”和“团体自治”的两大自治模式为条件；甚至可谓住民自治与团体自治系台湾城市自治的核心价值之所系。兹将该项城市自治究竟与城市治理的关系如何，略加说明于后：

（一）城市自治系城市治理的同位语或相对词

一般所谓“城市自治”（urban autonomy）系指城市居民享有自治权，可以在各该法律授权的自治范围内，行使政治参与权。质言之，如就形式意义而言，就是各该城市的居民对于公共事务的处理，具有参与决定作成之权利（rights）。如就实质意义而言，Mark Van Hoecke 即认为系指特别重视公共事务处理规则（rules）的决定权（Ladeur，2004：177）；也就是掌有立法权（legislative powers）。就因为城市自治的“自治”（autonomy）与“治理”（governance）系两个不同概念的政治学名词；后者重视公共议题之社会资源整合，前者则在于住民对于在地公共议题能否参与决定的作成。因之，城市自治并非城市治理的同位语，但是否即是相对词亦不尽然。盖城市自治如能在政治参与时机成熟，或为民主政治社会化已到逐渐形成政治文化的阶段，且有城市治理的基础，其走向城市自治应是顺理成章的政治变迁。

台湾尽管已是全面实施地方自治，但一如前述，其城市自治系采渐进式（incremental model），由台湾光复初期的威权体制到民主体制（democratic regime），其不仅是地方自治而且已到地方治理的发展阶段，但地方自治有裨于民主政治社会化，则是值得重视的工具运用。

（二）台湾城市自治的理论建构

一如前述，台湾于1950年4月，正式以行政命令方式实行地方自治，所以无视1947年12月施行的宪法规定，敢于冒有“违宪”之虞下，实施地方自治事必有其特殊的政治考虑。固然依1947年12月行政院函请立法院暂缓通过省县自治通则草案之公文，略以：台湾正依《台湾省各县市实施地方自治纲要》规定实施地方自治。究竟实施成效如何尚待观察，此时通过省县自治通则，自省以下实施地方自治实有不宜云云。上揭文示姑且不问其法依据之“不法”；盖地方自治宪法既有明定，在动员戡乱时期临时条款未曾冻结适用的情形下，岂有便宜行事之法依据可言？而今，坚持在法不备下施行地方自治，所考虑者即为政治选举对政治情势的可能冲击。唯如不实施地方自治，则因1947年2月28日以后，遍及全台的“二二八事件”政治冲突，将难以弥平与融合，而不得不提前实施地方自治。盖在戒严时期，实施地方自治，本是一项难以理解之政策规划。由上述可知，台湾实施地方自治的理论基础，就1950年4月的政治环境言之，并不是以政治社会化（political socialization）或政治参与为立论基础，而系以实施地方自治为政策工具，用以减缓政府与人民的政治对立，从而策进族群融合为其主要思维架构。

质言之，台湾的城市自治，就实施自治初期观察，应系将“城市自治”视为政府与人民减少冲突，进而形塑国家认同（nation identity）的政策工具；就因城市自治并非目的而系工具，以致城市自治的自治权颇受限缩，甚至有学者直谓台湾只系施行“半自治”（semi - autonomous），尚未达“自治”（self - government）的政策旨趣。在该种政治环境下，虽然住民自治所系之选举权（suffrage rights）已能积极行使，但团体自治所需之立法权或财政权（fiscal rights）两项自主权，却显得严重不足。此即说明，在戒严时期台湾虽有地方自治之机制，但距离落实地方自治尚有很大的努力空间。

当然，在台湾实施命令式地方自治的54年内，对于民主素养的养成，民主生活的教育，乃至政治精英的培育，中央及省的选举等皆有其推波助澜的“催化效应”，甚至可说当前的民主政治成果，就是多年来全面施行地方自治的政治效应；地方自治加速台湾的民主政治化（political democratization）为其附加价值（additional values）。

（三）台湾城市治理的理论发展

“治理”的概念引进台湾约有15年的时间，主要是研究公共行政的学者认为，传统的行政管理理论已不能解决层出不穷的公共问题（public issues）。早期的公共管理以至新公共管理，或是公共服务至新公共服务，都在全球化、全球在地化的理论冲击下，发现政府与市场已不是完全相对的概念，政府与市场是可以互相合作的概念，而且政府亦不是与人民为敌的机制；市场更不是有所限制的范围。在公共服务时宜有事务性质的分辨，如属于多元的、跨域的，即要引用“协力”（collaboration）理论，此系治理概念的形塑。

对于台湾的城市治理或称地方治理、公共治理，就是在认定政府决不能独力解决公共问题的思维前提下，被渐进式的引进台湾社会科学界，且已广为普遍应用的概念。

因之，涉及城市治理的理论建构固如前述，但在城市治理的理论发展，却是台湾社会科学界的反思中所获得的解决公共问题的工具操作。城市问题不论是结构性或非结构性，似皆面临资源匮乏的困境，而该等城市问题却是一刻也不能等闲视之；寻求解决之道更是刻不容缓。此时公共治理概念的出现，或称地方治理的受到重视；尤其城市问题的解决最创新作为的积极途径，就是利用治理的概念。

本研究为说明程序问题之多元而复杂，兹以单一“高中招生”问题说明：

今（2014）年夏天，台湾因实施十二年国民基本教育，国中生固可免试升学高中，但究竟是就近就读小区高中，或是选读素负盛名的明星高中？在望子成龙、望女成凤的时代，父母自然希望子女可依其能力就读高中；如果国中成绩优秀，即使明星高中也不是梦。问题是免试升学如何舍近求远就读明星高中，于是以“会考”成绩决定，又因为多元发展，会考成绩只占比例30%，以致部分不熟谙填志愿的国中毕业生，竟有高分低就，甚至落榜者。此种情形城市学生受到冲击可能大于农村学生。

对此城市治理，兹由下列问题的多元，得到启示：面对前揭教育问题，政府的“公共管理”（public management）作为绝对解决不了，只有采用“公共治理”（public government）的解决模式；亦即政府与人民协力。其协力标的，可能包括：会考占30%的理论基础，其他成绩占70%的多元适性扬才发展设计之动机。此等问题如无媒体的公正报导，学者专家的客观分析，学生家长的国家总体发展体谅，问题恐怕会越来越复杂，甚至需要走回“基本测验”一试定江山的老路。此即说明城市问题的可能解决方案，已到非仅政府公部门即可解决的多层次治理阶段（multi - level government）。面对此种时代背景，此后城市自治固然重要，但城市治理却是根本解决之道。

（四）台湾城市自治与城市治理的整合运作

在历经60余年的地方自治后，检视台湾的城市自治和城市治理，发现当前的地方治理概念，已深入各阶层的民众思维中。此种经由政府的辅导措施，促使城市自治不再是孤零零的概念，而是须结合城市治理概念的功能运作，应系台湾实施地方自治初期所未尝逆料者。盖城市有识之士皆肯认地方治理系社会科学界的反思，此际各界所称的城市治理并非只在于结合社会资源，而是运用地方自治的社会化功能，结合群众，而且鼓舞群众；面对城市问题应有“舍我其谁”的自主性和志愿性之参与思维。对于公共议题即以自治能力的提升，政府执事部门务须义不容辞做好方案规划（program planning），多方征询学者专家的解决方案。对于公共问题的解决方案途径，固然需要借重民间资源。但政府的应有责任则不容许任何借口推诿塞责，且须以责无旁贷角色自认，并且要洞烛机先早有准备；尤其结构性问题，更当多方征询解决途径，并且有使命感地竭力解决，以使社会问题很快受到控制。2009年3月，发生的SARS事件，就是在城市自治的功能下运作，善用城市治理的解决途径，终在一个半月内，即将SARS赶出台湾。

大陆厦门海沧区的城市自治，乍看似属颇具挑战性的问题设定。在城市自治尚停留在治理先行的过程中，已不是两者整合机制运作而已，其需要更为前进的、完整的思维模式。

三 厦门海沧区居民自治模式与小区治理的关系建构

2013 年在“美丽厦门 · 战略规划”的政策目标下，厦门海沧区设定为“美丽厦门 · 共同缔造”试点，旨在：

“美丽厦门 · 共同缔造”试点以来，我们立足于海沧的实际情况，做到“四个突出”，即：突出新城、突出城乡、突出一体、突出对台，力争实现错位发展、差异发展，凸显海沧特质，为社会治理的“厦门模式”打造新型城镇化样本。我们以群众参与为核心，以培育精神为根本，以奖励优秀为动力，以项目活动为载体，以分类统筹为手段，着力共谋共建共管共评共享，城市小区突出自治，农村小区突出自强，通过协商民主、互动共治，实现对城的治理和为人的服务融为一体，着力破解社会治理中小区“最后一公里”现象。（纪俊臣，2014：福建厦门海沧资料汇编）

兹依上揭目标取向，说明如下：

（一）海沧区自治模式的设计与运作

海沧区位处厦门西部，东与厦门本岛隔海相望，西与漳州接壤，是岛外四个行政区中离市中心最近的区，在厦门跨海发展中具有“桥头堡”优势。1989 年，经国务院批准成立厦门海沧台商投资区；2003 年，成立海沧区；2008 年，获批成立保税区。目前施行投资区、行政区、保税港区“三区合一”的管理体制。辖区面积 186.46 平方公里，下辖一镇两街（车孚镇、海沧街道、新阳街道），常住人口 43 万（户籍人口 13 万，流动人口 30 万），如图 1 所示。

或许因海沧区多属新开发城镇区，以致设定“城市小区突出自治，农村小区突出自强”的城市新构想；简言之，执事部门系将海沧大致设定为城市区非农村区。对建构城市居民自治的初步设计为：“通过协商民主、互动共治，实现对城的治理和为人服务融为一体。”所谓“居民自治”，系指：要充分发挥基层党组织的引领作用，大力推广新阳街道“四民家园”自治载体等做法，挖掘和整合社会资源，及时搜集民情民意、化解处置矛盾问题、研究问题、解决问题的自治机制，是最终实现村居民

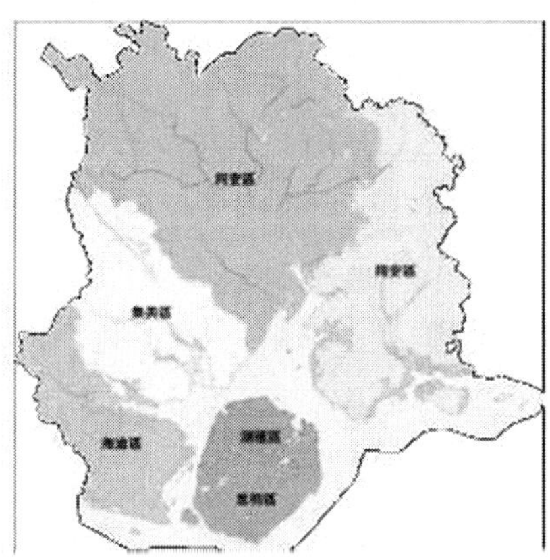

图 1　厦门市行政区划

“自我管理、自我监督、自我服务”的城乡小区建设自治目标。（中共厦门市海沧区委组织部文件厦海委组〔2013〕16 号）

如由上揭文件判断，海沧区居民自治，系以形式意义的“自治”为立论基础，尚不能突显实质意义的居民自治的功能。详言之，即是：

（1）海沧区的城市自治系以中国特色的社会主义民主为立论基础；在民主集中制的指导原则下，推行城市自治。此与一般民主国家的地方自治，在本质上有显著的差异，恐不宜混为一谈。

（2）海沧区的城市自治系以政治参与途径，协同政府主管部门，包括区政府 à 镇街 à 村居三位一体，皆能因居民或村民的参与公共事务“处理”或称“执行”（implementation）过程，而提升服务效能。此系执行面的参与，而非决策面或立法面的参与，自与一般民主国家的“自治”本质不同。

（3）海沧区的城市自治系以“试点”方式推动，此与现行的居民委员会或村民委员会的“基层自治”不同；亦即尚有更大的自治创新空间可供建构新机制。

（4）海沧区的城市自治，旨在获致经济繁荣成果的确保。此系因应嗣后城市经济发展，所拟建构的决策共谋、发展共建、建设共管、效果共评和成果共享的经济取向自治模式。此项城市自治系具政治经济（political economy）意含的基层自治新机制。台湾的地方自治，本即建立在“管教养卫”的四大功能上，海沧区居民自治似有此倾向，值得观察；至少在管与养的功能设计上，正是当下社会主义民主机制的重要内涵。

（二）海沧区自治与小区治理系相辅相成的治理策略选择

海沧区的城市自治特别重视小区合作；即以社会治理或称小区治理为城市自治的政策工具。由于海沧的土地面积达186.46平方公里，已与当前国内外首要城市的城市中心区面积颇相一致。因之，论及海沧的自治政治机制，恐不宜独以台湾小区（community）的模式参照。盖台湾的小区如以狭义的小区为范围探讨，将会陷入台湾小区居民的自由生活空间规划，却不是大陆视为法定机制所为之基层治理机制；亦即系正式政府组织的代位语的分歧判断。依大陆“小区发展”或“小区治理”大学教科书多以此种官方认定的居民委员会所辖之街道、村为小区，此自与台湾一般研究小区发展的“小区”概念有所不同。盖台湾的基层组织为村（里），系政治组织、执行法定的基层治理职权（function），但另有依人民团体法成立并受小区发展工作纲要规制的小区发展协会。此二者基本上性质不同、范围亦不一致。因之，探讨小区治理（community governance）宜以“特定区域之居民生活空间经营”为其研究基地。如以此种语词界定似较易于理解小区概念之基本意含。本研究即以此一语词意含论述小区治理。

海沧区自治的本质在能创新机制保障，变“自动自发”为“法治同行”；亦即

1. 完善参与机制，夯实共治基础

（1）在群众参与方面，城市小区以自治章程总领规范居民自治，建立有小区居民理事会、“四民家园”等组织章程；农村小区以村民自治章程规范村民参与机制，建立有乡贤理事会、道德评议会、村民议事会等组织制度，拓宽村民参与管道。

（2）在社会组织参与方面，通过订定《志愿者管理办法》、《小区发展协会章程》等制度，以激发小区组织活力。

（3）在企业参与方面，通过在小区建立社企理事会、吸收企业代表参与居民议事，通过建立认领认管的机制，发动企业参与绿地认养、公园认管，让企业参与小区自治。

2. 完善激励机制，激发共治动力

通过建立“以奖代补”、“典型示范”等一系列机制，促进政府、企业、群众三者互动，调动各方积极性，展现自治自强的精神面貌，塑造新厦门人精神。

3. 巩固服务机制，加强共治保障

依托“四化”管理城乡全覆盖，“区—镇（街）—村（居）”三级联动的网络化体系，进一步完善区级—镇街—村居三级便民服务体系，推动简政放权、还权于民。把社会服务输送到基层治理的每一个角落，同时通过信息化、网络化手段形成互动的回路，及时反映和协调群众各种诉求，建立起“纵向到底、横向到边、纵横交错”的社会治理服务机制。

由上揭说明，似可了解海沧区所建构的城市自治系与小区治理或称社会治理相结合，所形塑的社会发展模式，以策进该小区的建设发展；质言之，城市自治系达致社会安定的机制工具。略加分析如下：

（1）海沧区城市自治系以法治共行为前提；亦即城市居民自治旨在安定社会、服务社会，绝非抗争的合法手段应用，以促使社会问题之解决简单化、单纯化。

（2）海沧区城市居民素质较高，企业发达，如能展现小区参与的服务热忱，共同关怀小区，协同小区发展建设，必可减轻政府之建设支出，却能看到比过往政府独立建设更好的成效。

（3）海沧区城市自治系试点，固可有较为创新的机制设计，但社会控制的必要性，则无松懈的可能，以免自治形成社会动荡的导火线。

基于上揭看法，本研究认为海沧城市自治与社会治理，基本上系相辅相成，以策进城市稳定发展的策略选择；其本身的目的价值（end value）恐不及工具价值（means value）受到重视。

（三）海沧区自治的发展途径与绩效作为

本研究检阅事涉厦门市海沧区试点的相关文件，发现执事当局对于试点的规划，已尽到规划者的应有责任。依一般规划理论，认为规划者（planner）须扮演角色，包括：哲学人（philosophic man）、美学人（esthetic man）、经济人（economic man）、社会人（social man）、宗教人（religious man）和政治人（political man）等六种“完人”的角色。如以此一标准验证海沧区自治试点的规划计划，发现：

（1）海沧区虽系新开发城镇，但城市规划需有长远的发展愿景。此项使命如有哲学家的思维，时刻把握正确方向，勇往直前。本研究由海沧相关文件中，发现规划者的思维不但着重于现状的运作，更有长远的发展构想。如城市自治系以现阶段之考虑为前提，但自治的负功能或无功能亦有所顾及，即有像民主国家主流设计的自治文化阶段，旨在成就永续的政治制度。

（2）海沧区的城市设计系都市治理的重要课题，在规划文件中可看到海沧城市的“花园都市”（flower city）设想。规划者企盼海沧不仅是当地住民的宜居城市，而且是厦门人或福建人的宜居城市。此种艺术眼光乃是现代城市规划人的必要角色自认。

（3）各该文件皆显示海沧区自治仍以持续发展经济，提升居民经济生活水平为首要目标，此项试点构想，就大陆经济体的强大而言，应不意外；亦能为住民所认同，自有裨于试点之任务达成。

（4）海沧区试点以城市自治结合社会治理的规划，系以社会发展为主要目标，重视弱势族群的生活照顾，对于“社会关怀”已尽到最起码的社会责任；尤其鼓励企业尽其社会责任，甚至有形塑社会企业（social enterprise）的设想。

（5）海沧区试点能否成功固然有待历史验证，但就当前的规划阶段，则宜有“忍人之所不能忍”的毅力，以克服可能遭遇的阻挠和攻讦。在都市计划的施为中，因涉及土地使用的财产分配，最易引致不必要的“利益分赃”谣言，如无宗教人的“赴汤蹈火，在所不辞”的坚持和发愿，其实很难达成使命。此次海沧试点固然至今尚无多大的既得利益者之阻碍，但随时皆需有此“大我”的公益观，则无二致。

（6）海沧区试点所要达成的使命，其实是颇为多元的，否则即不需如此煞费周章的规划。由海沧试点文件之汗牛充栋，已可体谅任务之艰巨。尽管如此，规划者在最后阶段却需要有政治家的风范，对于计划内容不仅如数家珍，而且辩才无碍，能以通俗语言与各界人士沟通、争取支持。此种政治家风范，将是规划者在策进任务达成，所需多层角色的必要作为之一。

四 厦门海沧区自治对大陆城市的贡献、影响与策进

本诸“美丽厦门·共同缔造”的综合计划（comprehensive plan），且以台商聚集的三区合一开发区——海沧区为城市居民自治试点。此种计划先行步骤规划系一项颇具政治意义的设想。盖台商对台湾施行多年的地方自治；尤其基层治理（neighborhood governance）感同身受，在海沧可以设身处地（empathy）协同复制具有中国特色的新机制。当然，基层治理本有其在地化（localization）的特质，海沧区的试点是否即是大陆各地的可行机制，亦值得斟酌；此系本研究所拟再加分析者。

（一）贡献

海沧区试点所规划的城市居民自治，基本上系在中国特色的社会主义为最高指导原则下的机制设计，此与欧美国家所普遍施行的民主机制固然不同，与台湾现行的“普选”（unlimited suffrage）或“直选”（direct voting）为核心价值的地方自治等基层治理，亦有本质上的差异。唯海沧区的城市自治，系经济性、社会性和台湾的政治性有其属性上的分野。盖大陆幅员广大，人文历史亦有所不同，制定形之久远的政治机制，其实有其潜在风险。诚如文件中所称：

我们坚持“共同缔造”与法同行，通过创新机制，及时把居民群众的创造创新用制度的形式固定下来，防止社会治理的“形式主义”和“共同缔造行动”一阵风；同时也为了防止自动自发导致的部分群众“过度参与”，甚至出现“多数人的暴政”的情况。保障社会治理创新在法治的规范下，在机制制度的框架中，稳步推进、不断完善。

此种强调“维稳”为先，“维权”不宜激化的自治政策取向，实有其客观的必要性和主观的愿景性。

兹以所参阅文件，解析海沧区试点成就，可分为：

1. 城市自治系城市治理的核心价值，大陆城市自治对城市治理的推行，具有稳定既有政治机制的意义。

由于海沧区的城市居民自治，系以推动城市治理为其核心价值，对于二者关系的建构，实系大陆城市自治的特色。质言之，大陆城市自治并不

在于政治制度之是否变革，而系民众如何参与公共事务，其所着眼的是执行面之机制设计，而非政策面的立法参与。系一项很具创意的机制设计，却也符合当前大陆当下所推动的稳定政治制度的期许。

2. 城市自治系以社会治理为策进途径，此系大陆城市自治的特色，具有策进社会发展的价值。

海沧区试点计划特别着眼于社会治理的机制建构，实系大陆城市自治的创新设计之一。盖大陆经济正在起飞阶段，尤其工商都会区更是快速成长，形成贫富悬殊的阶级斗争温床。基于数十年来的社会主义实施经验，如何建构分配工具机制，至为重要。此时由基层治理开始，即有所节制，以排除阶级对立因子，相信是策进大陆之稳定社会发展的最适设计。

3. 城市自治系以多元治理为政策工具，此系大陆城市自治的模式，具有符合多元族群的现实。

尽管海沧区系厦门市的工商发展区，其民众的生活水平较高，但族群亦显得多元。面对多元族群的制度设计，固然可以“少数服从多数；多数尊重少数”的民主原则处理公共事务，但就基本人权而言，则宜由最适原则为机制设计准绳。因之，海沧区的城市居民自治，既系着眼于多元治理（multi－level governance）的可行性，其因时空、人文、自然，自有其必要的自主性范围。此项符合多元族群的机制形塑，即系机制须符合社会需要，而非社会需要适应机制的现代化国家思维。

4. 城市自治系以政治参与为其政治过程，此系大陆城市自治的范围，具有强化政府效能的功效。

海沧区试点对政治参与或称社会参与（social participation）系视为主要的政治过程。此项政治过程系着眼于“微组织、微自治”的“小而美”范围。盖过去基层政府组织一手包办公共事务之处理，其效能不见得提升，却可能出现腐化现象。因之，鼓励民众和企业积极参与政策执行面的监督（control）、协调（coordination）、咨询（consulation）等公共服务，不但减少腐化而且防止错误，自可提升现行政府基层服务机制的行政效能。

5. 城市自治系以小区发展为机制空间，此系大陆城市自治的原则，具有厚植社会根基的作用。

台湾一向将村（里）与小区发展协会视为基层治理二轨，彼此非隶属关系，却可能成为政治冲突的基层导致因子。当下大陆系将基层组织管辖机制，视为“小区”；依海沧区试点计划，居民可依法成立如同台湾的小区发展协会，但非二轨制设计。盖大陆将小区与小区发展分流，而且小区发展亦非小区发展协会的独有作为，是以大陆小区发展的机制系指结合小区民众的治理机制。利用此一小区建设，包括：基础建设，生产建设及精神建设，以营造小区条件，促进小区建设的成就。由于小区建设的显著贡献，形塑小区发展的成功，从而衍生社会基础的稳固，此系大陆城市自治的创新机制建构。

（二）影响

厦门市海沧区之试点成功与否，并不必然影响大陆城市自治的相关机制施行；但对于城市治理的进程，则有可能产生积极或消极的作用。前者系指大陆其他城市将因海沧区自治机制试点的成功，而加速推动可因地制宜的大陆城市居民自治；反之，如海沧区试点不如预期圆满，则可能延迟或推迟各大城市基层自治的机制改革。

此系就大方向看待海沧区试点，对大陆城市自治的影响。唯就海沧区之试点计划标的分析，其可能影响如下：

1. 城市自治与农村自强，将是大陆地方治理的二套治理目标。

对于海沧区试点固然强化城市居民自治，而农村的发展方向却定位为“农村自强”；意指强化农村经济，提升农民生活水平，远较推动村民委员会之“自治”重要。此项改革计划，将影响此后大陆在推动地方治理的取向，甚至成为两套治理施政目标，以建构基层治理之双轨制。

2. 突出城市治理意含，丰富自治标的，以形塑大陆城市自治新模式。

海沧区的城市居民自治，经由试点计划可看出政策标的丰富，远超出一般地方自治团体（local self - government body）所涵摄的自治标的，形成管教养卫四机能兼具的新自治体，此或许就是大陆嗣后的城市自治新模式。

3. 将小区发展与地方自治合而为一的合流单轨制，可能变革为各有所本的分流双轨制

海沧区基于社会治理的重要，将城市自治与社会治理相结合，并且引

进小区发展组织模式，以设计大陆可行的地方治理机制。由于海沧区不仅将继续在推动此一单轨制，而且已考虑到小区发展之非官化，乃系落实小区治理的必要机制规划，以至目前已有类似民间组织的小区发展协会等人民团体，以共治的思维推动小区治理。本研究相信此种双轨制的出现，应是大陆小区治理的可行新模式。

4. 将地方治理由公共治理、小区治理走向多元治理，以发展大陆未来的地方治理模式。

大陆推行中央主义或集权主义（centralizationalism）的地方治理，已有十数年之久；在此主义领导下，地方治理倾向公共治理（public governance）。但经此海沧区实验后，发现小区治理才是落实地方治理的可行模式；其实多元治理另称多层次治理应是多元社会的必要产物。海沧区的多元治理试点，一旦成功，必将形塑大陆城市自治的意涵；换言之，大陆城市治理有可能发展成为以多元治理为其主要载体。

5. 地方建设与自治意识之结合，以厚植小区意识，旨在形塑小区治理的运作机能。

海沧区城市自治系以小区总体营造为自治主要工程，经由该项工程之施作，将发现自治意识正与地方建设结合，此系大陆小区治理的附加价值，却是强化大陆城市的自治功能、最为迫切的机能增进。相信此项作为，对于嗣后大陆小区治理的运作，必有显著影响。

（三）策进

虽说海沧区的试点，对大陆城市自治将有深远影响，但海沧区毕竟只是一个“微组织”。在此“微自治”下创新机制，仍有若干尚待策进的事项，说明如下：

1. 城市自治在海沧区实施有年后，应即在厦门其他区施行，以检视该城市自治新机制的可行性，始推广至其他城市实行。

虽然海沧区基于特殊的区位，被选为城市自治的试点，但一个行政区试点是否可施行全国，其实有很值得商榷之处。因之，宜在海沧区实施有年后，另在厦门市其他行政区试行，俾检视该项城市自治机制施行之可行性和完整性。一旦瑕疵降至可控制范围内，再推广至其他城市实行，应可使城市自治机制达致可适用全国的境地。

2. 城市自治的本质系自治权的有效行使，有关自治权的设定，应系海沧区试点可再加充实的试点计划标的。

就城市自治本质而言，自治权的有效行使，本关系城市自治机制的优劣和成败。因之，该行政区如能就有关自治权的设定多加研拟，以充实自治权的行使标的，相信系决定该区试点成败的关键。目前对于自治权的实际内容，尚有待执事机关的规划和充实，以及完成法制化，始克依法有据，并有效行使。

3. 城市自治除基层治理外，尚可扩大至全区本身的自治；海沧区目前仍以“微自治”自期，嗣后且可扩大至全市行政区。

此次海沧区城市自治试点，系局限在该区之居民自治部分，即使该行政区区级自治都有缺漏，更遑论全厦门市。因之，海沧区在“微自治”施行制度化后，即宜扩大至整个海沧行政区区级自治，俾掌握基层治理或基层自治的核心价值，并能进而落实区自治的真谛，从而以其施行成果了解民主治理的真谛。嗣后再研究扩大至其他行政区自治可行性，亦成为相当自然的政治改革。

4. 城市自治既与小区治理结合，嗣后对于小区治理的法制宜及早立法。

海沧区的试点突破一般学界对城市自治的政治认知，而将小区发展或谓小区治理纳入，以扩大治理的事项与范围；就现实而言，有其需要。唯小区治理的基本意涵，尚待立法予以充实。因之，该项小区治理的实际范畴，尚待执法单位在确立前之能有所规划，俟其立法以成为城市自治的保障依据。固然，此项政治任务需要各城市的通力与合作，始能成为可行的机制，但在海沧却可与其他行政区联手，促使新机制在厦门市不是徒劳无功的苦差事，而且小区治理亦能在多所服务中呈现民众参与的多层次治理功能。

五　结语：整理两岸基层治理经验，应系华人社会的重要课题

厦门市系自清朝以来之对外通商口岸，其文史古迹甚多，但海沧区则系微自治的新开发区，区划间或可能有政治、文化的差异，以致海沧区的

城市自治试点作为，有其客观的限制性和主观的特殊性。在海沧自治试点有年，并肯认该项机制后，始可在全国城市施行。因之，海沧区的试点固极具历史意义，且是一项伟大的政治工程思维，但就总体观察，上揭看法和建议仅供当局参考。

在此值得赘述者，即两岸的基层治理经验，实系华人社会的重要文化资产，宜多加整理和交流，相信有裨于城市自治机制的塑造。其次，就是对于海沧区的试点成就，能经由学术研讨会与实地观察加以验证，皆是两岸完妥城市治理的最积极作为，值得肯定，并希望嗣后仍能多所交流和学习，以促使大陆城市在未来皆为学习型、智能型的都市治理机制。

参考书目：

1. 朱光磊：《地方政府职能转变问题研究：基于杭州市的实践》，南开大学出版社 2012 年版。

2. 汪伟全：《地方政府合作》，中央编译出版社 2013 年版。

3. 汪大海等主编：《小区管理》，中国人民大学出版社 2013 年版。

4. 南开大学：《城市化进程中的公共管理：理论与实践论文集》，第十届“两岸四地公共管理学术研讨会”（2014. 5. 17—18），2014。

5. 纪俊臣：《地方政府与地方制度法》，时英出版社 2004 年版。

6. 纪俊臣：《直辖市政策治理：台湾直辖市的新生与成长》，中国地方自治学会 2011 年版。

7. 纪俊臣：《福建厦门海沧区资料汇编》，2014。

8. 徐联恩、郭静怡：《提升组织创新活力》，智胜文化事业公司 2012 年版。

9. 施正锋：《进入二十一世纪台湾民主制度：常识治国的邪恶》，新新台湾文化教育基金会，2012。

10. 陈金贵：《非营利组织企业化经营探讨》，《新世纪智库论坛》，2002 年第 19 期，第 39—51 页。

11. Apreda，Rodolfo. 2007. *Public Governance：A Blueprint for Political Action and Better Government.* New York：Nova Science Publishers，Inc.

12. Brunsson，Nils，and Tohan P. Olsen. 1993. *The Reforming Organization.* New York：Routledge.

13. Czarniawska，Barbara. 2008. *A Theory of Organization.* Cheltenham：Edward Elgar.

14. Hodge，B. J.，et. al.. 1996. *Organization Theory：A Strategic Approach.* New Tersey：Prientice－Hall，Inc.

15. Kidokoro. I, et. al. . 2008. *Sustainable City Regions: Space Place, and Governance.* Tokoyo: Springer.

16. Ladeur, Karl - Heinz. 2004. *Public Governance in the Age of Globalization.* Hants: Ashgate Publishing, Ltd .

17. Osborne, Stephen. . 2010. *The New Public Governance?: Emerging Perspectives on the Theory and Practice of Public Governance.* New York: Routledge.

18. Pollitt, Christopher, andGeert Bouckaert. 2011. *Public Management Reform: A Comparative Analysis - New Public Management, Governance, and the Neo - Weberian State*, Oxford. Oxford University Press.

19. Vries, Michiel S. de, et. al. . 2008. *Improving Local Government: Outcomes of Comparative Research.* New York: Palgrave Macmillan.

20. Wilson, David and Chris Game. 2006. *Local Government in the United Kingdom.* New York: Palgrave Macmillan .

层级式整体治理的地方实践*

——以海沧区三级联动机制为例

刘洋　卓越

一　整体性治理的发展逻辑

理论来自实践，实践在发展，必然促进理论的发展。学者李瑞昌认为“世界变化日新月异，世界上唯一不变的就是变化，整体性治理可以说是理论与实践相结合，对社会治理一种新的回应和发展”。中国政府治理一直是以国家中心主义为主，这种趋势暂时不能改变，而整体性治理的创新点就在于从协调走向整合，充分认识整体性治理有助于构造可行有效的中国特色治理模式，并指导治理实践。

（一）整体性治理的兴起动因

（1）理论动因：新公共管理运动带来的碎片化困境。20 世纪 70 年代末，西方国家先后开展的新公共管理运动，在引入竞争机制、强调分权的同时，严重忽视了部门之间的合作与协调，造成了“各自为政”碎片化的制度结构，导致民生性问题得不到有效解决，政府整体性治理能力不断下降。整体性治理正是基于这样的原因，认为治理的核心应强调服务的重新整合，重视整体方法的运用，以整体的方式推动社会发展。对新公共管理运动的批判与反思，是整体性治理产生的理论动因。

---

* 作者：刘洋，女，厦门大学公共管理系硕士生，主要研究方向为政府绩效管理。卓越，男，厦门大学公共事务学院副院长，教授，博士生导师。主要研究方向为政府绩效管理、政府比较与发展。

（2）实践动因：全球化运动促使政府治理机制变迁。20世纪90年代初期开始，全球化趋势越来越明显，打破了传统的地理疆界、行政边界，更多的社会治理问题需要包括政府、私人组织、社会团体等联合起来实施整体战略，实现有效治理。因此，全球化时代要求政府转变治理模式，整合多部门力量，跨越组织功能边界，实现有效治理的要求。全球化时代的来临，是整体性治理产生的实践动因。

（3）技术动因：信息技术发展催化政府治理方式变革。20世纪中后期，信息技术变革呈几何级变化，高度快速发展的信息技术为提供公民满意的全天候和一站式服务提供了条件，依靠电子信息技术可以跨越组织的功能边界，整合政府各层级、各部门资源为民众提供无缝隙的服务，因此信息技术的发展是整体性治理产生的技术动因。

（4）思想动因：公民本位意识的高涨要求整体主义的回归。新公共管理运动造成公民角色意识缺失，但是与此同时公民的服务主体、服务评价、服务参与、服务监督等主人翁意识却在觉醒。为满足这些诉求，1998年，英国内阁办公室提出将《公共服务品质新方案》纳入《公民宪章》。1999年，布莱尔政府颁布《现代化政府的白皮书》，践行“以提高公共服务质量、提供回应性公共服务、重视公共服务的民主价值”为主要内容的政策建议。因此，以追求为公民提供一站式无缝隙高品质服务为目标的整体性治理应运而生。由此可见，公民本位意识的高涨及对公共服务的品质化诉求是整体性治理产生的思想动因。

（二）整体性治理的核心内容

整体性治理强调政府内部机构和部门间的整体性运作，注重整体布局和大局统筹。其核心内容包括：

（1）强调整体主义的核心思维。新公共管理对分散化、小型化、专业化部门的青睐实质上削弱了政府横向与纵向之间的联系，也破坏了政府的整体治理能力。整体性治理为了克服新公共管理“碎片化”的弊端，将整体主义作为核心思维，将整体利益视为最高价值，倡导通过整合内部联系实现整体利益。

（2）强调整体性的整合。针对新公共管理造成的碎片化困境，整体性治理要求整合分散的资源以有效提供公共产品和服务，形成一种“从分散、破碎、部分不断走向集中、整合、整体的治理方式，并为公民提供无缝隙而非分离的整体型服务的政府治理模式”，从而达到整体性治理的最高水平。因此，整体性治理最核心的内容是整合，其具体表现在：

第一，组织结构的层级整合及运作。长期以来自上而下的金字塔结构造成了政府层级繁多、决策缓慢、信息传递不畅的弊端，因此整体性治理提出依托电子信息技术实现政府层级整合，使得政府各层级能够成为一个整体为公众提供服务。

第二，流程环节的整合。在传统层级制和职能制下，政府业务流程被分割为多个环节，由不同部门、不同人员分开完成，造成环节繁多，资源重复浪费。整体性治理主有机整合分散的环节构造整体流程以减少资源浪费，提供整体性服务。

第三，公共服务的“一站式”供给。新公共管理的服务供给模式是分散化、独立化的，公众要办理社会事务需奔走在如丛林一般的政府部门中，整体性治理主张运用联合、协调、整合等方法为民众提供无缝隙、“一站式”的公共服务。

第四，信息系统整合。整体性治理通过在部门间和部门内建立整合的信息共享的交流和汇报系统，实现快速、高效提供公共服务，及时有效处理公共事务，同时民众也可以方便、快捷、低成本地了解服务信息，获取政府提供的服务。

（3）以现代科学技术为治理手段。现代信息技术为整体性治理提供了技术支撑，整体性治理通过现代科学技术可以实现组织层级的整合、分散环节的整合及为公众提供“一站式”的服务。而如果没有现在科学技术手段的应用，整体性治理要实现整合的目标是异常困难的。因此要实现整体性治理必须以现代科学技术为治理手段。

（三）整体性治理的功能

（1）树立整体服务的治理理念。整体性治理整体主义的核心思维要求以整体性思维审视政府治理，增强政府组织功能完整性，树立整体服务的治理理念。此外，整体性治理改变了新公共管理政府本位、官本位的价值取向，实现了社会本位、民本位转变，注重公民需求的整体回应，也有利于树立整体服务的治理理念。

（2）增强政府服务的完整性。整体性治理作为一种新型的治理观，强调服务对象、治理目标以及社会问题的完整性和有机关联性，认为政府应为公众提供完整性服务而不是分散的服务。整体性治理强调整合纵向层级，整合横向分散环节以及整合部门分散资源，从而提供全方位、全过程的公共服务以增强政府服务的完整性。

（3）建立起整体运作的治理模式。整体性治理通过组织结构的层级整合、信息系统的整合、分散环节的整合以及提供“一站式”的公共服务，实现了层级联动、主体步调一致、环节连续的纵横向的各种行政要素的整合，构建起了整体运作的治理模式。

二　整体性治理的拓展路径

整体性治理目前是一种“尚处于发展和完善状态的理论”，因此要完善整体性治理就需要从整体性治理的核心内容出发拓展整体性治理路径。整体性治理特别关注政府组织体系整体运作的整合性与协调性。因此“整合”是整体性治理的核心内容。整合的目的是要克服碎片化问题，解决碎片化带来的社会问题复杂性的难题。碎片化是指在不同功能及专业机构之间，缺乏协调和真正利益的统一，造成沟通与合作障碍，形成部门利益、各自为政，形和心不和的局面，无法形成一个有机团体的整体来处理那些与公众利益相关的民声议题。碎片化在政府领域则表现为政府部门的理念、利益割裂，行为无法整合、各自为政，无法为社会提供整体性服务的这样一种状况。所谓整合，就是指将一些零散的事物、物质或资源通过某种方式而彼此衔接，从而实现系统的资源共享，其主要的精髓在于将零散的要素集成在一起，并最终形成有价值、有效率的一个整体，以发挥最大的价值。但是与简单的“结合”或者“合并”不同，整合是对事物的结构进行重构并形成新的一体化过程，它是由部分结合而生成具有特定功能有机整体的过程或状态。它的主要内涵可以概括为：第一，整合可以把各个分散系统及所掌握的人、财、物、信息、知识等资源连接起来，改变资源分散的状况；第二，整合可以把组织结构顺序运作的多个层级整合为同时响应、并联处置的统一体；第三，整合可以把各个分散的环节整合为首尾相接的流程；第四，整合也是一个系统优化的过程，通过整合实现系统的整体合力，发挥系统各要素的最大效益，从而达到“1+1>2”的整体效应。随着现代信息技术的发展，整合的手段也是从点到面、从平面到空间。

就政府组织的架构与形态来观察，整体性治理下整体性政府运作涉及三个面向，即治理层级的整合、流程环节的整合、分散部门资源的整合。本文认为整体性治理中的整合是指两个或多个部门、层级、环节间的加工与重组，使之相互联系、相互渗透，形成合理的结构，实现整体优化，协调发展，发挥整体最大功能，实现整体最大效益。通过这三个方面的整合，实现整体性治理。因此，笔者认为通过不同层级间的整合、同一层级不同环节间的整合及各个部门资源间的整合实现整体性治理。本文借鉴希克斯提出的整体性治理的整合机制，将组织层级、流程环节、分散部门资源有机整合，试图打造一个以环节整合为长、分散部门资源整合为宽、治理层级整合为高的三维度立方体的整合模型，构建整体性治理框架。那么如何实现不同层级间的整合，同一层级不同环节间的整合及各个部门资源间的整合呢？笔者认为通过层级治理可以实现纵向层级整合，通过流程治理可以实现横向环节整合，通过网络治理可以实现对部门资源的整合。至此，也就大体勾勒出整体性治理的建构路径：整体性治理是由整合纵向层级的层级治理、整合横向环节的流程治理、整合部门资源的网络治理共同组成，以达到为公众提供无缝隙的整体性服务。

（一）通过流程治理实现业务环节整合

不同于纵向层级的整合，流程治理是将政府横向各分散环节整合为流程，通过整合流程各个环节，达到每个运行环节紧紧衔接，形成一个整体性的运转流程——不是各个环节的简单排序，而是围绕最终目标、体现整体效益的运行流程，在流程中“通过横向与纵向的协调，消除政策相互抵触的情况，使某一政策领域的不同相关利益主体，团结协作，为公众提供无缝隙的而非相互分离的服务”。

（二）通过层级治理实现组织层级整合

传统官僚制组织运作以纵向的层级控制为最重要的特征，严格的层级节制关系导致信息传递阻塞或失真，使行政组织缺乏对外界需求及环境变迁信息的整体感知能力以及采取整体性回应行动的能力。“没有高度发展的电子化政府，就无法跨越政府的层级鸿沟，也无法将数量庞大的行政机构和单位电脑连接起来，以便向民众提供整合性的服务。”由此可见，信息技术的兴起使得政府在治理过程中可以运用现代信息技术消除信息源与决策层之间的人为阻隔，避免多层级信息传递引起的信息失真，信息可以快速、及时传递，实现了统一高效的指挥和管理，为传统科层制的改革提供了强有力的技术支撑。层级治理即是以现代信息技术为依托，将层级顺序操作整合为层级同时响应的统一体，实现组织多层级的整合。

（三）通过网络治理实现主体资源整合

长期以来，我国政府上级部门严格划分了其下属的每个职能部门的管理边界和职责，同时赋予他们自身运转所需要的资源和权限。这种状况久而久之就在部门之间形成了一种“部门主义”的思维方式，使各部门给自身拥有的资源和信息打上专用性的印记，造成政府机构设置出现重叠、公共服务分布于各部门间，组织间无法形成合力与共识，具有明显的分散性和不连贯性。正如人体具有不同功能的器官，如果部门相互之间不能够协调运作，就很难实现人体的整体功能，焕发出强大的生命力。而要将分散的部门资源予以整合必须构建公共资源网络，打造依赖共存的网络状结构。在这一结构中，各参与者打破“部门主义”的限制，将分散的主体资源予以优化整合，实现整体性治理的水平。

三 层级治理路径：以海沧区三级联动机制为例

自海沧区实行“责任网格化、平台信息化、管理精细化、服务人性化”的“四化”建设以来，为了推进网格化的载体建设，街道、区级层面分别成立社会事务服务指挥中心，并与社区联网对接，力图构建社会服务治理的大联勤、大联动格局。

案例内容：

1. 构建层级联动的整体工程。

层级联动是指改变以往逐级处理社会事务的模式，通过电子信息技术将各层级整合为一个统一联动的整体。海沧区构建层级联动的整体工程的具体措施如下：

第一，实行平台联建。在社区层面建立社区信息化平台，整合社区内的“人、事、地、物、组织”等各类数据，细化为居民通信录、人口信息数据库、党员数据库、育妇计生管理数据库、老年人服务数据库、流动人口数据库、低保户救助数据库、残疾人服务管理数据库等九大类，实行统一采集录入。建立以社区居民信息为基础，集办公、管理、数据同步于一体的社区信息管理系统，通过内网实现资源共享，为区、街道、社区提供准确翔实并且实时更新的数据。在街道和区级层面，依托社区平台建立网格化社会事务指挥中心平台信息系统，区、镇（街）两级平台通过与社区平台联网可实现信息资源共享，通过对接相关职能部门信息系统可以对基础信息进行关联比对。依托网站平台、视频监控平台、便携式手机终端，以及综合信息平台地理信息数字化3D系统和电子地图，三级信息平台实现与治安、交警、消防、城管、人防等监控系统以及社区视频监控系统的兼容对接，实时查看各类动态情况，实时指挥调度和监督网格管理人员。此外，综合信息平台会将接收的正在发生的事件自动进行分类，根据重要程度自动流转至不同管理层级，并通过发送短信、语音信息等形式提示责任人员及时处置。

第二，实行联体指挥调度。通过网格化指挥中心全面统筹、调度各部门、各单位，实现了社会治理的“一元化”领导，集中解决治理结构中曾长期存在的条块结合、以块为主的具体化和落实问题，以及条线资源、社会资源在块上有效整合的问题。

第三，实行联动处置。区、镇（街）和社区三级分别依托综合信息平台，以直观方式进行精确管理，及时掌握各种资源、各项事件、各方力量、各类人员变更等信息，实时查看各网格内的现场动态情况，与网格工作人员一起，各层级联动响应各类民生需求，共同协调化解矛盾纠纷，快速联合处置各类突发应急事件。如，兴旺社区网格员在巡查中发现工业区某企业发生一起因员工交通事故死亡引起家属在企业门口聚集闹事的劳资纠纷事件，网格员立即上报指挥中心，中心迅速指挥调度新阳派出所、司法所、劳保所、综治办等单位联合到现场调节处理，并于当天就成功化解纠纷。而在三级联动机制设立前，这一问题还需经过社区、街道、区部门、驻街单位、驻区单位等多层级上传下达和多部门之间的协调，往往因层级过多、时间拖长而导致纠纷的扩大和矛盾的上升。

2. 实现层级整体联动的模式目标。

海沧区通过平台联建、指挥联调、联动处置的方式建立三级联动机制，落实服务资源联享、社会工作联做、民生保障联邦、区域党建联动、精神文明联建、公共安全联防、平安法治联创、流动人口联管、城市管理联抓、公益事业联办的“十联机制”，构建区、镇、街联合治理的“全联动”模式。通过全联动模式将以往业务工作层层传递、纵向工作层层叠加的指挥链条，变为层级互动与协作的整体，实现层级整体联动的模式日标。

3. 建立迅速高效的处置机制。

在三级联动机制设立之前，社会事务的发生处理需要通过社区—镇街—区级层层汇报才能找到解决方式，现在通过三级联动机制改变了以往社会服务事件层级汇报的格局，建立起了快速反应、便捷高效的处置机制。例如，2013 年 4 月，海沧区长庚医院发生一起数十名病人家属在医院门口聚集的医患纠纷事件，该医院所属社区网格员获知消息后，3 分钟内即赶至现场并将信息上报至街道网格化指挥中心，10 分钟内街道相关工作人员即根据中心指示响应到位，及时稳控住了局面，防止了事态的激化。

案例分析：

1. 信息平台联建是层级整体联动的基础

海沧区在实行网格化之前社区、街道、区都拥有各自的信息系统，这些信息系统各不相联，造成各层级资源不能共享，信息沟通不畅，为社会事务的整体处理带来了困难。此外，各信息系统也没有与视频监控、便携式手机终端等实行联网对接，造成各层级协调难度越来越大、资源分割越来越严重、资源整合越来越困难，公众满意度越来越低。随着社会的进步，现代信息技术被广泛应用于行政组织系统，现代信息技术使得资讯得以及时传送，获取和流通，大大减少了受地理和距离上的制约，使得传统区分隔离的界限模糊。政府在治理过程中运用现代信息技术能使政府不同层级之间完成业务的协调和联系。海沧区运用电子信息技术，在社区层面建立社区信息化平台，在街道和区级层面，依托社区平台建立网格化社会事务指挥中心平台，区、镇（街）两级平台通过与社区平台联网可实现信息资源共享，通过对接相关职能部门信息系统可以对基础信息进行关联比对。此外，三级信息平台还实现与治安、交警、消防、城管、人防等监控系统以及社区视频监控系统的兼容对接，实时察看各类动态情况，实时指挥调度和监督网格管理人员。海沧区通过信息平台联建使政府的事务处理和业务工作发生虚拟整合，实现信息资源共享，突破了层级间的界限，使系统的运行具有整体性和协调性，为实现层级整体联动奠定了技术基础。

2. 联体指挥调度是层级整体联动的保障

从官僚机构的纵向关系上看，我国的政府是一种等级结构和官僚制较为明显的组织结构。纵向层级制的行政组织系统由纵向的若干层次构成，上级居于金字塔顶端，上下机构层层对口设置，且下一层级必须服从上一层级的领导和指令，形成一个层级节制的指挥链条，在信息传递的过程中由于经历的层级较多易造成信息传递失真及滞后。如图 1，海沧区在三级机制建立之前，海沧区社会事务的处理依赖社区网格员—街道—区三级，当社区网格员发现需要处理的社会事务时，需上报社区两委委员、网格书记，如果网格书记也解决不了需再上报街道层面的相关人员，如果街道层面也解决不了，就需上报区级，区再会根据市、省、国家的指示进行相应处理。这样，通过多层级的层层请示、汇报不仅耽误了事件的最佳处理时间，也难免信息在多层级的传递下出现信息失真的情况。海沧区通过网格化指挥中心，全面统筹、调度各部门、各单位，实现了社会治理的“一元化领导”。网格员在遇到不能处理的事务时只需告知网格化指挥中心，中心即会根据事件类型调度相关单位，减少了多层级上传下达和多部门之间的协调、调度时间，是层级整体联动的重要保障。

3. 层级整体联动易于建立迅速、高效的处置机制

传统的政府组织结构有严格的层级关系和层层传递的信息渠道，在传统的层级制官僚体系中，行政权力总是沿着职能链由高到低单向运动，各项行政业务工作以严格的时序进行，每个层级都在规定的时间、范围完成自己的工作，然后将结果传递给下一个层级或上一个层级。如果某一层级出现任务积压，则会延误事务处理效率；如果某一层级出现中断，则整个

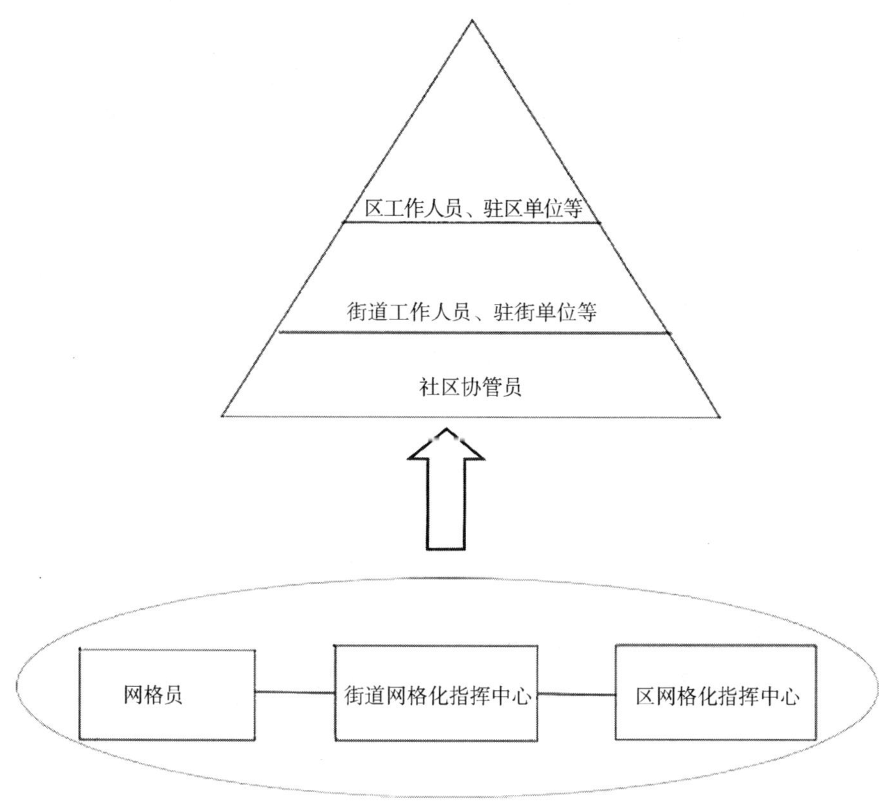

图1　海沧区三级联动机制层级治理结构图

工作也将中断，造成组织结构僵化、应变迟缓、政府整体感知能力下降，政府形象受损。厦门市海沧区通过三级联动机制，借助于电子信息技术，构建联动信息平台，就使得问题和需要可以很快地到达相关的职能部门，同时上级的政令也能够畅通抵达基层，基层信息也能迅速地向上反馈。同时，通过联体指挥调度，实现了社区、镇街、区联合受理社会公众的诉求事项，改变了层级节制的链条，易于建立迅速、高效的处置机制。

案例结论：

1. 现代信息技术是层级治理的基础

“没有高度发展的电子化政府，就无法跨越政府的层级鸿沟，也无法将数量庞大的行政机构和单位电脑连接起来，以便向民众提供整合性的服务。”由此可见，层级治理得以推广并能付诸实践很大程度上有赖于信息产业、信息技术的兴起，现代信息技术所具有的穿越空间障碍、汇集来自多方途径的大量信息的强大能力，使整体性治理的服务成为可能。政府在其治理过程中运用现代信息技术，可以有机地整合政府内部顺序操作的层级，将政府纵向层级整合为一个层级联动的整体，提高政府的决策速度和应变能力，为公众提供便捷的电子化服务。所以，现代信息技术是层级治理的技术基础。厦门市海沧区通过三级联动机制，借助于电子信息技术，摈弃以任务分工与计划控制为中心的工作程序设计观念，打破行政机关内部的层级界限，实现由计划性、串联性、层级顺序性、文件式工作方式向动态化、并联化、层级联动化、电子化工作方式的转变，消除信息源与决策层之间的人为阻隔，使信息传递迅速、及时传递，构建层级联动的整体工程，实现层级联动的模式目标。

2. 层级治理的实质是一体化的政务处理

海沧区在没有增加街道和社区机构编制、职数、人员的前提下实现平台联建、联体指挥调度、联动处置的联动机制，突破了组织层级的隔阂。通过三级信息平台资源共享，实现跨层级的对接和整合，最终形成一体化的政务处理。在这里，公众的服务请求被看成数据请求，政府的应答被看成是数据响应，当公众的服务请求涉及多个政府层级、多个部门的时候，信息平台会将这一请求自动分发到相关层级、部门，相关层级、部门依据各自的职能权限对同一个服务请求同时应答，有机地整合政府内部各层级，将政府各层级整合为一个同时联动的整体，形成了“大联勤、大联动”的整体工作格局，有力提升了海沧区社会治理水平。

社会资本与和谐村庄建设*

胡荣　黄晨颖

实现社会和谐，建设美好社会，始终是人类孜孜以求的一个社会理想。党的中共十六大和十六届三中全会、四中全会，从全面建设小康社会、开创中国特色社会主义事业新局面的全局出发，明确提出构建社会主义和谐社会的战略任务，并将其作为加强党的执政能力建设的重要内容。

构建一个和谐社会，必须首先构建一个和谐的、合理的社会结构。作为重大结构性问题之一，农村问题之于和谐社会的重要性与必要性已经引起了学界的普遍重视（陆学艺，2006；李本亮，2007；蒙少东，2007）。和谐村庄建设，作为和谐社会与社会主义新农村建设两大历史命题的“交汇点”，引发了学界从促进经济发展、基层民主培育、人力资本投入、社会矛盾化解以及少数民族和谐村庄建设等诸多角度的讨论（刘铎，2007；许才明，2005；赵国友，2009；朱建斌、秦自强，2010；徐黎丽、侯廉洁，2011）。

社会学对于和谐社会的探讨历来有两种基本的视角，一种是正向的视角；另一种是负向的视角。负向视角即探讨社会不和谐的问题，用社会学的术语说就是“冲突的视角”（李强，2005）。改革开放以来，随着社会经济的发展和基层民主化进程的加快，农村利益主体趋向多元化，农村地区出现的各种矛盾冲突日益凸显，影响着和谐村庄建设的步伐和成效。构建和谐村庄的终极意义在于农民。可以说，农村居民面临的冲突与矛盾是

---

* 本文为国家自然科学基金项目“农村社区自组织能力与公共物品供给”（项目批准号：70973102）和国家社科基金重大项目“农村社会全面进步中的社区建设”（项目批准号：08&ZD031）的阶段性成果。作者：胡荣、黄晨颖，厦门大学社会学与社会工作系。

和谐村庄建设中不可回避的一个重要话题。

因此，本研究将围绕农村居民与其他村民的矛盾冲突，针对村庄和谐现状展开分析，探讨影响和谐农村建设的各因素。

一　理论背景与研究问题

随着社会资本概念的兴起，不少学者将目光投入到社会资本与社区建设研究中。社会资本概念源于20世纪70年代。学界普遍认为是布迪厄首先对社会资本这一概念进行比较系统的界定，并将其引入了社会学研究领域。1980年，布迪厄在《社会科学研究》杂志上发表了题为《社会资本随笔》的短文，正式提出了“社会资本”（Social Capital）这一概念。他认为社会资本是“现实或潜在资源的集合体，这些资源与大家共同熟悉和认可的、已形成体制化的关系网络有关。换言之，与一个群体中的成员身份有关。它从集体拥有的角度为每个成员提供支持，为他们提供获得信用的凭证”。随后，另外一些学者围绕“社会资本”概念展开了更为深入的探讨。如科尔曼将社会资本阐述为：“社会资本是根据其功能定义的。它不是一个单一体，而是有许多种，彼此之间有两个共同之处：它们都包括社会结构的某些方面，而且有利于处于某一结构中的行动者——无论是个人还是集体行动者——的行动。和其他形式的资本一样，社会资本也是生产性的，使某些目的的实现成为可能，而在缺少它的时候，这些目的不会实现。与物质资本和人力资本一样，社会资本也不是某些活动的完全替代物，而只是与某些活动具体联系在一起。有些具体的社会资本形式在促进某些活动的同时可能无用甚至有害于其他活动。”（科尔曼，1990）福山则认为，“社会资本是一种有助于个体之间相互合作、可用事例说明的非正式规范”；“在经济领域中，它能够降低交易成本；在政治领域中，它可以促进那种为有限政府和现代民主的成功运转所必需的协作生活”（福山，2003）。

美国学者帕特南（Robert D. Putnam）在《使民主运转起来》一书中，运用社会资本理论对意大利南北政府制度绩效差异做出解释。帕特南将社会资本定义为“社会组织的特征，诸如信任、规范以及网络”，“它们能够促进合作行为来提高社会的效率”。作为一种“生产性”的资本，社会资本促进了“自发的合作”；换言之，在一个共同体中，“信任的水平越高，合作的可能性越大”。而“合作本身会带来信任”。在意大利公共精神发达的地区，社会信任长期以来一直都是伦理道德的核心组成部分，它维持了经济发展的动力，确保了政府的绩效。帕特南的研究表明，“社会资本的稳步发展，正是意大利公开精神发达地区的良性循环的关键部分”（帕特南，2001：195—200）。

在此基础上帕特南进一步指出，在现代社会，社会信任能从相互联系的两个方面产生——互惠规范和公民参与网络。互惠是规范最为重要的一种，包括均衡的互惠和普遍化的互惠。前者指的是人们同时交换价值相等的东西；后者指的是随着交换关系的持续，这种互惠在特定的时间里是无报酬和不均衡的，但它使人们产生共同的期望，“现在己予人，将来人予己”。后者把自我利益和团结互助结合了起来，是一种具有高度生产性的社会资本。另外，任何社会都是由一系列人际沟通和交换网络构成的。如邻里组织、合作社等公民参与网络作为一种密切的“横向互动”网络，增加了人们在任何单独交易中进行欺骗的潜在成本；培育了强大的互惠规范；促进了交往，促进了有关个人品行的信息流通；体现的了以往合作的成功，作为一种具有文化内涵的模板，也能够进行未来的合作（帕特南，2001：201—204）。

帕特南的社会资本概念引起了国内学者的关注，有的学者据此研究社会资本与和谐社区建设的关系。例如，有的研究将社会资本缺失视为社区不和谐的一个重要表现（如王扩建，2010；赵廷彦，2007）。更多的学者则运用社会资本视角研究中国城市社区建设，如苗月霞（2007）认为应该通过发展城市社区自治以及增加社区社会资本的存量，最终实现城市社区自治和培育城市社区社会资本的长远目标。张大伟等人的研究则发现，信任、互惠等社会资本对于促进和谐社区建构可能具有正反两方面效果（张大维、殷妙仲，2010）。另有部分学者将其运用于中国农村建设经验研究并取得丰富成果。如胡涤非对农村社会资本状况的测量（胡涤非，2011），胡荣运用社会资本概念分析其对农村居民地域性自主参与的影响（胡荣，2006），以及其对农村居民在村级选举中参与程度的影响（胡荣，2007）。最近几年，学界开始将社会资本概念与和谐村庄建设相结合展开理论探讨（如吴健辉等，2008；王春荣、杨艺，2010），但此类经验研究仍少之又少，如刘铎则围绕农村经济发展与和谐村庄建设主题，将社会资本作为和谐村庄测量的因变量展开研究（刘铎，2007）。本研究拟将社会资本作为自变量，探讨其对和谐村庄建设的作用机制。

二 研究设计和变量测量

本项研究于2009年进行，样本按多段抽样方法选取。我们采用立意抽样方法抽取江苏省太仓市、福建省的寿宁县以及江西省的泰和县和崇仁县，分别代表经济发展水平不同的四种类型的农村。太仓市隶属江苏省苏州市，2010年常住人口81万人，全市辖7个镇、126个行政村和68个居民委员会。太仓市区与上海市仅有一河之隔，经济较为发达。我们通过立意抽样选出的第二个调查地点是寿宁县。寿宁地处福建省东北部，与浙江省交界，距省政府所在地福州市260公里，全县辖4个镇、10个乡、201个行政村（居委会），总人口22万。我们抽取的另外两个调查地点分别是江西省的崇仁县和泰和县，前者位于江西省中部偏东，后者位于中部偏南。崇仁县距离省会所在地南昌市140公里，全县辖7个镇、8个乡，共有14个居委会和150个行政村。总人口40万，其中农业人口25万，占总人口的62.5%。泰和县距南昌市262公里，全县辖16个镇、6个乡、共有22个居委会、290个村委会。总人口53.4万，其中农村人口43.6万，占总人口的82%，城市化率较低，仍是传统的农业型人口结构。我们用随机方法从每个县（市）抽取5个乡镇，而后再从各个乡镇中按照随机方法各抽取4个行政村，从每个行政村中再按照随机方法抽取20个18周岁以上的村民，共调查1600人。

在本次调查成功访问的1600村民中，男性占52%，女性占48%。从年龄结构来看，30岁以下的村民占14.3%，31—40岁的村民占23.5%，41—50岁村民占25.2%，51—60岁的村民占22%。61岁以上的村民人数接近30岁以下的村民人数，占总数的15%。从受教育程度来看，被访者中受教育年限为7—9年的最多，占34.4%，其次是接受4—6年教育程度的被访者，占28.9%。文盲程度及13年以上相对最少，分别占5.9%和3.3%。受教育年限为1—3年和10—12年的人数相近，分别为10.8%和16.7%。

为了弄清社会资本以及其他因素对于社会主义和谐农村建设的影响，我们设计了一个回归模型，用于分析社会资本及其他因素对于农村居民与本村其他村民产生冲突的影响。我们先来看看作为因变量的测量。我们在问卷中设计了3个方面的问题来测量村民与本村其他村民的冲突，每个题目共有“没有”、“一两次”和“很多次”三种情况供选择。具体题目有：“过去这些年，你或家人有没有跟本村的人发生过下列矛盾”，包括“吵架”、“动手打架”和“发生经济上的纠纷”三道题目。总体来说，“自己或家人跟本村人吵过架（含一两次和很多次）”的比重最高，占15.8%；而其他项目所占比重较低，如与本村人发生过经济上的纠纷的约占6%。

根据这3个项目对村庄冲突与和谐现状的测量结果，我们采用主成分法对其进行因子分析，共提取出一个因子。根据因子负载，将其命名为“与村民冲突因子”（见表1）。

表1 **村民在生活中遇到的冲突情况**

项　目	与村民冲突因子	共　量
是否与本村的人吵架	0.786	0.617
是否与本村的人动手打架	0.752	0.566
是否与本村的人发生经济纠纷	0.751	0.511
特征值	1.694	
解释方差	56.452%	

我们再来看看作为本项研究重要预测变量的社会资本的测量。在帕特南所定义的社会资本概念中，社会成员之间相互关联的网络是一个重要的内容，其他许多研究也支持这一观点（帕特南，2001；Portes，2000；Woolcock，1988）。社会成员在交往过程中形成相应的关系网络，在本项研究中，我们分别向被访者询问其社会网络规模大小，以及通过这一社会网络中成员的职业情况来了解其社会交往的多元程度。我们设计了以下两个问题，一是“最近一次办红白喜事（如建房、结婚、女儿出嫁、做寿等）时，到你家参加庆典和宴席的亲戚朋友大约有多少人”，我们将被访者回答的人数作为比较其社会网络规模大小的依据。二是“你的亲戚朋

友中有没有从事以下工作的”，并列举了包括“政府官员、人大代表、政协委员”到“饭店餐馆服务员”共24种职业供选择，每种职业类型有“是”和“否”两个回答可选，凡回答“是”者记1分，回答“否”者记0分。我们将每个被访者认识的职业种类进行相加，以加和的结果作为测量被访者社会网络多元性的依据。

同时，我们还测量了村民的社团参与情况。帕特南在很大程度上把社会资本看作是社会成员的社团参与。根据他对意大利的研究，意大利北方城市的民主运作得比较好，主要原因就是在那里有众多的横向社团。这些社团是社会资本的基本组成部分，因为在一个共同体中，这类网络越密集，其公民就越有可能进行有关共同利益的合作。我们分别列出如下几种社团组织，即共青团、妇代会、民兵组织、老人会、企业组织、科技组织、民间信用组织（如标会）、体育组织、宗教组织（如基督教、天主教）、寺庙组织、宗族组织等，询问被访者参与这些组织的情况，答案分别为“从未参加”、“很少参加”、“有时参加”、和“经常参加”4种情况，依次分别赋值为0、1、2和3。

我们运用主成分法对测量社团参与情况的11个问题进行因子分析，结果如表2所示。从这11个项目中可以提取3个因子：第一个因子包括“共青团”、“民兵组织”、“企业组织”、“科技组织”、“民间信用组织（如标会）”和“体育组织”，这些都是为共同的社会经济目的或工作关系而建立起来的社团活动，我们将这一因子称作“社会经济组织因子”；第二个因子包括“妇代会”和“老人会”两个项目，我们把它叫作“民间团体组织因子”；第三个因子包括“宗教组织（如基督教、天主教）”、“寺庙组织”、“宗族组织”三个项目，我们将这个因子命名为“宗教宗族组织因子”。

表2　村民参与社团情况的因子分析

社团参与因子 预测变量	社会经济组织因子	民间社团组织因子	宗教宗族组织因子	共　量
是否经常参加共青团活动	0.593	0.050	0.183	0.388
是否经常参加妇代会活动	0.091	0.030	0.788	0.630
是否经常参加民兵组织活动	0.705	0.069	-0.072	0.507

续表

社团参与因子 预测变量	社会经济 组织因子	民间社团 组织因子	宗教宗族 组织因子	共　量
是否经常参加老人会活动	0.348	0.009	0.528	0.401
是否经常参加企业或经济组织活动	0.524	-0.096	0.342	0.400
是否经常参加科技组织活动	0.576	-0.049	0.272	0.408
是否经常参加民间信用组织（如标会）活动	0.440	0.375	-0.206	0.388
是否经常参加体育组织活动	0.599	0.096	0.058	0.325
是否经常参加宗教组织（如基督教、天主教）活动	-0.127	0.429	0.526	0.477
是否经常参加寺庙组织活动	-0.003	0.031	0.786	0.620
是否经常参加宗族组织活动	0.149	-0.042	0.695	0.707
特征值	2.491	1.458	1.092	5.041
解释方差	19.353%	14.077%	12.394%	45.823%

社会资本的另一项重要内容是信任。在西方信任研究中，祖克尔依据信任产生的机制，将信任区分为由声誉产生的信任、由社会相似性产生的信任以及由法制产生的信任三种（Zucker，1986）。怀特利对华人社会的研究则发现，在华人社会中主要是通过关系产生信任，而法制化的信任很少（Whitley，1991）。中国人的信任对象也体现出一定特点。如李伟民和梁玉成发现，中国人的社会虽然重视和强调“关系”，但这种关系并不仅仅局限于人与人先赋的血缘家族关系，而是能够人为地运作和建构的；即便是先赋的血缘关系，也可以通过各种“关系运作”的方式，扩展到没有血缘联系的其他人群中去。因此，在中国社会这种“可以伸缩收放的关系”基础上所建立起的信任，不仅会指向自己的家庭、亲属和家族成员，也会指向与自己有着密切交往关系的其他社会成员（李伟民、梁玉成，2002）。在调查中，我们分别向被访者询问其对亲戚、朋友、邻居、同小组的人、本村的人、同家族的人、经亲朋好友介绍的人以及社会上的大多数人的信任度。测量村民信任度的8个项目的答案分为五个等级，即“完全相信”、“相信”、“半信半疑”、“不信”和“根本不信”，根据被访

者的不同回答分别记5分至1分。我们运用主成分法对这些问题进行因子分析，结果如表3所示。从这8个项目中可以提取两个因子：第一个因子包括“亲戚”、“朋友”、“邻居”、“同小组的人”、“本村的人”和“同家族的人”这六个项目，我们将这个因子称为“特殊信任因子”；第二个因子包括“经亲朋好友介绍的人”和“社会上的大多数人”，我们把这个因子命名为“普遍信任因子”。

表3　村民在日常生活中的信任情况

村民信任预测变量	特殊信任因子	普通信任因子	共量
是否信任亲戚对你说的话	0.871	0.028	0.760
是否信任朋友对你说的话	0.868	0.189	0.789
是否信任邻居对你说的话	0.824	0.368	0.815
是否信任同小组的人对你说的话	0.750	0.528	0.842
是否信任本村的人对你说的话	0.738	0.527	0.823
是否信任同家族的人对你说的话	0.739	0.448	0.746
是否信任经亲朋好友介绍的人对你说的话	0.351	0.784	0.738
是否信任社会上的大多数人对你说的话	0.092	0.874	0.773
特征值	5.278	1.009	6.287
解释方差	49.729%	28.851%	78.580%

在本项研究的回归方程中，除了对被访者个人特征的一些变量（如性别、年龄、受教育年限、是否信教、是否党员、是否当过村组干部）进行测量之外，我们还加入了村民的生活满意度以及四个调查地点作为测量村民冲突情况的控制变量。我们在问卷中向被访者提问：“总的来说，你对自己的生活状况满意吗?”并提供了“很满意”、“满意”、“一般”、“不满意”和“很不满意”五个答案，按照村民的回答不同分别记为5分至1分。在调查地点的处理上，我们将经济发展和城市化水平最高的太仓市作为参照类别，将其他三个县设置为虚拟变量。

三　研究发现

我们以与村民冲突因子为因变量，以性别、年龄、年龄的平方、受教育年限、是否信教、是否党员、是否当过村组干部、生活满意度等个人社会生活地位指标，以及村民的生活满意度以及四个调查地点作为测量村民冲突情况的控制变量，以构成社会资本的5个因子（即社会经济组织因子、宗教宗族组织因子、民间社团组织因子、普遍信任因子和特殊信任因子）与社会网络规模、社会网络多元性共7个自变量作为解释变量建立了一个回归模型。在回归模型中，年龄和受教育年限为定距变量，生活满意度为定序变量，性别、是否党员、是否信教、是否当过村组干部以及四个调查地点都为虚拟变量。

表4　影响农村居民与村庄和谐的回归分析

预测变量	回归系数	标准回归系数	显著性水平
性　别[a]	0.122	0.060	0.050
年　龄	-0.002	-0.032	0.848
年龄的平方	3.102E—5	0.038	0.822
受教育年限	0.001	0.004	0.888
是否党员[b]	-0.041	-0.015	0.618
是否信教[c]	0.053	0.020	0.461
是否当过村组干部[d]	0.026	0.011	0.723
生活满意度	-0.071	-0.054	0.047
地区差异[e]：			
泰和县	0.495	0.212	0.000
崇仁县	0.332	0.143	0.001
寿宁县	0.263	0.112	0.004
社会资本：			
社会经济组织因子	-0.010	-0.010	0.755
宗教宗族组织因子	0.066	0.065	0.020

续表

预测变量	回归系数	标准回归系数	显著性水平
民间社团组织因子	0.041	0.040	0.175
普遍信任因子	-0.084	-0.083	0.002
特殊信任因子	-0.074	-0.073	0.006
社会网络规模	-3.977E—5	-0.005	0.893
社会网络多元性	0.009	0.036	0.200
Constant	-0.094		0.000
N	1424		
Adjusted R^2	4.5%		
F	4.757		0.000

a. 参考类别为“女性”；b. 参考类别为“非党员”；c. 参考类别为“没有信教”；d. 参考类别为“未当过村组干部”；e. 参考类别为“太仓市”。

从这个回归模型的分析结果中我们有如下发现：

性别对村民在生活中遇到的冲突有显著影响，具体来说，男性比女性更容易与其他村民产生冲突。这与我国传统农村家庭结构中男性居于主导地位的性别角色分工是一致的。年龄、教育年限、政治面貌、宗教信仰、是否村组干部则对村民在生活中产生冲突情况没有显著影响。

生活满意度对村民面临的冲突矛盾产生显著影响。对于生活状况越是满意的村民，与其他村民产生冲突的可能性将显著降低。因此，不断提高农村居民的生活满意度是避免村庄冲突、营造和谐村庄氛围的重要目标方式。而从地域来看，四个地区的政府冲突因子和村民冲突因子都存在显著差异。村民冲突因子最低的为太仓市；其次是寿宁县；崇仁县位居第三；最高的为泰和县。

那么，构成社会资本的因子和自变量对村民与其他村民产生冲突矛盾又有着何种影响？本研究有如下发现：

宗教宗族组织因子对村民冲突因子的影响有统计显著性，其标准回归系数为0.065。社会经济组织因子和民间社团组织因子对因变量都不具有统计显著性。以往研究对于我国农村社团的社会作用评价不一，不少学者对其持肯定态度（如Tsai，2001），但也有学者指出其可能存在负面效应，认为当农村社团内聚力过大、社团成员之间信任感过强时，社团内成员可能会对社团外的其他社会成员产生排斥，因此从总体上反而不利于社会整合（李保平，2006）。村民参与宗教宗族组织程度越高，村民对于社团组织内部成员的信任程度和合作程度也可能越高。因此，当社团内成员与其他村民互动交往过程中，可能因为有更高的社会支持而产生更高的自信。相应地，在可能产生矛盾冲突时较少顾及可能面临的风险。

值得注意的是，作为社会资本另一构成要素的社会交往网络对于村民冲突因子的影响不具有统计显著性，与此不同的是，两种信任对村民冲突因子的影响具有统计显著性，而且标准回归系数是负向的。即随着村民的普遍信任和特殊信任程度的提高，他们之间发生冲突的可能性会相应降低。这与帕特南的理论是一致的。根据帕特南的观点，一个共同体内的成员之间互信程度越高，合作也就越容易。因此，无论是普遍信任还是特殊信任，基于信任基础上的合作的开展也自然有利于降低村民之间的冲突与矛盾。

四　小结

以上我们根据问卷调查数据分析了四县市农村居民面临冲突的情况，以及社会资本等因素对于村庄冲突的影响。我们将村民与本村其他村民之间的冲突作为测量村庄冲突的重要变量，并探讨性别、年龄等个人社会特征以及社团参与、信任、社会网络等社会资本因素对其的作用机制。从总体上看，社会资本各要素对我国农村居民面临的冲突与矛盾有着显著影响。

2011 年 2 月，胡锦涛总书记在“省部级主要领导干部社会管理及其创新专题研讨班开班式”上做重要讲话，要求加强和创新社会管理，“最大限度增加和谐因素，最大限度减少不和谐因素”。在社会主义新农村建设过程中，如何降低村民面临的冲突与矛盾因素，营造和谐的村庄氛围的确值得我们思考。当前，农村居民面临的矛盾冲突正发生着新的变化。因此，在现阶段，透过社会资本等因素关注村庄冲突状况，不仅有利于了解冲突发生的内生机制，更有利于对村庄冲突状况展开观察、分析，寻求化解冲突的方法，从而促进和谐社会的建构。

参考文献：

1. 福山：《社会资本、公民社会与发展》，曹义译，《马克思主义与现实》，2003年第2期。

2. 胡涤非：《农村社会资本的结构及其测量——对帕特南社会资本理论的经验研究》，《武汉大学学报》（哲学社会科学版），2011年第4期。

3. 胡荣：《社会资本与中国农村居民的地域性自主参与》，《社会学研究》，2006年第2期。

4. 胡荣：《农民上访与政治信任的流失》，《社会学研究》，2007年第3期。

5. 李保平：《社会资本消极功能的社会排斥分析》，《内蒙古民族大学学报》（社会科学版），2006年第2期。

6. 李本亮：《略论和谐农村建设》，《农业经济》，2007年第11期。

7. 李强：《从社会学角度看“构建社会主义和谐社会”》，《社会科学战线》，2005年第6期。

8. 刘铎：《经济发展与村庄和谐——“社会资本”的视角》，《学习与实践》，2007年第1期。

9. 李伟民、梁玉成：《特殊信任与普遍信任——中国人信任的结构与特征》，《社会学研究》，2002年第3期。

10. 陆学艺：《构建和谐社会必须重视社会结构中的农村问题》，《湖北社会科学》，2006年第1期。

11. 蒙少东：《我国和谐新农村建设的系统思考》，《改革与战略》，2007年第11期。

12. 苗月霞：《社会资本视域中的中国城市社区建设》，《河北学刊》，2007年第2期。

13. 帕特南：《使民主运转起来》，王列、赖海榕译，江西人民出版社2001年版。

14. 王春荣、杨艺：《农村环境的“和谐管理”与“社会资本”研究范式》，《中国人口·资源与环境》，2010年第5期。

15. 王扩建：《城市和谐社区建设非制度因素的深层检视——以社会资本存量为视角》，《云南行政学院学报》，2010年第5期。

16. 吴健辉等：《社会主义和谐农村建设研究——一个社会资本的角度》，《农业经济》，2008年第11期。

17. 许才明：《论乡村和谐社会的构建——乡级政府与村民自治组织关系的调适》，《求实》，2005年第7期。

18. 徐黎丽、侯廉洁：《藏族村庄内部和谐本质之探析——以四川省阿坝羌族藏族自治州某村为例》，《烟台大学学报》（哲学社会科学版），2011 年第 2 期。

19. 张大维、殷妙仲：《社区与社会资本：互惠、分离与逆向——西方研究进展与中国案例分析》，《理论与改革》，2010 年第 2 期。

20. 赵国友：《农村人力资本投资与和谐社会的相关性分析》，《毛泽东邓小平理论研究》，2009 年第 11 期。

21. 赵廷彦：《社区失谐与社区社会资本的重构》，《社会科学辑刊》，2007 年第 2 期。

22. 朱建斌、秦自强：《新时期农村社会矛盾的现状、成因和对策研究——以构建农村和谐社会为视角》，《求实》，2010 年第 9 期。

23. Tsai, Lily Lee. 2001. "Cadres, Temple and Lineage Institutions, and Governance in Rural China." The China Jo*urnal* 48: 1—27.

24. Whitley, R. D. 1991. "The Social Construction of Business System in Asia." *Organization Studies*12: 1—28.

25. Woolcock, M. 1988. "Social Capital and Economic Development: Toward a theoretical Synthesis and policy Framework." *Theory and Society* 27: 151—208.

26. Zucker, Lynne G. 1986. " Production of trust: Institutional sources of economic structure, 1840 - 1920." *Research in Organizational Behavior* 8: 53—111.

小区治理与志愿服务*

张英阵

一 前言

目前台湾小区工作的主体在于小区发展协会，而小区发展协会的参与者是小区居民，以志愿服务的形式参与小区的治理。而小区治理的模式是从早期的政府主导，逐渐走向居民参与治理。台湾的小区工作始于1960年代，基本上是受到联合国推动小区发展工作的影响。早期的小区工作主要由政府积极介入，是由上而下的推展小区工作，到了1980年代逐渐转变由下而上的方式，是透过小区民众自由结社所形成的“小区发展协会”来推展小区工作。1990年代以前，台湾的政府部门在推动小区工作业务主要是社会行政部门的职责。但是1990年以后，“小区总体营造”的理念，也促使各个行政部门走向公共服务“小区化”，也让台湾的小区工作更加多元化。

过去这几年来，有许多大陆的学者与实务工作者到台湾从事交流活动，不少人对台湾的小区工作留下深刻的印象。固然台湾的小区工作确实有值得称赞之处方，但我也常提醒大陆的朋友，短暂的参访观摩也有可能疏漏了一些不为人知的地方。我个人在此想从学术工作者的角度去陈述我所观察到的台湾小区工作，或许所说明的内容有部分正向的一面，但也有加以批判之处。而且台湾与大陆在政治体制与社会文化条件仍有差异之处。台湾的经验可不可行，仍留给读者去诠释与判断。在这篇文章中，作者无法论述台湾小区工作的全貌，只能简单介绍目前台湾小区工作的概

* 作者：张英阵，台湾暨南国际大学社会政策与社会工作学系副教授。

况，而且会比较偏重于社会行政体系所推展的福利小区化之工作。

在人际关系越来越疏离，而且社会连带关系相对薄弱的现代社会中，一谈到小区工作，总是要先问一下："到底小区在哪里?"我们总是会回应，可从主观与客观的面向看小区。小区的主观面向所关注的是小区的意识，客观面向指的是具体的地理区位。在此我们先谈客观的地理区位，到底在台湾所指的小区在哪里?

小区的地理区位指的是小区的物理空间范围，台湾的小区通常和基层的行政区吻合。台湾的行政区，在县市政府之下有乡镇（区）公所，之下是村（里）办公室，最底层是邻。而小区的地理范围基本上与村（里）行政辖区一致，所以通常是"一村里一小区"。但也有例外情况，例如有极少数的村（里）有两个小区发展协会，也有一些村（里）没有小区发展协会的情况。以 2011 年来说，台湾大约有 7800 多个村（里），而小区发展协会总共有 6674 个，这两数字的差距说明了仍是有一些村（里）未成立小区发展协会，但大致上可看出台湾所谓小区的范围与村（里）行政区相当。

接下来作者将先讨论社会治理的概念，并进一步说明当前台湾的小区治理，最后将说明志愿服务与小区民主治理的关系。

二 社会治理的理念

治理（governance）这个词有双重的意义，一是指 20 世纪末政府如何适应外在环境的变化，以及政府如何引导（steer）整个社会；二是社会各个体系之间的协调（co - ordination），也就是公、私部门的伙伴关系该如何互动，特别是政策网络中各个体系的角色，当然在协调过程中，政府仍扮演重要的角色。前一个意义的治理是以政府为中心（state - centric）的治理；而后一个治理的意义则是以社会为中心（society - centred）的治理（Pierre，2000）。

人民接受福利是一种社会权，但这只是实践公民权的一部分，公民权还应包括民权、政治权与文化权等。社会福利作为实践社会正义的方法，不仅要促成资源重分配（redistribution），同时也使不同的族群之间获得社会的认同（recognition）（Frazer，2003；Young，1990）。而且认同也不仅是尊重差异（difference），而是促进积极参与，破除宰制与歧视。因此，在讨论社会福利分工不只是关心不同部门供给的分工，同时也要兼顾社会福利决策的分工议题。

由于公、私领域的区隔，中央、区域性、地方政府的分权，甚至跨国组织或国际组织的发展，使得传统上由政府治理的机制已渐趋不稳定。在全球化的推波助澜之下，民族国家（nation - state）的政府受到国际组织（像是欧盟、世界银行、国际贸易组织、自由贸易协议区域）的影响，使得政府逐渐空洞化。因此何谓“良善治理”（good governance）已经成为跨国组织、政府、区域性组织、企业与志愿性组织所关心的议题。就经济发展、国际关系、政府治理、企业治理、网络治理等可能对治理都有不同的诠释，但基本上治理有其共通性（Van Kersbergen & Van Waarden, 2004）。

（1）治理意味着多元中心（pluricentric）而非单一中心（unicentric）。

（2）不论是组织内部或外部，网络扮演相当重要的角色，网络是联结具有自主性但相互依赖的行动者。

（3）治理强调的是治理的过程或功能，而不是政府的组织结构；所关心的是行动者之间相互的协商、调适、冲突解决、合作、联盟，而不是传统的控制、指挥与强制。

（4）每个参与的行动者都有不同的风险与不确定性，并且会发展出相对应的机制以降低风险与不确定，以确保行动者之间合作的可能性。

（5）不论是良善治理（good governance）、企业治理（corporate governance）、新公共管理（new public management）、或多层次治理（multi-level governance），不同的治理方式都兼具理念与务实的面向。

除了上述治理的共通性之外，Zimmer（2010）认为：

> 治理的概念，特别是良善治理和伙伴关系有相当密切的关系，尤其是没有阶层臣属关系的协调、和平的冲突解决以及有效率且有效果的决策等议题上。此外，第三部门组织在治理的设计中被认为是公民参与及民主合法性的重要管道。

既然治理与伙伴关系密切相关，我们就必须思考参与治理的行动者或部门之间存在的关系为何，这其实也是许多人关心的问题，到底部门之间是合作还是竞争关系？参与的行动者是不是“不平等的伙伴”（unequal partner）、“小媳妇”（junior partner）、“边际角色”（marginal role）、“边陲的局内人”（peripheral insiders）、或“隐形伙伴”（invisible partners）（Craig & Taylor，2000）。

如果我们将焦点集中在政府与志愿性部门的伙伴关系，Gidron、Kramer & Salamon（1992）将政府与志愿性部门的关系分成四种：政府主导型、第三部门主导型、双元模型与合作模型。事实上，每个参与治理的部门或行动者可能有其不同的目标，而且在因应风险时有其不同的策略，所以 Najam（2000）就以目标（goals）与策略（strategies）两个向度提出政府与志愿性部门的4C 模式（请参阅表 1）。

表 1　志愿性组织与政府 4C 关系模式

		目　标	
策　略		相似	差异
	相似	合作 Cooperation	吸纳 Co - optation
	差异	互补 Complementary	冲突 Confrontation

资料来源：Najam，2000：383

合作关系是指政府与第三部门有共同的政策目标而且也都采取类似的策略达成目标，这在许多社会福利服务与急难救助工作项目上，通常政府与第三部门比较倾向合作关系。冲突关系产生于政府与第三部门的目标与策略都相当不一致时，许多人认为这是一种很自然正常的关系，因为政府与第三部门的运作逻辑本身就有差异。在这种情况下，政府通常使用强制的手段来应付第三部门，而第三部门也使用抗争的方式来面对政府。关于社会倡导的许多议题比较容易使政府与第三部门形成冲突关系。互补关系是指政府与第三部门有共同的目标，但是采取达成目标的策略有所差异，当前最普遍的政府提供经费支持，而第三部门提供服务的契约关系就是一种互补关系。吸纳关系是政府与第三部门缺乏共通的目标，但所采取的策略却相似，通常是政府想拉拢第三部门时所产生的关系（Najam，2000）。

Zimmer（2010）认为治理也关系到第三部门的公民参与和民主合法

性的议题，这其实是长期以来公共服务经常在质问的问题，也就是如何使公共服务管理符合于民主精神，特别是良善的治理是否可以解决民主的缺失（democratic deficits）。不论是地区、区域、民族国家或国际性组织也都需要顾及民主质量（democratic quality）的议题，我们大概可以从四个方面来检视民主质量（Steffek & Nanz，2008）。

审议式民主：民主的自治原则是强调所有受到决策影响的人，在决策的过程中都应该有公平的影响力。社会工作先驱 Jane Addams 认为，社会改革是不同信念的人，共同解决某一个问题，而民主是以同情的理解（sympathetic understanding）与互惠的精神以结合不同理念的人，因此友谊（friendship）与友伴关系（fellowship）是民主不可或缺的一部分（Addams，1902/2002；Fischer，2004）。就福利分工而言，自治的原则是第三部门是否成为民众与政府的中介组织，代表民众参与决策，这也是如何落使用者参与（user involvement）的议题。

透明化与信息公开：为了让参与治理的行动者能参与决策，必须让行动者有公平的机会获得必要的信息，也透过公共领域（public sphere）的形成，让社会大众可以检视公共议题。

响应利害关系人的需要：参与和信息透明化是民主质量的前提，但是对民众所关切的事情，如果没有得到适当的响应，或在决策过程中缺乏影响力，仍旧不符合民主精神。

倾听各方声音：民主需要尊重各种不同的观点，让各方的声音可以表达，并实际影响决策。这也是前面所提到的，所有的人群都要获得认同，特别是社会上的弱势族群往往被视为是福利服务的接受者，可是在现代的治理理念中，弱势族群也是公民（citizens），而不只是案主（clients），即使是案主也是应有公民参与决策的权利。

三　台湾的小区治理

（一）小区发展协会

从公元 1991 年开始，台湾小区工作的主体主要是“小区发展协会”，这是一种人民团体（社会组织）的形式。小区发展协会的筹设需要有小区居民至少 30 个人组成，申请许可设立之后自行选举理事与监事并遴选工作人员。以目前台湾的现况来说，小区发展协会的理事长、理事、监事、总干事与工作人员都是无给职，也就是台湾小区工作中的治理主体是以志愿服务的形式来运作。而小区的居民是否参与小区发展协会也要尊重居民的意愿，以目前台湾的小区发展协会来说，会员的比例大约只有占村（里）总人口的5%而已。虽然台湾的小区发展协会是一种志愿性组织，但在财务方面仍仰赖政府的支持，小区发展协会的收入有将近75%是来自政府的补助。

因为小区发展协会的主管机关是县市政府的社会行政部门，但是会提供经费补助小区的就不仅是社会行政部门，甚至文化行政、环境保护行政、农业行政部门等补助给小区发展协会的经费经常都高于社会行政部门。身为主管机关的社会行政部门对小区发展协会的职责主要是在于辅导小区的成长与定期的小区评鉴（评估），但小区发展协会本身还是有相当高的自主性，甚至也可以拒绝社会行政机关的辅导与评鉴工作。

其实台湾的小区治理，除了小区发展协会之外，也不应忽视了村（里）办公室与村庙的重要性。村（里）办公室代表的是政府的行政体系，村（里）长也是由民众选举产生，其办公行政费用来自政府的预算；每个村（里）办公室虽然都有村（里）干事，但因政府人事缩减，通常一个村（里）干事身兼数个村（里）来协助村（里）长的行政事务。此外在乡村地区的村庙在小区治理上也占一席之地，这是沿袭自华人乡村社会的传统。村庙是乡村小区的信仰中心，每个庙都有信众所组成的管理委员会，也会定期选举庙的管理委员，而村庙管理委员会的主任委员通常是地方上德高望重之士，负责管理村庙各种事务。所以，在乡村小区中的小区发展协会理事长、村（里）长与村庙的主任委员形成了小区中的三位主要的领导者。作者最近参与台湾南投县的小区辅导工作，由于南投县是一个农业县，所辅导的小区几乎是这种情况。因此，在乡村小区的治理中，这三个力量若能相互合作形成伙伴关系，则该小区会蓬勃发展。但是若有冲突存在，特别是小区发展协会理事长与村（里）长因选举恩怨或地方派系所产生的冲突，该小区可能就会是一个没有活力的小区。坦白地说，台湾的小区工作在治理方面最大的问题是小区发展协会与村（里）办公室的冲突。

（二）小区总体营造

台湾小区工作的主管机关虽然是在社会行政部门，但是1990年文化行政部门提出了“小区总体营造”的理念对往后台湾的小区工作有很大的影响。小区总体营造强调小区发展工作应该是更全面性的，除了社会福利之外，文化建设、卫生医疗、社会教育、环境景观与保护、农业发展、产业发展、小区治安、防灾备灾，等等都需要兼顾。除了社会行政体系推展的“福利小区化”与文化行政的“小区总体营造”之外，各个行政部门也纷纷提出“小区化”的计划，例如卫生医疗行政的“小区健康营造”、农业行政的“富丽农村”、环境保护行政的“清净家园”、警政单位的“警政小区化”、教育行政“教育小区化”等。

“小区总体营造”的理念虽然是由文化行政部门所提出，但其目的决不仅是推动小区的文化与艺术活动而已。小区总体营造的意义是在小区内整合居民的力量，透过小区居民的参与，共同规划小区的愿景，解决小区的问题，希望借由此提升小区居民的自主能力。所以，“小区总体营造”是一种社会培力运动，也是一种小区改造运动。1999年台湾的“9·21”大地震，除了各方资源投入救灾之外，在灾后重建过程中，小区总体营造其实也发挥了极大的功能。灾后破烂的家园不仅需要外在的资源，更需要居民自主的力量投入于福利、医疗健康、住宅、生态、农业、产业、公共设施等的重建。笔者也有幸参与“9·21”地震灾后重建的小区培力计划，亲眼见证了居民通过小区集体的力量来重建自己的家园，也凝聚了之后小区发展的潜力。

四　志愿服务与民主治理

近几年台湾地区的志愿服务在政府及民间的推动下，尤其是“9·21”大地震的冲击及2001年通过的“志愿服务法”，确实也带动民众投入志愿服务的风潮。公民社会基本上可从民主、慈善与邪恶三个典范来理解，台湾的志愿服务仍旧是以慈善服务为主，多数民众认为参与志愿服务应该要“政治中立”。这种以基督宗教及东方儒家与佛、道教传统的慈善型志愿服务对深化民主的影响较小。而讲求自利与竞争的邪恶公民社会对志愿服务的推展是一大阻力，这可作为反思当代的志愿服务的参考架构。未来台湾的志愿服务除了延续慈善的传统之外，也应积极思考去实践民主典范的公民社会（张英阵，2011）。在此将讨论如何透过志愿服务来实践公民参与、民主治理和公共领域等三个公民社会的要素。

（一）志愿服务运用单位应该是民主学校

台湾社会行政体系的志愿服务计划称为“祥和计划”，该计划中的志工领导训练课程通常会有一门课叫作“民主素养及志工团体”；而且在志工团队评鉴项目中也有一项是志工团队的“自治”。从这些做法来看，台湾的志工团队已经注意到民主治理的观念。可是现实的志工团队运作则尚未达到这种理想，许多志愿服务运用单位在运用志工时，着重于人力资源管理更胜于民主治理，意即志愿服务运用单位是因为人力不足或财力不足，所以招募志工来担任“志愿服务法”中所谓的“辅助性工作”，而不是以促进公民参与和民主治理的理念来运用志工。演变成志工团队通常是执行运用单位专职或专业人员所交付的任务，从事辅助性或补充性的工作而缺乏自治。

从公民社会的理念来看，志工团队是一种志愿性结社，志工来自不同的社会经济背景，志工团队确实有机会可以从差异中寻求团体意志，因而成为民主学校培养志工的民主素养。志工团队也可透过平时的团队运作，让志工学习民主决不等同于选举，而是需要透过对话形成公共意志，进而采取集体行动（顾忠华，2012；Follett，1918/1998）。志工也需要体认到公民参与是公民权的一部分，公民权不只是理念更需要实践。社会工作的先驱亚当斯（Jane Addams，1860—1935）认为公民权不是一种“地位”，而是一种实践经验，她主张民主需要建立在“同情的理解”（sympathetic understanding）与互惠的关系上，亦即在现实生活中以相互了解与尊重的态度去实践公民权（Addams，1902/2002）。

学习民主并非一蹴可及，需要长时间才能培养出民主精神中尊重、信任与宽容的素养，以及愿意捍卫他人尊严、愿意与陌生人共事和追求共同利益的公民性。志工团队向来也是一个民主的实验室，早在英国维多利亚时代的志愿性组织就一直在追求民主的自我治理，志工在投入济贫工作中就发展出“投票慈善”（voting charities）制度。是由志工们共同筹募资源，定期开会讨论要将资源分配给那些穷人，有时会采用志工一人一票来决定，不论采用投票与否，由志工所组成的志愿性组织都展现出民主治理的本质。之后由于国家介入济贫工作的程度加深，“投票慈善”制度也逐渐式微（Prochaska，2006）。

近年来，由于民众对政府与大型非营利组织的信任度逐渐下降，许多志工或捐款者觉得和服务对象或赞助对象的距离越来越遥远，甚至不确定政府与非营利组织是否善用民众的资源。因此，有些人开始以较小的规模来做自己能掌控的善事，因此形成了“捐赠圈”或译为“幸福涟漪”(giving circle)。小型的“捐赠圈”大约由5—25人组成，成员自行筹募资源，通过共同讨论决定赞助与服务的对象，通常是由讨论达成共识而不使用投票，赞助的项目主要是社会性与教育性的活动居多。“捐赠圈”的特色是民众以自己的方式积极投入小区工作，在参与过程中强化公民治理的技能，也能实践“捐赠圈”的内部民主（Eikenberry，2007）。

台湾传统的小型慈善会或爱心会或多或少仍具有“投票慈善”与“捐赠圈”的“慈善民主”（democratic philanthropy）精神，但是随着非营利组织与志工管理专业化，许多志工团队的民主治理大都属于“肤浅的民主”，多数是由专业或专职人员或少数志工团队干部做主要的决策，其他志工就依据他人的决策提供具体的服务。由于志工成员的背景多元化，除了可学习尊重与接纳差异的素养外，志工团队也是学习对话与共同决策的场域，志工团队的治理应该是一种参与式民主或审议式民主。除了提升志工的民主素养之外，为了扩大社会参与的面向，志工团队也应积极招募社会上的弱势或边缘族群参与志愿服务。因为志愿服务不只是服务弱势族群，也是弱势族群的发声管道。

（二）志愿服务运用单位应该是公共领域

公民社会所强调的民主治理需要有理性的公共领域，方能促进公民的参与。哈贝马斯（Jürgen Habermas）认为公共领域是使公民能够在自由、平等、非暴力的互动条件下，谈论共同关切的问题。此外公共领域尚有与志愿服务精神非常贴近的地方，亚里士多德认为友谊是公民社会的基础，对希腊人来说友谊的精神在于开诚布公地讨论事情，透过经常的意见交流，才能使城邦的公民团结起来。汉纳·鄂兰（Hannah Ardent）认为友谊与同情都是公共领域所不可或缺的精神，她说："人本精神的特色不在于手足之情而在于友善；友善并不是亲近的私人关系，而是讨论公共事务实应有的要求，也是对待这个世界时应有的态度。"（邓伯宸译，2006：33）

志愿服务的核心精神 agape（爱）来自于慈善的公民社会典范，agape 是愿意对陌生人付出利他的爱。志愿服务的 agape 与公民社会的 philos 是一致的，即使是追求社会正义也应以爱他人做基础。当前台湾的志愿服务热衷于提供小区环保、社会福利与医疗保健等的直接服务，较缺乏讨论这些议题的内涵及影响政策的行动。所以志愿服务运用单位应该创造一个公共领域，秉持志愿服务 agape 与 philos 的精神，针对当前台湾的贫富悬殊、环境保护、核能议题、社会福利紧缩、医疗资源分配、居住正义等问题，让志工以公民的身份讨论这些公共议题，并效法"自由之夏"与"占领华尔街运动"的精神促成集体行动。

由于参与公共领域对话和参与志愿服务的人士多数是较具有优势的人，社会上的弱势族群在公共领域中则缺乏代表性与声音，这促使我们必须关心弱势族群是否有机会在公共领域中发挥他们的影响力。有许多的志愿服务运用单位是以服务弱势族群为对象，志愿服务运用单位不要将弱势族群的服务对象看成是"案主"或"顾客"，而是应该促成弱势族群以"公民"的身份参与"弱势的相对大众"（subaltern counter - publics）。"弱势的相对大众"具有正向"认同政治"（identity politics）的意义：（Young，2000：172）

弱势的相对大众之重要功能是让弱势团体的人可以发展出一些理念、主张、倡导和抗议行动，借此直接影响公共的辩论，其主要目标是促成法律与制度的改变。

所以志愿服务运用单位应该以爱与友谊的精神创造一个公共领域，让志工与弱势族群发出其声音并施展其权力，以民主的方式实践社会正义。

（三）小区发展与民主治理

上述的志愿服务运用单位可能是公民社会组织也可能是政府部门，这些组织大都有专业或专职人员管理志工，这小节要回归到以志工为主体的小区。亚里士多德所探讨的政治社群就是"城邦"，是一个规模小且足以让每个人都可以发挥人类潜能的政治单位，他也强调政治应该要具有在地性（local）（Sulek，2010）。达伦道夫（Dahrendorf，1997）分析了20世纪初至20世纪末关于良善社会的重要论述，发现多数人认为公民社会是一个良善社会的核心，而公民社会所指涉的大都是“小镇与乡村”（towns and villages）。弗雷特也主张邻里团体（neighborhood group）是培育公民权理念与实践公民权最佳的场域（Follett，1918/1998）。从当代的概念来说“小区”应该是最贴切上述良善社会的公民社会，现代许多小区发展的学者与实务工作者也强调，需要将小区发展置于公民社会的脉络中，而且小区发展有助于强化公民社会（Henderson & Vercseg，2010）。

小区发展的目的是借由居民的参与以促进小区归属感与社会融合，小区的公民参与是指个人参与不同面向的决策过程，即在参与式民主的过程中，公民的个人意志不是通过民选的代表来表达，而是直接影响小区的决策。小区中的个人为何要直接参与，这涉及人性尊严的问题，意即在小区发展的过程中，小区的成员不是被动的服务使用者，更重要的是成为小区发展的伙伴；个人不是消费者，而是具有思考能力的人；不是被动、冷漠、孤立的居民，而是积极的公民（Henderson & Vercseg，2010）。诚如弗雷特所强调的，每一个真正的个人在团体组织中或在这个世界里都是一个共同创造者（co - creator）（Follett，1918/1998）。所以积极的小区（active community）就是要促进积极的公民，让每一个居民在决策过程中都能以民主的方式参与（Henderson，2007）。

近代志愿服务的发展中，亚当斯在美国芝加哥霍尔馆（Hull - House）的睦邻工作就奠定了志愿服务实践小区民主治理的传统。霍尔馆的小区睦邻运动虽然吸引了一批精英分子投入工作，不过他们都自称是“居民”，许多的公共议题都是这些自称“居民”的工作者和当地的居民一起探究并以集体力量去改变。例如关于居住环境卫生的问题，工作者会和当地居民一起从事社会调查以了解产生问题现况与原因，并和居民一起投入倡导的工作，影响政府采取必要的政策与措施。亚当斯的睦邻工作没有将当地的居民看成是服务的接受者，而是将居民视为有能力参与公共事务的公民，透过调查研究、讨论对话、倡导游说与立法共同解决居民的问题，这就是透过志愿服务在小区工作中展现民主治理的典范。

小区发展是一种政治，是由公民在公民社会中借由互相沟通的行动直接形成政策（Geoghegan & Powell，2008）。若说小区是一种政治，那么台湾的小区并不缺乏政治，甚至台湾的小区之所以分崩离析通常是政治冲突所造成的。有些积极参与小区的人是政党、地方派系或政治人物的桩脚，这些人积极参与小区可能成为小区的主导者，而不同立场的人则成为小区的旁观者，或者另立门户再成立另一个小区组织彼此抗衡。台湾的小区转变至此与选举制度有密切关系，虽然许多投入小区工作的人都会宣称小区工作不涉及政治，但实际上小区中的政治是存在的，而且也需要存在，问题是什么样形式的政治。从公民社会的角度来看，小区本来就是一个政治实体，小区的政治应该回归到弗雷特所讲的邻里团体的政治，是小区成员投入小区的共同议题，通过相互渗透的过程形成团体的意志，这才是小区该有的政治。

受到新自由主义的影响，公共服务小区化于1990年代成为各种公共服务的重要政策，不论是社会福利、医疗卫生、警政治安、教育等无不强调小区化。不过，新自由主义的小区化政策本质上是要去实践小政府的理念，并以降低成本与提升公共服务的效率为主，忽视了深化小区的民主治理。以福利小区化与小区照顾的理念为例，基本上是在开发或运用小区内的资源以满足公共服务的需求。其实这个过程中并不是不能实践小区的民主治理，小区还是可以由居民共同决定所关切的议题，通过小区论坛的方式由小区居民彼此的对话，决定所要采取的方式，再由小区居民共同执行。但在实际推动福利小区化的过程中，仍是由学者专家与政府官员拟定了政策方向、策略与方案，再通过小区发展协会的干部号召小区志工提供各种福利服务。

以安斯汀（Arnstein，1969）的“参与阶梯”来看，目前台湾的小区参与情况多数是属于最底层的“无参与”，顶多也是“形式上的参与”。从弗雷特的观点来看，多数台湾的小区尚不能成为“尽责的小区”（responsible community），因为小区的公民参与不足，尚不足以形成团体理念（group idea），如此便容易被政府、企业或专家所主导。所以小区的居民不仅应以志愿服务的方式积极投入小区，但是参与志愿服务的内涵不只是从慈善服务的观点来满足公共服务需求，而是如弗雷特所强调的，每一个志工都是小区发展的共同创造者，直接参与小区公共事务的决策，而不只是一个接受指令的服务供给者。

参考文献：

1. 张英阵：《慈善与变迁：我国志愿服务发展的特色》，《小区发展季刊》，2011年第133期，第500—510页。

2. 鄂兰：《汉纳》，邓伯宸译，《黑暗时代群像》，立绪2006年版。

3. 顾忠华：《公民社会》，《茁壮》，开学文化2012年版。

4. Addams, J. 1902/2002. *Democracy and social ethics.* Urbana and Chicago: University of Illinois Press.

5. Arnstein, S. 1969. A ladder of citizen participation. *Journal of the American Institute of Planners*, 35 (4), 216—224.

6. Craig, G., & Taylor, M. 2000. *Evaluating local compacts: Relationships between local public sector bodies and the voluntary and community sectors.* Working Paper No. 3, University of Hull and University of Brighton.

7. Dahrendorf, R. 1997. *After 1989: Morals, revolution and civil society.* London: Macmillan.

8. Eikenberry, A. M. 2007. Philanthropy, voluntary association, and governance beyond the state: Giving circles and challenges for democracy. *Administration & Society*, 39 (7), 857—882.

9. Fischer, M. 2004. *On Addams.* Tronto: Wadsworth.

10. Follett, M. P. 1918/1998. *The new state: Group organization the solution of popular government.* University Park, PA: The Pennsylvania State University Press.

11. Frazer, N. 2003. Social justice in the age of identity politics: Redistribution, recognition, and participation. In N. Frazer and A. Honneth, *Redistribution or recognition? A poltical - philosophical exchange.* London: Verso.

12. Geoghegan, M., & F. Powell. 2008. Community development and the contested politics of the late modern agora: Of, alongside or against neoliberalism? *Community Development Journal*, 44 (4), 430—447.

13. Gidron, B., Kramer, R. M., & Salamon, L. M. 1992. Government and the third sector in comparative perspective: Allies or adversaries? In B. Gidron, R. M. Kramer, & L. M. Salamon (Eds.). *Government and the third sector*, pp. 1—30. San Francisco, CA: Jossey - Bass.

14. Henderson, P. 2007. Introduction. In H. Butcher, S. Banks, P. Henderson & J. Robertson, *Critical community practice* (pp. 1—15). Bristol: The Policy Press.

15. Henderson, P. , & I. Vercseg. 2010. *Community development and civil society: Making connections in the European context.* Bristol: The Policy Press.

16. Najam, A. 2000. The Four – C's of third sector – government relations: Cooperation, confrontation, complementary, and co – optation. *Nonprofit Management & Leadership*, 10, 4, 375—396.

17. Pierre, J. 2000. Introduction: Understanding governance. In J. Pierre (Ed.). *Debating governance: Authority, steering, and democracy*, pp. 1—10. New York: Oxford University Press.

18. Prochaska, F. 2006. *Christianity & social service in modern Britain: The disinherited spirit.* New York: Oxford University Press.

19. Sulek, M. 2010. Civil society theory: Aristotle. In H. K. Anheier, S. Toepler & R. List (Eds.), *International encyclopedia of civil society*, Vol. 1 (pp. 380—387). New York: Springer.

20. Van Kersbergen, K. , & Van Waarden, F. 2004. "Governance" as a bridge between disciplines: Cross – disciplinary inspiration regarding shifts in governance and problems of governability, accountability and legitimacy. *European Journal of Political Research*, 43, 2, 143 – 171.

21. Young, I. M. 2000. *Inclusion and democracy.* New York: Oxford University Press.

22. Young, I. M. 1990. *Justice and the politics of difference.* Princeton: Princeton University Press.

23. Zimmer, A. 2010. Third sector – government partnerships. In R. Taylor (Ed.) *Third sector research*, pp. 201—217. New York: Springer.

城市功能区社会建设中的居民参与动员机制与效度*

——以深圳市坪山新区为例

唐 娟

前 言

（一）研究缘起

功能区是现代城市发展的一种形式和城市的有机体组成部分，是能够充分发挥某种特定城市功能的区域，以有效实现相关资源在这一特定区域内聚集。2007 年，深圳在城市管理上正式启动以“新功能区”为方向的行政区划与管理体制改革，此后在不到四年时间内，全市四个功能区先后成立，这对于亟待释放城市空间，梳理社会管理体系的深圳来说是具有重要意义的。但与美国的纽约曼哈顿中央商务区、英国的谢利菲尔德文化产业园功能区、美国硅谷高科技园区、英国伦敦金融城等市场自发形成的功能区不同的是，深圳的功能区是在政府主导下规划与开发的，几年的实践表明，它们不仅仅是一个产业发展的平台，同时也是一个治理平台，社会建设与治理和产业发展被放在同等重要的位置上。

坪山新区（以下简称新区）是深圳市四大功能区之一，实施“一级政府、三级管理”体制。近年来在社会建设方面成绩斐然。但如何在逐渐虚化行政区、弱化区级政府功能、建设新型“小政府”的改革过程中，在行政资源不足的情况下，在功能区社会建设中的过程中，促进不同类型

* 作者：唐娟，深圳大学当代中国政治研究所副教授。

的居民多层次、多领域、多渠道、多方式的有效参与，走新型城市化道路，[①] 是新区党工委、管委会、地方学者思考的重要课题。笔者自 2013 年 10 月至 2014 年 5 月期间，对新区社会建设过程中居民参与的状况进行了调查研究，试图通过现状调研，了解居民参与社会建设的愿望及其行动状况以及存在的问题和障碍等，从多角度、多层次探讨居民参与新区社会建设的渠道和方式，研究提出新区居民参与社会建设的可行对策。此文中，主要关注的问题和着力点包括：所谓群众参与社会建设，究竟是谁参与、参与什么、如何参与？居民参与社会建设的现状如何？对策部分在后续研究中提出。

（二）资料获得方法

本文主要采取问卷调查法和访谈法。主要调查社区居民对社会建设的认知、参与愿望与动机、参与领域、参与形式（尤其是居民参与社会组织的情况）、参与效果及其影响因素。对社区的抽样，采取社区区位和社区经济两个维度，依据中心—经济发达、中心—经济次发达、中心—经济不发达、次中心—经济发达、次中心—经济次发达、次中心—经济不发达、边缘—经济发达、边缘—经济次发达、边缘—经济不发达 9 个标准，对全区 23 个社区抽样，共抽取了 15 个社区（见图 1）。在各社区服务中心的协助下，随机向社区居民发放了问卷 462 份。此外，还在市政广场随机向游园的公众发放问卷 18 份。居民问卷发放总数为 480 份，回收有效问卷 447 份，无效问卷 25 份，有效回收率 93.1%。

访谈的主题针对社区议事会的运行情况，抽样 S 社区和 L 社区，参与人员主要包括社区工作站、社区居民委员会、股份合作公司负责人以及部分居民代表。

---

① 所谓新型城市化道路，就是在科学发展观的指导下，以统筹兼顾为原则，以民生幸福为方向，以新型工业化为基础，遵循工业化与城市化、农村与城市、人口与城市协调发展的城市化规律，倡导建立政府、市场、社会、个人等多元主体互动融合的城市化机制，着力推进人口、资源、环境协调发展的有质量、可持续的城市化模式。参见杨绪松：《坚定不移地走新型城市化道路》，载《特区实践与理论》，2012 年第 3 期。

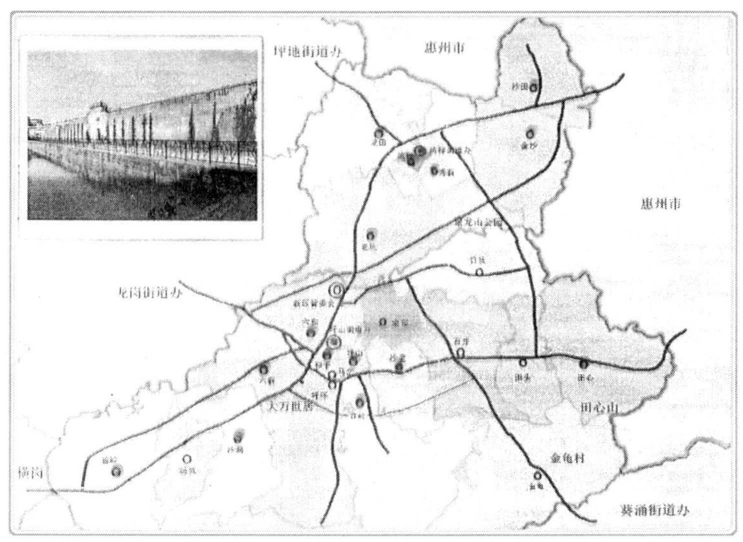

图 1　样本社区分布

（三）核心概念与分析维度

本文主要使用了“居民参与”和“社会建设”两个概念。居民参与主指新区内个体居民的参与。而作为一个时代话题，有关对“社会建设”的解释可谓众说纷纭，本文采用社会学家郑杭生的观点，[①] 从参与主体与参与客体两个角度看，所谓“居民参与社会建设”这一命题，是指新区居民对社会建设过程中的各种公共事务或活动，既包括对各种公共决策或共同决策的参与，也包括对各项社会体制改革、社会事业发展、社会管理

---

① 郑杭生认为，所谓社会建设，就是要在社会领域不断建立和完善各种能够合理配置社会资源和社会机会的社会结构和社会机制，并相应地形成各种良性调节社会关系的社会组织和社会力量；从逆向说，社会建设就是根据社会矛盾、社会问题和社会风险的新表现、新特点和新趋势，不断创造和完善正确处理社会矛盾、社会问题和社会风险的新机制、新实体和新主体，通过这样的新机制、新实体和新主体，更好地弥合分歧，化解矛盾，控制冲突，降低风险，增加安全，增进团结，改善民生。参见郑杭生：《社会建设和社会管理研究与中国社会学使命》，载《社会学研究》，2011 年第 4 期；《我国社会建设社会管理的参照系及其启示——一种中西比较的视角》，载《国家行政学院学报》，2011 年第 6 期；《社会建设的前沿理论研究——社会建设问题的社会学思考》，载《武汉科技大学学报》（社会科学版），2009 年第 4 期；《社会建设要以改善民生为重点》，载《北京党史》，2008 年第 1 期。

的参与以及对政府的评价活动等。

观察和分析新区居民参与社会建设的维度，取决于新区居民参与社会建设的特定内涵。

首先，新区的居民群众构成呈现二元化、不均衡的明显特征。新区于2009年6月30日成立，辖区总面积约168平方公里，下辖坪山、坑梓2个办事处共23个社区，人口约65万，其中户籍人口约3.6万，人口结构严重倒挂，[①] 占人口绝大多数的外来务工人员没有归属感。因此，要通过居民参与社会建设的机制创新，促进社会融合，是新区社会建设的一项重要使命。而探索该项机制创新，首先需要解决“谁参与”即参与主体的问题，开发居民参与的广度。

其次，新区属深圳原特区外地区，是较为典型的城乡结合部地区，半城市化半农村形态明显，基本公共服务严重短缺，各项社会事业发展水平都亟待提升，各项社会建设工作有待同步进行。因此，要促进居民参与社会建设，还要明确“参与什么”即参与客体的问题，拓宽居民参与的领域、拓展居民参与的深度。

最后，坪山新区是深圳设立的第二个功能管理区，客观上不但对居民参与的广度和深度有新的要求，而且对党和政府进行参与动员的策略手段也有新的要求，这就需要解决“如何参与”、“参与得如何”的问题。

本文结合坪山新区的人口社会生态及社会建设的主要任务，选择以下五个分析维度（见表1）：

表1　　坪山新区居民参与社会建设的分析维度

观察维度	观 察 对 象
参与动员	动员居民参与的机制、技术和方法
参与广度	新区居民作为参与主体的普遍性
参与深度	参与的领域、范围和环节
参与形式	个体化参与、组织化参与、制度化参与
参与效度	居民参与对有关社会建设的公共决策或公共问题的解决所产生有效影响的程度

① 户籍人口与非户籍人口的比例达1∶18。

一　调研对象基本信息

调研对象性别。男性居民 232 人，占样本总数的 48.3%；女性居民 246 人，占 51.3%，男女样本分布比较均衡。

调研对象年龄。根据样本显示的情况，对象年龄在统计时被分为五个段落。其中，30 岁以下的对象占 54.2%；31—40 岁之间的占 21.3%；41—50 岁之间的占 15%；51—60 岁之间的占 4.6%；61 岁以上的占 5%。样本的年龄分布不够平衡，其中年轻居民样本比重偏大、老年居民样本比重偏小，其原因是问卷发放过程中，访问员被老年居民拒绝的情况比较严重，这在一定程度上影响了对老年居民社会参与情况的分析和判断。对这方面事实的缺漏，我们主要采用文案调查的方法，收集阅读新区老年人社会组织和社会活动的相关资料信息并对其进行分析，以得出初步的认识结论。

调研对象户籍。户籍在新区的样本居民 141 人，占样本总数的 29.4%；户籍在本市其他城区的样本居民 42 人，占样本总数的 8.8%；非深圳户籍的样本居民 288 人，占样本总数的 60.0%。新区户籍人口与非户籍人口严重倒挂的情况于此可窥一斑。

调研对象受教育程度。有初中学历及以下的样本居民 163 人，占样本总数的 34.0%；高中（包括中专）学历的样本居民 151 人，占样本总数的 31.5%；大专学历的样本居民 70 人，占样本总数的 14.6%；本科学历的样本居民 80 人，占样本总数的 16.7%；研究生以上的样本居民 14 人，占样本总数的 2.9%。

调研对象政治身份。中共党员（含预备党员）90 人，占样本总数的 18.8%；民主党派 1 人，占样本总数的 0.21%；共青团员 103 人，占样本总数的 21.5%；无党派人员 280 人，占样本总数的 58.3%。

调研对象职业身份。国家机关工作人员 29 人，占样本总数的 18.8%；教育、医疗卫生、新闻媒体、人民团体等事业单位职工 18 人，占样本总数的 3.8%；社会工作者 118 人，占样本总数的 24.6%；社区管理人员（包括在社区综合党委、社区工作站、社区居委会、社区股份合作公司从事管理岗位的人员）23 人，占样本总数的 4.8%；企业员工

（包括在各类驻新区企业、物业公司、社区股份合作公司就业的普通员工）96 人，占样本总数的 20.0%；离退休人员 13 人，占样本总数的 2.7%；私营企业主或个体工商业户 85 人，占样本总数的 17.7%；下岗失业人员 9 人，占样本总数的 1.9%；没有就业人员（指从没有参加过社会就业的人员）81 人，占样本总数的 16.9%。在样本的身份构成中，社会工作者的比重偏高。

调研对象家庭收入水平。回答自家目前年收入水平在 2 万元以下的 132 人，占样本总数的 27.5%；回答自家目前年收入水平在 2 万元至 6 万元之间的 230 人，占样本总数的 47.9%；回答自家目前年收入水平在 6 万元以上的 76 人，占样本总数的 15.8%；回答自家目前年收入水平在 10 万元以上的 30 人，占样本总数的 6.3%。

调研对象居住时间。回答“自小生活在这里”的原籍居民占样本总数的 14.0%；属于“外来人员但已经居住十年以上”的居民占样本总数的 19.6%；属于“外来人员但已经居住三至十年”的居民占样本总数的 25.0%；属于“外来人员、已居住三年以下”的居民占样本总数的 40.6%。

调研对象对社区的认同。对目前所居住社区的感情和评价为“非常满意、非常喜欢”的占样本总数的 18.5%；为“基本满意、比较喜欢”的有占样本总数的 70.6%；为“不满意、不喜欢”的占样本总数的 9.6%；其他回答的比值为 0.2%。

居民样本基本情况小结：

（1）性别结构：样本择取的性别比例基本均衡。

（2）年龄结构：不均衡。30 岁以下的青年占样本总数的 54.2%；31—40 岁的占样本总数的 21.3%；60 岁以上的只占样本总数的 5%，样本的择取过于年轻化。而经验表明，目前社区参与中老年群体占有相当大的比重。样本年龄结构的年轻化在一定程度上会影响对老年居民社会参与情况的分析和判断。

（3）户籍结构：新区户籍与非新区户籍比例不均衡，其中，有新区户籍的样本只占样本总数的 29.4%，这与目前新区的人口结构状况是一致的，不影响分析过程。

（4）教育结构：接受过中等及以下教育的样本比重较高，占样本总数的65.5%，这与目前新区人口的受教育状况是一致的，不影响分析过程。

(5) 政治身份结构：无党派、没有政治归属的普通居民群众样本比重较高，占样本总数的58.3%；样本政治身份的分布格局切实反映了样本人群的“群众性”特征。

(6) 职业结构：属于国家党政机关以及科教文卫、人民团体等事业单位的“体制内”样本不多，只占样本总数的9.8%，其他属于“体制外”的对象占绝对多数。这一职业身份的分布格局同样切实反映了样本人群的“群众性”特征。

(7) 收入水平：根据问卷呈现的答案，家庭年收入在6万元以下的占样本总数的75.4%。经济收入水平是否影响或如何影响主体的社会参与行动，有待进一步作相关分析。

(8) 居住时长：属于外来人员、居住新区的时间在三年以下的样本达40.6%。居住时间的长短是否会影响主体的社会参与行为，有待进一步做相关分析。

(9) 社区认同：样本人群对自己目前所居住社区的认同程度很高，社区感情与评价呈明显的正态分布，回答“非常满意、非常喜欢”或“比较满意、比较喜欢”的达89.3%。对社区的感情是否影响或如何影响主体的社会参与行动，有待进一步做相关分析。

二 动员模式与既得成效

为了促进社区居民群众参与社会建设，新区在加强群众工作、进行参与动员方面付出巨大努力，并取得了一定的成效（见表2）。

表2　　新区居民参与社会建设的既得成效

成效表现	观察角度
持续创新的参与动员体系机制	系列配套的制度供给；双向互动的工作机制；共治导向的参与平台
基本趋同的主体参与意愿	对社会建设的认知率；对社会事务的关注度；对公共参与的主观意愿

续表

成效表现	观察角度
涉及广泛的参与领域	公益性领域；互益性领域；自治性领域
日趋多元的参与形式	制度化参与和个体化参与为主

（一）持续创新的参与动员体系

持续不断的制度供给。新区成立四年多来，出台了系列规范性文件，为促进居民参与社会建设提供了制度保障。早在2010年，新区出台了《关于贯彻新区“1+8”文件落实干部联系群众促进和谐基层建设实施方案》和《坪山新区楼（栋）长制实施工作方案》，为群众意见表达提供参与渠道。2012年5月7日，坪山新区召开社会建设工作大会，以《深圳经济特区社会建设促进条例》为蓝本，出台了《深圳市坪山新区社会建设规划纲要（2012—2015)》、《坪山新区推动实有人口基本公共服务均等化实施方案》、《关于探索群众工作“双向模式”切实解决社区和群众问题的实施意见》三个纲领性文件，同年，新区又出台了《坪山新区党员干部下基层联系群众“培根固本”行动实施方案（试行)》，对坪山新区的社会建设和群众工作做出了战略部署和安排。根据《规划纲要》，新区社会建设工作有五大任务、十八项内容，这些纲领性文件厘定了新区社会建设工作的内涵外延，更重要的是确定了居民参与社会建设的领域，尝试解决“谁参与”、“参与什么”、“怎么参与”的问题。

双向互动的工作机制。首先，建构“自上而下”的群众工作机制，把制度文本落在实处。新区领导和党员干部挂点基层社区，定期开展“深入社区行”活动，是新区党工委、管委会“自上而下”密切联系群众、努力创新群众工作的一项有益尝试。这套工作机制包括如下措施①：

一是发挥党员“五员”作用，密切干群关系。2010年安排部署新区处级以上领导干部挂点社区和居民小组。2011年又将挂点干部的范围从处级扩大至科级，组织全区科级以上干部每周一小时走村入户当“五

① 参见《争当社会建设排头兵建民生幸福新城区》，载《深圳特区报》，2012年10月25日；《坪山新区开展“培根固本”行动》，载《深圳商报》，2012年12月12日；《群众动嘴，干部跑腿》，载《人民日报》，2013年2月19日。

员”，即做宣传员、信息员、指导员、调解员、督办员，通过“人对人、面对面、心连心”做群众工作。新区600多名干部挂点全区23个社区、169个居民小组及数千户家庭，逐步形成自上而下、全面覆盖的干部挂点机制。

二是开展“培根固本”行动。通过建立“四级联动、组团包片、项目推进”的工作方式，推行“一个统筹、三个整合”，[①] 全区区直单位、办事处和社区参与行动人员组成23个“包片团队”，各团队按照每年度联系100—150户的总体任务，在3—5年内完成对本社区所有实有人口的联系工作；参与活动的党员干部必须面对面直接与群众交流，原则上联系5户群众，将党员干部下基层联系群众工作细化到居民小组、具体到群众家庭。

三是借助网络平台收集社情民意。积索利用互联网这一新途径、新载体，建立“书记信箱”、“主任信箱”和“社会建设与群众工作”微博等民意反馈机制，借助网络信息平台畅通信息收集和反馈渠道收集社情民意，及时准确地把握全局性、苗头性、倾向性问题，并让居民更多了解新区动态和身边的社情民意，激发居民共建共享的积极性和主动性。

其次，探索“自下而上的”社区居民自治机制，促进群众参与从动员型向自主型转变。成立社区居民自治发展议事会，逐步改变部分城市化社区居委会功能弱化、退化的情况，调动社区居民参与社区治理工作。目前，坪山新区23个社区都成立了居民自治发展议事会，推动社区“民主提事、民主决事、民主理事、民主监事”为主要内容的基层治理新模式的发展。针对社区自治发展议事会的作用，社区居民给予的正态评价稍高于负态评价。

总之，通过开展“自上而下”干部挂点社区、联系群众，群众“自下而上”拓宽渠道让群众提诉求、表愿望，新区形成了拓展群众工作、促进居民群众参与的“双向模式”。[②]

共治导向的参与平台。2012年，新区已经率先在全市实现了社区服

① 即整合任务资源，整合对象资源，整合资金资源，统筹推进党员干部下基层联系群众工作。

② 参见《坪山：“双向模式”创新群众工作》，载《深圳商报》，2013年7月12日。

务中心、社区家园网、社区议事会、出租屋楼长制、社区发展规划师“五个全覆盖”，构建起新型的社会多元主体共同参与治理的框架体系，推进居民参与社会建设常态化、机制化、组织化。所采取的具体措施有五个：

一是以“社会建设100计”征集活动为切入点，汇聚民智，构建政府、社会、公众共管共治共享的社会建设平台。

二是依托“政府购买、社会运作”的模式，通过公开招投标引入了8家社工机构对社区服务中心进行运作。建设社工人才队伍，率先出台国内首个社会工作人才专门性扶持政策，到2013年已聚集社工人才253名，平均每万人拥有社工4人，高于全市每万人拥有2.8名社工的水平。

三是每年投入160万元社会组织专项竞争性扶持资金，建立23个社区社会组织孵化基地，社会组织从零起步，目前已培育发展了222个。[①]

四是发展志愿者队伍。自2010年至今，坪山新区有注册义工16941人，11家团体义工，59支义工服务队（站）。[②] 其中，有多支义工队伍在深圳均属首创，蜚声全市。[③] 新区义工联通过八大义工服务项目，[④] 积极打造志愿者之区服务平台。

五是鼓励居民个人和企业等投资兴建社会公益事业。以医疗和教育事业为例，截至2012年10月，新区已注册社会医疗机构44家，实际开业运营39家；2010年、2011年、2012年，民办学校举办者投入的社会资金就分别达到237万元、2706万元、1242万元。[⑤] 调研发现，有74.2%的提供各项社会公益服务的非营利社会组织为个人或企业个人联合创办。

---

① 数据截止到2013年11月30日。

② 数据来源：坪山新区义工联内部资料。

③ 主要有：坪山新区治安义工队（2010年9月创建）、民主党派义工队（2013年9月创建）、党员义工队（2011年12月创建）、教师+学生+家长义工队（2013年5月开始创建）、城管义工队（2012年10月创建）、廉洁义工队（2013年4月创建）、归侨侨眷义工队（2013年11月创建）。其中，坪山新区治安义工队、民主党派义工队、归侨侨眷义工队在深圳均属首创。

④ 八大义工服务项目包括：文明劝导服务项目、捐衣助学服务项目、赛会会务服务项目、环保志愿服务项目、文艺宣传服务项目、治安志愿服务项目、医疗救助志愿服务项目、便民助民服务项目。

⑤ 医疗机构数据来源：舒进安、喻业嘉、魏海雄：《浅析坪山新区当前社会医疗机构质量存在的问题及对策》，载《中国公共卫生事业管理》，2012年第10期；教育事业投入经费数据来自坪山新区公共事业局内部资料。

通过上述社会动员举措，坪山新区目前初步形成了具有坪山特色的“政府推动、民间运作、群众参与、共建共享”的社会建设新模式初具规模，为居民群众广泛地参与各项社会建设任务搭建起广阔的平台。

（二）基本趋同的主体参与意愿

居民参与社会建设，首要的前提和条件是对所参与的事物有所认知和了解，有参与的意愿和动机。调查表明，主观上，不同户籍的居民对社会建设的认知率都很高，参与意愿较强。

对社会建设的认知率。除了0.4%的样本缺损外，对“社会建设”这一概念、内涵及其实践一点“不了解”的居民占样本总数的28.8%，表示“了解”的样本居民占70.9%，其中“比较了解”的为14%，“了解一点”的为56.9%。不同的户籍对主体认知率有一定影响，但已不是天壤之别，非深圳户籍人群对社会建设的认识率为66%，户籍在坪山新区的人群为75.1%。在新区居住、生活时间的长短对主体有关社会建设的认知影响也不明显，认知率基本持平。

对社会事务的关注度。调研对象对社区、社会事务的关注程度也基本持平。社区居民表示“不和邻居相互走动”、不与邻居闲聊公共话题的只占总数的17.5%，高达81.9%的受访者表示经常或偶尔和邻居聚在一起聊天、讨论社区事务或社会事务。无论是户籍居民还是非户籍居民，无论是年轻人还是中老年人，无论是何种政治身份，无论是何种职业，无论居住时间长短，无论经济收入水平高低，社区居民对社区事务或社会事务的关心程度，没有太大的差异，都显示出比较浓厚的兴趣和关注。

以上表明，社区不同居民群众中都蕴藏着巨大的公共参与的潜力，这对于扩大居民参与实践、提升居民参与水平具有基础性作用。

（三）涉及较广的参与领域

公益性、互益性和自治性社会建设领域都均已被涉及，但对不同领域的参与程度却有较大差别。从群众个体的参与目的和内容看，主要可归纳为七类：利益诉求性参与，要求改善政府决策，如要求生态补偿、房屋建设等；事务性参与，如参与社区决策、选举投票、投资兴办社会事业、参与城市管理、决策咨询评价，政府绩效评价等；公益性参与，如志愿服务、慈善捐赠等，调研发现，有30%的居民家庭在过去三年中每年都参加慈善捐款捐物活动，有44.2%的家庭参加过1—2次此类活动；消费性参与，主要是为了消费政府部门、社会组织、社区提供的各种服务而去参与；娱乐性参与，组织或参加各种文体娱乐活动；互益性参与，参加或举办互助性互益性组织，进行邻里互助、同事互助等；混合性参与，即各种目的混杂的参与。

（四）日趋多样的参与形式

理论上，现代公共参与的常用形式有十几种之多。① 根据新区的实际，目前群众参与的化形式主要可归纳如下（见表3）：

表3　坪山新区居民参与社会建设的形式

具体形式		形式种类
制度化形式	选举	基层人大代表选举，社区居民委员会选举，居民自治发展议事会成员选举，社区股份合作公司董事会选举，社会组织理事会选举
	社区会议	社区居委会会议，社区议事会，居民评议会、听证会，新区挂点干部、“两代表一委员”了解民情的各种座谈会；社区讲堂
	群众信访	基层信访事项代理窗口、新区信访大厅、区领导接访群众“直通车”
	媒体曝光	向新区或本市报纸、电视台等传统媒体投诉反映问题
	新技术参与	普通网络论坛、社区家园网、政府网站；“书记信箱”、“主任信箱”、“社会建设与群众微博”
	兴办社会事业	投资兴办、参与管理社会事业
	社会组织	加入或举办社会组织，有困难时向社会组织求助
	社区契约	签订居民公约
	社会调查	参与政府或智库机构随机进行的电话询问、问卷调查等

① 俞可平：《公民参与的几个理论问题》，载《学习时报》，2006年12月18日05版。

续表

具体形式		形式种类
个体化形式	个别接触	利用公共权力系统的熟人反映意见；手机短信

在上述各种参与形式中，基层选举是居民参与的最基本的制度性渠道，2011 年新区社区居民委员会换届选举中，居民参选率为 96%；在区级人大代表换届选举中，非深户籍代表比例达 18.75%，远远超过全市 4.5%。①

此外，各种社区会议特别是社区发展自治议事会正在日渐步入常态化，将势必推动着居民参与从动员型向自主型转变。互联网正在改变着居民参与的方式、提升居民参与的水平。当问及调研对象“对某项政府政策、社会服务和管理质量不满意，需要反映意见”时，他们中有 25.1% 的人选择“上网发表意见”，是被选择频率最多的一种参与方式，同时互联网参与是新型的自主参与形式。

三　问题分析

如果按照自主型参与的准则来看目前新区的居民参与格局，主要存在如下问题：

（一）参与动员面临着瓶颈

目前，“自上而下”的干部挂点社区制是一种典型的权威型动员模式，并且是目前新区进行居民参与动员的核心模式，其基本要求是通过“组团包片、项目推进”方式，全区科级以上干部每周一小时走进社区、深入每户家庭。一方面，这套机制对于密切干群关系、体察民情、吸纳民意、及时解决问题、促进公共决策民主化具有十分积极的意义。但另一方面，从动员主体、内容、方式和目的上看，实质上依然是政治动员和

① 因新区没有设人大常委会，所以新区人大选举归龙岗区管辖。此数据为龙岗区数据，但一定程度上也可折射新区的情况。

“体制内动员”，是维稳压力下处理各种危机的应对策略，并且带着以往“革命动员”的痕迹：政党、政府、政治性社团中几乎每一个个体，依托组织优势，通过会议层层传达、任务层层分解，与对象进行面对面的沟通。因为这种方式表现出强烈的组织性、纪律性、计划性，因此其动员效果十分明显。不过，它也同时面临至少三个瓶颈，可能影响它的可持续性。

行政人力资源不足。方法论上，体制内的政治动员，与其说是发动居民群众，不如说首先是“发动干部”。这就要面临行政人力资源严重不足的现实问题。新区和办事处两级政府公务员的编制配备是以户籍人口为基数的，全区户籍人口与非户籍人口之比是1∶18，远远高于全市1∶6的比例，而且辖区内工业区、居民区与水源保护区、生态控制区、高压电路保护区相连，情况复杂，管理压力巨大。面对行政人力资源不足的困境，“发动干部”走村串户的做法，在一定程度上使他们在繁重的本职业务之外更添负重。

人大代表功能虚化。由于新区是功能区，人大没有设立专门机构。新区实行科级以上干部挂点社区的机制，在很大程度上弥补了这一基层人大制度建设上的阙疑。但是，目前人大在新区基层工作中的缺位，使居住于新区的人大代表履行职能出现错位的现象，即无法对本居住区域的事务直接实施监督或建言献策，人大代表的制度功能被进一步虚化。在调研中，有的人大代表如是说：“春天开会时，我们去龙岗开会，反映我们自己的问题。社区修路啊、居民综合保险啊，还有生态补偿，生态环境保护，等等，很多问题。可是，我们提出意见了，龙岗那边人大会说这是坪山新区的问题，不属于他们的事。他们组织搞活动我们也不喜欢去，尽量不去。”“人大代表基本一盘散沙，活动大多形式大于内容，蜻蜓点水。”

除了基层人大代表无所适从外，因新区领导班子构架中没有人大机关，新区的领导机构也无法直接获得人大代表的支撑。因此，实行科级以上干部挂点社区的机制，事实上起到、替代了人大代表走访民间、综合民意、表达民意的功效。但创新一般都是双刃剑。行政干部挂点社区虽然疏通了民意表达渠道，却也可能进一步使群众疏离了人大代表，使群众只知道挂点干部，不知道人大代表。调研发现，当居民对政府政策、社会服务和管理不满意时，他们中极少人会想到向人大代表反映问题，只有1.3%

的人选择这一路径。

可持续性不能确定。从20世纪90年代末至今，一直是我国地方政府制度创新的活跃期，而且大都是以扩大民众有序参与为主要内容。但同时，基层政府的许多制度创新几乎都面临着可持续性困境，特别是大量透支行政资源的政治动员机制创新，总是因为党员干部或公职人员被赋予本职工作以外的过多的压力，或是因为执行新制度的人员变化，或是因为主要领导人事更替，而流于形式，不了了之。因此，目前新区的居民参与动员方式，因采取的是将体制内的政党组织、行政组织资源穿透到体制外的方法，在受编制约束、资源紧张的情况下，其未来可能会像其他地方的类似制度创新一样，面临可持续性难题。

（二）参与广度总体上不足

样本分析表明，目前新区居民对社会建设的认知率很高，但认知度不高；参与意愿较强，但实际参与率低；精英参与率高，普通大众参与率低。

对社会建设认知度不高。对事物的认知程度，往往决定着主体的行动取向。样本统计显示，对社会建设的政策内涵表示“比较了解”的只占样本总数的14.0%。[①] 性别、年龄、政治身份、职业身份、受教育程度、家庭经济收入水平等因素影响着主体对社会建设的认知程度。但户籍和居住时间长短对此影响不太明显。男性的认知度稍高于女性，认为自己对社会建设“比较了解”的男性占男性样本的18.1%，而认为自己对社会建设“比较了解”的女性只占女性样本的11.6%。

年龄对主体有关社会建设认知度的影响呈现半U形结构：61岁以上老年人对社会建设的认知度最高，认为自己对社会建设“比较了解”的老年人占老年人样本的20.8%；其次是30岁以下的年轻人，为15%。

受教育程度和家庭经济收入水平对主体有关社会建设认知度的影响，成正相关关系。受教育程度越高，认知度越高；反之，受教育程度越低，其指数越低。经济收入最高的，认知度最高；反之，收入程度越低，其指数越低。

① 此处计算认知度，用“比较了解”一项指标衡量。

政治身份对主体认知度的影响也比较大，表现为：共产党员的认知度最高，为32.2%；其次共青团员，为14.6%；无政治身份的普通群众只有7.9%。①

职业身份对主体认知度的影响也有规律可循。第一，国家机关工作人员对社会建设的认知率最高，为100%，认知程度也最高，达41.4%；第二，社区管理干部，为34.8%；第三，社会工作者，为23.7%；第四，企业员工，为8.3%；第五，私营企业主（或个体工商户），为7.1%；第六是没有参与社会就业的群众，虽然对社会建设的认知率也不低，为59.3%，但认知度最低，仅有1.1%②。这说明，个体没有参与到组织化社会体系中，会影响其认知能力。

自治事务行动率不高。虽然有高达79.2%的被调查对象表示愿意参与社区事务，但其参与行动与参与愿望脱节，总体行动率不高。如，居民通过各种社区管理机构（社区综合党委、社区工作站、社区居民委员会、股份合作公司）和街道等政府部门主动反映诉求的比率不高。有76%的居民在过去两年中从未使用过这些制度设施。作为社区居民自治机制重要创新的自治议事会，居民参与广泛性还不够，"从来没有听说过"它的样本达42.7%；"听说过，没参加过"的达43.3%；"偶尔去旁听一下"的为7.5%。

更值得关注的是，社区议事会在属性上是一个针对社区事务进行平等对话和共同协商、使用民主手段表达最后决策结果的自治性组织，是社区居民聚集起来讨论社区共同事务的场所，是社区居民参与的重要平台，它应该让每个居民都享有平等的话语权、表决权。但是，调查发现，有42.5%的居民"从来没有听说过社区议事会"；有43.1%的居民表示"听说过，但很少参加"。这与社区议事会的结构设计和议事会议制度设计有很大关系。从社区自治议事会结构看，目前各社区议事会大约由27—30人组成，主要是各类"社区精英"，包括社区综合党委领导、居民委员会主任、社区工作站站长、社区内的人大代表、股份合作公司董事、社区内的企事业单位负责人、离退休党政干部以及少数的居

① 民主党派样本的数据缺损严重，无法分析。

② 其他人群，包括离退休人员、下岗失业人员样本的数据缺失严重，无法分析。

民积极分子等。

此外，目前各社区议事会在举行会议时，或没有设置旁听制度或对之没有严格要求，普通居民难以由此参与社区公共权力的运作，也难以参与社区公共决策的过程，因而有高达43.8%的被访居民认为社区议事会“只有少数社区干部说了算，大部分居民群众不参与”的评判，仅比认为社区议事会“能吸引居民普遍参与，居民意见能够得到充分尊重和表达”的44.6%的居民少了不到一个百分点。还有居民认为社区议事会是政府设在社区的行政机关，并没有把它当作群众性自治组织。

（三）参与深度总体上有限

考察群众参与社会建设的深度，主要取自其所参与的事务领域、过程和环节。目前，坪山新区社会建设的五大任务领域都有群众的力量参与其中，但从参与的过程和环节上看，总体上尚处于有限参与状态。

参与范围的有限性。目前新区居民参与程度较高的事务领域均与主体的日常生活、切身利益具有比较密切的相关性。分别是：社区文体娱乐健身活动，参与率最高（35.2%），这一点在其他城市也有同样表现；“参加学校举行的家长会，向学校教学管理提建议”（28.8%）；“向社康中心、医院等医疗机构提出改进服务质量的建议”（15.6%）；“参与网上论坛讨论社会公共问题”（15.4%）；“参与本社区内养老服务、法律服务、困难帮扶等公益服务的提供”（15.2%）；“参加社区议事会或居民论坛”（12.3%）。

上述社区参与，内容主要停留在提意见和参与服务上，即使对社区议事会的参与，大多数普通居民主要是“动员性参与”、“执行性参与”，即在社区管理人员的动员、劝说下参与社区权力机构已经形成决定的事项，导致居民对议事会的陌生和疏离，这也许是居民高涨的参与愿望和低迷的参与行动之间形成悖论的原因之一。

参与层次的有限性。居民对新区层级公共决策过程的参与显然还不足，目前主要表现为对决策过程中少数环节的部分参与，充当的是“消息供给者”的角色。至于重大问题的决策，如重大公共工程建设的决策、举办重大项目的决策、政府绩效评估的范围和频度等，基本上还是取决于政府部门的意愿，居民参与更属于象征性参与，[①] 成为决策合法化程序所不得不走的过场。

（四）组织化参与程度尚低

从居民参与的组织化程度看，目前既有个体化参与，也有群体化参与，还有组织化参与。相较而言，个体化参与处于一种无差别的潜伏状态，政府部门只有在个体群众主动寻求政府帮助或参与公共事务时才能注意到他们的参与行为，处理他们的申诉和建议。因此，通常个体化参与的效能是不高的，除非他们采取极端行为并为此付出极端代价。群体化参与则是一种临时性松散的群众集合，一方面，因为参与者在特定情境下很容易受到群体心理效应的影响而出现偏激行为，不利于社会稳定；另一方面，群体化参与几乎没有可持续性。因此，只有组织化了的居民才是社会建设尤其是公共决策的最重要的参与主体，也只有组织化参与才是居民参与社会建设的最重要的渠道和制度安排。但目前新区居民组织化参与程度尚低。

居民参加社会组织活动的比例低。对 15 个社区的调查结果发现，属于某一个社会组织或常态性参加某社会组织活动的居民人数（这里不包括居民小组、居民自治组织），占社区总人口的比例最高的为 5.1%，最低的 1.9%。而且，居民还没有养成寻求社会组织支持的习惯。当问及居民对政策、社会服务和管理质量不满意、最可能采取何种方式时，选择“寻求社会组织支持”的只有 6.9%。

社会组织吸纳居民的能力尚弱。目前，社会组织吸纳会员、义工和社会就业的能力还比较弱，这是居民参与组织化程度尚低的重要原因。所调查的 31 个社会组织中，会员制社会组织 23 个，非会员制社会组织 8 个。在会员制社会组织中，只有 3 家的个人会员数超过 100 人，其他均低于 50 人；还有少数组织的个人会员数年趋下降。

（五）新型参与载体的知晓度不高

随着网络技术的普及，普通居民利用网络进行公共参与越来越普遍，

① “象征性参与”是美国公共政策学家 Sherr Arstein 提出的，意指公民在一定程度上具有进入公共政策过程和参与机会，但政府为保护其决策权力，会改变参与团体的权力分配来决定参与过程，具体形式包括“给予信息”、“政策咨询”、“组织形式”三种，公民参与的自主性不高。

不过虽然调查对象把网络作为发表意见的首选渠道，但当被问及对目前正在兴建的“社区家园网”的使用情况时，“没听说过”这一新生事物的有43.1%；“听说过但没用过”的有41.6%；“办理过业务但没有反映过问题”的有6.3%；“办理过业务也反映过问题”的有2.7%。这说明正在建设、推广中的社区家园网还有待广泛深入地宣传。

总结与讨论

总体上看，坪山新区目前的居民参与尚属动员式参与，因此参与效度还有局限。居民参与的效度，指的是居民参与所发挥作用的程度以及所产生的效果。参与应当是有效的参与，有效性是居民参与制度的根本。不过，调研对象中有30.6%的人对其参与效度的评价是否定的。有许多因素影响着群众参与的效度，主要表现在：

一是参与主体的广泛性不足。如重大公共决策、城市规划、社区议事会中居民参与的主体范围较窄，事实上能够参与的只是“小众精英”。此外，“自上而下”干部挂点社区的动员模式主要以居民个人参与为主，是被吸纳的意见对象，缺少组织化的参与。

二是参与主体与参与事项之间的利害相关性。如果参与主体与参与的事项之间完全不具有利害关系，那么参与主体可能缺乏参与的动力而消极对待。

三是参与的渠道。居民参与的形式虽然多种多样，但形式不一样，效度也不同。在没有制度硬约束或其他外在因素的作用下，普通居民很难参与高层次的公共事务。

四是参与主体的知识。如城市规划或政策，专业性和技术性较强，普通群众参与其中并非容易事。

但我们也看到，某些领域中（如文体娱乐、社交联谊等）的居民参与正在向自主型参与转变。要全面提升新区社会建设水平、打造参与式社会建设模式，关键在于加快推进动员型参与向自主型参与转变，激发社会建设的深层活力。

居委会功能再生机制研究[①]

——基于深圳市花果山社区的考察

马卫红

【摘要】 当前居委会的发展陷入了表面戴着居民自治的光环，却无实际自治能力的尴尬境地。实行直选后的居委会如何走下去成为一个亟待解决的现实问题和理论问题。本文通过对深圳市花果山社区的案例研究，探讨后选举时代居委会功能再生机制建构问题，以期对花果山社区经验的总结和分析，为不同区域的基层治理实践提供参考，并推进城市居民自治实践的理论概括和基层治理体制的建构。

【关键词】 居委会；居民自治；功能再生；社区共治

引　言

居委会在我国城市管理中的角色和地位可谓经历了“由边缘到中心，再由中心到逐步边缘化”的发展过程。引起居委会角色和地位变化的更深层次原因是城市基层管理体制的转变：从单位制到街居制再到所谓的社区制。可以说，从1990年代开始一些城市就对居委会进行了探索性改革。到现阶段为止，尽管改革的策略各异，但共同的做法是实行居委会选举，使其回归法律赋予的群众性和自治性组织，把居委会从日益繁重的政府交办事务中解脱出来，而将社区的行政管理、公共服务和居民自治功能加以

---

① 马卫红，深圳大学管理学院公共管理系副教授、副系主任，深圳大学当代中国政治研究所研究员，深圳大学社会管理创新研究所副所长，研究方向：基层治理、社会组织、群体维权。本研究受到教育部人文社科青年项目“居民委员会功能再生机制研究：以体制遗产与制度创新相融为视角”的资助（项目编号：11YJC840036），作者深表感谢！

分离，设立不同的组织来承担。然而，实行选举后的居委会虽然实现了形式上的居民自治，但各地的实践经验却表明，选举后居委会出现了“边缘化”和“空心化”的局面。多数居委会由于行政资源的剥离而变得资源匮乏，加之居民自治的操作性模糊，不少地方的居委会处于“悬置”状态。因此，当前居委会的发展陷入了表面戴着居民自治的光环，却无实际自治能力的尴尬境地。实行直选后的居委会如何走下去成为一个亟待解决的现实问题和理论问题。

现时期，党和国家提出推进国家治理能力和治理体系现代化，在基层就是推进基层治理体系的建设。而基层治理体系建设中居委会需要发挥重要作用，因为它是群众性自治组织，承载着居民自治的功能。那么，新时期如何重新激发居委会的功能呢？本文通过对深圳市花果山社区的案例研究，探讨后选举时代居委会功能再生问题。本文之所以选择深圳市花果山社区为案例对象，是因为它地处深圳市蛇口片区，这里打响了中国改革开放的第一炮。更为重要的是，花果山社区已经以盘活居委会功能为基础建立起了社区共治体系。该体系运行已历时四年，对花果山社区经验的总结和分析，可为不同区域的基层治理实践提供参考，[①] 也可推进城市居民自治实践的理论概括和基层治理体制的建构。

一　居委会的相关研究

学术界对居委会的研究主要集中在三个方面：第一，居委会行政化问题；第二，居委会选举及其实践；第三，以居委会为主体的居民自治乃至基层民主的发展。

在第一个方面，现有文献主要分析了居委会行政化的原因、表现及其带来的相关问题。桂勇、崔之余（2000）指出，单位制的解体及城市基层管理的需求促成了居委会的行政化现象，政府机构对居委会的人事和财政的控制强化了居委会的行政化倾向。何海兵（2003）也认为居委会在街居体制下变成了政府的“腿”，主要功能是完成政府机构交办的事务。

① 深圳市花果山社区已多次接待中央、各省市领导参观考察和学界调研，新闻媒体也有相关报道。

Whyte and Parish（1984）发现，在20世纪70年代，大多数城市居民把居委会看作是当地政府的代表，而居委领导常被看作是“干部”。Read（2003）使用“行政性草根接触”（administrative grass - roots engagement）来描述居委会作为一种国家代理组织的特点。同时，居委会行政化也带来很多问题，例如Pan（2002）指出，行政任务的繁多与琐碎令一些居委会干部对上级组织产生负面评价；顾骏（2001）认为居委会行政化严重影响了居委会自治功能的发挥。居委会行政化的影响直至今日仍然存在（马卫红，2010；汤艳红，2012；徐昌洪，2014），正是在这种对居委会行政化的批评与反思中开启了居委会的组织体制改革，居委会选举是这场改革的焦点。

在第二个方面，现有文献主要讨论居委会选举的操作及制度化。自20世纪90年代后期开始探索居委会选举以来，实行居委会选举的城市和区域更加广泛，选举的程序越来越规范和制度化（陈文新，2008），主要体现在新形势下对参选资格和条件的调整以及对登记选举程序的完善（陈宇，2006；刘波，2007），实行差额选举等（张赛林，2009）。在选举动员阶段所运用的策略大致有两类，一是物质利益的诱惑（陈伟东、姚亮，2005）；二是策略性地将选举政策与居民切身感受进行框架性整合，从而最大程度地激发居民的情感共鸣和行为参与（刘春荣，2010）。现有文献显示，在居委会选举的执行过程中，有些地方仍然是党政力量主导（郑长忠，2005；张平、谷艳芝，2012；吴猛，2014），而另一些地方则更加尊重居民意愿，主动邀约社会力量的监督（刘娅，2008）。当然，在居委会选举过程中也存在一些问题，例如，选举操作程序违规引起居民的不满由此产生上访事件（张乐天、国云丹，2009）。选举过程中看似热闹的场面却难以掩盖居民内心对选举事件的冷漠态度（Gui，et al.，2006；熊易寒，2008；邵燕斐，2010）。还有一些分析揭示，居委会选举只不过是“动员式”参与，是政治推销民主的结果（桂勇等，2003）。

在第三个方面，现有文献主要在自治和基层民主的话语体系中探究居委会的功能及其作用。在居委会的自治功能以及发展基层民主的作用这一问题上，现有文献存在“积极”论和“消极”论两种对立的观点。Benewick和Takahara（2002）认为，通过选举产生的社区居民委员会独立决策与社区服务相关的事务，使社区享有自治和民主。不少研究者持有类似观点，认为以居委会为主体开展的社区服务活动在基层创造了一种自治的氛围（例如 Xu and Jones，2004 等）。还有一些持积极观点的研究者认为，居委会选举本身就是自治与民主的体现（林尚立，1999；王邦佐，2003；叶英，2006）。另有研究从治理角度出发，认为居委会选举是一个有益的尝试，可以较快较有效地构建起以居委会为核心的基层民主治理网络（敬乂嘉、刘春荣，2007）。同样是从社区服务的角度进行观察，Wong 和 Poon（2005）所看到的则是国家在居委会实行选举之后通过居民服务重新实现了对基层社会的控制。也有研究指出尽管居委会为居民提供了具有民主色彩的参与渠道，但居委会的特殊历史地位使其很难摆脱国家的影响而只代表居民的利益。何艳玲和蔡禾（2005）指出居委会组织变革的内卷化使直选后的居委会实际运作机制没有发生根本的变化。于显洋（2005）认为我国基层社区民主化还需要经历相当长时间的发展。孙培军（2010）也认为，居委会选举所代表的基层民主动力非常有限。现有研究还指出，政府与社会双方的互动牵制着居委会自治功能的发挥（卜红双、靳晓光，2013），居民自治本身也存在一些问题（何洁，2013）。姚华（2008）称居委会自治体系代表了民主力量的增强，但当这一体系与基层社会管理体制相遇时民主力量又随即被消解，她随后的研究又发现，通过居委会直选行政权力得到了再生产（耿敬、姚华，2011）。

上述研究反映了现阶段学术界对于居委会的认知，为进一步的研究提供了坚实的基础和丰厚的资料，对我们理解居委会的现状及其发展具有非常高的价值。不过，就这一领域知识体系的建构而言，问题仍然存在。主要表现为一些研究主题被过度讨论（如居委会直选及其政治意义），而另一些主题则被轻视（如居委会的现实生存状态及其功能再生）。现有研究虽有关注居委会改革实践，但更多地是从中进行上述三个主题的反思与讨论，而系统总结和提升居委会改革实践经验的研究却不多见。事实上，将地方性的基层治理经验进行梳理，揭示其运行的条件与边界，更有助于推进基层治理体制的建设，因为在经验总结和借鉴的过程中，可以取长补短，进行更好的自我完善。可喜的是，当前关于居委会的研究出现了两个新趋势，第一，开始更多地关注居委会现实生存状态，这主要表现为最近两年来从国家到地方各级科研课题申请指南中关于居委会现状调研及居委会与其他社区组织关系研究的相关课题呈逐步增加的趋势。第二，开始把居委会放在基层治理的生态系统中重新审视其角色，近来的相关研究更多地思考居委会在现实社区治理体制建构中的角色和作用，尤其是居委会在协调社区利益冲突时所显示的功能及一系列相关问题。正是在这一背景下，本文主要从经验观察和总结的角度来叙述花果山社区案例，主要观察花果山社区体制改革中重塑居委会功能的措施，分析它如何有效发挥居委会功能，以及如何利用居委会的传统优势使它在社区利益冲突调节中发挥积极影响等。

二 花果山社区治理改革的背景及其动因

2005 年深圳实行“居站分设”社区体制改革，设立社区工作站作为“解放居委会”的重要举措，曾是推进社区治理体制改革的一大创新。然而，几年的实践证明，这种体制存在弊端：第一，“居站分设”后基层社会管理形成了市—区—街道—社区工作站“两级政府、四级管理”格局，社区成为事实上的行政管理层级，行政化色彩渐增，挤压了社区居民自治空间。第二，社区工作站在权力、资源分配上的强势地位，使居委会“边缘化”、“空心化”，居民自治能力愈显薄弱，居民自治浮于表面，真正发挥自治功能的居委会凤毛麟角。居委会的运行只能靠“能人领导”或优势“地理位置”，而缺乏对自治体系的制度保障。

像深圳市所有社区一样，在 2005 年的社区管理体制改革中花果山社区也成立了社区工作站，目的是社区去行政化，实现基层社区的有效治理（马卫红等，2013）。然而，几年的实践证明，社区工作站作为街道办事处的派出机构，在各项权限和资源优势上都优于居委会，导致居委会逐步失去与政府的关联，在一定意义上弱化了居委会的社区地位，由此带来群众影响力和号召力日渐下滑。于是，为社区减负而进行的社区管理体制改革陷入“两难困境”：如何能不让居委会“再度行政化”，同时也不使居委会“边缘化”。如何进一步深化改革，彻底破除社区行政化、使居民自治实体化是推动花果山创新社区治理体制的原动力。

同时，花果山社区位于改革窗口和经济先发的蛇口片区，更早地遇到了日益增长的公民权利意识，社会参与和利益表达的渴求更强烈。现有体制在参与渠道上显现短板：第一，以行政参与代替社会参与，政府“出力不讨好”。居民利益分化和自组织化与政府以稳定为目的对社区再组织化之间的张力，使得以政府为主的参与渠道疲于应对。第二，居民诉求日趋多样，缺乏相应平台引导。无序而失范的居民参与可能引发危机，因此，花果山社区在街道办领导下主动谋划、回应民意，重塑党和政府、社区和居民的角色。

另外，居民日益增长的服务需求及多元化与旧有社区服务供给机制之间出现矛盾，一方面，表现为政府对社区服务大包大揽的方式不可维继；另一方面，居委会直接提供服务，难以全覆盖，无法满足需求。2007 年深圳市推动社会工作发展“1 + 7”文件极大地促进了社会组织参与社区服务供给。面对新形势，需引入专业服务机构，以最高效率和成本效益采购服务，充分利用专业化知识推动创新，造福于民，建立多层次、可持续的社区综合服务体系。

如何做实居民自治是一个难题，现阶段居民自治存在两个无法克服的困难：第一是自治主体自身能力不足，无法独立承担自治责任；第二是社区存在多个自治主体，相互间关系难以自行协调。从组织形态和影响来看，社区内至少存在四种形式的自治：居民自治、业主自治、社团自治和精英自治。当前出现的社区矛盾和冲突，多数源自于不同自治主体之间关系的不协调。因此，现阶段需要一个有效途径引领、扶持自治。

概言之，花果山社区治理改革的背景和动因可总结为四点：首先，“居站分设”改革不够彻底，需进一步体制创新；其次，居民参与诉求不断增强，需搭建多元互动平台；再次，社区服务需求趋于多元，需完善服务供给体系；最后，自治本身存在局限，需探索党建引领自治的有效途径。

三　花果山社区概况及社区治理改革过程

花果山社区隶属于深圳市南山区招商街道，地处蛇口半岛的最南端，东起花果路，西至南海大道，南起招商路，北至工业八路。面积约 1.06 平方公里，有 7 个住宅小区，企事业单位 400 多家。总人口 18600 多人，其中常住人口 14200 多人，流动人口 4400 多人；从户籍角度看，户籍人口 12700 多人，占总人口的 68%。[①] 社区现有党员活动室、图书馆、星光老人之家等室内活动、社区服务和办公场所 750 平方米，户外文体广场 3 个共 1500 平方米。辖区中小区多为老住宅区，居民许多都是深圳的“开荒牛”。社区先后获得全国和谐邻里建设示范社区、广东省首批“六好平安和谐社区”、全国妇联基层组织建设示范社区等 17 项国家、省、市荣誉。

花果山社区治理改革大致经历了四个阶段：第一阶段，2006 年 7 月，花果山社区在全市率先成立了社区党委；2010 年 8 月，全面构建区域化党建，确立以社区党委为核心的总体格局。第二阶段，2011 年首个社区服务中心在花果山社区建成，此后招标专业社会服务机构进驻运营，提供公益服务。随后撤销社区工作站，梳理社区工作站原有各类事项，以政府购买服务方式转给社区服务中心的运营机构，建成社区综合服务平台。第三阶段，首先重塑居委会职能，变直接服务为借力服务，主要强化居委会的枢纽、议事、监督三项职能。其次，构建以居委会为枢纽的社区多元参与互动平台，使居委会真正回归群众自治组织，解决居委会边缘化和空心化问题。第四阶段，2012 年全面建成“两委两平台”社区共治体系，通过确立社区综合党委为领导核心、撤销社区工作站、居委会重塑为实体性群众自治组织等实质性步骤，形成了“党建区域化、服务专业化、管理网格化、自治实体化、运行制度化”的可持续发展新格局。

四　花果山社区重塑居委会功能的主要措施

花果山社区从 2008 年开始尝试引入专业服务机构，在社区引入了深圳市阳光家庭综合服务中心，目的是为社区居民尤其是以妇女儿童为主要对象提供专业服务。2011 年 7 月，花果山社区以《深圳市社区服务“十二五”规划》将要正式颁发为契机，[②] 率先建立社区服务中心，[③] 经公开

① 家园网—花果山社区概况 http://www.gbsq.org/huaguoshan/sqjyw_webmap/sqjyw_jssqgk/浏览日期 2014—01—20。

② 《深圳市社区服务“十二五”规划》于 2011 年 12 月正式颁布，花果山社区提前于当年 7 月成立了全市第一家社区服务中心。

③ 社区服务中心是一个物理空间概念，是一个场所，建成后由社会组织进驻运营。

招投标由深圳市阳光家庭服务中心中标，并进驻社区服务中心为社区居民提供服务，该服务中心的特点是：功能清晰、提供跨部门、综合性、非行政化服务。

成立社区服务中心是花果山社区治理改革的起点。在原有区域化党建的基础上，花果山社区明确了以社区党委为核心、以重塑居委会功能为重心，对社区治理机制进行了系统性、集成式改革。

首先，建成社区服务中心后，花果山社区撤销了社区工作站。将社区工作站原有各类事项进行梳理，以政府购买服务的方式转给社区服务中心的运营机构——阳光家庭服务中心。① 据此，社区服务中心成为提供行政服务、公益服务和便民服务的社区综合服务平台。这一点也是本文要着重讨论的社区行政事务准入，下文将详细展开。

其次，重塑居委会职能，变直接服务为借力服务，主要强化居委会的枢纽、议事、监督三项职能。居委会下设三个专门议事机构—社区管理委员会、社区公共服务委员会、社区市政建设委员会，成员由社区相关领域专业且有公益心的居民担任，政府从“为民做主”到“由民做主”，最大程度地实现居民自己的事自己定。

再次，构建以居委会为枢纽的社区多元参与平台，使居委会真正回归群众自治组织，解决居委会边缘化和空心化问题。依据街道办制定的《培育和扶持社区社会组织暂行办法》，居委会主要是指导、培育、协调社区社会组织，同时建立健全社区社会组织备案登记和自主管理制度。在花果山社区，居民自治团体比较活跃，各类在民政部门登记或在社区备案的社会组织多达 34 个，并由居委会牵头成立了社区社会组织联合会。花果山社区参与的途径较为多元，除了社区组织之外，还建立起社区家园网，它既是网上服务办事的平台也是社区居民论坛。同时，社区还创办《家园》季刊，开通“热线电话”和居民楼栋“连心桥”服务，搭建起邻里守望互助平台。② 在众多社区组织中，居委会是沟通协调的中心，如图 1 所示。

---

① 撤销社区工作站之后，对人员进行了分流安排：原由街道办雇用的站长和副站长转到社区服务中心，进行社会化转型；原工作站临聘人员解散，若愿意留在社区服务中心工作的人员在考核聘用时会优先考虑，若不愿留在社区可另谋职业。

② 花果山社区内部材料和招商街道内部文稿，2013 年 8 月调研所得。

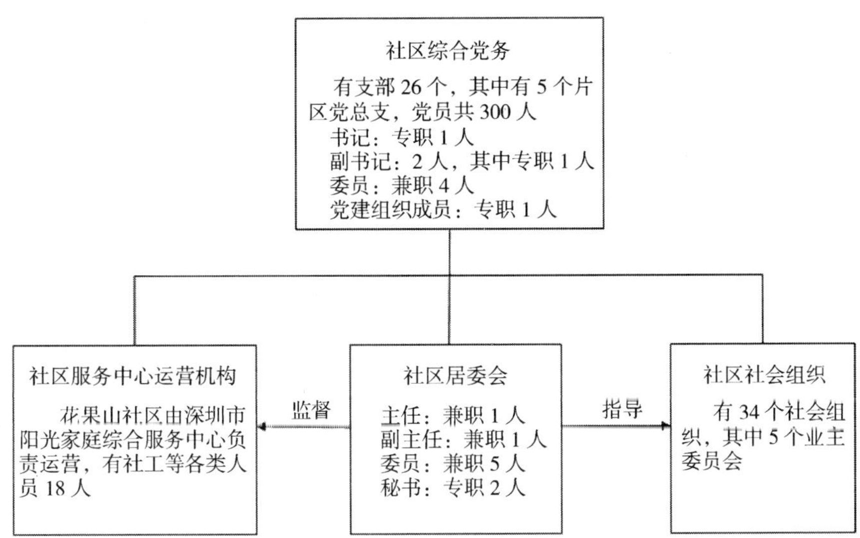

图1　花果山社区组织架构图

资料来源：花果山社区内部文稿

最后，成立社区共建共享理事会。该理事会由社区综合党委牵头，以社区居委会和社区社会组织为骨干，以辖区各类企事业单位为主体，以共驻共建共享和谐文明幸福社区为宗旨，探索建立健全社区党组织领导的充满活力的基层群众自治机制。理事会下设理事长、副理事长、执行秘书等，首批成员单位共24家，常务理事11家，其成员单位有社会事业单位、工商企业、物业管理和社会组织四种类型。[①] 理事会利用社区家园网站，在网络平台上开设便民服务、意见反馈、社区协调会等渠道，以利于加强民主议事协商、强化民主权力监督。

总结与讨论

社区治理往何处走？社区内各相关主体间的关系如何界定？社区矛盾与冲突如何有效疏导和解决？这是现阶段社区建设面临的难题。全国各地都在积极探索，试图破局，但多数呈现出的是碎片化改革，仅针对某个侧

① 花果山社区内部材料，2013年8月调研所得。

面，缺乏对三个关键问题的系统性思考：第一，自治权与行政权的衔接、互动；第二，居民自治主体本身的局限和单纯自治无法克服的问题；第三，维护稳定与激发活力的关系。深圳市花果山社区以重塑居委会功能为中轴探索社区治理体制改革的经验做法对上述问题给予了综合回应。

花果山社区治理改革减少现行“两级政府、四级管理”的城市行政层级，从体制上去除社区内准行政机构设置，并在此基础上建成社区共治格局。从中可总结出四个方面的改革效果：首先，解决了社区自治的真实性问题。花果山社区抓住当前社区自治难有实效的两个核心问题（一是社区行政化掣肘社区自治；二是社区自治缺乏相应平台）双管齐下，一方面，撤销社区工作站，实施社区行政事务准入；另一方面，重塑居委会，建立社区自治运行平台和机制，盘活居委会功能，使其成为社区自治的主体性组织，解决社区自治的真实性问题。其次，解决了社区党建和社区自治的协调性问题。一直以来，社区党建和社区自治成为一对张力，此消彼长，甚至存在对立。花果山社区共治体系探索出一条区域化党建引领社区自治的有效途径，通过完善党的组织体系，发挥基层各类组织的协同作用，构建社区共建共治共享机制，加强党的核心领导力的同时提升了社区居民自治，实现党的领导和政府管理与基层民主自治的有机结合。再次，解决了社区居民参与渠道不畅和无序化问题。花果山社区多元互动平台的渠道立体、多元，正式渠道和非正式渠道、线上和线下互通交融。多元主体通过多样化平台实现参与和沟通，使居民参与更畅通、更有序。最后，解决了社区公共服务的专业化和集约化问题。通过政府购买服务，引入专业服务机构，实现了标准化、专业化服务。同时，在社区公共服务采购中探索综合采购方式，变单一、条块式服务购买为多项、综合式服务购买，实现了公共服务采购的集约化整合。在经济效益方面，花果山社区服务采购项目没有多增加街道财政一分钱的负担，而是有效利用了街道供养原社区工作站的人头编制费，换句话说，花果山真正实现了居民的钱用在居民身上，为居民提供了优质社区服务。①

尽管如此，花果山社区重塑居委会功能的社区治理体制改革仍然向我们提示了三个关键的问题：第一，如何对社区多元治理主体定位；第二，

① 招商街道办事处书记访谈，2013 年 8 月。

如何落实社区行政执法类事务；第三，如何监督与评估社区行政事务准入。关于社区治理主体定位问题，学界有不同的看法，而且随着时间的推移，学界的观点也发生了变化。在社区建设早期阶段，多数学者倡导独立自主的公民社会，主张政府退出社区空间。但大约自 2009 年以来，持此种观点的学者明显减少，更多的学者用治理思维思考社区体制改革，主张政府应在社区保有相应角色，但不能像从前那样是社区事务的唯一决定者（Yu and Guo，2012；马卫红，2014）。在这一问题的处理上，花果山社区的做法是值得借鉴的，它有效实现了社区内行政权和自治权的衔接与互动。

花果山社区采用政府购买服务的方式、将辅助社会管理类及协同公共服务类行政服务事项交给社区社会组织履行的改革之举有重要的理论意义，它探索了社区内行政职能与行政平台的分离。传统的社区行政服务依托特定的社区行政机构（如社区工作站等）来完成。花果山的改革创新了工作方式，撤销专门的行政服务平台，通过服务购买将政府在社区的行政服务职能转给社会组织承接。但是，对于需要公权力来执行的事项处理较为困难，因为社区社会组织不具备公权力执行资格，如社区治安与消防管理等事务。花果山社区在行政执法类项目的落实方面暂时采取回归街道办的方式，交给相关的对口部门工作人员来处理。但即便由街道负责此类事项，也仍需要社区的配合，由于花果山社区已经以合同方式约定了社区行政事项，对于街道垂直职能部门在社区的行为问题，花果山当前的改革也未能很好解决，仍有待进一步探索。

目前，居委会在花果山社区治理中负有主要的监督和评估职责。首先，居委会对行政事务的准入进行监督和评估。三方协议签订时，居委会对进入社区的行政事务进行把关。除合同约定之外的行政事项，若需进入社区或委托社区居委会完成或协助完成，都要经居委会协调准许后才能进入，并且要按照“权随责走，费随事转，专款专用”的原则，为社区提供必要的人力、物力和财力；否则，社区有权拒绝。其次，居委会对社区服务中心的运营机构进行监督和评估，包括日常工作的监督和年度工作的评估。为确保服务机构的服务质量，建立了服务投诉处理机制，居民对服务机构的有效投诉将作为衡量社会组织服务输出绩效的重要依据。居委会作为群众性自治组织，理应肩负对社区服务的监督和评估职责。但是，居委会同时也是一个独立的组织，有着自身利益和行为取向，尤其像花果山社区居委会拥有财权，对居委会工作和行为的监督就更为重要。当前花果山社区对居委会的监督显得有些薄弱，虽然居委会由居民直选，但毕竟三年才有一次淘汰不良组织领袖的机会；另外，尽管社区党委是社区的领导核心，但从今年开始深圳在基层社区推行社区党委书记和居委会主任一肩挑，所以，依靠社区党委对社区居委会的监督也未必可行。由此观之，对居委会的有效监督是花果山社区治理体系进一步完善需要着重考虑的问题。

参考文献：

1. 卜红双、靳晓光：《关于我国基层民主发展的思考——基于权力制约协调的视角》，《科学社会主义》，2013 年第 2 期。

2. 陈伟东、姚亮：《选举行为背后：投机博弈——以武汉市 C 社区居委会直接选举为例》，《华中师范大学学报》（人文社会科学版），2005 年第 3 期。

3. 陈文新：《中国城市社区居委会直接选举：发展历程与现实困境》，《学习与实践》，2008 年第 3 期。

4. 陈宇：《城市社区居委会选举居民参与实效的调查与思考》，《广东行政学院学报》，2006 年第 4 期。

5. 耿敬、姚华：《行政权力的生产与再生产——以上海市 J 居委会直选过程为个案》，《社会学研究》，2011 年第 3 期。

6. 顾骏：《社区行政的困境及其突破》，《北京行政学院学报》，2001 年第 1 期。

7. 桂勇、崔之余：《行政化进程中的城市居委会体制变迁——对上海的个案研究》，《华中理工大学学报》，2000 年第 3 期。

8. 桂勇、黄荣贵、李洁瑾、袁静：《直选：是社会资本开发还是行政推销民主》，《上海城市管理职业技术学院学报》，2003 年第 6 期。

9. 何海兵：《中国城市基层社会管理体制的变迁：从单位制、街居制到社区制》，《管理世界》，2003 年第 6 期。

10. 何洁：《城市社区居民自治：内容、问题与对策建议》，《前沿》，2013 年第 4 期。

11. 何艳玲、蔡禾：《中国城市基层自治组织的“内卷化”及其成因》，《中山大学学报》（社会科学版），2005 年第 5 期。

12. 敬乂嘉、刘春荣：《居委会直选与城市基层治理——对 2006 年上海市居委会直接选举的分析》，《复旦学报》（社会科学版），2007 年第 1 期。

13. 林尚立：《基层群众自治：中国民主政治建设的实践》，《政治学研究》，1999年第4期。

14. 刘波：《外籍居民入选居委会的选举逻辑与社区政治空间转换》，《社会科学》，2007年第7期。

15. 刘春荣：《选举动员的整合框架：银杏居委会换届选举个案研究》，《社会》，2010年第1期。

16. 刘娅：《“社区”减负难在哪里》，《特区理论与实践》，2008年第3期。

17. 马卫红：《有限度的行政与自治：当前城市基层社会管理体系建构的逻辑》，《理论与改革》，2010年第3期。

18. 《公民社会与治理理论：中国基层社会转型两种解释范式的比较》，《会议论文》，日本熊本大学，2014年5月15—18日。

19. 马卫红、汪宇慧、王春红：《城市社区管理改革中的“深圳经验”：系统性回顾与反思》，《当代中国政治研究报告（第11辑）》，2013年。

20. 邵燕斐：《社区居委会选举冷漠问题研究》，《辽宁行政学院学报》，2010年第7期。

21. 孙培军：《城市基层民主动力分析——以上海市R社区居委会换届选举为例》，《理论导刊》，2010年第3期。

22. 汤艳红：《论我国城市社区居民自治的完善——以城市居民自治发展新要求为视角》，《政治与法律》，2012年第12期。

23. 王邦佐：《中国政治体制改革的成就和发展路径》，《政治学研究》，2003年第2期。

24. 吴猛：《社区居委会直选中政府干预问题的政治生态学阐释》，《社会主义研究》，2014年第2期。

25. 熊易寒：《社区选举：在政治冷漠与高投票率之间》，《社会》，2008年第3期。

26. 徐昌洪：《社区居民委员会行政化及其治理研究》，《社会主义研究》，2014年第1期。

27. 姚华：《权力关系重构与政策难题化解——以S市2003年居委会直选政策的执行过程为例》，《上海大学学报》（社会科学版），2008年第3期。

28. 叶英：《解读城市社区直选——以杭州市下城区灯芯巷社区居委会“海选”为例》，《中共杭州市委党校学报》，2006年第1期。

29. 于显洋：《社区选举与民主化进程——选举制度及其变异》，《江苏行政学院学报》，2005年第5期。

30. 张乐天、国云丹：《城市社区选举制度化与另类政治参与——对上海H居委会选举信访的实证研究》，《理论与改革》，2009 年第 2 期。

31. 张平、谷艳芝：《社区居委会换届选举直击与反思》，《国家行政学院学报》，2012 年第 2 期。

32. 张赛林：《差别选票的背后：街区控制与社区选举——以济南市 L 社区居委会换届选举为个案》，《内蒙古社会科学》（汉文版），2009 年第 6 期。

33. 郑长忠：《在民主与控制之间：基层党组织控制之下的居委会“直选”》，《马克思主义与现实》，2005 年第 1 期。

34. Benewick, R. and Takahara A. 2002. “Eight grannies with nine teeth between them: community construction in China”, *Journal of Chinese Political Science*, 7, 1/2, pp. 1—17.

35. Gui, Yong, Cheng. J. Y. S, and Weihong Ma, 2006. “Cultivation of Grassroots Democracy: A Study of Direct Elections of Residents Committees in Shanghai”, *China Information*, vol. 20, iss. 1, pp. 7—31.

36. Pan, Tianshu. 2002, *Neighborhood Shanghai: Community Building in Bay Bridge.* Department of Anthropology, Ph. D. dissertation, Harvard University.

37. Read, Benjamin L, 2003. *State, Social Networks and Citizens in China's Urban Neighborhoods*, Department of Government, Ph. D. dissertation, Harvard University.

38. Whyte, M. K. and W. L. Parish. 1984. *Urban Life in Contemporary China.* Chicago: University of Chicago Press.

39. Wong, L and B. Poon. 2005. “From Serving Neighbors to Re - controlling Urban Society: the Transformation of China's Community Policy”, *China Information*, 19, pp. 413—420.

40. Xu, Q. W. and J. F. Jones. 2004. “Community Welfare Services in Urban China: A Public - Private Experiment”, *Journal of Chinese Political Science*, 9, 2, pp. 47—62.

41. Yu, Jianxing and Sujian Guo. 2012. *Civil Society and Governance in China*, New York: Palgrave Macmillan.

专家研讨

一　探索居民自治有效实现形式经验研讨会

居民自治有效实现形式的实践探索

——海沧街道:“推进共同缔造,创新自治形式”

【编者按】：7 月 7 日下午，华中师范大学人文社会科学高等研究院在厦门海沧区举办了“共同缔造·探索居民自治有效实现形式的经验研讨会”。厦门市海沧街道介绍了他们“扎实推进共同缔造工作，创新基层自治有效实现形式”的经验。接下来，新加坡南洋理工大学何包钢教授对海沧街道的做法进行了深刻的点评。

【经验介绍——海沧街道】

扎实推进共同缔造工作创新基层自治有效形式

海沧街道

自 2013 年 7 月初始，海沧街道响应市委、区委号召，根据辖区内城市新社区、城市老旧小区、外来人口集中小区、“村改居”社区、纯农村等各类型社区并存、基层社会治理局面日益复杂的现状和问题，开展了以共治共享为目标导向的共同缔造工作。随后在共同缔造取得成果的基础上，选取绿苑小区、山后社、文圃花园、院前社等作为试点，开展基层社会治理创新实践，探索和重构社会治理新体系，目前，几个试点的基层社会治理创新实践已初显成效。

一　深入开展共同缔造，为构筑社会治理新体系奠定了良好的政策和思想基础

在推进共同缔造工作中，海沧街道把发动群众解决小区公共设施、公

共空间等公共性事务难题以及居民身边大小事作为切入点，通过利民项目建设、社会组织构建、群众活动开展、机制体制创新、共治精神培育等方式，有效撬动社区居民自治意识的觉醒，为构筑社会治理新体系奠定了良好的政策和思想基础。主要做法如下：

（一）加强组织领导，夯实工作基础

1. 加强理念塑造。通过会议、短信、微博、微信、网站、LED 显示屏、网格员入户、“百姓讲故事”等方式进行广泛宣传，让共同缔造的理念入脑入心。街道先后 60 余次组织各村居“两委”前往兴旺、西山、杨厝、金门、江苏、浙江等地学习，同时各村居也自行组织乡贤理事会、村民代表等前往西山、曾厝垵等地学习，实地学习累计达 3200 多人次。通过持之以恒地学习宣传造势，街道广大村居群众对共同缔造理念的认知感和认同感大幅提升。

2. 建立组织机构。街道建立共同缔造工作领导小组，党政领导亲自挂帅，设 2 名副组长负责项目组、综合组的具体工作；同时由 12 名包片领导、20 名驻村工作组组长协助，并抽调 14 名同志充实街道缔造办力量。按照指导组、项目组、综合组进行明确分工，实行专人专岗。各村居缔造工作明确由书记负总责，由 1 名两委成员具体抓，项目落实到人，稳步推进。

3. 优化工作机制。一是建立“每天记日志”、“每周一例会”制度。固定于每周二晚上召开街道缔造办例会，重点村居汇报，缔造办人员研究解决问题。各村居每天记缔造日志，每周召开例会，包片领导到会指导督办。二是实行重点村居“1 +1 +1 +1”联系制度，即 1 名包村领导、1 名包村组长、1 名缔造办工作人员、1 名城建集团工作人员专门挂钩联系村居的驻点制度，同时聘请专业监理公司负责项目监理工作。三是出台共同缔造痕迹管理操作办法，督促各村居全程规范记录共同缔造影像、图片和文字资料，为日后推广、有效复原打下基础。四是建立信息报送制度。各村居每周一报送共同缔造的进展情况，街道择优选取编发简报，目前已编发简报 33 期。

4. 积极借智借力。区挂钩领导多次到村居指导，为村居“号诊把脉”，提出宝贵意见。聘请了盛运昌先生、吴沧舜担任街道共同缔造顾问，同时还邀请李郁教授、徐勇教授、邓大才教授等到社区进行现场指导，帮助社区明晰方向，边做边提升。区委对街道的工作大力支持，在前期抽调了3名“精兵强将”协调指导工作。

（二）立足自身实际，突出缔造特色

1. 找准缔造重点和定位。工作开展过程中，街道逐步明确了以海发社区、海虹社区、贞庵新村、贞庵岭上社、温厝山后、海沧村柯井社、洪厝社、青礁院前社作为重点村居进行突破，以点带面推动整体工作。各村居也都结合实际，找准定位，深挖资源，做好规划，实现“一村一品”、“一社区一特色”，如海发社区打造“最有文化氛围社区”；海虹社区打造“幸福同心圆社区”，贞庵岭上社打造渔村文化；温厝山后和海沧村打造美丽乡村；青礁院前社打造望得见山、看得见水、记得住乡愁的闽台生态文化村等。目前各村居的共同缔造项目建设均已完成70%以上。

2. 积极发挥社会组织作用。社会组织是自治开展的有效载体。20个村居均发动群众自发成立了乡贤理事会或社区发展协会，成立了小区发展协会、辣妈团等社会组织70多个，各社会组织结合自身优势，举办特色活动，破解治理难题：海虹社区率先成立了厦门市首个社区发展协会和小区发展协会，随后又与厦门市广播电视大学（城市职业学院）合作，率先在全市成立社区居民大学，师资库除正规院校教职员工外，吸收了50多名具有专长的社区志愿者，开设了10余门课程免费招收社区居民入学；海虹“辣妈团”开设儿童乐园区、妈妈交流区和物物交换区，目前已开展活动28期，累计6500多人次参与；海发社区集邮协会在文圃小区举办集邮展吸引了200多人次参与；各村居乡贤能人主动加入到征拆阵营，打造出多数人做少数人的工作的局面。

3. 积极打造群众互动空间。公共空间以及公共文化是有效的居民自治利益关联点。海发社区将一批共同缔造“微项目”用文化主线串起来，先后完成24孝道长廊、文化讲习所、儿童足球场、老年活动室等项目建设；海虹社区积极与相关部门对接，保障广场店面腾出，以及师资力量配备，实现社区居民大学有场所、有设备、有师资；未来海岸社区居民自愿认捐37座爱心椅设置于小区中心地带，完成爱心跳蚤市场及蛙池的改造，为居民活动提供更加广阔的空间；海兴社区设立“爱邻墙”，在需要帮助的困难居民和有能力的热心居民间搭建爱心纽带；北附小社区利用废弃仓库改造“喜事房”，获得群众在微信上热烈点赞。

（三）发动群众参与，凝聚各方力量

1. 发动群众出资出力。群众在共同缔造过程中自发出资出力，各村居群众自发捐资达到436万元。贞庵岭上项目建设过程中，村民自发对施工范围内约6000平方米土地进行清表，让出各类果树135棵，鸡圈、简易搭盖杂物间5处；石塘村共同缔造第一路募集资金120余万元；温厝山后社全社村居近千多人次主动参与劳动，自愿让出土地5486.03平方米，先行垫付156万元作为启动资金，并主动捐款35万元，作为修建老年活动中心的专项资金；海沧村募集共同缔造专项资金80余万元。

2. 凝聚社会力量共建。各村（居）利用在职党员赴社区报到机会，广泛发动社会贤达开展扶贫助困、专长贡献等共同缔造活动，特别是在节日期间注重以共同缔造理念开展庆祝活动。在传统节日期间，社会贤达、机关在职党员、村居广大群众自发捐献街道慰问资金达80余万元，累计开展包饺子、百家宴、包粽子等活动3600多场，有28000多人次参与活动。

3. 发动群众讲故事。深入挖掘群众自发参与、体现群众自治精神、具有社会效益的生动故事，及时采集记录和补充完善，形成生动翔实的文字材料，同时培养一批“有热心、感情真、语表强”的乡土宣讲员、草根宣讲员、群众宣讲员。目前已挖掘“快板老人严阿锁”、“我喜欢共同缔造”、“东屿拆迁户离开老家和故土的同心自治”、“小区有位柯大姐”等37则故事，收编群众宣讲员18人，开展“写画讲唱”百姓故事系列活动，绿苑小区及文圃花园的百姓故事墙成为居民津津乐道的话题。截至目前，群众宣讲团、各类文艺队已开展宣讲和文艺活动200多场，这种生动的宣传方式，对培育群众“共治共享”意识起到了很好的效果。

二 精选试点分类实施，探索居民自治落地的有效形式

在前期开展共同缔造取得初步成果的基础上，街道以问题导向为工作方法，以“划小单位，自治落地”为主要手段，分别选取了绿苑小区作为多元社区的治理试点，文圃花园作为老旧小区的治理试点，温厝社区山后社作为农村村改居的治理试点以及青礁村院前社作为纯农村的治理试点，探索居民自治的有效实现形式，主要亮点有：

（一）绿苑小区：“上岸渔民”与社区融合自治

绿苑小区是海虹多元群体居住的“典型小区”，人群构成比较复杂，

包括岛内早期安置的居民、购买商品房的本地居民、早期安排住所的引进人才、租住房子的外来务工人员、侨胞、外国人，等，特别是有一批共140户的东屿社区的拆迁渔民，也安置于此。对于这些“上岸渔民”来说，从渔民到市民的身份过渡，伴随的是生活逻辑变化的冲击，少不了矛盾的产生，主要表现为生活空间的变化、市民身份的陌生感以及文化习俗的不合时宜。这些都给社区治理带来复杂性因素。

面对这种局面，在共同缔造的实践探索以及搬迁渔民内部需求的催动下，东屿拆迁渔民借助政策牵引的外部推力，立足于熟人社会的利益纽带，采取了适应和融合城市社区生活的“办法”，把以往村民自治的传统形式——小组自治的形式引入小区，自我培育和建立了一个自治组织——“东屿协调小组”，小组成员15人，包括3位楼长，12位协调员，均是由热心公共事务、个人威信高、居民普遍信任的东屿原村民担任。协调小组主要承载活动组织和秩序维护、调解居民内部矛盾、帮助居民与物业、居委会沟通、带动居民参与社区公共事务，培育共同参与精神的功能。协调小组先后参与或协调了环境整治、动员乡贤捐建“同心亭”、共同捐建公厕、婚丧嫁娶场所、规范停车、组织村民参加城市文体活动、增设路灯、参与社区公益活动、参加社区居民议事会等社区治理事务，化解了分歧和矛盾，展现了“上岸渔民”的特色居民自治，营造了整个社区“融合共治”的局面。

（二）文圃花园小区：老旧小区重新焕发活力的居民自治

文圃花园是海发社区辖内的老旧小区，其居民大都为教师，收入稳定，有较强的权利意识，但存在着物管多元不统一、业主期望值与物业管理水平差距大、物业与业主之间矛盾激烈等问题，面对这些问题，小区业主及物业都曾各自主动的尝试寻找解决方法，但都因居民对行政约束反感、参与热情不高、缺乏互动与合作、双方互相阻挠等原因而失败。

2013年，在共同缔造活动的撬动下，小区居民的自我管理、自我服务意识再一次觉醒，按照社区引导、社会参与、群众自治的新模式，在政府、社区、开发商、物业、业主多方合作互动下，小区自治组织成功成立，即在最广泛的群众基础上成立了业委会，并开始实行真正的居民自治。在此过程中，发挥作用的主要有三方面：一是政府动员，共同缔造入小区。街道和社区积极发挥引导作用，通过座谈会、宣传栏等多种方式向居民宣传共同缔造理念，并先后12次组织居民前往金门、江苏、浙江等地亲身感受与学习，同时发动小区党员、志愿者走出“家门”，参与房前屋后大扫除、卫生轮值活动等志愿活动。通过持之以恒地学习宣传造势，使小区居民对共同缔造的认知感和认同感大幅提升。二是社区助推，促进自治条件成熟。社区不再以指导者及监督者的身份介入小区自治组织的建立，而是以居民为主，坚持以问题导向为工作方法，广泛征集居民最为关注的问题，并且在前期空间建设项目中尽量让居民享受政策带来的福利，从而激发出居民强烈的自主意识，促成居民自治条件的成熟。2014年1月，在社区、物业代表、商家代表的监督、街道的指导和居民强烈的参与意识共同促进下，仅通过一次业主代表大会便成功组建业委会。三是多方合作，拓展业主委员会职能。业委会下设39位梯位长，设立了由业委会、业主代表、业主组成的各种督导小组：环境卫生督导小组、园林绿化督导小组、安全保卫督导小组、停车秩序督导小组、财务督导小组、小区建设督导小组等共同参与小区建设工作。同时，在多方支持下，积极拓展职能，在实现小区物业自管的同时，通过自治渠道拓展、协会网络建立和活动组织扩展，一步步推进了居民自治的发展。现在的文圃已不满足于缓解物业与业主之间矛盾、协商解决小区内餐饮油烟、公共用地清洁这样的致力于居住问题的业委会式自治，而是从多角度出发积极探索居民自治模式。通过文圃花园QQ群的建立，小区居民有了属于自己的虚拟网络平台，对小区公共事务的了解更直接；通过成立文娱协会、老年人协会、文体协会、教师协会、集邮协会等社会组织，以及文化讲习所、四点钟学校等特色品牌项目，文圃逐渐形成一张覆盖居民的生活网，催化居民“生人变熟人”，提供居民自治温床；通过强大的协会网和优秀的共同缔造基础，文圃花园以社区指导和痕迹管理为辅，居民自主申办为主，居民做主成功举办了集邮、自我教育等多项活动，“省时、省力、省心”，实现居民自治“落地”。

（三）山后社：“一会三组织”的自然村落自治

山后社是温厝社区的一个自然村，社内有128户，450余人，一条主干道串起来大部分农户。原本的山后社作为温厝社区唯一没有被拆迁的村落，保留了浓厚的宗族文化和乡土气息，但同时也存在着政策推力不够和内生活力缺乏，村落需求难以满足的问题。

共同缔造工作开展以来，山后社发挥“村落单元、熟人社会”的优势，发动村民近千多人次参与劳动，自愿让出土地5486.03平方米，先行垫付156万元启动资金，并主动捐款35万元。山后社的共同缔造工作，宣传发动多、投工投劳多、捐款捐钱多，让地让物多，群众参与热情高涨，自治格局完整，体现了村民自治的下沉，即扎根村落的自治形式。山后社村落自治与其他传统村落自治的不同在于，山后的自治是在现代理念下成立的群众性自治组织，形成“一会三组织”的自治完整体系。一是组建乡贤理事会。在党支部领导和居委会的指导下，按照政治素质、群众基础、领导能力、奉献精神等原则从村社能人中由村落群众或户代表推选宣传、调解、管护等几大理事，理事长由村落小组长担任，但必须经选举产生，组成乡贤理事会。二是设立监事会。由村落群众或户代表推选会长、监督和评议理事构成，负责审查乡贤理事会公开内容是否全面、真实，公开时间是否及时，公开形式是否科学，公开程序是否规范，并及时向村落群众会议或户代表会议报告监督情况。对不履行职责的成员，村落群众会议或户代表会议有权罢免其资格。监事会负责组织村落乡贤理事会每期、每届的监督评议工作，协助“以奖代补”项目实施和执行。三是完善宗族理事会等传统组织。此类组织主要负责宗功祖德祭祀活动，宗族各地之间的文化交流联络等事项；村落的红白喜事和寺庙活动；此外，注重发挥老人会在扶危、助贫、奖学等事项上的积极作用。吸纳老人会、主会等参与到村落建设发展和日常事务中来，借助其村落宗族权威地位，积极动员群众，配合乡贤理事会管理村落事务，与乡贤理事会形成分工，以补充乡贤理事会自治。

（四）社区居民大学：居民需求衍生出的“家门口大学”

在成立社区居民大学之前，海虹社区原有的“居家养老服务站”举办的老人养生、法律普及等公益讲座广受居民欢迎，居民的参与度非常高，这让社区看到了居民对各类知识讲座、公益课程的巨大需求，为了满足居民需求并可以为他们提供固定的学习场所，社区借鉴台湾社区创立居民大学的模式，创建了海虹社区自己的居民大学，并于2014年4月19日正式揭牌成立。

海虹社区居民大学是全市首个注册的社区居民大学，也是一所社区公益培训机构，从成立伊始就明确这所学校由居民自己来管。一是居民大学由社区发展协会和海虹社区自主发起，校长、副校长、理事等均由小区居民推荐和担任，政府不直接介入；二是师资力量主要依托社区志愿服务人员与合作院校老师。目前共有教师58名，涵盖了城市职业学院老师和奋斗、林文琦等小区特长达人以及机关在职党员等各方面专业人士；三是课程由小区居民自由选定。根据居民兴趣、尊重居民意愿，目前已开设小提琴演奏、育儿、保健、绘画、舞蹈、国学、老人养生等十余门课程，有在读学员500余人。社区居民如有参加学历制教育意愿，可以向社区合作院校报名，就近在社区居民大学入学、上课，学习合格者，通过合作院校规定学分要求，同样可以获得合作院校颁发的国家承认的学历证书。这是名副其实的“家门口的大学”；四是街道以“以奖代补”方式引导和扶持居民大学长效运作。由街道按照大学运作情况，以“以奖代补”方式进行扶持，已先行拨付“以奖代补”资金10万元。目前海虹社区居民大学运作良好，居民自主活动和课程的安排井井有条。

（五）院前社“济生缘”城市菜地：自治指引“百姓富”探索之路

青礁村院前社于今年5月份成立并注册了“济生缘”合作社，目前主推“城市菜地”项目。该项目应用了“天时地利人和”：“天时”即“美丽厦门·共同缔造”政策推出、“百姓富生态美”理念提出以及社会对于有机果蔬的需求和田园生活的向往。“地利”即院前社本身拥有的300亩菜地资源以及毗邻慈济东宫旅游景点的交通优势。“人和”即院前社村民高涨的热情和奋发的斗志。

合作社完全由院前村民自发成立，现吸纳社员15名，平均年龄30岁左右。合作社设立的宗旨在于整合并盘活院前社的菜地、古厝、历史人文资源，充分利用院前社对台交流优势，进行统筹规划运作，合理分配使用，避免恶性竞争，让大家共享共同缔造中“百姓富”的发展成果。“城市菜地”项目，至今已整理城市菜地40多亩，吸纳会员100余人，并已初具雏形。下一步，将广泛吸纳村落菜农、古厝资源所有人及有愿意入股参与的村民，带领村民共同致富。

三 探索过程中的几点启示

类型化的自治探索为居民自治的发展提供了一种参考路径，并对城市治理带来一定的启示。

1. 将利益关联作为自治行动形成基础。民主参与内在基础和动力都源于利益。在中国城市社会进入个体化进程，“熟人社会”变为“生人社会”，居民之间的利益关联性不断减弱的当代，必须意识到要实现居民参与自治，必须使个体化的居民重新再次嵌入集体社会，而“共同利益”便是最佳的融合润滑剂。如文圃花园小区居民自治的形成基础，一方面是共同的生活地域，形成共同的生活空间；另一方面，小区居民身份同质性，形成共同文化。文圃花园教师或退休干部为主的居住群体形成了小区共同的文化氛围与文化基础，具有相近的精神文化需求。因此，挖掘居民生活的公共性，将其作为有效的共同利益关联点，以共同利益为诱导，是形成城市居民自治落地的良好基础。

2. 将政府与社会的互动作为自治的有力牵引。社会自治路线完全依靠居民自我治理的目标在短时期内难以形成，而政府发挥主导作用，互相协作、互相依存、互惠互利，是助推居民自治的有力途径。对于海沧街道，政府互动的自治牵引主要体现在两个方面，一是新城建设的项目实施，但更重要的是“共同缔造”的试点实践。共同缔造作为政府推动社会治理的政策，通过社会动员的同时，激活了居民的责任参与意识，为居民自治奠定意识基础；以奖代补项目性的政策，为居民自治提供了利益诱导与资金支持。二是引导、推动居民自治的形成，并在一定程度上保障了居民自治活动的开展。同时，居民主动参与、积极配合提高了政府的行政管理效率，居民自我管理、自我教育节省了政府行政管理费用。因此，政府与社会的良性互动成为实现社区治理的转型和实现居民自治落地的有力牵引。

3. 将社会组织作为自治开展的有效载体。城市居民自治，靠政府推动，公民被动接受，难以形成；仅靠原子化的个人直接对接更无法实现，亟须一个载体。海沧街道通过优化申办通道、提供活动场所、奖补活动资金、“做媒”供需人群，达到创新孵化和培育自治社会组织这个社会相关利益的“容纳器”，催化居民融合，增进居民沟通的效果，真正以社会组织自我供给契合了不断提高的居民服务需求，在减轻政府压力的同时，实现了居民的“自我决策”，最终落地居民自治。其中海沧街道率先全国发展的社区居民大学、文化讲习所等一系列教育性社会组织，具有填补社区教育这一历史空白、进一步试水居民服务与居民自治新深度的重要意义。

【观点一】

点评嘉宾:何包钢教授　新加坡南洋理工大学人文社会科学学院

听完海沧街道的经验介绍，很受启发。面对渔民、老社区居民以及自然村村民三种不同的群体，海沧街道灵活采用不同的方法来治理，这个是非常受启发的，如果交由我们知识分子来就这三个不同的社区进行治理，是未必能管理好的。这个反而还是有地方智慧的，创造出这种多元治理的经验。

因为只有5分钟，我就简述五个要点：

第一点感触最深的：海沧街道各种各样的治理，背后体现的是一种社会共治的原则。最重要的一个体现就是：我们一直在讲我们是中华人民共和国，这样我们共和本义已经忘掉了。这次非常欣慰，因为海沧街道居民自治是在落实共和本义的一个微观实践，即共谋共建共管共评共享，这从5个方面彻底落实了我们以前所说的共和国，这能够在一个街道的层面来彻底落实，让我感到非常受鼓舞。如果我们在一个微观的层面把共和国落实了，我相信未来的中国，能够在大国的层面把共和国的原则落实。

第二点感到非常受鼓舞的：此次我所看到的，特别是今天上午所看到的，就是浙江在中国20世纪八九十年代开始了村民自治的第一次浪潮，而从前几年到现在开始，从厦门海沧开始，将会掀起第二次自治的浪潮。这个浪潮我想跟第一次浪潮做个比较，有几个大的不同点。其一，它是完全以利益机制为基础；其二，它是以协商民主为平台；其三，它是以社会组织来推动，充满活力，又是政府和社会的互动互信。最终还有一个令我感到鼓舞的，就是在中国背景下，厦门海沧探索居民自治实现形式是以城市竞争为动力的，即在一党领导下，以城市为主的广泛政治竞争，这种竞争是非两党制的对抗性竞争，但却充满着一种政治竞争的色彩，并且这种政治竞争将会是未来推动中国第二次城市基层自治的新的浪潮。

第三点感到学到很多：我曾到世界多个地方参观学习，单6月份就去过三四个国家，我也曾到这些地方的街道下面视察，但从从未看到过今天像海沧这样，能够率先带头在民主治理中运用高技术，建立非常丰富的经验，特别是运用电子平台，电子政务、微博、手机，这个可能在世界基层社会治理上也是非常领先的。

第四点谈谈自我看法：今天看到海沧街道为了鼓励，为了解决公共空间而采取的多种有效措施，其中的一个认购制，即每个居民认购一块绿地，这个非常好，给我印象非常深刻。因为我以前去过很多地方，包括此次来之前，又在北京中央党校附近小区走了走，结果是乱七八糟，跟这边相比的话，这边确实是好多了，这个感到做得非常好。但我在想，有一种做法是不是应该提倡，因为我曾在澳大利亚时很喜欢散步，每次散步时会看到许多人家的花园，而这些花园的主人会把这些花园做得很好，并将花园前公共行走人道的草地也附带着种点花草树木，长此以往这便形成他们的一种生活习惯。所以我想，未来中国大概也会是这个样子，即先通过政府推动、鼓励、指导来施行，继而老百姓逐渐形成生活习惯，最后进行一个“摘帽”，就是不再以居民实名认领的方式执行，而是在其真正成为居民生活习惯的基础上，由居民自觉管理，这在自治上可以说上了一个更高的档次，这是我的一个看法。第二个看法就是，上午会议介绍了很多积分制，我感到非常好。这里向大家介绍新加坡的两个经验，感觉蛮有意思。现在的积分制是指你某件事做得好给你积分，你可以凭借积分去购物，新加坡从这个角度出发，抓住人们“天下父母一片心”的普遍心理，比如父母总是希望子女读好学校，所以自己会首先选择读本地区的好中学或者小学。而父母选择做义工的话，便可以计分，下来如果比其他家长多出一些，等孩子考试的时候，出现平分情况下，由于父母做了很多，子女便可以多出一两分，进而可以读取好学校。新加坡靠这个制度来督促大家，对我们而言，有很好的借鉴意义。另一个经验就是，我们今天谈到很多公共空间的问题，感触很深。因为前几年我曾去过一个朋友家，楼梯口和楼道里脏、乱、差，而一到主人家里，却像皇宫一样漂亮，就是想说明，在中国人面前公共空间是不管的，但是在海沧，我们发现这里的公共空间是非常漂亮的。这里指出新加坡的一个经验，新加坡在造高楼的时候，第一层或者不住人或者架空，然后增添各种各样的基础设施，比如老年人锻炼的、小孩玩耍的，甚至包办红白喜事都可以在这里进行。本来“城市病”对住高楼的人们来说就是一个现代病，可以说也是世界上的一个通病，而新加坡通过这个制度则很好地克服了这些问题。另外，新加坡最近还有一个新规定，由于技术的发展，新加坡在现有技术能力可承载的前提下，要求所有的高楼楼顶必须建造花园，花园一旦建成，居民晚上都可以去休息，大家抬头百家见，非常有利于促进社会的和谐进步。

第五点则谈一个问题：我认为，在中国推动社会自治，一定要通过政府的指导和引导，这是中国的一个现实。然而我们如果从社会自治的本义来讲，应该是政府作用越来越小好，因为这才是真正的社会自治。因此，结合中国实际情况，我们需要思考中国未来社会自治发展道路问题，因为上次跟杭州市委聊天时也有谈到，杭州市在某个地方促进公益组织，最后提出政府组织要引退的一个问题。所以，未来我们确实要考虑政府何时引退，怎样引退，在我看来，政府是必须在社会自治已经形成一个生活习惯的情况下才能引退。谢谢大家！

居民自治有效实现形式的实践探索

——新阳街道:“创新社会治理,落地居民自治”

【编者按】 7月7日下午，华中师范大学人文社会科学高等研究院在厦门海沧区举办了“共同缔造·探索居民自治有效实现形式的经验研讨会”。厦门市新阳街道介绍了他们“创新社会治理，落地居民自治”的经验。接下来，深圳中国当代政治研究所唐娟副教授对新阳街道的做法进行了深刻的点评。

【经验介绍——新阳街道】

创新社会治理,落地居民自治

新阳街道成立于2006年，面积27.6平方公里，下辖新垵、霞阳、祥露、兴旺4个村（居），人口17.15万人（其中常住人口1.55万人，流动人口15.6万人）。新阳工业区拥有企业1388家，其中外资（含港澳台）206家。产业布局以生物医药、电子、精细化工、机械制造为主。2013年工业总产值520亿元，占全区50%以上（其中生物医药产值突破100亿元），固定资产投资46亿元，街道财政总收入16.28亿元，本级财政收入8250万元。

一　现代化进程中的治理困境

（一）转型期特性凸显，社会问题矛盾突出

一是人口流动性大，过客心态难以形成归属感。新阳工业区是海沧投资区最早的工业区，也是新阳街道的主要管辖区域，辖区外来人口远远多于常住人口（比例约10∶1），占海沧全区外来人口数的85%。若按辖区可居住区域计算，则达到近1万人/平方公里。外来人员主要是来自全国各地的务工人员以及部分台胞。流动的人口带着过客的心态，难以形成对社区的归属感和认同感。二是组织碎片性高，个体孤立缺乏凝聚力。“单位制”取消后，城市居民没有了组织归属，变成了“社会人”，但是并没有成为“社区人”。同样，新阳街道90%以上是外来人口，以整体家庭为单位外出打工的比例并不高，很多人户口在异地、人在异地、买房子在异地、居住在异地，即人户分离。因此，作为社会最基础的组织——家庭在此呈现了分化，社会的碎片化程度高。社会治理所需要的横向到边，面临以地域为边，以户籍为边，以人的居住地为边等多重选择，这就成了新形势下社会治理的新难题。三是结构分化大，相对性下幸福指数低。随着工业区的发展，新阳的经济水平得到快速提高，但也带来了社会结构的分层分化。一方面，当地居民收益于私房出租、工程建设等方面，生活水平在大幅度改善的同时，心理期待也大幅度上升，容易产生相对的不满、相对的失落和相对的被剥夺感，幸福指数并没有随着经济的增长而提高。另一方面，近年来相对本地居民，外来人员对于同城同待遇的需求也越来越高，但受限于户籍政策等因素，以及政府提供服务的能力水平，外来人员在子女上学、老人养老、生病医疗等方面的问题，短时间内还难以得到彻底解决，社会融入感较差，容易爆发社会稳定问题。如2010年、2011两年，新阳连续被福建省综治委列入城中村整治挂牌督办单位，群众意见比较大。另外，辖区拥有台企700家，台胞600多人，但由于工业区的整体居住环境相对岛内和海沧生活区比较落后，台胞融入当地的社会生活有待进一步提高，无法形成真正有效的集聚。

（二）需求趋于多元化，传统管理模式失灵

一是政府历来采取大包大揽的模式开展群众工作，某种程度上造成群众享受权利意愿不断增强、承担责任义务意愿弱化的意识形态，无法形成有效的社会自治，征地拆迁、医患纠纷等社会矛盾频发。二是街道作为最基层的政府单位，承担了上级下派的各类纷繁复杂的事务，长期以来形成了唯上是从的工作状态，且上级各部门均强调自身工作的重要性，使得街道疲于应对、难以适从。这些状况某种程度上造成了街道难以沉下身、沉下力，深入基层一线了解和掌握百姓的需求，真正发挥基层应有的作用，解决最后一公里的相关问题。三是随着经济社会的发展，群众的需求不断趋于多元化，公民意识开始觉醒，尤其是权利意识。政府单向给予式的管理方式不能满足群众多元化的需求，群众主体得不到体现，群众与政府之间的不信任，甚至对立情绪加大。

二 在共同缔造中转型社会治理

2013 年 7 月以来，街道积极参与“美丽厦门・共同缔造”行动，按照“核心在共同、基础在社区”的要求，以“共治共融”为主线，广泛发动社会参与，增强政府、企业、群众、社会组织的良性互动与共治。

（一）加快政府角色转变，凝聚参与共识。

“共同缔造”以来，街道首先转变领导干部理念，由“独唱”转为“领唱”，由主导变为引导，让社会一起参与“合唱”。街道及村居通过入户宣传、发放征求意见表，公开征集电话、邮箱、网站，以及利用信息化平台、民声话仙场、民情调查队等广泛征求民意、倾听民声，推动一批群众反映强烈的项目建设，并以“以奖代补”方式，让群众参与美好环境的营造。在兴旺社区的试点工作中，干部与群众按照“决策共谋、发展共建、建设共管、效果共评、成果共享”的“五共”精神引领，从群众房前屋后、关心关注的实事小事入手，让老百姓做主，听老百姓的意见，充分激发了群众的主体意识和参与意识，推动了兴旺认养绿地、阳台绿化、“知心亭”翻修、水池改造等一系列共同缔造项目。居民走出了自己家门，走向了社区“大家庭”，“生人社区”的隔阂正慢慢消除。

（二）完善参与平台建设，激发群众热情。

2013 年 3 月，新阳街道网格化指挥中心成立，海沧区区—镇（街）—村（居）网格化三级联动平台成立，实现了“自上而下”的通知和“自下而上”的意见征集双向互动。在此基础上，兴旺社区继续探索信息化建设，2014 年搭建了“指尖兴旺智慧社区服务云平台”，打通了“政务信息服务”与“商务信息消费”两个“最后 100 米”。通过这一平台，集中了政府、社会组织、居民、企业等各方资源，“三网融合”促进网络基础资源共享，创新了信息技术服务群众的新手段；同时居民可以通过投票评议、答卷建议、互动交流等形式参与社区治理，实现了治理方式的现代化。

（三）加强社会组织培育，丰富治理主体。

“美丽厦门·共同缔造”的核心在于“共同”，要凝聚群众、社会、企业等各方面的力量参与到共同缔造的行动中来。鉴于街道构成复杂，需求趋于多元化，街道通过分类聚合，探索建立“理事会+业委会+俱乐部+义工队”模式。通过骨干聚合，依法组建社区同驻共建理事会、小区业委会，组织社区骨干居民开展议事自治活动，组建社企同驻共建理事会协同辖区内企业，畅通企业参与社区治理的渠道；通过兴趣聚合，根据居民兴趣爱好特点，组建书画俱乐部、合唱俱乐部、广场舞俱乐部、篮球俱乐部、羽毛球俱乐部等各类“特色之家”组织，组织开展文体交流活动；通过理念聚合，组建“台胞义工志愿行”义工队伍，组织开展绿地认养、公共空间轮值认管、“四个关爱”等义工服务活动。通过分类聚合，逐步实现每位社区居民都能加入一个以上社区社会组织，实现“全参与”、“全覆盖”。

三　在治理创新中落地居民自治

“美丽厦门·共同缔造”的试点工作激发了群众参与的热情，增强了街道与社区、居民、企业之间的融合，提高了社会参与度，实现了从传统管理向社会治理的转变。2014 年 5 月，街道继续深化社会治理改革，软硬法治理相结合的理念，按照法治、自治和协商民主的总体原则，理清职责、下沉服务、孵化组织、延伸自治，促进居民自治有效落地。

（一）理顺基层治理体系，增强居民自治的有效性。

按照“街道治理、社区服务、网格自治、楼栋微自治”的原则进一步加快职能梳理，加强组织建设，建立基层治理体系。首先，加快街道职能转型，加强社会治理。在不改变现有机构编制、领导职数和人员身份的情况下，将街道机构整合成“四办”，并根据“强化街道的社会建设职能，逐步弱化街道的经济职能”这一原则，梳理新阳街道现有 154 项职能，其中归由街道部门负责 110 项，协助 15 项，下放到社区 22 项，转社会购买 7 项。其次，剥离社区行政事务，加强社区服务。社区层面行政事务收归街道承担，把街道便民服务中心下沉到社区，并充分运用网格化和信息化手段，使居民在家里或家门口就能办成事。开展清理社区办公场所行动，实现社区办公场所最小化、服务居民最大化。发展社区多元社会组织，加强多元参与。最后，划小自治单元，促进自治下沉。在城市社区，开展网格自治，按一核多元模式，形成在网格党组织的核心领导下，网格自治理事会、物业、业委会、社会组织开展多元自治的局面。在网格以下，以楼栋为单位，建立楼栋自治小组，由居民骨干、积极分子等组成，按照自己的事情自己议、自己管、自己办的原则，广泛开展“我爱我楼”活动，动员居民积极参与到楼栋共谋、共建、共管、共评和共享中来。在农村社区，则发挥传统文化关联，因地制宜以自然村、片、小组等为单位，探索最合适的自治单元，发挥村落自治。

（二）完善基层治理方式，增强居民自治的规范性。

一是推进法治化治理。按照法治化理念，将政府依法行政和群众依法自治结合起来，推进社会生活领域的司法化，将司法机构的服务延伸到群众的生活中，利用辖区内“水木工作室”的资源，充分发挥社区司法调解员的矛盾调解作用，将民事调解结果予以司法确认。推进群众的契约性自治，提升群众依法自治的精神。根据村居实际，经过民主讨论制定《小区自治公约》、《村规民约》等各种自治公约，提升群众依法自治的精神。二是推进社会化治理。加强新厦门人服务综合体社会组织孵化基地建设，加快培育多元社会组织。大力培育发展社区志愿者组织，提升“两岸义工联盟”品牌，壮大志愿者队伍，开展有针对性的服务。探索“社工+义工”，建立社工、志愿者联动机制。搭建社区志愿者与各类民间组织、慈善机构和非营利性社会团体交流合作平台，拓宽社区志愿服务渠道。三是推进信息化治理。新阳街道率先全省成立街道层面的网格化信息平台，并率先全市开通了居民小区公共区域无线宽带网络、智慧社区体验屋、社区信息服务云平台等，下一步将继续加快推进社区事务管理平台、居民互动网络平台、公共服务信息平台、社会志愿服务平台、居家养老服务平台等智慧社区建设，促进智慧家庭普及。

（三）强化治理机制保障，增强居民自治的长效性。

一是规范参与机制。在“共同缔造”中，新阳街道创新了绿地认养、空间认管、无物管小区“三元治理”等形式多样的群众参与机制，建立起“台胞志工+社工+义工”模式的社会组织联合参与机制。通过社会组织的培育，建立起企业、群众多元主体议事、自治的机制。二是强化激励机制。在区级“以奖代补”方案的基础上，街道立足实际，制定具体的“以奖代补”实施办法，并出台了“以奖代补”的项目操作和资金管理办法，鼓励普通群众、社会组织、企业参与共治。建立了社区社会组织的分类评定机制，开创了“分类评定＋以奖代补＋宣传公示”的激励链条。建立公益创投制度，梳理出新厦门人心理关爱、空巢老人日间照料、小学生四点钟学校等公益项目，向社会公示，通过公益服务项目洽谈会，引导企业和社会慈善力量参与，实现政府需求、市场需求与社区社会组织发展的契合。三是完善共谋机制。建立问卷调查、居民访谈、信息反馈等多样化的意见征集途径，广泛开展平等对话、相互协商、规劝疏导等协商活动，不断推广和完善党代表联系群众、民主评议票决、民主听证会、政情通报会等制度机制，使共谋共评以制度化形式贯穿整个试点工作始终，努力寻求改革的最大公约数，增进最大共识度，形成最大凝聚力。

社会治理创新是时代发展的必然要求，新阳街道作为全市深化社会治理改革创新试点单位之一，承担着为全市社会治理积累经验、提供借鉴的重大任务和光荣使命。下一步，新阳街道将朝着规范化、精细化的目标，以社会化为核心、法治化为保障、信息化为手段，抓紧推进社会治理试点各项工作，初步构建起街道—社区—网格—楼栋四个层面的基层治理体系，形成“两岸义工联盟”、“公益创投”等具有影响力的社会治理品牌，营造出协同共治、居民自治的社会治理良好局面，努力成为全市试点工作的典范。

【观点二】

点评嘉宾:唐娟副教授　深圳大学当代中国政治研究所

今天上午我们实地参观了新阳街道兴旺社区，刚才又听了街道党工委书记的发言，新阳街道经验的介绍，以及一些实地的参观于我收获良多。

在我看来，今天的考察交流不仅有视觉上的满足，也有思想上的收获。因为新阳的情况和深圳是相似的，我注意到新阳的外来人口和本地人口之比大概是1∶7，深圳全市平均是1∶8，个别街道达到1∶18，所以新阳所面对的其实是一个在社区人口结构高度倒挂这样一个异质性社会生态的基础上，如何创新社会管理方式的问题。因此我从学术学者的角度去观察新阳的创新，我发现海沧区的新阳街道能够及时“见异思迁”，所谓的“异”就是在这样一个异质化的社会，能够及时思变，与时俱进。而所谓的“迁”首先就是加快政府角色的转变，促进社会参与，推进共融共治，这是整个一个创新的框架。如果我们从形式上去判断新阳创新模式的话，会发现其和现在国内很多城市、基层等的创新是相似的，然而我们如果从新阳创新的出发点，即从现实基础以及实际操作层面这种细微的措施上来看，这是非常具有新阳特有的风格和面貌的。根据我的观察，我将其概括为以下几方面。

在我看来，新阳创新之处主要体现在四个链接，三个融合。首先谈谈四个链接。第一个链接就是党政主导和群众参与的链接，这是一个在很多城市可以看得到的形式，但在操作层面，我们会发现它落在实处，是非常具有操作性的，比如以“以奖代补”激励机制孵化社会组织等，正是在双方的共同努力下，促使这个链接得以落实。第二个链接是服务提供和服务需求的链接，这个链接主要是通过将居民的兴趣聚合，在聚合的基础上进行分类，居民的兴趣就是需求，在分类和聚合的基础上有针对性地提供服务，从而实现了一种服务供给与需求的有效链接。第三个链接是法治与自治的链接，这里有着更多的非常细微的措施，比如特别具有新阳特点的绿地认养，公共空间管理，以及垃圾分类的实施，这些都是非常具有操作层面的东西，而正是以上这些操作措施，可以用这种新的制度真正落到实处。第四个链接是技术创新与制度创新的链接，我们看到信息化，这个信息化其实它的实质也是一种制度上的创新。

其次，谈谈三个融合。总体来看，第一个是新厦门人与老厦门人的融合；第二个是岛外的理念与本地方式的融合；第三个最终是政府与社会的融合。首先这个新厦门人与老厦门的融合，其操作措施主要是外来人口，特别是大陆的外来人口的参与，他们能够很好扮演治理主体的角色，从而将自身有效的组织化起来。因此既是保证了外来人口参与的有序化，同时也使自身成为治理的一个主体，而不是一个服务的对象，这是一个很好的创举。另外，岛外理念和本地方式的融合，这种方式跟深圳当年有很多相似性，因为当年有很多台湾同胞到深圳去创业，结果深圳当年很多老旧小区住的基本上是台湾人。台湾人有着一种高度的公民精神，这种精神对深圳业主委员会的发展起到较大的促进作用，业委会和物业公司就是首先在深圳发起的，进而才向全国推进，所以从深圳的发展来看，台湾同胞和香港人是做出很大贡献的。然而由于目前深圳出现劳动力紧张，土地紧缩等问题，很多台湾同胞选择到珠三角等地发展。现在的新阳街道有着很多台湾同胞居住，可以努力将这种服务精神，特别是公民的理念引入，推动这种以生活为单位的小区自治，进而冲击或者改变本地人的这种生活方式，这可以说是一个非常好的创举。最终是一个政府与社会的融合，一系列的创新最终的目的是要达到政府听居民的，居民听政府的互动互信效果，正是在这样的层面上可以提升政治的合法性基础。以上这些，是我对新阳街道整体的一个观感。

那么还有一个问题我要提出，就是我注意到，整个基层治理体系里面现在分成了这样的几个层面，一个是街道，然后是社区，然后是网格，还有一个是楼栋，这里边“网格”其实是一个技术概念，这个概念最初提出的时候，当时所谓的“网格化”其实就是数字化管理，那么在新阳“网格”是作为一个自治单元的，所以我的问题就在于这个“网格”在其他城市是个管制概念，至少他是个控制的概念，但是在新阳“网格”是个自治的概念，所以我就不知道这个网格是一个实体性的区域还是个虚拟的空间，它内部的治理结构和网络是怎么样的一个东西，这是我提出的一个问题。

我们今天讨论的主题就是基层自治，但是我们也看到但这不是新阳的问题，也不是海沧的问题，也不是厦门的问题，而是全国性甚至世界性的问题。中国的基层自治是要党政主导的，这是我们的现实也是我们的原则，那么在今天这样一个以基层自治为主题的研讨会上，如果能够有一些自治的主角，比如说新厦门人服务综合体的负责人，或者说有一些居委会的主任，或者是网格自治的网格长，如果能参与到这个话题上来进行讲解，可能会更好。谢谢。

居民自治有效实现形式的实践探索

——东孚镇：培育自治，打造共治共管的群众参与

【编者按】7月7日下午，华中师范大学人文社会科学高等研究院在厦门海沧区举办了“共同缔造·探索居民自治有效实现形式”的经验研讨会。东孚镇从自身实际出发，建立了以群众参与为核心、以共治共管为导向、以奖励优秀为动力、以培育社区精神进而实现居民自治为目标的工作机制，成为成功探索居民自治有效实现形式的典型代表。随后，中央编

译局世界发展战略研究部周红云研究员以及致公党厦门市副主委、厦门大学教授李明欢对东孚镇的经验做法进行了深刻点评。

【经验介绍——东孚经验】

培育自治:打造共治共管的群众参与

东孚经验

我镇积极响应市委、区委关于全面推开“美丽厦门·共同缔造”号召，结合东孚镇工作实际，围绕“百姓富、生态美”，开展以群众参与为核心，以共治共管为导向，以奖励优秀为动力，以培育社区精神、实现居民自治为目标，扎实推进共同缔造和基层社会治理创新试点工作，取得了一定成效。具体汇报如下：

一　立足自律促进“微自治”

按照“党委领导、政府主导、社会参与”的指导思想，强化基层党组织引领作用，村（居）委会引导自治活动，并承担上级政府和部门下放的行政事务，发展协会促进自律推动行业健康发展，股份合作社负责对集体经济管理经营，综治维稳组织促进社区和谐，探索建立起以村党支部为核心、村民委员会为基础、农村社会组织为补充、村民广泛参与、协同共治的农村社会协同协作、互动互补、相辅相成的治理新格局。

（一）深入宣传引导自治

一是主动学习转观念。以镇领导、中层干部及各村主官为重点，着力转变观念，通过认真学习“核心是共同，基础在社区”的基本内涵，多次组团赴深圳、云浮和我市思明前埔北社区、前埔南社区等地考察学习，邀请专家来我镇调研指导工作，将长期以来根深蒂固的“为民做主”的观念转变到“让民做主”的理念，确保“共同缔造”的理念在干部中真正入耳、入心、入脑，并把共同缔造的理念和方法真正落实到工作中。二是宣传发动造氛围。印制发放倡议书、宣传手册及征求意见表等，启动巡回宣讲活动。通过网格员入户访查征集、心愿箱、热线电话等渠道和形式，广泛征集群众意见，畅通民意表达渠道；组建群众宣讲队、“温馨夕阳”老人文艺队、大学生村官宣讲团等，持续开展“群众讲故事，讲群众故事”、“好媳妇”评选、“美丽故事”说唱画等活动，激发广大群众踊跃参与共同缔造工作的热情；充分发挥工会、共青团、妇联、老人协会、文艺队伍、热心企业家的作用，层层联动，进行宣传发动全覆盖，形成了全民参与、共谋共建、共管共享的浓厚氛围。三是积极共谋建家园。为更好地引导百姓参与共建大曦山公园，我镇组织网格员、青年志愿者、党员幸福义工、村民代表等队伍分片入户，广泛征求村民对建设美丽乡村、美丽大曦山的意见和建议，按照村庄内部体现历史、人文和乡风民俗，村庄外围体现自然、生态的原则，最终明确了“一村一品一主题”的建设思路，即西山——美丽西山、杨厝——流水人家、后坑——清水祖韵、西塘——西塘湿地、赤土——赤土家园、刘营——流连忘返，把大曦山公园打造集田园风光、生态自然、休闲体验为一体的大型综合性郊野公园。

（二）搭建平台实现自治

一是成立乡贤理事会。搭建社会贤能参与平台，针对乡贤商议民生决策缺平台、兴办农村公益缺抓手、参与农村管治缺载体的问题，各村成立了以乡贤理事会为主体的农村基层社会组织，凝聚贤智、贤资、贤力参与美丽乡村建设，把乡贤理事会建成农村发展的“智囊团”、“财力库”和农村治理的“义工队”、“监督岗”，促使群众观念由“你（政府）、我（群众）”变为“我们”、“要我建”变为“我要建”，推动农村自我发展、自我管理、自我服务。乡贤理事会按照“民事民办、民事民治”原则，带动村民积极参与共同缔，涌现了“西山五老”、杨厝“四才子”、后坑“四朵金花”等典型。二是打造“微梦圆愿小屋”。发动社会主体参与，发挥群众主体作用，出钱、出物、出力、出办法，整合社会资源为低保户及低保边沿的困难家庭完成微小的愿望和梦想，达到“同行、共圆”良好局面。三是培育村民自治精神。通过开展“绿地认养”、“美丽环境共同维护”、“门前三包”责任书、“村社安全共同看护”、“邻里和美共同爱好”及“好媳妇”评选等活动，组织评比以奖代补，对表现突出户授予共同缔造示范户流动红旗，发挥示范引领作用，探索建立了网格员为中心、热心人和能人为主体的网格微自治组织，促使干部群众形成自豪感、使命感，培育村居群众的自觉自律爱护家园的社区精神。四是设立青年创业大讲堂。立足山边村外来青年多的实际，紧抓东孚镇“大团委”建设试点契机，培育“敢拼会赢”精神，组建青年创业大讲堂，搭建外来青年与本地青年共同创业的平台，针对项目选择、资金运作、中长期规划等情况，进行一对一辅导培训，为创业青年“保驾护航”。五是突出对台联谊共建。邀请在台宗亲回乡祭祖，召开座谈会征求意见，共同谋划家乡建设。如在山边村共同缔造过程中，充分发挥南山李氏大宗祠对台窗口作用，修建李氏宗族发展渊源历史长廊，举办南山李氏大宗祠落成庆典，宣传家乡建设巨大变化，吸引更多的台湾宗亲回来参与、支持家乡建设发展。

（三）创新机制促进自治

一是建立村企“命运共同体”。在“政府引导、村企自愿、互利互惠、依法运作、因地制宜、注重实效”的原则上，充分发挥企业的综合带动效应，在企业和镇、村之间建立紧密联系，实现政府职能的完善，企业社会责任的增强，拓宽了社会参与渠道。如在山边湿地公园项目建设中，群众提出建设健身广场，方便企业员工和村民一起娱乐健身，周边企业得知后，主动要求捐献部分健身器材和出资修建，合计捐资约20万元。此外，还组织员工投工参建100余人次，总计1200个工时，并纷纷表示要捐献湿地公园布景所需的石头，帮助雕刻石雕等。二是实现低保民主票决。以山边村为试点，探索低保民主票决机制，“是不是低保户，群众说了算”。低保户评选坚持“以诚入保、以评定保、应保尽保”原则，切实做到应保尽保，确实杜绝“人情保”、“关系保”等不良现象。首先，工作人员通过入户走访调查和广泛宣传，讲解低保有关政策；其次，召开低保民主评议票决大会，评议代表用票决的方式进行现场评议；最后，票决过后，进一步征求百姓和低保户的意见，不断完善评议和票决过程，确保评议结果的科学性和合理性。目前，低保民主票决机制已在东孚全镇全面推广。三是建立外来人员共建共管机制。在外来人员集中的山边村建立了外来人员党支部，聘请外来人员担任村支部书记助理、网格副站长，发挥参与者、监督员的作用，引导、带动广大外来人员共同参与村庄建设与管理。

二　立足为民促进“网格化”

一是完善“一核多元”的网格治理模式，将每一个自然村划为一个网格，以网格为治理单元，实现网格全覆盖。明确各个网格员职责，打破以往大包大揽的模式，实行“一人多岗、综合管理”模式。形成以自然村党小组为核心，乡贤理事会、老人会、其他社会组织多元治理的模式。二是加强信息化建设。依托“智慧社区”信息化系统，建立涵盖户籍、计生、民政、治保、民兵、文教、宣传、调解、农林水、劳动保障、残联、党建、组织、共青团等基础信息的数据库系统，增强网格信息采集、处理能力，推进村居三网融合工作，逐步建设村居公共信息互动平台，实现村居社会公共服务的高效和网格治理水平的提升。三是以网格化管理为依托，建立各村网站、QQ群、村微博、便民服务热线、短信推送、触摸一体机等信息服务平台，实现信息、图片、视频等各项事务的实时上报、实时处理、实时落实，变被动等待群众上门为主动服务，实现了网格服务管理的智能化，形成了农村管理服务的新模式。

三 立足协会促进“百姓富”

一是完善农村基层治理。按照农村和城市社区，形成镇、行政村、自然村三级，或镇、社区、小区、楼栋四级的纵向治理体系。横向职能上，镇一级有意识侧重社会建设功能，进一步梳理便民服务事项，更多地下放给村（居）便民服务站；村（居）则更加专注和强化社会公共服务功能，加强组织群众的能力；自然村（小区）发挥自治功能，小区楼栋则构成自治“微单元”。从而明确纵向到底、横向到边的界限和各层级功能。二是建立大曦山公园发展协会。打破行政区域管理，在涉及3个行政村、6个自然村的大曦山公园设立发展协会。该协会下设“农家乐协会”、“花卉苗木协会”、“民俗文化协会”、“城市菜地协会”、“健康养生协会”、“青年创业协会”等6个协会，并成立城市菜地股份化合作社。建立大曦山发展协会的目的就是要维护各会员企业的合法权益，提升生态农业产业化经营的组织化程度，提高农业企业在对外交往、交流合作中的整体地位，促进我镇大曦山公园范围内的西山、西塘、赤土、杨厝、后坑、刘营6个自然村生态农业产业化经营工作健康、快速发展，从而实现全面、协调和可持续发展，带动农民增收。协会向党委政府提出扶持产业发展政策的意见和建议，促进行业自律、有序竞争，并提供联合营销、培训交流、信息咨询等服务，促进产业发展，带动当地群众共同富裕。按照“支部建在协会上”的理念，下步还将成立大曦山公园发展协会党支部，进一步引导、促进协会健康可持续发展。

四 几点体会

1. 组织引领是前提。农村基层党组织是引领美丽缔造行动的中坚力量，要着力加强村党支部、党员代表、网格员三支队伍的建设与培养，牢固树立起“群众参与为核心、统筹推进为方法、培育精神为根本、项目带动为载体、激励优秀为动力”的基本工作理念，在思想、宣传和行动上充分发挥党组织的先进性和党员干部的先锋模范带头作用，才能更好地向群众宣传，更有力地发动群众，从而有效推动“美丽厦门·共同缔造”行动由“要我做”向“我要做”转变。

2. 共治共管是核心。西山社在共同缔造中，百姓的安居环境、生活质量、精神文化生活都得到了前所未有的改善。一是事前共谋。坚持“规划方案百姓做主”，按照群众建议、乡贤理事会议事、村两委决事的程序确定“共同缔造”项目，实现由“政府拍板”变为“群众决策”。二是事中共建。坚持“项目建设百姓参与”，改变过去政府大包大揽的做法，推行项目建设“以奖代补”，动员百姓、乡贤和企业投工投劳、捐资捐物、让地让利，共同参与到缔造活动中来。通过乡贤理事会、“镇村企命运共同体”、爱心基金会、认捐认养机制等平台，实现由“政府包揽”变为“群众来做”。此外，做到“建设成效百姓评议”，西山社村民组建了“美丽督导队”，对所有建设项目的质量、进度、成效等进行监督和评议，实现由“政府评审”变为“群众督评”。三是事后共管。坚持“房前屋后百姓管理”，重新制定村规民约，建立了“公共绿地认养”、“幸福义工”轮值督导、房前屋后责任“三包”、社区发展协会等机制，使管理活而有序，从而实现由“政府管理”变为“群众自治”。

3. 学习培训是保障。主动向外引智，不闭门造车、纸上谈兵，欢迎专家学者参与山边村的实践工作，主动对接厦门大学公共事务学院，合作推进试点工作，虚心接受专家的指导和建议，深入推进试点工作并注入更多创新元素。面向相关工作人员开展定期培训，提升社会管理工作水平。同时，积极学习云浮等地的先进经验，通过外地经验的本土化，促进本土经验做法的总结提升。

4. 培育精神是目标。一是激活了村民小组自治组织作用和热情，实现了村民从“被动管理”到“主动治理”的转变。二是与老百姓结成了利益共同体。通过“以奖代补”的方式配套资金，实现了百姓从“各自管理”到“共同治理”的转变，村容村貌焕然一新，邻里关系更加和睦，互帮互助蔚然成风，由村民自己规划，自己建设的和美典范家园正在形成。

【观点一】

点评嘉宾:周红云 中央编译局世界发展战略研究部研究员

海沧整个改革给我留下了最深刻的三点印象是：第一，从政府的角度来说，海沧对“治理”概念、理念的吸收和运用让人印象深刻。无论是从厦门市的领导，到海沧区各街道、各镇，再到社区各个层次的领导，他们对治理理念的运用令人印象深刻，他们不仅仅是有理念的转变，更多的是付诸行动，以及伴随着理念转变实现的政府职能的转变。可以看到，在街道这个层面，海沧也切实梳理了，到底哪些职能是要落实在街道这个层面，哪些是要下沉到社区去，他们做了很多的探索，所以说共享共治、多元参与这些概念在这个地方深入人心，所以这让我印象非常深刻。

第二，从社区的角度来看，海沧十分注重公共空间的营造、公共精神的培育和公共平台的打造。只有有了公共空间、共同的平台，才有了真正实质性的交往基础。现阶段无论是在城市社区也好，在农村社区也好，都会出现邻居之间互相不理、甚至互相不打照面的情况，这是因为它没有一个公共空间能够创造这种机会交流交往的机会。没有交流交往，所谓公共精神的培育、公共意识的培育其实是没有根基的。在今天参访过程中，我注意到了“微信箱”、“我爱我楼”等一系列的自治平台，甚至还有运用现代科技的手段来建设的“智慧社区”。我认为海沧改革的一个核心在于公共空间的营造，在这个基础之上才有了公共精神培育的基础，所以这点也给我留下了非常深刻的印象。

我还想回应一下今天我们讨论的主题，就是“探索居民自治的有效实现形式”，这个主题非常有意义。说起来我们国家的居民社区自治建设已经经历了很长的时间，但是如果大家到社区去多走一走看一看的话就会发现两个基本存在的共性问题，即社区的行政化和居民参与的不足。其实对于这样两个问题，实践中间是有回应的，比如说早期在社区层面做社区直选，还有街道层面的政府事务怎么下沉到社区。这些探索其实都是为了回应社区建设中间所谓行政化的问题。在全国来说其实有很多做法，比如海沧推行的“公益创投”，还有社会组织孵化基地，还有政府购买社会组织服务，所有这一切其实都是为了培育社区的社会组织。那么谈到居民自治有效实现的内涵，我个人认为就是培育社区的社会组织，那么培育社区社会组织是为了什么，我认为一个根本的内容就是实现居民的组织化，提高居民组织的发展水平，从而有机会重构基层的社会，重新发现我们的社会。事实上，现在社区建不好，很大程度上由于政府做了很多，我感觉很多地方找不到这个社会组织的身影，所以我认为居民自治有效实现的内涵就是重新建构社会的过程。

第三，从形式上看，怎么来实现有效的居民自治。我们有很多做法，例如怎么培育社会组织，政府想了很多办法，公益创投也好，社会组织孵化基地也好，购买社会组织服务也好，这都是为了培育社会组织。事实上我觉得除了我们现在在做的这些以外，香港的、台湾的还有国际上的一些做法，都是值得借鉴的。比如说我们了解到台湾的社区营造，还有社区发展协会的一些做法，都在海沧有一些探索。香港的社区投资共享基金，其实也是为了建设社区的社会资本、构建社区社会资本所发起的。现在国内也开始有类似的项目在启动，包括深圳有些地方也在做社区基金会的探索，所以在社区层面的社会创新其实有很多的形式，这些都是有效地实现居民自治的方式。

"美丽厦门·共同缔造"其实核心的理念是缔造共同体，如果我们回到社区这个层面去看，其实就是一个构建社区共同体的过程，也就是重新重构社区和培育社区的一个过程。我们完全有理由相信在海沧，我们会很快看到一个真正在基层的共同体，真正去能够发现这样一个样本。

【观点二】

点评嘉宾:李明欢　致公党厦门市副主委、厦门大学教授

和各位不一样的是，我在厦门土生土长。这十多年来见证了厦门海沧从厦门的"非洲"变成厦门的"欧洲"的过程。远的不讲，我刚从国外回来的时候，接的第一个课题，就是来海沧调研博坦明珠。因为这是荷兰的公司，当时到博坦油储码头调研的时候，荷兰的总经理和我讲，油储码头是易燃易爆的企业，所以需要有好的港口，而且必须是人烟稀少，两公里之内不能有人居住。所以大家想，当时的海沧是什么样子的。

今年春节过后，海沧妇联邀请厦门大学教授来海沧感受美丽海沧。我当时不太踊跃，觉得海沧有什么好感受的。结果来了之后，真的可以用两个字来说：震惊。当时让我们骑了公共自行车，进入这个彩色道路的小区，然后又沿着环湖路，当时我非常感慨，我说，“厦门的环岛路被誉为厦门的名片，海沧的环湖路真的是不亚于厦门的环岛路。”我们又看了西山社、兴旺社区，给我留下了非常深刻的印象。不久前我们接了厦门统战部的一个课题，就是研究治理能力和治理体系现代化，而且是以美丽厦门·共同缔造作为个案，也就是这样一个因缘机会，选择了海沧，我们的学生在这里做了好几个月的调研，这个课题现在还在进行当中，但是随着调研的深入，海沧越来越吸引我的关注和吸引我去思考。

在此我想和大家分享我们调查当中的几项数据，可能可以说明一些问题。一个是我们调查美丽厦门·共同缔造之后，我们对小区的凝聚力做了一个测试，社区居民普遍感到对小区的信任度增强了、邻里间互助增强了、作为小区居民的幸福感和自豪感提升了。海沧是一个新区，在“五普”、“六普”的人口统计里面，海沧2/3是新增人口。在这样一个流动性非常强的社区里面，大家能够提升作为小区居民的自豪感是非常不容易的。第二个数据，也是让我比较吃惊的，我们测居民的满意度，结果发现满意度最高的，是对居委会干部的工作态度，这个让我很吃惊。刚才大家看到三位汇报的干部可以得知，我们整个居委会基层干部的素质提高了，而且在“美丽厦门·共同缔造”这个活动当中，基层干部转变工作方式之后，去做老百姓想要做的事，去为社区居民服务。所以他们最高满意度是居委会基层干部。

接下来我想谈谈我的三点想法。第一，像海沧这样的地区，特别是像在今天中国的这个环境，村民自治和居民自治大概是无法截然分开的，我们今天的农村在向城镇化发展，我们今天的城市很多居民来自农村，城区、城村恐怕是分不开，如果我们只关注城市居民，我们不关注农村，那是不行的，我们只关注村民不关注城市，那是更不行的。大家看到泰国，从他信到英拉，实际上泰国的矛盾就是农村、农民和城市精英之间的矛盾，它不同阶级利益的冲突，最后导致了它政治上高度困难。我想这个教训是很深刻的，也就是不管我们关心的是居民还是村民，但是我们要关心整个中国社会有效自治实现的有效发展。

第二，我们讲自治是群众的自治，但是政府的作用至少在可预见的将来，在中国这片土地上，它是不能削弱的。比如我们在西山社调查时，有一天我遇到一个外来的老人家，我和她聊天，她说是另外一个村的，她说："这里好啊，我们到这里来。"我说："那你们想不想你们的村也像他们那样的变化呢?"她说："当然想啊，等建设啊。"在厦门话就是等着政府来建设的意思，这说明本地居民把政府的引导和政府的规划看得非常重要。我想在这里政府是一个什么样的形象，它是不是一个公正的政府。比如说我们讲"以奖代补"，这是一个非常重要的用来推动自治的政府工具，而这种"以奖代补"只有存在公正性才能确立政府的合法性。政府就是在有争议的时候，有问题的时候，必须出来说话，它必须出来摆平。在今天的中国，这是一个不能够回避的话题。政府必须维持自己是一个廉洁的、公正的政府形象，来建立自己的威信、自己的权威。

第三，就是海沧实现了发展与"美丽厦门·共同缔造"的有机结合。我认为有一点十分重要，就是我们的 GDP 怎么转化为老百姓的切身利益，能够使老百姓感到实实在在的受惠。这个我们可以回到讲当年的 PX 项目，当年我也曾经参加过这个项目的论证。当时我在会议上曾经讲过这样一个观点，为什么我们政府说它给厦门带来一千个亿，为什么老百姓不认可、为什么老百姓反对，我在会上讲，如果我们的政府告诉我们的厦门市民，说这一千亿的 GDP 可能带来一些毒害，那么政府会把这当中的一百个亿或两百个亿，转为民生，让厦门市市民医疗免费、让厦门市市民公交免费，如果政府这样向老百姓表态，我相信老百姓对 PX 项目的态度会是不一样的。也就是说，老百姓不感到发展、高 GDP 跟自己有什么切身利益。马克思主义中也讲到，今天的社会关系说到底是一个利益关系，而这个利益关系不可能要求所有的百姓都是大公无私的、都是无私奉献的，我们必须要满足老百姓最基本的一些生活要求，而且必须让他们在这样的生活水准上不断有所提高。我想，我们的美丽厦门做到了这点，我们的美丽海沧做到了这点。我们看到，在"美丽厦门·共同缔造"的行动中，海沧的居民、村民的生活环境在改善，他们的生活条件在提高，所以，他们对这个行动是满意的，故而他们对政府的满意度、他们的幸福感在提高，我想这就是海沧经验中非常重要的、值得我们深思的部分。

如何把我们发展所得实实在在地转化为民生，转化为老百姓实实在在的利益，使老百姓能够跟党和政府的心贴心，是一个值得我们深思的课题。破解了这个课题就能真正实现美丽海沧、美丽厦门、美丽中国！

以“互动共治”建构基层治理新框架

——厦门市海沧区改革研究总体介绍

【编者按】 7月7日下午，华中师范大学人文社会科学高等研究院在厦门市海沧区举办了“共同缔造·探索居民自治有效实现形式”的经验研讨会。华中师范大学中国农村研究院执行院长邓大才教授在研讨会上就海沧区“共同缔造”改革研究进行了总体介绍。他指出，海沧跨越可以用“一三五”来概括，具体来讲，即以基层治理体系现代化为主线；以自治、法治、协商民主为三大支柱；以公益创投、微自治、两级自治、社会协同和海沧“上下衔接”的新型基层治理架构为五大亮点；最后，邓大才教授认为海沧的改革探索重点破解了“政社失衡”、“社会失序”和“自治失效”等三大难题，并最终建立了一套“互动共治”的新型基层治理框架。

从去年9月份至今我已经第九次到访海沧，可以说我全程参与了海沧的改革创新，每次来到海沧，我都看到了海沧的进步与创新，因此我也为海沧的探索精神而感到钦佩。我们课题组把海沧的改革探索总结概括为“互动共治”，而海沧当地把它概括为“多元参与，互动治理”。简单地说，“互动共治”就是政府、社会共同参与的一种治理模式，这种治理模式实现了两个转变，即实现了治理从单向到双向，从一元到多元的转变。海沧改革的主要目标就是建立基层治理的新框架，提升基层治理的能力。

一　海沧跨越的“一条主线”

海沧的改革可以由“一三五”概括出来，而这个“一三五”就是“互动治理”所构成的社区治理的一种新框架。其中，“一”就是“一根主线”，即海沧改革的主线就是始终围绕着“基层治理现代化”来做文章，以“共同缔造”为核心，通过政府强化服务、社会组织协同和居民参与治理，让社会参与进来，让自治运转起来，实现政府与社会的良性互动，构成了互动治理的新型治理架构。

二　海沧跨越的“三根支柱”

海沧的基层治理包含“三根支柱”，这“三根支柱”就是十八大、十八届三中全会以来中央所提出的重要精神。第一个是自治，第二个是法治，第三个是协商民主。

第一根支柱是“居民自治”。在居民自治的主体方面，海沧通过“微自治”让群众走向自治的舞台，让群众成为主角，从而让整个自治的机制运转起来。可以说，“微自治”让“墙上的自治”走入了人们的生活。在自治的层级上面，海沧当地根据居民自治的不同条件、不同情况开展居民自治。海沧现在实现了三级自治，这个三级自治就是社区自治、网格自治和楼栋自治。

第二根支柱是“法治支柱”。海沧的改革始终坚持以法治为基础，海沧有一个提法叫作“美丽海沧，法治为本”，即通过制定法规等规则实行有序化的治理，并形成常态化的制度保障，保证美丽海沧的长效化。它的主要特点主要有三个方面，一是推进了社会生活领域的司法化，通过“水木工作室”等平台将司法领域中的服务延伸到群众生活中；二是规范化的社区治理，海沧区参照村民委员会章程出台了全国首个社区的自治章程，成为社区自治与管理的“小宪法”，这一章程对于社区的议事规则、监督规则等作出详细明确的规定；三是发掘村规民约的功能，领导居民讨论本小区的自治公约，提升了群众依法自治的精神，促进了群众依法进行自我管理、自我服务，巩固了法治的社会基础。

第三根支柱就是“协商民主”。在海沧，围绕推进协商民主建设主要开展了三方面的工作：一是在“共同缔造”中以“共同”为核心，以“共谋、共建、共管”的方式推进民主，搭建起“乡贤理事会”、“市民家园”等居民意识协商平台；二是建立起了“三议三公开”等议事的协商机制，同时建立了“区、街、居”三级联动的社会治理综合服务系统，通过三级网格化的指挥系统形成了上下互动的反馈机制和协商机制；三是丰富了居民议事的协商主体，海沧区通过建立社区共建理事会、社企共建理事会等方式将企业、社会组织等也纳入了社区居民议事协商的范围。

三 海沧跨越的“五大亮点”

第一个亮点是搭建了“共同治理”的治理框架。海沧区将纵向上的各层级部门做了功能定位，即在区级层面是“区统筹”，街道层面是“街道治理”，社区层面是“社区服务”。同时，在纵向层面建立了四级治理架构，即在个人层面是“微自治”，楼栋层面是楼栋自治，网格层面是网格自治，社区层面为多元参与，在社区层面实施代议制，这总称为“一元多核”的方式。

第二个亮点是重视社会协同。在社会协同方面，海沧成立了社企同铸共建理事会，将社区内的企业有效的协同起来，同时通过成立社区发展协会，将社区内有名望、有能力的热心人、慈善人组织起来，共同为社区发展出谋出力。通过这些社会组织的协同，在社区不同主体之间建立起横向的联系机制，为社区治理搭建起了有序、合理的治理格局。

第三个亮点是搭建了三级治理体系。三级治理体系指的是居民自治、网格自治和楼栋个人的微自治。海沧在城市社区居民自治和农村村民自治的基础上，再衍生出两级自治：一是网格自治，即按一核多元模式，在网格党组织的领导下，网格自治理事会、物业公司、业主委员会、社会组织开展多元自治。二是在网格以下，以楼栋为单位，建立楼栋自治小组，由居民骨干、积极分子等组成，按照自己的事情自己议、自己管、自己办的原则开展楼栋自治、巷自治等。在农村社区，则以自然村、片、小组等为单位，通过乡贤理事会等自治组织，开展村落自治。

第四个亮点是“微自治”。“微自治”包括多个方面，像微心愿、微事物、微组织、微平台、微机制等，通过这些方式将自治内容嵌入到居民的日常生活中，让社区自治、居民参与内化为居民的一种生活习惯，把自治的方式变成大家的一种生活习惯。

第五大亮点是“公益创投”。“公益创投”就是把商业创业投资理念延伸到公益事业中，通过平台对接、现场认购的方式，帮助企业与社会组织架起一座公益桥梁，使其有效地参与到基层治理的过程中来。

四 海沧跨越破解“三大难题”

调研组认为，海沧所推进的治理改革，破解了目前像厦门这样进入中等收入社会后的三大难题。

第一是破解了“政社失衡”难题。我们以往的治理都是政府包办的多，我们把它称为“父爱主义”或者是“爸爸”式的关爱。政府做得越多，老百姓虽然得到好处，但是他们并不满意。特别是在治理过程中，农民可能还指手画脚地说你这里没做好、那里没做好。在这种情况下政社就失衡了，这主要就是由于政府包办得多了，社会参与的不多。海沧治理架构的改革破解了这一难题。

第二是破解了“社会失序”难题。随着经济的发展，海沧也出现了个人权力增长多元化、社会参与分层加大、增多的现象，在这种情况下，政府的单独供给社会服务无法满足社会需求。海沧改革所推动的“共同治理”就解决了社会失衡的问题，特别是培养了公民的社会责任意识。

第三是破解了“自治失效”难题。现在在居民自治中间呈现出一种自治形式化、文本化或者悬殊化的现象，自治难以切实落地。厦门海沧通过“共同缔造”，通过居民自治重构了公共空间，重构了公共秩序，重构了公共精神，破解了自治失效的问题。

五　海沧跨越的实践贡献与理论思考

海沧跨越的贡献主要表现在以下几个方面。第一是在治理体系方面，特别是基层治理体系方面建立了一个新的架构。第二是这个治理架构带来了实践层面上基层治理能力的提升。

在理论研究层面，我认为海沧的研究在四个方面为我们提出了理论探索的新思考：

第一，城市居民自治的内涵、形式或条件究竟是什么。很多地区至今仍实施以社区为单位的自治，这种社区为单位的自治甚至有的涉及几万人，这就无法保障自治的落地运转。因此我们需要研究社区自治的单元到底在哪里，社区自治的条件是什么，社区自治的内涵是什么。

第二，社区居民自治在治理现代化中间的地位和作用究竟是怎样，我认为通过海沧的探索我们应该进行深入的理论研究。

第三，城市居民自治与协商民主之间的关系是什么。如果我们原来的城市居民自治是善治和自民主，那么善治和自民主可能无法包含现在我们海沧的这种居民自治的新探索，而且这种探索中间更多的内容不是一种选举式的民主，而是一种协商式的民主。居民自治与协商民主之间的关系究竟是怎样，我认为这同样值得引起我们学者的关注。

第四，城市居民自治与法治社会的关系。城市居民自治过程应该如何与法治社会进行对接。我觉得这四个方面以及可能更多的方面都需要我们学者对这些新的事件、新的探索所产生的理论问题进行更为深入的研究。

这就是我代表课题组进行的汇报。谢谢各位！

二　探索居民自治有效实现形式理论研讨会

专题一：城市基层治理与居民自治的新框架

【编者按】7月8日上午，华中师范大学人文社会科学高等研究院在厦门海沧区举办了“共同缔造·探索居民自治有效实现形式的理论研讨会”。来自全国各地的村民自治专家以“居民自治的有效实现形式”为核心议题，围绕“城市基层治理与居民自治的新框架”进行了深入探讨。南开大学周恩来政府管理学院唐忠新教授，以“共建共享，多层多元——打造政社互动的社区治理模式”为主题，详细阐述了打造政社互动的社区治理模式，需要注重的两大重点，即应强调社区治理体系的共建及成果的共享，同时应注重居民自治建设的多层次、多元化发展。

【主讲嘉宾】唐忠新　南开大学周恩来政府管理学院教授

共建共享，多层多元——打造政社互动的社区治理模式

感谢海沧区给我们提供了学习的机会，我还是第一次到海沧区，实地调研了海沧区“共同缔造”的实践，也看到了海沧所取得的一些积极的成果。这种社区自治实践给我的感觉是这样的——既有一些新鲜感，又没有多少陌生感。这样并不是说海沧没有创新、没有创意，我想这主要是因为，中国大陆的社区建设搞了十几年，这些年我们一直都在强调共谋共建、共建共享，特别党中央提出构建“和谐社会”以后，我们的党中央把“共建共享”作为一个主要原则，这几年加强创新社会管理，又在积极地鼓吹和宣传“共同”。现阶段，“共建共享”形成了一个共识，尤其是学者们更认同这个理念，从这个意义上说，我觉得海沧区以及厦门市的

“共同缔造”应该是共建共治的一种表现方式，一种具体实践。既然我们大家都认同共建共治，我们也就没有理由不认同共同缔造。

从我个人的看法而言，我是觉得“美丽厦门·共同缔造”这个提法、这套模式很好，尤其是实际行动更好。对于海沧区来说，要把“美丽海沧·共建共享”作为海沧区的一个主基调，一个总体的思路。我之所以这样说是为了提醒各位别忘了“共享”，共享是共建和持续发展不可缺少的因素。而且共享也是共建的目的，共建共享并提也更加具有内涵，更加深刻，内容更加丰富。在海沧区共同缔造实践当中，我们看到居民自治得到深入发展，这也使我受到了很大的鼓舞，之所以受到鼓舞就在于我以往坚守的若干观点在海沧实践中找到了相对应的实践探索。今天我有以下这几个观点与在座各位分享：

第一，要发现和利用社区共同体的现代性特质。尽管这样说可能在实际工作中讲起来有点别扭，但我是觉得这是我们在社会转型时期居民自治的一个重要前提。为什么要发现和强调社区共同体的现代性特质呢？这是因为我们必须承认在现代化社会当中，在社会转型的过程当中，社会转型和现代化都对传统的社区形成了强烈的冲击，学术界对于这种冲击已经有了比较多的关注。那么认同这一点，从现实情况来看，住在高楼大厦里面的老百姓好长时间都还互相不熟悉，而我们知道，在中国传统的乡村，张三李四等等各位邻居相互间十分熟悉，互动很多，实际上这就是转型当中、现代化进程当中很难避免的现象。如果仅仅看到这一点，很可能我们对社区建设就会失去信心，乃至我们抱着一种挽救传统文化的心态去开展社区建设，这恐怕是没有多少前途的。不过，我们还应该看到另外一个方面，就是社会转型和现代化也有强化社区共同体的功能，比如说，我们居住在现代化的小区里面，生活设施都一体化了，用着一个电线里的电，用着一个水管子里面的水，张三的屋顶就是李四的地面。实际上，这些现代化的进展使我们社区成员之间客观上结成了新的利益共同体，我们就应该发现和利用这种新的共同利益、新的共同需求来推进居民自治。在这个方面，我看到了海沧区一些卓有成效的做法，我觉得我们做社区建设就应该发现社区共同体这个现代性的特质，当然包括融入现代性当中的传统文化的本色，这是我所强调的第一个观点。

第二，居民自治是多层次、多标准化的系统工程。就这点而言，大家可能形成比较多的共识。作为一个多层次的居民自治，居民自治可以表现为全社区的事由全社区的居民代表讨论决定，也可以表现为楼院的事由楼院的代表讨论决定，再向下还可以表现为楼栋层面的居民自治，比如说海沧区提出“我爱我楼”。有些地方甚至可以再往下延伸，比如楼门层次的居民自治，把一个楼门作为居民自治的更基础的操作单元。楼门里居民之间的事务由积极分子带领左邻右舍商量解决，实际上这就构成了多层次的居民自治。当然，多层次还有其他的一些表现。从这个意义上说，我们认同海沧区的“微治理”的做法，而之所以我认同这样一种做法，是因为它体现了居民自治的多层次，它也是居民自治精细化发展的一个表现。今年年初，民政部让我从三十项成果当中选出 2013 年度全国十大社区治理创新成果的时候，我把其中的一票投给了海沧区，这就是因为它体现了我们居民自治多层次、精细化、多元化的发展趋势。

居民自治是多样化的，当然，这个多样化可以从不同方面去理解，形式很多，通过海沧的一系列做法，我们可以看到广义的中国城市社区居民自治至少有三种表现形式：一是以居委会为组织载体的居民自治，即一般意义上我们所讲的居民自治，也不妨将它称作是居民自治；二是以业主委员会、业主代表大会为载体的业主自治，这种社区内部的业主自治也是群众性自治的一种越来越突出的表现形式，我们也可以把它看作是广义上社区居民自治的一种表现形式，它也有着旺盛的生命力；三是社区社会团体自治，这类社区社会团体，其自身也具有自治性，依托这样的团体开展会员自治，社团自治也是社区群众性自治的又一个表现形式。综上所述可知，这三种自治的形式功能互补，但是不能互相替代。

第三，居民自治健康发展的关键，在于如何正确地处理行政管理和居民自治之间的辩证关系。居委会里面开展群众自治与协助政府工作之间，我认为两者不是根本对立的，我们要探讨的是如何实现多元主体的互利共赢，海沧所进行的这种政社互动的社区治理模为我们提供了值得思考和借鉴的途径。我的发言就到这里，谢谢大家。

【编者按】7 月 8 日上午，华中师范大学人文社会科学高等研究院在厦门海沧区举办了“共同缔造·探索居民自治有效实现形式的理论研讨会”。来自全国各地的村民自治专家以“居民自治的有效实现形式”为核心议题，围绕“城市基层治理与居民自治的新框架”进行了深入探讨。中国人民大学公共管理学院毛寿龙教授，以“以政府领导力推动社区居民自治主体领导力的发挥”为主题，提出了现阶段我国政府领导力应运用到调动社区居民自治领导力培养和行使的环节中，而不是大包大揽地直接参与居民信息收集或社会事务管理，进而提倡应以政府领导力推动社区居民自治主体领导力的发挥来推进社区居民自治的良性发展。

【主讲嘉宾】毛寿龙　中国人民大学公共管理学院教授

以政府领导力推动社区居民自治主体领导力的发挥

很高兴能够参加此次这个会议，了解到厦门海沧试点小区做得这么好，还是非常高兴的。

通过参观以及听取各位专家的发言，我主要有两个方面的直观感受。第一个方面，在社区治理过程中，我认为有两个因素对于社区自治的发展起到非常关键的作用，一是对社区很重要的人物，包括企业家，包括政府官员，等等；二是社区内在的治理结构，如果这种治理结构产生的是积极的引导，它就会产生引导力。第二个方面是在社区里面，公民的积极参与至关重要。一个城市如果能够提供领导力，并给社区居民提供参与机会，很多方面的问题都将迎刃而解，比如政府失败、社会失败、个人参与社区生活的挫折感，等，这是一个启示。启示二是很多公共政策在社区层面有成功也有失败。比较成功的有几个方面，包括网格化治理，居民信息数据的采集，比较失败的有垃圾分类工作，通过比较成功和失败的经验，可以发现，部分公共政策的成功施行更多依赖政府引导力的作用。比如北京在举办奥运会期间，整个城市的治理水平大大提高，原来不干净的地方干净了，原来很难做好的事情，大家也做起来了。公交涨价就很难实现，这说明，领导力在公交车或者说地铁票的票价变化这个议题上就很缺乏。又比如，国家层面的反恐机制越来越多，但是落实到小区的时候，入室盗窃案却增加了。就此我们可以看出，这些问题的出现一定程度上是源于治理结构产生了问题，依赖政府能力的社区治理容易成功，依赖社会能力的则容易失败，而依赖政府能力往往需要有一些特殊的机会，比如，这几年社会治理做得比较成功的时期基本上都是在办奥运会、亚运会等一些重大体育期间。因此我就想，公共政策方面还是需要一定程度上依赖对于治理的维护，如果可以激发政府通过日常事务推进好的公共政策在基层社区的执行，可能收效会更好一点。

所以，我把它归为两个方面的问题，一方面是理念上的问题；另一方面是要从实验行为学出发，通过实践来观察利用哪些方面、哪些因素可以帮助解决这些问题。

首先，从治理理念层面来看，最近经济学家争论政府和市场关系的问题，绝大多数认为市场要起决定作用，而不是政府起决定作用，所以从政府和社会这个角度来讲，我们应该讨论一下政府和社会到底谁起决定作用这个问题。一个良好的社会是政府起决定作用还是社会起决定作用，社会有没有权力过自己的生活，社会有没有权力捍卫自己的偏好、想法，这个应该提上日程。第二，我们应该思考一些基础性的问题，比如说建设智慧城市，这个实际上给政府的能力扩大带来可能性，但给社会能力的扩大可能就没有提供可能性，这会让社会公众无所适从。前段时间参加网络安全和信息安全的会议，我从治理的角度提出，政府要看到大数据治理背后的后果，这个治理的后果就是政府把数据都采集了，就会导致三环是空的，所以政府引导车辆跑到三环去了，结果二环就空了。类似的现象很多，比如小偷通过政府采集的大数据，这个地方经济不景气，他就不去了；那个地方景气，小偷就去了。最后的结果就是没有防备的地方，小偷出现了；有防备的地方，小偷不见了。实际上政府不仅给自己指明方向，也给小偷指明方向。所以没有必要把个人和社会的数据集中到没有用的地方，政府集中关键的数据就可以了，不要去集中社会和个人层面的数据，这些数据意义不大，而且会产生一些质疑，很多策略性的数据集中以后给政府提供了行为的空间，但是并没有给大多数人提供行为空间，这样容易出乱子。所以说，政府和社会之间的关系，现阶段，政府本身就占主导地位的，所以再去强调政府占主导地位，其实是没有必要的。应该让市场或社会本身起更大的决定作用，这一点我觉得对于完善社会治理非常有利。

其次，从实验行为学层面分析，我们可以发现，一个社会里面，它自身有一些内生的结构，这个结构往往是热心的、富有公益心的且具有能力的，更重要的是社会自身会开发这种结构的能力。比如我们现在来到一个新的小区，刚刚入住，这时，这个新的集体组织就会出现一个治理结构，现在小区产生的是完全结构，一件事情产生一个结构，所以这个结构就跟政府的结构发生了冲突，我们对这种冲突进行了多年的研究，发现竞争机制可以解决问题。第二种机制就是我们去任命一个社区的领导人、一个小区的领导人、小组的领导人、楼长的领导人，这是一个行政化的结构，行政化结构快速形成组织力量，这个组织力量产生以后，可能会产生很忙碌的领导机构和组织结构，但同时会带来很冷漠的社会参与，这表现在一些居民自治组织开始做得很好，到后面会出现一系列比较冷漠的东西。第三种机制就是通过民主协商来产生，单元的单元长，小组的小组长，小区区长，都是民主协商的方法产生的，产生的过程比较难，但它可能会对小区未来长期发展有更大的影响。所以这种协商民主，会给小区、给个人以更多的自由，尤其是我们看到我们的小区里面，有一部分人的自由是用不上的，城市的领导力和一个小区自身的领导力是不匹配的，在小区里面的公共事务上冲锋陷阵的，都是一些比较没素质的人，城市里面有素质的人都是很多单位的领导，甚至是大领导、大老板他们小区里面是非常低调的，甚至有些公务单位内部规定，只要公务员参加小区维权活动，以后就没有政治前途，所以你要在小区里面做事情就会失去政治前途，在小区里面做事情就会失去职业前途，这个使得我们城市的统治结构、领导层的结构和社区生活结构，产生很大的错位。所以我最后强调一下，实际上社区这个领域现在更多地强调的是通过给予个人自由和社会的自主权集成社会自治的能力，而这点如果让政府去推动，可能会更具有深远的影响。谢谢大家。

【编者按】7月8日上午，华中师范大学人文社会科学高等研究院在厦门海沧区举办了“共同缔造·探索居民自治有效实现形式的理论研讨会”。来自全国各地的居民自治专家以“居民自治的有效实现形式”为核心议题，围绕“城市基层治理与居民自治的新框架”进行了深入探讨。深圳大学当代中国政治研究所黄卫平教授，以“厦门海沧新城社区治理的经验启示”为主题，阐述了基层群众自治有效实现的六个重要内容，并通过海沧经验对“纵向到底、横向到边”的概念赋予了新的含义。

【主讲嘉宾】黄卫平　深圳大学当代中国政治研究所教授

厦门市海沧区新城社区治理的经验启示

很高兴有机会来厦门海沧学习，非常感谢华中师范大学徐勇教授给予此次机会。此次是我第二次来海沧学习，第三次来厦门学习新城社区治理的经验，每次都收获颇多。下面，就“海沧经验”浅析几个方面的观点：

一　政府、社会、居民三方合力

将基层群众自治，作为提高政府治理体系和治理能力现代化的一个重要组成部分。海沧区新城社区治理的几个项目，通过把党和政府发展经济、稳定社会、统一政权的需求与市场经济条件下的社会发展的内在需求有机统一起来，创造性地贯彻中央的全面深化改革的精神，提出“共同缔造”的理念，把政府独唱发展为政府领唱、社会合唱，把国家传统制度意义上的基层群众自治，作为提高政府治理体系和治理能力现代化的一个重要组成部分，努力探索基层自治的有效形式。并且在明确方向的基础上，一以贯之，持之以恒，做了长期的工作，因而成就卓越。

二　尊重居民的接受力

将基层群众、社区居民的接受力作为激活社会自治意识，培育基层社会组织和尊重居民自治的一个主要变量。现在社区楼盘的很多居民都比较冷漠，只有通过运用大量与社区居民日常生活密切相关的群众互动、社区文化、扶贫济困、尊老爱幼等具体项目来调动居民参与社区治理的积极性，增强居民自治的主动性和积极性，从而不断充实和落实居民自治，使居民自治有可能真正地贯彻和落实。这个项目用他们所创造的概念命名为“微自治”。

三　挖掘培育社会贤能

将挖掘和培育社会精英，整合多层次的社会力量和社会贤能，作为有效实现居民自治的一个骨干。受海沧经验的启发，如果没有一批有奉献精神、有组织能力的社区精英，就不可能有居民自治，更不可能有充满活力的自治组织。在海沧经验中，广泛的发动和整合社区贤达，开展各种有生命力的和与社区居民的利益密切相关的项目，是推动社区自治、培育社会组织的非常重要的途径。诚如充满激情地介绍社区大学的校长，日常经验中见过的很多社区精英都是这种类型，一旦有舞台、有机会，他们都非常高亢，非常专注。所以我们一直赞成，组织需要有一些有点闲、有点钱、和具有相当的资源和能力的人，并把他们的积极性调动起来。

四 划小自治单元

将划小自治单元，促进自治下沉作为探索居民自治有效实现的重要理念。自治单位划小，促进自治下沉，因地制宜地根据不同的自然社、片区、小组，来探索不同类型的自治形式和适应不同的自治单元，是一个很好的经验。各个社区各具有优势和劣势，每个社区都有不同特色。

五 发挥本土特色

将本土特有的居民自治优势充分开发，作为探索居民自治有效实现的基础。海沧是比较早地大规模引进台湾资本企业的地区，有相当数量的台胞，也有比较丰富的居民自治的经验和体验。所以，因地制宜地通过台胞义工志愿来整合队伍，推动了两岸义工联盟，使志愿精神发扬光大。从长庚医院、社区居民大学的这些案例，都可以看出海沧的本土特色。

六 实行依法自治

将依法自治的精神作为居民自治有效实现的基石。把依法自治的精神融合到社区自治中，通过协商小组协调制定小区自治公约，将依法行政和群众依法自治结合起来，把司法机构延伸到小区，以民事调解和司法确认，推动群众的协议性组织的做法颇具创新性。这也是计划在其他类似的小区所做的工作。

七 “纵向到底、横向到边”的新解读

最后，谈一点新的认识。听了很多介绍、新鲜的经验，也听了大量熟悉的话语，比如在社区经验介绍中有一个众多材料都会讲到的概念：“纵向到底、横向到边”。这个概念很有创意，本来在过去习惯于用它形容计划经济条件下，政府行政权力和国家政治权利无所不包、无所不在。但是现在在这里我发现，在此地它有新的进步。比如说，上海是一个计划经济特别发达的地区，所以之前，我国治理就是“纵向到底、横向到边”；相反，深圳则不同，深圳的是在市场经济条件下发展起来的，原来的计划经济发展缓慢，那么在市场经济发展以后，社会力量就充当起来，因而政府基层的治理体系没有办法“纵向到底、横向到边”，由此就给社会力量的成长创造了空间。所以，一直觉得社会力量的成长是因为没有“纵向到底、横向到边”才成长起来的。但现在通过沧海经验发现，实际上，随

着市场经济的发展，国家不再进行经济垄断，金融市场逐渐催生了独立的社会，这个社会发育了有可能成为不仅仅独立于国家，而且有可能成为与国家抗衡的某种力量，这是很多国家对社会力量增长的一种漠视。就海沧经验而言，是否也可以通过国家策划或者国家的立场来积极扶持和主动推动社会组织力量的成长，从而引领社区的发展，也就是徐勇教授概括的"使社会参与国家，社会补充国家"。"海沧经验"可以在一定程度上表明，通过让社会信任国家，让社会依靠国家，从而在新的历史条件下，使国家的现代治理体系和治理能力实现另外一种所谓"横向到底、纵向到边"。

【编者按】7 月 8 日上午，华中师范大学人文社会科学高等研究院在厦门海沧区举办了"共同缔造·探索居民自治有效实现形式的理论研讨会"。来自全国各地的居民自治专家以"居民自治的有效实现形式"为核心议题，围绕"城市基层治理与居民自治的新框架"进行了深入探讨。香港中文大学肖今教授，以"香港社区治理经验"为主题，介绍了邓家祠村的家庭变迁和沙田社区的社区治理经验，阐释了家庭的社会功能、社区治理对家庭的影响和香港社区治理的理念。

【主讲嘉宾】肖今　香港中文大学教授

香港社区治理经验

非常感谢华中师范大学对我们的邀请，也非常感谢海沧区政府给了我一次学习的机会，看到非常精彩的案例，个人觉得很有特色。我昨天在一边看的同时，一边把很多感想和精彩的故事分享到我们的微信群里。我去年刚刚从香港中文大学退休，在我们校区，正在搞一个生态保护的，大概五百多平方公里的生态园，其中很多经验马上就推广到全国了。昨天到今天，大家总结了很多海沧区的经验，我听了许多，也都记录了下来。今天，我想就一个香港的案例来和大家分享。

在香港，我是大陆人，到美国学习了八年，其中的两年做了社区工作，当时我的顶头上司是现在的美国志愿者协会的主席。本人的学位是成人教育，专攻组织发展和社区发展，我对这个专业非常感兴趣。刚刚看了一个国家的材料，收集了台湾、香港等地方的材料，香港作为政治原因，更多的是放在家庭的层面、社区。对香港的这个案例，我觉得应放在社区，因为他用的这个材料更多的是家庭方面，所以，我的就和他合起来，把很多社区向大家展示一下。而这个社区是我居住了 20 年之久的社区，因为都是很熟悉的东西，所以做研究的时候我可以进行得快一点。下面，我想简要讲一下香港社区的家庭变迁，首先讲一个社区的案例，如果还有时间，我想再讲一个在政府对社区内家庭暴力的处理。

我经常带香港的和大陆的朋友去看香港的两个地方。一个叫作邓家祠，这个邓家祠是一个祠堂，但是大家都很熟悉的是一个叫作邓家祠的村，这个村已有七百多年的历史。南阳陈氏泽说，他们的祖先七百多年前从南阳搬迁过去，他们也搞不清这里边的关系。但到现在，这个村没有受过五四运动和“文革”的任何影响。虽然日本人曾经也占领过它，但它确实是一个至今为止没有受过制裁，几乎是中国大路上最完整的传承传统，且仍然还在运作的村庄。这个村在建造住房时都是为了防止土匪的，围村非常完整，而且收拾得非常漂亮。这是他的一个私塾，他们考上过举人、进士。当政府为了在村里修建屏风楼，挡了村民的风水时，他们会开紧急会议。他们的宗祠祠堂现在还在使用，这个我今天就不详述了。我们在这里做社会分析的时候，大家讲了很多现代问题。那么我做家庭分析的时候，一个是分析完全的生活性功能；另一个是分析社会性功能。社会性功能基本上在大陆的体现是有祠堂、私塾、青红帮、保甲制度。国民党政府当时还有相应的制度，地方还有些商业协会、商谈协会、还有庙宇，这些基本上是社会性的、支撑整个社会的运作。“二战”之后出现一个问题，直到现在仍然存在，即在近一二十年当中，由于全球化的生产，实际上使得我们每个人的工作改变，把人从乡村、工作、劳作的地方和居住的地方相分离，这是一个现代社会最大的特征，是一二十年来最大的一个变化。这个现象在香港，特别是欧洲，大概在 20 世纪五六十年代的时候非常厉害。60 年代香港出现过油麻地小人暴动，这个暴动持续了将近十个月。近一年的暴力事件，使香港政府在面对整个贫困人口的暴动的时候，开始对低下阶层的居住区的开发。其中有两个非常重要的特征：一是人们原来在村子里面劳作，村子里面的老人和小孩一起进入社交。二是当时在香港，都是用菲佣，也就是外保来，妇女走出了家庭，导致母亲对孩子的传承功能也逐渐失去了。所以这是两个社会，最大的一个特点是家庭跟随社区而改变。

接下来，我介绍一下沙田社区。沙田社区是21世纪发展中国家的高密度人口居住区的一个典范。在香港周边的十八个区中，这是最大的一个人口区，他包含六十几万公民，与沧海区的人口数相似。它是一个新开发区，几乎是在我们的蛇口工业区。香港发展到现在，70%土地面积仍然是自然保护绿地，其中大概有80%的土地是国家公园。据香港的报道，深圳的绿地比例是与之相反的，深圳现在绿地面积不足28%。大家看到，香港是把私人空间压缩到最小，把公共空间保护到最大。

这个是香港的一个沙坪，全是低下阶层的建筑的社区，所以比较难建房。在香港，居住在山上、半山腰上的人是工资收入比较高的，这就是工资收入比较高的香港人居住的，事实上是政府给富人点难堪，就是让他们多出些交通费和建设费。

正如大家所看到的，这一带全是奥林匹克标准的建筑，这个是足球场、网球场。我们讲的这片区域是政府提供的公共出租屋，这里的租金大约是每50平方米800—1000元，基本上政府把所有公共设施、社会设施都集中在这个片区。

大家看这个绿源村，远处有一个天桥，这个是沙田最热闹的地区，即使是在最低的低下阶层居住区，政府也要建设遮挡阳光、遮风挡雨的建筑。这个是在区内的一层楼，居民可以享有非常方便的交通，而且非常干净。楼房十年检修一次，最底层有一个很大的停车场。香港人养得起车但养不起房，房子非常贵，而车十几万、二十几万元就能买到，很多打工的人也有车，有交通工具。楼上是很大的一个平台，这是老年人休息的地方。在这个福海楼里我们可以看到有一个牌坊，每个人在里面都有一个很好的牌坊。这个是容得下三百人的社区议员议事的会场，重要的是里面可以唱歌、跳舞，旁边有一所学校和医院。大家担心老人眼睛花，看不见。这是政府房屋管理的自治委员会，这是政府的议员办事处，提供免费的法律服务，还有老人中心、教堂、心灵辅导，外面的这个很大的花园，有安老院、单亲家庭维修服务，整个社区非常漂亮。这是二楼的商业服务区，老人可以和在出租屋里面一样的吃。这是传统的菜街市。在这个图书馆里，公众可以免费阅读，可以连接网络。香港政府向这里的低收入群体提供最好的公共资源。

专题二:城市居民自治有效实现形式的新探索与新理论

【编者按】7月8日上午，华中师范大学人文社会科学高等研究院在厦门海沧区举办了“共同缔造·探索居民自治有效实现形式的理论研讨会”。来自全国各地的村民自治专家以“居民自治的有效实现形式”为核心议题，围绕“城市居民自治有效实现形式的新探索与新理论”进行了深入探讨。北京市社会科学院城市研究所于燕燕研究员，以“居民自治有效实现形式的宏观探讨”为主题，详细探讨了发展与重塑中的路径选择、权力资源配置再平衡以及社会组织的生长空间等问题。

【主讲嘉宾】于燕燕　北京市社会科学院城市研究所研究员

居民自治有效实现形式的宏观探讨

非常感谢徐勇教授、海沧区政府对我的邀请。关于自治有效形式的新探索和新理论，有这样几个不可规避的问题，第一，自治的内容是什么；第二，用什么自治；第三，自治的路径选择。对于这以下三个问题，今天的海沧给出了一个比较好的回答。

一　发展与重塑中的路径选择

什么叫发展？不管一个国家采用何种形式的自治，都不可能逾越这一个国家的体制，否则自治的实践不具备现实可能性。在这个前提之下，海沧发展的实质是什么呢，其实是一个城市化的过程，也就是中央提出的城乡一体化的发展战略即城镇化，我们很容易将城市化等同于土地的城市化。但真正意义上的城市化应该包括，生产方式的城市化、生活方式的城市化、行为理念的城市化等，因而城市化不仅仅是把农民变成城镇居民这么简单，而是要将其行为理念等融入到城市商品经济和城市文化性格的全过程。中国大陆的语境体系当中的居民实质上是一种城市的居民。在过去的二元结构中，社区建设包括两个板块，一是民主；二是民生。何谓民生？民生就是要弥补过去二元结构中对农村公共服务的不足，现在的社会还没有成熟，社会缺乏必要的资源，这种情况下社会如何发展公共设施呢？在这一点上，海沧政府做出了创新，政府不需要多庞大，只需要善于利用社会、发展社会、动员社会。在城镇化进程当中，何谓自治？西山社区将城市管理问题放到社区层面解决，这就很好地回答了这个问题。在城镇化进程当中，海沧通过找到切合实际的自治方式完成了自治。

二　权力资源配置再平衡

中国城市社区在很大程度上面临着资源匮乏的问题，至少在公共权力、公共空间、公共资源的占有和使用上如此，这就导致自治成为空谈。关于这一点，海沧区政府对于权力资源做出了让渡，沧海区政府不仅在权力资源上做出了让渡，而且在公共资源的配置上也向社区给予了很大的倾斜。如果资源不在政府和社会间进行再平衡的分配，海沧的自治实践就不可能成功，这也允分证明了，政府才是调动社会资源的关键。

三　社会组织的生长空间

现在流行于全国的网格化管理究竟好不好？网格化管理源于网格化的城市管理，北京东城区最早发源的时候一万米划分一个城市网格，网格化管理的实质是无缝隙的城市管理。城市管理的缝隙主要是为了让政策在再管理过程中能够更完善，这对政府是有利的。然而，将网格化社会管理应用于社区层面的治理时，面临着一个问题，没有了缝隙，自治的空间在哪里？给老百姓留出的空间有多大？海沧的网格化管理更多依靠老百姓的力量，留出了自治的空间，但这个自治空间到底宽度有多大，在政府网格化管理以及居民和社区在网格化的运作过程中，自治的空间与政府的行政权力之间，我们应留有多大的缝隙才算合适呢？这个问题值得探讨。

【编者按】7月8日上午，华中师范大学人文社会科学高等研究院在厦门海沧区举办了“共同缔造·探索居民自治有效实现形式的理论研讨会”。来自全国各地的村民自治专家以“居民自治的有效实现形式”为核心议题，围绕“城市居民自治有效实现形式的新探索与新理论”进行了深入探讨。“国立”暨南国际大学人文学院张英阵副教授，以“台湾经验的介绍与借鉴”为主题，详细介绍了志愿服务的培育、社区能力的培养等两个理念，并着力讨论了社会不公平对于居民自治可能带来的不良影响。

【主讲嘉宾】张英阵　“国立”暨南国际大学人文学院副教授

台湾经验的介绍与借鉴

首先，我认为大政府和大社会是不矛盾的，并不是一方大另一方就必须小，共同缔造就是大社会跟大政府之间的合作。当前，不应再把政府作为一个企业来经营，而是要从现在的主流观念回归到行政服务的观念，这样的话至少大政府跟大社会之间是比较协调的。下面我把台湾的一些经验介绍给大家，希望可以对海沧的建设有所帮助。

一　志愿服务的培育

台湾的志愿服务是非常值得赞许的，我认为其中有两个很重要的典范，一是比较慈善的典范；二是促进社区公民参与的典范。这两个典范略有不同，台湾现在正处在志愿服务转型时期，即从慈善的典范转到公民社会的典范。2001 年联合国呼吁世界各国关注志愿服务时，将其分成 4 种类型，互助、慈善、倡导跟政府治理，目前台湾尚处于慈善的部分，逐渐要进行政府治理或者社会参与部分的转化。志愿服务的推动有着极其重要的功能：首先是培养公民素养，如果没有好的公民素养，居民自治也是很难的，志愿服务可以逐步在未来转型。社区作为公共领域的空间，是一个学习民主的地方，海沧的两岸义工发展很快，但是应该着眼于扎根与延伸。关于扎根，要从服务学习开始，在台湾，小学生要毕业，至少要做 250 小时的公益服务，从小就开始灌输服务学习的观念；关于延伸，主要指的是企业志工的概念，这不仅是一个社会责任，也是一个经营策略，很多人因为上班没有时间做志工，因此如何在企业里面推动志工，我想这也是一个可以延伸的地方。

二　社区能力的培养

关于海沧的经验如何复制的问题，我用台湾现在推行的一个计划，叫作旗舰型计划来说明，以期可以带动其他的社区。关于社区，有的是做得很好的领航社区，有一些是稳健发展的，有一些是处在萌芽期的，这是一个可以整套配合的计划。社区是需要培育的，不是自然发展的。社区里面有非常多的组织，台湾地区主要是社区发展协会，另外还有各种其他的团队，都是社会组织。台湾乡下还有一个特色，宗教寺庙是一个很活跃的地方，一个二十几平米的寺庙，可以负担社区所有的活动，甚至中学里面所有的营养餐都是这个寺庙在负责，可见这是一个很重要的社会资源。

三 社会不公平的后果

为什么社会不公平与居民治理有关系？我个人认为，当今的社会越来越市场化，市场化会带来什么样的后果呢？内地去年通过了《老人权益保障法》，7月1日，淘宝店随即出现了大量探望老人的服务，虽然不知道这个现象是否普遍，但它可能是就是市场化商品化带来的结果。我们需要的是居民的一种内生动力，而不是顾客，如果是顾客，居民自治恐怕就难以实现，因此市场化带来最严重的后果就是社会不公平问题，那么社会不公平给居民自治会带来什么样的代价呢？社会不公平带来更加严重的社会排斥，排斥越来越深，很多群众就会不参与社会，所以很多群众说这是社会民主的一种瓦解，尤其是现代社会越来越工厂化，我们的生活几乎跟工作牵动在一起，越来越少的时间参与其他公共事务，可能就演变成经济学家史蒂芬所讲的，现代社会有1%的人参与社会活动，却服务着99%的人，那1%是比较有钱的人，所以民主社会不是一人一票而是一元一票，因此当这个社会越来越不公平的时候，我想民众的参与意愿也会相对降低。所以当我们在发展GDP的时候，这个就会间接影响到居民参与部分，这也是不得不考虑的事情。

【编者按】7月8日上午，华中师范大学人文社会科学高等研究院在厦门海沧区举办了“共同缔造·探索居民自治有效实现形式的理论研讨会”。来自全国各地的村民自治专家以“居民自治的有效实现形式”为核心议题，围绕“城市居民自治有效实现形式的新探索与新理论”进行了深入探讨。澳门理工学院公共行政高等学校娄胜华教授，以“探索居民自治有效实现形式的澳门经验”为主题，介绍了澳门的基本情况，对比了澳门与厦门的在探索居民自治有效实现形式中的不同做法，并为海沧提供了相关建议。

【主讲嘉宾】娄胜华 澳门理工学院公共行政高等学校教授

探索居民自治有效实现形式的澳门经验

一 澳门的基本简介

我先简单介绍下澳门的情况，第一，澳门是一个博彩业城市，博彩业给澳门带来丰厚的财富，这是非常重要的资源。第二，澳门是一个微型城市。澳门的面积只有海沧区的1/3，人口有63万；2013年却有将近3000万游客。其实世界上人口最密集的城市就是澳门了。澳门没有行政区划，它是一级政府，有七个投票的分区，人均的产值在世界排第四、在亚洲排第二。澳门是一个社团社会，没有社团澳门就没法运营。澳门现在有6000多个社团，平均不到100人就有一个社团。其中，澳门街坊会看上去就像居委会，但是它完全是民间组织，而不是政府组织。澳门的社区功能大、社会地位崇高。澳门没有政党，社团充当了政党的功能。如果没有社团，澳门的公共服务是要瘫痪掉的。比如，在澳门，90%的教育全是社团做的。利益表达、精英输送等都是社团在做。现在政府越来越像个社团，社团越来越像个政府。

二　澳门与海沧的对比

通过比较海沧、澳门的情况。我想讲五点思考。第一点是，政府角色，我很羡慕内地政府的执行。没有政府的治理，现在内地未必能发展那么好。政府在社区做了两件事，其一是社团合法性；其二就是把政府的资源输送给社团，社团就政府的钱帮政府做事。还有一个作用，就是发挥监督的作用。如果不发挥监督的作用，社团在做社会服务的规划时就会出现不足。如果规划不足，一到老人节，老人的脚都被洗破了。资源分配就会出现浪费。政府的官员最怕社团的领袖，社团的领袖要批评他就批评他，要骂他就骂他，做政府的官员是很没有尊严的。所以，政府的监管角色我觉得在澳门还是需要的。第二点是积极公民的治理，澳门的积极公民比较好找。第三点是社会组织，从澳门的经验来看，现在澳门需要的是控制社会组织发展，现在澳门的社会组织不计其数。澳门社会组织是开放的，不是封闭的。澳门三个人就可以成立社会组织，它的服务是开放的，不是局限于小区，是对整个澳门社会开放的。第四点是社会组织之间的关系，澳门是一个和谐的社会，不像香港和台湾整体吵架，秘密在哪里，秘密就在个人的名片里。你到澳门去，你接到的名片经常是很长的一张，标注了很多的职务，都是社团的职务，这个社团的理事长，那个社团的监事长，社团多了之后，就会造成社团之间的相互了解。试想一下，如果商会的领导人兼着工会的一个职务，那这两户就没什么好吵的。社团不要太强调专业化。第五点是社会组织和政府的关系，是合作而非对抗，是伙伴而非伙计。政府不是向社团输入一些资源么，这会导致社团对政府资源的依赖，对政府资源依赖，你就要听政府的，你不听政府的，我就断你的资源，处处受制于政府，那你怎么做服务？要像澳门一样，做到法治化，政府向社团输入资源，是按法律做的，是责无旁贷之事。

三　对海沧管理的几点建议

我还有两点小小的建议，其一是海沧做网格化管理和智慧社区，澳门也推广这方面，但是做智慧社区的时候，享受这方面的是懂得用网络的人，事实上真正的弱势群体是不懂用网络的，比如老年人。所以我们做服务的时候，要考虑到困难群体的需要。澳门有一个平安中福的做法，针对老年人在家里出不去的，对弱势群体是很好的。其二是澳门现在非常讲究个人的隐私。网格化服务现在是要把一个生人社区变成熟人社区，但是一些特殊群体不希望变成熟人社区，他不希望更多的人认识他。比如说，他是一个同性恋者，他不希望别人了解他。内地的发展以后也会注意到个人的隐私保护，在保护个人隐私的过程中怎么完成基层的社区自治。可能有超时间了，我简单介绍了澳门的情况，我的五点思考和两点建议，讲得不对的地方请批评指正，谢谢大家。

专题三：法治化治理与城市居民自治新思路

【编者按】7月8日上午，华中师范大学人文社会科学高等研究院在厦门海沧区举办了“共同缔造·探索居民自治有效实现形式的理论研讨会”。来自全国各地的村民自治专家以“居民自治的有效实现形式”为核心议题，围绕“城市基层治理与居民自治的新框架”进行了深入探讨。厦门大学公共事务学院卓越教授，以“什么是治理，如何把握治理内涵”为主题，对海沧的实践探索提出了理论上的期望和建议，并就治理的理论特征、治理的边界和治理的评估等问题进行了详细论述。

【主讲嘉宾】卓越　厦门大学公共事务学院教授

准确把握治理内涵，在新的高度上推进试点工作

各位领导、各位朋友，我先谈谈感受。不少专家都是第一次来，感觉到海沧气象万千，也有一些专家是多次来，感觉每一次来都有新的感

受。我基本上一两周来一次，同样感觉到每一次来都有新的感受、新的收获。

从去年开始，围绕共同缔造这一主题我们已做了多次会议研讨，每次会议上我都从一个角度进行经验梳理，今天换个角度。海沧从原来的试点走向全面铺开，过去别人没有做的时候，我们做了，我们积极开拓、积极总结经验，现在全市都在做、全国各地势必也都在推广，这个时候人无我有、人有我新，我们厦门应该有什么，这是需要思考的问题。昨天有记者问我，海沧做得很好，但是海沧的经验能够推广吗？所以海沧要站在这样的高度上，除了继续实践、继续总结外，还需要有一个更高的机制，在理论上要提出一个更高要求，只有上升为理论，其推广才更有可行性。所以，我们不能仅停留在做经验总结，还要谈谈理论上的思考。因为共同缔造是以治理作为基本理论依据的，治理本身有多少东西我们已经共知，但也有不少东西还需要进一步去开拓、丰富。

治理应该有一个逻辑，从一般性治理的共识、背景和定位上，三中全会给了不可能再高的地位，把它放在跟实现“中特”理论一样的地位。我们都知道，治理要参与、要整体、要协商，所以我们有一系列的参与性治理、整体性治理、协商式治理，我们都已做过。再往下，治理还有哪些特征，还可以进一步挖掘，用新的理论特征来重新解读已有经验，使得现有经验能够进一步提升，这需要我们思考。接下来，我简单地讲几个问题：

一 治理的理论特征

理论特征不仅仅指刚刚讲的几个要素，还有这几个问题需要我们理解。

第一，治理是一种机制。为什么治理要作为一种机制，它和传统的统治不一样在什么地方？对这样一种治理机制的重要性有充分的认识后，才能够理解治理是一种自主制，自主制是指不需要对方统治和命令也可以自己发动起来。如果对机制这个东西没有搞清楚，那么对治理是怎么发展的就没有概念。所以，对机制这个概念，要做一些理论上的挖掘。

第二，治理是一种能力。能力是一种具有主观特征的东西，在同样条件下，你没有条件，我有条件我可以做；如果双方都有条件，我可以做得比你好。实际上，治理的核心和本质就在于能力，但是对能力如何很好地解读、诠释，这是需要思考的问题。

第三，治理是一个过程。许多经典著作中讲到治理是一个过程，我们通常讲绩效是以结果为导向，往往最后看结果，但为什么说治理是一个过程，因为它不完全看结果。只有理解了为什么治理过程是重点，才会很好地解读海沧为什么做了那么多乡规民约，因为它是一种软法。即通过程序、规程做下来，哪怕没有结果，但是过程一定做好。

第四，治理需要信任。治理和统治不一样，因为前者特别需要相互之间的信任。怎么打造这样一个信任诉求，建构这样一种信任机制，可能是我们理解治理内涵需要解决的问题。

二　治理的边界

第二个问题是治理的关系。我们讲治理很重要，但是治理与这么多年一直不断提出的主题是有交叉、有交集的，那么治理的边界在哪里？如果仅仅讲治理，很多东西就没有办法去很好地明晰相互间的边界，治理就会逐渐变成一个大概，什么东西都叫治理。实际上，治理和其他概念有联系也有区别，如果说治理无所不包，那么治理是无法持续的。比如三中全会讲，治理是一个体系，是国家治理，这里面包含政府治理和社会治理，政府治理和社会治理之间肯定有联系，政府治理包含着它和社会外界的关系，但是政府治理和社会治理的边界在哪里，这是一个需要去讨论的问题。再比如说，我们这个主题就是居民自治，地方分权、地方自治讲了很多年，讲的很多内容也是要参与、要共同，但是地方治理和地方自治的关系是什么？它们两个不同点是什么？我们在什么层面上用地方治理的东西来弥补以前地方自治没有的东西，以使自治更加丰富起来？否则，治理和自治讲不出区别，那么就变成交叉了。多年以前，有一个词叫公司治理，公司治理有很多内容对我们有启发，比如说股权、激励，我们寻求一种利益关系，利益作为一种激励体制，它肯定有关系。但是，公司治理讲的是一种结构，是一种体制，比如说监事会、董事会等，它更多是从体制角度来说的。那么，我们的社会治理和公司治理边界在哪里，它们的交织点在什么地方，这些就属于体制中要去深入分析的问题。新公共管理盛行了三十年，里面的很多内容像分权化、社会化，跟我们讲参与是一样的，它们也同样是20世纪80年代开始做的，它们有联系，但它们的边界在哪里，新公共管理与治理的关系边界在哪里？再比如说，治理跟政府职能转变，政府治理跟服务型政府，这些都需要研究。

三 治理的评估

在治理过程中，一定会讲到评估很重要，在任何一个要素中，评估一定是治理中要做的。能力是一个主观特征，不完全是用现在的东西就能够证明你的能力。能力有潜性和显性，显性的东西用现在的事物可以评估，潜在东西的能力不能作替代，证明它的替代性多大、它的执行度多大，才能证明这个用来替代它的事物是有能力的。所以治理能力和治理一般评估是不一样的。我们下个月要召开政府创新会议，其中有一个是俞可平局长交代的，准备做一个城市治理现代化主题的研究。现代化相对应的是传统，那么，治理本身是一个新的、刚提出来的概念，它怎么是传统的？传统的治理是什么？因为治理是和统治相对应的，治理是一个新鲜事物，那么它怎么具有传统性？如果没有传统的，怎么会有现代化？所以，如果对这些理论问题没有搞清楚，那么对现在的实践就不能赋予它非常有说服力、有前瞻性和有指导性的东西。

【编者按】7 月 8 日上午，华中师范大学人文社会科学高等研究院在厦门海沧区举办了“共同缔造·探索居民自治有效实现形式的理论研讨会”。来自全国各地的村民自治专家以“居民自治的有效实现形式”为核心议题，围绕“城市基层治理与居民自治的新框架”进行了深入探讨。台湾铭传大学公共事务系纪俊臣教授，以“法治化治理与城市居民自治新思路”为主题，详细介绍了法治化治理的含义、法治化与居民自治的关系，并以及海沧今后法治化治理的发展方向谈了自己的建议。

【主讲嘉宾】纪俊臣 台湾铭传大学公共事务学系教授

完善法治，加速城市居民自治的发展

大会主持人、各位与会的学者专家，大家好。这次我有机会参加这个研讨会，要感谢徐勇教授的邀请。我所汇报的内容有三点：

一 法治化治理的含义

从昨天到现在很多人都在谈治理，就我在台湾的了解，治理的真正意思是公务部门和私部门协力的关系。为什么不讲统治呢？因为统治强调向下的关系，治理是强调平行的、对等的关系，所以说从这个观点来看的话，我们对这个法治化问题要做一些探讨。基本上，城市居民的自治牵涉的问题很多，但是法治化最重要，因为不按一个制度来走，是没有办法自治的。在多元社会，大家意见非常多，法治就是要建立一个大家一致的观点。那么到底法治化治理的核心价值是什么？我看了给的材料，里边都有提到法治化需要共同。我不太理解，所谓的共同是什么样的共同。基本上，在台湾必须要法治化，法治化一定要有法律、制度作前提，而且这个制度不是一个人想出来的，更不是大家用契约行为来决定的，这样的情况下，谈法治化是比较可能的。简单地说，法治化就是要制度化，不照制度来走就不是法治化。那么，在台湾，所谓法治化的核心价值就是人性尊严。为什么对弱势者要照顾，因为他也是人，他的人性尊严我们绝对要尊重。所以说法治化很重要的一个核心价值，大家说是共同，其实共了什么，就是人性尊严。

二 法治化与居民自治的关系

对于这个城市居民自治的基本意涵，我在台湾就是研究地方自治的。地方自治里面所谓的自治到底是什么意思？城市居民的自治基本上就是指让城市居民具有城市组织、立法的自主权，要有一个自主权，要含三个基本权，一个组织的自主权；一个立法的自主权；还有一个财政的自主权。所以以这个观点来看，目前海沧在进行的这些城市居民自治是比较倾向城市居民自理而已，达到自治的条件还有需要努力的空间。基本上，城市居民自治要把城市治理的自治概念和城市团体的自治做一个统合之后才叫自治。如果这两个条件没有具备，要自治还是有努力的余地的，这个时候称为治理比较合理。

就这个观点来看，我觉得我们厦门海沧对这个法治化治理，对城市居民自治方面还有几点更有力的。其一，法治化是加速居民治理的发展，也就是说，现在强调法治化是对的，因为这个对于居民治理是有贡献的，它会加速后者的发展。其二，法治化确实会强化城市居民自治的机会，如果我们最终的目标设定在城市居民自治的话，那么法治化治理确实是有贡献的。

三 海沧法治化治理的发展方向

我认为厦门海沧在法治化上需要补充的课题和规划内容主要有以下几点。首先，就补充课题来讲，试点的法治尚待制定，法治化所需要的法律还没有制定，在台湾，即使是试点也要有暂行条例，没有法律是不行的。台湾的“立法院”争着订法律是因为没有法律就做不了，因此试点法治需要努力订出来。

其次，海沧的186平方公里的试点基地面积太大，治理范围大，治理条件参差不齐。财政问题也不能依靠大家的捐款，公务部门需要制度化，捐款不能体现制度化。今天有人将一个养猪场捐出来水塘，那使用权有没有转移？在台湾常常就有公共设施捐出去，又被下一代在诉讼中用产权成功收回的情况。因此我建议，对于财政问题需要制度化。就规划部分来看，要谨慎制定试点暂行的法治，试点同样也需要法治，也可以是暂行的法治，并通过这些来订立制度，这才叫法治化。不论是法律还是国务院通过的法律规范，都很注意社会治理的问题，从社区治理的角度来看，我提到要尽早规划社区治理的法治问题，因为通过这次材料中的社区发展工作纲要来看，和台湾基本相同。结果社区的组织政权发生了问题，因为在台湾30个人就可以组成一个社区，村是法定社区，但是一般所谓的社区不是法定的，没有了法律依据就出现了问题。未来试点成功之后可能要沿用城市自治的法治，也可能准备普遍适用于整个厦门、福建省乃至全国，因此法治的规划势在必行。以上就是从很严格的法治化观点看这些问题。请各位不吝指教。

【编者按】7月8日上午，华中师范大学人文社会科学高等研究院在厦门海沧区举办了“共同缔造·探索居民自治有效实现形式的理论研讨会”，来自全国各地的居民自治专家以“居民自治的有效实现形式”为核心议题，围绕“法治化治理与城市居民自治新思路”进行了深入探讨。华中师范大学法学院丁文教授从法治中国的角度来解读海沧探索居民自治有效实现形式的法治意义，认为海沧的做法是法治中国落地生根的重要途径，为法治中国提供了新的研究课题。

【主讲嘉宾】丁文　华中师范大学法学院教授

居民自治与法治中国建设的内在联系

尊敬的各位领导、专家、记者，早上好，很有幸第一次来到海沧。通过昨天的参观访问，听了几位专家的发言，深受教育、颇为震撼。

一　法治中国落地生根的重要途径

第一个感受，有效的居民自治是法治中国落地生根的重要途径。十八大提出建设法治中国，同时提出建设法治中国必须坚持依法治国、依法执政、依法行政，还要坚持法治国家、法治政府、法治社会一起建，所以法治国家、法治政府、法治社会一起建就意味着，法治中国是一个系统的工程，涉及国家、政府和社会。其中，在这个系统工程当中，我认为法治社会的建设任务最为繁重，而且也是最为重要的。因为法治国家应该是以法治社会为基础的，没有社会的法治化，也就不可能有国家的法治化。

我国提出依法治国已经有二十多年，并且吴邦国委员长也宣布我们国家的法律体系已基本形成，基层的法治建设也取得一定成效。为什么法治国家还没有建成呢？我们不能说已经建成了法治国家，因为正在努力当中，所以才提出法治中国。我们国家有个规律，它吆喝什么、强调什么，就说明什么不行。所以法治国家还没有建成，根本原因是我们还没有建成法治社会。法治社会建设任务繁重，法治社会建设既有城市，也有农村，还有非城非农，而且主体很多，有居民、农民、大量的社会人士，面很广。同时，我们国家是一个大国，自然条件和经济发展水平不一样，我们在建设法治社会的时候，它的途径和方式不可能单一，所以要根据各个地方不同的情况，来选择不同的方式、不同的途径。我们国家目前主推的是普法教育，不能说普法教育不起作用，但是从法治成效来看，作用是有效的。事实证明，暴风骤雨、运动式的普法教育往往是事倍功半。这次参观海沧，共同缔造的方式为法治中国提供了一个很好的途径，因为有效的居民自治强调民主、强调法治、强调自律。昨天的参观中，我印象最深刻的是这几个要素：一是水木调解室；二是老渔民上岸在小区生活得很美好，这很不容易；三是小区的自治章程和大量的乡规民约，这是我们今后法治建设的一个重点。我们强调法治，不是说完全是国家政治层面的法律，更多的是地方的规则，这些规则是普遍的。这是我的第一点感受，就是说有效的居民自治是建设法治中国的一个重要载体。

二　法治中国的新课题

第二个感受，它为法治中国提供了新的研究课题。我们并没有对自治权进行研究，自治权到底是公权还是私权，自治权的主体和范围，内容和边界到底怎么界定、怎么实现，如何保障出现侵害后能够救解它呢？理论上并没有解释清楚，从而影响到规则，所以今后要加强这方面的研究。此外，它也倒逼国家层面相关法律的制定。国家也强调了依法自治，有居民委员会组织法，但是现在情况变了，海沧的实践已经大大超出了法律的规制。对法律的制定，起到了倒逼的作用。除此外，海沧居民自治离不开大量的社会组织，社会组织、社会团体要开展活动，那么法律到底怎么制定，这我们是欠缺的。总而言之，深受教育，收获很大。

【编者按】7月8日上午，华中师范大学人文社会科学高等研究院在厦门海沧区举办了“共同缔造·探索居民自治有效实现形式的理论研讨会”，来自全国各地的居民自治专家以“居民自治的有效实现形式”为核心议题，围绕“法治化治理与城市居民自治新思路”进行了深入探讨。深圳大学当代中国政治研究所副教授马卫红以深圳市花果山社区的居民自治建设为案例，剖析在去行政化的社区改革中如何实现政府管理与居民自治的有效衔接，及其面临的挑战。

【主讲嘉宾】马卫红　深圳大学当代中国政治研究所副教授

深圳经验:探索居民自治的有效实现形式

我非常高兴有这个机会来观察海沧区社区治理经验。刚刚专家们都是在理论上仰望星空，我接下来从实践上脚踏实地，看下城市居民自治的新途径、新思路。

这两天在海沧区观察，让我更深刻地了解了居民自治。从组织载体上，居民自治不仅可以指向居委会组织，还可以指向更多的社会组织，但在各种组织大环境中，居委会仍是居民自治组织的重要载体。在现实层面上，居委会去行政化后会出现空心化问题，行政资源受到剥离。理论研究一定要对接现实才有推进的作用。然而，对于居民自治如何实现的现实问题，却很少讨论。居委会的真实生存状态如何？居民自治的有效实现形式是什么？如何重塑居委会在基层治理体系中的功能？这三个问题属于理论范畴，但又不限于理论，更偏重经验的研究。我接下来要介绍的是深圳市花果山社区的改革经验，从操作层面与海沧区相互借鉴。

花果山位于深圳蓝山区蛇口片区，是改革开放打响第一炮的地方，其改革的动因是去行政化的尝试。深圳基层改革的一个特点是将居委会与工作站分开，在基层社区设立工作站。这种改革方式有积极意义，但其后续运作还存在一些问题。居民需求多元化，与旧有体制之间有张力，花果山对不彻底的去行政化进行了进一步的改革。花果山居委会对其自身功能进行了盘活，建立社区服务中心，撤销社区工作站，梳理原来工作站的行政事务，政府执法类回到了街道，把能够项目化的服务类打包给社区服务中心，社区服务中心通过招标的方式，让中标的社会组织运营服务类项目。此外还对居委会的职能进行了改革，强化了居委会的枢纽、议事、监督职能，变直接服务为借力服务，例如，街道提供框架，将资金直接划拨给居委会，居委会控制财权，组织招标，根据中标的社会组织的表现分笔拨款，并监督社会组织的服务。另外，社区也建立了共建共享理事会，把社区内的企事业单位融入到社区共建当中。

花果山社区重塑居委会职能的改革有其积极意义，祛除了社区内准行政机构设置，有效解决了党建和自治问题，使居民参与的渠道更加多元。另外，在改革具体操作过程中也遇到了具体问题，如行政执法类事务虽回归街道，但具体事务仍需要社区执行；居委会有财权，可以监督社会组织，但是谁来监督居委会也是个问题。

专题四:协商民主与城市居民自治新途径

【编者按】7 月 8 日上午，华中师范大学人文社会科学高等研究院在厦门海沧区举办了“共同缔造·探索居民自治有效实现形式的理论研讨会。自全国各地的居民自治专家以“居民自治的有效实现形式”为核心议题，围绕“协商民主与城市居民自治新途径”进行了深入探讨。新加坡南洋理工大学人文社会科学学院何包钢教授以“城市协商民主的完善与优化”为主题，详细介绍了协商民主如何引导，如何制度化以及协商的民主的目标等问题。

【主讲嘉宾】何包钢　新加坡南洋理工大学人文社会科学学院教授

从协商民主角度看城市居民自治的完善有提升

我从协商民主角度来谈谈城市居民自治问题。我想请诸位看看我的这本会议论文集，同时看看任路同学撰写的一篇文章——《协商民主与居民自治的有效实现形式的运转机制》，这篇文章对基层经验作了很好的概述和总结。由于时间限制这里不对细节和经验方面加以展开，只讲三个大问题。

一　以协商民主的理念引导居民自治发展

第一个问题，正如诸位所提及，我们要发展协商民主，要发展城市居民自治，也就是在公共利益的基础上构建一个协商民主，这是现在城市居民自治或者协商民主得以实现的一个物质利益基础，各位都强调了这一点，本人也同意。但是我现在想跟大家探讨的一个问题是："仅有公共利益未必能够走向协商民主，也未必能够走向城市居民自治。"在宋代，那时候诉讼之风最盛，到了清代就减弱了，其中一个原因就是当时利益的交结，利益很多，然后形成一个都去打官司的风气。到了清代以后注重乡村自治，强调儒家的柔美文化，这个问题就相对减弱。同样，我在广东一个地方做实验，当时他们由于利益纠纷问题导致不断上访。所以我们需要建构一个公共利益，怎样去引导向协商民主有一个引导过程，只强调有一个公共利益这个基础是不够的，必须有一个引导基础，需要去搭建一个协商民主平台，各种公共利益当中的矛盾在这个平台中化解，而不是去提倡宋代的诉讼或者现代的上访。

二　协商民主需要走向制度化

第二个问题，就是协商民主的制度化问题。在基层，昨天和今天我看到很多，在村一级有乡贤理事会、村民议事会，在社区一级有同心合议厅，社区同驻共建理事会，包括市民陪审团诸如此类各种各样的形式，在这方面有两个问题想提出来与大家讨论。昨天有老师讲，基本把协商民主放在"五个共"当中的第一个环节，共谋机制，包括这位老师讲的三块支柱，协商民主是其中一块。首先我要承认协商民主不能涵盖地方实验当中丰富的内容，协商民主只是一个视角，我的问题是，是不是说协商民主只是"五个共"当中共谋有，共建共管共评共享难道就没有协商的存在了吗？

我认为协商民主作为一种原则、一种方法、一种程序，必须贯彻于"五个共"：共谋、共建、共管、共评、共享之中。而且如果我们去挖掘经验，五个共当中多少还是有协商的元素在里面。我们现在看到，协商民主在村或者社区有各种各样的形式，那么在海沧区，地方政府跟市民有没有一个对话机制？现在可能还是有，但是相对来讲比较薄弱。这方面其他的地方、其他城市有一些探索和经验，让政府和市民要直接对话。比如说杭州有圆桌会，举办了五百多期，市里面有些负责人与抽样出来的一些公民来直接讨论各种公益事情，这种机制也是很好的。我们现在看到的协商民主都是老百姓之间的协商，老百姓跟政府没有协商的，政府说怎么做就怎么做。那有没有一种新的机制让老百姓也可以跟政府有一个对话？这是一个好的问题。

三　协商民主的性质与方向

第三点要讲的是协商民主在城市居民自治中的性质和方向。首先接着徐勇教授的讲话，就是我们现在是从动员式的群众路线走到了参与式的群众路线，我认为概括得很好，如果我们从协商民主的角度来讲，其实是群众路线的2.0版，对群众路线新的提升，动员型的成分还在，但是他加进了参与型，还加进了一个协商型，他是要大家通过协商讨论来共同决策、共同管理、共同分享这个成果，就是说群众路线一定要加上协商型的群众路线。

还有一个问题涉及我们刚才讲的发展方向。现在基本上是在政府主导下的一个社会自治实验，实际上这个社会相对还比较弱，还有待发展，那未来的发展方向是不是应该成为一个地方政府和公民参与的协商形式，是一种社会治理呢？也就是把协商民主跟地方治理连接起来。有一个很重要的概念叫协商型治理，英文叫 Negotiate - govern，强调的就是通过制度化的平台使公民和政府相互对话，以此解决各种生活中的问题，共同影响决策，最后再去寻求一个社会的秩序。这里有一个问题是，我们要发展协商民主并不是要去追求选举民主，选举民主也要做，但主要落脚是治理民主上。协商民主最后要看得见、摸得着，就像昨天去参观，街道那么干净，各种各样的违章建筑都没有了。所以，协商民主一定要落实在公共服务一体化上，最后要落实在治理上，也就是说要发展一种协商型民主。借用徐老师文章的表述就是，我们不是与台湾拼民主，我们如果要在民主上真正做出有效的成绩，就要使民主最终落实到治理，落实到改善民生上。

最后，我想提几个问题与大家讨论。一个是社会治理中的协商民主机制，也就是我们怎样去孵化培育社会组织，并给予社会组织一些权利机制。例如，社会组织可以用来启动协商机制，当社会组织认为有些问题可以要求政府举行会议协商，那么谁来组织、启动这个会议程序？社会组织应该扮演一个很重要的角色，而且社会组织应该是组织协商论坛的组织成员之一。另一个是怎么样来提升网络协商的责任。现在有很多微信、网络的讨论，那么讨论质量怎么提高也很值得探讨。最重要的是，在居民自治当中要真正体现出民主协商的原则，要坚持协商民主的底线，一定要充分体现人民主权的思想，公民能参与这个过程，而且能影响决策，一定要体现这个原则和这个过程。如果没有达到这个标准，就不能叫协商民主，而只能是中国传统意义上的咨询问题。

四 总结

总结来看，以上我讲了三个问题。其一就是说我们在公共利益基础上发展城市居民自治和协商民主，要有一个切实的基础，但仅有利益相关性还不够，必须要用协商民主的理念去引导。其二是仅引导还不够，还要有一个制度化的协商民主机制。目前，停留在公民与公民之间的协商比较多，而公民与政府之间的协商较少而且比较薄弱，这方面要大胆发展，要给人民赋权，让人民有启动召开协商讨论的权利。其三就是协商民主发展的方向，它是群众路线的一种更新，不仅仅是纯动员的，还是一种协商性的群众路线，最后的目标是要追求一种互动的共治的协商治理，要去改变现在政府主导的那种软社会的自治状况。谢谢大家。

【编者按】7月8日上午，华中师范大学人文社会科学高等研究院在厦门海沧区举办了“共同缔造·探索居民自治有效实现形式的理论研讨会”。来自全国各地的村民自治专家以“居民自治的有效实现形式”为核心议题，围绕“城市居民自治有效实现形式的新探索与新理论”进行了深入探讨。华中师范大学邓大才教授，以“探索居民自治有效实现形式中的利益相关问题”为主题，分析了城市居民的相关利益类型和利益相关性与居民自治有效实现形式之间的关系，并为海沧激活居民自治提供了相关建议。

【主讲嘉宾】邓大才 华中师范大学中国农村研究院教授

探索居民自治有效实现形式中的利益相关问题

居民自治存在的问题主要有三个。一是自治形式化；二是文本化；三是悬浮化。根据从沧海调研的情况来分析，居民自治悬浮在社区层面下不去的原因主要是：缺少相关利益，居民之间没有利益相关性。

围绕以上三个问题，这里进行探讨：一是城市居民有哪些相关利益；二是利益相关性与居民自治有效实现形式之间有些什么关系；三是怎么来激活、建构相关利益以推动居民自治有效实现。

一　城市居民的相关利益类型

第一个问题涉及相关利益的类型。这里按三个方面梳理，第一个方面从城市居民的利益分类，分为产权性利益、配置性利益、奉献性利益、公共性利益这四类。产权性利益指社区房屋的产权或土地的产权；配置型利益指小区提供的各种公共服务、公共管理、公共设施给居民带来的利益；奉献性利益是指很多人通过做义工、志愿者，通过奉献带来的一种满足感；公共性利益指的是国家、城市、政府为当地居民配置资源产生的利益。由此可以得出的小结是，城市居民有多元、多样的利益，城市居民利益层级、利益数量集中程度以及利益的重要性都存在差异。

二　利益相关性与自治有效性的关系

第二个问题是利益的相关性与自治有效性的关系。这里从三个方面进行分析：多层的相关利益决定了多层的自治，国家、城市、社区、小区、邻里楼栋这五个关系决定了在国家、城市层面进行代议制可能是比较好的；在小区、楼栋层面进行自治可能是比较适合的；在社区层面，特别是在像海沧这样比较大的社区，进行代议制是比较好的，但比较小的社区也可以进行自治。城区、社区、小区、楼栋和邻里之间因为相关利益和利益相关性逐渐增加，因此自治程度越来越强，自治的形式更加有效。第二个层面，多样的相关利益决定多元化自治。就海沧的情况看，它是以项目为载体的自治，比如说房前屋后公共设施的建设和管理；同时是以活动为载体的自治，比如舞蹈、龙舟、舞狮、培训、教育活动等，这些活动也可以带来自治；此外，它也是以平台为载体的自治，新阳街道、兴旺小区的话仙场就是一个讨论的平台，新厦门人服务综合体也是一个平台。比较而言，活动自治相关性比较低，平台自治比较高，项目自治的相关性非常高。第三个层面，多样的相关利益决定多类型自治。主要分为这样几类：一是依靠精神、健康、娱乐等活动形成的小团队组成的，以趣缘利益为核心的引导自治；二是以业缘利益为核心的引导自治，包括外来工比较多、干部比较集中、教师比较多的社区，以业缘利益为核心形成的自治也比较好；三是以奉献利益为核心的引导自治，就是做义工、做志愿者。

三 利益相关前提下激活居民自治的建议

第三个问题是，在多样化、多元化、多层次性利益和自治相关的前提下，如何结合现有利益来激活自治。其一，城市社区、高档社区市场化已经解决了居民基本需求，居民不下楼，另外一个社区也没有发现居民有什么利益；其二，发现利益就要激活；其三，发现不了利益，无物业小区、比较穷的社区，可通过街道投入建构利益，把大家联结起来形成利益共同体，把社区自治推动起来；第四个方面，有效的自治点在哪个地方呢？我认为相关利益和利益相关性是两个概念，相关利益是数量概念，利益相关性是程度概念，这两个可以形成两条曲线，两条曲线有一个交汇点，这个交汇点就是自治有效实现形式的最佳点。所以，社区的自治有一个度的问题，从成本、有效性考虑，这两条曲线的交汇点就是自治有效实现形式的最佳位置。

四 总结

总结来看就是，第一，城市居民有多样化的、多层次、多类型的相关利益和利益相关性，只是这些利益尚未被发现和激活，但海沧已经被激活。第二，居民从国家、城市、城区、社区、小区、楼栋和邻里那里获得的相关利益和利益相关性依次递减，相关利益和利益相关程度决定了在社区以上单元适宜实施代议制；在社区可代议也可自治，而社区以下单元最适合自治。第三，以项目、活动、平台为载体的自治，以趣缘、业缘、奉献利益为引导的自治是比较有效的自治形式。多样化、多层次、多类型的相关利益和利益相关性决定了多元化、多层次和多类型的城市居民自治体系。第四，居民自治取决于相关利益，自治有效性取决于利益相关性，两者的组合决定居民自治最有效的实现形式。

【编者按】7 月 8 日上午，华中师范大学人文社会科学高等研究院在厦门海沧区举办了“共同缔造·探索居民自治有效实现形式的理论研讨会。自全国各地的居民自治专家以“居民自治的有效实现形式”为核心议题，围绕“协商民主与城市居民自治新途径”进行了深入探讨。中国人民大学社会与人口学院夏建中教授以“海沧区社会治理的亮点”为主题，详细介绍了厦门市海沧区在社会建设、社区治理方面的突出成绩。

【主讲嘉宾】夏建中　中国人民大学社会与人口学院教授

海沧区社会治理的亮点

海沧区建设美丽厦门，建设美丽城市，我认为在社会建设、社区治理这方面做出了不少的成绩。主要有以下几方面：

一　社会主体参与社会治理

社区治理我们曾经梳理过，有民主国家制，地方自主制，还有企业制，企业制在这里谈的不多，一般的社区治理我们归于地方自主制。实际上，在我们国家社区治理，政府是让权，治理的目的是什么？实际上是，在社区治理的话，最早的目的，功能应当包括两个部分，一个是布施；比如说基础设施建设。还有一个就是功能分布。我们国家在1987年提出社区服务，到2006年国务院才明确提到，社区的服务包括三种，一种就是社区的公共服务，包括我们国务院刚刚制定的《2011—2015社区公共服务纲要》，也是非常明确，所以呢，我们公共服务是在这。基础设施建设应当说农村还是非常的差。公共服务是政府的事情，而基础设施建设不一定是政府的事情。但是基础设施在我们国家的话，主要是政府在负责，因为投资的周期非常长，比如说建道路，让企业去干这个事情的话，可能性不大，那么一般就是政府建。海沧做得不错，农村的设施做的可以。中国城市的发展主要是国家的投资，而农村投资相对较少。人们不愿意搬到农村就是因为农村基础设施很差，大城市的人永远那么多是因为大城市的基础设施条件好，功能齐全，所以海沧区在农村做得比较好，值得学习。而且海沧区新农村的发展道路，或者新型城镇发展的道路，媒体、企业都有介入。

二　微社区结构——增进交流

海沧的网格化做得很好，一开始是它为了方便管理，而海沧区将网格化管理做得更加专业全面，提升了服务水平。事实上，我认为网格化实际上还有很多的发展，如促进人的交流。我个人认为把社区划成更小的这种微社区，实际上是对以前的矫正。我们国家在1955年通过那个居委会管理的时候，当时规定是170户，后来扩大了，1000户以上就合并。但是全世界大部分国家，特别是发达国家，规模都不是太大，规模太大的话不便于人的交流。小的社区里人的面对面的交流更便利，也更容易，所以我认为网格化能不能以后对于居民的交流要再提升再多点，提升一个层次？

三　社区工作平台——促进参与

海沧区也做了很多的工作，包括拓展一些平台，拓展服务空间的问题。其实社区建设从 2000 年搞到现在，现在也没说结束，一直在进行。我们一直认为社区有两个方面做得不太好，一方面是社会组织不多，太少，这个要再加强；另一方面是社区居民参与的平台太少，居民对社区的活动没什么兴趣，普遍都这样。海沧区在这方面提供了很多的经验，居民广泛地通过社区工作平台参与社会活动，这是极具意义的。

四　社会组织——提升管理

我非常感兴趣的是乡贤理事会，乡贤理事会实际是社区内的长辈，有名望的，卸任的官员组成。这个与以前的乡绅类似，过去我们的乡村管理，其实也不叫有效，也不能说完全无效。他们通过带头制定规则规范，并且言传身教，我认为非常的好。

五　总结

国外有社区发展。我们的社区建设，其实差不太多，主要有两种方式，一种是直接的方式，就是从上到下，领导批示，基本不太关心，也不太参与，完了花了一些钱也没有什么效益，有的更重视公共建筑的建设，比如说盖大楼。还有一种方式就是从下往上，然后制定规划、发展的策略，然后找资源。这个就是从居民中听取他们的意见，那么他们的参与热情非常高。过去有一段时间，国内主要就是政府热情非常高，居民比较冷漠、不太关心。海沧区现在做的，我认为已经算是比较好，居民的参与，居民自己来认领绿地。谢谢大家。

【编者按】7 月 8 日上午，华中师范大学人文社会科学高等研究院在厦门海沧区举办了“共同缔造·探索居民自治有效实现形式的理论研讨会”。来自全国各地的村民自治专家以“居民自治的有效实现形式”为核心议题，围绕“协商民主与城市居民自治新途径”进行了深入探讨。北京大学政府管理学院的燕继荣教授，以“社会自治的核心是协商民主”为主题，详细介绍了协商民主和社会自治的关系，并肯定了海沧区“微自治”的实践是基层民主协商的一种新形式。

【主讲嘉宾】燕继荣 北京大学政府管理学院教授

社会自治的核心是协商民主

各位领导，各位专家，大家上午好。我发言的主题是协商民主和社会自治的关系。其主要观点是社会自治的核心是协商民主。我将从以下三个方面阐述此观点：

一 国家治理离不开社会自治

从国家治理角度来说，我们可能认为国家很强大，实际上政府治理能力不高，我们的政府看似强大，但时常表现出职能不全，能力不足，我们的政党和军队同样如此，这都使得我们自信不足。我认为以上问题存在的根本原因就是基础不牢。考察各国的发展历史我们可以得出，现代国家的治理确实需要有基础建设。在过去，我们一般认为基础建设就是一般的物质建设，最多加上一个国防建设，但我认为国家的制度建设，特别是社会建设，社会制度的建设，对国家现代化建设非常重要，这点我认为必须要引起学术和政界的共识。国家治理的水平取决于社会治理的水平，在现代的社会里社会治理的水平在很大程度上是依赖于社会自我组织、自我管理、自我服务的质量。实际上社会自治不仅具有工具的价值，它还有一个目的的价值。我们现在提倡坚持马克思主义，实际上我们看马克思设想的人类未来的生活其实就是用社会自治来代替国家统治，把社会自治看得很高，所以我认为今天任何对社会自治的探索和社会自治的意义的估计都不算过分。

二 社会自治与协商民主的关系

谈及社会自治和协商民主的关系，首先应提及社会自治的探索。从社会主义者基于公社式的取消国家的实验到自由主义者强调市民社会来抗衡国家力量的构想，再到社群主义强调基于社群与社区来和国家形成一种协同治理的合作的关系，我认为都反映了不同的人们在这个问题上的探索。以中国的情况来看，从20世纪90年代开始，我们基层自治的实践也将近30年了，在这30年当中我们观察到的一个基本情况就是从最早建立一个组织的形式，到现在探索一个自治的内容，所以海沧的意义在于探索新型的社区自治的做法与内容有一些新的特色。

我有三点体会：第一，社会自治需要有整体环境支持。过去人们认为社会自治就是社会自己的事情，组建一些社团组织，搞几个社区，把它们圈起来，建成社区，好像这就叫社会自治，但是现在看来我认为也不是那么简单的事情。黄卫平老师认为，我们不仅要有领唱，还要有合唱，在这个过程当中，这个领唱员可以是社区的精英，也可以是政府，在社区精英没有出现之前，或许我们更多需要发挥政府领唱的作用，所以我认为这点是应该肯定海沧的实验。

第二，社会自治需要政府治理和社会治理的良好的合作。现在的国家治理更加强调协同治理，这可能代表的是现代治理的一个主要的方式。这种协同治理强调了两方面的力量，一是政府的力量；一是社会的力量。过去我们有一种认识的误区，就是以为政府的退出就是社会自治的自然的发展，现在我们多少需要一点反思，我们不能容忍政府的不作为，除此之外，政府在管理当中消极作为，也同样不能容忍，因为政府的消极作为很大程度可能会带来“公地悲剧”。虽然我们看到自治确实是好，但是它也带来另外一个问题，如果没有一个领唱的角色，公地悲剧和集体行动的困境里常见的，所以两相比较，我认为还需要一个优先顺序的选择。

第三，探究社会自治与协商民主的关系，要我们重新界定民主的概念。社会自治就是人民当家做主，人民当家作主就是民主，所以在民主的考察和衡量当中我们固然看重普选，看重票决，看重公投，这些当然是很重要的，但是社会的协商民主的推广程度和应用程度也可以看作是民主的一个重要的指标。在民主的考察当中我们也看到民主不仅体现在上层结构中，也体现在基层的结构当中。

三 需进一步研究的问题

徐勇老师有一个表述，大民主的主角是强调领袖的作用，基层民主则是强调村干部的作用，微型自治特别是协商民主更多的是强调民众的作用，所以海沧的协商民主作为我们推崇基层自治的一个核心概念是一种新的方向。从中国的发展来看，例如像最早的党国包办的这种管理和服务，到了市场化以后，我们以市场化为名，放纵社会，放弃责任。城市治理很多地方不好，是因为我们放纵社会，就是社会有绝对的自由，但是没有自治带来很多问题，所以现在社会治理还在很大程度上要讲治，这是一个问题。

此外，还有几个问题需要我们研究。第一，如何来界定社会自治，我认为这需要重新阐释社会自治的意义。从社会自治来说，政府有政府的需求，民居有居民的需求。从政府来说，主要是想通过社会治理来实现政府依法管理。一方面政府通过有效的途径依法提供公共服务。从居民来说，居民希望通过社会治理来争取更多的公共资源，同时是在可行的前提下实现自我管理。另一方面，是在需要的时候居民能够实现自我组织。居民能够自己组织在一起，开展有兴趣的活动。为实现两者的结合，我们学术界应当对此有一个理论的解释和制度框架的探索。

第二，长期强调的政府主导和居民参与要协调。当前这两者的关系当中最大的问题是居民自治和居民参与长期缺失，海沧的做法弥补了这一缺失，在街道这一级更多强调治理，在社区这一级更多强调自治，在楼宇和家庭这一环节更多强调自理，自我管理。当然这能否成为一个普遍模式，也需要我们去研究。

第三，对网格化管理的定性。社会治理当中我们普遍推广网格化管理，但是如若网格化管理无缝隙，那么居民自治是否还有空间，这就涉及网格化的定性的问题，个人认为立足于便民和服务的网格化和立足于政府管制的网格化是有所不同的，过去我们推广网格化首先是来自于政府管控，现在问题是我们的网格化管理当中更多的是满足了政府管控的需要，如何体现公民的自我服务，另外网格化当中是否需要开发出来公民交流的功能，如何将其体现出来，这也是需要在理论上和实践上来进一步讨论的。

第四，自治和自由的关系到底如何界定。我们过去认为自由有消极自由和积极自由两个方面，现在我们强调公民要参与社会治理更多是站在积极自由的角度说，居民要参与，居民要表达，居民要自主。澳门的经验很多人是不希望参与的，不希望政府过多的介入个人私生活，那就是个消极的自由概念。政府治理过度会挤占社会自治的空间，过度强调公民参与式的自治也会损害个人消极自由，这也是需要在实践上探索的。总而言之，社会建设和社区建设到底要完成什么任务，特别是城市社区的建设就面临很多的问题，这涉及城市的定位问题，涉及到底什么才是理想的生活状态这一问题的解答。当然我们也非常希望厦门能够给我们在这些问题上给予启示，展示出其独有的魅力。

【编者按】7月8日上午，华中师范大学人文社会科学高等研究院在厦门海沧区举办了“共同缔造·探索居民自治有效实现形式的理论研讨会”。来自全国各地的村民自治专家以“居民自治的有效实现形式”为核心议题，围绕“协商民主与城市居民自治新途径”进行了深入探讨。厦门大学公共事务学院的胡荣教授，以“建设美丽厦门，海沧试点先行”为主题，汇报了海沧区进行“美丽厦门·共同缔造”行动以来的情况。

【主讲嘉宾】胡荣　厦门大学公共事务学院教授

建设美丽厦门，海沧试点先行

各位领导，各位专家，大家上午好。我发言的主题是“建设美丽厦门，海沧试点先行”。今年年初，受海沧区统计局的委托，我们在海沧区进行了问卷调查，问卷总数是1001份，一部分是在试点社区完成的；一部分是在非试点社区完成的。今天我主要汇报一下调查报告里的几个关键数据。

一　居民对“美丽厦门·共同缔造”的认知

鉴于调查报告过长，在此做简要汇报，一是海沧区老百姓对“美丽厦门·共同缔造”这个试点的知晓情况。受访者中77%的表示知道，23%表示不知道。试点社区和非试点社区的受访者的知晓率存在一定差别，试点社区的知晓率是80.5%，非试点社区的比例略低一点，知晓率为70.4%。三是老百姓对于一些试点项目的知晓率情况不一。不知道“信息消费数字之家”的最多，占44.6%；35.7%的人不知道居民身边事，而公共自行车系统了解的人最多。海沧还有很多项目，其中免费老人门诊和理疗体验是大家认为最有必要实施的，而党政场地的配套建设，认为不必要的人最多，以上数据供大家做参考。

二　居民对“垃圾分类”的态度

作为厦门市民，我比较关心垃圾分类问题，我认为垃圾分类的试点，虽然实行比较困难而且难以立竿见影，但是通过垃圾分类，不仅仅可以美丽我们的厦门，而且最为重要的是可以提高人民的素质。所以在这次的问卷当中我设置这样一个问题：“老百姓对‘垃圾分类’是怎么看的?”52.4%的受访者认为完全可行可以全面推开；37.5%的认为基本可行可以逐步推开；10.1%的人认为目前还不具备条件，由此可以看出96.8%的受访者支持垃圾分类，反对的非常少，仅占3.2%。

三　居民对“安装防盗网”的态度

厦门的房子没有住进去没有装修之前都非常漂亮，装修以后就不太美观，原因在于大家都习惯安装防盗网。对此，我们也对居民“安装防盗网”这个问题进行了调查，63.63%的受访居民家里装了防盗网，认为防盗网对小区环境美观有影响的占0.24%；6.2%的居民认为影响很大。当问到“如果政府能够出钱拆除防盗网，在保证安全的情况下，通过安装监控，是否同意拆除”时，支持拆除防盗网的居民有52.23%，可以看出这个要比做垃圾分类更难。但我们可以通过政府投入在居民楼防盗网外加入一层玻璃，这样会更加美观，然而最根本的解决方法还是拆掉防盗网，但在具体操作过程中，我们要让群众参与，通过协商，通过民主的方式让他们自愿的拆除，若是如此，则效果非凡，意义重大。

三　探索居民自治有效实现形式闭幕式

【编者按】：7月7日和8日，“共同缔造·探索居民自治有效实现形式高端研讨会”在厦门市海沧区召开。华中师范大学中国农村研究院院长徐勇教授在会上做了总结性发言。他指出，本次会议旨在引导政府及专家了解实践进展，并以海沧为标本展望中国的整个政治与社会发展走向。徐勇教授谈到，海沧区通过共同缔造，将社会带入社会治理，不仅解决了自身的治理难题，更重要的是它具有全国性的普遍价值，具有可复制性、可推广性，代表了一定的方向性。

【主讲嘉宾】徐勇　华中师范大学中国农村研究院教授

共同缔造:可推广性的社会治理难题破解之道

我们这次“共同缔造·探索居民自治有效实现形式高端研讨会”选择在厦门海沧召开有两个目的，第一个目的是了解实践。我们知道，中国改革开放这一创新的动力在基层，海沧在没有多少现成经验可借鉴的情况下，积极探索，不断创新社会治理，应该说这为我们国家提供了一个示范的标本。另外，我们学者也要多“接地气”。前几年我们在云浮召开的一个研讨会，学者和记者们经常把“云浮”念成“浮云”，这次大家又经常把我们“海沧”念成“沧海”，所以大家多跑跑基层有好处。第二个目的是，通过海沧这个标本观察中国政治、社会发展的走向和规模。我们的学术研究一贯是以问题和实践为导向，而这次会议实际上是对中国政治社会发展实践当中紧迫需要的问题进行探讨。

中国是一个传统的农业文明悠久的国家，虽然在一个静态社会里而国家治理已经非常成熟了，但是面对一个变化速率相当之快的现代化社会还缺乏经验。如果农业社会的变迁速率是1，那么工业社会的变迁速率相当于百、信息社会就相当于千，就是说变化速率非常之快。海沧在短短几十年间由一个小渔村变化成一个城镇，我们国家短短几十年时间由牛车时代进入到高铁时代。这急剧变迁的速率造成两个“严重不适应”，一个是国家治理严重不适应社会变迁的速率，跟不上变化；另一个是国家治理当中社会参与严重缺失，也就是跟不上国家治理。刚才有学者讲我国的国家治理缺乏重要的稳固的基础。从世界发展规律看，越是地方治理、基层治理做得比较好的地方，它在化解对冲、缓解社会矛盾当中的能力就越强。像何包钢先生这样的世界性学者，恐怕很少看到像中国这样有这么多跑天安门上访的。这就反映了我们的地方有效治理做得不够，其中的问题之一就是社会参与的缺失。那么我们如何去弥补这个缺失？

中国经常说“缺什么补什么”，而在我们整个国家治理当中缺的是社会有效参与，这就需要制度创新和社会治理创新。制度创新有两类，一类是制度建构，建立新的制度；一类是制度激活，让制度落地。我们国家实际上早就建立起基层群众自治制度，这一制度让亿万民众参与治理，已经成为中国特色社会主义民主政治的四大制度之一。但是这个制度还没有能够有效运作，没有落地，所以说一段时间村民自治、居民自治也从学界的视野中消失了。这次我们要举办这个会，一些学者也很难联系上，也“失联”了，这就意味着实践走在了前面，学术供给严重不足。也正是由于学术供给不足，在学界里面找一些参考很难，当地的书记在实践过程中变成了学者，这种自主创新的精神很令人佩服。另外，我们政府这些年好像也不讲自治了，今天我们当面给汤司长讲，他谈得更多的是社区建设，这样看来，我们的制度供给也严重不足。海沧是在“两个不足”（缺失理论供给、缺失制度供给）的情况下自主的探索。我对这种探索的精神表示充分的尊重。

今年中央“一号文件”提出“探索不同情况下村民自治有效实现形式”，我认为这个提法大大开阔了我们的思路，而且在城市治理当中探索基层群众自治有效实现形式更为重要。不同情况应该强调要因地制宜，注重条件，夯实组织根基。我们国家从20世纪90年代以来，基层民主和群众自治经历了两个阶段，第一波以村级海选、乡镇直选为标志，主要是地方领导人基于理想主义情怀所推动的，但由于缺乏必要的基础和支持，它没有能够延续。近段时间我对十几年前第一波的基层民主和自治起源地了一个回访，专门去了中国乡长直选第一乡——四川省步云乡。十六年过去后这个乡现在的情况怎么样？结果可惜，它成为乡长直选的独响，而且是绝响；不光是独唱，而且是绝唱。为什么是绝唱呢？这个乡1.5万人，每年可以支配的财政收入少得可怜。在这种条件下的直选，失去了动力，人们更关心收入和修路，而不是选票。当今中国发展非常不平衡，如果我们用过去那种单一的制度来规制的话，可能找不到有效的形式。第二波是以各地的理事会、议事会为标志，主要基于现实主义取。把基层民主和自治与人们的现实利益、生活需求联系在一起。海沧的微自治能运转起来，是因为它植根于人们的生活需求。广东清远把村委会下沉到自然村也是一种积极探索。诸如此类，应当因地制宜，形式多样。当然，第二个问题我们要思考什么形式是有效的。现在不同条件、不同情况有不同形式，那么什么是有效的，这就给我们提出了问题。第三个问题是实现形式，哪些形式能够满足我们现在城市社会多样化的需求。我认为居民自治为什么大家现在做起来好像积极性不太高，因为它确实比政府治理难，缺乏资源、缺乏手段，居民相互之间要达成一致很难。我们虽然常说协商，但是实践起来难度系数太高，让大家坐下来，平等协商，比政府用强制性的管理难度大得多。现在大家各自有各自的看法，这就需要有相应的形式来为大家表达各自的看法。因此，我认为中央这个提法，使我们的研究可以在原来的基础上往前走一大步，也开拓了我们的思路。

海沧的社会治理创新不仅解决了自身的社会治理问题，更重要的是具有全国性的普遍价值，具有可复制性、可推广性，代表了社会治理发展的方向。

首先强调共同缔造，共同缔造把社会拉进来了。过去是政府一家在管，现在把社会拉进来，治理的基础就更加雄厚了。这样做的重大贡献是，把我们过去“端起碗吃肉，放下筷子骂娘”变为“端起碗吃肉，放下筷子共建”，把过去社会当中的不满情绪、消极因素化为一种积极因素，这些从刚才胡荣教授的调查就看得出来。这是第一方面的贡献。第二方面是，它在居民自治有效形式方面做出了一些积极探索。一是赋予居民以新的含义，以居住概念替代了身份概念，城乡一体化，包括往外的人口，都是以居住的概念，对居民赋予了现代含义。二是初步建立起了现代基层治理框架，也就是行政纵向到底，自治横向到边，服务纵横交错，服务为自治和行政的有效衔接建立了一个互动网络，从而实现治理多元互动。刚才澳门学者提到，你们期盼有一个强有力的政府。中国内地有强大的政府，关键是怎么实现政府的有效治理，这还是值得研究的。三是注重搭建平台，培育自治。坦率地讲，中国没有自治的传统，农民进城，把自治也带进城来了，因此由农民组成的社区自治的因素就更多，发育得也快。现在城市里面，政府要做的工作是给自治搭建平台，去培育它，这一点海沧做得很好。四是着力于手段和方式，让自治运转起来，例如通过手机等方式促进自治运转。

在经济速度上海沧实现了跨越式发展，在国家治理现代化方面应该说海沧也率先给了我们很多有益启示。海沧也是我们的学术“海沧”，这里边给我们提供了很多学术资源，使我们能够以此为标本，深入探讨中国治理发展的一些规律性问题，特别是通过总结地方经验，将制度创建与制度落地结合起来，推动学术研究的不断拓展。

从今年开始我们举办了一系列学术活动，5 月份我们在村民自治的发源地广西召开了“探索村民自治有效实现形式高端研讨会”；7 月份我们在这里召开居民自治有效实现形式高端研讨会；9 月份我们将在山东东平举办农村集体经济有效实现形式研讨会，接下来，明年我们要在广东顺德举办现代乡镇治理的有效实现形式研讨会，之后还要举办基层治理法治化的有效实现形式、基层协商民主有效实现形式等一系列研讨会，也欢迎大家参加。

最后我想代表会议主办方说一下，在大家共同努力下，经过一天半的会议，初步达到了我刚才讲的两个预期目的，最后我代表会议主办方谢谢大家！

【编者按】7 月 7—8 日，“共同缔造·探索居民自治的有效实现形式的高端研讨会”在厦门市海沧区召开。全国村务公开协调小组办公室副主任兼民政部基层政权和社区建设司副司长汤晋苏同志进行了大会总结发言，他认为此次研讨会问题导向性较强，不仅具有创新性的论述，也有提炼性的总结概括，还具有国际性的视野。同时他指出，探索居民自治的有效实现形式，推进国家治理体系和治理能力现代化要从以下方面入手：第一，要发挥基层党和政府的引领作用；第二，要促进基层政府职能转变；第三，要完善居民自治机制；第四，要在体制内寻求创新，不能为了改革而否定现有的一切；第五，要健全社区服务机制；第六，要构建多元参与机制；第七，要坚持系统性、前瞻性改革，注重顶层设计；第八，要以“形式”变革促进“体制”变革。以下是汤副司长在会议上的具体讲话。

【主讲嘉宾】汤晋苏　民政部基层政权和社区建设司副司长

探索居民自治有效实现形式,推进国家治理体系现代化

今年我非常荣幸地参加了华中师范大学中国农村研究院组织的两次会议，一次是在广西宜州举办的“探索农村村民自治的有效实现形式高端研讨会”；另一就是这次的“探索城市居民自治的有效实现形式高端研讨会”。

昨天上午看了厦门市海沧区的几个点；下午看了海沧的改革宣传片，听了区、街（镇）的经验介绍和专家点评。刚才，听了专家的研讨发言，周厅长的讲话，让我受益颇多，深受启发和教育。

这次研讨会同上次一样，开得很成功。我认为，这次会议有六大特点：

一是问题导向性强。会议主要围绕城市居民自治如何有效落地，如何有效实现这样一个问题来展开讨论。主题集中，问题针对性强。

二是有创新，有新论述。与会专家带来了很多具有创新性的观点，以及书面研究材料，这些内容非常具有前瞻性，对我们今后改进工作具有很好的启发意义。

三是有顶层设计。会议研讨内容着眼于宏观政策设计，着眼于基层民主的发展大方向，具有顶层设计的意义。

四是总结提炼非常好。会议对当前城市居民自治的创新性做法和出现的问题进行了很好的提炼，为今后解决相关问题、推广相关做法奠定了基础。

五是具有可行性。会议提出的一些发展建议非常切合实际，具有可行性和可操作性。

六是具有国际化视野。会议专家不仅来自大陆主要大城市和港澳台地区，还有来自国外的专家，带来了海外的研究成果，为居民自治的创新发

展提供了国际化的视野。

党的十八届三中全会通过的《中共中央关于全面深化改革若干重大问题的决定》明确提出："推进国家治理体系和治理能力现代化。"中央提出国家治理体系现代化，落实到基层，就是村居治理体系的现代化。这次"探索居民自治的有效实现形式高端研讨会"，可以说是对国家治理体系现代化的一次积极有益的探讨。

2014 年中央"一号文件"提出"探索不同情况下村民自治的有效实现形式"，在此情况下，我们城市居民自治是否也面临着同样的问题，也需要"探索不同情况下居民自治的有效实现形式"？这就需要专家学者以及地方政府予以积极探讨和探索。

城市居民自治的有效实现形式如何探索？这次研讨会，各位专家学者以及厦门海沧等地提出了很多建设性意见，对今后的社区居民自治工作具有很好的指导意义：

一是要坚持法治的框架原则，在法制轨道上推进改革。只有坚持法治，改革才会不瞎折腾，才不会"人走政息"。

二是在基层民主发展过程中可以更多地发挥协商民主的作用。尤其是在城市社区一级的居民自治中，由于人口规模过大、居民利益联结松散，有时开展民主协商更符合城市实际。比如海沧区目前实践的"微自治"做法，具有一定的代表性，符合海沧城市的实际。但"微自治"的做法，应该更进一步地探索完善。

三是在基层治理中要处理好政府管理与居民参与的关系。随着经济社会的发展，社会日益多元化，居民的需求也日益复杂化。传统的政府包揽一切的做法往往行不通，这就要求政府管理与居民参与形成良性互动。我认为，这也是厦门市政府推行"美丽厦门·共同缔造"的一个重要出发点。

四是社区居民自治过程需要引导和规范社会组织的参与。当前，城市基层社会组织大量涌现，这对政府管理来说既是挑战、也是机遇。这些社会组织在提供社会服务以及组织居民社会参与方面有着特殊优势。只要基层政府予以重视、积极引导，就能够使社会组织在促进基层治理体系现代化方面发挥积极作用。

五是城市社区居民自治不仅要往上看，也要勇于往下看。往下看不是

“倒退”。当前社区居民自治的一个重要问题就是“自治难以落地”，往下看就是要使居民自治实现“上下衔接”，把居民自治坐实，真正落到实处。我认为，这也是这次会议的一个重要目的。

十八届三中全会给了各地改革的方向，也鼓舞了地方的改革。但我们在改革中也不能“为改革而改革”，在改革中需要把握好以下几个关键点：

一是要以基层党和政府的引领作用。一项好的制度往往是精心设计出来的。在基层民主发展过程中，很多创新往往是基层党和政府大力推动、引导设计出来的。通过基层政府的精心组织和谋划，能够把握民主的进程，建构合理的民主程序、规则和制度，这样做常常取得较好的效果。

二是要促进基层政府职能转变。围绕建设法治政府和服务型政府的总体要求，积极推进基层行政体制改革，发挥政府在基层治理中的主导作用。加强基层政权建设，规范基层权责划分，完善政权功能定位，改进党委领导方式，提升政府行政效能。科学划分基层政府、社区在基层管理服务上承担的责任和义务，编制基层政府公共服务和自治组织协助事项目录，建立基层政府委托自治组织事项协议制度，探索建立自治组织和群众对基层政府评估评议制度，推动社区自治组织体系和群众工作队伍有机衔接。

三是要完善居民自治机制。支持居民委员会依法履责，推进社区组织“减负增效”，大力精简面向社区的任务事项、台账会议和评比表彰，规范居民委员会协助政府工作的责任主体、科目细则和保障标准，保障居民委员会组织居民开展自治活动的必要条件。深入开展以直接选举、公正有序为基本要求的民主选举实践，以居民会议、居民代表会议为主要形式的民主决策实践，以民主集中、科学效能为基本原则的民主管理实践，以居务公开、民主评议为主要内容的民主监督实践，推进居民自治的制度化、规范化、程序化。

四是要在体制内寻求创新，不能为了改革而否定现有的一切。当前的居民自治创新，应该在贯彻实施居委会组织法和各省（区、市）实施办法的基础上，在居民自治框架内，做实居民自治。要注意挖掘现存体制的“存量”，激活那些体制内早有规定或者虽有规定但还不规范的民主程序。

五是要健全社区服务机制。完善各级社区服务体系建设规划体系，加快推进区县、街道（镇）、居（村）委会三级社区服务设施建设，构建一套以综合服务设施为主体、专项服务设施为补充，服务网点为配套的社区服务设施网络。建立基本公共服务、便民利民服务和志愿互动服务相互衔接的服务体系，确保社区基本公共服务均等化、生活服务多样化和志愿互动服务制度化，将涉及群众切身利益的劳动就业、社区治安、公共卫生、计划生育、社会保险、社会救助、文体教育服务项目覆盖到所有社区常住人口，优先满足老年人、未成年人、残疾人、困难群体人员的生产生活需求。构建社区公共服务综合信息平台，推动政府服务机制整合、流程再造和信息共享，实现基本公共服务的全口径集成和全人群覆盖。发展社区社会工作服务，加强社区社会工作机构与辖区学校、医院、企业等行业类社会工作项目的服务联动，提高社区服务的专业化水平。

六是要构建多元参与机制。发动群众、社区组织、驻社区单位参与社区公共空间、公共设施、公共项目等公共事务的认养认捐、共建共管。探索建立以分类统筹为基础组织群众参与，以“以奖代补”项目为载体吸引群众参与，以信息化技术为依托扩大公众参与，以培训提高为手段引导群众参与，以制度建设为根本规范群众参与，以公共精神为纽带提升群众参与的新模式，促进群众在基层公共事务和公益事业中实现自我管理、自我服务、自我教育和自我监督。积极引导社区社会组织参与社区自治和服务，探索建立驻区单位社区建设责任评价体系，推动驻社区单位将活动设施和服务性、公益性、社会性事业向社区居民开放。

七是要坚持系统性、前瞻性改革，注重顶层设计。改革要避免“头痛医头脚痛医脚”，避免出现“翻烧饼”、“人走政息”现象。这样改革才能可持续，才能保持政治、经济发展的稳定环境。

八是以“形式”变革促进“体制”变革。改革既可以是“体制性”的根本变革，也可以是“实现形式”上的“外围”变革。“体制性”改革往往受到的阻力更大，引起的经济社会风险也更大。而“实现形式”上的“外围”变革往往对现有体制冲击较小，受到的反对更小，更容易让人接受。比如这次研讨会提及的“探索居民自治的有效实现形式”，就是对居民自治实现形式的优化，并不涉及居民自治体系的根本变革。但这样的改革所产生的积极影响却是不可忽视的，而且能引发相关体制机制的变革。这样的改革探索，是我们今后更要提倡和鼓励的。

最后，我们需要感谢华中师范大学与厦门市海沧区为这次研讨会所作的努力。华中师范大学徐勇教授及其团队三十多年来一直坚持为农村村民自治和城市社区居民自治的实践提供理论指导，为我国基层民主作出了卓越的贡献。我也希望更多的学者一起来关注基层民主建设，为民政部门提供更多有效的理论指导。厦门市海沧区是民政部的“全国社区管理和服务创新实验区”，在基层治理发展过程中也是贡献了不少经验，我们也希望海沧区能再接再厉，为新时期基层治理体系现代化提供更多、更好的经验。

社会反响

海沧论坛反响系列汇报

“共同缔造·探索居民自治有效实现形式”高端研讨会新闻报道汇编

一 新闻报道总体情况汇报

7月7—8日由华中师范大学人文社会科学高等研究院和中国农村研究院主办的“共同缔造·探索居民自治有效实现形式”高端研讨会在厦门海沧区召开。民政部基层政权和社会建设司副司长汤晋苏、福建省民政厅副厅长周瑛出席会议。特邀专家、地方代表和媒体共近50人参加了研讨会。此次研讨会的举行为新时期基层治理体系现代化提供了更多、更好的经验，各大新闻媒体发稿报道，在社会上掀起了一股宣传海沧改革创新的热潮。据不完全统计，截至7月12日上午11时，高端研讨会共有17家主要媒体发了一手稿件，分别是新华社、中新社、东南卫视、华大在线、中国农村研究网、凤凰网、厦门网、光明网、法制网、《中国社会科学报》《光明日报》《法制日报》《香港文汇报》《厦门日报》《海西晨报》《海峡都市报》《海沧消息报》等媒体，对这些一手稿件进行转载的媒体共111家。

二 会议风采集锦

鳳凰 厦门
xm.ifeng.com
中新網

HAPPY
LIFE

三　主要媒体发稿情况表

序号	单位	新闻标题/网址	记者	发布时间/版次	字数/时长
1	新华社	海内外专家研讨厦门海沧区居民自治模式 http：//www. fj. xinhuanet. com/zhengqing/2014－07/08/c_1111512650. htm	张逸之 俞俭	2014－07－08 22:09:07	860
		中国社会文化简讯：陕西将征集史料出版"陕西抗战史料" http：//news. xinhuanet. com/local/2014－07/09/c_1111531803. htm	王佳宁	2014－07－09 14：25：26	697
2	中新社	海内外专家厦门研讨居民自治有效实现形式等课题 http：//www. chinanews. com/gn/2014/07－08/6363125. shtml	艾启平 党波涛	2014－07－08 14：13	811
		厦门海沧"互动共治"社会治理新模式引学界关注 http：//www. chinanews. com/df/2014/07－07/6360227. shtml	艾启平 党波涛	2014－07－07 10：35	1202
3	光明网	探索居民自治有效实现形式高端研讨会举办 http：//difang. gmw. cn/hb/2014－07/07/content_11873132. htm	夏静	2014－07－07 21：31	932

续表

序号	单位	新闻标题/网址	记者	发布时间/版次	字数/时长
4	华大在线	"共同缔造·探索居民自治的有效实现形式高端研讨会"召开 http：//edu. ifeng. com/gaoxiao/detail_ 2014 -07/09/37246932 _ 0. shtml 013	何骏	2014 -07 -09 08：03	1842
		中国农村研究院厦门召开研讨会引媒体关注 http：//www. ccnu. com. cn/meiti/2014/0711/9911. html	在线	2014 -07 -11 16：19	1846
5	中国农村研究网	探索居民自治有效实现形式，推进国家治理体系现代化 http：//www. ccrs. org. cn/s_ show. php? id =19837	汤晋苏	2014 -07 -09	2817
		"共同缔造·探索居民自治的有效实现形式高端研讨会"圆满召开 http：//www. ccrs. org. cn/html/2014/07/19838. html	何骏	2014 -07 -09	1992
		共同缔造：可推广性的社会治理难题破解之道 http：//www. ccrs. org. cn/html/2014/07/19849. html	徐勇	2014 -07 -11	3254

续表

序号	单位	新闻标题/网址	记者	发布时间/版次	字数/时长
6	凤凰网	探索居民自治有效实现形式高端研讨会在厦火“热”开幕 http：//xm. ifeng. com/huodong/xiamen_ 2014_ 07/07/2553331_ 0. shtml	但镇雅	2014 -07 -07 22：08	950
		专访汤晋苏：居民自治不仅要往上看也要勇于往下看 http：//xm. ifeng. com/huodong/xiamen_ 2014_ 07/07/2553354_ 0. shtml	但镇雅	2014 -07 -07 22：41	965
		徐勇教授总结自治研讨会 http：//xm. ifeng. com/huodong/xiamen_ 2014_ 07/08/2560478_ 0. shtml	马越	2014 -07 -08 19：39	1020
7	厦门网	共同缔造掀起自治浪潮“海沧经验”成关注焦点 http：//news. xmnn. cn/a/xmxw/201407/t20140709_ 3936196. htm	廖文焱	2014 -07 -09 6：00	2438
8	法制网	以厦门海沧区为标本追问社会治理现代化的实现 中国农村研究院组织研讨居民自治有效途径 http：//hlj. legaldaily. com. cn/content/2014—07/09/content_ 5659932. htm? node =32331	杨云妃	2014 -07 -09 10：21：40	2824

续表

序号	单位	新闻标题/网址	记者	发布时间/版次	字数/时长
9	东南卫视	厦门海沧探索“多元参与·共同治理”新模式 http://news.cntv.cn/2014/07/08/VIDE1404818524233872.shtml	马晓春 吴波	2014-07-08 19:24	16s
10	光明日报	专家探讨居民“互动共治”新模式 http://epaper.gmw.cn/gmrb/html/2014-07/08/nw.D110000gmrb_20140708_12-10.htm	崔益明	2014-07-08 10版	407
11	香港文汇报	厦门借智借脑探索探索居民自治 http://pdf.wenweipo.com/2014/07/10/pdf10.htm	陈艳芳 俞鲲 林舒婕	2014-07-10 A01版	1104
		专家解读：厦门模式可复制推广 http://pdf.wenweipo.com/2014/07/10/pdf10.htm			
12	厦门日报	海沧探索“多元参与，共同治理”新模式 http://www.xmnn.cn/dzbk/xmrb/20140707/	廖文焱	2014-07-07 A01版	2361

续表

序号	单位	新闻标题/网址	记者	发布时间/版次	字数/时长
12	厦门日报	厦门：共同缔造掀起自治浪潮 http：//www. xmnn. cn/dzbk/xmrb/20140709/	廖文焱	2014 - 07 - 09 A01 版	3217
		探索社会治理新机制 http：//www. xmnn. cn/dzbk/xmrb/20140708/	廖文焱	2014 - 07 - 08 A02 版	462
13	海西晨报	专家为“海沧模式”点赞 http：//www. sunnews. cn/dzb/hxcb/html/2014 - 07/09/content_ 558017. htm	陈璐	2014 - 07 - 09 A16 版	1995
14	海峡都市报	“探索居民自治”研讨会在海沧开幕，专家讲述新加坡经验居民为社区做贡献　孩子可选到好学校 http：//szb. mnw. cn/html/2014—07/08/content_ 4269999. htm	陈志坚	2014 - 07 - 08 XZA32 版	442
15	海沧消息报	群英聚首海沧，共议村民自治	王思婷	2014 - 07 - 09	902
16	法制日报	社会治理应明确政府行为边界 http：//epaper. legaldaily. com. cn/fzrb/content/20140711/Articel06007GN. htm	刘志月	2014 - 07 - 11 6 版	404

续表

序号	单位	新闻标题/网址	记者	发布时间/版次	字数/时长
17	中国社会科学报	我国城市居民自治经历三个波段 http://www.cssn.cn/zx/bwyc/201407/t20140710_1247551.shtml	郝日虹	2014-07-10 08:34	617
		培育多样式居民自治体系破解"中等收入社会难题""共同缔造·探索居民自治有效实现形式高端研讨会"在厦门举行 http://www.cssn.cn/gd/gd_rwhz/xslt/201407/t20140712_1251269_2.shtml	郝日虹	2014-07-12 19:14	2476
18	厦门晚报	高校学者相聚海沧 调研居民自治经验	仇慧亮	2014-07-08 00:00	233
19	中国青年报				
21	中国社会报				
22	香港大公报				
23	福建日报				
24	人民日报				
不完全统计					

四 转载媒体转载情况表

序号	发稿单位及报道题目	转载单位	报道链接
1	新华社/海内外专家研讨厦门海沧区居民自治模式	汉丰网	http：//www. kaixian. tv/gd/2014/0708/6982116. html
		搜狐首页	http：//roll. sohu. com/20140708/n401967671. shtml
		搜狐圈子	http：//quan. sohu. com/pinglun/cyqemw6s1/401967671
		新华湖北首页	http：//www. hb. xinhuanet. com/2014 －07/08/c_ 1111518791. htm
2	新华社/中国社会文化简讯：陕西将征集史料出版“陕西抗战史料”	网易新闻	http：//news. 163. com/14/0709/14/A0NHVBRL00014JB5. html
		网易财经	http：//money. 163. com/14/0709/14/A0NHVD7U00254TI5. html
		中国新闻网	http：//www. chinanews. com/sh/2014/07 －09/6368062. shtml
		中国网	http：//news. china. com. cn/live/2014 －07/09/content_ 27560220. htm
		云浮在线	http：//www. gdyfs. com/news/she/20140709/0F91X10422014_ 2. html
		金羊网	http：//big5. ycwb. com/news/2014 －07/09/content_ 7165798. htm
		和讯新闻	http：//news. hexun. com/2014 －07 －09/166465224. html

续表

序号	发稿单位及报道题目	转载单位	报道链接
3	中新社/海内外专家厦门研讨居民自治有效实现形式等课题	新华网	http：//news. xinhuanet. com/yzyd/local/20140708/c_ 1111512406. htm
		新浪网新闻中心	http：//news. sina. com. cn/o/2014－07－08/141330487283. shtml
		网易财经	http：//money. 163. com/14/0708/14/A0KUICKR00254TI5. html
		和讯新闻	http：//news. hexun. com/2014－07－08/166425674. html
		网易新闻	http：//news. 163. com/14/0708/14/A0KUIA8P00014JB6. html
		杨西工会网	http：//www. hhagri. gov. cn/lingdaojianghua/1086. html
		凤凰财经	http：//finance. ifeng. com/a/20140708/12675640_ 0. shtml
		中国经济时报	http：//www. cet. com. cn/xwpd/gnxw/1244824. shtml
		参考消息	http：//china. cankaoxiaoxi. com/2014/0708/416859. shtml
		千华新闻	http：//www. qianhuaweb. com/content/2014－07/08/content_4979283. htm
		光明时政	http：//politics. gmw. cn/2014－07/08/content_ 11884518. htm
		大众网	http：//dzwww. com/xinwen/guoneixinwen/201407/t20140708_10606211. htm
		中国江苏网	http：//news. jschina. com. cn/system/2014/07/08/021350395. shtml

续表

序号	发稿单位及报道题目	转载单位	报道链接
3	中新社/海内外专家厦门研讨居民自治有效实现形式等课题	贵阳晚报	http：//www. gywb. cn/content/2014 –07/08/content_ 1038421. htm
		中国新闻网江西新闻	http：//www. jx. chinanews. com/2014/0708/1423450. html
		沈阳网新闻	http：//news. syd. com. cn/system/2014/07/08/010426690. shtml
		华龙网特约新闻频道	http：//news. cqnews. net/html/2014 – 07/08/content _ 31298987. htm
		四川日报网时政	http：//politics. scdaily. cn/gdbb/content/2014 – 07/08/content _ 8219884. htm？ node =4726
		看看新闻网	http：//domestic. kankanews. com/c/2014 –07 –08/0015096319. shtml
		辽宁新闻网	http：//www. ln. chinanews. com/html/2014 –07 –08/902531. html
		余杭新闻网	http：//www. eyh. cn/class/class _ 10/articles/237455. html
		南海网	http：//www. hinews. cn/news/system/2014/07/08/016784991. shtml
		西部商报	http：//www. xbsb. com. cn/xbsbnews/news/cnews/2014 – 07 – 08/681909. htm
		网易微博	http：//t. 163. com/2237200316/status/3648281564350013063
		尹集工会网	http：//eqqh. gov. cn/zcfgui/821. html

续表

序号	发稿单位及报道题目	转载单位	报道链接
3	中新社/海内外专家厦门研讨居民自治有效实现形式等课题	杭州网	http：//news. hangzhou. com. cn/gnxw/content/2014 – 07/08/content _ 5354086. htm
		解放网	http：//www. jfdaily. com/guonei/new/201407/t20140708 _ 528560. html
		新疆健康	http：//www. xj120. com/h/hainan-news/2014/0709/195201. html
		新港发展网	http：//xgfz. net/n1307504c33. aspx
		新浪博客	http：//blog. sina. com. cn/s/blog _ e489b4c80102ux8q. html
		中国日报网	http：//www. chinadaily. com. cn/hqgj/jryw/2014 – 07 – 08/content _ 11970765. html
		皇冠网	http：//huangguanwang. hnmaotian. gov. cn/a/gnxw/2014/0708/13458. html
4	中新社/厦门海沧"互动共治"社会治理新模式引学界关注	国际在线	http：//gb. cri. cn/43871/2014/07/08/7751s4606136. htm
		凤凰财经	http：//finance. ifeng. com/a/20140707/12669574_ 0. shtml
		网易新闻	http：//news. 163. com/14/0707/22/A0J8LTUS00014JB6. html
		新浪新闻中心	http：//news. sina. com. cn/o/2014 – 07 – 07/223530482947. shtml
		四川日报网时政	http：//politics. scdaily. cn/gdbb/content/2014 – 07/07/content _ 8215488. htm？ node = 4726

续表

序号	发稿单位及报道题目	转载单位	报道链接
4	中新社/厦门海沧“互动共治”社会治理新模式引学界关注	中国江苏网	http：//news. jschina. com. cn/system/2014/07/07/021343343. shtml
		华龙网特约	http：//news. cqnews. net/html/2014 - 07/07/content _ 31291154. htm
		重庆市北碚去龙凤桥小学网	http：//www. lfqxx. com/zhidao/2014/0708/17827. html
		厦门财经	http：//money. 163. com/14/0707/22/A0J8LSRA00254TI5. html # from = relevant#xwwzy_ 35_ bottomnews-kwd
		中国新闻网	http：//www. chinanews. com/df/2014/07 –07/6360227. shtml
		网易财经	http：//money. 163. com/14/0707/22/A0J8LSRA00254TI5. html
		扬子晚报网	http：//www. yangtse. com/gd/2014 –07 –07/192317. html
		网易微博	http：//t. 163. com/2237200316/status/ –7104468308622144198
		搜狗网页	http：//news. sogou. com/ntcweb?rdt = 1&level = 2&show = all&from = newsretry&g _ ut = 3&url = http%3A% 2F% 2Fwww. chinanews. com%2Fdf% 2F2014% 2F07 – 07%2F6360227. shtml&pst = 6
		中共绵阳市委绵阳市人民政府 门户网站	http：//www. my. gov. cn/MYGOV/144959613005987840/20140708/1079595. html

续表

序号	发稿单位及报道题目	转载单位	报道链接
4	中新社/厦门海沧"互动共治"社会治理新模式引学界关注	新乡在线	http：//xxxtv. cn/a/news/guonaxin-wen/2014/0707/110995. html
		中国日报网	http：//microreading. chinadaily. com. cn/hqgj/jryw/2014 – 07 – 07/content_ 11965647. html
		中国网生活频道	http：//life. china. com. cn/live/2014 – 07/07/content _ 27526359. htm
		央广网	http：//news. cnr. cn/native/gd/201407/t20140707 _ 515803131. shtml
		中国名城网	http：//gb. cri. cn/43871/2014/07/08/7751s4606136. htm
		华人工商网	http：//www. ccyp. com/newseasts/1951407/厦门海沧—互动共治—社会治理新模式引学界关注
		21CN 新闻网	http：//news. 21cn. com/caiji/roll1/a/2014/0707/22/27757355. shtml
		绿色中国网	http：//greenchina360. com/a/di-fang/2014/0707/10438. html
		星岛环球网	http：//news. stnn. cc/c6/2014/0707/2449801237. html
		长城网河北	http：//heb. hebei. com. cn/system/2014/07/07/013634713. shtml
		故城新闻网	http：//guchengnews. cn/a/sz/2014/0707/14040. html
		清徐新闻网	http：//qingxunews. cn/a/tiyu/2014/0707/15521. html

续表

序号	发稿单位及报道题目	转载单位	报道链接
4	中新社/厦门海沧"互动共治"社会治理新模式引学界关注	安次新闻网	http：//www. ancinews. cn/a/qc/2014/0707/14924. html
		晒晒网新闻	http：//www. ccid. com/article—378196—1. html
5	光明网/探索居民自治有效实现形式高端研讨会举办		
6	华大在线/"共同缔造·探索居民自治的有效实现形式高端研讨会"召开	凤凰网教育	http：//edu. ifeng. com/gaoxiao/detail _ 2014 _ 07/09/37246932 _ 0. shtml
7	中国农村研究网/探索居民自治有效实现形式，推进国家治理体系现代化	中国改革论坛	http：//www. chinareform. org. cn/Economy/Agriculture/Report/201407/t20140709_ 201801. htm
8	中国农村研究网/共同缔造：可推广性的社会治理难题破解之道	新浪博客	http：//blog. sina. com. cn/s/blog _ 6e1384ef0102uxtf. html
9	中国农村研究网/"共同缔造·探索居民自治的有效实现形式高端研讨会"圆满召开		
10	凤凰网/探索居民自治有效实现形式高端研讨会在厦火"热"开幕	凤凰厦门	http：//xm. ifeng. com/huodong/xiamen _ 2014 _ 07/07/2553331 _ 0. shtml

续表

序号	发稿单位及报道题目	转载单位	报道链接
11	凤凰网/专访汤晋苏：居民自治不仅要往上看也要勇于往下看	闽南新闻网	http：//fo07. com/news/mn/2014/0708/196905. html
12	凤凰网/徐勇教授总结自治研讨会	新浪博客	http：//blog. sina. com. cn/s/blog _ 6e1384ef0102uxtf. html
13	厦门网/厦门：共同缔造掀起自治浪潮"海沧经验"成关注焦点	福建之窗	http：//news. 66163. com/2014—07—09/920253_ 2. shtml
		百城新闻	http：//bcnews. shm. com. cn/h/4483/20140709/1762371. html
		厦门城市吧	http：//xm. city8. com/news/1587272. html
14	法制网/以厦门海沧区为标本追问社会治理现代化的实现 中国农村研究院组织研讨居民自治有效途径		
15	光明日报/专家探讨居民"互动共治"新模式	中国社会科学网	http：//www. cssn. cn/dybg/gqdy _ sh/201407/t20140708 _ 1244323. shtml
		光明网新闻频道	http：//news. gmw. cn/2014—07/08/content_ 11879418. htm
		凤凰资讯	http：//news. ifeng. com/a/20140708/41058126_ 0. shtml
		和讯网	http：//news. hexun. com/2014—07—08/166402109. html
		搜狐滚动	http：//roll. sohu. com/20140707/n401938158. shtml

续表

序号	发稿单位及报道题目	转载单位	报道链接
16	香港文汇报/厦门借智借脑探索探索居民自治	香港文汇网	http：//paper. wenweipo. com/2014/07/10/YO1407100005. htm
17	厦门日报/海沧探索"多元参与，共同治理"新模式	蓝房网	http：//xm. lanfw. com/2014/0707/244834. html
		贵阳动态	http：//www. gygov. gov. cn/art/2014/7/9/art_ 10688_ 611419. html
		海沧视窗	http：//www. xmnn. cn/haicang/kdhc/201407/t20140707_ 3932702. htm
		大众网	http：//www. dzwww. com/xinwen/guoneixinwen/201407/t20140708 _ 10606211. htm
		厦门长安网	http：//www. paxm. xm. gov. cn/bs/201407/t20140707_ 897592. htm
		厦门市海沧区海沧街道	http：//hcjd. shequ. org. cn/1243568/20140708/1296729. html
		厦门网	http：//www. mjzkzs. com/xinwen/2014—07—07/4510. html
18	厦门日报/共同缔造掀起自治浪潮	厦门市人民政府网	http：//www. xm. gov. cn/xmyw/201407/t20140709_ 898670. htm
		福建省人民政府	http：//www. fujian. gov. cn/zwgk/zfgzdt/sxdt/xm/201407/t20140709_ 756108. htm
		海沧视窗	http：//www. xmnn. cn/haicang/kdhc/201407/t20140709_ 3936598. htm

续表

序号	发稿单位及报道题目	转载单位	报道链接
18	厦门日报/共同缔造掀起自治浪潮	农权网	http：//www. nmql. org/thread—198015—1—1. html
		手机厦门网	http：//wap. xmnn. cn/xm/201407/t20140709_ 3936433. htm
19	厦门日报/探索社会治理新机制	厦门市人民政府网	http：//www. xm. gov. cn/xmyw/201407/t20140708_ 898168. htm
		福建省人民政府	http：//www. fujian. gov. cn/zwgk/zfgzdt/sxdt/xm/201407/t20140708_755832. htm
		厦门网	http：//www. xmnn. cn/dzbk/xmrb/20140708/201407/t20140708_3934019. htm
		台海网络电视台	http：//www. xmtv. cn/2014/07/09/ARTI1404894691842717. shtml
20	海西晨报/专家为“海沧模式”点赞	搜狐焦点	http：//www. focus. cn/news/xm—2014—07—09/5241274. html
		搜狐滚动	http：//roll. sohu. com/20140709/n401975490. shtml
		说两句圈子	http：//quan. sohu. com/pinglun/cyqemw6s1/401975490
		博才网	http：//www. hbrc. com/rczx/news—4082619. html
		汉丰网	http：//www. kaixian. tv/gd/2014/0709/6998315. html

续表

序号	发稿单位及报道题目	转载单位	报道链接
21	海峡都市报/"探索居民自治"研讨会在海沧开幕，专家讲述新加坡经验居民为社区做贡献　孩子可选到好学校		
22	海沧消息报/群英聚首海沧，共议村民自治	海沧视窗	http：//www. xmnn. cn/haicang/kdhc/201407/t20140708_ 3935595. htm
		台海网	http：//www. taihainet. com/news/xmnews/gqbd/2014—07—10/1279491. html
		厦门网	http：//www. xmnn. cn/haicang/kdhc/201407/t20140708_ 3935595. htm
23	法制日报/社会治理应明确政府行为边界	新浪新闻中心	http：//news. sina. com. cn/o/2014—07—11/063930503187. shtml
		搜狐滚动频道	http：//roll. sohu. com/20140711/n402093236. shtml
		网易新闻中心	http：//news. 163. com/14/0711/06/A0RR8FI400014AED. html
		温州法院网	http：//www. wzfy. gov. cn/system/2014/07/11/011716593. shtml

续表

序号	发稿单位及报道题目	转载单位	报道链接
23	法制日报/社会治理应明确政府行为边界	法制网	http：//www. legaldaily. com. cn/bm/content/2014—07/11/content _ 5663078. htm
		凤凰资讯	http：//news. ifeng. com/a/20140711/41113112_ 0. shtml
24	中国社会科学报/我国城市居民自治经历三个波段	光明网	http：//www. gmw. cn/xueshu/2014—07/10/content _ 11911163. htm
		中国理论网	http：//www. ccpph. com. cn/jbll-hzdxswt _ 10169/xxyjdt/201407/t20140710_ 183056. htm
		中国社会科学网	http：//www. cssn. cn/zx/bwyc/201407/t20140710_ 1247551. shtml
厦门晚报	高校学者相聚海沧调研居民自治经验	台海网络电视台	http：//www. xmtv. cn/2014/07/08/ARTI1404809080374884. shtml
		厦门日报	http：//www. xmnn. cn/dzbk/xM-Wb/20140708/201407/t20140708 _ 3935142. htm
转载小计		转载单位共 111 家	

五　一手发稿媒体资料截图

1. 新华社

1.1　海内外专家研讨厦门海沧区居民自治模式

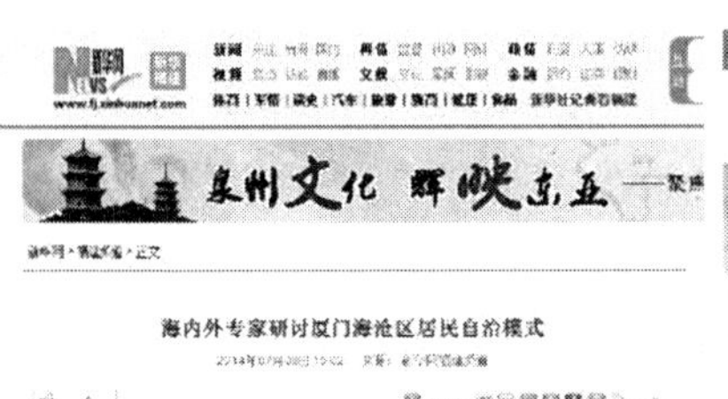

海内外专家研讨厦门海沧区居民自治模式

新华网厦门7月9日电（记者 张逸之 俞岱）由华中师范大学人文社会科学高等研究院和中国农村研究院主办的"共同缔造·探索居民自治有效实现形式高端研讨会"7月7日至8日在厦门举行，海内外专家学者高度评价海沧区"多元参与，互动共治"居民自治模式，认为这一探索值得研究和推广。

2013年开始，厦门海沧区大胆探索改革，通过开展以改善政府、激活社会、唤醒群众参与为核心的"共同缔造"改革实践，建构出以共谋、共建、共管、共评、共享为核心、以协商、自治与协商民主为支撑的"互动共治"社会治理新模式，形成了"纵向到底，横向到边"的社会治理体系架构。

海沧区这一探索，引起华中师范大学中国农村研究院关注，将此作为调研基地，进行课题研究。不到一年时间里，由院长邓大才带着研究团队连续多次深入海沧基地调研，形成了四篇论文予以探讨。

邓大才将成果介绍时分析认为，海沧模式的"互动共治"有三大支柱，即居民自治、法治与协商民主，其中居民自治是核心，法治是前提和基础，协商是治理手段和工作。海沧的改革有五大亮点，即共同治理、社会协同、三级自治、微治理、全面自治；特别值得一提的是微治理，通过微心愿、微基金、微组织、微平台、微机制等方式将自治内容融入居民日常生活，让社区自治、民主参与内化为居民的一种生活习惯。海沧的探索破解了进入"中等收入社会"面临的"政治共治、社会共享、自治共效"三大难题，创造了居民自治有效实现的形式。

与会专家表示，海沧区改革以共同缔造为核心，通过政府强化服务、社会组织协同、居民参与治理，让社会参与进来，让自治落到实处，实现政府与社会良性互动，塑造了"互动共治"新型的基层治理体系架构。

新加坡南洋理工大学教授何包钢认为，中国社会转型要经过第二次居民自治浪潮，海沧区的探索改革是充满活力的。中国农村研究院院长徐勇教授认为，厦门海沧改革达到中国社会治理的一个新高度，可以作为一个社区管理服务体系的样本在全国推广。

研讨会期间，专家学者现场参观3个代表性社区，海沧区新阳街道、海沧街道、东孚镇分别介绍改革经验。（完）

1.2　中国社会文化简讯：陕西将征集史料出版"陕西抗战史料"

中国社会文化简讯：陕西将征集史料出版"陕西抗战史料"

2014年07月09日 14:26:55　来源：新华网

新华网北京7月9日电

大庆市破获制售"骨刺消痛胶囊"假药大案

大庆市食品药品稽查局与当地公安部门近日联合破获一起涉及全国20个省份的制售"骨刺消痛胶囊"假药大案，涉案金额200多万元，抓获5名犯罪嫌疑人。目前，该案已移交公安机关，正在进一步审理中。

海内外专家齐聚厦门探讨中国社区居民自治新模式

共同缔造·探索居民自治有效实现形式高端研讨会日前在厦门召开，海内外专家认为，厦门海沧区居民自治模式达到中国社会治理的一个新高度，可以作为一个社区管理服务体系的样本在全国推广。

湖南郴州发现52张民国"田赋券"

湖南省郴州市北湖区日前从华塘镇油山村征集到52张民国时期郴县田赋卷，时间跨度从民国12年至民国37年。这也是郴州首次发现的民国田赋券。田赋是中国一种古老的税收制度，"田"是指按田地征收的田租，"赋"就是人头税。田赋是国家财政收入的重要来源。

陕西将征集史料出版"陕西抗战史料"

为纪念抗日战争胜利70周年，陕西省政协日前决定在海内外开始征集相关史料，将按计划出版《陕西抗战史料》特辑。征编内容包括：抗战期间，凡发生在陕西省境内与抗战相关的重要活动、重要事件、重要人物的史料，不分党派、团体、个人；不是发生在陕西境内，但以陕军为主或参加的重要战事，以及陕籍著名抗战将领的相关史料，近年来抗战老兵寻访情况等。

湖南高校与民间组织合作为政府环境信息公开打分

由湖南绿色发展研究院与民间环保组织"绿色潇湘"共同发布的《2013－2014年湖南省污染源监管信息公开指数（PITI）评价报告》7日发布，这种高校科研平台与民间组织在环境信息公开领域的合作在国内开得先河。

【关闭】【打印】【纠错】

2. 中新社

2.1 海内外专家厦门研讨居民自治有效实现形式等课题

2.2 厦门海沧"互动共治"社会治理新模式引学界关注

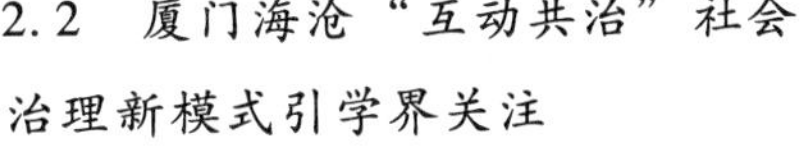

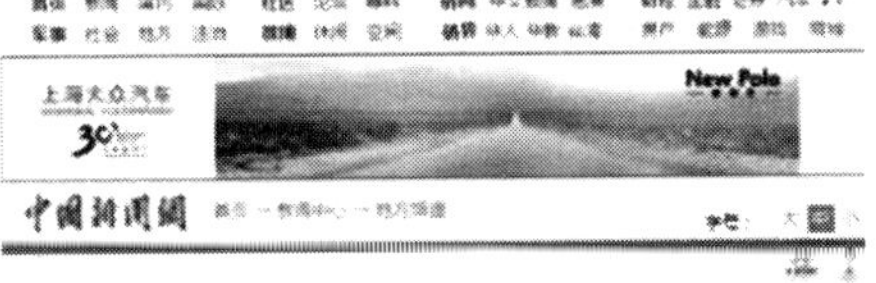

厦门海沧"互动共治"社会治理新模式引学界关注

2014年07月07日 22:35 来源：中国新闻网

中新网厦门7月7日电（叉叔平 黄波涛）"共同缔造·探索居民自治有效实现形式"高端研讨会7日在此间开幕。研讨会由华中师范大学人文社会科学高等研究院主办，来自大陆、香港、澳门、台湾、新加坡等高校、科研机构等数十位学者，赴厦门海沧区各街镇和社区调研，并专题研讨相关前沿课题。

经济发展面临"社会病"

海沧区位于厦门市西部，东与厦门本岛隔海相望，西与漳州接壤。经济投资区、10年行政区的开发建设，海沧区从一个偏僻的闽南小渔村发展成为港口繁荣、工业发达、城区兴旺的现代化新区，综合经济实力跻身2013年"全国百强区"第20名，排名"最具投资潜力百强区"第19位。

随着工业化及城镇化推进，海沧区由"渔村变为新城"，步入中等收入社会。但在经济的大跨越下，海沧也面临着系列"社会病"。

专家指出，这些"社会病"主要包括，传统包办式管理导致政府"花钱买罪"、"吃力不讨好"，政府与社会张力扩大、政府与民众隔阂加深等问题。

厦门大学公共政策研究院李明欢教授见证了海沧区蜕变过程。她表示，经济社会发展所得，应转化成为民生支出，转化成百姓的实惠。

探索"互动共治"新模式

如何缝合"中等收入社会裂痕"？为解决社会"信任问题"和民众"参与问题"，2013年，海沧区开展以改善政府、激活社会、凝聚民众参与为核心的"共同缔造"改革实践，建构出以法治、自治与协商民主为支柱的"互动共治"社会治理新模式，形成了"横向到边，纵向到底"的社会治理体系架构。

华中师范大学中国农村研究院执行院长邓大才介绍说，海沧"互动共治"新模式，在纵向关系上形成了"区统筹——镇(街)治理——村(居)服务——自治单元自治"的上下治理体系，在社区横向层面形成了"区党组织——居委会——社区工作站——社会组织"的多元互动关系。

邓大才教授表示，这种社会治理的新模式，破解了政府与社会失衡、社会失序、自治失效三大难题，推进了治理体系和治理能力的现代化。

"居民自治"是核心和着眼点

居民自治是实现社会有效治理的关键。但传统居民自治基本是政府主导，往往会出现"干部唱戏，群众看戏"的自治空转困境。

据海沧区相关负责人介绍，该区通过"微自治"让社会参与进来，使自治运转起来：通过开展"五微工程"，以美好环境为基础开展"微行动"，以创新离民为切入点开展"微组织"，以网格共治为核心推展"微自治"，以"信息网格化"为纽带开启"微生活"，以实事小事为载体满足居民的"微心愿"。

新阳街道兴旺社区居委会书记许馨芳介绍，前不久，兴旺社区在厦门市率先开展"我爱我楼"活动。他们发动居民自发参与了楼道卫生清洁、邻里一家亲、楼名征集、楼道文化墙设计等丰富多彩的活动，共同提升社区环境，解决社区部分小区楼栋存在的邻里互动少及楼道卫生状况较差等问题。

新加坡南洋理工大学何包钢教授表示，海沧区根据居民自治的不同条件、不同情况来开展不同方式的居民自治，充满了地方智慧。(完)

3. 光明网

探索居民自治有效，实现形式高端研讨会举办

4. 华大在线

1　“共同缔造·探索居民自治的有效实现形式高端研讨会”召开

“共同缔造·探索居民自治的有效实现形式高端研讨会”召开

4.2 中国农村研究院厦门召开研讨会引媒体关注

中国农村研究院厦门召开研讨会引媒体关注

5. 中国农村研究网

5.1 探索居民自治有效实现形式，推进国家治理体系现代化

5.2 “共同缔造·探索居民自治的有效实现形式高端研讨会”圆满召开

5.3 共同缔造：可推广性的社会治理难题破解之道

6. 凤凰网

6.1 探索居民自治有效，实现形式高端研讨会在厦火“热”开幕

探索居民自治有效实现形式高端研讨会在厦火“热”开幕

6.2 专访汤晋苏：居民自治不仅要往上看，也要勇于往下看

专访汤晋苏：居民自治不仅要往上看也要勇于往下看

6.3 徐勇教授总结自治研讨会

徐勇教授总结自治研讨会：海沧模式具有全国性普遍价值

7. 厦门网

共同缔造掀起自治浪潮“海沧经验”成关注焦点

8. 法制网

以厦门海沧区为标本追问社会治理现代化的实现　中国农村研究院组织研讨居民自治有效途径

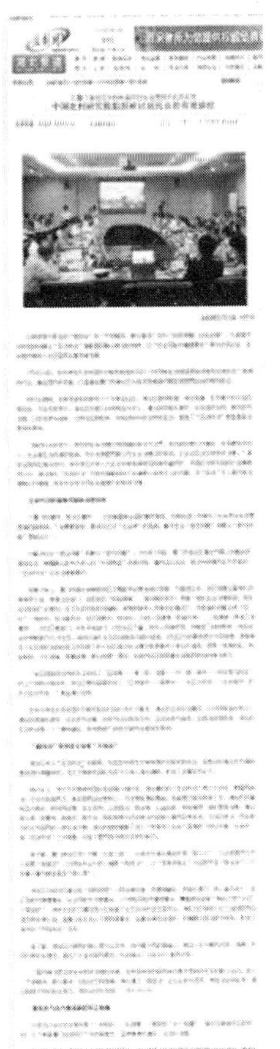

9. 东南卫视

厦门海沧探索"多元参与·共同治理"新模式

10. 光明日报

专家探讨互动共治新模式

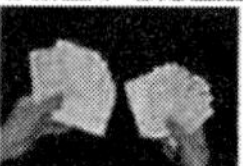

光明日报 光明日报

专家探讨居民“互动共治”新模式

2014-07-08 03:59 来源：光明网-《光明日报》 我有话说

光明日报厦门7月7日电（记者夏静 通讯员华三严）创新社区管理模式难题如何破解？专家认为，福建厦门海沧区探索出了破解“政社失衡”难题、“社会失序”难题、“自治失效”难题的社会治理改革思路。7月7日至8日，由华中师范大学人文社会科学高等研究院和中国农村研究院主办的“共同缔造·探索居民自治有效实现形式高端研讨会”在厦门召开，来自新加坡和中国台湾、香港、澳门等地的专家学者高度评价了海沧经验模式的现实价值和理论意义。

与会专家认为，厦门海沧区大胆改革，积极探索出一条“美丽厦门，共同缔造”的社会基层治理新模式，以“互动共治”建构基层治理新框架。海沧改革的主线始终围绕基层治理体系的现代化来做文章，通过以共谋、共建、共管、共评、共享为模式的共同缔造为核心，通过政府强化服务、社会组织协同、居民参与治理，让社会参与进来，让自治运转起来，实现政府与社会良性互动，塑造了“互动共治”新型的基层治理体系架构。G

[责任编辑:崔益明]

11. 香港文汇报

厦门借智借闹探索居民自治　厦门模式可复制推广

廈門借智借腦探索居民自治

華中師大論壇邀學者考察 研「共同締造」新模式

深化改革 激發活力

廈門模式可複製推廣

創投基金激活公益

廣州醫保新政擬9月啓動

陳馮富珍籲中國續推醫改

12. 厦门日报

12.1 海沧探索“多元参与，共同治理”新模式

厦门日报

中国百强报刊

2014年7月 7 星期一

历史不能忘却 警示穿越时空

首都各界今日上午隆重纪念全民族抗战爆发77周年，央视将直播

一个没有历史记忆的国家
是没有前途的
77年过去
历史的伤痕还在
历史的警示还在
历史的教训还在

揭秘“厦门儿童救亡剧团”
厦门好儿郎
徒步义演募捐抗日

“亚洲历史走到重要关口”
三大因素决定
今年高规格纪念
A03-A04版

构建立体堵截体系
严打毒品违法犯罪
中共中央国务院印发《关于加强禁毒工作的意见》 A02版

深耕台湾基层
增进两岸了解

全面深化改革 建设美丽厦门

全面截住本岛排海污水

岛内雨(污)水排放口截污工程进入尾声

传统产业“鸟枪换炮”忙转型

我市出台措施鼓励企业加快技术改造 A06版

探索“多元参与 共同治理”新模式

以新阳街道为范本的社会治理创新改革框架图新鲜“出炉”

声明

广州市禾泰置业有限公司

我市中考成绩
最早今晚公布
A05版

文史理工提前批
今起开始录取
B05版

治疗亚健康
也可以看门诊
B05版

鹭岛持续高温
用电负荷猛升
A11版

默克尔访华
学做宫保鸡丁

厦门特警查获
一行李箱毒品
A07版

公共车位竟成
私人专用车位
B03版

厦门北站周边
家庭旅馆激增
A12版

12.2 厦门：共同缔造掀起自治浪潮

厦门日报

中国百强报刊

2014年7月 9 星期三

习近平主持召开经济形势专家座谈会强调

准确把握改革发展稳定的平衡点

学好用好政治经济学

加快转变经济发展方式

关注

厦大校长朱崇实 回应质疑

请院士做智囊 可获补助

急危患者没钱 不得拒救

鹭岛未来三天 依旧“高烧”

海南省副省长 谭力落马

全面深化改革 建设美丽厦门

厦门国企即将闯入世界500强

我市国企半年报成绩抢眼

稳增长

抓项目

国际化

厦企一百强 排行榜揭晓

软件园三期 迎入驻热潮

一站式服务 中小微企业

居民畅享绿色福利

百日攻坚 严打两违

富美乡村 魅力倍增

市政协召开第二十七次主席会

厦门：共同缔造掀起自治浪潮

厦门市海沧区人民政府

关于海沧东孚西二路工程建设用地国有土地上房屋征收的通告

厦门市海沧区人民政府

关于海沧第一农场工业用地“短拍挂”3号地块用地项目国有土地上房屋征收的通告

12.3　探索社会治理新机制

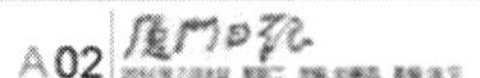

有奖报料 968820　　要闻

我市新一批台胞陪审员昨受聘

女性首次进入台胞陪审员队伍

多个交通主干道建设进入最后攻坚阶段

翔安南部新城加速崛起

1 滨海东大道 有望明年通车

2 新机场落户 推动新城崛起

3 海峡现代城 吸引全球资本

探索社会治理新机制

万全医药加快在厦布局

省第七届百花文艺奖评选结果出炉

我市27件作品榜上有名

强化创新驱动 助推转型升级

智慧型农业不再“靠天吃饭”

发展集生产、生态、生活功能为一体的“园区型”农业是我市打造现代农业样板的关键一步

举措 打造岛外农业公园

亮点 日产百吨金针菇

点评 在有限农用地上做强做精

厦门市国土资源与房产管理局公告

13. 海西晨报

专家为"海沧模式"点赞

A16 都市·跨岛

专家为"海沧模式"点赞

实地考察三个试点社区，献策海沧社会治理

把生人社区变熟人社区

"海沧模式"提供示范标本

他是家庭顶梁柱，却意外摔伤，随时可能离世

父母捐出他的全部器官

买到过期鱼干 获得十倍赔偿

14. 海峡都市报

“探索居民自治”研讨会在海沧开幕，专家讲述新加坡经验　居民为社区做贡献　孩子可选到好学校

A32 闽城/厦龙

假冒高富帅　专骗单身留洋女

厦门警方破获一起省厅督办诈骗案，涉案额达50多万

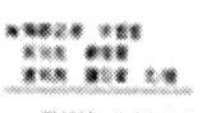

对女友谈“投资” 他骗走十几万

“探索居民自治”研讨会在海沧开幕，专家讲述新加坡经验

居民为社区做贡献 孩子可选到好学校

受世界杯影响

海沧口岸啤酒进口大增

骗子夫妻　网办信用卡诈骗10多万

龙岩采购项目

向行贿污点者说不

抢劫杀害网管　一男被执行死刑

龙岩“中华未来之星”

选拔赛开赛

15. 法制日报

社会治理应明确政府行为边界

04 政府法治

履行"七日无理由退货"电商存三大问题

引进国外人才将有统一标准

防范一址多照纳税人虚开发票

船舶排放限值征求公众意见

16. 中国社会科学报

16.1 我国城市居民自治经历三个波段

首页 >> 资讯 >> 本网原创

我国城市居民自治历经三个波段

2014年07月10日 08:34 来源：中国社会科学报 作者：郝日虹

字号

中国社会科学报讯（记者郝日虹）7月7—8日，由华中师范大学人文社会科学高等研究院主办的“共同缔造·探索居民自治有效实现形式高端研讨会”在厦门举行。有学者提出，居民自治的探索并非意味着政府管理便能缺席，二者是互相依存、互惠互利的。一方面，政府能够为居民自治提供政策和资金支持，在一定程度上保证居民自治活动的开展；另一方面，居民的主动参与和积极配合，突破了政府单向给予式管理方式的局限，提高了政府行政管理的效率。

华中师范大学人文社会科学高等研究院常务副院长徐勇认为，我国城市居民自治的进程历经了三个波段。第一波段属于国家组织边缘群体的吸纳性居民自治，即为了将居住在城市却没有工作单位的人组织起来，补充政府治理在“单位制”社会当中的不足。第二波段属于国家推动社区建设中的构建性居民自治，是为了应对“单位制”社会的变化及城市化进程的加快，但主要依托行政力量而非居民力量。第三波段则属地方治理创新中催生与激活的内生性居民自治。此关注的是如何让居民自治“落地”和“运转”，故而积极探索居民自治的有效实现形式成为一种必然。

“特别是在城市居民多样化构成已经成为一种趋势的大背景下，居民自治的有效实现形式，应当是一个多层次、多样式、多类型的体系。”徐勇说。

来自北京大学、中国人民大学、厦门大学、南洋理工大学等多所国内外高校的专家学者，围绕城市基层治理与居民自治的新框架、城市居民自治有效实现形式的新探索、法治化与城市居民自治新思路等议题进行了探讨交流。

分享到： 转载请注明来源：中国社会科学网 （责编：刘宇）

16.2 培育多样式居民自治体系 破解"中等收入社会难题""共同缔造·探索居民自治有效实现形式高端研讨会"在厦门举行

中国社会科学网

17. 厦门晚报

高校学者相聚海沧　调研居民自治经验

高校学者相聚海沧　调研居民自治经验

20140708　厦门网 2014-07-08 00:00　字号：T T

本报讯（记者 李晓辉 通讯员 林泓 熊东帆）上午，“共同缔造·探索居民自治有效实现形式”高端研讨会在海沧圆满闭幕。

来自北京、深圳、港澳台等十多所高校的专家学者，深入海沧三镇街，看到了居民自治有效实现形式和探索的创新样本。不少专家表示：“这在其他地方很少见，甚至是没有的。这是‘地方智慧多元治理的有效经验’。”

专家特别指出，海沧应用电子智能平台进行基层社会治理，这在全国乃至世界都是领先的。接下来应当进一步提升，将自治发展到更高阶段。例如随处可见的“认养”牌子，最后可以摘除。

更多精彩进入20140708>>

[责任编辑：仇慧亮 来源：厦门晚报]

海沧论坛反响系列汇报

“共同缔造·探索居民自治有效实现形式”
高端研讨会新闻媒体稿件整理汇编

1. **新华社**

1.1 海内外专家研讨厦门海沧区居民自治模式

来源：新华网 记者：张逸之 俞俭 发布时间：2014 年 7 月 8 日 15：02 字数：853

新华网厦门7月8日电（记者 张逸之 俞俭） 由华中师范大学人文社会科学高等研究院和中国农村研究院主办的“共同缔造·探索居民自治有效实现形式高端研讨会”7月7—8日在厦门举行，海内外专家学者高度评价海沧区“多元参与，互动共治”居民自治模式，认为这一探索值得研究和推广。

2013年开始，厦门海沧区大胆探索改革，通过开展以改善政府、激活社会、唤醒群众参与为核心的“共同缔造”改革实践，建构出以共谋、共建、共管、共评、共享为核心、以法治、自治与协商民主为支柱的“互动共治”社会治理新模式，形成了“横向到边，纵向到底”的社会治理体系架构。

海沧区这一探索，引起华中师范大学中国农村研究院关注，将此作为调研基地，进行课题研究。不到一年时间里，副院长邓大才带着研究团队连续9次深入海沧基地调研，形成了四篇论文予以探讨。

邓大才作成果介绍时分析认为，海沧模式的“互动共治”有三大支柱，即居民自治、法治与协商民主，其中居民自治是核心，法治是前提和基础，协商是日常手段和工作；海沧的改革有五大亮点，即共同治理、社会协同、三级自治、微治理、公益创投，特别值得一提的是微治理，通过微心愿、微事物、微组织、微平台、微机制等方式将自治内容嵌入居民日常生活，让社区自治、民主参与内化为居民的一种生活习惯，海沧的探索破解了进入“中等收入社会”面临的“政社失衡、社会失序、自治失效”三大难题，创造了居民自治有效实现的形式。

与会专家表示，海沧区改革以共同缔造为核心，通过政府强化服务、社会组织协同、居民参与治理，让社会参与进来，让自治运转起来，实现政府与社会良性互动，塑造了“互动共治”新型的基层治理体系架构。

新加坡南洋理工大学教授何包钢认为，中国社会转型期将迎来第二次居民自治浪潮，海沧区的探索改革是充满活力的。中国农村研究院院长徐勇教授认为，厦门海沧改革达到中国社会治理的一个新高度，可以作为一个社区管理服务体系的样本在全国推广。

研讨会期间，专家学者现场参观3个代表性社区，海沧区新阳街道、海沧街道、东孚镇分别介绍改革经验。(完)

1.2 中国社会文化简讯：陕西将征集史料出版"陕西抗战史料"

来源：新华网　记者：王佳宁　发布时间：2014年7月9日14:25:26

新华网北京7月9日电

海内外专家齐聚厦门探讨中国社区居民自治新模式

共同缔造·探索居民自治有效实现形式高端研讨会日前在厦门召开，海内外专家认为，厦门海沧区居民自治模式达到中国社会治理的一个新高度，可以作为一个社区管理服务体系的样本在全国推广。

2. **中新社**

2.1 海内外专家厦门研讨居民自治有效实现形式等课题

来源：中国新闻网　记者：艾启平　党波涛　发布时间：2014年7月7日　14:13

中新网厦门7月8日电（艾启平　党波涛）为期两天的"共同缔造·探索居民自治有效实现形式"高端研讨会8日在此间闭幕，海内外数十位专家学者围绕主题展开了研讨。民政部基层政权和社区建设司副司长汤晋苏表示，会议研讨内容着眼于宏观政策设计和基层民主的发展大方向，具有顶层设计意义。

此次研讨会由华中师范大学人文社会科学高等研究院主办，由厦门市海沧区海沧街道、新阳街道、东孚镇协办。会议主题主要有：城市基层治理与居民自治的新框架、城市居民自治有效实现形式的新探索和新理论、法治化治理与城市居民自治新思路、协商民主与城市居民自治新途径。

2013年，厦门市海沧区通过开展以改善政府、激活社会、唤醒群众参与为核心的"共同缔造"改革实践，建构出以法治、自治与协商民主为支柱的"互动共治"社会治理新模式。华中师范大学中国农村研究院执行院长邓大才认为，海沧区"互动共治"新模式，以共同缔造为核心，通过政府强化服务、社会参与治理，政府与社会良性互动，让社会参与进来，让自治运转起来，破解了政府与社会失衡、社会失序、自治失效三大难题，推进了治理体系和治理能力的现代化。

著名学者、华中师范大学徐勇教授表示，厦门海沧改革达到中国社会治理的一个新高度，可以作为一个社区管理服务体系的样本在全国推广。

汤晋苏在8日的闭幕会上表示，华中师范大学徐勇教授及其团队30多年来，一直坚持为农村村民自治和城市社区居民自治的实践提供理论指导，为中国基层民主作出了重要贡献。这次研讨会是对国家治理体系现代化的一次积极有益的探讨。会议提出的一些建议切合实际，具有可行性和可操作性。

据了解，海沧区位于厦门市西部，东与厦门本岛隔海相望，西与漳州接壤。该区综合经济实力跻身2013年度“中国百强区”第20名，排名“最具投资潜力百强区”第19位。海沧区是民政部的“全国社区管理和服务创新实验区”，在基层治理发展过程中也是贡献了不少经验。（完）

2.2　厦门海沧“互动共治”社会治理新模式引学界关注

来源：中国新闻网　记者：艾启平　党波涛　发布时间：2014年7月7日10:35字数：1189

中新网厦门7月7日电（艾启平　党波涛）“共同缔造·探索居民自治有效实现形式”高端研讨会7日在此间开幕。研讨会由华中师范大学人文社会科学高等研究院主办，来自中国大陆、香港、澳门、台湾、新加坡等国家和地区高校、科研机构等数十位专家学者，赴厦门海沧区各街镇和社区调研，并专题研讨相关前沿课题。

经济发展面临“社会病”

海沧区位于厦门市西部，东与厦门本岛隔海相望，西与漳州接壤。经过25年台商投资区、10年行政区的开发建设，海沧区从一个偏僻的闽南小渔村发展成为今天港区繁荣、工业发达、城区兴旺的现代化新区，综合经济实力跻身2013年度“中国百强区”第20名，排名“最具投资潜力百强区”第19位。

随着工业化及城镇化推进，海沧区由“渔村变为新城”，步入中等收入社会。但在经济的大跨越下，海沧也面临着系列“社会病”。

专家指出，这些“社会病”主要包括，传统包办式管理导致政府“花钱找骂”、“吃力不讨好”，政府与社会张力扩大、政府与民众隔阂加深等问题。

厦门大学公共政策研究院李明欢教授见证了海沧区蜕变过程。她表示，经济社会发展所得，应转化成为民生支出，转化成百姓的实惠。

探索“互动共治”新模式

如何缝合“中等收入社会裂痕”？为解决社会“信任问题”和民众“参与问题”，2013 年，海沧区开展以改善政府、激活社会、唤醒民众参与为核心的“共同缔造”改革实践，建构出以法治、自治与协商民主为支柱的“互动共治”社会治理新模式，形成了“横向到边，纵向到底”的社会治理体系架构。

华中师范大学中国农村研究院执行院长邓大才介绍说，海沧“互动共治”新模式，在纵向关系上形成了“区统筹—镇（街）治理—村（居）服务—自治单元自治”的上下治理体系，在社区横向层面形成了“区党组织—居委会—社区工作站—社会组织”的多元互动关系。

邓大才教授表示，这种社会治理的新模式，破解了政府与社会失衡、社会失序、自治失效三大难题，推进了治理体系和治理能力的现代化。

“居民自治”是核心和落脚点

居民自治是实现社会有效治理的关键。但传统居民自治基本是政府主导，往往会出现“干部唱戏，群众看戏”的自治空转困境。

据海沧区相关负责人介绍，该区通过“微自治”让社会参与进来，使自治运转起来；通过开展“五微工程”，以美好环境为基础开展“微行动”，以创新惠民为切入拓展“微组织”，以同驻共治为核心施展“微自治”，以“信息网格化”为纽带开启“微生活”，以实事小事为载体满足居民的“微心愿”。

新阳街道兴旺社区居委会书记许敏芳介绍，前不久，兴旺社区在厦门市率先开展“我爱我楼”活动。连日来，居民们自发参与了楼栋卫生洁净、邻里一家亲、楼名征集、楼道文化墙设计等丰富多彩的活动，共同提升社区环境，解决社区部分小区楼栋存在的邻里互动少及楼栋卫生状况较差等问题。

新加坡南洋理工大学何包钢教授表示，海沧区根据居民自治的不同条件、不同情况来开展不同方式的居民自治，充满了地方智慧。（完）

3. 光明网

3.1 探索居民自治有效实现形式高端研讨会举办

来源：光明网 记者：夏静 发布时间：2014 年 7 月 7 日 21:31 字数：934

光明网厦门 7 月 7 日电（记者 夏静 通讯员 华三严）创新社区管理模式难题如何破解？与会专家认为，厦门海沧区探索出破解“政社失衡”难题、“社会失序”难题、“自治失效”难题的社会治理改革思路。7 月 7 日至 8 日，由华中师范大学人文社会科学高等研究院和中国农村研究院主办的“共同缔造 · 探索居民自治有效实现形式”高端研讨会在厦门召开，来自新加坡、中国台湾、香港、澳门等国家和地区的专家学者高度评价了海沧经验模式的现实价值和理论意义，海沧的做法值得研究和推广。

当前我国正处在历史大变革的时期。在这一阶段，国家面临的问题是双重转型升级、双重跨越提高。一是由贫穷社会到小康社会，由低收入阶段进入中等收入阶段，转型的核心问题是政府与市场。与此相应，另一转型是由传统农业社会向现代城镇社会转型，转型的核心问题是政府与社会。但在这两个转型的过程中，政府与民众之间的隔阂增大，民众的指责、不满增多，甚至发生一系列群体事件。这说明，以往政府包办社会的模式难以为继，当前中国已经步入中等收入阶段，社会发展面临着“中等收入社会难题”。

与会专家分析，面对这一难题，厦门海沧区大胆改革，积极探索出一条“美丽厦门 · 共同缔造”的社会基层治理新模式，以“互动共治”建构基层治理新框架。海沧改革的主线始终围绕基层治理体系的现代化来做文章，通过以共谋、共建、共管、共评、共享为模式的共同缔造为核心，通过政府强化服务、社会组织协同、居民参与治理，让社会参与进来，让自治运转起来，实现政府与社会良性互动，塑造了“互动共治”新型的基层治理体系架构。

专家指出，海沧改革形成的“互动共治”有三大支柱，即居民自治、法治与协商民主，其中居民自治是核心，法治是前提和基础，协商是日常手段和工作。海沧改革有五大亮点，即共同治理、社会协同、三级自治、微自治、公益创投。因此，厦门海沧创造了居民自治有效实现的形式。

中国农村研究院院长徐勇教授认为，厦门海沧改革达到中国社会治理的一个新高度，可以作为一个社区管理服务体系的样本在全国推广。其价值主要体现在五个方面，一是群众路线的创新性体现；二是治理体系域治理能力现代化的标志；三是破解中等收入社会难题的典范；四是社会补充国家的中国道路的探索；五是治理导向的大陆民主模式的示范。(完)

4. 华大在线

4.1 “共同缔造·探索居民自治的有效实现形式高端研讨会”召开

来源：华大在线　记者：何骏　发布时间：2014 年 7 月 9 日　08:03

字数：1814

华大在线讯（通讯员　何骏）7 月 7 日至 8 日，由我校人文社会科学高等研究院和中国农村研究院共同主办的“共同缔造·探索居民自治的有效实现形式高端研讨会”在厦门市海沧区召开。民政部基层政权和社区建设司、全国人大常委会法律工作委员会、福建省民政厅等政府部门以及厦门市、海沧区等当地相关领导出席，来自中国大陆、香港、澳门、台湾、新加坡等国家和地区高校、科研机构等数十位专家学者参加。

7 日上午，与会人员实地考察了厦门市海沧区海沧街道、新阳街道、东孚镇等“两街一镇”在探索居民自治有效实现形式中的经验与做法。下午，“共同缔造·探索居民自治有效实现形式经验研讨会”开幕式在海沧区行政中心召开，中国农村研究院执行院长、海沧改革课题组负责人邓大才教授，厦门市海沧投资区党工委书记、区委书记郑云峰同志以及厦门市委常委、秘书长臧杰斌先后致辞。开幕式由人文社会科学高等研究院副院长石挺主持。

开幕式后，海沧区海沧街道、新阳街道与东孚镇分别介绍了在探索居民自治有效实现形式的经验和做法。针对厦门市海沧区的改革建设经验，各位专家学者进行广泛交流和热烈讨论。与会代表指出，2014 年中央“一号文件”明确提出，“探索不同情况下村民自治的有效实现形式”，这给予城市基层治理和居民自治的完善与深化提供了新视野，为基层治理和居民自治研究提供了新课题。对此，厦门海沧区以“美丽厦门·共同缔造”为契机，在城市治理中积极探索居民自治的有效实现形式，形成了以海沧街道、新阳街道、东孚镇等“两街一镇”为代表的创新经验，不仅为居民自治有效实现创造了成功的地方样板，而且为居民自治研究开辟了新的学术富矿，值得大家深入地思考与全面梳理。

8 日上午，各位专家学者参加了“共同缔造·探索居民自治有效实现形式”的理论研讨会。与会专家围绕“城市基层治理与居民自治的新框架、城市居民自治有效实现形式的新探索、城市居民自治有效实现形式的新理论、法治化治理与城市自治新思路和协商民主于城市居民自治新途径”等五大主题进行了深入研讨。

中国农村研究院院长徐勇教授作大会总结发言。他认为海沧会议有助于专家学者了解创新实践，通过海沧这个示范的样本，让学术研究接地气；还有助于探讨社会治理中的问题，对改革发展的走向和规律进行把脉，让学术研究接天线。徐勇还从国家治理的角度对海沧探索的背景和价值进行了梳理。他认为，在急剧变化的现代社会中，由于居民参与不足，政府治理缺乏稳固的基础，海沧的制度创新和制度激活有效地推动了政府治理与社会治理的衔接，推动了居民的参与。因此，海沧经验具有多重价值，一是新时期群众路线的探索，拉近政府与群众的距离，在共同缔造中实现良性互动；二是赋予居民自治以现代含义，实现行政纵向到底，自治横向到边，服务纵横交错；三是通过搭建多元参与的平台，从而培育居民自治；四是着力于手段和方式的创新，切实让自治运转起来。

福建省民政厅周瑛副厅长充分肯定海沧区在推进居民参与方面的成绩，指出海沧以共同缔造为契机，以共谋、共建、共管、共享、共评等为途径，着力推动多元参与格局的形成，不仅达到了社区善治的目标，而且为居民自治提供的好经验，推动福建省居民自治向前发展。

全国村务公开协调小组办公室副主任、民政部基层政权和社区建设司副司长汤晋苏高度评价了此次研讨会。他认为此次研讨会问题导向性较强，不仅具有创新性的论述，也有提炼性的总结概括，还具有国际性的视野。他指出，探索居民自治的有效实现形式，推进国家治理体系和治理能力现代化要从以下方面入手：一要发挥基层党和政府的引领作用；二要促进基层政府职能转变；三要完善居民自治机制；四要在体制内寻求创新；五要健全社区服务机制；六要构建多元参与机制；七要坚持系统性、前瞻性改革和顶层设计；八要以“形式”变革促进“体制”变革。

据了解，此次高端研讨会是我校继“探索村民自治有效实现形式高端研讨会"后对基层自治有效实现形式进行探索的系列论坛之一。作为我国基层民主的主要实现形式之一，城市居民自治从确立到发展经历了30多年。相较于村民自治，城市居民自治萌芽更早，发展却陷入瓶颈，自治空转，无论在地方实践上还是理论研究上都显得相对冷清。对此，我校人文社会科学高等研究院、中国农村研究院寄希望于通过召开"探索城市居民自治有效实现形式"高端研讨会，为城市基层治理和居民自治的理论研究与实践探索搭建起有效的互动平台，共同促进城市基层治理体系建构和居民自治的有效发展。

4.2 中国农村研究院厦门召开研讨会引媒体关注

来源：华大在线 记者：在线 发布时间：2014年7月11日16:19

7月7日至8日，由我校人文社会科学高等研究院和中国农村研究院主办的"共同缔造·探索居民自治有效实现形式高端研讨会"在厦门召开，多家媒体关注报道。

7月7日至8日，由华中师范大学人文社会科学高等研究院和中国农村研究院主办的"共同缔造·探索居民自治有效实现形式高端研讨会"在厦门召开，来自新加坡和中国台湾、香港、澳门等国家和地区的专家学者高度评价了海沧经验模式的现实价值和理论意义。

与会专家认为，厦门海沧区大胆改革，积极探索出一条"美丽厦门，共同缔造"的社会基层治理新模式，以"互动共治"建构基层治理新框架。海沧改革的主线始终围绕基层治理体系的现代化来做文章，通过以共谋、共建、共管、共评、共享为模式的共同缔造为核心，通过政府强化服务、社会组织协同、居民参与治理，让社会参与进来，让自治运转起来，实现政府与社会良性互动，塑造了"互动共治"新型的基层治理体系架构。

《光明日报》、光明网、新华网、凤凰网、《法制日报》等多家媒体对本次研讨会进行了报道。

《光明日报》：专家探讨居民"互动共治"新模式（2014年7月8日10版）http://epaper.gmw.cn/gmrb/html/2014—07/08/nw.D110000gmrb_20140708_12—10.htm

光明网：探索居民自治有效实现形式高端研讨会举办（2014年7月7日）

http：//difang. gmw. cn/hb/2014—07/07/content_ 11873132. htm

新华网：海内外专家研讨厦门海沧区居民自治模式（2014 年 7 月 8 日）

http：//www. hb. xinhuanet. com/2014—07/08/c_ 1111518791. htm

凤凰网：探索居民自治有效实现形式高端研讨会在厦火“热”开幕（2014 年 7 月 7 日） http：//xm. ifeng. com/huodong/xiamen_ 2014_ 07/07/2553331_ 0. shtml? 10c

《法制日报》：破解城市社区治理难题　社会治理应明确政府行为边界（2014 年 7 月 11 日）

http：//epaper. legaldaily. com. cn/fzrb/content/20140711/Articel06007GN. htm

凤凰网：徐勇教授总结自治研讨会：海沧模式具有全国性普遍价值

（作者　马越）7 月 8 日上午，“共同缔造：探索居民自治有效实现形式”高端研讨会在海沧闭幕。在为期一天半的研讨中，众位领导和专家深入海沧各街镇和城乡社区调研，并各自发表了自己的经验、心得。最后，华中师范大学人文社会科学高等研究院常务副院长徐勇教授作了总结发言，他认为，海沧模式具有全国性的普遍价值以及很高的可复制性、可推广性和一定的方向性。对于海沧区在客观条件不足的条件下进行的自主探索，徐勇教授表示充分的尊重。

徐勇教授说，中国是传统农业文明悠久的国家，但是近年来较快的变化速率决定了现代化的社会治理还缺乏经验，表现为两个不适应：国家治理跟不上社会变化，社会参与又跟不上国家治理，这就导致了国家治理缺少稳定的基础。

其实我国早就确立了基层群众自治制度，中共十七大更是首次将其写入了党代会报告，但是因为各种原因，在确立之初并没有得到有效的运转和落地。基层民主自治的最初阶段是以村级海选，乡镇直选为标准，体现了地方领导人的理想主义情怀，但是却缺乏必要的基础和支持，很难延续下去。

而海沧的模式则不同以往，徐勇教授认为，最重要的是，这种模式把自治和人们的现实利益、生活需求联系在一起，自己为自己谋利益，就使这种模式有了更为稳固的群众基础和参与积极性，这就是海沧模式能够运转的原因。

海沧的成功不仅仅体现在结果上，其施行过程中体现出的新探索更具意义，在中央发布"一号文件"《探索不同情况下村民自治有效实践形式》的大背景下，尤其能引起我们的思考。徐勇教授总结道，新探索的意义在于：赋予"居民"的概念新的含义，居住概念替代了生命概念；初步建立起现代基层治理方向，行政纵向到底，自治横向到边，服务纵横交错；政府给自治搭建了平台，让自治运转起来。

在徐勇教授看来，本次研讨会以海沧为标准，探索了中国政治发展、社会发展的走向，中央的"一号文件"也大大开阔了我们的思路。而更重要的是，引发了我们的思考：什么是有效？哪些形式才能满足社会发展多样化的需求？

不管怎么说，海沧模式已经走在了全国社区治理领域的前列，几十年的时间，海沧从小渔村变为城镇，从牛车时代进入高铁时代，这样的成就都足以令海沧人自豪。徐勇教授一言以蔽之："在经济上，海沧实现了跨越式发展；在国家治理现代化方面，海沧也率先给了我们启示。"

5. 中国农村研究网

5.1 探索居民自治有效实现形式，推进国家治理体系现代化

资料来源：中国农村研究网　记者：汤晋苏　发布时间：2014 年 7 月 9 日　字数：3772

[**编者按**] 7 月 7—8 日，"共同缔造·探索居民自治的有效实现形式的高端研讨会"在厦门市海沧区召开。全国村务公开协调小组办公室副主任兼民政部基层政权和社区建设司副司长汤晋苏同志进行了大会总结发言，他认为此次研讨会问题导向性较强，不仅具有创新性的论述，也有提炼性的总结概括，还具有国际性的视野。同时他指出，探索居民自治的有效实现形式，推进国家治理体系和治理能力现代化要从以下方面入手：第一，要发挥基层党和政府的引领作用；第二，要促进基层政府职能转变；第三，要完善居民自治机制；第四，要在体制内寻求创新，不能为了改革而否定现有的一切；第五，要健全社区服务机制；第六，要构建多元参与机制；第七，要坚持系统性、前瞻性改革，注重顶层设计；第八，要以"形式"变革促进"体制"变革。以下是汤副司长在会议上的具体讲话。

今年我非常荣幸地参加了华中师范大学中国农村研究院组织的两次会

议，一次是在广西宜州举办的“探索农村村民自治的有效实现形式高端研讨会”，还有就是这次的“探索城市居民自治的有效实现形式高端研讨会”。

昨天上午看了厦门市海沧区的几个点；下午看了海沧的改革宣传片，听了区、街（镇）的经验介绍和专家点评。刚才，听了专家的研讨发言，周厅长的讲话，让我受益很多，深受启发，深受教育。

这次研讨会同上次一样，开得很成功。我认为，这次会议有六大特点：

一是问题导向性强。会议就是围绕城市居民自治如何有效落地，如何有效实现这样一个问题来展开讨论。主题集中，问题针对性强。

二是有创新，有新论述。与会专家带来了很多具有创新性的观点，都有书面研究材料，这些非常具有前瞻性，对我们今后改进工作具有很好的启发意义。

三是有顶层设计。会议研讨内容着眼于宏观政策设计，着眼于基层民主的发展大方向，具有顶层设计的意义。

四是总结提炼非常好。会议对当前城市居民自治的创新性做法和出现的问题进行了很好的提炼，为今后解决相关问题、推广相关做法奠定了基础。

五是具有可行性。会议提出的一些发展建议非常切合实际，具有可行性和可操作性。

六是具有国际化视野。会议专家不仅来自大陆主要大城市和港澳台地区，还有来自国外的专家，带来了海外的研究成果，为居民自治的创新发展提供了国际化的视野。

党的十八届三中全会通过的《中共中央关于全面深化改革若干重大问题的决定》明确提出：“推进国家治理体系和治理能力现代化。”中央提出国家治理体系现代化，落实到基层，就是村居治理体系的现代化。这次“探索居民自治的有效实现形式高端研讨会”，可以说是对国家治理体系现代化的一次积极有益的探讨。

2014 年中央“一号文件”提出“探索不同情况下村民自治的有效实现形式”，在此情况下，我们城市居民自治是不是也面临着同样的问题，也需要“探索不同情况下居民自治的有效实现形式”？这就需要专家学者以及地方政府予以积极探讨和探索。

城市居民自治的有效实现形式如何探索？这次研讨会，各位专家学者以及厦门海沧等地提出了很多建设性意见，对今后的社区居民自治工作具有很好的指导意义：

一是要坚持法治的框架原则，在法治轨道上推进改革。只有坚持法治，改革才会不瞎折腾，才不会“人走政息”。

二是在基层民主发展过程中可以更多地发挥协商民主的作用。尤其是在城市社区一级的居民自治中，由于人口规模过大、居民利益联结松散，有时开展民主协商更符合城市实际。比如海沧区目前实践的“微自治”做法，具有一定的代表性，符合海沧城市的实际。但“微自治”的做法，应该更进一步地探索完善。

三是在基层治理中要处理好政府管理与居民参与的关系。随着经济社会的发展，社会日益多元化，居民的需求也日益复杂化。传统的政府包揽一切的做法往往行不通，这就要求政府管理与居民参与形成良性互动。我认为，这也是厦门市政府推行“美丽厦门·共同缔造”的一个重要出发点。

四是社区居民自治过程需要引导和规范社会组织的参与。当前，城市基层社会组织大量涌现，这对政府管理来说既是挑战、也是机遇。这些社会组织在提供社会服务以及组织居民社会参与方面有着特殊优势。只要基层政府予以重视、积极引导，就能够使社会组织在促进基层治理体系现代化方面发挥积极作用。

五是城市社区居民自治不仅要往上看，也要勇于往下看。往下看不是“倒退”。当前社区居民自治的一个重要问题就是“自治难以落地”，往下看就是要使居民自治实现“上下衔接”，把居民自治坐实，真正落到实处。我认为，这也是这次会议的一个重要目的。

十八届三中全会给了各地改革的方向，也鼓舞了地方的改革。但我们在改革中也不能“为改革而改革”，在改革中需要把握好以下几个关键点：

一是要以基层党和政府的引领作用。一项好的制度往往是精心设计出来的。在基层民主发展过程中，很多创新往往是基层党和政府大力推动、引导设计出来的。通过基层政府的精心组织和谋划，能够把握民主的进程，建构合理的民主程序、规则和制度，常常取得较好的效果。

二是要促进基层政府职能转变。围绕建设法治政府和服务型政府的总体要求，积极推进基层行政体制改革，发挥政府在基层治理中的主导作用。加强基层政权建设，规范基层权责划分，完善政权功能定位，改进党委领导方式，提升政府行政效能。科学划分基层政府、社区在基层管理服务上承担的责任和义务，编制基层政府公共服务和自治组织协助事项目录，建立基层政府委托自治组织事项协议制度，探索建立自治组织和群众对基层政府评估评议制度，推动社区自治组织体系和群众工作队伍有机衔接。

三是要完善居民自治机制。支持居民委员会依法履责，推进社区组织“减负增效”，大力精简面向社区的任务事项、台账会议和评比表彰，规范居民委员会协助政府工作的责任主体、科目细则和保障标准，保障居民委员会组织居民开展自治活动的必要条件。深入开展以直接选举、公正有序为基本要求的民主选举实践，以居民会议、居民代表会议为主要形式的民主决策实践，以民主集中、科学效能为基本原则的民主管理实践，以居务公开、民主评议为主要内容的民主监督实践，推进居民自治的制度化、规范化、程序化。

四是要在体制内寻求创新，不能为了改革而否定现有的一切。当前的居民自治创新，应该在贯彻实施居委会组织法和各省（区、市）实施办法的基础上，在居民自治框架内，做实居民自治。要注意挖掘现存体制的“存量”，激活那些体制内早有规定或者虽有规定但还不规范的民主程序。

五是要健全社区服务机制。完善各级社区服务体系建设规划体系，加快推进区县、街道（镇）、居（村）委会三级社区服务设施建设，构建综合服务设施为主体、专项服务设施为补充，服务网点为配套的社区服务设施网络。建立基本公共服务、便民利民服务和志愿互动服务相互衔接的服务体系，确保社区基本公共服务均等化、生活服务多样化和志愿互动服务制度化，将涉及群众切身利益的劳动就业、社区治安、公共卫生、计划生育、社会保险、社会救助、文体教育服务项目覆盖到所有社区常住人口，优先满足老年人、未成年人、残疾人、困难群体人员的生产生活需求。构建社区公共服务综合信息平台，推动政府服务机制整合、流程再造和信息共享，实现基本公共服务的全口径集成和全人群覆盖。发展社区社会工作服务，加强社区社会工作机构与辖区学校、医院、企业等行业类社会工作项目的服务联动，提高社区服务的专业化水平。

六是要构建多元参与机制。发动群众、社区组织、驻社区单位参与社区公共空间、公共设施、公共项目等公共事务的认养认捐、共建共管。探索建立以分类统筹为基础组织群众参与，以"以奖代补"项目为载体吸引群众参与，以信息化技术为依托扩大公众参与，以培训提高为手段引导群众参与，以制度建设为根本规范群众参与，以公共精神为纽带提升群众参与的新模式，促进群众在基层公共事务和公益事业中自我管理、自我服务、自我教育、自我监督。积极引导社区社会组织参与社区自治和服务，探索建立驻区单位社区建设责任评价体系，推动驻社区单位将活动设施和服务性、公益性、社会性事业向社区居民开放。

七是要坚持系统性、前瞻性改革，注重顶层设计。改革要避免"头痛医头脚痛医脚"，避免出现"翻烧饼"、"人走政息"现象。这样改革才能可持续，才能保持政治、经济发展的稳定环境。

八是以"形式"变革促进"体制"变革。改革既可以是"体制性"的根本变革，也可以是"实现形式"上的"外围"变革。"体制性"改革往往受到的阻力更大，引起的经济社会风险更大。而"实现形式"上的"外围"变革往往对现有体制冲击较小，受到的反对更小，更容易让人接受。比如这次研讨会提及的"探索居民自治的有效实现形式"，就是对居民自治实现形式的优化，并不涉及居民自治体系的根本变革。但这样的改革所产生的积极影响却是不可忽视的，而且能引发相关体制机制的变革。这样的改革探索，是我们今后更要提倡和鼓励的。

最后，我们需要感谢华中师范大学与厦门市海沧区为这次研讨会所作出的努力。华中师范大学徐勇教授及其团队 30 多年来一直坚持为农村村民自治和城市社区居民自治的实践提供理论指导，为我国基层民主作出了卓越的贡献。我也希望更多的学者一起来关注基层民主建设，多给民政部门提供理论指导。厦门市海沧区是民政部的"全国社区管理和服务创新实验区"，在基层治理发展过程中也是贡献了不少经验，我们也希望海沧区能再接再厉，为新时期基层治理体系现代化提供更多、更好的经验。

5.2 "共同缔造·探索居民自治的有效实现形式高端研讨会"圆满

召开

来源：中国农村研究网　记者：何骏　发布时间：2014 年 7 月 9 日　字数：1938

2014 年 7 月 7 日至 8 日，由华中师范大学人文社会高等研究院·华中师范大学中国农村研究院共同主办的“探索居民自治的有效实现形式高端研讨会”在厦门市海沧区召开。民政部基层政权和社区建设司、全国人大常委会法律工作委员会、福建省民政厅等主管部门以及厦门市、海沧区等当地相关领导莅临出席本次会议。来自中国大陆、香港、澳门、台湾、新加坡等国家和地区高校、科研机构等数十位专家学者汇聚一堂，举行了为期两天的“共同缔造·居民自治的有效实现形式高端研讨会”。

7 日上午，与会人员一行实地考察了厦门市海沧区海沧街道、新阳街道、东孚镇等“两街一镇”在探索居民自治有效实现形式中的经验与做法。下午，“共同缔造·探索居民自治有效实现形式经验研讨会”在海沧区行政中心召开，中国农村研究院执行院长邓大才教授、厦门市海沧投资区党工委书记、区委书记郑云峰同志以及厦门市委常委、秘书长臧杰斌同志分别致辞。

接着，海沧区海沧街道、新阳街道与东孚镇分别介绍了它们在探索居民自治有效实现形式中，以共同缔造为核心，通过政府强化服务、社会参与治理，政府与社会良性互动，让社会参与进来，让自治运转起来，推进治理体系和治理能力的现代化的“互动共治”新模式。期间，各位专家学者针对厦门市海沧区的改革建设经验，进行了广泛的交流和热烈的讨论。与会代表指出，2014 年中央“一号文件”明确提出，“探索不同情况下村民自治的有效实现形式”，这给予城市基层治理和居民自治的完善与深化提供了新视野，为基层治理和居民自治研究提供了新课题。对此，厦门海沧区以“美丽厦门·共同缔造”为契机，在城市治理中积极探索居民自治的有效实现形式，形成了以海沧街道、新阳街道、东孚镇等“两街一镇”为代表的创新经验，不仅为居民自治有效实现创造了成功的地方样板，而且为居民自治研究开辟了新的学术富矿，值得大家深入地思考与全面梳理。

27 日上午，各位专家学者参加了“共同缔造·实现居民自治有效形式的理论研讨会”。与会专家，围绕着“城市基层治理与居民自治的新框架、城市居民自治有效实现形式的新探索、城市居民自治有效实现形式的新理论、法治化治理与城市自治新思路和协商民主于城市居民自治新途径”等五大主题进行了深入的探讨。

中国农村研究院院长徐勇教授进行了总结发言，认为海沧会议有助于专家学者了解创新实践，通过海沧这个示范的样本，让学术研究接地气；还有助于探讨社会治理中的问题，对改革发展的走向和规律进行把脉，让学术研究接天线。接着从国家治理的角度对海沧探索的背景和价值进行了梳理，他认为在急剧变化的现代社会中，由于居民参与不足，政府治理缺乏稳固的基础，海沧的制度创新和制度激活有效地推动了政府治理与社会治理的衔接，推动了居民的参与。因此，海沧经验具有多重价值：一是新时期群众路线的探索，拉近政府与群众的距离，在共同缔造中实现良性互动；二是赋予居民自治以现代含义，实现行政纵向到底，自治横向到边，服务纵横交错；三是通过搭建多元参与的平台，从而培育居民自治；四是着力于手段和方式的创新，切实让自治运转起来。

福建省民政厅周瑛副厅长充分肯定海沧区在推进居民参与方面的成绩，指出海沧以共同缔造为契机，以共谋、共建、共管、共享、共评等为途径，着力推动多元参与格局的形成，不仅达到了社区善治的目标，而且为居民自治提供的好经验，推动福建省居民自治向前发展。

全国村务公开协调小组办公室副主任兼民政部基层政权和社区建设司副司长汤晋苏同志对高度评价了此次研讨会，他认为此次研讨会问题导向性较强，不仅具有创新性的论述，也有提炼性的总结概括，还具有国际性的视野。同时他指出，探索居民自治的有效实现形式，推进国家治理体系和治理能力现代化要从以下方面入手：第一，要发挥基层党和政府的引领作用；第二，要促进基层政府职能转变；第三，要完善居民自治机制；第四，要在体制内寻求创新，不能为了改革而否定现有的一切；第五，要健全社区服务机制；第六，要构建多元参与机制；第七，要坚持系统性、前瞻性改革，注重顶层设计；第八，要以“形式”变革促进“体制”变革。

据悉，此次高端研讨会是主办单位继“探索村民自治有效实现形式高端研讨会”后，对基层自治有效实现形式进行探索的系列论坛之一。作为我国基层民主的主要实现形式之一，城市居民自治从确立到发展经历了30多年。相较于村民自治，城市居民自治萌芽更早，发展却陷入瓶颈，自治空转，无论在地方实践上还是理论研究上都显得相对冷清。对此，华中师范大学人文社会科学高等研究院、中国农村研究院寄希望于通过召开“探索城市居民自治有效实现形式”高端研讨会，来为城市基层治理和居民自治的理论研究与实践探索搭建起有效的互动平台，共同促进城市基层治理体系建构和居民自治的良序有效发展。

5.3 共同缔造：可推广性的社会治理难题破解之道

资料来源：中国农村研究网 记者：徐勇 发布时间：2014 年 7 月 11 日 字数：3083

[**编者按**] 7 月 7 日和 8 日，“共同缔造·探索居民自治有效实现形式高端研讨会”在厦门市海沧区召开。华中师范大学中国农村研究院院长徐勇教授在会上做了总结性发言。他指出，本次会议旨在引导政府及专家了解实践进展，并以海沧为标本展望中国的整个政治与社会发展走向。徐勇教授谈到，海沧区通过共同缔造，将社会带入社会治理，不仅解决了自身的治理难题，更重要的是它具有全国性的普遍价值，具有可复制性、可推广性，代表了一定的方向性。

我们这次“共同缔造·探索居民自治高端研讨会”选择在厦门海沧召开有两个目的，一个是了解实践。我们知道，中国改革开放创新的动力在基层，海沧在没有多少现成经验可借鉴的情况下积极探索，不断创新社会治理，应该说是为我们国家提供了一个示范的标本。我们学者要多“接地气”。很有意思的是前几年我们在云浮召开的一个研讨会，学者记者经常把“云浮”念成“浮云”，这次学者记者经常把我们“海沧”念成“沧海”，所以学者记者多跑跑基层有好处。一个是，通过海沧这个标本看我们中国政治、社会发展的走向和规模。我们学术研究是问题导向、实践导向。这次会议主题实际上是中国政治社会发展实践当中的一个紧迫需要问题。

中国是一个传统的农业文明悠久的国家，在一个静态社会里面它的国家治理非常成熟了，但是面对一个变化速率相当之快的现代化社会还缺乏经验。如果农业社会的变迁速率是 1，那么工业社会的变迁速率相当于百、信息社会成百，就是说变化速率非常之快。我们海沧在短短几十年间由一个小渔村变化成一个城镇，我们国家短短几十年时间由一个牛车时代进入到一个高铁时代。这个急剧变迁的速率造成两个严重不适应，一个是国家治理严重不适应社会变迁的速率，跟不上变化。一个是我们的国家治理当中社会参与严重缺失，也就是跟不上国家治理。刚才有学者讲我们在国家治理当中缺失重要的稳固的基础。从世界发展规律看，越是地方治理、基层治理做得比较好的地方，它在化解对冲、缓解社会矛盾当中的就能力越强。何包钢先生跑了世界很多地方，他是世界性学者，恐怕很少看到中国这样多的跑天安门的上访。这就反映了我们的地方有效治理还不够，其中的问题之一就是社会参与的缺失。现在我们怎么样去弥补这个缺失？

中国人经常说："缺什么补什么。"在我们整个国家治理当中缺的是社会有效参与。这就需要制度创新和社会治理创新。制度创新有两类，一类是制度建构，建立新的制度；一类是制度激活，让制度落地。我们国家实际上早就建立起基层群众自治制度，让亿万民众参与治理，这一制度已经成为为中国特色社会主义政治的四大制度之一。但是这个制度还没有能够有效运作，没有落地，所以说一段时间我们的村民自治、居民自治也从学界的视野中消失了。这次我们要举办这个会，一些学者也很难联系上，也"失联"了。这就意味着实践走在前面，学术供给严重不足。我们非常佩服当地的书记，他变成了学者，因为他没有办法，由于学术供给不足，他要找学界里面给他提供一些参考很难。另外我们政府这些年好像也不讲自治了，今天我们当面给汤司长讲，他的更多的是社区建设，这样子我们的制度供给也严重不足。我们海沧是在两个不足（缺失理论供给、缺失制度供给）的情况下自主的探索。我对这种探索的精神表示充分的尊重。

今年中央"一号文件"提出"探索不同情况下村民自治有效实现形式"，我觉得这个提法大大开阔了我们的思路，而且在城市治理当中更为重要。不同情况就强调要因地制宜，注重条件，夯实组织根基。我们国家从20世纪90年代以来，基层民主和群众自治经历了两个阶段，第一波就是以村级海选、乡镇直选为标志，主要是地方领导人基于理想主义情怀所推动的，由于缺乏必要的基础和支持，它没有能够延续。近段时间我对十几年前第一波的基层民主和自治做了一个回访，专门去了中国乡长直选第一乡——四川省步云乡。16年过去后这个乡现在的情况怎么样？深为可惜，它成为乡长直选的独响，而且是绝响；不光是独唱，而且是绝唱。为什么是绝唱呢？一个乡1.5万人，每年乡的党委书记可以支配的财政收入少的可怜。在这种条件下，这种直选，失去了动力，人们更关心收入和修路，而不是选票。当今中国发展非常不平衡，如果我们用过去那种单一的制度来规制的话，可能找不到有效的形式。第二波是以各地的理事会、议事会为标志，主要基于现实主义取向。基层民主和自治和人们的现实利益、生活需求联系在一起。像我们海沧的微自治为什么能运转起来，它植根于人们的生活需求。广东清远把村委会下沉到自然村也是一种积极探索。不同情况因地制宜，形式多样。第二个当然我们要思考什么形式是有效的。现在不同条件不同情况有不同形式，那么什么是有效的，这就给我们提出了问题。第三个是实现形式，哪些形式能够满足我们现在城市社会多样化的需求。我觉得居民自治为什么大家现在做起来好像积极性不太高，因为它确实比政府治理难，缺乏资源、缺乏手段，居民相互之间要达成一致。我们虽然说协商，但是我了解这个协商太难了，让大家坐下来，平等协商，比政府用强制性的管理难度大得多。现在大家各自有各自的看法，这就需要有相应的形式。我觉得中央这个提法，使我们的研究大大的可以在原来的基础上往前走一步，开阔我们的思路。

海沧的社会治理创新不仅解决了自身的社会治理问题，更重要的是具有全国性的普遍价值，具有可复制性，可推广性，代表一定的方向性。

第一，强调共同缔造，共同缔造把社会拉进来了，过去是政府一家在管，现在社会参与进来，治理的基础就更加雄厚了。他们的重大贡献就是，把我们过去“端起碗吃肉，放下筷子骂娘”变为“端起碗吃肉，放下筷子共建”，把过去社会当中的不满情绪、消极因素化为一种积极因素，从刚才胡荣教授的调查就看出来。第二，它在居民自治有效形式方面做出了一些积极探索。其一是赋予居民以新的含义，它以居住概念替代了身份概念，城乡一体化，包括往外的人口，都是以居住的概念，对居民赋予了现代含义。其二是初步建立起了现代基层治理框架，也就是行政纵向到底，自治横向到边，服务纵横交错，自治、行政在服务这块建立起一个服务网络，然后治理多元互动。刚才澳门学者讲了，你们期盼有一个强有力的政府。中国内地有强大的政府，但是怎么实现政府的有效治理，这还是值得研究的。第三，注重搭建平台，培育自治。坦率地讲，我们的自治在城市里面没有传统，农民进城，把自治也带进城来了，由农民组成的社区自治更多，发育得比较快。现在城市里面，政府要给自治搭建平台，去培育它，这一点咱们海沧做得很好。第四，就是着力于手段和方式，让自治运转起来，他们通过手机等方式促进自治运转。

在经济速度上海沧实现了跨越式发展，在国家治理现代化方面应该说海沧也率先给了我们有益启示。海沧也是我们的学术“海沧”，这里边给我们提供了很多学术资源，使我们能够以此为标本，深入探讨中国治理发展的一些规律性问题，特别是通过总结地方经验，将制度创建与制度落地结合起来，推动学术研究的不断拓展。

从今年开始我们举办了一系列学术活动，5月份我们在村民自治的发源地广西，召开了“探索村民自治的有效实现形式高端研讨会”；7月份我们在这里做召开居民自治有效实现形式高端研讨会；9月份我们将在山东东平举办农村集体经济有效实现形式研讨会，接下来，明年我们要在广东顺德举办现代乡镇治理的有效实现形式研讨会，之后还要举办基层治理法治化的有效实现形式、基层协商民主有效实现形式等一系列研讨会，也欢迎大家参加。

最后，我想代表会议主办方说一下，在大家努力下，经过一天半的会议，应该说达到了我刚才前面讲的两个预期目的，谢谢大家！

6. 厦门网

6.1 共同缔造掀起自治浪潮“海沧经验”成关注焦点

资料来源：厦门网　记者：廖文焱　发布时间：2014年7月9日6：00　字数：3256

【编者按】7日至8日，由华中师范大学人文社会科学高等研究院主办的“共同缔造　探索居民自治有效实现形式”高端研讨会在厦门海沧召开，这是海沧继上个月全国行政文化论坛之后，着力打造社会治理厦门模式的又一次“借智借脑”。

会议期间，来自国内外10余所高校的专家学者，深入海沧城乡实地调研，对“美丽厦门·共同缔造”、创新社会治理体制机制情况把脉问诊，专题研讨探索居民自治有效实现形式等前沿课题，踊跃献计献策，为海沧社会治理创新再次注入新的活力。

厦门网—厦门日报讯（记者　杨继祥　林岑）

一年来，海沧富有对台特色的社会治理创新，给市民群众带来了切切实实的好处，受到中央首长和省部委领导连连点赞，也引来中央及台湾媒体的广泛关注。

如果说，上级领导及媒体的点赞，体现了“高大上”；来自学术研究机构的民意调查，无疑是“小清新”，厦门大学公共政策研究院在研讨会上展示的一份问卷调查显示：通过共同缔造，海沧居民对小区的信任度增强了、互助增强了，小区居民的幸福感和自豪感提升了。

社会共治，“共和”本义的微观实践

何包钢教授，来自新加坡南洋理工大学人文社会科学学院，见多识广，典型的“世界公民”，仅6月份，他的足迹就涉及三四个国家，并且也深入了这些国家的街道。在深入海沧调研后，他感慨地说，海沧的很多做法，已达到国际水平。

在何包钢看来，海沧各种各样的治理，体现了社会共治的原则，最重要的体现，它是落实中华人民共和国“共和”本义的一个微观实践。

“共和的本义，就是共谋、共建、共管、共评、共享，海沧从这5个方面进行了彻底落实，而且延伸到街道、社区以及最小的社会单元，这让我很受鼓舞。”

面对渔民、城市居民、村民这三种不同群体的社区，海沧采取分类治理的方法，让何包钢也非常受启发，他说这体现了厦门海沧的地方智慧，创造了多元治理的经验。

此外，海沧率先在治理民主中引入高技术，积累了丰富的经验，特别是运用电子平台，电子政务、微博、手机，这些创新举措在世界基层社会治理领域也处于领先水平。

缔造社区共同体，海沧迈出第一步

“‘美丽厦门·共同缔造’，核心的理念就是缔造一个社区共同体。实现这一目标过程可能非常漫长，但海沧在国内已经超前迈出了第一步。”研讨会上，中央编译局世界发展战略研究部周红云研究员对海沧连连点赞。

在周红云看来，我国社区的行政化和居民参与不足这两个问题在全国普遍存在。对这两个问题，实践中虽有所回应，如早期的社区直选、社区准入制等，但距真正解决，还有相当长的路要走。

地方实践的改革，已经到了培育社区的阶段。要培育社区，就必须培育社会组织，通过社会组织，有效实现居民自治，从而有机会重构基层的社会，重新发现我们早已缺失的社会。

社会组织的培育，海沧可圈可点，如公益创投、社会组织孵化基地、政府购买社会组织服务等创新，都走在了国内前列。

海沧的社会治理，不仅是理念的转变，同时伴随着更多的角色转变，以及政府职能的转变，这一点让周红云等与会专家印象深刻。

周红云认为，在社会组织的培育上，海沧抓住了问题的关键，注重公共空间的营造，以及公共精神的培育，公共平台的打造。由于有了公共空间、共同的平台，从而才有了实质性的交往基础。

见"异"思"迁"，形成海沧风格

"新阳的情况和深圳相似，外来人口和本地人口之比 1∶17；深圳全市 1∶8；个别街道达到 1∶18。在社区人口结构高度倒挂的异质性社会生态的基础之上，新阳通过见'异'思'迁'，形成了自己的独特风格。"深圳大学当代中国政治研究所唐娟副教授如是说。

所谓的"异"，就是这样一个异质化的社会；思"迁"，就是与时俱进，加快政府职能的转变，促进社会参与，推进共融共治，这是整个创新的框架。新阳创新形式与国内其他城市差不多，但从现实基础及操作层面的措施来说，形成了海沧独有的风格。具体而言，即"四个链接"和"三个融合"。

"四个链接"，包括党政主导和群众参与的链接，在海沧落在了实处；服务的提供和服务的需求之间的链接，在分类和聚合的基础上有针对性地提供；法治与自治的链接，如绿地认养、垃圾分类自治等操作措施；技术创新与制度创新的链接，如社区信息化建设。

"三个融合"：新厦门人和老厦门人的融合。将外来人口组织起来，参与有序化，使其成为治理主体之一；岛外理念和本地方式的融合。台湾同胞带来服务精神及公民理念，推动了以生活为单位的小区自治，改变了本地人的生活方式；政府和社会的融合，从过去的政府"独唱"变为政府"领唱"、大家"合唱"。

"20 世纪八九十年代，自浙江发轫，中国开始了村民自治的第一次浪潮；当前，厦门海沧掀起第二次自治浪潮，它以利益机制为基础，以协商民主为平台，以社会组织为推手，以城市竞争为动力，一个具有'国际水平、中国特色、厦门特点'的社会治理厦门模式正在海沧崛起！"何包钢的话语里，满是憧憬。

【人物原声】

汤晋苏（民政部基层政权和社区建设司副司长）：

厦门市海沧区是民政部的“全国社区管理和服务创新实验区”，在基层治理发展过程中贡献了不少经验，我们希望海沧区再接再厉，为新时期基层治理体系现代化提供更多、更好的经验。

周瑛（福建省民政厅副厅长）：

希望厦门各级党委政府和我们的基层组织很好地借鉴这次研讨会的成果，当好社区治理改革创新的试验区，不断探索、创新、提升社区治理水平和居民治理能力，为推进全省乃至全国的社区建设作出新贡献。

徐勇（华中师范大学中国农村研究院教授）：

此次研讨会选择在厦门海沧召开很有意义。海沧在没有多少现成经验可借鉴的情况下，自主地、积极地探索，不断创新社会治理，为我国提供示范标本。

海沧的社会治理亮点众多：强调共同缔造，充分发挥群众力量；在居民自治有效实现形式方面作出了积极探索，以居住的概念替代了身份的概念，开始赋予“居民”新的现代化含义，初步建立起“行政纵向到底，自治横向到边，服务纵横交错”的现代基层治理模式，开展多元治理；注重搭建平台，有效自治；通过有效的手段和方式，让自治真正运转起来。

在经济方面，海沧实现了跨越式发展，在国家治理现代化方面，海沧率先一步，给出了许多有益启示。海沧不仅仅解决了自身的社会治理问题，更重要的是具有全国性的普遍价值，具有可复制性、可推广性，代表着一定的方向性。

海沧同时为我国研究社会治理提供了学术基地。接下来，我们将以海沧为样本，深入探讨中国发展过程中规律性问题，尤其是如何在地方经验中，将制度创建与制度落地结合起来，进一步推动学术研究的不断扩展。

黄卫平（深圳大学当代中国政治研究所教授）：

海沧的“共同缔造”，把政府“独唱”变成政府“领唱”，把群众自治作为提高政府治理体系和治理能力现代化的一个重要组成部分。

努力探索城市居民自治的一些有效形式，在这方面持之以恒，取得了很好的效果。

纪俊臣（台湾铭传大学公共事务学系教授）：

海沧在城市居民自治方面还有发展空间，在法制化治理方面可以加强提升。可以通过法制化加速居民治理发展，通过法制化治理强化城市居民自治的机会。

娄胜华（澳门理工学院公共行政高等学校教授）：

智慧社区的服务对象是会使用网络的人，海沧在这方面可多考虑弱势群体，比如老年人。网格化管理，要把生人社区变为熟人社区，澳门讲究个人隐私，海沧未来也可多往这方面发展，如何保护个人隐私，完善社区机制也要考虑。

李明欢（厦门大学公共政策研究院教授）：

发展是硬道理，硬发展就没道理。发展怎么与"美丽厦门·共同缔造"相结合？关键在于 GDP 怎么转化为群众的切身利益，让群众得实惠。美丽厦门、美丽海沧做到了，所以群众满意度、幸福感在提高。

邓大才（华中师范大学中国农村研究院教授）：

通过一年多的探索实践，海沧区建立了"互动共治"的新型基层治理框架，不仅实现了自身治理体系的大跨越，也为我国基层治理创新做出了积极贡献。可以说，海沧一小步，中国基层治理一大步。

张英阵（台湾暨南国际大学人文学院副教授）：

海沧的共同缔造就是政府和社会合作的概念。社区工作需要政府政策引导，把权力下放到社区自治，社区应是一个学习民主的地方，是一个公共领域，要培养社区的自治能力，形成可复制的经验，带动其他社区，进一步推广开来。

7. 法制网

7.1　以厦门海沧区为标本追问社会治理现代化的实现　中国农村研究院组织研讨居民自治有效途径

资料来源：法制网　记者：杨云妃　发布时间：2014 年 7 月 9 日 10：21：40　字数：2812

以楼栋等为单位的"微自治"将"干部唱戏，群众看戏"变为"政府领唱，社会合唱"，以搭建平台实现政府群众"互动共治"破解基层群众自治的空转，以"社企同驻共建理事会"等方式将企业、社会组织等纳入社区居民议事协商范围。

7月7—8日，华中师范大学中国农村研究院组织召开“共同缔造·探索居民自治有效实现形式”高端研讨会，集合国内外学者、以福建省厦门市海沧区为标本探索新时期实现居民自治的有效路径。

研讨会期间，专家学者现场参观3个代表性社区，海沧区新阳街道、海沧街道、东孚镇分别介绍改革经验。与会专家表示，海沧区改革以共同缔造为核心，通过政府强化服务、社会组织协同、居民参与治理，让社会参与进来，让自治运转起来，实现政府与社会良性互动，塑造了“互动共治”新型基层治理体系架构。

“新的社会形势下，有效的社会治理应当明确政府行为边界，形成政府管公共建设、市场管经济收入、社会管生活环境的格局，充分发挥居民群众在社会治理中的作用，以互动共治实现有效治理。”接受法制网记者采访时，华中师范大学人文社会科学高等研究院常务副院长、中国农村研究院院长徐勇教授认为，通过强化“互动共治”可有效破解政府不知道群众在想什么的问题，将“软法”引入居民自治增强公共精神，有利于实现不同社会情境下的有效治理。

互动共治形成现代城市治理体系

“厦门PX事件、陈水总事件 这些曾震惊全国的事件背后，反映出进入中等收入社会后社会治理面临的新挑战。”徐勇教授说，要成功应对“社会病”的挑战，解决社会“信任问题”和群众“参与问题”是路径之一。

为解决社会“信任问题”和群众“参与问题”，2013年7月起，厦门市海沧区通过开展以改善政府、激活社会、唤醒群众参与为核心的“共同缔造”改革实践，建构出以法治、自治与协商民主为支柱的“互动共治”社会治理新模式。

在研讨会上，厦门市海沧台商投资区工委副书记黄金坤介绍说，为推进工作，该区组建全面深化改革领导小组，理清出各部门、各层级的“职能清单”，推动简政放权；根据“强化社会治理职能，弱化经济职能”的原则，在不改变现有机构编制、领导职数和人员身份的情况下，将街道机构整合成“四办”（党政办、经济服务办、社区发展办、综治办），列出一级清单（职能大类）、二级清单（具体工作事项）、对口区直部门、涉及平级部门、对应社区力量、经办人员等栏目，并制定了政府购买、市场化运作等配套办法；对社区，政府以强化社区自治服务功能为目标，对社区行政事项进行分类梳理，探索制定《社区组织协助政府工作目录》和《社区组织依法履行职责事项》等任务清单；按照“地域相近、利益相关、文化相连、规模适度、群众自愿”原则，在城市社区探索最合适居民自治的自治单元。

“全区目前在纵向关系上形成了‘区统筹—镇（街）治理—村（居）服务—自治单元自治’的上下四级治理体系，在社区横向层面形成了‘区党组织—居委会—社区工作站—社会组织’的多元互动关系。”黄金坤介绍说。

在华中师范大学中国农村研究院执行院长邓大才看来，海沧的互动共治模式，以共同缔造为核心，通过政府强化服务、社会参与治理，政府与社会良性互动，让社会参与进来，让自治运转起来，海沧的“互动共治”是一个“横向道边、纵向到底”的现代城市治理体系架构。

“微自治”带来社会治理“大效应”

海沧区关于“互动共治”的探索，引起华中师范大学中国农村研究院关注，后者还将海沧作为调研基地进行课题研究。邓大才带研究团队先后9次深入海沧调研，形成了多篇学术论文。

研讨会上，邓大才代表研究团队作成果介绍时说，海沧模式的“互动共治”有三大支柱，即居民自治、法治与协商民主，其中居民自治是核心，法治是前提和基础，协商是日常手段和工作；海沧的改革有五大亮点，即共同治理、社会协同、三级自治、微治理、公益创投，特别值得一提的是微治理，通过微心愿、微事物、微组织、微平台、微机制等方式将自治内容嵌入居民日常生活，让社区自治、民主参与内化为居民的一种生活习惯；海沧的探索破解了进入“中等收入社会”面临的“政社失衡、社会失序、自治失效”三大难题，创造了居民自治有效实现的形式。

据了解，厦门海沧区深入开展“五微工程”，以美好环境为基础开展“微行动”，以创新惠民为切入拓展“微组织”，以同驻共治为核心施展“微自治”，以“信息网格化”为纽带开启“微生活”，以实事小事为载体满足“微心愿”。

海沧区兴旺社区建立起“四民家园”（民生倾听室、民情调查队、民智议事厅、民心服务站）、社区同驻共建理事会、社企同驻共治理事会、5个网格同驻共建理事会、舞蹈俱乐部等“特色之家”社区“微组织”，海发社区的文圃花园小区组建了业主自治的业主委员会，海虹社区绿苑小区三组团居民自组东屿协调小组，温厝山后社成立了居民理事会、监事会等自治组织，构建群众自治参与体系，形成了城市的“两级自治”体系。

据了解，海沧区以居民的微心愿为立足点，在问需于民的基础上，推出一系列惠民项目，保障了项目开展的合理性。通过广泛征求居民需求，先后推出了12类160个惠民项目。

“居民自治是实现社会有效治理的关键。但中国传统的居民自治基本是政府主导的群众运动，进入‘干部唱戏，群众看戏’的自治空转困境。海沧通过‘微自治’让社会参与进来，使自治运转起来；通过探索不同的自治单元，使自治成功落地。”邓大才认为。

激发参与活力推进基层民主协商

为走出以往社会治理改革“一放就乱、一乱就管、一管就死”的“怪圈”，海沧在推进民主的同时，以“美丽厦门，法治同行”为改革理念，坚持制度化建设、法治化治理。

黄锦坤介绍说，通过“水木工作室”等平台，海沧将司法机构的服务延伸到群众的生活中，推进社会生活领域的司法化；参照村民委员会章程，通过社区居民的协商、讨论形成了社区管理的“小宪法”，出台了将议事规则、评事规则、监督规则为一体的全国首个社区自治章程；充分挖掘村规民约的功能，如引导居民讨论制定《小区自治公约》、《村规民约》等各种自治公约。

“这些举措有效提升了群众依法自治精神，促进了群众依法自我管理、自我服务，巩固了法治社会基础。”华中师范大学法学院教授丁文认为。

新加坡南洋理工大学教授何包钢则认为，中国社会转型期将迎来第二次居民自治浪潮，海沧区的探索改革是充满活力的。

厦门大学公共事务学院教授李明欢认为，居民自治与村民自治本身无法截然分开，政府在基层自治中的引导作用不能削弱，在自治中产生争议时政府应当“出来说话”，同时还应当着力研究政府如何将GDP转化为实实在在的民生，如此才能保证“互动共治”推进整个社会治理体系的现代化。

澳门理工学院公共行政高等学院教授娄胜华则建议，要更加关注社会组织与政府各自的职能边界，实现社会组织与政府关系是“合作”而非“对抗”、是“伙伴”而非“伙计”。

“厦门海沧改革达到中国社会治理的一个新高度，可以作为一个社区管理服务体系的样本在全国推广。”徐勇教授认为。(完)

8. 光明日报

8.1　专家探讨居民“互动共治”新模式

资料来源：法制网　记者：夏静　华三严　发布时间/版次：2014 年 7 月 10 日 10 版

本报厦门7月7日电（记者夏静　通讯员华三严）创新社区管理模式难题如何破解？专家认为，福建厦门海沧区探索出了破解“政社失衡”难题、“社会失序”难题、“自治失效”难题的社会治理改革思路。7月7日至8日，由华中师范大学人文社会科学高等研究院和中国农村研究院主办的“共同缔造·探索居民自治有效实现形式高端研讨会”在厦门召开，来自新加坡和中国台湾、香港、澳门等国家和地区的专家学者高度评价了海沧经验模式的现实价值和理论意义。

与会专家认为，厦门海沧区大胆改革，积极探索出一条“美丽厦门，共同缔造”的社会基层治理新模式，以“互动共治”建构基层治理新框架。海沧改革的主线始终围绕基层治理体系的现代化来做文章，通过以共谋、共建、共管、共评、共享为模式的共同缔造为核心，通过政府强化服务、社会组织协同、居民参与治理，让社会参与进来，让自治运转起来，实现政府与社会良性互动，塑造了“互动共治”新型的基层治理体系架构。

9. 香港文汇报

9.1　厦门借智借脑探索探索居民自治

资料来源：香港文汇报　记者：陈艳芳　俞鲲　林舒婕　发布时间/版次：2014 年 7 月 10 日 A01 版　字数：1119

华中师大论坛邀学者考察研“共同缔造”新模式

“创新社会治理体制”是中共十八届三中全会提出的改革要点之一。经过近一年探索实践，以“共同缔造”为凝聚力量、以“决策共谋、发展共建、建设共管、效果共评、成果共享”为核心理念的创新社会治理体制、提升社会治理能力的厦门模式，受到中央高层及学者的高度关注。华中师范大学近日主办的高端论坛，获近40位内地、港澳台、新加坡等国家和地区学者赴厦门考察，实行“借智借脑”努力打造居民自治的有效模式。■香港文汇报记者　陈艳芳、俞鲲、林舒婕　厦门报道

人口398万的厦门市共有城市社区155个，“村改居”社区167个，外来人口超过本地居民数量。从2013年7月起，厦门市积极探索经济社会转型难题的破解方法，率先拉开重构社会治理体系的创新探索，开创政府、社会、居民合力共建、协力共管，并具备可信、可学、可推广的“共同缔造”模式，形成了一核多元、互动共治的良好局面，细微而有触感的变化正在这座城市显现。

“网格”细分社区　居民共建共管

厦门海沧兴旺社区是一个新社区，同时也是工业区的“城中村”，1.5万人口的社区有1万多是外地人，人口流动大、管理难度大。去年9月，该社区以楼栋为单元划分为9个“网格”，将社区服务全面融入网格，社区干部担任“网格员”，直接对接网格内的居民。同时，改变以往政府“大包大揽”的做法，发动居民共建共管。厦门首个居民自治“孵化器”——四民家园成立了：居民“自己事自己议”，和居委会一起共建、共管自己的家园；理事会、业委会、俱乐部、义工队……各类微组织也不断涌现。

如何让居民自治“落地”，是不少内地城市在治理模式探索中遇到的难题，也曾一度困扰厦门。兴旺社区居委会党委书记许敏芳坦言：“我们这个社区常住人口与外来人口比例约为1∶10，治安混乱、服务不足等一直是困扰社区的难题。”实施“网格化”细分管理，便是厦门在解决此类难题时提出的主要对策。

中央编译局世界发展战略部研究员周红云在参观兴旺社区后表示，行政化和居民参与不足是普遍存在于中国社区的两个问题，要培育社区，就必须培育社会组织，从而有机会重构基层社会。“社会组织的培育，厦门海沧的做法可圈可点。”

不当万能政府　简政放权“瘦身”

“要处理好政府、社会和群众三者的关系，政府不能一直充当万能政

府，要简政放权，通过社会组织推动群众自治。"这是"共同缔造"重要推手、厦门市委书记王蒙徽对于搭建系统的基层社会治理框架过程中政府职能转变的解读。

以厦门市思明区为例，该行政区对社区现有的88项工作职能，拟减除13项、简化13项、合并10项。记者在相关文件中看到，思明区拟减除的13项事务工作及专业性工作包括：社区与辖内商家签订安全生产责任书、企业安全检查等，一系列的举措将使社区事务成功减负"瘦身"。

9.2 专家解读：厦门模式可复制推广

资料来源：香港文汇报 记者：陈艳芳 俞鲲 林舒婕 发布时间/版次：2014年7月10日A01版 字数：774

全程跟进厦门"共同缔造"试点的华中师范大学人文社会科学高等研究院常务副院长徐勇教授接受本报专访时指出，以海沧为样本的厦门居民自治模式，核心是以居民的现实利益和生活需求为基础，通过发展协商民主，实现了根据不同的情况因地制宜进行有效的社会治理，海沧样本除了解决自身治理问题，更具可复制性和推广性。

作为国内城市社区自治研究和农村村民自治研究领域带头人之一的徐勇，从2013年起就率团队多次赴厦门调研和驻点考察，以"共同缔造"为核心的厦门基层治理模式被他誉为"中国新高度"。

"端碗吃肉 放筷共建"

徐勇表示，中国社会伴随工业化进程，国家治理严重不适应极大的变迁速率，社会参与又严重跟不上国家治理的要求，中国在国家治理中缺失重要的稳固基础，层出不穷的上访充分地反映出地方缺失有效的治理。中国早就确立了基层群众自治制度，但是多年来，基层自治一直处于悬浮化状态无法落实，政府和官员越来越少讲"自治"，更多的是谈"社区建设"，制度供给严重不足；学界对自治的理论供给亦缺失。

"今年中央'一号文件'提出，探索不同情况下村民自治有效实现形式。这给予城市基层治理和居民自治的完善与深化提供了新视野，为基层治理和居民自治研究提供了新课题。"徐勇认为，海沧的社会治理首先强调"共同缔造"，把社会拉进治理中，从而获得更加牢固治理基础。把过去"端起碗来吃肉、放下筷子骂娘"变成"端起碗来吃肉、放下筷子共建"，把过去社会中的不满情绪和消极因素化为积极因素，初步建立起现代基层治理的框架，徐勇将这个框架描述为“行政纵向到底、自治横向到边，服务纵横交错，治理多元互动”。

他续称，从全球经验来看，地方治理做得越好的地区，化解对冲社会矛盾的能力就越强。厦门的“共同缔造”模式，适应了中国政治社会发展实践中关于国家治理的紧迫需要，具有全国性的普遍价值，具备可复制性和推广性。

10. 厦门日报

10.1 海沧探索“多元参与，共同治理”新模式

资料来源：厦门日报 记者：杨继祥 林岑 发布时间/版次：2014年7月7日A01版 字数：

今日，“共同缔造·探索居民自治有效实现形式”高端研讨会在海沧开幕，应邀参加的国家部委、省、市领导与来自中国内地、香港、澳门、台湾、新加坡等国家和地区等十几所高校的专家学者，将利用一天半的时间，深入海沧各街镇和城乡社区，调研把脉“美丽厦门·共同缔造”、创新社会治理体制机制情况，专题研讨探索居民自治有效实现形式等前沿课题。

海沧在率先全市实现分类统筹全覆盖，以及推出“我爱我楼”、“公益创投”创新举措的基础上，一份以新阳街道为范本的社会治理创新改革框架图新鲜“出炉”。在区统筹之下，“街道治理：共同缔造；社区服务：多元参与；网格自治：一核多元；楼栋微自治：我爱我楼”。从这份关系顺畅、职责清晰的改革框架图可看出，一个“纵向到底、横向到边、纵横交错、多元共治”的社会治理新蓝图在海沧正一步步变成现实……

街道治理：共同缔造

“以前要先到居委会开证明，再到街道盖章，要跑好几趟，很麻烦；现在，到居委会，10分钟就一趟搞定，太方便了。”日前，新阳街道霞阳社区的居民王妙惠，从工作人员手中接过常住人口婚育证明，高兴地对记者说。

今年以来，海沧区持续推进社会治理创新，进一步简政放权，共梳理职权154项，其中建议由街道相关部门负责的110项，下放社区达22项。新阳街道调整机构设置，将原有的“五办、三中心”整合为“四办”，进

一步下沉服务，将面向群众的83项行政事项全部下放社区，最大限度地方便群众，让群众在家门口就能办成事。

新阳街道党工委书记黄继红在接受采访时说，此次社会治理创新改革，就街道而言，就是以"共同缔造"的理念，结合街道的主体功能定位，强化街道社会建设、公共服务职能，提升街道社会治理的水平。

这其中最大的亮点，就是理顺了街道和社区的关系，让社区居委会回归自治，不再承担街道的行政工作。居委会由此彻底"解放"出来，不用像以前忙于行政事务，可以全身心地做好社区服务，更好地指导单元网格、楼栋开展自治工作。

"社会治理就像一台机器，关系理顺了，职责理清了，机器才能够转起来。政府收回那只伸得过长的手，让'该干什么的干什么'，让自治充分转起来。"海沧相关负责人如是说。

社区服务：多元参与

日前，兴旺社区居委会党委书记许敏芳接到一起"另类投诉"：居民艾阿姨反映，好姐妹们都在社区认养了"责任田"，自己早就报了名，怎么就没有份？原来工作人员考虑到她年纪较大，怕不太方便，给她安排了"民生话仙场"轮值。现在，她早晚义务打扫卫生、整理绿地，忙得十分开心。社区给艾阿姨配了一个工作水壶，她放在家里客厅中央，表明自己终于有了"工作证"！

兴旺社区卫生督导组的林阿姨，经常自发地买一些米、油，送给小区的困难家庭。前几个月，新阳"新华都"超市开张时，她到现场排队，就为了买一些米、油送给小区的困难户。许敏芳感慨地说，居民们争着为社区这个大家庭服务，这已成为兴旺的人文内涵。现在兴旺又在全市率先建成了首个智慧社区数字家庭，居民买米买油可以在家中一键搞定，林阿姨也不用再去排队了。讲到这些，许敏芳满脸自豪。

如今，新阳街道已构建党组织、居委会、社区工作站、社会组织等"多元参与"的社区服务体系。党组织发挥在社区服务中的领导、统筹作用；居委会则大力提升其组织、协调和服务能力；社区发展协会等社会组织，为社区居民提供服务；社企同驻共建理事会主要架设社区与企业、居民之间的沟通"桥梁"。

网格自治：一核多元

“兴旺社区样样好/就缺燃气进管道/社区领导很关心/居民群众很欢迎/管道燃气就是好/卫生安全有保障/为了早日能实现/大家共同来缔造……”

日前，在兴旺社区管道燃气入户意见征集会上，部分居民代表有不同看法。为了让这一民生工程尽快落地，老党员邓斌在了解了这些居民代表的想法后，编了这首题为《家喻户晓》的打油诗，讲透燃气入户的好处，引导大家逐步达成共识。

在网格化的基础上，新阳街道将居民小区与网格合二为一，建立“一核多元”的网格自治格局。具体而言，“一核”，是指建立网格党支部，作为网格自治的领导核心，发挥党员在网格自治中的模范带头作用；“多元”，是指吸收社区干部、网格员、居民代表、物业、业委会代表及社会组织代表等，共同组成网格自治理事会，发挥各方作用，提升网格的自治能力。

“众人拾柴火焰高。”在海沧，“五共”（共谋、共建、共管、共评、共享）的氛围持续升温，以金铭花园小区为例，这个始建于 1998 年的老旧小区，长期处于无物业管理状态，硬件设施落后，公共维护薄弱。在居委会的指导下，大家有钱出钱，有力出力，对小区进行整体提升，垃圾池改造、地下管道清污工作正在如火如荼推进……旧貌即将换新颜。

楼栋微自治：我爱我楼

创新不止步。前不久，兴旺社区在全市率先开展“我爱我楼”活动，连日来，居民们自发参与了楼栋卫生洁净、邻里一家亲、楼名征集、楼道文化墙设计等丰富多彩的活动，共同提升社区环境，解决社区部分小区楼栋存在的邻里互动少及楼栋卫生状况较差等问题，让家园更美。

有个例子，值得一提。以往，兴旺社区顶层居民在楼顶种菜，占用公共空间，其他居民意见很大，但找不到好的解决办法。现在，通过召开本楼栋业主会议，大家共同商讨，想出了一个两全其美的办法：菜可以种，但控制在小范围，大的空间留给大家散步及晒被子；种菜的业主也要做好楼顶的卫生保洁。通过最小自治单元，这一问题得到妥善解决。

在采访中，居民们纷纷告诉记者，“我爱我楼”活动开展以来，邻里关系更热络了，见面问声好，有空泡泡茶，大家互帮互助，团结友爱，日子过得美滋滋。

远亲不如近邻。"我爱我楼"活动，极大激发了社区居民共谋、共建、共管、共评、共享的热情，将社区"微自治"展现得淋漓尽致，兴旺"微笑社区"让居民的笑容更加灿烂。

"现在在兴旺社区，来了的不想走，走了的想回来，我就想在这儿住一辈子。"来自龙岩的刘大姐，2012 年入住兴旺，看着这两三年的变化，她一语道出了群众的心声。

10.2　厦门：共同缔造掀起自治浪潮

资料来源：厦门日报　记者：杨继祥　林岑　发布时间/版次：2014 年 7 月 9 日 A01 版

【编者按】

7 日至 8 日，由华中师范大学人文社会科学高等研究院主办的"共同缔造·探索居民自治有效实现形式"高端研讨会在厦门海沧召开，这是海沧继上个月全国行政文化论坛之后，着力打造社会治理厦门模式的又一次"借智借脑"。

会议期间，来自国内外十余所高校的专家学者，深入海沧城乡实地调研，对美丽厦门·共同缔造、创新社会治理体制机制情况把脉问诊，专题研讨探索居民自治有效实现形式等前沿课题，踊跃献计献策，为海沧社会治理创新再次注入新的活力。

本报记者　杨继祥　林岑

一年来，海沧富有对台特色的社会治理创新，给市民群众带来了切切实实的好处，受到中央首长和省部委领导连连点赞，也引来中央及台湾媒体的广泛关注。

如果说，上级领导及媒体的点赞，体现了"高大上"；来自学术研究机构的民意调查，无疑是"小清新"，厦门大学公共政策研究院在研讨会上展示的一份问卷调查显示：通过共同缔造，海沧居民对小区的信任度增强了、互助增强了，小区居民的幸福感和自豪感提升了。

社会共治，"共和"本义的微观实践

何包钢教授，来自新加坡南洋理工大学人文社会科学学院，见多识广，典型的"世界公民"，仅 6 月份，他的足迹就涉及三四个国家，并且也深入了这些国家的街道。在深入海沧调研后，他感慨地说，海沧的很多做法，已达到国际水平。

在何包钢看来，海沧各种各样的治理，体现了社会共治的原则，最重要的体现，它是落实中华人民共和国“共和”本义的一个微观实践。

“共和的本义，就是共谋、共建、共管、共评、共享，海沧从这5个方面进行了彻底落实，而且延伸到街道、社区以及最小的社会单元，这让我很受鼓舞。”

面对渔民、城市居民、村民这三种不同群体的社区，海沧采取分类治理的方法，让何包钢也非常受启发，他说这体现了厦门海沧的地方智慧，创造了多元治理的经验。

此外，海沧率先在治理民主中引入高技术，积累了丰富的经验，特别是运用电子平台，电子政务、微博、手机，这些创新举措在世界基层社会治理领域也处于领先水平。

缔造社区共同体，海沧迈出第一步

“‘美丽厦门·共同缔造’，核心的理念就是缔造一个社区共同体。实现这一目标过程可能非常漫长，但海沧在国内已经超前迈出了第一步。”研讨会上，中央编译局世界发展战略研究部周红云研究员对海沧连连点赞。

在周红云看来，我国社区的行政化和居民参与不足这两个问题在全国普遍存在。对这两个问题，实践中虽有所回应，如早期的社区直选、社区准入制等，但距真正解决，还有相当长的路要走。

地方实践的改革，已经到了培育社区的阶段。要培育社区，就必须培育社会组织，通过社会组织，有效实现居民自治，从而有机会重构基层的社会，重新发现我们早已缺失的社会。

社会组织的培育，海沧可圈可点，如公益创投、社会组织孵化基地、政府购买社会组织服务等创新，都走在了国内前列。

海沧的社会治理，不仅是理念的转变，同时伴随着更多的角色转变，以及政府职能的转变，这一点让周红云等与会专家印象深刻。

周红云认为，在社会组织的培育上，海沧抓住了问题的关键，注重公共空间的营造，以及公共精神的培育，公共平台的打造。由于有了公共空间、共同的平台，从而才有了实质性的交往基础。

见"异"思"迁"，形成海沧风格

"新阳的情况和深圳相似，外来人口和本地人口之比1∶17；深圳全市1∶8；个别街道达到1∶18。在社区人口结构高度倒挂的异质性社会生态的基础之上，新阳通过见'异'思'迁'，形成了自己的独特风格。"深圳大学当代中国政治研究所唐娟副教授如是说。

所谓的"异"，就是这样一个异质化的社会；思"迁"，就是与时俱进，加快政府职能的转变，促进社会参与，推进共融共治，这是整个创新的框架。新阳创新形式与国内其他城市差不多，但从现实基础及操作层面的措施来说，形成了海沧独有的风格。具体而言，即"四个链接"和"三个融合"。

"四个链接"，包括党政主导和群众参与的链接，在海沧落在了实处；服务的提供和服务的需求之间的链接，在分类和聚合的基础上有针对性地提供；法治与自治的链接，如绿地认养、垃圾分类自治等操作措施；技术创新与制度创新的链接，如社区信息化建设。

"三个融合"：新厦门人和老厦门人的融合。将外来人口组织起来，参与有序化，使其成为治理主体之一；岛外理念和本地方式的融合。台湾同胞带来服务精神及公民理念，推动了以生活为单位的小区自治，改变了本地人的生活方式；政府和社会的融合，从过去的政府"独唱"变为政府"领唱"、大家"合唱"。

"20世纪80年代到90年代，自浙江发轫，中国开始了村民自治的第一次浪潮；当前，厦门海沧掀起第二次自治浪潮，它以利益机制为基础，以协商民主为平台，以社会组织为推手，以城市竞争为动力，一个具有'国际水平、中国特色、厦门特点'的社会治理厦门模式正在海沧崛起！"何包钢的话语里，满是憧憬。

【人物原声】

汤晋苏（民政部基层政权和社区建设司副司长）：

厦门市海沧区是民政部的"全国社区管理和服务创新实验区"，在基层治理发展过程中贡献了不少经验，我们希望海沧区再接再厉，为新时期基层治理体系现代化提供更多、更好的经验。

周瑛（福建省民政厅副厅长）：

希望厦门各级党委政府和我们的基层组织很好借鉴这次研讨会的成

果，当好社区治理改革创新的试验区，不断探索、创新、提升社区治理水平和居民治理能力，为推进全省乃至全国的社区建设作出新贡献。

徐勇（华中师范大学中国农村研究院教授）：

此次研讨会选择在厦门海沧召开很有意义。海沧在没有多少现成经验可借鉴的情况下，自主地、积极地探索，不断创新社会治理，为我国提供示范标本。

海沧的社会治理亮点众多：强调共同缔造，充分发挥群众力量；在居民自治有效实现形式方面作出了积极探索，以居住的概念替代了身份的概念，开始赋予“居民”新的现代化含义，初步建立起“行政纵向到底，自治横向到边，服务纵横交错”的现代基层治理模式，开展多元治理；注重搭建平台，有效自治；通过有效的手段和方式，让自治真正运转起来。

在经济方面，海沧实现了跨越式发展，在国家治理现代化方面，海沧率先一步，给出了许多有益启示。海沧不仅仅解决了自身的社会治理问题，更重要的是具有全国性的普遍价值，具有可复制性、可推广性，代表着一定的方向性。

海沧同时为我国研究社会治理提供了学术基地。接下来，我们将以海沧为样本，深入探讨中国发展过程中规律性问题，尤其是如何在地方经验中，将制度创建与制度落地结合起来，进一步推动学术研究的不断扩展。

黄卫平（深圳大学当代中国政治研究所教授）：

海沧的“共同缔造”，把政府“独唱”变成政府“领唱”，把群众自治作为提高政府治理体系和治理能力现代化的一个重要组成部分。

努力探索城市居民自治的一些有效形式，在这方面持之以恒，取得了很好的效果。

纪俊臣（台湾铭传大学公共事务学系教授）：

海沧在城市居民自治方面还有发展空间，在法制化治理方面可以加强提升。可以通过法制化加速居民治理发展，通过法制化治理强化城市居民自治的机会。

娄胜华（澳门理工学院公共行政高等学校教授）：

智慧社区的服务对象是会使用网络的人，海沧在这方面可多考虑弱势群体，比如老年人。网格化管理，要把生人社区变为熟人社区，澳门讲究个人隐私，海沧未来也可多往这方面发展，如何保护个人隐私，完善社区机制也要考虑。

李明欢（厦门大学公共政策研究院教授）：

发展是硬道理，硬发展就没道理。发展怎么与美丽厦门·共同缔造相结合？关键在于GDP怎么转化为群众的切身利益，让群众得实惠。美丽厦门、美丽海沧做到了，所以群众满意度、幸福感在提高。

邓大才（华中师范大学中国农村研究院教授）：

通过一年多的探索实践，海沧区建立了"互动共治"的新型基层治理框架，不仅实现了自身治理体系的大跨越，也为我国基层治理创新做出了积极贡献。可以说，海沧一小步，中国基层治理一大步。

张英阵（台湾暨南国际大学人文学院副教授）：

海沧的共同缔造就是政府和社会合作的概念。社区工作需要政府政策引导，把权力下放到社区自治，社区应是一个学习民主的地方，是一个公共领域，要培养社区的自治能力，形成可复制的经验，带动其他社区，进一步推广开来。

10.3 探索社会治理新机制

资源来源：厦门日报 记者：杨继祥 林岑 发布时间/版次：2014年7月8日A02版 字数：491

本报讯（记者 杨继祥 林岑 通讯员 熊东帆 林泓）昨日，"共同缔造·探索居民自治有效实现形式"高端研讨会在厦门海沧开幕，来自国内外十多所高校的专家学者，深入海沧城乡调研把脉美丽厦门·共同缔造、创新社会治理体制机制情况，专题研讨探索居民自治有效实现形式等前沿课题。

市委常委、秘书长臧杰斌，市委常委、海沧台商投资区党工委书记、区委书记郑云峰，民政部基层政权和社区建设司副司长汤晋苏及省市相关部门领导等出席开幕式。

开幕式上，臧杰斌说，美丽厦门·共同缔造行动自去年开展以来，积极探索经济社会转型难题的破解方法，开创了一条可信、可学、可推广的社会治理模式道路，形成了一核多元、互动共治的良好局面。希望专家学者多提意见，提炼基层社会治理体系经验，帮助厦门打造具有国际水平、中国特色、厦门特点的社会治理厦门模式。

郑云峰说，海沧去年在全市率先开展美丽厦门·共同缔造行动，在促进居民自治，激发社会活力等方面，取得了一定成效。当前，海沧正持续深化试点，探索基层行政管理和居民自治的有效衔接和良性互动，努力形成社会治理体系和治理能力的新机制，希望各位专家与我们一起共同缔造更加美丽的厦门、更具活力的海沧。

11. **海西晨报**

11.1 专家为“海沧模式”点赞——实地考察三个试点社区，献策海沧社会治理

资料来源：海西晨报 记者：陈璐 发布时间/版次：2014 年 7 月 9 日 A16 版 字数：609

晨报讯（记者 陈璐 通讯员 熊东帆 林泓）“共同缔造·探索居民自治有效实现形式”高端研讨会 7 月 7 日在海沧开幕，来自国家部委、省、市领导与中国内地、香港、澳门、台湾、新加坡等国家和地区的十几所高校专家学者汇聚一堂，探索居民自治的有效实现形式等前沿课题。

今年 4 月，民政部在北京召开“2013 年度中国社区治理十大创新成果”发布会，海沧区的社区“微治理”项目从全国 30 项社区治理创新成果候选项目中脱颖而出，以第 4 名的成绩，获评“2013 年度中国社区治理十大创新成果”，成为福建全省唯一获奖项目。

海沧社会治理模式“火了”，但“好马仍需好鞍”，海沧再次向专家学者们借智，以完善现有模式。昨日上午，东孚镇寨后村西山社、新阳街道兴旺社区、海沧街道海虹社区三个“美丽厦门·共同缔造”明星试点，迎来了大批的专家学者。专家学者对“海沧经验”进行实地考察，并在一天半的时间里，为“美丽厦门·共同缔造”、创新社会治理体制情况进行“把脉”。

专家们参观访问了海沧几个明星试点，均赞不绝口：东孚镇寨后村西山社干净整洁的村容、和睦的邻里氛围，让不少专家学者大呼“好想住在这里”；新阳街道兴旺社区科技与政务相结合给居民带来便利的生活，而居民们则以共同缔造形式，营造出新的家园，这些让专家学者们兴奋不已；海沧街道海虹社区居民自办社区大学，课程丰富，使在场的参观者不

禁赞叹居民自治"有魅力"。

参观归来，专家们在研讨会上各抒己见，提出了不少宝贵的建议和意见，助力海沧社会治理模式的发展。

12. 海峡都市报

12.1 "探索居民自治"研讨会在海沧开幕，专家讲述新加坡经验居民为社区做贡献 孩子可选到好学校

资料来源：海峡都市报 记者：陈志坚 发布时间/版次：2014 年 7 月 8 日 XZA32 版 字数：609

海都讯 昨天，"共同缔造·探索居民自治有效实现形式"高端研讨会在厦门海沧开幕，国家部委、省、厦门市领导与来自中国大陆、香港、澳门、台湾地区、新加坡等国家和地区十几所高校的专家学者，探讨了社区治理等课题。

昨天上午，与会的专家学者一行来到东孚镇西山社、新阳街道兴旺社区、海沧街道海虹社区进行观摩调研。这三个地方，均依靠居民自治，让每个居民都成为社区的治理者，取得显著成果。例如，海沧街道海虹社区，居民自发出资出力，完成各类社区项目的建设，自发成为宣讲员，分享故事话题和文艺活动。东孚镇西山社，坚持"项目建设百姓参与"，推行项目建设"以奖代补"，公共绿地的养护有人认领，还有轮值的"幸福义工"，村民的自治让这个村庄变得更幸福。

来自新加坡南洋理工大学人文社会科学学院的何包钢教授讲述了新加坡在社区治理上的经验。他说，新加坡的社区治理针对居民个人采用"积分制"，父母有能力为社区做贡献的可以积分，积分越多，可以作为孩子以后选择好学校的参考。他觉得，海沧的社区治理，也可以吸取这种治理经验，保证居民参与的积极性。

13. 海沧消息报

13.1 群英聚首海沧，共议村民自治

资料来源：海沧消息报 记者：熊东帆 林泓 发布时间：2014 年 7 月 9 日 字数：914

台海网讯 据海沧消息报报道（记者熊东帆林泓）昨日，"共同缔造

探索居民自治有效实现形式”高端研讨会在海沧举行。国家部委、省直有关部门领导、市领导与来自中国大陆、香港、澳门、台湾、新加坡等国家和地区十几所高校的专家学者，深入海沧各街镇和城乡社区调研，把脉“美丽厦门·共同缔造”、创新社会治理体制机制情况，专题研讨探索居民自治有效实现形式等前沿课题。

市委常委、秘书长臧杰斌，市委常委、海沧台商投资区党工委书记、区委书记郑云峰，民政部基层政权和社区建设司副司长汤晋苏，投资区党工委副书记黄锦坤以及区领导江根云、王雪敏、张谷、林久新、苏亮文出席开幕式。

开幕式上，臧杰斌说，“美丽厦门·共同缔造”行动自去年开展以来，积极探索经济社会转型难题的破解方法，开创了一条可行、可学、可推广的社会治理模式道路，一年来通过创新政府治理模式，发动广泛参与，着力塑造精神，培育社会组织，激发社会活力，完善社会机制，形成了一核多元主体、互动共治的良好局面。他希望全国社会治理领域的知名专家和学者把脉问诊，多提意见，提炼基层社会治理体系和经济能力发展的经验，帮助厦门打造具有国际水平、中国特色、厦门特色的社会治理厦门模式。

郑云峰说，海沧在开展“美丽厦门·共同缔造”行动中，通过共谋、共建、共管、共评、共享的理念，广泛发动居民群众、台商台胞共同参与社会治理，在促进居民自治、激发社会活力等方面，取得了一定成效。其中，社区微自治项目获评 2013 年度中国十大社会治理成果，两岸义工获中国政府创新十佳经验。当前，海沧正持续深化试点，探索基层行政管理和居民自治的有效衔接和良性互动，努力形成社区治理体系和治理能力的新机制，希望各位专家与我们一起共同缔造更加美丽的厦门、更具活力的海沧。

开幕式后，海沧三个街镇分别作了经验介绍，与专家学者进行经验探讨。

当天上午，民政部基层政权和社区建设司副司长汤晋苏及境内外高校相关领域的专家学者，实地探访了东孚镇寨后村西山社、新阳街道兴旺社区、海沧街道海虹社区等，感受海沧居民自治所取得的成效，并就城市居民自治有效实现形式深入研讨。

今日，研讨会还将就城市基层治理与居民自治的新框架、城市居民自治有效实现形式的新探索与新理论等多个专题进行研讨。

14. 法制日报

14.1 社会治理应明确政府行为边界

资料来源：法制日报 记者：刘志月 发布时间：2014 年 7 月 11 日 6 版 字数：416

本报武汉 7 月 10 日电 （见习记者刘志月） 华中师范大学人文社会科学高等研究院和中国农村研究院近日主办“共同缔造·探索居民自治有效实现形式高端研讨会”，研讨城市社区居民自治的有效形式。与会专家认为，要破解当前城市社区治理难题，把握好居民自治与政府管理的边界是关键。

2013 年 7 月，厦门市海沧区开展以改善政府、激活社会、唤醒群众参与为核心的“共同缔造”改革实践。华中师范大学中国农村研究院将海沧区的探索作为样本进行课题研究。在作成果介绍时，副院长邓大才认为，海沧区“互动共治”中居民自治是核心、法治是前提和基础、协商是日常手段和工作，破解了进入“中等收入社会”面临的“政社失衡、社会失序、自治失效”三大难题。

“新的社会形势下，有效的社会治理应当明确政府行为边界，形成政府管公共建设、市场管经济收入、社会管生活环境的格局。”接受《法制日报》记者采访时，华中师范大学人文社会科学高等研究院常务副院长、中国农村研究院院长徐勇教授表示。

15. 中国社会科学报

15.1 我国城市居民自治经历三个波段

资料来源：中国社会科学报 记者：郝日虹 发布时间：2014 年 7 月 11 日 6 版 字数：416

中国社会科学报讯（记者郝日虹）7 月 7—8 日，由华中师范大学人文社会科学高等研究院主办的“共同缔造·探索居民自治有效实现形式高端研讨会”在厦门举行。有学者提出，居民自治的探索并非意味着政府管理便能缺席，二者是互相依存、互惠互利的。一方面，政府能够为居民自治提供政策和资金支持，在一定程度上保证居民自治活动的开展；另一方面，居民的主动参与和积极配合，突破了政府单向给予式管理方式的局限，提高了政府行政管理的效率。

华中师范大学人文社会科学高等研究院常务副院长徐勇认为，我国城市居民自治的进程历经了三个波段。第一波段属于国家组织边缘群体的吸纳性居民自治，即为了将居住在城市却没有工作单位的人组织起来，补充政府治理在“单位制”社会当中的不足。第二波段属于国家推动社区建设中的构建性居民自治，是为了应对“单位制”社会的变化及城市化进程的加快，但主要依托行政力量而非居民力量。第三波段则属地方治理创新中催生与激活的内生性居民自治。此关注的是如何让居民自治“落地”和“运转”，故而积极探索居民自治的有效实现形式成为一种必然。

“特别是在城市居民多样化构成已经成为一种趋势的大背景下，居民自治的有效实现形式，应当是一个多层次、多样式、多类型的体系。”徐勇说。

来自北京大学、中国人民大学、厦门大学、南洋理工大学等多所国内外高校的专家学者，围绕城市基层治理与居民自治的新框架、城市居民自治有效实现形式的新探索、法治化与城市居民自治新思路等议题进行了探讨交流。

15.2 培育多样式居民自治体系　破解“中等收入社会难题”——“共同缔造·探索居民自治有效实现形式高端研讨会”在厦门举行

资料来源：中国社会科学报　记者：郝日虹　发布时间：2014 年 7 月 10 日　字数：2528

中国社会科学网讯（记者郝日虹）伴随新兴城市的大量崛起和城市化的快速发展，如何有效进行城市治理成为“推进国家治理体系和治理能力现代化”的重要环节。其中，居民自治作为城市治理体系创新探索的关键构成要素，也受到越来越多学者的关注。7 月 7 日至 8 日，“共同缔造·探索居民自治有效实现形式高端研讨会”在厦门召开。与会专家学者通过深入东孚镇寨后村西山社、新阳街道兴旺社区及海沧街道海虹社区等实地的观摩调研，围绕“城市基层治理与居民自治”这一主题进行了探讨交流。

破解“中等收入社会难题”

为什么城市治理现代化需要培育居民自治？华中师范大学人文社会科学

高等研究院常务副院长徐勇教授表示，随着现代城市和现代国家的兴起，国家治理能力不断强大，一直渗透到地方各个领域和社会生活多个方面。然而，与日益复杂和多样化的社会相比，国家治理总是有限的，政府不可能包办所有社会事务。居民通过自我管理和自我服务，不仅能够降低国家治理的成本，也能够借此培育民众"自律"要素，为法治社会的构建夯实基础。

"城市居民自治的重要目的就是构建法治社会，将法治体现在日常生活之中。就目前现状而言，我国城市发展充满活力，但治理所需要的公共规则和公共秩序却相当欠缺，公共交往中的行为边界不甚清晰。居民自治能够增强居民的自主性，强化居民的自律性，为法治社会的构建奠定牢固的基础。"徐勇解释道。

"另外，当今中国正处于历史大变革时期。在这一阶段，国家面临着双重转型升级和双重跨越提高。一个转型是由贫穷社会到小康社会，由低收入阶段进入中等收入阶段。在这个阶段里。国家实现了由传统计划经济向现代市场经济转型，转型的核心问题是政府与市场。另一转型是由传统农业社会向现代城镇社会转型，转型的核心问题是政府与社会。在这两个转型的过程中，一方面是经济社会迅速发展，人民普遍享受到经济社会发展成果；另一方面则由于单一的政府主导，甚至包办社会发展，使得政府与社会之间难以形成良性互动，造成社会民众对政府的不理解。若想打破低收入阶段的政府单一治理这种模式，培育居民自治不失为一种有效的途径。"徐勇进一步补充说。

谈及居民自治的价值时，徐勇以厦门市海沧区"共同缔造"的居民自治经验为例，从五个方面总结了其价值。一是通过吸纳群众参与到治理中来，是群众路线的创新性体现。二是把"基层群众自治"这一最基础性的环节纳入了国家治理体系，彰显出我国国家治理体系和治理能力的现代化。三是扭转以政府为中心的动员性社会治理思路，开始关注人们的自我意识和自主意思，通过重现构建政府与社会的良性互动关系，以期破解"中等收入社会难题"。四是旨在通过社会参与国家、社会补充国家的方式，实现我国治理体系"中国道路"创新式探索。五是为治理导向的大陆民主模式提供示范。

学者建言居民自治有效实现途径

城市居民自治究竟可以通过哪些途径方能有效实现，是本次研讨会期间学者们另一热议的话题。

南开大学周恩来政府管理学院唐忠新教授建议，应当发现和利用社区共同体的现代性特质。虽说从现实情况来看，现代化的进程对传统社会形成了刺激，城市居民彼此之间不甚了解的现象颇为普遍。然而，生活设施的一体化，又在客观上使得城市居民之间，形成了一个新的共同体。充分利用这种新的共同利益和共同需求来推动居民自治是可行的。此外，还应注意如何将传统文化融入到社区共同体的现代性特质当中。

中国人民大学社会与人口学院夏建中教授则根据社区社会学的有关研究提认为，突出微社区的组织结构对于居民自治不无裨益。调研数据证明，人们对小型社区的依恋要大大强于大型社区。人们对后者的依恋更多地建立在感情基础上。突出微社区管理，就是变大社区为小社区。夏建中阐释说："此外，搭建各种居民参与的平台，提供给人们多点接触的场所和机会；重视社会组织的培育，缓解政府的公共服务职责与政府财政资源之间的矛盾，也是促进和完善居民自治的客观要求。"

华中师范大学政治学研究院邓大才教授则归纳出居民自治有效实现形式的三大要点，即利益相关、规模适度、协商民主。

他认为，利益相关是居民自治有效实现的基本动力。居民自治取决于相关利益；自治有效性取决于利益相关性，两者的组合决定着居民自治最有效的实现形式。协商民主是居民自治有效实现的运转机制。因为公开发言、平等对话、持续沟通、多方探讨等方式，能够促使居民达成共识，并在这种共识中获得参与自治的强劲动力，真正让居民自治运转起来。规模适度则事关居民自治有效实现的效率、效能和效力。因此，寻找适合的规模单元是探索居民自治有效实现的重要基础。总而言之，由于利益的多元化、协商的多样式、规模的多层次，居民自治的有效实现形式，也应当是一个多层次、多样式、多类型的体系。

妥善处理政府管理与居民参与的关系

研讨会期间，还有学者提出，居民自治的探索并非意味着政府管理便能缺席。实际上，二者之间是互相依存、互惠互利的。对此，民政部基层政权与社区建设司副司长汤晋苏在闭幕式上的发言颇具代表性。

他首先充分肯定了城市居民自治的意义和价值，认为其是对国家治理体系现代化的一次积极有益的探索。与此同时，他也提出在探索过程中要把握好几个关键点。一是要发挥好基层党组织和政府的引领作用。通过基层政府的精心组织和谋划，把握民主的进程，构建合理的民主程序、规则和制度。二是要促进基层政府职能转变。科学划分基层政府、社区在基层管理服务上承担的责任和义务；探索建立自治组织和群众对基层政府评估评议制度，推动社区自治组织体系和群众工作队伍有机衔接。

“三是要体制内寻求创新，不能为了改革而否定现有的一切。换言之，当前的居民自治创新，应该在贯彻居委会组织法和各省（区、市）实施办法的基础上，在居民自治框架内，做实居民自治。关键要注意发掘现存体制内的‘存量’，激活那些体制内早有规定或者虽有规定但还不规范的民主程序。四是要以‘形式’变革促进‘体制’变革。具体来说，就是‘探索居民自治有效实现形式’虽不涉及居民自治体系的根本变革，但是这样的改革所产生的积极影响却是不可忽视的，而且能引发相关体制机制的变革。这种的改革探索是今后更要提倡和鼓励的。”汤晋苏说。

16. 厦门晚报

16.1 高校学者相聚海沧 调研居民自治经验

资料来源：厦门晚班 记者：李晓辉 发布时间：2014 年 7 月 8 日

字数：416

本报讯（记者 李晓辉 通讯员 林泓 熊东帆）上午，“共同缔造·探索居民自治有效实现形式”高端研讨会在海沧圆满闭幕。

来自北京、深圳、港澳台等十多所高校的专家学者，深入海沧三镇街，看到了居民自治有效实现形式和探索的创新样本。不少专家表示：“这在其他地方很少见，甚至是没有的。这是‘地方智慧多元治理的有效经验’。”专家特别指出，海沧应用电子智能平台进行基层社会治理，这在全国乃至世界都是领先的。接下来应当进一步提升，将自治发展到更高阶段。例如随处可见的“认养”牌子，最后可以摘除。

17. 凤凰网

17.1 探索居民自治有效实现形式高端研讨会在厦火“热”开幕

资料来源：凤凰网　记者：但镇雅　发布时间：2014 年 7 月 7 日 22：08　字数：950

探索居民自治有效实现形式高端研讨会在厦火“热”开幕

2014年07月07日 22:08
来源：凤凰厦门

7月7日下午，共同缔造·探索居民自治有效实现形式高端研讨会在厦门海沧举行。民政部基层政权和社区建设司副司长汤晋苏、福建省民政厅副厅长周瑛出席会议。特邀专家、地方代表和媒体共近50人参加了研讨会。

酷暑观摩 居民“热”情介绍成果

顶着炎热冒着酷暑，在研讨会正式开始前，汤晋苏、陈桂林、周瑛、林振等领导和特邀专家、地方代表一行人在7日上午先到东孚镇西山社、新阳街道兴旺社区、海沧街道海虹社区进行了观摩。观摩组首先来到东孚镇西山社，社区居民贴心地为大家准备了草帽。烈日炎炎，居民热情的向大家介绍社区治理的成效，并笑称我们在“热”情欢迎你们。西山社主要通过房前屋后整治、雨污分流、猪舍变凉亭、活泉入池塘，杆线迁改规整等措施，实现了自身的大变样，新的样貌处处闪耀着群众的智慧。领导、专家对大变样后的西山社区纷纷点赞。

高端研讨 专家“热”议居民自治

下午三点半，共同缔造·探索居民自治有效实现形式高端研讨会正式举行。

座谈会开始前，在场嘉宾首先观看了海沧改革宣传片《一座新城的梦》。经过25年台商投资区、10年行政区的开发建设，海沧从一个偏僻的闽南小渔村发展成为港区繁荣、工业发达、城区兴旺的现代化新区，经济社会实现跨越发展。全区财政总收入跨入全省三个“百亿县（市、区）”行列，人均地区生产总值、人均工业产值、人均财政收入全省第一，农民人均纯收入实现全省“八连冠”， 综合实力跻身2013年度“中国百强区”第20名，排名“最具投资潜力百强区”第19位。

华中师范大学中国农村研究院教授邓大才首先介绍了此次高峰眼讨论召开的背景，他说：“2014年中央一号文件明确提出，‘探索不同情况下村民自治的有效实现形式’，在这样的背景下，海沧的海沧街道、新阳街道和东孚镇组成的‘两街一镇’探索了自身的治理经验，并成为地方社区治理的范本。”基于这样的背景，研讨会顺势召开。厦门市委常委、海沧投资区党工委书记、区委书记郑云峰，厦门市委秘书长陆续致辞。会上，海沧街道、新阳街道和东孚镇的相关人员向大家分享了社区治理经验，与会教授分别进行点评。

据悉，本次高端研讨会为期一天半，8日上午，与会专家还将就城市基层治理与居民自治的新框架，城市居民自治有效实现形式的新探索与新理论，法治化治理与城市居民自治新思路，协商民主与城市居民自治新途径四个专题进行研讨。

17.2 专访汤晋苏：居民自治不仅要往上看也要勇于往下看

来源：凤凰网 记者：但镇雅 发布时间：2014年7月7日 22：41

专访汤晋苏：居民自治不仅要往上看也要勇于往下看

2014年07月07日 22:41
来源：凤凰厦门

7月7日，共同缔造·探索居民自治有效实现形式高端研讨会在厦门海沧举行，民政部基层政权和社区建设司副司长汤晋苏出席该会议。当天上午，汤晋苏还与特邀专家、地方代表共同参观了东孚镇西山社、新阳街道兴旺社区和海沧街道海虹社区。汤晋苏表示，酷暑难耐，但更耐不住的是居民的热情相待。

期间，汤晋苏接受本网专访，对此次的高端研讨会他表达了自己的看法。汤晋苏表示，党的十八界三中全会通过的《中共中央关于全面深化改革若干重大问题的决定》明确提出，"推进国家治理体系和治理能力现代化。"中央提出国家治理体系现代化，落实到基层，就是村居治理体系的现代化。本次"探索居民自治的有效 全屏看图 保存 发送到 治理体系现代化的一次积极有益的探讨。

谈及城市居民自治的有效实现形式如何探索？汤晋苏阐述了五个方面，一是要坚持法治的框架原则，在法治轨道上推进改革。二是在基层民主发展过程中可以更多的发挥协商民主的作用。比如，海沧区目前实践的"微自治"做法，具有一定的代表性，符合海沧城市的实际。但"微自治"的做法应该更进一步的探索完善。三是在基层治理过程中要处理好政府管理与居民参与的关系。传统政府包揽一切的做法往往行不通，这就要求我们的政府管理与居民参与形成良性互动。四是在社区居民自治过程需要引导和规范社会组织的参与。当前，城市基层社会组织大量涌现，只要基层政府给与重视引导，就能够使社会组织在促进基层治理体系现代化方面发挥积极作用。五是城市社区居民自治不仅要往上看，也要勇于往下看。"当前社区居民自治有一个重要问题就是'自治难以落地'，往下看就是要使居民自治实现'上下衔接'"，汤晋苏说。

经过数十年的蛰伏，海沧发生了喜人的蜕变，从一个偏僻的闽南小渔村发展成为港区繁荣、工业发达、城区兴旺的现代化新区，经济社会实现跨越发展。汤晋苏特别提醒，我们在改革过程中不能"为改革而改革"，要促进基层政府职能转变，要完善居民自治制度，要健全社区服务机制，要构建多元参与机制等等，只有这样改革才能持续，才能保持政治、经济发展的稳定环境。

最后，汤晋苏对海沧区的社区治理表示赞赏，"在基层智力发展过程中贡献力不少经验"，他勉励海沧区再接再厉，为新时期国家基层治理体系现代化提供更多、更好的经验。

17.3 徐勇教授总结自治研讨会

来源：凤凰网 记者：马越 发布时间：2014年7月8日 19:39

7月8日上午，“共同缔造·探索居民自治有效实现形式”高端研讨会在海沧闭幕。在为期一天半的研讨中，众位领导和专家深入海沧各街镇和城乡社区调研，并各自发表了自己的经验、心得。最后，华中师范大学人文社会科学高等研究院常务副院长徐勇教授作了总结发言，他认为，海沧模式具有全国性的普遍价值以及很高的可复制性、可推广性和一定的方向性。对于海沧区在客观条件不足的条件下进行的自主探索，徐勇教授表示充分的尊重。

徐勇教授说，中国是传统农业文明悠久的国家，但是近年来较快的变化速率决定了现代化的社会治理还缺乏经验，表现为两个不适应：国家治理跟不上社会变化，社会参与又跟不上国家治理，这就导致了国家治理缺少稳定的基础。

其实我国早就确立了基层群众自治制度，中共十七大更是首次将其写入了党代会报告，但是因为各种原因，在确立之初并没有得到有效地运转和落地。基层民主自治的最初阶段是以村级海选，乡镇直选为标准，体现了地方领导人的理想主义情怀，但是却缺乏必要的基础和支持，很难延续下去。

而海沧的模式则不同以往，徐勇教授认为，最重要的是，这种模式把自治和人们的现实利益、生活需求联系在一起，自己为自己谋利益，就使这种模式有了更为稳固的群众基础和参与积极性，这就是海沧模式能够运转的原因。

海沧的成功不仅仅体现在结果上，其施行过程中体现出的新探索更具意义，在中央发布一号文件《探索不同情况下村民自治有效实践形式》的大背景下，尤其能引起我们的思考。徐勇教授总结道，新探索的意义在于：赋予“居民”的概念新的含义，居住概念替代了生命概念；初步建立起现代基层治理方向，行政纵向到底，自治横向到边，服务纵横交错；政府给自治搭建了平台，让自治运转起来。

在徐勇教授看来，本次研讨会以海沧为标准，探索了中国政治发展、社会发展的走向，中央的一号文件也大大开阔了我们的思路。而更重要的是，引发了我们的思考：什么是有效？哪些形式才能满足社会发展多样化的需求？

不管怎么说，海沧模式已经走在了全国社区治理领域的前列，几十年的时间，海沧从小渔村变为城镇，从牛车时代进入高铁时代，这样的成就都足以令海沧人自豪。徐勇教授一言以蔽之：“在经济上，海沧实现了跨越式发展；在国家治理现代化方面，海沧也率先给了我们启示。”

后　记

从 20 世纪 90 年代开始，国家推动城市社区建设，在城市社区普遍建立居民委员会，让社区居民自我管理、自我教育和自我服务，居民自治成为城市治理的重要形式。伴随着居民自治的实践发展，有关居民自治的研究也引起学者们的极大关注。作为全国最早从事村民自治研究的高等研究机构，华中师范大学中国农村研究院基于村民自治与居民自治内在的若干相似性，对居民自治充满着天然的学术亲近性，顺理成章地踏入居民自治的研究领域，以徐勇教授为首的城市居民自治研究团队，秉承着早期在农村研究领域所坚持的实证研究方法，大力开展有关城市居民自治的实地调查，并参与到武汉市江汉区城市社区建设试验当中，形成了中国城市社区建设的“江汉模式”，掀起了一股居民自治研究的热潮。

然而，由于城市社区体制的影响，社区行政化趋势在一定程度上制约了居民自治，居民自治并未如预期一般自主成长起来，反而在现实中遭遇各种发展困境。与之相应，有关居民自治的研究也遇冷，一段时间里居民自治淡出社区研究，社区服务代替了居民自治成为社区建设的重心。不过，随着城市经济社会的发展，越来越多的公共服务进入社区，同时越来越多的居民参与到社区事务之中，单纯依靠政府来组织或提供公共服务远远不能满足社区居民日益增长的多样化需求。源于此，各地进行了以居民自治为导向的社区建设实践，积极探索新的条件下居民自治的有效实现形式，形成了具有地方特色和普遍意义的创新经验。

为了回应地方创新实践所提出的理论命题，进一步推动居民自治的发展，解决实践中出现的问题。2014 年 7 月 7 日至 8 日，华中师范大学人文社会科学高等研究院与中国农村研究院在福建省厦门市海沧区召开了主题为“共同缔造·探索居民自治有效实现形式”的高端研讨会。与传统的学术研讨会不同，本次研讨会不仅有来自大陆、香港、澳门、台湾、新加坡等地高校、科研机构等数十位专家学者，共同研讨新时期居民自治有效实现形式的理论问题，还有来自全国人大、民政部、福建省民政厅和基层镇街等十多位政府官员，紧紧围绕居民自治的法律制度、政策文件等实践问题开展交流，更有来自《人民日报》、《光明日报》、新华社、中新社、《中国社会科学报》、《中国社会报》、凤凰网等数十位媒体记者，就社会民众关心的居民自治热点问题进行讨论，并将学者、政府和居民的声音传播出去，以此引起更为广泛的社会关注。显然，这次研讨会不论是从主题，还是从形式上来讲，都是十多年来关于居民自治研究一次难得的高端研讨会，参与人数之众多，会议议题之丰富，讨论交流之热烈足以让其成为居民自治研究的新开端。

这本论文集便是新开端的佐证，除了以与会专家学者提交的学术论文为主开辟理论研究篇之外，为保留高端研讨会的原貌，还将研讨中间的发言原汁原味整理成篇，辅以本次研讨会的社会反响，将整个研讨会的实时动态展现出来，跃然于纸上，留待读者慢慢品味。

当然，本书出版得益于众人的支持与帮助，首先，感谢厦门海沧区郑云峰书记以下领导干部和社区群众勇于探索创新，在实践中为居民自治的发展开辟新的道路。感谢参加本次研讨会的专家学者，政府官员和媒体记者，为中国城市社区居民自治思考、行动和呼喊。其次，感谢组织本次研讨会的华中师范大学人文社会科学高等研究院石挺副院长，让人文社会科学高等研究院成为学科整合和学术交流的大平台；感谢华中师范大学中国农村研究院徐勇教授和邓大才教授，他们不仅开辟了城市社区居民自治研究，更在新形势下努力推动居民自治有效实现形式的研究，为城市社区居民自治研究建立的新的研究范式。再次，也是最需要的感谢便是积极参与本次会议的专家学者，参加此次会议的学者在骄阳似火的 7 月从全世界、全国各地奔赴厦门海沧，正是基于各位专家学者的长期研究和不吝赐稿，本书才得以问世。最后，感谢为本次研讨会筹备组织以及编辑本论文集奉献力量的中国农村研究院全体老师与同学们。

编者

2014 年 8 月 27 日于桂子山